中国改革开放的历史经验

第十六届国史学术年会论文集

当代中国研究所　编　　张星星　主编

The Historical Experience of China's Reform and Opening Up:

A Collection of Papers

Presented at the Sixteenth Academic Annual Meeting on Contemporary History of China

当代中国出版社
Contemporary China Publishing House
2017年·北京

图书在版编目(CIP)数据

中国改革开放的历史经验：第十六届国史学术年会论文集 / 张星星主编．-- 北京：当代中国出版社，2017. 9

ISBN 978-7-5154-0813-2

Ⅰ．①中… Ⅱ．①张… Ⅲ．①改革开放—历史—经验—中国—文集 Ⅳ．①D61-53

中国版本图书馆 CIP 数据核字(2017)第 221174 号

出 版 人	曹宏举
责任编辑	袁又文
责任校对	康　莹
封面设计	华子图文
封面制作	创世禧图文
出版发行	当代中国出版社
地　　址	北京市地安门西大街旌勇里 8 号
网　　址	http://www.ddzg.net　邮箱：ddzgcbs@sina.com
邮政编码	100009
编 辑 部	(010)66572264　66572154　66572132　66572180
市 场 部	(010)66572281　66572161　66572157　83221785
印　　刷	北京润田金辉印刷有限公司
开　　本	787 毫米×1092 毫米　1/16
印　　张	27 印张　3 插页　495 千字
版　　次	2017 年 9 月第 1 版
印　　次	2017 年 9 月第 1 次印刷
定　　价	86.00 元

目录

在回应历史虚无主义思潮的挑战中推动中国当代史研究的理论创新和话语体系建设

中国社会科学院原副院长、当代中国研究所原所长、中华人民共和国国史学会会长、研究员　朱佳木

中共十一届三中全会以来，中国当代史研究事业在马克思主义指导下得到迅速发展，研究队伍日益壮大，研究成果不断涌现，同时，当代史理论研究也越来越受到学界的重视。今天，由当代中国研究所和国史学会联合举办第十六届国史学术年会，便是一个有力的证明。在此，我谨代表国史学会，向所有入选论文的作者表示热烈祝贺，并向全体参加会议的同志表示衷心感谢！

当前，中国当代史研究面临的总体状况，与习近平总书记前不久在评论我国哲学社会科学状况时所指出的情况有着类似之处，那就是研究队伍、论文数量、政府投入等都不少，但“在学术命题、学术思想、学术观点、学术标准、学术话语上的能力和水平同我国综合国力和国际地位还不太相称”。[①] 尤其应当看到的是，中国当代史研究的对象本来就是中国的历史，而且是当代中国的历史，要解读这个领域的问题，构建这个专业的理论，我们应当最有发言权。然而在实践中，情况也同整个哲学社会科学界差不多，即我们的“声音还比较小，还处于有理说不出、说了传不开的境地”。[②] 两相比较，更加显得不太相称。

2015 年年底和 2016 年年中，习近平总书记《在全国党校工作会议上的讲话》和《在哲学社会科学工作座谈会上的讲话》中，都论述了关于构建具有中国特色、中国风格、中国气派的哲学社会科学体系的问题，而且都谈到话语权和理论创新的问题。他指出：“发挥我国哲学社会科学作用，要注意加强话语体系建设。”[③] “支撑话语体系的基础是哲学社会科学体系。没有自己的哲学社会科学体系，就没有话语权”。[④] 而“我们的哲学社会科学有没有中国特色，归根到底要看有没有主体性、原创性”，“创新是哲学社会科学发展的永恒主题，也是社会发展、实践深化、历史前进对哲学社会科学的必然要求”，“哲学社会科学创新可大可小，揭示一条规律是创新，提出一种学说是创新，阐明一个道理是创新，创造一种解决问题的办法也是创

① 习近平：《在哲学社会科学工作座谈会上的讲话（2016 年 5 月 17 日）》，《人民日报》2016 年 5 月 19 日。
② 习近平：《在哲学社会科学工作座谈会上的讲话（2016 年 5 月 17 日）》，《人民日报》2016 年 5 月 19 日。
③ 习近平：《在哲学社会科学工作座谈会上的讲话（2016 年 5 月 17 日）》，《人民日报》2016 年 5 月 19 日。
④ 习近平：《在全国党校工作会议上的讲话》，《求是》2016 年第 9 期。

新”。而“问题是创新的起点，也是创新的动力源”，“理论创新只能从问题开始。从某种意义上说，理论创新的过程就是发现问题、筛选问题、研究问题、解决问题的过程”。[①]把上述讲话贯通起来，可以看出这样的逻辑联系，即要加强中国哲学社会科学的影响力，必须取得话语权；要取得话语权，必须构建具有中国特色、中国风格、中国气派的学科体系、学术体系、话语体系；要构建这三个体系，必须坚持马克思主义指导下的理论创新，哪怕是阐明一两个道理，创造一两种解决问题的方法，以不断增强哲学社会科学的主体性、原创性；而要做到理论创新，就必须以问题为起点。

习近平总书记以上两篇讲话面对的是中国整个哲学社会科学界和全国党校系统，但其精神我认为同样适用于中国当代史研究，同样应当成为加强当代史研究理论创新，构建当代史研究学科体系、学术体系、话语体系的行动指南。对于中国当代史研究来说，当前需要发现、筛选、研究、解决的问题很多，但有一个问题我认为是必须面对、必须重视、必须回应的，那就是历史虚无主义思潮的挑战。

近些年来，为反击历史虚无主义思潮对新中国历史和新中国领袖、英模人物的攻击、丑化、污蔑，我们党和党所领导的学术机构、学者已经做了不少理论创新的工作，形成了一系列主体性、原创性的话语，取得了一定的话语权。例如，在如何看待社会主义制度的建立，如何看待中国特色社会主义道路的开辟，如何看待改革开放前后两个历史时期的关系等问题上，提出了“社会主义制度的建立是中国历史上最深刻最伟大的社会变革，为当代中国一切发展进步奠定了根本政治前提和制度基础”的观点；提出了“中国特色社会主义事业使中华民族大踏步赶上了时代前进潮流，迎来了伟大复兴的光明前景”的观点；提出了“改革开放前后两个历史时期在关于建设的指导思想、方针政策、实际工作上虽有很大差别，但二者本质上都是对社会主义建设的实践探索，绝不能将它们彼此割裂、相互对立”的观点。这些话语业已得到人民群众的广泛赞同，在意识形态领域占据了主流；即使在国际上，凡持公正态度看中国的人士，也是认同的。

不过，也不能不看到，在许多问题上，历史虚无主义思潮还有很大市场，对一部分群众特别是青年还有相当的迷惑性。究其原因，除了其中夹杂许多谣言和诡辩外，也与其鼓吹者制造和散布了许多涉及理论问题的谬论有关。这就给我们提出了如何运用唯物史观的基本原理，还原历史的真相，从理论层面上批驳和揭露这些谬论的任务。同时，理论上的问题与实践上的问题一样，都不可能一劳永逸。老问题解决了，又会产生新问题，这就需要我们跟踪历史虚无主义思潮鼓吹者的动向，不

---

① 习近平：《在哲学社会科学工作座谈会上的讲话（2016年5月17日）》，《人民日报》2016年5月19日。

断回应其中带有理论性的问题，以揭示其荒谬性，教育受其蒙蔽的群众。做这样的工作当然不轻松，要取得成效更不可能一蹴而就。然而正如马克思所说过的："批判的武器当然不能代替武器的批判，物质力量只能用物质力量来摧毁；但是理论一经掌握群众，也会变成物质力量。理论只要说服人[ad hominem]，就能掌握群众；而理论只要彻底，就能说服人[ad hominem]。所谓彻底，就是抓住事物的根本。"[①]我们只要抓住历史虚无主义思潮中出现的难点、热点问题，用马克思提倡的这种精神进行深入分析，努力阐明能说服群众的道理，就是理论创新，就能形成主体性、原创性的话语。事实说明，在中国当代史研究领域，有许多问题是需要通过也是完全可以通过批判历史虚无主义谬论来实现理论创新，形成主体性、原创性话语的。

比如，在如何看待新中国提前向社会主义过渡的问题上，历史虚无主义鼓吹者编造其原因在于毛泽东主观上急于搞社会主义，攻击这是决策失误，使国家走了弯路。抓住这个问题深入分析，我们就会发现这一决策不仅不是领导人主观意志的产物，相反是党中央从当时国际国内客观形势出发、不失时机作出的正确决断；不仅不是什么决策失误，相反是为中华民族追赶世界先进工业国抓住的一次千载难逢的历史机遇；不仅不是什么使国家走了弯路，相反是为了使中国由落后农业国尽快变为先进工业国而抄的一条近路。

再如，在如何看待社会主义社会必须坚持中国共产党领导的问题上，历史虚无主义鼓吹者总是把这说成是什么违背了"普世价值"和"西方宪政"，是"不合法"的、"不民主"的。抓住这个问题深入分析，我们就会发现坚持共产党领导不仅是人民的选择、历史的选择，而且是公有制和按劳分配占主体地位的社会主义经济基础所决定的，也是中国宪法所规定的，更是大多数人的民主的实现形式。

再如，在如何看待在建设中国特色社会主义的时期必须坚持共产主义理想信念的问题上，历史虚无主义鼓吹者竭力宣扬"告别革命"论，故意混淆时代特征和时代性质的区别，并将执政与革命的关系加以割裂和对立，胡说现在是"和平与发展的时代"，鼓噪共产党"要由革命党转变为执政党"。抓住这个问题深入分析，我们就会发现和平与发展只是当今时代的特征，而时代的性质仍然是由资本主义向社会主义过渡；共产主义虽然不能很快实现但决不等于它是虚无缥缈的乌托邦；我们不能因为党执政了就抛弃革命理想，而应当坚持"革命理想高于天"，做"革命的执政党"或"执政的革命党"。

再如，在如何看待社会主义社会还存在阶级斗争的问题上，历史虚无主义鼓吹者为掩盖国际资本和国内外敌对势力颠覆、分裂社会主义中国的图谋，故意抹杀阶

① 《马克思恩格斯选集》第1卷，人民出版社2012年版，第9—10页。

级斗争客观存在的事实，把马克思主义阶级斗争的观点等同于“以阶级斗争为纲”。抓住这个问题深入分析，我们就会发现在社会主义初级阶段，阶级斗争不仅将在一定范围内长期存在，而且在某种条件下还有可能激化，历史虚无主义思潮的泛滥本身正是阶级斗争在意识形态领域内的一种反映，我们对这股思潮的批判就是同国际资本和国内外敌对势力的斗争。

像以上这些被历史虚无主义思潮搅乱是非、颠倒黑白的问题还有不少，抓住这类问题进行研究，并加以拨乱反正、正本清源，不仅能起到驳斥谬论、说服群众的作用，而且有助于中国当代史研究的理论创新，促进中国当代史研究话语体系的形成。这里不过是举几个例子。中国特色社会主义事业是正义的事业，道理在我们这边。只要有理，经过努力总会说得出，说出来总会传得开。我们应当拥有这样的理论自信和文化自信。

习近平总书记指出：“社会总是在发展的，新情况新问题总是层出不穷的，其中有一些可以凭老经验、用老办法来应对和解决，同时也有不少是老经验、老办法不能应对和解决的。如果不能及时研究、提出、运用新思想、新理念、新办法，理论就会苍白无力，哲学社会科学就会‘肌无力’。”[①]他在2014年中共十八届四中全会上还说：“在西方和国内一些人鼓噪下，不少群众受到蒙蔽，一些党员、干部的认识也发生了偏差。”“各种敌对势力绝不会让我们顺顺利利实现中华民族伟大复兴，这就是为什么我们要郑重提醒全党必须准备进行具有许多新的历史特点的伟大斗争的一个原因。这场斗争既包括硬实力的斗争，也包括软实力的较量。”“别人乱说我们一通，如果我们不及时加以澄清和纠正，就会以讹传讹，反倒让世人觉得我们输了理似的。我们要主动发声，让人家了解我们希望人家了解的东西，让正确的声音先入为主。对别有用心的人散布的政治谣言和奇谈怪论，我们不能默不作声，要及时反驳，让正确声音盖过它们。这与韬光养晦或不争论是两码事。”[②]毛泽东当年也说过：“有鉴别，有斗争，才能发展。真理是在同谬误作斗争中间发展起来的。马克思主义就是这样发展起来的。”“某些错误东西的存在是并不奇怪的，也是用不着害怕的，这可以使人们更好地学会同它作斗争。”[③]可见，为反击历史虚无主义思潮而不断发现、研究、解决新出现的问题，揭露这股思潮的欺骗性和反动本质，向群众解疑释惑，帮群众明辨是非，这是中国当代史研究发挥自己社会功能的体现，是展示自己资政、育人、护国作用的机会，也是推动中国当代史研究理论创新，以及形

① 习近平：《在哲学社会科学工作座谈会上的讲话（2016年5月17日）》，《人民日报》2016年5月19日。

② 中共中央文献研究室编：《习近平总书记重要讲话文章选编》，中央文献出版社、党建读物出版社2016年版，第226、227、228页。

③ 《毛泽东文集》第7卷，人民出版社1999年版，第280、281页。

成主体性、原创性话语的难得机遇和有效途径。

当然，中国当代史研究要更多地形成主体性、原创性的话语，更大范围地取得话语权，最根本的还是要像习近平总书记所号召的，努力构建具有中国特色、中国风格、中国气派的学科体系、学术体系、话语体系。做到这些，仅仅揭示一两条规律、提出一两种学说、阐明一两个道理、创造一两个解决问题的办法是远远不够的，还要进一步明晰中国当代史研究的发展战略，健全中国当代史的教育体系，促进中国当代史研究评价体系的科学化，完善管理体制和运行机制，提高人才队伍的素质，等等；要进一步解决对于构建中国当代史研究的学科体系、学术体系、话语体系具有基础意义的一些重大理论问题，如中国当代史如何分期、如何编撰？如何看待中国当代史的主流、主线、主要经验？如何使中国当代史研究突出与其他学科相区别的特点，主动与相关学科结成同盟军？如何认识和发挥中国当代史研究的社会功能？等等。在这些方面，国史学会将一如既往地履行联系、团结和服务中国当代史学界的义务，发挥好学术团体的作用，与学界广大同仁一起，为贯彻习近平总书记在哲学社会科学工作座谈会上的讲话精神，为促进中国当代史研究事业的繁荣和发展，鞠躬尽瘁，不懈努力！

深入研究和科学总结改革开放的历史经验

——第十六届国史学术年会总结

中国社会科学院当代中国研究所副所长、教授　张星星

由中国社会科学院当代中国研究所和中华人民共和国国史学会联合举办的、以“中国改革开放的历史经验”为主题的第十六届国史学术年会，经过一天半的大会发言和分组讨论，已经基本完成大会各项议程。受会议主办单位的委托，我主要围绕本届年会主题，就与会论文和讨论交流情况做一学术方面的总结。

在9月23日的大会开幕式上，中国社会科学院党组成员、当代中国研究所所长荆惠民同志发表致辞，深刻阐述了研究总结改革开放历史经验特别是中国共产党治国理政历史经验的重要意义和科学方法。中国社会科学院原副院长、当代中国研究所原所长、国史学会会长朱佳木同志发表讲话，着重阐述了反对历史虚无主义和确立国史话语权等问题。这两篇讲话对我们深刻领会、正确把握本届年会的主题和国史研究的正确方向，具有重要的指导意义。

改革开放新时期以来，党和国家高度重视并认真总结改革开放的伟大实践和宝贵经验。在2015年第十五届国史学术年会上，我们回顾和重温了从1981年6月中共十一届六中全会通过《关于建国以来党的若干历史问题的决议》到中共十八大，党的历次全国代表大会对改革开放历史进程、伟大实践、辉煌成就、基本经验的深刻总结和郑重结论。党的十八大之后不久，习近平总书记第一次到地方考察调研就选择了广东，他说：“之所以到广东来，就是要到在我国改革开放中得风气之先的地方，现场回顾我国改革开放的历史进程，宣示将改革开放继续推向前进的坚定决心。”[①]2012年底，他在主持第十八届中央政治局以“坚定不移推进改革开放”为主题的第二次集体学习时指出：“历史、现实、未来是相通的。历史是过去的现实，现实是未来的历史。要把党的十八大确立的改革开放重大部署落实好，就要认真回顾和深入总结改革开放的历程，更加深刻地认识改革开放的历史必然性，更加自觉地把握改革开放的规律性，更加坚定地肩负起深化改革开放的重大责任。”他强调：“必须认真总结和运用改革开放的成功经验”，并着重强调了五条经验：第一，改革开放是一场深刻革命，必须坚持正确方向，沿着正确道路推进。第二，改革开放是前无古人的崭新事业，必须坚持正确的方法论，在不断实践探索中推进。第三，改革

① 《改革不停顿开放不止步——习近平总书记考察广东纪实》，《南方日报》2012年12月13日。

开放是一个系统工程，必须坚持全面改革，在各项改革协同配合中推进。第四，稳定是改革发展的前提，必须坚持改革发展稳定的统一。第五，改革开放是亿万人民自己的事业，必须坚持尊重人民首创精神，坚持在党的领导下推进。[①]2013 年 11 月，中共十八届三中全会作出《关于全面深化改革若干重大问题的决定》，强调“改革开放的成功实践为全面深化改革提供了重要经验，必须长期坚持”，并用“四个坚持”阐述了改革开放最重要的经验，即：“坚持党的领导，贯彻党的基本路线，不走封闭僵化的老路，不走改旗易帜的邪路，坚定走中国特色社会主义道路，始终确保改革正确方向；坚持解放思想、实事求是、与时俱进、求真务实，一切从实际出发，总结国内成功做法，借鉴国外有益经验，勇于推进理论和实践创新；坚持以人为本，尊重人民主体地位，发挥群众首创精神，紧紧依靠人民推动改革，促进人的全面发展；坚持正确处理改革发展稳定关系，胆子要大、步子要稳，加强顶层设计和摸着石头过河相结合，整体推进和重点突破相促进，提高改革决策科学性，广泛凝聚共识，形成改革合力。”[②] 同年 12 月，习近平总书记在纪念毛泽东同志诞辰 120 周年座谈会上的讲话中指出：“一个民族的历史是一个民族安身立命的基础。……历史总是向前发展的，我们总结和吸取历史教训，目的是以史为鉴、更好前进。”“一切向前走，都不能忘记走过的路；走得再远、走到再光辉的未来，也不能忘记走过的过去。我们要把党和人民九十多年的实践及其经验，当做时刻不能忘、须臾不能丢的立身之本”。[③]2016 年 7 月 1 日，习近平总书记在庆祝中国共产党成立 95 周年大会上发表讲话，总结概括了党的三个“伟大历史贡献”，其中之一就是“我们党团结带领中国人民进行改革开放新的伟大革命，极大激发广大人民群众的创造性，极大解放和发展社会生产力，极大增强社会发展活力，人民生活显著改善，综合国力显著增强，国际地位显著提高。这一伟大历史贡献的意义在于，开辟了中国特色社会主义道路，形成了中国特色社会主义理论体系，确立了中国特色社会主义制度，使中国赶上了时代，实现了中国人民从站起来到富起来、强起来的伟大飞跃。”这些科学总结和重要论述，为我们推进和深化改革开放史研究，深入总结改革开放的历史经验，提供了重要的理论指导和政治依据。

习近平总书记在党的十八届三中全会上指出：“改革开放是党在新的时代条件下带领人民进行的新的伟大革命。党的十一届三中全会召开三十五年来的实践证明，改革开放是党和人民事业大踏步赶上时代的重要法宝，是党和国家保持生机活

---

① 《习近平谈治国理政》，外文出版社 2014 年版，第 67—68 页。

② 《十八大以来重要文献选编》（上），中央文献出版社 2014 年版，第 514 页。

③ 《十八大以来重要文献选编》（上），中央文献出版社 2014 年版，第 694、695 页。

力的关键，是当代中国最鲜明的特色，也是当代中国共产党人最鲜明的品格。”[①] 认真回顾改革开放的历史进程，深入总结改革开放的成功经验，更加深刻地认识改革开放的历史必然性，更加自觉地把握改革开放的规律性，更加坚定地坚持和发展中国特色社会主义，应当成为国史研究的主要关注点。第十六届国史学术年会把会议主题确定为“中国改革开放的历史经验”，其目的就是继续推动和深化改革开放史研究，深入总结党领导和推进改革开放的伟大实践和宝贵经验，增强中国特色社会主义道路自信、理论自信、制度自信、文化自信，为统筹推进“五位一体”总体布局和协调推进“四个全面”战略布局，更好地坚持、完善和发展中国特色社会主义，提供有益的历史借鉴和历史智慧。

我主要从六个方面对本届国史学术年会取得的成果作一梳理和概括。

一、认真总结改革开放历史经验，深入贯彻习近平总书记系列重要讲话精神

党的十一届三中全会开创的改革开放事业，在实践基础上不断开拓、不断发展、不断前进，中国人民在中国共产党带领下进行了艰辛探索和接续奋斗，取得了举世瞩目的辉煌成就，创造了极为丰富的宝贵经验。党的十八大开启了改革开放新的征程，正在进行具有许多新的历史特点的伟大斗争。在新的时代征程上，改革开放事业面临着许多新的重大理论和实践问题。以习近平为核心的党中央坚定不移高举改革开放的旗帜、高举中国特色社会主义的旗帜，把握时代和实践的新要求，顺应人民群众的新期待，集中全党和全国人民智慧，提出了一系列治国理政的新理念新思想新战略，深刻回答了新的历史条件下坚定不移推进改革开放的时代课题。习近平总书记系列重要讲话精神，集中围绕实现中华民族伟大复兴的中国梦和“四个全面”战略布局，进一步深化了对中国特色社会主义规律的认识，为在新的历史起点上协调推进“四个全面”战略布局提供了基本遵循。深刻领会习近平总书记系列重要讲话精神，对于深入研究和科学总结改革开放历史经验，坚持和发展中国特色社会主义，有着重要的指导意义。

本届国史学术年会这方面的主要论文有：安徽省社会科学院邸乘光的《改革开放历史经验与“四个全面”战略布局》，着重从坚持解放思想、实事求是、与时俱进，坚持改革开放的正确方向，坚持以改革开放为根本动力，坚持改革开放与依法治国相统一，坚持党对改革开放事业的领导，阐述了改革开放的历史经验及其与“四个全面”战略布局的关系。当代中国研究所张金才的《“四个全面”是实现“两

① 中共中央文献研究室编：《习近平关于全面深化改革论述摘编》，中央文献出版社 2014 年版，第 9 页。

个一百年”奋斗目标的战略指引》，梳理了“四个全面”战略布局的提出和形成，深入阐述了“四个全面”战略布局对全面建成小康社会、实现中华民族伟大复兴中国梦的战略指导意义。甘肃省社会科学院许尔君的《以“四个全面”引领中国梦的实现》，主要围绕“四个全面”战略布局和创新、协调、绿色、开放、共享的发展理念，系统阐述了其对实现“两个一百年”奋斗目标、实现中华民族伟大复兴中国梦的理论和实践意义。中共中央文献研究室杨明伟的《“协调发展”：对发展问题的哲学总结》，从实践和理论发展的结合上深入分析了“协调”发展理念的丰富理论意蕴和深刻哲学意蕴，认为对“协调发展”问题的准确和全面把握，反映了中国共产党人从全局和战略高度对社会主义建设规律和改革开放历史经验的深刻总结。当代中国研究所武力的《略论社会主义及其在中国的实践与发展》，从世界社会主义发展历史的宽阔视角，探讨了中国对中国共产党领导和社会主义道路的历史选择、曲折探索，以及改革开放新时期中国特色社会主义的开创。中共中央党史研究室张神根的《邓小平对社会主义本质的探索和改革开放起步与发展》和当代中国研究所刘国新的《1992—2002 年十年改革的历史方位及历史经验》，分别对两个时段的改革开放实践探索和中国特色社会主义理论发展作了较为深入的研究。当代中国研究所吴超的《在总结中国经验中开拓中国发展道路——习近平总结历史经验的重要思想和科学方法》，着重阐述了习近平总书记高度重视学习古今中外历史，善于总结和借鉴历史经验，在开拓中国特色社会主义道路、发展中国特色社会主义理论体系、完善治国理政制度体系等方面取得的重大进展。浙江绍兴文理学院柳国庆的《改革开放前后两个历史时期关系论析》，深入分析了改革开放前后两个历史时期的重大区别和一脉相承、接续探索的共同本质特征，强调了科学认识和把握两个历史时期辩证统一关系的重要意义。当代中国研究所李正华的《陈云治国理政的突出特点》和中共中央文献研究室王均伟的《善于随时总结经验的典范——以陈云的四个建议为例》，着重围绕陈云的思想和实践，深入研究了他在总结改革开放经验、探讨治国理政规律方面作出的独特贡献。

二、坚持改革开放的正确方向，坚定不移走中国特色社会主义道路

在改革开放新时期，党和国家坚持从中国具体国情出发，从经济社会发展实际出发，有领导有步骤地推进改革、扩大开放，始终坚持改革开放的正确方向。习近平总书记指出：“改革开放是一场深刻革命，必须坚持正确方向，沿着正确道路推进。我国改革开放之所以能取得巨大成功，关键是我们把党的基本路线作为党和国家的生命线，始终坚持把以经济建设为中心同四项基本原则、改革开放这两个基本

点统一于中国特色社会主义伟大实践。”[①] 中共十八届三中全会《关于全面深化改革若干重大问题的决定》，明确提出了全面深化改革的总目标，即：完善和发展中国特色社会主义制度，推进国家治理体系和治理能力现代化。这两句话是一个统一的整体，完善和发展中国特色社会主义制度，规定着全面深化改革的方向；推进国家治理体系和治理能力现代化，就是要通过各个领域的深化改革，推动中国特色社会主义制度更加完善更加成熟更加定型。习近平总书记强调指出：“深刻理解和准确把握这个总目标，是贯彻落实各项改革举措的关键。”[②]

本届国史学术年会这方面的主要论文有：中共广东省委党校张浩的《改革开放以来中国政治发展的历程、成就与经验》，深入研究了改革开放以来中国政治发展的历史进程和主要成就，着重阐述了坚持中国特色社会主义政治发展道路、坚持政治发展与经济社会发展相适应、坚持政治秩序优先的渐进式发展战略等重要经验。安徽师范大学姚宏志的《马克思主义中国化早期历程中的三次论争与“四项基本原则”的奠基》，主要围绕中国共产党创立前后与非马克思主义者的三次大论争，阐述了这些论争对“四项基本原则”和中国政治发展的奠基作用。当代中国研究所宋月红的《“全面从严治党”战略思想研究》，梳理了党的十八大“全面从严治党”战略思想的提出和形成，深入阐述了全面从严治党在“四个全面”战略布局中的重要地位和作用。当代中国研究所冷兆松的《党内干部称呼与中共政治规矩的70年》，回顾了党内一律称同志政治规矩的形成和发展，分析了在称谓上“戴高帽”等奉承恭维现象的滋生和发展及其不良影响，提出了治理干部称谓乱象的对策。中国人民大学齐鹏飞的《港澳回归以来“一国两制”在特区实践的历史经验和现实启示》，着重阐述了香港、澳门回归以来，坚持和发展“一国两制”基本国策，将其融入治国理政总体战略的实践探索和经验总结。中共广东省委党校吴克辉、雷骐瑜的《粤港澳经济合作的新探索》，集中研究和总结了新世纪以来为加强粤港澳经济合作、促进粤港澳三地经济发展采取的重要举措及其成效。中国社科院研究生院方侃实的《香港“占中”事件与旺角暴乱之表象与本质》，对香港发生的两起群体性事件的表象与本质作了对比分析，深刻揭示了事件背后西方势力插手和“颜色革命”预演等实质，并提出了相应的对策。

三、坚定不移推进改革开放，积极拓展中国特色社会主义经济发展道路

改革开放以来，中国经济体制改革不断深化，确立了公有制为主体、多种所

① 中共中央文献研究室编：《习近平关于全面深化改革论述摘编》，中央文献出版社2014年版，第14页。
② 中共中央文献研究室编：《习近平关于全面深化改革论述摘编》，中央文献出版社2014年版，第26页。

有制经济共同发展的基本经济制度和社会主义市场经济体制，经济建设持续快速增长，经济社会发展逐步向全面协调可持续的方向转变，开辟了中国特色社会主义经济发展道路，为全面建成小康社会、全面深化改革奠定了强大的物质基础。中共十八大以来，中国发展仍处于大有可为的战略机遇期，同时增长速度换挡期、结构调整阵痛期和前期刺激政策消化期等阶段性特征集中显现，经济体制改革进入攻坚期和深水区，经济社会发展面临前所未有的新情况新问题。以习近平为核心的党中央正确认识和积极引领经济发展新常态，着力推进改革开放，不断创新宏观调控，以坚定的决心和有力的举措，稳增长、转方式、调结构、促改革，推动中国经济实现更加健康、更高质量、更可持续的发展。中共十八届三中全会以经济体制改革为重点，对全面深化改革作出了总体部署，明确提出“使市场在资源配置中起决定性作用和更好发挥政府作用”的新论断，为继续拓展中国特色社会主义经济发展道路指明了方向。

本届国史学术年会这方面的主要论文有：当代中国研究所郑有贵的《改革开放以来从严治党对经济发展的保障》，以新的研究视角深入探讨了全面从严治党对保障经济健康发展的重要作用，澄清了把中国面临经济下行压力归咎于强力反腐的错误认识。李文的《世界经济的“新常态”与中国经济的“新常态”——关于“新常态”的一个思想史的梳理》，系统回顾了“新常态”一词在国外和国内的提出和演变，比较分析了世界经济“新常态”与中国经济“新常态”之间的异同，重点阐述了中国经济发展新常态的内涵和意义。钟瑛的《20 世纪 90 年代末我国从供需两侧治理经济下行对当前供给侧结构性改革的经验启示》，通过回顾和分析 20 世纪 90 年代末中国从供需两侧治理经济下行的对策和经验，深入研究了当前中国推进供给侧结构性改革应当从中吸取的经验和借鉴。中共中央文献研究室迟爱萍的《胡锦涛以科学发展观指导经济发展方式转变》，着重阐述了胡锦涛提出以人为本、全面协调可持续的科学发展观，并以科学发展观为统领加快转变经济发展方式所进行的实践探索和理论创新。当代中国研究所王丹莉的《从全面介入到两权分离：国有资产管理的历史演变与制度创新》，以政府与国有企业的关系为切入点，集中探讨了新中国成立以来国有资产管理方式的发展演变和变化特征，以及政府职能转变与国有资产管理模式创新的关系。当代中国研究所博士后刘伟的《改革开放初期中国开启价格改革的历程——以 1979—1984 年为考察时段》，主要考察和研究了以改革价格体系和价格管理体制为主要内容的中国价格改革的启动与探索性改革。安徽大学胡凯基的《改革开放初期的消费增长及原因分析》，从一个新的视角研究了改革开放初期随着经济快速发展、人民收入和生活水平提高，消费主义倾向的萌芽、生长及其产生的经济社会影响。宁夏社会科学院廖周的《我国农垦改革历程及经验》，分四个阶段回顾了中国农垦改革的探索和发展历程，从五个方面总结概括了中国农垦改革的主要经验。中国社科院经济研究所董志凯的《从应对封锁禁运到建设“一带一路”——相隔半个多世纪的联想与启示》，通过回顾新中国成立初期为应对封锁禁运，开发远洋运输、建设沿海港口、开展铁路联运取得的成效和经验，深入阐述了实施“一带一路”战略，把中国经济发展与推动世界发展结合起来的重要意义。新疆维吾尔自治区党史研究室居宪涛的《新疆改革开放与“丝绸之路经济带”战略》，从新疆的区位特点和改革开放成就出发，重点阐述了新疆在“丝绸之路经济带”战略布局下面临的机遇和挑战及其应对之策。

四、切实增强文化自信，坚持中国特色社会主义文化发展道路

新时期以来，党和国家在坚持以经济建设为中心、着力推进物质文明建设的同时，把精神文明建设提到社会主义基本特征和现代化建设战略方针的高度，强调要“两手抓”、“两手都要硬”，提出了中国特色社会主义文化纲领和代表中国先进文化前进方向的要求，积极推进社会主义文化大发展大繁荣，开辟了中国特色社会主义文化发展道路。中共十八大以来，以习近平为核心的党中央把实现中华民族伟大复兴的中国梦，作为激励中华儿女团结奋进、开辟未来的一面精神旗帜，强调要坚持走中国特色社会主义文化发展道路，培育社会主义核心价值观，弘扬社会主义先进文化，不断丰富人民精神世界，增强人民精神力量，努力建设社会主义文化强国。习近平总书记强调：“意识形态工作是党的一项极端重要的工作”，“事关党的前途命运，事关国家长治久安，事关民族凝聚力和向心力”，[①]必须不断巩固马克思主义在意识形态领域的指导地位，巩固全党全国人民团结奋斗的共同思想基础，增强中国特色社会主义文化自信。

本届国史学术年会这方面的主要论文有：赣南师范大学周艳红的《论邓小平1975年教育整顿的特点及影响》，重点研究和阐述了1975年教育整顿的缘起、过程、夭折和影响。当代中国研究所魏立帅、李婷的《改革开放初期文化建设的开展及经验研究》，从文化工作方针、知识分子政策、教育、科技、社会主义精神文明建设等方面，系统阐述了改革开放初期文化建设工作的开展及其取得的成就和经验。中国社科院研究生院殷瑞航的《新时期中国文化体制改革的启动——以艺术表演团体改革为突破口》，通过对新时期艺术表演团体改革的历史背景、演进过程、成效和不足的系统研究，深入阐述了艺术表演团体改革对整个文化体制改革产生的

① 中共中央宣传部：《习近平总书记系列重要讲话读本》，学习出版社、人民出版社2014年版，第105页。

重要影响。当代中国研究所孙丹的《20世纪90年代党史国史领域文化研究述略》，着重对这一时期党史国史领域的文化和文化史研究的主要成果、研究视域、研究方法作了比较系统的梳理，特别是在学科建设和发展上取得的重要进展。欧阳雪梅的《“十二五”时期西藏自治区公共文化服务体系建设成就及启示——基于对西藏自治区五个地市的调研分析》，通过对西藏自治区五个地市公共文化服务体系建设的实地调研，概括阐述了西藏自治区公共文化服务体系建设取得的成就、面临的困难、存在的问题，有针对性地提出了加快构建现代公共文化服务体系的对策措施。

五、创新社会事业、社会治理和生态文明建设，让发展成果惠及全体人民

随着改革开放以来的经济社会发展，经济体制深刻变革，社会结构深刻变动，利益格局深刻调整，思想观念深刻变化，社会经济成分、就业方式、分配方式、利益关系和组织形式愈益多样化，各种社会矛盾和资源环境等问题逐渐凸显。党和国家积极顺应社会发展新变化和人民群众新要求，确立以人为本的科学发展理念，不断完善公共服务和社会保障体系，创新社会治理，加强资源环境保护，把和谐社会建设和生态文明建设纳入“五位一体”的中国特色社会主义事业总体布局。中共十八大以来，以习近平为核心的党中央把正确处理经济发展与民生改善、环境保护的关系摆上更突出的位置，努力实现经济社会健康发展和良性循环。通过推动劳动报酬与劳动生产率同步提升，让改革发展成果更多更公平惠及全体人民；深化以税收、社会保障、转移支付为主要手段的再分配调节机制改革，完善收入分配调控体制机制和政策体系；建立更加公平可持续的社会保障制度，提高社会福利水平，有效解决群众后顾之忧；加快生态文明和美丽中国建设，使其融入经济建设、政治建设、文化建设、社会建设各方面和全过程。

本届国史学术年会这方面的主要论文有：中共中央党史研究室曹子洋的《改革开放以来中国共产党民生建设的基本经验》，从六个方面对改革开放以来中国共产党加强民生建设的基本经验进行了探讨和总结，深刻阐述了加强民生建设对全面建成小康社会、实现中华民族伟大复兴中国梦的关键地位和重要作用。当代中国研究所叶明勇的《改革开放以来我国城镇化进程及思考》和南开大学王凛然的《改革开放时期城市史：当代中国史研究新课题》，分别从不同视角研究和阐述了新时期城镇化的发展进程及其经济社会影响，以及加强城市史研究的有关问题。西南财经大学马先标的《中国住房改革历程：一个综合回顾》，对中国住房制度改革的政策演变和实践进程作了比较系统的研究，深入分析了住房改革后面临的新问题，及其对经济社会发展和民众生活的影响。当代中国研究所段娟的《中国环保产业发展的历

史回顾与经验启示》，对中国环保政策、环保工作、环保产业的形成发展作了历史回顾和深入研究。山东师范大学刘斌的《改革开放与中国共产党绿色发展理念的演变》，结合世界和中国工业化发展的经验教训，对改革开放以来中国经济发展成就和确立绿色发展理念作了辩证分析。北京联合大学高冬梅的《从制度创新视角看95年来中国共产党社会救助思想》，针对中国社会的弱势群体、贫困人口问题，从不同的时间段对党和政府的社会救助、扶贫开发工作作了较为系统的梳理和研究，从理论、政策和实践上深入总结了其中的历史经验。

六、坚定不移走和平发展道路，推动构建以合作共赢为核心的新型国际关系

中国改革开放以来取得的巨大成就，既来自于对内改革的强力推动，也源于坚持独立自主的和平外交政策和对外开放政策所创造的有利外部环境。中国的和平外交、对外开放和发展繁荣，为人类的和平与发展事业作出了重要贡献。随着综合国力快速提升和对外交往愈益扩大，中国与世界的关系逐渐进入深度磨合、调整适应的敏感期。中共十八大以来，习近平总书记对世界格局、国际关系和外交战略发表了一系列重要讲话，高举和平发展、合作共赢的旗帜，积极构建不冲突、不对抗、相互尊重、合作共赢的新型大国关系，按照亲、诚、惠、容的理念拓展周边外交，全方位推进发展中国家外交、多边外交和各个领域外交工作，不断完善外交总体布局。习近平总书记指出："中国走和平发展道路，不是权宜之计，更不是外交辞令，而是从历史、现实、未来的客观判断中得出的结论，是思想自信和实践自觉的有机统一。"① 坚定不移走和平发展道路，始终不渝奉行对外开放战略，是符合时代发展潮流和国家根本利益的战略抉择，是中国特色社会主义的本质要求。

本届国史学术年会这方面的主要论文有：当代中国研究所张星星的《中国的核政策与核战略及其在新时期的发展》，系统阐述了中国核政策核战略的宣示及其在改革开放新时期的演进，并对坚持"不首先使用核武器"的承诺、高举"全面禁止和彻底销毁核武器"的旗帜、积极应对地区性核安全威胁等问题作了深入探讨。国防科技大学刘祖爱的《改革开放以来中国共产党建军治军的基本经验》，着重从四个方面总结了新时期以来中国共产党建军治军的历史经验，深入阐述了这些重要经验对继续推进中国特色军事变革、拓展中国特色强军之路的重要意义。首都经济贸易大学李久林、梁婷婷的《改革开放以来坚持独立自主和平外交政策的经验》，从科学判断时代主题、坚持独立自主的基本原则、坚持和平共处五项原则、积极发展

① 《习近平谈治国理政》，外文出版社2014年版，第267页。

与世界各国的关系、努力维护世界和平和实现互利共赢等方面，总结和阐述了新时期的外交工作经验。大连理工大学梁大伟、刘志礼的《创新完善全球治理体制的核心要义——习近平治国理政思想的新拓展》，主要从健全国际机制，增进包容互鉴，推动国际关系民主化；恪守国际规则，坚持共同发展，推动国际关系法治化；追求国际正义，着眼互惠共赢，推动国际关系合理化三个方面阐述了习近平的全球治理体制思想及其重要意义。当代中国研究所石善涛的《中国共产党“两个区分”方针的历史实践与现实启示》，集中阐述了在抗日战争时期提出并在新中国成立后得到发展的“将日本人民与日本军国主义者区分开来，将军国主义政府中决定政策的人和一般官员区别开来”的“两个区分”原则及其现实意义。

习近平总书记在庆祝中国共产党成立 95 周年大会上的讲话中指出：“‘明镜所以照形，古事所以知今。’今天，我们回顾历史，不是为了从成功中寻求慰藉，更不是为了躺在功劳簿上、为回避今天面临的困难和问题寻找借口，而是为了总结历史经验、把握历史规律，增强开拓前进的勇气和力量。”改革开放和中国特色社会主义事业是不断发展、不断前进的，需要一代又一代中国共产党人带领人民接续奋斗，也需要国史研究工作者在扎实深入、高屋建瓴的学术研究基础上，提供有益的历史经验、历史智慧和历史借鉴。希望与会同志们在本届学术年会的基础上，进一步关注和加强改革开放史研究，深入总结改革开放的历史经验，为坚持、完善和发展中国特色社会主义作出更加积极的努力和贡献。

“协调发展”：对发展问题的哲学总结

中共中央文献研究室第一编研部主任、研究员　杨明伟

协调，是马克思主义哲学的题中应有之义。“统筹协调是唯物辩证法的重要方法”，“也是衡量各级领导干部执政能力的重要标志”。[①] 自中共十八届五中全会通过的《中共中央关于制定国民经济和社会发展第十三个五年规划的建议》(以下简称《建议》)中提出“创新、协调、绿色、开放、共享”的五大发展理念后，“协调发展”被提到又一个理论高度，也被赋予新的理论内涵和时代要求，具有了更为丰富的理论意蕴，尤其是哲学意蕴。对“协调发展”问题的准确和全面把握，反映了中国共产党人从全局和战略高度对社会主义建设规律和改革开放历史经验的深刻总结。

一、协调发展是我们党认识发展问题和把握发展观的一把钥匙

协调发展，是经济社会持续健康发展的内在要求，协调发展理念则反映了唯物辩证法的基本要求。值得注意的是，协调发展，既是解开五大发展理念思想内核的一把钥匙，也是我们党认识发展问题和把握发展观的一把重要的钥匙。

（一）协调发展是经济社会持续健康发展的内在要求，协调发展理念是坚持唯物辩证法的基本要求

之所以说协调发展是经济社会持续健康发展的“内在要求”，是因为经济社会要实现持续健康发展，本身就要求区域协同、城乡一体，要求经济建设与社会建设同步、经济建设与国防建设融合，要求物质文明和精神文明并重，这些恰恰是客观发展规律的内在要求。坚持不懈地推进协调发展，也恰恰反映了中国特色社会主义发展全局的一场深刻变革。

之所以说协调发展理念充分反映了唯物辩证法的基本要求，是因为它是在充分遵从客观发展规律基础上提出来的，它立足于马克思主义哲学的辩证思维，讲求的是对立统一，在不平衡、不协调、不可持续的经济社会矛盾关系中，追求发展布局、发展关系、发展空间、发展要素、发展环节、发展进程上的协调性，反对的是极端发展、孤立发展、片面发展、单一发展，是客观要求在主观认识上的完整体现。

---

① 习近平2005年12月19日在浙江省全省经济工作会议上的讲话，见《政策瞭望》2006年第1期。

从坚持和发展中国特色社会主义的全局出发，就必须协调推进“四个全面”战略布局，并在全面推进经济建设、政治建设、文化建设、社会建设、生态文明建设过程中，着力促进现代化建设各个方面、各个环节相协调，促进生产关系与生产力、上层建筑与经济基础相协调，坚持两点论和重点论相统一。

（二）协调发展是我们党认识发展问题和把握发展观的一把钥匙

我们党讲“协调发展”由来已久，并终始把统筹协调作为实践探索和认识总结的一把关键的钥匙。从以毛泽东为核心的第一代领导集体开始，党的历任领导集体，都善于从唯物辩证法的立场出发，对这把钥匙有着深刻的把握和独到的运用。

早在新中国成立之初，毛泽东在谈到经济“平衡”问题时，就提出了“统筹兼顾”的经济社会发展方针。他指出：“在统筹兼顾的方针下，逐步地消灭经济中的盲目性和无政府状态，合理地调整现有工商业，切实而妥善地改善公私关系和劳资关系，使各种社会经济成份，在具有社会主义性质的国营经济领导之下，分工合作，各得其所，以促进整个社会经济的恢复和发展。有些人认为可以提早消灭资本主义实行社会主义，这种思想是错误的，是不适合我们国家的情况的。”[①]1956年社会主义改造完成以后，毛泽东又明确指出，在社会主义建设过程中，“问题是层出不穷的，比如生活问题、工作问题、经济性质的问题、政治性质的问题、文化性质的问题。所谓问题，就是矛盾，世界是充满了矛盾的。今天你们提的问题，就是矛盾，就是不协调，摆得不平衡”。[②]从中可以看出，毛泽东明确主张从协调和平衡角度解决矛盾和处理问题。[③]

改革开放初期，邓小平曾经提出，实施试办经济特区等经济体制改革的重大措施，就是为了将来“持续、稳定、协调发展打下基础”。[④]他在提到经济社会发展规划和小康社会目标问题时，也强调了“持续、稳定、协调地发展”[⑤]的重要内容。1992年他在视察南方谈话中，既提醒人们要“抓住时机，发展自己”，也特别强调：“不是鼓励不切实际的高速度，还是要扎扎实实，讲求效益，稳步协调地发展。”[⑥]这些都表明了邓小平对发展速度与协调发展之间辩证关系的特别关注。

进入新世纪以后，江泽民针对我国经济社会发展中出现的与人口资源环境不相协调的突出问题，着重提出“实现经济社会和人口资源环境协调发展”的战略思想，

① 《建国以来毛泽东文稿》第1册，中央文献出版社1987年版，第394页。

② 《毛泽东文集》第7卷，人民出版社2004年版，第175页。

③ 《人民日报》2016年5月10日。

④ 《邓小平文选》第3卷，人民出版社1993年版，第130页。

⑤ 《邓小平文选》第3卷，人民出版社1993年版，第143页。

⑥ 《邓小平文选》第3卷，人民出版社1993年版，第375页。

要求全党在“开始实施现代化建设第三步战略部署”的过程中，要“实现可持续发展”，“既要保持经济持续快速健康发展的良好势头，又要抓紧解决人口、资源、环境工作面临的突出问题，着眼于未来，确保实现可持续发展的目标”。他特别提出：“实现可持续发展，核心的问题是实现经济社会和人口、资源、环境协调发展。”①

党的十六大以后，胡锦涛同志号召全党全社会进一步实施可持续发展战略，紧紧抓住“实现经济发展和人口、资源、环境相协调”这条“建设中国特色社会主义必须坚持的基本经验”，②把协调发展问题“摆到更加突出的位置”，着力解决改革发展面临的突出矛盾和不够协调的问题，着力推动经济社会协调发展，推进中国特色社会主义各方面事业协调发展。在提出并阐述科学发展观的深刻内涵的时候，胡锦涛清醒地认识到，“促进经济社会协调发展，是建设中国特色社会主义的必然要求，也是全面建设小康社会的必然要求”。他明确要求：“各地区各部门都要把促进经济社会协调发展摆到更加突出的位置。”

上述认识，反映了我们党的领导集体在认识发展问题和把握发展观上，对协调问题的高度重视，正如习近平所说：“这些都体现了我们对协调认识的不断深化，体现了唯物辩证法在解决我国发展问题上的方法论意义。”③

二、五大发展理念“是具有内在联系的集合体”，蕴含着整体性和协调性的哲学思维

在当今中国，“协调发展”理念又融入了更为深刻和广泛的哲学意蕴。要理解这种意蕴，首先就要完整理解五大发展理念这个集合体。以习近平同志为核心的党中央通过十三五规划《建议》，在我国全面建成小康社会决胜阶段，提出了有关经济社会发展的一些新思路，其中最突出的理论成果是提出“创新、协调、绿色、开放、共享”的发展理念。这五大发展理念，作为一个整体，既集中地反映了改革开放30多年来我们党领导人民探索中国特色社会主义建设道路的发展经验，也反映了十八大以来党的中央领导集体“对我国发展规律的新认识”。

（一）提出五大发展理念，体现了我们党在发展观上的整体性思维

五大发展理念不是各自孤立存在的发展观念，而是一个相互依存、有机联系的整体，是一个集合体。习近平主持起草的中共中央关于“十三五”规划的建议稿明确提出：“创新、协调、绿色、开放、共享的新发展理念是具有内在联系的集合体，

① 《江泽民文选》第3卷，人民出版社2006年版，第462页。
② 《人民日报》2003年3月10日。
③ 《人民日报》2016年5月10日。

是‘十三五’乃至更长时期我国发展思路、发展方向、发展着力点的集中体现，必须贯穿于‘十三五’经济社会发展的各领域各环节。”[①] 他在十八届五中全会的讲话中也特别强调：“这五大发展理念相互贯通、相互促进，是具有内在联系的集合体，要统一贯彻，不能顾此失彼，也不能相互替代。哪一个发展理念贯彻不到位，发展进程都会受到影响。全党同志一定要提高统一贯彻五大发展理念的能力和水平，不断开拓发展新境界。”[②] 这一观点充分体现了马克思主义的唯物辩证法。理解五大发展理念，首先必须从整体观出发。贯彻落实五大发展理念，也必须从整体、系统入手，“不能顾此失彼，也不能相互替代”。

五大发展理念的提出，体现了我们党在发展观上的整体性思维，反映了我们党在新的历史条件下领导经济社会发展过程中对目标导向与问题导向的整体性把握。因此，深入理解和贯彻落实五大发展理念，要采取全面系统的整体性思维方式，既不能孤立起来看，更不能孤立起来用。

（二）提出五大发展理念，也蕴含着我们党在发展观上的协调性思维

辩证法在解决对立统一的矛盾关系时，既强调观察事物的整体性，也强调而且尤其强调抓住社会实践中矛盾关系的协调性。马克思主义辩证法体现在中国特色社会主义建设实践中，也讲究从实际出发的协调性思维，注重统筹协调。五大发展理念，针对的是在经济社会发展中出现的不协调、不平衡的突出矛盾和问题，解决这些矛盾和问题，需要辩证思维和协调性思维。眼中看到不平衡、不协调的矛盾和问题，实际工作中就需要用对立统一的辩证观点和协调方式来解决问题。

在五大发展理念中，协调发展理念更突出地反映了五大发展理念中蕴含的协调性思维，它是由经济社会持续健康发展的内在要求提出来的。协调发展，着重解决的是我们经济社会发展中长期存在的不平衡、不协调和不可持续的矛盾和问题。但是，五大发展理念中的其他发展理念，也蕴含着丰富的协调性，解决的都是不协调、不平衡的突出矛盾。

总之，五大发展理念体现出的整体性和协调性思维，充分反映了事物发展的复杂性和多样性，反映了中国特色社会主义事业发展中所面临的突出问题和主要矛盾。五大发展理念着重讲的是方法论，是以习近平同志为核心的党中央在探索中国特色社会主义发展规律方面的认识总结，也是在新的历史条件下驾驭复杂局面、处理突出矛盾和问题的方法论表达。它充分体现了马克思主义的唯物辩证法，体现了当代中国共产党人的哲学思维，也是对马克思主义发展观的又一次理论创新。

---

① 《中共中央关于制定国民经济和社会发展第十三个五年规划的建议》，人民出版社 2015 年版。

② 习近平：《在党的十八届五中全会第二次全体会议上的讲话（节选）》，《求是》2016 年第 1 期。

三、“协调发展”理念着眼矛盾、关系全局

协调发展，是五大发展理念中的一个既重要又特殊的理念。除了前面提到的五大发展理念中从整体上蕴含着协调性外，协调发展理念在五大发展理念中有着它的独特个性，也就是马克思主义哲学所说的矛盾的特殊性。在搞清五大发展理念的整体意蕴后，很有必要深入研究协调发展理念的特殊意蕴。

（一）协调发展理念针对的是事物发展的矛盾性

协调的对象，是相互存在矛盾的事物；协调的着眼点，首先就是事物发展中的矛盾关系。协调发展理念，就是事物的矛盾性在中国共产党人发展观上的一个重要反映。在全面建成小康社会和实现中华民族伟大复兴的道路上，我们所面临的难题和矛盾更为复杂多变。中国特色社会主义事业每推进一步，都伴随着复杂矛盾不断产生、发展和解决的过程，都考验着我们对矛盾的认识、把握和处理的水平，考验着我们统筹协调矛盾关系的能力。

习近平曾指出：“在处理复杂经济利益关系和各种社会矛盾中，领导方法和工作方法十分重要。方法对头，事半功倍，方法失当，事倍功半。”[①] 在他推荐给领导干部和党组织重温的毛泽东《党委会的工作方法》中，既有矛盾观上两点论的关注，“凡是有问题的地方都要点一下，这个方法我们一定要学会”；又有矛盾观上重点论的关注，“对主要工作不但一定要‘抓’，而且一定要‘抓紧’”。协调发展理念强调的就是要在看到矛盾普遍性的前提下，善于抓住矛盾的特殊性，抓住主要矛盾和矛盾的主要方面，运用马克思主义哲学中联系的观点、系统的观点分析矛盾和解决问题，运用统筹协调的方法，抓住中心总揽全局，协调各方兼顾其他。

习近平在谈到要掌握辩证唯物主义的基本原理和方法论时，特别强调要抓住矛盾普遍存在、矛盾是事物发展的根本动力的客观事实，强调承认矛盾的普遍性、客观性，“就是要善于把认识和化解矛盾作为打开工作局面的突破口”。[②] 这就告诉我们，要实现中国特色社会主义建设的奋斗目标，就必须从矛盾的客观存在和规律性角度来寻找突破口，谋划发展，使事业的发展和社会的进步走向协调、走向健康。

（二）协调发展理念着眼的是事物发展的整体性

协调的出发点，关键在于事物整体间的相互联系。协调的范围是整体，协调的方式是发挥整体效能，协调的目的是增强发展的整体性。我们党提出“协调发展”理念，正是从事物发展的整体性出发的。“协调发展增强发展整体性，是全面建成

---

① 引自《学习时报》2014 年 5 月 26 日。

② 《习近平在中央政治局第 20 次集体学习时的讲话》，《人民日报》2015 年 1 月 25 日。

小康社会的决胜之举。办成一件事，需要协调；推进一项事业，需要协调；成就一番伟业，更需要协调。”[①] 只有从全局和整体观察问题和思考问题，才能妥善协调关系和处理问题，也才能推进事业的成功。“十三五”规划《建议》和“十三五”规划《纲要》中都明确指出：“协调是持续健康发展的内在要求。必须牢牢把握中国特色社会主义事业总体布局，正确处理发展中的重大关系，重点促进城乡区域协调发展，促进经济社会协调发展，促进新型工业化、信息化、城镇化、农业现代化同步发展，在增强国家硬实力的同时注重提升国家软实力，不断增强发展整体性。”这里清晰地表明，协调发展的问题，关系经济社会发展的全局，是事物发展的整体性在发展观上的反映。

从另一个角度讲，协调发展理念，主要关注的是人、自然、社会之间的辩证关系。马克思主义认为，这三者之间是互为发展条件并共处于一个统一体中的，它们相互联系、相互制约、相互依存，组成一个不可分离的有机整体，这个有机整体内部只有相互促进、相互协调，才能良性运行、健康发展。这种协调发展的整体性，反映在人与社会之间，是社会各领域、各行业、各门类之间的相互依存、相互适应、相互促进、良性互动；反映在人与自然之间，是人与自然融为一体、和谐共生、可持续发展。因此，协调不协调的问题，反映的是整体内部的关系是否健康的问题，协调发展理念表达的正是发展观上的全面性和整体性。

（三）协调发展理念解决的是事物发展的平衡性

协调的目标任务，就是补齐经济社会发展中的“短板”，也就是要使事物及其矛盾达到一种相对平衡的状态。习近平在谈到“十三五”规划所要解决的突出问题时强调：“作为全面建成小康社会的收官规划，必须紧紧扭住全面建成小康社会存在的短板，在补齐短板上多用力。”他提到的突出短板有“农村贫困人口脱贫”、“社会事业发展”、“生态环境保护”、“民生保障”等方面。他提出：“谋划‘十三五’时期经济社会发展，必须全力做好补齐短板这篇大文章，着力提高发展的协调性和平衡性。”[②] 可见，协调与平衡，是在解决不平衡的矛盾关系时共生共进的，“协调是发展平衡和不平衡的统一，由平衡到不平衡再到新的平衡是事物发展的基本规律”[③]。如果经济发展中存在着突出的不平衡的短板，肯定是不协调的。提出协调发

① 《深入学习贯彻习近平同志系列重要讲话精神 坚持协调发展——“五大发展理念”解读之二》，《人民日报》2015 年 12 月 21 日。

② 习近平：《关于〈中共中央关于制定国民经济和社会发展第十三个五年规划的建议〉的说明》，《人民日报》2015 年 11 月 4 日。

③ 习近平：《在省部级主要领导干部学习贯彻党的十八届五中全会精神专题研讨班上的讲话》（2016 年 1 月 18 日），《人民日报》2016 年 5 月 10 日。

展理念，就是为了解决我国经济社会发展中城乡发展不协调、区域发展不协同、产业结构不合理、经济和社会发展“一条腿长、一条腿短”等突出的短板，解决这些方面平衡发展的问题。中共中央关于十三五规划的《建议》，也是从平衡性角度阐述协调发展理念的，标题就叫“坚持协调发展，着力形成平衡发展结构”，其中指出：“增强发展协调性，必须坚持区域协同、城乡一体、物质文明精神文明并重、经济建设国防建设融合，在协调发展中拓宽发展空间，在加强薄弱领域中增强发展后劲。”

从另一个角度讲，辩证法体现在实际工作中尤其在领导工作中，处理的就是平衡性问题。习近平曾经在谈到领导干部在实际工作中要提高领导艺术、创新工作方法时，特别从马克思主义辩证法角度讲过协调发展理念的平衡性内涵，他说：“要讲辩证法，坚持两点论。当前我国正处于发展转型、体制转轨、社会变革的关键时期，我们在解决一些矛盾和问题时往往会面临两难的选择。因此，我们想问题、作决策、办事情，不能非此即彼，要用辩证法，要讲两点论，要找平衡点。”①习近平多次谈到过毛泽东在《党委会的工作方法》一文中所提出“学会‘弹钢琴’”的工作方法，其中所蕴含的意思，就是在新的历史条件下，更要坚持统筹兼顾、综合平衡的治国理政理念，从事物发展的平衡性着眼解决复杂矛盾。

由上可知，协调发展理念中蕴含的矛盾性、整体性、平衡性问题，充分反映了客观事物发展状态与主观认识之间的相互呼应关系。协调是与和谐、同步、平衡、健康以及一体化、可持续等问题紧密联系在一起的。城乡一体化发展、区域平衡发展、物质生活与精神生活同步发展、人与自然和谐发展、经济与社会健康发展等，都体现出协调发展的丰富内涵，都需要解决矛盾性、整体性、平衡性问题。

十八大以来，面对更加复杂的不平衡、不协调的矛盾和问题，面对具有许多新的历史特点的伟大斗争，以习近平同志为核心的党中央进一步思考有关协调发展的问题。习近平特别强调：“新形势下，协调发展具有一些新特点”。②这些新特点，突出地表现在以下一些方面：协调发展既是发展手段又是发展目标，同时还是评价发展的标准和尺度；协调是发展两点论和重点论的统一，既要看到发展优势，又要看到制约因素和短板，要破中有立；协调是短板和潜力的统一，协调发展就是要在找出并补齐短板的基础上挖掘潜力、增强发展后劲；协调是发展平衡和不平衡的统一，协调发展也不是要搞平均主义，而是更加注重机会公平和资源配置均衡；等等。

---

① 习近平：《干在实处 走在前列——推进浙江新发展的思考与实践》，中央党校出版社 2014 年版，第 550 页。

② 习近平：《在省部级主要领导干部学习贯彻党的十八届五中全会精神专题研讨班上的讲话》（2016 年 1 月 18 日），《人民日报》2016 年 5 月 10 日。

对协调发展问题，习近平始终有着高度的关注和独到的见解。从十八大以来习近平反复强调“协调”问题重要性的论述中我们可以看出，他既在重大的战略思路、战略举措以及思想方法问题上讲协调，又在具体的行动指导和工作方法问题上讲协调。比如，在战略思路和战略举措上，他强调：“党的十八大以来，我们提出要协调推进全面建成小康社会、全面深化改革、全面依法治国、全面从严治党，这‘四个全面’是当前党和国家事业发展中必须解决好的主要矛盾。”[①]“当前，中国正在协调推进全面建成小康社会、全面深化改革、全面依法治国、全面从严治党，规划了在新形势下治国理政的战略目标和战略举措。”[②]他还特别强调要使“四个全面”战略布局“相辅相成、相互促进、相得益彰”。[③]又比如，在行动指导和工作方法上，他提出：“增强改革措施的协调性”，“我们要坚定不移推进改革开放，不断在制度建设和创新方面迈出新步伐，不断促进生产关系和生产力、上层建筑和经济基础相适应，促进经济社会各个领域、各个方面、各个环节相协调。”[④]他不断强调要着力推动统筹区域协调发展、城乡协调发展、物质文明和精神文明协调发展、经济建设和国防建设融合发展等。十八大以来，中央在具体工作层面也提出了一系列推进协调发展的战略部署，比如，深入推进新型城镇化和农业现代化，实施“一带一路”战略、京津冀协同发展战略、长江经济带发展战略，持续推进东、中、西、东北地区“四个板块”的协调发展等。[⑤]

总之，理解协调发展理念，是深入了解五大发展理念的一个突破口。“协调是成事成功的一大规律、一把‘金钥匙’，是全面建成小康社会决战决胜的一大核心理念。”“协调发展理念是对马克思主义关于协调发展理论的创造性运用，是我们党对经济社会发展规律认识的深化和升华。”[⑥]习近平在谈到能否完成“十三五”规划任务时也特别指出：“下好‘十三五’时期发展的全国一盘棋，协调发展是制胜要诀。”[⑦]在充分理解和准确把握五大发展理念的集合体内涵的前提下，进一步认识和

---

① 中共中央文献研究室编：《习近平关于协调推进“四个全面”战略布局论述摘编》，中央文献出版社 2015 年版，第 15 页。

② 中共中央文献研究室编：《习近平关于协调推进“四个全面”战略布局论述摘编》，中央文献出版社 2015 年版，第 19 页。

③ 中共中央文献研究室编：《习近平关于协调推进“四个全面”战略布局论述摘编》，中央文献出版社 2015 年版，第 17 页。

④《习近平在党的十八届一中全会上的讲话》，《求是》2013 年第 1 期。

⑤ 参见国务院研究室：《十二届全国人大四次会议〈政府工作报告〉辅导读本》，人民出版社、中国言实出版社 2016 年版，第 154 页。

⑥《深入学习贯彻习近平同志系列重要讲话精神 坚持协调发展——“五大发展理念”解读之二》，《人民日报》2015 年 12 月 21 日。

⑦ 习近平：《在省部级主要领导干部学习贯彻党的十八届五中全会精神专题研讨班上的讲话》（2016 年 1 月 18 日），《人民日报》2016 年 5 月 10 日。

把握协调发展理念的特殊意义和作用，对全面、协调、可持续地推进中国特色社会主义事业的发展，具有极为重要的意义。中国特色社会主义建设的实践告诉我们，没有协调发展，就谈不上全面建成小康社会；没有协调发展，也就谈不上中华民族的伟大复兴。

善于随时总结经验的典范——以陈云的四个建议为例

中共中央文献研究室第二编研部主任、研究员　王均伟

一个政党，善不善于总结经验，有没有一批善于总结经验的领导者，对党认识和把握历史发展规律、促进党自身不断走向成熟、完成好各个时期的使命任务，都有着很关键的作用。毛泽东曾经说过这样一句话："我是靠总结经验吃饭的"，有人说这是毛泽东的谦虚之词，这里面当然有谦虚的成分，但同样也包含了他对几十年奋斗生涯的深刻感悟，是肺腑之言。什么叫总结经验？简单地说，就是把做过的工作加以分析，找出规律性的认识，成功在哪里，失误在哪里，使我们的头脑更加清醒，以利于以后工作的提高和改进。总结经验有不同的形式，有些是对比较长时期的工作的全面总结，比如我们党的两个《历史决议》，都是对20多年奋斗历程的系统总结，分别对于我们党赢得新民主主义革命胜利和开创改革开放新局面发挥了至关紧要的推动作用。有些是阶段性的总结，比如每五年的党代会，都会对过去五年的工作进行一次全面的回顾，都有着承前启后的作用。还有一种方式，就是"随时总结经验"，这是陈云1980年12月16日在中央工作会议上提出来的，他说："我们要改革，但是步子要稳。因为我们的改革，问题复杂，不能要求过急。改革固然要靠一定的理论研究、经济统计和经济预测，更重要的还是要从试点着手，随时总结经验，也就是要'摸着石头过河'。开始时步子要小，缓缓而行。"①

比较经过一定时间的沉淀再回顾和总结而言，"随时总结经验"有一个很大的好处，就是及时性，可以把好的经验和办法迅速推开，可以避免小的失误因得不到及时纠正而扩大，可以防止出现长时间的全局性的弯路。但"随时"意味着工作刚刚完成甚至正在展开，能不能一下子看清楚，敢不敢立刻指出来，考验的是领导者的即时判断和决断的智慧和勇气。陈云在"随时总结经验"方面堪称党内典范，在陈云一生中，这样的例子很多，这里仅以改革开放新时期陈云提出的四个建议为例。

第一个例子：借外债要循序进行

1979年3月14日，陈云和李先念联名写信给中央，其中提出："借外债必须充

① 《陈云文选》第3卷，人民出版社1995年版，第279页。

分考虑还本付息的支付能力，考虑国内投资能力，做到基本上循序进行。”[①]一周后，3月21日陈云在中央政治局会议上再次谈到外债问题，说：“借外国人那么多钱，究竟靠得住靠不住？旧社会，我在上海呆过，钱庄、银行贷款，要经过好多调查，确有偿还能力，才借给你。外国商人说借钱给你，有真有假，这件事也不要看的太简单。”“可以向外国借款，中央下这个决心很对，但是一下子借那么多，办不到。有些同志只看到外国的情况，没有看到本国的实际。我们的工业基础不如它们，技术力量不如它们。”“只看到可以借款，只看到别的国家发展快，没有看到本国的情况，这是缺点。不按比例，靠多借外债，靠不住。”[②]半年后，陈云在国务院财经委员会召开的汇报会上再次就借外债进行了分析，指出：“现在谁也不反对借外债，但对所借外债要加以分别。基本上说，只有两种外债：第一种是买方贷款，就是外国卖机器设备给我们，可以几年或允许更长时间偿还。这种贷款实际上只卖给我们机器设备，不是借给我们自由外汇。第二种是自由外汇贷款，这一种贷款数量很少，现在只借到四十四亿美元。”“利用外资来进行建设，我们的经验还很少，需要认真加以研究。”[③]

陈云的上述建议，有几层意思，一是可以借外债，以补国内资金不足；二是要考虑偿还能力；三是要考虑配套能力即消化能力；四是区别对待买方贷款和自由外汇。他之所以在半年多时间里反复强调这个问题，是因为当时存在着一股“借钱”的风潮。改革开放刚刚起步，大家都没有经验，一些人出国访问、考察，国外的一些政府、企业纷纷许诺可以借钱给中国，有的国家，一个州长就许诺可以借几十亿、上百亿美元，这不是天方夜谭吗？在西方的制度框架下，钱是掌握在议会手中的，政府哪里有那么多的闲钱呢！当时西方国家确实有一些剩余资本在寻找投资机会，中国实行改革开放，也进入了他们选择的视野，但资本不是慈善家，是逐利的，是要高额回报的。有些人看不明白这一点，回国后到处吹风，上面也往下吹风，要引进多少多少亿，上马多少多少个大项目，似乎可以借来一个现代化。这个心情是可以理解的，被耽误了那么多年，希望发展得快一点。但正如陈云所指出的，“有些同志只看到外国的情况，没有看到本国的实际”，因此要“认真加以研究”。

陈云的建议得到了邓小平的重视和赞成。1979年10月4日，邓小平在中央召开的省、市、自治区第一书记会议上讲话说：“我赞成陈云同志那个分析，外资是两种，一种叫自由外汇，一种叫设备贷款。不管哪一种，我们都要利用，因为这个机

① 《陈云文选》第3卷，人民出版社1995年版，第249页。
② 《陈云文选》第3卷，人民出版社1995年版，第252页。
③ 《陈云文选》第3卷，人民出版社1995年版，第265页。

会太难得了，这个条件不用太可惜了。”“问题是怎样善于使用，怎样使每个项目都能够比较快地见效，包括解决好偿付能力问题。”“我们引进每一个项目都要做到必须具有偿付能力。可以先干两件事再说。陈云同志的意见是一个项目一个项目地研究，我赞成这个意见，应该这样来研究。”

中央领导人的清醒认识，对于中国整个的外资引进起到了拨正方向的作用。在其后的实际工作中，中国在借债方面，一直坚持态度积极、措施稳健的方针，既利用了国际资本发展自己，又防止了国际资本对中国经济的掌控。

20 世纪 80 年代，东欧和苏联先后也进行经济改革，但他们急于求成，大量从西方国家借钱，比如南斯拉夫 1981 年外债达 201 亿美元，人均 900 美元；波兰 1986 年外债达 382 亿美元，人均 1000 美元；匈牙利 1988 年外债达 180 亿美元，人均 1800 美元。借了这么多钱，国内实际上消化不了，行不成有效生产能力，还本付息都成了问题，债台高筑的结果，是本币贬值与物价飞涨的恶性循环，经济形势不断恶化，人民生活日益困难，各种形式的抗议此起彼伏，终于引发严重的社会和政治后果。如果与苏联和东欧国家比较，我们更应庆幸有我们的领导人的睿智。

第二个例子：提拔培养中青年干部是当务之急

我们看《陈云文选》会发现，进入改革开放新时期后收入的文稿，大部分是谈话的整理稿，他亲自撰写的文章并不算多，其中《提拔培养中青年干部是当务之急》是他亲笔撰写的有着非同寻常分量的一篇。

培养中青年干部问题实际上在党的十一届三中全会后就提出来了，1979 年 3 月 25 日，陈云在国务院财经委员会第一次会议上就说：“我们这些人都快要‘告老还乡’了”，要“找一个，两个，三个，四个，或者五个年轻一些的，四十岁到五十岁的干部，到财经委员会工作。”[①] 但在实际操作中，这个工作进行得并不顺利，因为“老干部对于提拔中青年干部还不是很清醒，不是感到很紧迫。”[②]1980 年，中央和地方 64 个省部级单位挑选了将近 500 个提拔对象，实际上得到提拔的只有 43 人；29 个省区市当年新进领导班子的 107 人中，中青年干部（55 岁以下）只有 25 人。当年全国干部队伍的情况是，部委班子主要领导平均年龄 63 岁，其中 66 岁以上的接近一半；省委班子主要领导平均年龄 62 岁，其中 66 岁以上的占 40%；地市级领导班子平均年龄 56 岁，甚至有些地市的书记已是年过七十的古稀之龄。这些干部身负

① 《陈云文选》第 3 卷，人民出版社 1995 年版，第 257—258 页。

② 《陈云文选》第 3 卷，人民出版社 1995 年版，第 299 页。

重任，在第一线工作，并且常常带病工作，因积劳成疾而死亡的人越来越多，差不多每天都有老干部死亡的报告，开追悼会的消息几乎每天都有。“北京的，外地的，开追悼会，要送花圈，往往一天几起。”“开会的时候，部长、副部长，正手、副手，坐了一大桌，但真正能做工作的，只有三几个人。”[①]陈云认为，这种状况不能再继续。1981年5月，他在杭州休息的时候，感到这个问题实在是重大，就亲自撰写了《提拔培养中青年干部是当务之急》的文稿，5月20日，他从杭州一回到北京，就把这份文稿送给了邓小平和当时的总书记胡耀邦。

在这篇文稿里，陈云提出的主要建议包括：一、从现在起，就成千上万地提拔培养中青年干部，让德才兼备的中青年干部在各级领导岗位上锻炼。老干部对他们实行传帮带，使大量的中青年干部成为我们各级党政工作强大的后备力量，随时可以从中挑选领导干部。二、我们所要提拔的中青年干部，绝对不是要提拔那种“头上长角、身上长刺”的青年干部，我们要提拔的是德才兼备的中青年干部。三、大量地提拔培养中青年干部，不单要靠组织部门，主要还是靠各级领导干部，从基层单位直到中央，都要一齐动手。四、为了避免提错人，为了在工作中考察中青年干部，各级党政军民组织都应该自上而下地设立辅助工作机构和辅助人员。五、没有老干部不能实现四化，没有大批知识分子参加到我们党的干部队伍中来，也决不能建成现代化的新中国。现在的情况是，知识分子要求入党，时常被拒之于门外。有些长期要求入党的知识分子，在生前往往不能实现，直到他们作出贡献而死后，才被追认为党员。这种情况必须坚决加以改变。六、老干部是我们党的宝贵财富，在政治待遇上，在物质待遇上，必须予以照顾和优待。

陈云的建议得到了邓小平的高度认同。他在同年6月召开的省、自治区、直辖市党委书记座谈会上说：“陈云同志这个建议我是双手拥护。现在就是要大家来讨论怎样具体化。”“陈云同志更尖锐地提出这个问题。他提得非常好，我赞成。原来我们还是手脚小了一点，陈云同志提出，选拔中青年干部不是几十、几百，是成千上万。成千是个形容词，上万是实质，实际上是一万、两万、几万。”这篇文稿随后印发给1981年6月举行的中共中央政治局扩大会议和党的十一届六中全会，六中全会结束后，中央又专门召集各省、自治区、直辖市党委书记座谈会，讨论陈云的建议。在陈云的倡议和邓小平的支持下，全党在选拔培养中青年干部上很快取得了共识，原来进展迟缓的工作迅速加快，一大片德才兼备的中青年干部脱颖而出，成为后来国家各个领域的栋梁之材。更关键的是，由此发端而逐步确立的党的干部队伍的“四化”原则，成为一种制度安排，为党的干部队伍建设提供了制度保障。

---

① 《陈云文选》第3卷，人民出版社1995年版，第298页。

改革开放是我们党的一个长期的历史任务，要把事业顺利推进下去，需要一代又一代德才兼备的领导集体的接续奋斗。三十多年来国内外的风云变幻，使我们更加认识到当年陈云所说的“当务之急”的深刻内涵以及对于国家长治久安的深远意义。

第三个例子：“我不同意发行特区货币”

1983年10月23日，陈云在中办信访局报送的经济学家千家驹关于发行特区货币的建议上明确批示：“我不同意发行特区货币。”[①]

关于发行特区货币问题，从经济特区设立后不久就提出来了。当时主要是考虑如何发挥特区的优势，吸引境外资金参与特区建设。由于国家外汇短缺，人民币“腿短”，不能自由浮动汇率，有的人就提出来，是否可以发行与外币直接挂钩的特区货币作为硬通货，以便与外币直接兑换。当时，支持发行特区货币的力量是很强大的，有中央部委的领导，有地方的领导，有各种专家，还有香港和国外的一些人。在他们的影响下，中央领导人中也有些同志表达了积极的态度。更有个别领导人在中央尚未正式向党内传达的情况下，自己先向国外媒体放出了中国要发行特区货币的消息，有关部门甚至已经印好特区货币的样票，这就形成了巨大的舆论影响力，似乎特区货币的发行已经是箭在弦上。

尽管如此，陈云还是坚持自己的意见，可以说，他是当时极少数公开反复表达对此问题不赞成态度的领导人。1984年4月25日，他在杭州同前来汇报工作的国务院副总理谷牧谈话，指出：“我同意开放十四个沿海城市，但对是否搞特区货币，我考虑比较多。”[②]5月26日，他在中国银行两位工作人员反对发行特区货币的信上批示：“特区货币发行权必须在中央，决不能让特区货币与人民币在全国范围内同时流通。如果不是这样做，就会出现国民党时期法币发行之前的状况。”[③]10月27日，他约国务院副总理谷牧和人民银行副行长刘鸿儒谈话，指出：“特区货币如果大家坚持要搞，我提出两条，一条是特区货币发行权属于中央；另一条是封关之后，特区货币只能在特区流通，不能在其他地方流通。”[④]陈云的坚持，使得相关决策层对这个问题进行了更慎重的研究。几个月后，经济形势出现了新的变化，国家外汇储备急剧减少，已经不可能再拿出外汇来为特区货币背书了。再后来，国内政治形势发

---

① 《陈云年谱》（修订本）下卷，中央文献出版社2015年版，第390页。

② 《陈云年谱》（修订本）下卷，中央文献出版社2015年版，第403页。

③ 《陈云年谱》（修订本）下卷，中央文献出版社2015年版，第405页。

④ 《陈云年谱》（修订本）下卷，中央文献出版社2015年版，第418页。

生了很多变化，特区货币的发行事宜也就无疾而终。

发行特区货币的设想初衷是好的，但其中蕴含的风险却是巨大的，一是国家很可能背上一个沉重的包袱。特区货币要能够自由兑换，必须有外汇作准备金。当时特区初创，没有什么外汇收入，这笔准备金只能由中央以黄金和外汇来承担，究竟需要承担多少、承担多长时间，都是难以预计的，很可能成为甩不掉的包袱。二是难以监管。当时特区已经在流通三种货币即人民币、人民币外汇券和港币，如果再加一个特区货币，一个小小的特区，四种货币并存，如何监管是从来没有遇到的，搞不好就会导致金融秩序失控，引发严重的金融混乱甚至危机，轻一点说也会引发严重的金融投机。三是规避不了国际经济波动的影响。由于特区货币与外币直接挂钩，就一定会受到境外经济波动的牵连，境外一旦出现经济动荡，就会直接牵累特区发展，这样，特区的稳定和发展就受制于人，这是我们无论如何也难以接受的。有的领导同志认为说这些风险是吓唬人。是不是吓唬人，1997 年席卷东南亚的金融风暴和当年的港币危机已经给出了答案。如果我们发行了特区货币，在 1997 年的金融风暴中要付出何种代价，真是难以想象。

第四个例子：物价闯关“我打个很大的问号”

1987 年十三大后，加快推进改革开放成为工作的重心。但是如何解决经济中的深层次矛盾，是一个很大的挑战。有些问题是长期积累的，要想在短时间一下子解决，实际上是做不到的。但当时主持中央工作的领导者力主在价格等问题上迈大步、硬闯关。1988 年 5 月 16 日，赵紫阳主持政治局常委会讨论价格改革问题，决定由国务院拟定价格改革的闯关方案。5 月 18 日，国务院副总理姚依林到陈云住处，汇报政治局常委会关于用 5 年时间涨价格、补工资以理顺价格的意见，当时设想是从 1989 年起，每年价格上涨 10%，连涨 5 年，相应也增加工资收入。对这个设想，陈云当即就表示：“物价每年要上涨 10%，连涨 5 年，对此我打个很大的问号。”[①] 他分析说，物价连续上涨 10% 影响面很大，不拿工资的农民怎么办？农民从土地转出来拿工资，比当农民好得多，但做到这个事很不容易。我们有生之年，农业过不了关。10 天后，陈云同国务院总理李鹏谈话，再次表达了不同看法，他说：每年物价上涨 10%，办不到。我是算账派，脑子里有数目字。理顺价格在你们有生之年理不顺，财政补贴取消不了。

陈云一生有过三次与通货膨胀进行直接大较量的经历。一次是延安时期主持

① 《陈云年谱》（修订本）下卷，中央文献出版社 2015 年版，第 466 页。

西北财经办事处工作时，当时由于国民党政府在皖南事变后断绝了对边区的经费供给，对陕甘宁边区实行严密的物资封锁，使得边区物资奇缺，物价飞涨，最高时涨了 8000 倍，陈云用了一年多的时间，稳定了边币的币值和物价。第二次是上海解放初期，受中央和毛泽东之命赴上海，收拾国民党留下的通货膨胀的烂摊子，用了 4 个月的时间，打赢了这场经济战线的“淮海战役”。第三次是 1961—1962 年，在国民经济面临严重困难、因多发了 60 亿钞票而物价高涨的危难之时，用 1 年多时间解决了货币超发。这三次经历使陈云对物价问题的敏感性、严重性和解决难度有了深刻的认识，深知其牵一发而动全身的后果。

尽管陈云明确表达了不同意见，但物价闯关方案还是推进下去，结果，到 7 月，物价上涨指数就达到 19.3%，远远超过了 10% 的预定计划，社会上出现了改革开放以来最严重的抢购物资和挤提银行存款风潮，恐慌性的情绪在城乡蔓延，人民群众十分不满。9 月底，党的十三届三中全会决定治理经济环境、整顿经济秩序，物价闯关实际上失败了。

上面的例子，只是陈云在众多的经验总结中的几个代表。人们或许会问，为什么陈云特别善于随时总结经验，特别崇尚真抓实干呢？最根本的一点，是大家公认的，陈云始终坚持实事求是的思想路线，坚持“不唯书、不唯上、只唯实”、“交换、比较、反复”的思想方法、工作方法和领导原则。除此之外，还有三点特别值得后人学习借鉴。

一是踱方步、想大事、看大势的本领。陈云多次强调，领导干部要拿出一定时间踱方步、考虑战略性的问题。进入新时期后，陈云因年事已高，更多的时间和精力用在了“踱方步”上，他能够及时发现问题，及时总结经验，与他的深思熟虑、严谨慎行、周密计算密不可分。无论作什么决策，都不可心血来潮，更不可意气用事。

二是坚持真理、坚持原则的胆识。陈云对经验的总结，提出的建议和意见，有些是很得罪人的，有些被人误解为“不支持改革开放”，有些甚至当时没有被接受。但只要他看准了的，他从不轻易放弃，也绝不隐藏自己的观点。只要符合党和人民的利益，不管情况多么复杂，不管形势多么不利，他都坚定不移。这是一个共产党人的高尚品德。说实话，有些意见，如果陈云不提，别的人在当时是很难说出口的。也正是有了邓小平、陈云这样的领导人，我们的改革开放才能基本上没走弯路，没出现大的曲折。

三是听取各种意见的宽广胸怀。陈云在每逢重大决策之前，总要作大量调查研究，听取多方面意见。他强调，作为领导干部，经常注意同别人交换意见，尤其是多倾听反面的意见，只有好处，没有坏处。他甚至说：“如果没有不同意见，自己也要假设一个对立面，让大家来批驳。有钱难买反对自己意见的人。有了不同意见，可以引起思考。”[①] 正是有了这样的气度和胸怀，陈云才能在紧要关头提出真知灼见，才能成为党内公认的“多谋善断”和“处理麻烦问题的能手”。

① 《陈云年谱》（修订本）下卷，中央文献出版社 2015 年版，第 456 页。

邓小平对社会主义本质的探索和改革开放起步与发展

中共中央党史研究室第三研究部主任、研究员　张神根

众所周知，中国的改革开放是推动社会主义制度的自我完善和发展，始终围绕回答“什么是社会主义、怎样建设社会主义”展开，始终围绕社会主义本质进行探索。改革开放又反过来对上述回答和探索作出贡献、发挥促进作用。这是中国改革开放的特点，也是改革开放取得成功的一条重要经验。然而，对于这一特点和经验学术界注意得还不够，总结得也不多。

本文拟以邓小平对社会主义本质进行的探索为切入点，探讨它与改革开放起步与发展之间的关系。

一、前30年的挫折促使认识到必须探索社会主义本质问题

新中国成立后，中国共产党领导人民在中国搞的是社会主义，对社会主义本质问题的认识关系重大。中国共产党人对社会主义的认识是一个不断深化的过程，随着历史的发展而发展。

第二次世界大战结束以后，科技革命的大发展，生产和资本国际化的大发展，地区经济一体化的大发展，以及核武器的大发展，使得世界政治经济逐步进入维护和平与争取发展的新阶段。在社会主义和民族主义运动的刺激下，在不损害资本主义根本制度的前提下，资本主义对其生产关系和上层建筑进行调整和改良，一定程度上缓解了各种危机，适应了生产力发展的需要，从而延缓了灭亡的命运。

这样，世界上就出现了社会主义与资本主义两种不同社会制度共存的局面。局部战争和个别国家的革命虽时有发生，但资本主义国家与社会主义国家之间矛盾冲突趋向缓和，维护和平与争取社会经济发展逐步成了时代主旋律。各种制度和类型的国家，都在力图适应科技革命所带来的国内社会经济和国际经济关系的新变化，把调整经济结构，改革政治经济体制，稳定和加速经济发展，努力改善民生，促进国际经济合作，当作中心任务。一些国家和地区由此从废墟中重新崛起，开始跻身于发达国家和地区行列。

苏联等社会主义国家也开始借鉴吸收包括资本主义国家在内的文明成果，但由于认识不深刻，把握不准确，行动不坚决，产生的效果也很不明显。不仅如此，即使有限的改革也在社会主义国家内部及社会主义国家之间引发激烈争论，致使改革

裹足不前，终究没有摆脱苏联模式的束缚。直至20世纪80年代末90年代初，苏联、东欧等社会主义国家产生严重社会危机，共产党最终丧失执政地位。

中国的做法跟上述国家很不一样，结果也很不一样。中国共产党真正领导探索适合国情的社会主义建设道路是从1956年开始的。这一年，毛泽东发表《论十大关系》的讲话，从总结我国经济建设的问题和鉴戒苏联经验中提出要正确处理的十个方面的问题；同年召开的党的八大，明确国家的主要任务已经由解放生产力变为在新的生产关系下保护和发展生产力，并确定了经济、政治、文化和外交工作和执政党建设的一系列方针政策；第二年，即1957年，毛泽东发表《关于正确处理人民内部矛盾的问题》，提出严格区分两类不同性质的矛盾、正确处理人民内部矛盾的理论。这些都标志着1956年党的八大前后开始的探索有了良好的开端。

然而，此时共产党人执政时间毕竟不长，对中国国情认识、对社会主义认识只是刚刚开始，很容易受国内外一些突发事件的干扰而偏离正确的轨道。1957年反右派斗争严重扩大化打断了1956年探索进程，改变了党的八大关于我国社会主要矛盾和主要任务的正确判断，认为无产阶级和资产阶级的矛盾，社会主义道路和资本主义道路的矛盾，是当前我国社会的主要矛盾。由此，阶级斗争被提到越来越重要的位置，党和国家工作中心转移问题被无限期推迟。

反右派斗争虽然一度打断了探索进程，但党领导的探索并没有停下脚步。然而，接下来的探索留下更多的是教训。突出的有：

一是试图依靠群众运动搞建设。毛泽东就提出，什么工作都要搞群众运动，没有群众运动是不行的。[①] 反右派斗争之后，党的领导人轻率发动“大跃进”运动和农村人民公社化运动，使得以高指标、瞎指挥、浮夸风和“共产风”为主要标志的“左”倾错误严重地泛滥开来，给党和人民带来了严重的经济困难。原本希望早些让人民群众过上好日子，却出现了空前的灾难。

二是通过狠抓阶级斗争建设社会主义。经受“大跃进”挫折后，毛泽东更多地强调搞阶级斗争。在八届十中全会上，毛泽东提出我们可以现在讲起，年年讲，月月讲。进一步发展就走到了“文化大革命”，一步步将整个社会推入阶级斗争的旋涡。

三是通过建立人民公社等加快向共产主义过渡。1958年“大跃进”中出现的农村人民公社，特点被概括为“一大二公”，带有浓厚的平均主义和军事共产主义色彩，却得到毛泽东的肯定。“文革”中毛泽东“五·七”指示信和关于理论问题的谈话，也都体现着对没有差别、具有浓厚空想色彩社会的执着追求。

---

① 《中华人民共和国经济大事记（1949—1980）》，中国社会科学出版社1984年版，第225页。

总之，经过近30年的探索，中国共产党人没有找到适合本国国情的社会主义建设道路，社会发展逐渐陷入停滞不前状态。邓小平对上述问题进行了深入反思。他认为："我们过去照搬苏联搞社会主义的模式，带来很多问题。我们很早就发现了，但没有解决好。"[①]之所以没有解决好，就在于对"什么叫社会主义，什么叫马克思主义？我们过去对这个问题的认识不是完全清醒的。"[②]

二、对社会主义本质探索推动改革开放起步和不断发展

"文化大革命"结束，邓小平再次复出就着力在什么是社会主义问题上推动思想解放，突出提出"什么是社会主义、怎样建设社会主义"的问题。

1977年12月26日，邓小平振聋发聩地指出，人民生活水平不是改善而是后退叫优越性吗？如果这叫社会主义优越性，这样的社会主义我们也可以不要。[③]1980年，他明确强调：我们过去的那一套不适应今天和以后的任务，非改不行。[④]邓小平的这些思想认识和党中央相应的决策推动着改革开放大船扬帆启航。

然而，改革开放起步并不容易。此时，广大干部群众仍是满脑袋框框，手脚被束缚得紧紧的。要开好头，起好步，就需要回答"什么是社会主义、怎样建设社会主义"这个根本问题，揭示社会主义的本质。然而，任何一种社会制度的本质都有一个逐步展示、实现的过程，人们对它的认识也有一个逐步展开、逐步深入的过程。此时，经过走出国门看世界，有了比较，有了鉴别，党和人民开始对社会主义也有了新的认识。"发展生产力"、"改善人民生活"、"实现共同富裕"逐步成为全社会的共识，邓小平最先将这些共识凝结成社会主义本质的内容，有力地推动着改革开放实现一系列突破。

一是推动家庭联产承包责任制实现突破。解放近30年，广大农村农民的生活没有多大改变。十一届三中全会作出改革开放决策，为改变这一切提供了可能。农村首先出现包产到户。1980年4、5月间，在农村改革的关键时刻，邓小平发表两次谈话，支持实行包产到户改革。邓小平强调，实行包产到户的地方，经济的主体现在也还是生产队。这些地方会怎样呢？可以肯定，只要生产发展了，农村的社会分工和商品经济发展了，低水平的集体化就会发展到高水平的集体化，集体经济不巩固的也会巩固起来。这一谈话以发展生产为武器推动了农村改革的突破。

---

① 《邓小平文选》第3卷，人民出版社1993年版，第261页。

② 《邓小平文选》第3卷，人民出版社1993年版，第63页。

③ 《邓小平年谱（1975—1997）》（下），中央文献出版社2004年版，第250页。

④ 《邓小平年谱（1975—1997）》（下），中央文献出版社2004年版，第685页。

二是推动在雇工问题上实现突破。在传统观念看来，所有制越大越公越好。随着农村改革、城市改革的深入，对外开放的发展，个体、私营等多种经济形式逐步发展起来。这引起了激烈的争论，阻碍着改革开放的发展。邓小平几次发表讲话支持多种所有制经济发展。在邓小平大力支持下，1988 年七届人大一次会议通过《宪法》修正案规定“国家允许私营经济在法律规定的范围内存在和发展，私营经济是社会主义公有制经济的补充”。这些规定确立了私营经济的法律地位，推动多种所有制经济快速发展。

三是推动在特区建设问题上实现突破。特区自 1980 年建立以后饱受责难和非议。在特区建设艰难推进之际，邓小平于 1984 年 1 月 22 日至 2 月 17 日视察深圳、珠海、厦门等经济特区和广州、上海。途中分别讲到“珠海经济特区好”，“深圳的发展和经验证明，我们建立经济特区的政策是正确的”。回到北京后，邓小平同几位中央负责同志谈话，充分肯定了特区的发展。在讲话的推动下，中央作出进一步开放的决策，使特区建设和对外开放迎来新的发展机遇。

在推动许多具体领域改革取得突破的基础上，进一步推动党在一些关系全局的重大问题上作出决策。其中，最重要的是关于经济体制改革目标模式的决策。这一决策大约分为以下两步。

第一步，推动 20 世纪 80 年代作出第一个关于经济体制改革的决定。1984 年党的十二届三中全会通过《关于经济体制改革的决定》，突破把计划经济同商品经济对立起来的传统观念，提出我国社会主义经济是“公有制基础上的有计划商品经济”；突破把全民所有同国家机构直接经营企业混为一谈的传统观念，提出“所有权同经营权可以适当分开”，并就增强企业活力等一系列重大问题作出部署。由此，以城市为重点的经济体制改革全面展开。

第二步，推动 20 世纪 90 年代作出建立社会主义市场经济体制的决定。20 世纪 80 年代末 90 年代初，中国发生政治风波，苏联东欧发生剧变，社会主义遭受严重挫折，中国改革发展需要实现新突破的情况下，邓小平特别提出这一问题。在 1992 年南方谈话中他集中阐述了这一问题。他明确指出，计划多一点还是市场多一点，不是社会主义与资本主义的本质区别。计划经济不等于社会主义，资本主义也有计划；市场经济不等于资本主义，社会主义也有市场。计划和市场都是经济手段。在邓小平南方谈话推动下，同年召开的党的十四大明确经济体制改革目标是建立社会主义市场经济体制。由此，改革开放在 20 世纪 80 年代奠定的基础上迈出了更快和更大的步伐，开创了我国经济社会发展的崭新局面。

在社会主义初级阶段，摆在中国共产党人面前的历史任务就是实现国家富强、人民幸福。实现国家富裕、人民幸福，首先就需要发展生产力，进而改善人民生活。没有生产力的发展，改善人民生活无从谈起，其他一切也都成了空谈。所以，邓小平强调发展生产力是硬道理。基于这样的深层思考，发展生产力，改善人民生活就成了社会主义本质的首要内容。正是发展生产力、改善人民生活等武器，成为党领导推动改革开放不断取得一个又一个突破的法宝。

三、改革开放的发展深化了对社会主义本质的认识

邓小平对社会主义本质的探索，有力地推动改革开放起步和发展。改革开放的发展，反过来又对深化社会主义本质认识发挥了重要促进作用。

（一）首先把发展生产力纳入社会主义本质范畴

民主革命时期，中国共产党人曾经对发展生产力有过清醒认识。毛泽东在《论联合政府》中指出："中国一切政党的政策及其实践在中国人民中所表现的作用的好坏、大小，归根到底，看它对于中国人民的生产力的发展是否有帮助及其帮助之大小，看它是束缚生产力的，还是解放生产力的。"[①] 然而，新中国建立后，由于多种因素的干扰，并没有做到始终致力于发展生产力，党的领导人花了太多的精力抓革命了。

邓小平再次复出后，大力扭转上述忽视生产力发展的错误认识和做法，强调必须高度重视发展生产力，并将发展生产力纳入社会主义本质范畴。

1980 年，在农村改革酝酿突破，经济特区刚刚建立之际，邓小平对发展生产力进行了集中阐述，即首次提出社会主义本质概念。《邓小平文选》第二卷将这些阐述收集到一起以"社会主义首先要发展生产力"作为标题。他特别指出，"社会主义是一个很好的名词，但是如果搞不好，不能正确理解，不能采取正确的政策，那就体现不出社会主义的本质……社会主义经济政策对不对，归根到底要看生产力是否发展，人民收入是否增加。这是压倒一切的标准。空讲社会主义不行，人民不相信。"[②] 这就将发展生产力与社会主义本质概念紧密联系在一起。

在邓小平支持下，农村改革率先突破，各项改革渐次展开，经济社会各方面取得巨大成就。这一切，更加坚定了党坚持以经济建设为中心、大力发展生产力的决心。党的一系列重要文件都特别强调发展生产力问题。1981 年，党的十一届六中全会对十一届三中全会以来逐步确立的社会主义现代化建设正确道路作了 10 个方面的概括，其中第一点就强调"党和国家工作的重点必须转移到以经济建设为中心的社

① 《毛泽东在七大的报告和讲话集》，中央文献出版社 1995 年版，第 75 页。
② 《邓小平文选》第 2 卷，人民出版社 1994 年版，第 313—314 页。

会主义现代化建设上来，大大发展社会生产力，并在这个基础上逐步改善人民的物质文化生活”[①]。1984年党的十二届三中全会明确强调，社会主义的根本任务就是发展生产力。1987年，党的十三大进一步提出要把发展生产力作为全部工作的中心。

1989年政治风波之后，经济增长一度有所下滑。邓小平很关心。他强调，中国能不能顶住霸权主义、强权政治的压力，坚持我们的社会主义制度，关键就看能不能争得较快的增长速度，实现我们的发展战略。1992年，在南方谈话中，他更强调“发展才是硬道理”。这就改变了建国后曾经一度忽视生产力发展的错误认识和做法，将发展生产力摆到优先位置。

（二）强调改革是解放生产力

党的十一届三中全会作出改革开放决策后，农村改革率先突破，其他改革渐次推进，经济社会实现快速发展。改革为社会主义在中国的胜利发展展示了美好前景。

邓小平对改革在促进生产力发展方面的作用给予高度评价。1984年11月，他指出：“我们五年前确定改革从农村开始，我们叫改革，实际也是一场革命，是一场解放生产力的革命”。[②]1985年，党中央又相继作出关于科技体制和教育体制改革的决定。对此，邓小平明确指出，经济体制、科技体制，这两方面的改革都是为了解放生产力。邓小平还强调，改革的性质同过去的革命一样，也是为了扫除发展社会生产力的障碍，使中国摆脱贫穷落后的状态。从这个意义上说，改革也可以叫革命性的变革。我们的经济改革，概括一点说，就是对内搞活，对外开放。对内搞活经济，是活了社会主义，没有伤害社会主义的本质。[③]1992年，在南方谈话中，他进一步指出：“革命是解放生产力，改革也是解放生产力。……过去，只讲在社会主义条件下发展生产力，没有讲还要通过改革解放生产力，不完全。应该把解放生产力和发展生产力两个讲全了。”[④]

同时，这些阐述也给正在进行的各项改革以强有力的支持。

（三）强调贫穷不是社会主义，共同富裕体现社会主义的本质

过去怕富，担心富了变修，长期搞平均主义，结果共同贫穷。为了摆脱贫穷，邓小平提出允许一部分地区、一部分人先富起来的思想，指出：“在经济政策上，要允许一部分地区、一部分企业、一部分工人农民，由于辛勤努力成绩大而收入先多一些，生活先好起来，影响左邻右舍，带动其他地区、其他单位的人们向他们学

---

① 《三中全会以来重要文献选编》（下），中央文献出版社2011年版，第168页。

② 《邓小平年谱（1975—1997）》（下），中央文献出版社2004年版，第1015页。

③ 《邓小平文选》第3卷，人民出版社1993年版，第135页。

④ 《邓小平文选》第3卷，人民出版社1993年版，第370页。

习，使整个国民经济不断地波浪式地向前发展，使全国各族人民都能比较快地富裕起来。这是一个能够影响和带动整个国民经济的大政策。”这是全新的思想。由此，党制定一系列政策，引导人民踏上致富之路。

在提出和制定这一政策之初，邓小平就强调要共同致富。20世纪80年代中期，一部分人真的开始先富起来，社会上的议论也多了起来。邓小平更加关注解决共同富裕问题。一方面继续鼓励一部分地区一部分人先富，不搞平均主义。同时强调先富带后富，实现共同富裕。邓小平提出，社会主义与资本主义不同的特点就是共同富裕，不搞两极分化。创造的财富，第一归国家，第二归人民，不会产生新的资产阶级。社会主义的原则，第一是发展生产，第二是共同致富。[①]并提出：社会主义最大的优越性就是共同富裕，这是体现社会主义本质的一个东西。[②]在此基础上，邓小平进一步提出着重解决贫富差距问题。在南方谈话中，邓小平指出：解决的办法之一，就是先富起来的地区多交点利税，支持贫困地区的发展。可以设想，在20世纪末达到小康水平的时候，就要突出地提出和解决这个问题。

上述思考和政策主张，一方面推动改革开放作出新决策，另一方面为完整阐述社会主义本质论作了很好准备。

1992年春天，乍暖还寒之时。从国内看，治理整顿结束、“七五”计划完成，党中央积极应对国际复杂局面，有效维护国内政治稳定和社会稳定。同时，一些人对社会主义缺乏信心，也有人对改革开放产生怀疑，提出姓“社”还是姓“资”疑问。从国际看，冷战结束世界出现大变动、大改组，政治多极化、经济全球化趋势加快，为我国加入全球性竞争与合作格局提供了机遇。能否坚持党的基本路线不动摇，抓住机遇、加快发展，把改革开放和现代化建设继续推向前进，成为影响中国发展进步的重大问题。

在此关键时刻，邓小平视察南方、发表谈话，科学总结党的十一届三中全会以来的实践探索和基本经验，从理论上深刻回答了长期困扰和束缚人们思想的许多重大问题，是把改革开放和现代化建设推向新阶段的又一个解放思想、实事求是的宣言书。

南方谈话也完整回答了社会主义本质问题，即：社会主义的本质，是解放生产力，发展生产力，消灭剥削，消除两极分化，最终达到共同富裕。

社会主义本质问题是关系改革开放和社会主义现代化建设发展的根本问题，对这一问题进行完整阐述意义十分重大。正如党的十五大报告所总结的，邓小平理论

---

① 《邓小平文选》第3卷，人民出版社1993年版，第172页。

② 《邓小平文选》第3卷，人民出版社1993年版，第364页。

抓住“什么是社会主义、怎样建设社会主义”这个根本问题，深刻地揭示社会主义的本质，把对社会主义的认识提高到新的科学水平。“新时期的思想解放，关键就是在这个问题上的思想解放……近二十年的历史性转变，就是逐渐搞清楚这个根本问题的进程。这个进程，还将在今后的实践中继续下去”①。

四、结束语

新中国建立后的前30年，社会主义建设取得许多成绩，但一度陷入“山重水复疑无路”境地。十一届三中全会后，通过改革开放，社会主义建设出现“柳暗花明又一村”新境界。抚今追夕，邓小平在1978年发出的“一个党，一个国家，一个民族，如果一切从本本出发，思想僵化，迷信盛行，那它就不能前进，它的生机就停止了，就要亡党亡国”，“如果现在再不实行改革，我们的现代化事业和社会主义事业就会被葬送”的警告犹在耳边，它提醒人们思想解放的重要，改革开放的重要。

现在，我国进入发展关键期、改革攻坚期、矛盾凸显期，推进改革的复杂程度、敏感程度、艰巨程度，一点都不亚于30多年前。改革开放越往纵深推进，面临的矛盾越复杂，为解决这些复杂矛盾、夺取改革开放和社会主义现代化建设的新胜利，必须准备进行具有许多新的历史特点的伟大斗争。在领导进行新的历史特点的伟大斗争中，应该做到以下几点：

一是必须牢固树立马克思主义发展观。正如习近平同志强调的“历史总是要前进的，历史从不等待一切犹豫者、观望者、懈怠者、软弱者。只有与历史同步伐、与时代共命运的人，才能赢得光明未来”。无论是改革开放，还是社会主义本质探索，都需要坚持不忘初心，继续前进。

二是必须坚定不移推进改革开放。改革已经进入深水区，尤其需要以勇于自我革命的气魄、坚忍不拔的毅力推进改革，坚决冲破思想观念束缚，坚决破除利益固化藩篱，坚决清除妨碍社会生产力发展的体制机制障碍。同时，需要及时总结改革开放经验。

三是必须继续深化对社会主义本质的认识。邓小平完整阐述社会主义本质已经过去20多年，我国的改革开放和社会主义现代化建设事业取得举世瞩目的成就，中国特色社会主义理论和实践都有新发展。现在，国内外环境发生一系列深刻变化，改革来到新的重要关头。改革开放要实现新的突破新的发展，需要在社会主义本质问题上继续有新的探索、新的认识。

---

① 《十五大以来重要文献选编》(上)，人民出版社2000年版，第11页。

港澳回归以来“一国两制”在特区实践的历史经验和现实启示

中国人民大学马克思主义学院党委统战部长、教授　齐鹏飞

迄今为止，港澳回归并开始“一国两制”建设已分别历20个年头、18个年头，“五十年不变”的“求一国之大同、存两制之大异”之“一国两制”的伟大试验、伟大探索有了逾三分之一时段的历史积淀，一些带有整体性、普遍性、规律性的阶段性特征开始逐步显现，我们有必要同时也有可能对于蕴含其中的丰富而深刻之历史经验包括历史教训以及现实启示进行一番比较全面、比较系统的梳理和阐释、总结和揭示，以期作为未来继续前行之参考和借鉴。

一

事实上，对于港澳回归以来“一国两制”成功实践之基本经验的总结工作，历代中央领导集体一直将其提升至如何有效破解新形势下在港澳地区“保持长期繁荣稳定”之治国理政的“崭新课题”和“重大课题”的战略高度，提升至如何将“一国两制”之“港澳模式”有机融入中国特色社会主义的道路、理论体系、制度和中华民族伟大复兴的中国梦之战略高度，紧密结合“一国两制”在港澳实践的不断探索，始终在持续不懈地进行，思想认识和理论思考逐步丰富而深刻。港澳回归以来的历次中共全国代表大会的政治报告关于港澳问题的论述，中央领导人在港澳回归“逢五逢十”的“大年”亲临港澳特区所发表的重要讲话，中央领导人在每年接见来北京述职的港澳特区行政长官时的重要讲话、中央领导人在每年“两会”期间会见港澳地区人大代表和政协委员时的谈话以及每年的政府工作报告、政协政治决议，包括在2014年6月所公开发布的港澳回归以来关于“一国两制”实践问题的第一个政府白皮书《“一国两制”在香港特别行政区的实践》，就是这一思想认识和理论思考之高度浓缩和集中体现：

从历代中央领导集体关于港澳回归以来“一国两制”实践之历史经验、现实启示的梳理和阐释、总结和揭示可以看出，其中，既有一以贯之始终坚持不懈的基本原则，也有直接面对形势发展变化以及不断出现的新情况、新问题而提出的新的指导方略；既有对于两个特区均普遍适用的基本原则，也有根据香港、澳门的具体区情和实际情况而分别强调的不同侧重点。但其最核心、最基本、最关键的，不外是以下几个主要方面：必须坚持“一国两制”的基本国策和方针不动摇；必须全面准

确理解和贯彻“一国两制”方针，必须坚持根本宗旨之“两个基本点”和“三个有机结合”之“三个不可偏废”；必须维护“基本法”的权威，严格按“基本法”办事，依法治港、依法治澳；必须维护特区行政长官和特区政府的权威，支持特区行政长官和特区政府依法施政，必须坚持特区行政主导的地位，不断提高特区依法治理的能力和水平；必须加强对于青少年的“爱国爱港”、“爱国爱澳”教育，加强对“爱国爱港”、“爱国爱澳”人才的培养，以使“一国两制”事业可以薪火相传、后继有人；必须“集中精力发展经济、切实有效改善民生、循序渐进推进民主、包容共济促进和谐”，不断提高香港经济的核心竞争力，不断推进澳门经济的适度多元发展；必须确保港澳社会的和谐稳定，努力实现港澳社会的长治久安……，未必面面俱到，但是却重点突出，问题意识和问题导向明晰。这些思想认识和理论思考，是历代中央领导集体集体智慧的结晶——这里，自然也包括社会各界尤其是学界的研究和探索成果之特别贡献。当然，同理，历代中央领导集体关于港澳回归以来“一国两制”实践之历史经验、现实启示的梳理和阐释、总结和揭示，也为未来社会各界尤其是学界关于“港澳问题”的进一步研究和探索、关于“一国两制”理论与实践问题的进一步研究和探索，提供了一个基本的指导原则以及思想和理论基础，必须予以遵循。

二

下面，笔者拟依据有关“中央精神”，并紧密结合个人对于港澳回归以来“一国两制”实践历程的学术研究和学术探索，就“一国两制”在港澳特区实践的历史经验和现实启示问题，谈几点印象最深的切实感受：

（一）“一国两制”的科学构想，是历史遗留的港澳问题的最佳解决方案，也是港澳回归后保持长期繁荣稳定的最佳制度安排；“一国两制”的理论与实践，是中国共产党在新形势下治国理政的“崭新课题”和“重大课题”，是中国特色社会主义道路、理论体系、制度的有机组成部分和重要内容，是实现中华民族伟大复兴之“中国梦”的有机组成部分和重要内容。因此，在整个社会主义初级阶段、在改革开放和社会主义现代化建设的新时期，在新世纪新阶段和平发展的战略机遇期，都是我们必须坚持不懈的“基本国策”和长期实行的基本方针政策，即使遭遇任何艰难险阻包括任何“突发事件”、任何内外压力，我们也不能轻易动摇、轻易改变。对此，我们必须时刻保持清醒的头脑。

在这个问题上，我们“一国两制”伟大工程的“总设计师”——邓小平以及其后的历代中央领导集体，一直都是立场坚定、旗帜鲜明的，一直都是有明确而清晰的思想认识和理论思考的。

"一国两制""五十年不变"、"五十年后也不变","一国两制"是"一国"下的"两制"以及"两制"都不变的思想，是"总设计师"邓小平最早提出并加以系统论述的。邓小平明确指出："我们的政策是实行'一个国家，两种制度'，具体说，就是在中华人民共和国内，十亿人口的大陆实行社会主义制度，香港（澳门）、台湾实行资本主义制度。"①即"一国"之下的"两制"以及"两制"都"不变"，这是对立统一的两个方面。具体而言：

1."一国两制"科学构想的核心内容和本质之一，就是保持港澳回归以后资本主义制度长期不变，而且是"五十年不变"、"五十年后也不变"。另一方面，香港资本主义制度"五十年不变"的"不变""并不是绝对的'不变'"。

2."一国两制"科学构想的核心内容和本质之二，就是"中国的主体必须是社会主义"，而且是"永远不会改变"。

邓小平特别强调：希望大家能够学会辩证地看待"一国两制"，绝不能"忽略了中国的政策基本上是两个方面，说不变不是一个方面不变，而是两个方面不变。""'一国两制'也要讲两个方面。一方面，社会主义国家里允许一些特殊地区搞资本主义，不是搞一段时间，而是搞几十年、成百年。另一方面，也要确定整个国家的主体是社会主义。否则怎么能说是'两制'呢？那就变成'一制'了。有资产阶级自由化思想的人希望中国大陆变成资本主义，叫做'全盘西化'。在这个问题上，思想不能片面。不讲两个方面，'一国两制'几十年不变就行不通了。"②

港澳回归以后，以江泽民为核心的中共第三代中央领导集体、以胡锦涛为总书记的中共中央领导集体、以习近平同志为核心的党中央，在继承和发展以邓小平为核心的中共第二代中央领导集体关于"一国两制""五十年不变"、"五十年后也不变"，"一国两制"是"一国"下的"两制"以及"两制"都不变的思想认识方面，又在新形势下有所创新和突破，进一步丰富和深化了对于这一基本原则的思想认识内容。

习近平明确指出："中央会一如既往贯彻执行'一国两制'、'澳人治澳'、高度自治的方针和澳门基本法，一如既往支持行政长官和特别行政区政府依法施政，一如既往支持澳门特别行政区发展经济、改善民生、推进民主、促进和谐。"③"大家都很关心中央领导集体实现新老交替后，中央对香港、澳门的方针政策会不会发生变化。今天，我想借此机会重申：中央贯彻落实'一国两制'、严格按照基本法办

① 《邓小平文选》第3卷，人民出版社1993年版，第58页。

② 《邓小平文选》第3卷，人民出版社1993年版，第217—219页。

③ 《习近平会见崔世安》，《人民日报》2012年12月21日。

事的方针不会变；支持行政长官和特别行政区政府依法施政、履行职责的决心不会变；支持香港、澳门两个特别行政区发展经济、改善民生、推进民主、促进和谐的政策也不会变。中共十八大提出的关于港澳工作的大政方针，同中央长期以来对港澳工作的方针政策是一脉相承的。”[①]“‘一国两制’是国家的一项基本国策。牢牢坚持这项基本国策，是实现香港、澳门长期繁荣稳定的必然要求，也是实现中华民族伟大复兴中国梦的重要促成部分，符合国家和民族根本利益，符合香港、澳门整体和长远利益，符合外来投资者利益。继续推进‘一国两制’事业，是中央政府、特别行政区政府包括港澳同胞在内的全国各族人民的共同使命，无论遇到什么样的困难和挑战，我们对‘一国两制’的信心和决心都绝不会动摇，我们推进‘一国两制’实践的信心和决心都绝不会动摇！”[②]

对此，笔者是感同身受，深以为然的。

（二）把港澳的事情办好，关键是要“全面准确把握‘一国两制’的含义”、“全面准确地理解和贯彻‘一国两制’方针政策”，必须兼顾“一国两制”方针政策之根本宗旨的“两个基本点”——“维护国家主权、安全、发展利益”和“保持香港、澳门长期繁荣稳定”，必须保证“一国两制”方针政策理解和贯彻的“三个不可偏废”——“把坚持一国原则和尊重两制差异、维护中央权力和保障特别行政区高度自治权、发挥祖国内地坚强后盾作用和提高港澳自身竞争力有机结合起来，任何时候都不能偏废”，必须坚持“一国”是实行“两制”的前提和基础，“一国”之内的“两制”并非等量齐观，而是有先有后、有主有次的，这是“一国两制”在港澳实践的“顶层设计”，也是“一国两制”在港澳实践的“底线思维”。对此，我们必须时刻保持清醒的头脑。

在这个问题上，港澳回归以来，历代中央领导集体一直都是立场坚定、旗帜鲜明的，一直都是有明确而清晰的思想认识和理论思考的，并且这种思想认识和理论思考是在逐步丰富和深化的。

习近平明确指出：“办好香港的事情，关键是要全面准确理解和贯彻‘一国两制’方针，维护基本法权威。”[③]“继续推进‘一国两制’事业，必须牢牢把握‘一国两制’的根本宗旨，共同维护国家主权、安全、发展利益，保持香港、澳门长期繁荣稳定；必须坚持依法治港、依法治澳，依法保障‘一国两制’实践；……只有这

① 《习近平会见梁振英崔世安》，《人民日报》2013年3月19日。

② 习近平：《在庆祝澳门回归祖国15周年大会暨澳门特别行政区第四届政府就职典礼上的讲话》（2014年12月20日），《人民日报》2014年12月21日。

③ 《习近平会见香港工商界专业界访京团》，《人民日报》2014年9月23日。

样，才能把路走对了走稳了，否则就会左脚穿着右脚的鞋——错打错处来。”[①]

与此同时，集中反映以习近平同志为核心的党中央对于“一国两制”理论与实践问题之思想认识和理论思考之2014年“白皮书”，在这个问题上也有明晰阐释：“‘一国两制’是一个完整的概念。……‘一国’是实行‘两制’的前提和基础，‘两制’从属和派生于‘一国’，并统一于‘一国’之内。‘一国’之内的‘两制’并非等量齐观，国家的主体必须实行社会主义制度，是不会改变的。在这个前提下，从实际出发，充分照顾到香港等某些区域的历史和现实情况，允许其保持资本主义制度长期不变。……在‘一国’之内，‘两种制度’只有相互尊重，相互借鉴，才能和谐并存，共同发展。”[②]

对此，笔者是感同身受，深以为然的。

（三）中国宪法和港澳“基本法”共同构成港澳特区的宪制基础，包括港澳同胞在内的全国人民都必须尊重和维护，都必须严格遵守，必须依法保障“一国两制”的实践，必须依法治港、依法治澳。作为港澳特区最高层级的“宪制性”文件，港澳“基本法”是港澳特区一切制度和政策的依归，必须坚决保障港澳“基本法”的权威地位，必须坚决支持特区行政长官和特区政府依法施政。另外，在坚决保障港澳“基本法”维持基本稳定的同时，必须充分尊重和维护全国人大及其常委会对港澳“基本法”的修改权和解释权，要逐步完善与港澳“基本法”实施相关的制度和机制。在中央层面、在全国范围建设“法治中国”、“法治政府”、“法治社会”的同时，要建设“法治香港”、“法治澳门”。

在这个问题上，港澳回归以来，历代中央领导集体一直都是立场坚定、旗帜鲜明的，一直都是有明确而清晰的思想认识和理论思考的，并且这种思想认识和理论思考是在逐步丰富和深化的。

习近平明确指出：“办好香港的事情，关键是要……维护基本法权威。”[③]“依法保障‘一国两制’实践，保持香港、澳门长期繁荣稳定，依法保护港澳同胞利益。这是我国推进国家治理体系和治理能力现代化迈出的重要一步，对全面准确贯彻‘一国两制’方针和基本法、促进香港长治久安具有重要意义。法治是香港长期繁荣稳定的重要基石。”[④]

---

① 习近平：《在庆祝澳门回归祖国15周年大会暨澳门特别行政区第四届政府就职典礼上的讲话》（2014年12月20日），《人民日报》2014年12月21日。

② 中华人民共和国国务院新闻办公室：《“一国两制”在香港特别行政区的实践》（2014年6月10日），《人民日报》2014年6月11日。

③ 《习近平会见香港工商界专业界访京团》，《人民日报》2014年9月23日。

④ 《习近平会见梁振英》，《人民日报》2014年11月10日。

与此同时，集中反映以习近平同志为核心的党中央对于“一国两制”理论与实践问题之思想认识和理论思考之2014年“白皮书”，在这个问题上也有明晰阐释：“宪法和香港基本法共同构成香港特别行政区的宪制基础。宪法作为国家的根本法，在包括香港特别行政区在内的中华人民共和国领土范围内具有最高法律地位和最高法律效力。香港基本法是根据宪法制定的、规定香港特别行政区制度的基本法律，在香港特别行政区具有宪制性法律地位。”因此，必须“全面把握、整体理解香港基本法的各项规定”。“香港基本法的所有规定都是香港特别行政区制度的有机组成部分，条文之间不是孤立的，而是相互联系的，必须把香港基本法的每个条文放在整体规定中来理解，放在香港特别行政区制度体系中来把握。”必须“尊重和维护全国人大及其常委会对香港基本法的修改权和解释权”。“香港基本法规定，香港基本法的解释权属于全国人民代表大会常务委员会，修改权属于全国人民代表大会。香港基本法同时规定，香港特别行政区法院在审理案件时可对基本法中香港特别行政区自治范围内的条款自行解释，也可对其他条款解释。这种解释权来源于全国人大常委会的授权。如果香港特别行政区法院在审理案件时需要对香港基本法关于中央政府管理的事务或中央和香港特别行政区关系的条款进行解释，而该条款的解释又影响到案件的判决，在对该案件作出不可上诉的终局判决前，应由香港特别行政区终审法院提请全国人大常委会作出解释。……全国人大常委会依法行使基本法解释权是维护‘一国两制’和香港法治的应有之义，既是对特别行政区执行基本法的监督，也是对特别行政区实行高度自治的保障。”同时“完善与香港基本法实施相关的制度和机制，有利于更好地维护香港基本法的权威”。“香港基本法实施以来，已经建立完善了一系列与之相关的制度和机制。……随着‘一国两制’实践不断发展，香港基本法实施不断深入，必然要求继续完善与香港基本法实施相关的制度和机制，特别是要着眼香港的长治久安，把香港基本法规定的属于中央的权力行使好，使中央与香港特别行政区的关系切实纳入法制化、规范化轨道运行。”①

对此，笔者是感同身受，深以为然的。

（四）“港人治港”、“澳人治澳”，必须“以爱国者为主体”，要充分相信“以爱国者为主体”的港澳同胞是可以管理好、建设好、发展好港澳特区的。港澳同胞必须适应香港回归的历史性转折，必须传承和发扬“爱国爱港”、“爱国爱澳”的优良传统，尽快建立起对于中华人民共和国、对于中华民族的国家认同、民族认同，彻底完成从“英人治港”时代的“二等公民”向“港人治港”时代的“中华人民共和

① 中华人民共和国国务院新闻办公室：《“一国两制”在香港特别行政区的实践》（2014年6月10日），《人民日报》2014年6月10日。

国公民”的全面嬗变，在实现“法理回归”的同时实现“人心回归”，“同全国各族人民一道共享做中国人的尊严和荣耀”。必须使“爱国爱港”、“爱国爱澳”成为港澳社会的主流核心价值。必须全面加强对于青少年的爱国主义教育，加快培养“爱国爱港”、“爱国爱澳”的治港人才、治澳人才，以使“一国两制”事业在港澳特区薪火相传、后继有人。

1. 关于“港人治港”、“澳人治澳”，必须“以爱国者为主体”的思想，是“总设计师”邓小平最早提出并加以系统论述的。

港澳回归以后，历代中央领导集体在继承和发展“总设计师”关于“港人治港”、“澳人治澳”必须“以爱国者为主体”的思想认识方面，又在新形势下有所创新和突破，进一步丰富和深化了对于这一基本原则的思想认识内容。这一传承与发展，主要体现在2014年的“白皮书”中，其明晰而具体化地阐释道：“‘港人治港’是有界限和标准的，这就是邓小平所强调的必须由以爱国者为主体的港人来治理香港。对国家效忠是从政者必须遵循的基本政治伦理。在‘一国两制’之下，包括行政长官、主要官员、行政会议成员、立法会议员、各级法院法官和其他司法人员等在内的治港者，肩负正确理解和贯彻执行香港基本法的重任，承担维护国家主权、安全、发展利益，保持香港长期繁荣稳定的职责。爱国是对治港者主体的基本政治要求。如果治港者不是以爱国者为主体，或者说治港者主体不能效忠于国家和香港特别行政区，‘一国两制’在香港特别行政区的实践就会偏离正确方向，不仅国家主权、安全、发展利益难以得到切实维护，而且香港的繁荣稳定和广大港人的福祉也将受到威胁和损害。”①

这里说的是香港，同样对于澳门也是适用的。

2. 关于港澳同胞必须传承和发扬“爱国爱港”、“爱国爱澳”的优良传统，使“爱国爱港”、“爱国爱澳”成为港澳社会的主流核心价值的问题，港澳回归以后，历代中央领导集体，都有非常明晰的论述和具体化的指导意见。

2014年的“白皮书”指出：“‘一国两制’是一项开创性事业，对中央来说是治国理政的重大课题，对香港和香港同胞来说是重大历史转折。在香港特别行政区各项事业取得全面进步的同时，‘一国两制’在香港的实践也遇到了新情况新问题，香港社会还有一些人没有完全适应这一重大历史转折，特别是对‘一国两制’方针政策和基本法有模糊认识和片面理解。目前香港出现的一些在经济社会和政制发展问题上的不正确观点都与此有关。因此，要把‘一国两制’在香港特别行政区的实

① 中华人民共和国国务院新闻办公室：《“一国两制”在香港特别行政区的实践》(2014年6月10日)，《人民日报》2014年6月10日。

践继续推向前进，必须从维护国家主权、安全、发展利益，保持香港长期繁荣稳定的根本宗旨出发，全面准确理解和贯彻‘一国两制’方针政策。”[①]

3. 关于必须全面加强对于青少年的爱国主义教育，加快培养“爱国爱港”、“爱国爱澳”的治港人才、治澳人才，以使“一国两制”事业在港澳特区薪火相传、后继有人的问题，港澳回归以后，历代中央领导集体都有非常明晰的论述和具体化的指导意见。

习近平明确指出：“‘一国两制’事业发展需要新人辈出，这样我们的事业才能薪火相传，不断取得新的成功。”[②]“要实现爱国爱澳光荣传统代代相传，保证‘一国两制’事业后继有人，就要加强对青少年的教育培养。”“要把我国历史文化和国情教育摆在青少年教育的突出位置，让青少年更多领略中华文明的博大精深，更多感悟近代以来中华民族救亡图存、发愤图强的光辉历程，更多认识新中国走过的不平凡道路和取得的巨大成就，更多理解‘一国两制’与坚持和发展中国特色社会主义、实现中华民族伟大复兴与中国梦的内在联系，从而牢牢把握澳门同祖国紧密相连的命运前程，加深民族自豪感与爱国爱澳情怀，增强投身‘一国两制’事业的责任感与使命感。”[③]

对此，笔者是感同身受，深以为然的。

（五）“一国两制”是一项史无前例的创新性事业，具有长期性、复杂性、艰巨性的鲜明特点，绝不可能一蹴而就、一帆风顺，在前进的道路上，必然会不断遇到来自方方面面的新情况新问题新矛盾，需要中央政府和祖国内地、特区政府和港澳同胞在实践中不断探索和逐步总结与积累经验，同时要本着与时俱进的精神不断丰富和发展这些经验。在港澳地区“保持长期繁荣稳定”，是中国共产党在新形势下面临的治国理政的“崭新课题”和“重大课题”，需要我们共同努力在“一国两制”、“港人治港”、“澳人治澳”、高度自治的伟大实践中来逐一破解。

在这个问题上，港澳回归以来，历代中央领导集体，一直都是有明确而清晰的思想认识和理论思考的，并且这种思想认识和理论思考是在逐步丰富和深化的。

习近平明确指出：“我们深知，作为前无古人的事业，‘一国两制’实践不会一帆风顺。”香港、澳门“在取得巨大进步和成就的同时，也还存在一些矛盾和问题，

---

① 中华人民共和国国务院新闻办公室：《“一国两制”在香港特别行政区的实践》（2014 年 6 月 10 日），《人民日报》2014 年 6 月 10 日。

② 《习近平会见崔世安》，《人民日报》2014 年 12 月 20 日。

③ 习近平：《在庆祝澳门回归祖国 15 周年大会暨澳门特别行政区第四届政府就职典礼上的讲话》（2014 年 12 月 20 日），《人民日报》2014 年 12 月 21 日。

仍会面临不少困难和挑战，需要加以妥善应对”。[1]“继续推进‘一国两制’事业，是中央政府、特别行政区政府包括港澳同胞在内的全国各族人民的共同使命，无论遇到什么样的困难和挑战，我们对‘一国两制’的信心和决心都绝不会动摇，我们推进‘一国两制’实践的信心和决心都绝不会动摇！”[2]

对此，笔者是感同身受，深以为然的。

三

港澳回归以来，“一国两制”的伟大实践取得了举世瞩目的成功和成就，收获和积累了大量丰富而深刻的历史经验和现实启示，这里也包括囿于历史局限而产生的一些思想认识方面的误区和实际工作方面的偏差等同样丰富而深刻的历史教训和现实启示，都值得我们认真总结和汲取、参考、借鉴，都是我们进一步推动“一国两制”伟大事业向前发展和继续探索的宝贵思想遗产和精神财富。在“以史为鉴”的基础上，励志前行，将“一国两制”伟大事业推进到一个新的发展境界，是中央政府和祖国内地、特区政府和港澳同胞，同样也包括我们学界的共同使命和责任。

中共十八大以来，以习近平同志为核心的党中央，始终坚持解放思想、实事求是、与时俱进、求真务实的马克思主义思想路线，始终坚持马克思主义中国化的理论创新和实践创新，始终坚持中国特色社会主义的道路自信、理论自信、制度自信、文化自信，在全面继承新时期以来由以邓小平为核心的中共第二代中央领导集体所创立并实施、由以江泽民为核心的中共第三代中央领导集体和以胡锦涛为总书记的中共中央领导集体所进一步丰富和发展的“和平统一、一国两制”之彻底解决台港澳问题的大政方针和基本国策的基础上，在对“和平统一、一国两制”这一中国共产党治国理政的“崭新课题”和“重大课题”的规律性特征之认识和把握日益深化和精准的基础上，直面“一国两制”在香港特区实践出现的新情况、新问题，并有机结合新形势下治国理政和推进国家治理体系和治理能力现代化、推进“五位一体”总体布局和“四个全面”战略布局、坚持“五大发展理念”、推进“三个伟大”事业、实现中华民族伟大复兴之“中国梦”的中心工作和战略目标，务实进取，开拓创新，在坚如磐石地“维护国家主权和领土完整”方面，在进一步巩固和深化港澳特区保持长期繁荣稳定的制度性优势，巩固和深化港澳特区全面准确地理解认识和贯彻落实“一国两制”方针政策，巩固和深化祖国内地和港澳特区经济领域全

---

① 习近平：《在澳门特别行政区政府欢迎晚宴上的致辞》，《人民日报》2014 年 12 月 20 日。

② 习近平：《在庆祝澳门回归祖国 15 周年大会暨澳门特别行政区第四届政府就职典礼上的讲话》（2014 年 12 月 20 日），《人民日报》2014 年 12 月 21 日。

面交流与合作，在进一步巩固和深化祖国内地和港澳特区“命运共同体、利益共同体、责任共同体”和建设“中华民族共同家园”认同，携手同心实现中华民族伟大复兴的体制机制方面，提出了一系列具有理论创新和实践创新意义和价值的“顶层设计”、“底线思维”和重大战略举措，赢得了在港澳特区全面准确地理解认识和贯彻落实“一国两制”方针政策的重大进展、重大突破，开创了直接针对港澳问题彻底解决之“国家统一”和“国家治理”的新局面、新气象，为在确保“一国两制”方针政策得以全面准确地理解认识和贯彻落实的基础上彻底完成港澳特区的“人心回归”，奠定了坚实的基础，创造了必要条件。我们坚信，在以习近平同志为核心的党中央的正确领导下，经过包括港澳同胞在内的全国人民的共同努力和艰苦奋斗，在实现中华民族伟大复兴进程中完成和巩固“国家统一”的皇皇伟业一定有一个光明的前景。

中国的核政策与核战略及其在新时期的发展

中国社会科学院当代中国研究所副所长、教授　张星星

新中国成立后不久，即根据面临的战争危险和安全形势，作出了发展核事业、研制原子弹的重要决策。1964年10月，中国第一次核试验取得成功之后，采取发表《中华人民共和国政府声明》等“公开宣传”的办法，明确阐述了中国的核政策与核战略，让国际社会充分了解中国进行核试验、发展核武器的战略意图，率先作出了“不会首先使用核武器”的郑重承诺，较好地疏导了当时的国际舆论，为中国核政策与核战略的发展奠定了重要基础。50多年来，中国始终恪守不首先使用核武器的政策，坚定奉行自卫防御的核战略，一贯主张全面禁止和彻底销毁核武器，严格履行现有核安全国际公约及联合国安理会相关决议，为确保国家、地区和世界核安全作出了积极努力。

一、中国研制核武器“是被迫而为的”

1949年10月新中国成立后，在1950—1953年朝鲜战争期间和1954年第一次台湾海峡危机期间，曾多次遭到某个核武器大国公开或隐晦的核威胁。1955年1月15日，毛泽东主持召开中共中央书记处扩大会议，作出了发展中国原子能事业的战略决策。同年5月，毛泽东在同印度尼西亚总理沙斯特罗阿米佐约谈话时说：某些国家“认为它们钢铁多、钱多、原子弹多。对于这些，我们怕不怕呢？有一点怕，不十分怕。我们说有一点怕，因为武器是杀人的。我们的人民不希望遭受损失，因此我们不要战争”。[①] 同年10月，毛泽东在会见日本国会议员访华团时又说：“丢原子弹谁也害怕，日本人怕，中国人也怕，所以最好还是不打，尽一切力量争取不打。”[②] 正是由于新中国面临着核威慑、核讹诈、核战争的严重威胁，毛泽东在1956年4月《论十大关系》的讲话中提出，我们“不但要有更多的飞机和大炮，而且还要有原子弹。在今天的世界上，我们要不受人家欺负，就不能没有这个东西”。[③]1957年10月，中国与苏联签订《中华人民共和国政府和苏维埃社会主义共和国联盟政府关于生产新式武器和军事技术装备以及在中国建立综合性原子工业的

① 《毛泽东外交文选》，中央文献出版社、世界知识出版社1994年版，第212页。
② 《毛泽东外交文选》，中央文献出版社、世界知识出版社1994年版，第224页。
③ 《毛泽东文集》第7卷，人民出版社1999年版，第27页。

协定》（以下简称“国防新技术协定”），开始了研制核武器的曲折历程。

1964年10月16日，中国成功进行第一次核试验的当天即发表《中华人民共和国政府声明》，明确指出：“保护自己，是任何一个主权国家不可剥夺的权利。保卫世界和平，是一切爱好和平的国家的共同职责。面临着日益增长的美国的核威胁，中国不能坐视不动。中国进行核试验，发展核武器，是被迫而为的。”“中国发展核武器，是为了防御，为了保卫中国人民免受美国发动核战争的威胁。”[①]这一政策宣示阐明了中国面临的现实核威胁和研制核武器的客观动因，在很大程度上赢得了国际社会的理解和认可，较好地疏导了可能出现的国际舆论压力。

二、中国发展核武器是为了“防止核战争，消灭核武器”

中国历来认为，原子弹是纸老虎，但也是真老虎，是要成千上万吃人的真老虎。中国研制核武器是要防止和消灭核战争，不被真老虎吃掉。1961年9月，英国陆军元帅蒙哥马利访华，曾向多位中国领导人询问中国的核政策。毛泽东在会见蒙哥马利时说：“我对核武器不感兴趣。这个东西是不会用的，越造得多，核战争就越打不起来。要打还是用常规武器打。”[②]1963年7月，美国、英国、苏联三个核国家在莫斯科签订部分禁止核试验条约。中国政府认为，这个条约的真实目的是企图巩固核大国的垄断地位，而把一切受到核武器威胁、爱好和平国家的手脚束缚起来，实际上加强了核大国进行核讹诈的地位，并提出了“全面、彻底、干净、坚决地禁止和销毁核武器”的主张。事实证明，莫斯科部分禁止核试验条约签订后，主要核大国没有停止核试验与核武器生产，美国在一年多的时间内进行了几十次地下核试验，使其核武器更趋完备。因此，这一条约并没有减少核大国对中国和世界人民的核威胁。正因为如此，毛泽东在1964年1月会见法国议员代表团时指出：“我不反对你们生产原子弹。大批大批的原子弹在美国、在苏联，它们经常拿在手上晃着吓唬人。”“你们法国已经能爆炸原子弹了。我们比你们落后了一步，现在原子弹还没有爆炸，但是总有一天要爆炸的。”[③]

1964年10月16日的《中华人民共和国政府声明》指出：“中国发展核武器，不是由于中国相信核武器的万能，要使用核武器。恰恰相反，中国发展核武器，正是为了打破核大国的核垄断，要消灭核武器。”中国政府认为，核武器越是为极少数核大国所垄断，核战争的危险就越大。“他们有，你们没有，他们神气得很。一

---

① 《建国以来重要文献选编》第19册，中央文献出版社1998年版，第279、280页。

② 《建国以来毛泽东军事文稿》下卷，中央文献出版社、军事科学出版社2009年版，第127页。

③ 《毛泽东文集》第8卷，人民出版社1999年版，第370、373页。

旦反对他们的人也有了，他们就不那么神气了，核讹诈和核威胁的政策就不那么灵了，全面禁止和彻底销毁核武器的可能性也就增长了”[①]。随着国际形势的变化，中国对核武器扩散问题的政策有了新的发展。1992 年 3 月，中国加入《不扩散核武器条约》(Treaty on the Non-Proliferation of Nuclear Weapons，NPT)，并忠实履行不扩散核武器的国际义务。1995 年 5 月，中国在《不扩散核武器条约》审议与延期大会上，支持该条约无限期延长的决定，为该条约无限期延长作出了积极贡献。1996 年 3 月，中国第八届全国人大常委会第十八次会议决定，批准由国际原子能机构 1994 年 6 月在维也纳通过的《核安全公约》(Convention on Nuclear *Safety*)，成为该公约首批 40 个缔约国之一。

三、率先作出“不首先使用核武器”的郑重承诺

1960 年 10 月，美国友人斯诺访华时曾向毛泽东提出，一旦中国有了原子弹会不会不负责任地使用。毛泽东回答说：“不会的。原子弹哪里能乱甩呢？如果我们有，也不能乱甩，乱甩就要犯罪。”“不管美国承认不承认我们，不管我们进不进联合国，世界和平的责任我们是要担负的。我们不会因为不进联合国就无法无天，像孙悟空大闹天宫那样。我们要维持世界和平，不要打世界大战。”[②]1964 年 8 月，毛泽东会见参加在日本召开的第十届禁止原子弹氢弹世界大会后访华的外宾，谈话时特别指出：“我们的国家将来可能生产少量的原子弹，但是并不准备使用，为什么要生产呢？我们是用它作为防御的武器。”[③]中国政府既坚定地发展核武器，又充分理解广大无核国家和人民反对核试验、核武器、核战争的善良愿望，在成功进行首次核试验的当天即郑重宣布：“中国在任何时候、任何情况下，都不会首先使用核武器”。中国在有核国家中率先作出这一郑重承诺，产生了良好的国际影响。此后，中国政府又无条件承诺不对无核武器国家和无核武器区使用或威胁使用核武器。

根据美苏冷战格局变化后的新形势，中国于 1994 年 1 月正式向美、俄、英、法四国提出了《互不首先使用核武器条约》草案，并建议五个核国家尽早就此进行磋商。中国政府认为，缔结这样一个条约将有利于增进核武器国家间的相互信任，进一步减少核战争的危险。1994 年 9 月，中俄宣布互不首先使用核武器和互不将战略核武器瞄准对方。1998 年 6 月，中美宣布互不以核武器瞄准对方。2000 年 5 月，中国与美国、俄罗斯、英国、法国五个核武器国家共同发表联合声明，宣布他们所

① 《建国以来重要文献选编》第 19 册，中央文献出版社 1998 年版，第 280 页。
② 《毛泽东外交文选》，中央文献出版社、世界知识出版社 1994 年版，第 453 页。
③ 《毛泽东外交文选》，中央文献出版社、世界知识出版社 1994 年版，第 540 页。

拥有的核武器不瞄准任何国家。

"不会首先使用核武器"的承诺，实际上也隐含了另一项政策，即当中国一旦遭到核武器国家的核打击，将坚决实施有效核反击。中国的核战略贯彻国家的核政策和积极防御的军事战略，根本目标是遏制有核国家对中国使用或威胁使用核武器。中国国务院新闻办发布的《2006年中国的国防》，首次明确阐述了中国"自卫防御的核战略"，指出："中国始终奉行在任何时候、任何情况下都不首先使用核武器的政策，无条件地承诺不对无核武器国家和无核武器区使用或威胁使用核武器，主张全面禁止和彻底销毁核武器。中国坚持自卫反击和有限发展的原则，着眼于建设一支满足国家安全需要的精干有效的核力量，确保核武器的安全性、可靠性，保持核力量的战略威慑作用"[①]。中国人民解放军第二炮兵是遂行核反击任务的核心力量，"在国家受到核威胁时，核导弹部队根据中央军委命令，提升戒备状态，做好核反击准备，慑止敌人对中国使用核武器；在国家遭受核袭击时，使用导弹核武器，独立或联合其他军种核力量，对敌实施坚决反击"[②]。

四、提出"全面禁止和彻底销毁核武器"的正式建议

1963年7月31日，中国政府针对美、英、苏三国7月25日在莫斯科签订的部分停止核试验条约，曾发表政府声明，主张全面、彻底、干净、坚决地禁止和销毁核武器。声明提出："全世界所有国家，有核国家和无核国家，庄严宣布：全面、彻底、干净、坚决地禁止和销毁核武器。具体地说，就是：不使用核武器，不输出核武器，不输入核武器，不制造核武器，不试验核武器，不储存核武器，把世界上现有的一切核武器及其运载工具统统销毁，把世界上现有的一切研究、试验、生产核武器的机构统统解散"[③]。1964年10月16日的《中华人民共和国政府声明》进一步提出："中国政府向世界各国政府郑重建议：召开世界各国首脑会议，讨论全面禁止和彻底销毁核武器问题。作为第一步，各国首脑会议应当达成协议，即拥有核武器的国家和很快可能拥有核武器的国家承担义务，保证不使用核武器，不对无核武器国家使用核武器，不对无核武器区使用核武器，彼此也不使用核武器。"[④]

全面禁止和彻底销毁核武器，是全世界一切爱好和平的国家和人民的共同愿

① 中华人民共和国国务院新闻办公室：《2006年中国的国防》，《人民日报》2006年12月30日。

② 中华人民共和国国务院新闻办公室：《中国武装力量的多样化运用》，《人民日报》2013年4月16日。

③《中国政府主张全面、彻底、干净、坚决地禁止和销毁核武器，倡议召开世界各国政府首脑会议的声明》，《人民日报》1963年7月31日。

④《建国以来重要文献选编》第19册，中央文献出版社1998年版，第280页。

望。1996年7月29日，中国政府发表声明，宣布自7月30日起中国暂时停止核试验。同年9月，中国正式签署《全面禁止核试验条约》(Comprehensive Nuclear-Test-Ban Treaty，CNTBT)，成为该条约的首批签约国。9月26日，中国国务院副总理兼外交部部长钱其琛在第51届联大发表讲话，为推动全面核裁军、彻底消除核武器，进一步提出五点主张：第一，核大国放弃它们的核威慑政策，拥有最大核武库的国家继续大幅度削减其核武器；第二，所有核武器国家都承担在任何时候和任何情况下不首先使用核武器的义务，都承诺无条件地不对无核武器国家和无核武器区使用或威胁使用核武器，并尽早就此缔结国际法律文件；第三，所有在国外部署核武器的国家都将这些武器全部撤回本国，所有核武器国家都承诺支持建立无核武器区的主张，尊重无核武器区的地位，并承担相应的义务；第四，各国不发展、不部署外空武器系统和破坏战略安全与稳定的导弹防御系统；第五，各国谈判缔结关于全面禁止和彻底销毁核武器的国际公约。[①]中国主张全面禁止和彻底销毁核武器的立场是一贯和坚定的，中国是核武器大国中核试验次数最少的，在核武器的规模和发展方面始终采取极为克制的态度，过去没有今后也不会参加核军备竞赛。中国人民将同世界各国人民一道，为彻底销毁核武器，永远消除核战争危险，争取实现全球范围的持久和平与普遍安全，作出坚持不懈的努力。

五、中国核政策与核战略的发展

中国发展核武器是在面临着核威慑、核讹诈、核战争严重威胁的特定历史条件下作出的决定，中国核武器研制成功对维护国家安全、提升国际影响发挥了重要作用。50多年来，中国始终恪守不首先使用核武器的政策，坚持奉行自卫防御的核战略，不与任何国家进行核军备竞赛，一贯主张全面禁止和彻底销毁核武器。这一切都建立在中国成功进行核试验、掌握核武器，并正确阐明中国核政策与核战略的基础之上。50多年来，尽管国际形势风云变幻，当年确定和阐释的中国核政策与核战略仍然是我们必须坚持的基本立场和基本原则。

改革开放新时期以来，特别是20世纪90年代以来冷战的结束和新的国际安全形势，为大幅度削减进而全面禁止和彻底销毁核武器提供了可能。彻底销毁核武器，实现无核武器世界，是国际社会的共同夙愿，也是中国始终为之努力的坚定目标。推动核裁军进程，对于降低核扩散危险，改善国际安全环境，促进世界和平

① 《钱其琛在第五十一届联大发表讲话呼吁各国抓住机遇迎接挑战促进和平与发展》，《人民日报》1996年9月26日。

与发展都具有重要意义。作为核武器国家，中国从不回避自己在防止核扩散、推动核裁军、确保核安全方面应尽的责任和义务，坚持奉行公开、透明、负责任的核政策。1992 年 3 月，中国加入《不扩散核武器条约》，忠实履行了不扩散核武器的国际义务。1996 年 7 月，中国宣布暂停核试验，并加入《全面禁止核试验条约》成为首批签署条约的国家之一。2009 年 9 月，中国向国际原子能机构递交《核材料和核设施实物保护公约》批准书。2010 年 8 月，中国第十一届全国人大常委会第十六次会议通过决定，批准《制止核恐怖主义行为国际公约》。

2014 年 3 月，中国国家主席习近平出席在荷兰海牙举行的第三届核安全峰会并发表讲话，指出："上个世纪，原子的发现和核能的开发利用给人类发展带来了新的动力，极大增强了我们认识世界和改造世界的能力。同时，核能发展也伴生着核安全风险和挑战。人类要更好利用核能、实现更大发展，就必须应对好各种核安全挑战，维护好核材料和核设施安全。"他提出："要坚持理性、协调、并进的核安全观，把核安全进程纳入健康持续发展的轨道"①。2016 年 4 月，习近平主席又出席了在美国华盛顿举行的第四届核安全峰会，再次阐述了构建"公平、合作、共赢的国际核安全体系"的主张，强调"以公平原则固本强基，以合作手段驱动发展，以共赢前景坚定信心，为核能安全造福人类提供强有力、可持续的制度保障"。②

六、对中国核政策核战略的几点思考

核武器、核试验、核安全问题，是事关中国人民和世界人民根本利益的重大问题。中国的核政策与核战略与中国坚持走和平发展道路是并行不悖的，必须从维护国家安全、地区稳定、世界和平、人类发展全局高度来思考和认识。

第一，毫不动摇地坚持"不首先使用核武器"的承诺。中国在 1964 年 10 月成功进行第一次核试验之后，立即公开宣布"不首先使用核武器"的政策，对树立中国维护和平的国际形象，争取国际舆论上的战略主动，有效疏导可能的国际负面影响，发挥了极其重要的作用，成为中国原创、国际认同的典型中国语言。50 多年来，国际舆论对中国单方面率先作出在任何时候、任何情况下不首先使用核武器，以及不对无核国家无核地区使用或威胁使用核武器的郑重承诺给予高度评价。对国内外极少数人散布或妄测中国应改变"不首先使用核武器"政策的论调，必须有清醒认识，毫不动摇地坚持"不首先使用核武器"的庄严承诺。

---

① 《习近平在荷兰海牙核安全峰会上的讲话》，《人民日报》2014 年 3 月 25 日。

② 《加强国际核安全体系 推进全球核安全治理——在华盛顿核安全峰会上的讲话》，《人民日报》2016 年 4 月 3 日。

第二，坚定不移地高举“全面禁止和彻底销毁核武器”的旗帜。核武器、核战争是世界和平、人类安全的最大威胁，中国一贯主张全面禁止和彻底销毁核武器。1964 年中国成功进行第一次核试验后，周恩来即致电世界各国政府首脑，建议“召开世界各国首脑会议，讨论全面禁止和彻底销毁核武器问题。作为第一步，各国首脑会议应当达成协议，即拥有核武器的国家和很快可能拥有核武器的国家承担义务，保证不使用核武器，不对无核武器国家使用核武器，不对无核武器区使用核武器，彼此也不使用核武器”。[①]“全面禁止和彻底销毁核武器”是人类应对核威胁的道义制高点，中国应当继续高举“全面禁止和彻底销毁核武器”的旗帜，不进行核军备竞赛，不奉行核威胁政策。

第三，有所作为地积极应对地区性核安全威胁。世界各国和国际舆论对近年来显著增长的地区性核安全威胁高度重视，而且十分关注中国应对地区性核安全威胁的态度和政策。这些地区性核热点许多直接威胁到中国国家安全和人民生命安全，成为中国周边外交重大敏感问题。中国要在国际事务中发挥更加积极的影响，必须进一步解决好周边的核安全问题，缓和以至消除地区性核安全威胁，为维护国家安全、地区稳定、世界和平采取更为有效的积极措施。

① 《周恩来选集》下卷，人民出版社 1984 年版，第 431 页。

略论社会主义及其在中国的实践与发展

中国社会科学院当代中国研究所副所长、研究员　武　力

历史是最好的教科书。《大学》里说“物有本末，事有始终，知所先后，则近道矣。”讲的都是学习历史与追求真理的关系。习近平总书记在 2016 年 5 月 17 日召开的哲学社会科学工作座谈会上指出：“面对社会思想观念和价值取向日趋活跃、主流和非主流同时并存、社会思潮纷纭激荡的新形势，如何巩固马克思主义在意识形态领域的指导地位，培育和践行社会主义核心价值观，巩固全党全国各族人民团结奋斗的共同思想基础，迫切需要哲学社会科学更好发挥作用。”要贯彻落实习近平总书记的上述讲话精神，繁荣和发展中国特色社会主义理论，就应该对世界和中国的社会主义历史有一个比较全面正确的认知。

一、此路不通：资本主义在中国的失败

从 17 世纪资本主义制度首先在英国诞生到 19 世纪末，是资本主义国家依靠武力和商品向外扩张和建立殖民地的阶段。对于这些少数资本主义国家来说，也是“我为刀俎、人为鱼肉”的殖民主义扩张阶段。在欧洲 18 世纪工业革命前，受生产工具和交通条件的限制，世界各地的交流是有限的，但是到 19 世纪中期，由于科技的发展和第二次工业革命的兴起，“资产阶级由于一切生产工具的迅速改进、交通的便利，把一切民族甚至是最野蛮的民族卷到文明中来了。资产阶级在不到一百年的统治中所创造的生产力比过去一切时代创造的全部生产力还要多，还要大。”但是，资本所固有的追逐利润最大化的本性，使得它的发展必须以市场需求为前提，在资本主义发展初期，为加速积累，只有广阔的国外市场，才能使资本家尽可能压低工人工资和消费而又不至于导致生产过剩的危机，因此开拓海外市场和寻求殖民地，及人口和商品的“出口导向”，是早期资本主义国家发展的普遍特点。在 19 世纪上半期之前，由于资本主义生产方式和制度只是在少数几个国家处于主导地位，广大的世界其他地区还可以为这些资本主义国家的发展提供丰富的资源和市场空间，因此资本主义国家内部（供给大于需求）、资本主义国家之间（争夺世界市场和资源）的矛盾还不突出。但是 19 世纪下半期到 20 世纪初，随着第二次工业革命的完成和资本主义扩张，世界市场已经被瓜分完毕，而此时崛起的德国、日本等新兴资本主义国家，为了寻求新的发展空间和资源，就要求重新瓜分世界资源和市场，帝国主义国家之间的战争愈演愈烈，直至爆发第一次世界大战。

在整个19世纪，如果说1840年的鸦片战争是中国与资本主义全球化的第一次正面冲突，那末随后的60年里，面对“三千年未有之变局”，中国政府对资本主义采取了“师夷长技以制夷”和“中学为体，西学为用”的战略，无奈这种移植技术、不变制度的战略却导致了国家不断衰落和解体，陷入困境。

从鸦片战争到戊戌变法前的50多年间，中国面对内忧外患，在“中学为体，西学为用”的观念下，试图将发展近代工商业依然包容在原有的封建政治体制之内，采取了“官办”、“官督商办”、限制民间发展资本主义工商业的政策。对于政府经济职能，也是采取改革局部、维持整体的政策，其标志就是洋务运动。

从19世纪末到20世纪前期，第二次工业革命使少数资本主义国家国力大增，资本主义开始进入由少数发达资本主义国家对世界资源和市场瓜分完毕并不断重新瓜分的阶段。这种以战争的形式、以殖民地和半殖民地为掠夺对象的重新瓜分，导致由局部战争演化为世界大战，而两次世界大战的间隔不到20年（如果从1919年巴黎和会算一战结束，从1937年日本全面侵华战争作为第二次世界大战开始），第二次世界大战的规模、时间和死亡人数都大大超过了第一次世界大战。其间还爆发了严重的世界性的1929年经济危机。这些都充分暴露出资本主义的严重弊病，“帝国主义是资本主义的垂死阶段”的结论被越来越多的人接受。

二、历史的选择：只有中国共产党能够救中国

当世界资本主义发展到帝国主义阶段，即依靠武力来重新瓜分世界资源和世界市场的时候，社会主义作为制止这种资本主义灾难的一种新生力量应运而生。如果从世界范围看，到第一次世界大战前，资本主义制度只是在少数国家取得胜利，资本主义生产方式和工业化只是在少数几个国家得以实现，而大多数国家仍然处于这些资本主义国家的剥削和奴役下，国内的资本主义经济没有处于主导地位，资产阶级也没有获得统治地位，一句话，资本主义经济基础和上层建筑都还没有在这些落后国家建立起来。在这种状况下，当帝国主义国家发动重新瓜分世界资源和市场的世界大战后，因这些帝国主义国家同时又是发达的资本主义国家，是资本主义生产方式和社会制度的代表，因此，无论是殖民地、半殖民地人民，还是帝国主义国家的人民，其反对帝国主义的斗争和革命就必然包含有反对和否定资本主义的因素，这也是列宁为什么将帝国主义视为无产阶级革命的前夜，将帝国主义时代的民主革命纳入社会主义世界革命范畴的原因，这一点也被历史事实所证明。

因此，当第一次世界大战爆发后，帝国主义国家之间、帝国主义国家内部、帝国主义国家与殖民地人民之间的矛盾，就自然被社会主义革命者所利用，从而掀起

一场反对资本主义的社会主义革命。第一个社会主义国家苏联的诞生，就是列宁领导的布尔什维克利用俄国战争期间国内矛盾的激化和资产阶级二月革命后的社会动荡和人民不满，迅速进行了十月革命，可以说，第一个社会主义国家的诞生，虽然内部条件是人民对沙皇的封建军事帝国主义的抛弃，但是从整个大背景来看，却是广大人民通过第一次世界大战，对资本主义制度已经失去了信心，认为这是一个“恶”的制度，不愿意再建立这种制度。同样的，第二次世界大战以后，新产生的社会主义国家，除了那些主要依靠外部力量建立起来的国家不算，凡是主要依靠自己力量建立起来社会主义制度的国家，都是第二次世界大战的被侵略、被压迫者，都是由民族、民主革命转变到社会主义革命的。这些国家的社会主义革命，与其说是因为资本主义充分发达基础上的无产阶级与资产阶级的矛盾，不如说是因为这些国家是资本主义世界的受害者，这些国家的人民不愿意再选择资本主义制度。可以说，20 世纪 50 年代社会主义在世界范围内形成浪潮，即反映了这种现象。

因此，可以说，社会主义国家的诞生，是那些作为帝国主义受害者的国家和人民的另一种选择，即在许多国家发展资本主义的同时，对另外一种摆脱帝国主义奴役的发展道路的选择。因此，除了选择时的预期外，无论从理论上还是从实际上看，20 世纪建立起来的社会主义国家，并不是产生于资本主义经济最发达的地区，相反，却在经济发展水平上落后于发达资本主义国家。

甲午战争中国惨败，宣告了“中学为体，西学为用”观念和政策的破产。随后掀起的戊戌变法及其失败，则反映出封建顽固势力仍然把持着政权和不愿意全面彻底学习资本主义。辛亥革命以后，清王朝被推翻，中国名义上建立了资产阶级共和国，但是这个政权却把持在带有封建性质的军阀手中。以巴黎和会中国政府“丧权辱国”为标志，先进的知识分子开始寻找比资本主义自由经济和资产阶级“共和制”更有效的制度。在这种背景下，俄国的十月革命对中国产生了巨大的影响，不仅导致了中国共产党的产生，也最终促成孙中山“以俄为师”和国共合作。

在以蒋介石为领袖的国民党统治中国时期，正是帝国主义列强发动战争、重新瓜分世界的时代。由于以蒋介石为首的国民党统治集团的腐败，其独裁统治不仅遭到了以中国共产党为代表的工人和农民的反对，也遭到了小资产阶级和民族资产阶级的反对，因此在抗战胜利后爆发的内战中，貌似强大的国民党很快被中国共产党打败，被赶出大陆。历史最终选择了中国共产党和新民主主义。

三、突破“贫困陷阱”：社会主义必由之路

如果说第一次世界大战导致了苏联的诞生，那么第二次世界大战的结果，则是

导致了一个强大的欧亚社会主义阵营的形成，以及众多国家的独立。对于战后这种世界形势的巨大变化，以美国为首的资本主义世界，一方面大力推行“冷战”和局部“热战”以遏制共产主义蔓延；另一方面，则不得不在国内推行改革。对于中国来说，在战后，美国在国共两党的斗争中采取了支持腐败的国民党政策。随后又在朝鲜战争爆发后派军队进驻台湾，明确表示阻止新中国政府解放台湾。

以美国为首的西方经济封锁和战争威胁，使得刚刚建立的新中国需要建立起保障国家安全的现代工业，特别是国防工业，但是中国作为一个经过百余年战乱、经济上贫穷落后的国家，资金非常匮乏。因此，从发展的角度来看，以内部积累为特点和优先发展重工业为战略的苏联创建的社会主义经济体制，对新中国就具有了非常强的吸引力。另外，从政治上看，在新中国建立初期，基于过去的历史经验和苏联的成功，我国也是毫不犹豫地站在了以苏联为首的社会主义阵营一边，而朝鲜战争则加剧了中国对资本主义世界的敌对。这种敌对，使得本来就以社会主义为目标的中国共产党，自然在民主革命任务完成以后，迅速选择了向社会主义过渡。

从经济上看，旧中国强大的官僚资本为新中国建立强大的国营经济奠定了基础，新中国政府通过没收官僚资本和敌产，控制了金融、重工业、现代交通通信等关系国民经济命脉的行业。另外，在建国初期，受战争和国民党长期通货膨胀的影响，市场混乱，为了保证供给和稳定市场，国营贸易企业也迅速发展起来，并控制了主要工农业产品的流通；在对外贸易方面，西方的封锁和贸易重心转向苏联和社会主义国家，是国营外贸企业在“统制外贸”后形成垄断的另一个重要原因。在投资方面，政府也成为现代工业和基础设施的主要投资者，这一方面是因为可能成为投资主体的农民太穷、资产阶级元气大伤、外资不能进入；另一方面，也是政府发行“公债”、控制信贷和限制资产阶级的结果。

至于当时在国民经济中占很高比重的小农经济（五亿农民，一亿多户），不仅因为规模小、经营分散，无力与市场和国家抗衡；而且更重要的原因是土地改革所实行的无偿的、平均分配土地的方法，动摇了私有财产神圣不可侵犯的信念（本来中国传统社会这个观念就很薄弱），已经将国家的权力和意志铸入了农民的私有土地。特别是人数众多的、在农村掌握基层政权的贫下中农，作为中国共产党的既得利益者，在统购统销和合作化面前，不仅无力，也不愿意反抗。

从发展预期看，迅速改变中国经济落后的面貌，实际上是实现中国强大的根本。新中国成立以后，面对的是一个人口众多、人均资源贫困、资金极为短缺的现实，要赶上欧美和周边的日本和苏联，必须要加快发展速度。而要加快发展还有一个非常重要的原因，那就是中华民族的独立和国家安全，因为对中国人民来说，近代以来“落后就要挨打”的教训太深刻了。

而要加快工业发展速度，就必须加快重工业的发展。此时，对于中国这个大国来说，依靠对外扩张来获取资源和市场显然不可能，苏联的援助也很有限。实际上新中国面临着与十月革命后的俄国所面临的几乎完全一样的国际环境和国内经济。1922年，列宁针对苏联需要迅速发展重工业的情况说："重工业是需要国家补助的。如果我们找不到这种补助，那我们就会灭亡，而不成其为文明的国家，更不必说成为社会主义的国家了。所以我们在这方面采取了坚决的步骤。"①

新中国成立之初是一个典型的农业国，人口众多是基本国情之一，决定了中国人均资源的相对稀少。由于中国历史悠久，人口与耕地的矛盾由来已久。清代中期以后，人口的增加又进一步加剧了人口与农业资源的矛盾，形成农业的过度开发。新中国成立时，中国有5.4167亿人口，其中4.8402亿是农民，靠传统农业吃饭，而当时中国的人均耕地仅2.65亩，人均粮食仅209公斤，尚不能解决温饱。

1953年中国转入大规模经济建设后，资金和物资立即捉襟见肘，要么放慢工业发展速度，按照市场化配置资源，这在今天看也未尝不可，甚至可能从长期看经济发展速度并不慢，但是当时根据历史经验和理论（帝国主义和无产阶级革命时代），却担心战争随时可能爆发，中国再次成为"鱼肉"，因而不愿意放慢工业化速度；要么尽可能地将剩余拿到国家手里，压低消费，并采取行政办法配置资源，使投资向重工业倾斜，加快工业化步伐；而后者就是苏联的办法。因此，中国在50年代选择了社会主义改造和实行计划经济。

四、柳暗花明：中国特色社会主义道路

第二次世界大战结束以后，由于强大的社会主义阵营的出现，广大殖民地、半殖民地国家独立和民族解放运动的兴起，使得原来的经济发达的资本主义国家，不能再依靠原来的对外扩张和重新以武力划分世界市场来推进本国的发展，不得不将其发展中心和注意力集中到国内和依靠技术进步来占有世界市场。这种外部环境的变化，一方面使得这些资本主义国家不得不将扩大内需作为经济增长的主要推动力，从而也能够缓解国内的工人阶级与资产阶级的矛盾（战后资本主义国家工人运动兴起也是一个重要原因），因此，战后各资本主义国家在政治上推行民主化、经济上推行凯恩斯主义和扩大社会保障和福利，从而形成一个庞大的中产阶级，保证了社会的基本稳定。另一方面，由于对外受到社会主义国家的对抗和民族解放运动

① 《俄国革命的五年和世界革命的前途》（1922年11月13日），《列宁论新经济政策》，人民出版社1992年版，第200页。

的制约，原来依靠武力来任意压迫和剥削落后国家的条件已经丧失（甚至在50年代至60年代资本输出的风险也大大增加），这些发达的资本主义国家，不得不去依靠技术进步和优化经营管理来从经济上进行竞争，以保持和扩大在世界市场和资源方面的份额。这种经济发展路径的变化，导致了这些资本主义国家内部的改革加速，而国内经济运行机制的改善、政治体制的进步和政府经济职能的调整，又反过来促进了科技发展和社会稳定。特别是90年代以后，由于冷战的结束、科技的迅速发展以及前社会主义阵营国家和中国的经济转轨，以资本跨国流动和打破贸易壁垒为特征的经济全球化迅速推进，使得资本主义全球化又进入一个新的时期。

在战后，由于发达资本主义国家内部的改革和世界环境的变化，无论是冷战时期还是现在，由几个帝国主义国家依靠战争来重新瓜分世界资源和市场的条件已不存在，世界大战的可能性越来越小。但是这种变化毕竟是逐步的、渐变的过程，因此中国对资本主义世界的认识也自然是一个基于列宁帝国主义论逐步随着世界变化而发生变化的过程。

其次，社会主义制度是帝国主义时代的产物，即它是帝国主义列强侵略战争和民族压迫的结果。因此当外部环境和条件发生变化后，它也必须随着经济发展和外部环境变化而与时俱进，作相应的制度变革。

由于社会主义制度和阵营的产生，不仅是与资本主义全球化同步进行的，也是相互制约的，从全球来看，社会主义制度不是作为资本主义制度的掘墓人，而是与资本主义制度并行发展、相互竞争的，它们之间不是替代的关系。从马克思主义的社会主义理论来讲，社会主义是比资本主义更高级的制度，是资本主义制度在全球发展的结果，但是在实际上，传统的社会主义制度从诞生之日起，它既是那些资本主义发展受到阻碍，而不能顺利发展国家的产物（当然，这种阻碍有的来自国内，有的来自国外，俄国、中国都是如此）；也是对资本主义全球化发展过程中帝国主义阶段的纠偏和制约。而一旦当国际形势发生变化，同时这些社会主义国家依靠高度集权建立起现代工业体系和产业，那种单一公有制和计划经济因替代市场而取得的国家安全、社会稳定和高积累优势，就完全被计划经济的低效和缺乏人本精神所抵消，甚至成为进一步发展的障碍。改革和放弃传统的社会主义制度就成为必然，问题只是改革的目标和步骤怎样确定，这种变革需要支付多大成本、如何顺利进行。

在20世纪后半期，苏联作为世界上第一个社会主义国家和社会主义阵营的领袖，对内没有解决好三个问题：公有制与私有制的关系、计划与市场的关系、党和人民群众的关系，导致了经济衰退和党脱离了人民；在对外方面，也没有处理好三个问题：一是与社会主义国家的关系（中苏分裂）；二是与发达资本主义国家的关系（冷战）；三是与发展中国家的关系（侵略阿富汗）。因此苏联内外交困，终于在20世纪90年代初解体失败了。

1978年的改革开放，从根本上来说，一开始是对单一公有制和计划经济弊病的纠正。这种纠正是由于受到来自三个方面的压力和诱导：一是开眼看世界感到落后的压力；二是人民生活贫困的压力；三是建国以来自己的经验教训和整个世界市场化趋势。这些都使得中国共产党人开始重新思考社会主义的本质与生产力发展的关系问题。

1953年中国之所以由新民主主义向社会主义过渡，就是因为社会主义能够更快地实现工业化和提高人民的生活水平。中国共产党建立社会主义制度的目的和合法性，就在于社会主义制度比资本主义制度优越，可以比资本主义创造出更快的经济发展速度。毛泽东在50年代末就曾经说：我就不相信，无产阶级取得政权以后不能取到副食品，如果结论真是这样的话，那就请蒋介石回来。[①] 十一届三中全会前后，邓小平总结建国以来的经验教训，特别是“文革”期间“四人帮”的破坏，多次强调社会主义最根本的任务是发展社会生产力。1977年12月26日，邓小平在会见澳大利亚共产党（马列）主席希尔和夫人乔伊斯时说：怎样才能体现列宁讲的社会主义的优越性，什么叫优越性？不劳动、不读书叫优越性吗？人民生活水平不是改善而是后退叫优越性吗？如果这叫社会主义优越性，这样的社会主义我们也可以不要。[②]1978年9月16日，在听取吉林省委汇报工作时指出：“按照历史唯物主义的观点来讲，正确的政治领导的成果，归根结底要表现在社会生产力的发展上，人民物质文化生活的改善上。如果在一个很长的历史时期内，社会主义国家生产力发展的速度比资本主义国家慢，还谈什么优越性？”[③] 邓小平对社会主义本质的反思和重新界定，使一切“左”的阻碍改革开放的论点都失去了合理性。当然，这也得益于当时全党和全国人民对“文革”错误的反思这个大背景。

仅有对社会主义本质的重新认识，对开放来说还是不够的。还有一个如何认识国际形势的问题。从列宁1917年创建了第一个社会主义国家苏联起，战争的阴霾就笼罩在社会主义国家的头上。中华人民共和国成立以后，中国也面临着战争的威胁，朝鲜战争、越南战争、中印边界战争、中苏边界战争，从50年代初到70年代前期，中国长期处于战争的威胁下，50年代至60年代威胁主要来自以美国为首的西方，60年代末至70年代威胁则主要来自苏联。当然，这也与我们自己的某些“左”的错误政策有关系。实际上，从60年代以后，随着社会主义阵营的破裂、民

---

① 转引自《李富春同志在各协作区办公厅主任座谈会上的讲话（纪要）》（1959年6月10日）。

② 《邓小平思想年谱（1975—1997）》，中央文献出版社1998年版，第51页。

③ 《邓小平文选》第2卷，人民出版社1994年版，第128页。

族解放和国家独立运动的兴起，第三世界的力量越来越强大，以欧洲为代表的和平力量也越来越大，世界性的战争爆发的可能性不是越来越大，而是越来越小，1972年尼克松访华打破了西方长达20多年的敌视和封锁，1975年越南战争的结束，都说明中国的国际环境正在向好的方向转变。能否正确认识这种国际形势的变化，改变从列宁、斯大林时期就形成的战争不可避免的结论，积极发展与西方发达国家的经济关系，利用国际市场和国际资源来加快发展，是马克思主义能否与时俱进的关键所在。正是在这个问题上，邓小平再次作出了重大决断，提出了和平和发展是世界主流的观点。

正是根据上述两个重要认识和判断，认识到市场经济不是资本主义的专利，认识到和平与发展是世界主流，认识到与资本主义长期共存、共同发展将是一个相当长的历史时期，这才使得中国走上了改革开放的道路，实现了经济转型与和平崛起。

1992—2002 年十年改革的历史方位及历史经验

中国社会科学院当代中国研究所研究员　刘国新

1992 年年初邓小平南方谈话到 2002 年 11 月中国共产党第十六次全国代表大会召开之前的十年，是共和国历史上的一个崭新的阶段。对这个阶段的历史方位加以阐述，对这个阶段的历史经验进行总结，对于整个改革开放史的研究都具有重要的意义。

一、历史方位：新起点、里程碑、跨入新世纪

（一）改革开放新阶段的新起点

改革开放是从突破原有经济体制起步的。由于当时最为突出的是农业和农村问题，因此改革首先从农村开始。不过，农村改革的初期还是解决经营权问题，并非解决体制问题。真正在体制上进行改革是从城市开始的。在城市经济体制改革试点过程中，无论是围绕着企业扩权试点，还是试行经济责任制，无论是疏通流通渠道，还是发展多种经济形式，都是突破原有经济体制。“摸着石头过河”就是很形象的一个比喻。

1992 年党的十四大明确提出改革的目标就是建立社会主义市场经济体制，这是对十二届三中全会提出的公有制基础上有计划商品经济改革目标的新发展，是执政的中国共产党在社会主义理论上的认识飞跃，对改革开放实践具有重大的指导意义。也就是从这时起，开启了中国改革开放的新阶段，我国进入建立社会主义市场经济历史阶段的开创时期，我们也可以把它称为着力构建社会主义市场经济体制基本框架时期，同时也是经济体制转型时期，还是实现三步走战略中第二步战略目标，继而为 21 世纪我国经济建设进入更好的、良性发展的关键时期。

围绕这一目标，在改革的观念上，重点不是如何冲破旧体制的束缚，解决旧体制中积累的问题，而是全面转向研究和回答什么是社会主义市场经济，怎样建立社会主义市场经济的问题。在改革的方式上，不再是走一步看一步，而是在建立社会主义市场经济体制目标的指导下，有步骤地朝着建立新体制的目标迈进。在改革的布局上，不再是局部的、单一的，而是全面推进，重点突出，成龙配套，持续深入。

（二）中华民族发展史上一个重要的里程碑

从 1992 年起，改革开放有了明确的目标以后，改革就是全方位的。以经济体

制改革为主线，政治、文化、教育、科技、国防体制的改革逐步展开，协调跟进。现代市场体系建设全面展开。国民经济市场化程度进一步提高，市场在资源配置中的基础性作用明显增强。公用服务和能源、交通领域价格改革不断深化。资本、产权、土地、技术和劳动力市场加快发展。现代流通和营销方式不断拓展。整顿和规范市场经济秩序取得阶段性成果。

经济体制改革，不再是头疼医头，脚疼医脚，不再就事论事，小打小闹。而是注重改革的成效及协调推进。比如，90年代前半期宏观调控在管理手段上，强调金融管理和税收征管体制上，从金融财政入手，措施是有保有压，有张有松。压房地产，压开发区，压股票；保农业，保重点建设，保交通，保能源。为此，金融改革的重点是逐步缩小政策性贷款的数量和范围，实行政策性贷款与商业性贷款分开，建立以商业性贷款为主体，多种金融机构并存的组织体系；统一开放、有序竞争、严格监管的金融市场体系，建设能独立承担稳定货币供求的中央银行调控体系。

财政税收改革的主要目的是发挥税收对国民收入的第二次分配的调节作用。通过税收改革，适当增加财政在国民收入中的比重，增加中央财政在全国财政收入中的比重，实行分税制，明确规定中央财政固定收入、地方财政固定收入、中央和地方财政共享收入，并对地方税收征管体系进行调整。促进全国统一市场形成的税负环境，改变国企税负高，使各类企业之间税负大致公平。建立适应市场经济需要的财税法治体系和税收监管体系。

国企改革的重点是建立适应社会主义市场经济的现代企业制度。对企业进行公司体制改组，是建立现代企业制度的主要途径，有限责任公司和股份有限公司是企业法人制度的典型形式。具体体现在：一是企业独立于出资人的法人地位；二是股东对企业债务承担责任；三是董事的信托责任。当时提出的国企改革十六字方针是“产权清晰、权责明确、政企分开、管理科学”。

与此同时，建立资本市场和劳动力市场，形成统一开放的市场经济体系。

正是由于目标明确，政策得当，国民经济保持良好发展势头，经济结构战略性调整迈出重要步伐，国民经济持续快速健康发展，国家的综合实力大幅跃升，国内生产总值到2002年达到10.2万亿元。以信息产业为代表的高新技术产业迅速崛起。传统工业改造步伐加快。现代服务业快速发展。经济增长质量和效益不断提高。国家税收连年大幅度增长。全国财政收入从1997年的8651亿元增加到2002年的18914亿元，平均每年增加2053亿元；国家外汇储备从1399亿美元增加到2864亿美元。五年全社会固定资产投资累计完成17.2万亿元，特别是发行6600亿元长期建设国债，带动银行贷款和其他社会资金形成3.28万亿元的投资规模，办成不少多年想办而没有力量办的大事。[①]社会生产力跃上新台阶，国家的经济实力、抗风险能力和国际竞争力明显增强。

全国实现基本普及九年义务教育、基本扫除青壮年文盲的人口地区覆盖率，由1997年的65%提高到2002年的91%。高中阶段教育得到加强。高等学校从1999年起连续扩大招生规模，高考录取率从36%提高到59%；2002年高等学校在校生1600万人，是1997年的2.3倍；五年内全国本专科毕业生1300万人，毕业研究生31万人。高校后勤社会化改革取得重要进展。新建和改建学生公寓4800万平方米，超过1950年到1997年的建设总规模。基本建成结构比较完整、专业门类齐全的职业和成人教育体系。特殊教育、早期教育得到重视。民办教育迅速发展。

在经济较快增长、物价水平较低的情况下，人民群众得到了更多实惠。城乡居民收入持续增加，城镇居民家庭人均可支配收入，由1997年的5160元增加到2002年的7703元，平均每年实际增长8.6%。农村居民家庭人均纯收入由2090元增加到2476元，平均每年实际增长3.8%。城乡居民人民币储蓄存款余额由4.6万亿元增加到8.7万亿元。居民拥有的股票、债券等其他金融资产也有较多增加。[②]家用电器进一步普及，电脑、轿车越来越多地开始进入居民家庭。公共服务设施、人均绿地面积不断扩大。法定节日假期增加，外出旅游人数大幅度增长。体育健身和文化娱乐消费明显增多。医疗保健条件不断改善，人民群众健康水平进一步提高，人均期望寿命在2002年达到71.8岁，接近中等发达国家水平。农村贫困人口由4960万人减少到2820万人。在13亿多人口的国家，在短短的十几年时间里人民生活总体上实现由温饱到小康的历史性跨越，这是社会主义制度的伟大胜利，是中华民族发展史上一个重要的里程碑。

（三）把中国特色社会主义全面推向21世纪

这10年恰逢世纪之交，“把一个什么样的中国带入21世纪？”第三代中央领导集体带领全党全国各族人民坚持党的基本路线、基本纲领，在国内外形势十分复杂、世界社会主义出现严重曲折的严峻考验面前及时准确地把握经济全球化新趋势，捍卫了中国特色社会主义。

在经济全球化深入发展、国际竞争日趋激烈的情况下，党中央顺应世界发展潮流，坚持扩大对外开放，更好地利用国内外两个市场、两种资源，加快发展壮大自己。1998年下半年，受亚洲金融危机的影响，中国外贸出口一度出现负增长。在这

① 《政府工作报告——2003年3月5日在第十届全国人民代表大会第一次会议上》，中国网，http：//www.china.com.cn/zhuanti2005/txt/2003-03/20/content_5296399.htm。

② 《政府工作报告——2003年3月5日在第十届全国人民代表大会第一次会议上》，中国网，http：//www.china.com.cn/zhuanti2005/txt/2003-03/20/content_5296399.htm。

种情况下，中国政府坚持人民币不贬值，表现出一个负责任大国形象，同时，果断采取一系列鼓励出口的政策措施。坚持实施市场多元化战略和以质取胜战略，大力开拓新兴市场，着力改善出口商品结构，提高质量和档次。深化外经贸体制改革，推进外贸经营主体多元化，提高口岸管理水平和通关能力。由于措施得力，克服了种种困难，实现出口大幅度增长，并进口了大量国内急需的设备、技术和短缺原材料，促进了经济发展和技术进步。

在扩大开放的政策导引下，中国政府鼓励有条件的各类所有制企业走出去，开拓国际市场，到境外投资办企业，带动设备、零部件出口和劳务输出。根据不同国家的情况，分别采取不同的投资、合作方式。对发展中国家特别是周边国家提供经济技术援助，开展带资承包，投资经营，提供无息、低息贷款。这样做，既有利于巩固传统友谊，又有利于互惠互利、共同发展。

中国还根据国际资本流动的新特点，抓住机遇，积极扩大利用外资，着力提高利用外资质量，把吸收外资同国内产业结构调整、国有企业改组改造、西部大开发结合起来。在注重改善投资硬环境的同时，努力完善法制，提高政策透明度，提供优质服务，软环境也有很大改进。

努力利用国内外两种资源、两个市场，抓住有利时机，使中国经济融入经济全球化进程，获得更广阔的发展空间，中国在世界的影响力大大增强，成功把中国特色社会主义推向21世纪。外贸进出口总额由1997年的3252亿美元增加到2002年的6208亿美元，世界排名由第十位上升到第五位；出口总额由1828亿美元增加到3256亿美元，出口商品结构不断优化。利用外资水平明显提高。五年累计实际利用外商直接投资2261亿美元，超过1979年到1997年的总和。

二、历史经验：旗帜、目标、治国方针、党的建设新的伟大工程

1992年至2002年的十年积累了丰富的经验，主要有：

（一）高举旗帜

社会主义建设的伟大实践，需要有先进的理论指导，这时期确立的邓小平理论和“三个代表”重要思想，是我们党高举的伟大旗帜，是十年改革开放取得伟大胜利的最重要的保证。

邓小平理论坚持解放思想、实事求是，在新的实践基础上继承前人又突破陈规，开拓了马克思主义的新境界。这个理论坚持科学社会主义理论和实践的基本成果，紧紧围绕“什么是社会主义，怎样建设社会主义”这个基本理论问题，深刻揭示社会主义的本质，把对社会主义的认识提高到新的科学水平。邓小平理论总结建

国以来我国社会主义发展成功和失误的历史经验，总结近二十年来我国改革开放和社会主义现代化建设的新鲜经验，第一次比较系统地初步回答了中国这样经济文化比较落后的国家如何建设社会主义、如何巩固和发展社会主义的一系列基本问题，形成了新的建设中国特色社会主义理论的科学体系，只有这个理论能够解决社会主义前途和命运问题。

“三个代表”重要思想的科学内涵和基本要求是：党的理论、路线、纲领、方针、政策和各项工作，应该努力符合生产力发展的规律，体现不断推动社会生产力解放和发展的要求，尤其要体现推动先进生产力发展的要求，通过发展生产力不断提高人民群众的生活水平。应该努力体现发展面向现代化、面向世界、面向未来的，民族的科学的大众的社会主义文化的要求，促进全民族思想道德素质和科学文化素质的提高，为我国经济发展和社会进步提供精神动力和智力支持。应该坚持把人民的根本利益作为出发点和归宿，充分发挥人民群众的积极性和创造性，在社会不断发展进步的基础上，使人民群众不断获得切实的经济、政治、文化利益。贯彻“三个代表”要求，关键在坚持与时俱进，核心在保持党的先进性，本质在坚持执政为民。

正是有了邓小平理论和“三个代表”重要思想这两面旗帜的指引，始终保持与时俱进的精神状态，不断开拓马克思主义理论发展的新境界和现代化建设的新局面，深化了对中国特色社会主义的认识，才使得中国的改革开放事业在世纪之交实现历史和时代赋予的庄严使命，取得如此成就，并为中共十六大之后中国特色社会主义理论体系奠定了重要的理论基础和思想基础。

（二）改革目标的明确性

将社会主义制度与市场经济结合起来，是中国共产党的一大创举。坚持社会主义市场经济，主要做法有以下几方面：第一，在建设社会主义市场经济体制过程中，所有制结构进一步调整和完善。公有制经济在调整和改革中发展壮大，国有经济控制力和竞争力明显增强；城乡集体经济得到新的发展；股份制经济不断扩大；个体、私营等非公有制经济较快发展，以公有制为主体的多种所有制经济共同发展的社会主义基本经济制度有着旺盛的生命力。第二，正确地把握宏观调控的方向和力度，实施积极的财政政策和稳健的货币政策，抑制通货紧缩趋势，并在实践中适时完善政策措施，确保取得成效。坚持以经济结构调整为主线，着力提高经济增长质量和效益，努力实现速度与结构、质量、效益相统一。第三，坚持全面提高对外开放水平，积极参与国际经济技术合作和竞争，更好地利用国内外两个市场、两种资源，加快发展壮大自己。面对严峻的国际经济环境，积极应对，趋利避害，变挑战为机遇，开创了对外开放的新局面。

推进建设社会主义市场经济的过程，并非一蹴而就。比如推进农业结构调整。通过政策支持、加强信息服务和技术服务，引导农民按照市场需求调整种植结构、品种结构，发展畜牧业和水产养殖业，推进农业生产区域布局调整。大力推广“公司加农户”、“订单农业”等方式，发展农业产业化经营，带动千家万户农民进入市场。同时，抓住粮食供给充足的有利时机，实施退耕还林，既促进了农业结构调整，又直接增加了农民收入。在农业结构调整中，坚持因地制宜，不搞行政命令，尊重农民意愿。又比如，国有企业改革取得重大进展的关键，不仅在于坚持实行鼓励兼并、规范破产、下岗分流，还在于减员增效和实施再就业工程，切实搞好再就业工作和社会保障体系建设。党中央、国务院两次召开全国再就业工作会议，相继制定和实行一系列政策措施。对下岗分流人员，通过建立再就业服务中心，保障他们的基本生活，并代缴社会保险，促进实现再就业。对关闭破产企业，首先要妥善安置职工。据统计，1998 年以后，国有企业下岗职工达 2700 多万人，90% 以上进入再就业服务中心，先后有 1800 多万人通过多种渠道和方式实现了再就业。同时，逐步完善“三条保障线”。各级政府逐年增加社会保障和再就业方面的资金投入，2002 年中央财政用于“两个确保”和“低保”的资金达 594 亿元，是 1998 年的 6.2 倍。从 2001 年起，在辽宁全省进行完善城镇社会保障体系的试点，取得明显成效，为在全国逐步推广积累了经验。

（三）正确处理改革、发展、稳定三者关系的治国方针

1994 年中共中央政治局常委会制定当年工作要点时提出“抓住机遇、深化改革、扩大开放、促进发展、保持稳定是今年全党工作大局”。经过一年实践，中共中央在全面分析国际国内形势和深刻认识中国共产党肩负的重大历史使命的基础上，进一步指出这 20 字是当前和今后一个时期全党全国工作大局。1995 年 9 月 28 日，江泽民指出：“实现今后 15 年的奋斗目标和战略任务，必须牢牢把握抓住机遇、深化改革、扩大开放、促进发展、保持稳定的大局，正确处理好改革、发展、稳定三者的关系。实践表明，三者关系处理得当，就能总揽全局，保证经济社会的顺利发展；处理不当，就会吃苦头，付出代价。”

改革、发展、稳定这三者有着不可分割的内在联系。发展是硬道理，中国解决所有问题的关键是靠自己的发展。必须抓住机遇，珍惜机遇，用好机遇，加快发展。改革是经济和社会发展的强大动力，改革的目的是为了进一步解放和发展生产力。改革是社会主义制度的自我完善和发展。它的决定作用不仅在于解决当前经济和社会发展中的一些重大问题，还要为 21 世纪中国经济的持续发展和国家的长治久安打下坚实的基础。稳定是发展和改革的前提，发展和改革必须有稳定的政治和社会环境，这是我们党和国家付出了代价取得的共识。在经济体制转轨时期，人们的

思想观念的转变需要一个过程，各方面利益关系的变动，各种矛盾会比较突出，保持稳定更具有重大的现实意义。

发展是目的，改革是动力，稳定是保证。必须把改革的力度、发展的速度和社会可以承受的程度统一起来，在社会政治稳定中推进改革、发展，在改革、发展中实现社会政治的长期稳定。我们的治国方针就是要正确处理好改革、发展、稳定这三者的关系，保持经济社会稳定健康发展，这是党的第三代中央领导集体执政时期的显著特点，这为未来我国全面建设小康社会中正确处理这三者的关系提供了重要的政策参考、宝贵的执政经验。

（四）不失时机地推进党的建设新的伟大工程

党的领导是各项事业取得胜利的重要保证，但是党的领导作用不是一劳永逸的。党的第三代中央领导集体始终牢记邓小平关于要抓好党的建设的嘱托，围绕提高党的领导水平和执政水平，提高拒腐防变和抵御风险的能力这两大课题，聚精会神，一以贯之地抓党的建设，推进党的建设新的伟大工程。

1994 年 9 月，党的十四届四中提出新时期党的建设的总目标和总任务是："把党建设成为用建设有中国特色社会主义理论武装起来、全心全意为人民服务、思想上政治上组织上完全巩固、能够经受住各种风险、始终走在时代前列的马克思主义政党。" 1997 年 9 月，党的十五大根据党建工作积累的新鲜经验，面向新世纪，将十四届四中全会提出的党的建设总目标和总任务进一步概括为："把党建设成为用邓小平理论武装起来、全心全意为人民服务、思想上政治上组织上完全巩固、能够经受住各种风险、始终走在时代前列、领导全国人民建设有中国特色社会主义的马克思主义政党。"

加强思想建设是推进党的建设新的伟大工程的首要的和根本的要求。党提出用邓小平理论武装全党，并作为一项长期的任务。以此为契机，全党掀起理论学习高潮，有力地促进全党思想理论水平的提高。在组织建设上，不断加强和完善民主集中制。保障党员民主权利，疏通和拓宽党内民主渠道。通过建立有效机制，保证基层党员和下级党组织及时向上级党组织反映意见，不断推进决策的科学化、民主化。

为了保证党始终走在时代前列，领导全国人民不断推进社会主义现代化建设事业，党中央把建设高素质的干部队伍，作为一项重大而又紧迫的战略任务。根据党的建设新的伟大工程的要求，党的领导干部特别是高级干部，不仅要努力成为有知识、懂业务、胜任本职工作的内行，而且首先要成为忠诚于马克思主义、坚持走建设有中国特色社会主义道路，会治党治国的政治家。江泽民在纪念中国共产党成立 75 周年讲话中明确提出党的干部政治业务素质的五条标准：第一，要有远大的共产主义理想，坚持正确的政治方向，坚定地走建设有中国特色社会主义道路，坚决贯彻执行党的基本理论、基本路线和各项方针政策；第二，努力实践党的全心全意为人民服务的宗旨，密切联系群众，特别是工农群众，坚决维护人民群众的利益；第三，解放思想，实事求是，一切从实际出发，善于开拓前进，具有唯物辩证的思想方法和工作方法；第四，模范遵纪守法，保持清正廉洁，发扬艰苦奋斗精神，自觉拒腐防变，坚决反对消极腐败现象；第五，刻苦学习，勤奋敬业，不断加强知识积累和经验积累，具备做好本职工作的专业知识和能力。为切实提高党的干部队伍的政治业务素质，中央和地方的各级党委普遍加强干部培训工作，要求广大干部不但要认真学习马克思主义基本理论，同时要努力钻研社会主义市场经济知识、现代科学技术知识、法律知识和其他各方面的知识。

执政的中国共产党历经革命、建设和改革各个时期，之所以能够始终做到坚强有力，还在于它的与时俱进。中共十三大确立了党的基本路线，十五大有所深化，有所前进，阐述了建设有中国特色社会主义的政治、经济文化的基本目标和基本政策，第一次系统地提出党在社会主义初级阶段的基本纲领，对中国跨世纪的发展作出全面部署。十五大将依法治国确定为党领导人民治理国家的基本方略，标志着我们党对共产党执政规律、人类社会发展规律和社会主义建设规律的认识提高到了一个新水平。在世纪之交，世界多极化和经济全球化在曲折中发展，站在这样的历史方位和世界格局，中国共产党面对新的考验，它在自身建设上提出了要提高党的领导水平和执政能力，提出要推进党的建设新的伟大工程，这是对中华民族前途和命运的科学把握，是党的第三代中央领导集体进行经济和社会建设取得显著成就的政治保证，为此后党的建设奠定了必要的理论和实践基础。

“全面从严治党”战略思想研究

宋月红

党的十八大以来，以习近平同志为核心的党中央在接力探索、深入推进中国特色社会主义伟大实践中，根据世情、国情和党情的深刻变化，面向“两个一百年”奋斗目标，系统提出了全面建成小康社会、全面深化改革、全面依法治国、全面从严治党的“四个全面”战略布局。在“四个全面”战略布局中，全面从严治党与全面深化改革、全面依法治国一起共同作为实现全面建成小康社会的战略举措，把从严治党的理论与实践提高到全面的战略高度，推动改革开放进入新阶段，经济发展进入新常态，治国理政和党的建设科学化水平不断提高。

一、全面从严治党的提出与确立

党要管党、从严治党，是由党的性质、宗旨和使命所规定的，是党在中国革命、建设和改革中的一条基本经验。把从严治党提高到“全面”的理论与实践高度，并与全面建成小康社会、全面深化改革、全面依法治国相统一，是以习近平同志为核心的党中央在新时期推进党的建设新的伟大工程的鲜明主题、总体布局和根本着力点。

党的十八大对全面提高党的建设科学化水平作出全面规划和部署，把坚持党要管党、从严治党放在极其重要的战略地位。以习近平同志为核心的党中央从接过历史的接力棒起，就高度重视、深入推进从严治党。在党的十八届一中全会上，习近平总书记就全面贯彻落实十八大精神提出要突出抓好全面推进党的建设新的伟大工程等六个方面工作。他在十八届中央政治局常委与中外记者见面时，讲到新一届中央领导集体的责任时指出“打铁还需自身硬”，表示要同全党同志一道，坚持党要管党、从严治党，切实解决自身存在的突出问题，切实改进工作作风，密切联系群众，使党始终成为中国特色社会主义事业的坚强领导核心。他在新一届中央政治局第一次集体学习时强调，要深刻领会确保党始终成为中国特色社会主义事业的坚强领导核心，治国必先治党，治党务必从严。

从严治党，是党的建设不变的信条；怎样从严治党，又是与时俱进的。习近平总书记不断根据全面建成小康社会的形势与任务、机遇与挑战，对从严治党作出新论述。2012 年 12 月 4 日是五届全国人大五次会议通过《宪法》30 周年纪念日，习近平总书记在首都各界纪念大会上指出，党要履行好执政兴国的重大职责，必须依据党章从严治党、依据宪法治国理政。在中纪委十八届二次全体会议上，他针对反腐败斗争的严峻形势强调，反腐倡廉必须常抓不懈，拒腐防变必须警钟长鸣。纪律严明是党的光荣传统和独特优势。党面临的形势越复杂、肩负的任务越艰巨，就越要加强纪律建设。十八届三中全会通过《关于全面深化改革若干重大问题的决定》，加强党对党风廉政建设和反腐败工作统一领导，明确党委负主体责任、纪委负监督责任，健全反腐败领导体制和工作机制。习近平总书记在纪念毛泽东诞辰120周年座谈会上指出，全党要增强党要管党、从严治党的自觉，提高党的执政能力和领导水平，增强党自我净化、自我完善、自我革新、自我提高能力。2014年1月14日，习近平总书记在中纪委十八届三次全体会议上发表讲话强调，坚持党要管党、从严治党，强化反腐败体制机制创新和制度保障，加强思想政治教育，严明党的纪律。6月30日，他还在中央政治局就加强改进作风制度建设进行第十六次集体学习时指出，必须坚持从严治党，落实管党治党责任。10月8日，中央召开党的群众路线教育实践活动总结大会，习近平总书记在讲话中指出，要以此为起点继续探索从严治党，增强管党治党意识、落实管党治党责任。十八届四中全会通过《关于全面推进依法治国若干重大问题的决定》，全面推进依法治国。全会指出，加强党内法规制度建设，完善党内法规制定体制机制，形成配套完备的党内法规制度体系，运用党内法规把党要管党、从严治党落到实处，促进党员、干部带头遵守国家法律法规。12月13日至14日，习近平总书记在江苏调研。他在调研中指出，要主动把握和积极适应经济发展新常态，协调推进全面建成小康社会、全面深化改革、全面推进依法治国、全面从严治党，推动改革开放和社会主义现代化建设迈上新台阶。全面从严治党与全面建成小康社会、全面深化改革、全面依法治国首次被统一起来加以整体表述。之后不久，习近平总书记在全国政协2015年新年茶话会上发表讲话指出，要全面贯彻落实十八大和十八届三中、四中全会精神，以邓小平理论、“三个代表”重要思想、科学发展观为指导，继续推进全面建成小康社会、全面深化改革、全面依法治国、全面从严治党，突出创新驱动，强化风险防控，加强民生保障，如期完成“十二五”规划确定的各项目标任务。由此，全面建成小康社会、全面深化改革、全面依法治国、全面从严治党在党的文献中正式提出，并从理论上形成协调推进“四个全面”战略布局。

在协调推进“四个全面”战略布局中，全面从严治党是实现全面建成小康社会这一战略目标的重要战略举措，丰富和发展了党要管党、从严治党的内涵与原则。（1）全面加强党的各方面、各领域建设。全面加强党的思想建设、组织建设、作风建设、反腐倡廉建设、制度建设，增强自我净化、自我完善、自我革新、自我提高能力，建设学习型、服务型、创新型的马克思主义执政党。(2）首要的是加强思想建设。进一步坚定理想信念，共产党员特别是党员领导干部要做共产主义远大理想和中国特色社会主义共同理想的坚定信仰者和忠实践行者。(3）坚持思想建党和制度治党紧密结合。(4）严肃党内政治生活。从严治党必须从党内政治生活严起，最根本的就是要使全党各级组织和全体党员、干部按照党内政治生活准则和党的各项规定办事。(5）严明党的纪律，首先是严明党的政治纪律。(6）坚持从严管理干部。从严治党，重在从严管理干部，以严的标准要求干部、以严的措施管理干部、以严的纪律约束干部。(7）持续深入改进作风。坚持群众路线，进一步密切党群、干群关系，保持同人民群众的血肉联系。(8）旗帜鲜明地反对腐败，更加科学有效地防治腐败。(9）依法依规治党。每个党政组织、每个领导干部必须服从和遵守宪法法律。加强党内法规制度建设，完善党内法规制定体制机制，形成配套完备的党内法规制度体系。(10）发挥人民监督作用。(11）深入把握从严治党规律。增强从严治党的系统性、预见性、创造性、实效性，使从严治党的一切努力都集中到增强党自我净化、自我完善、自我革新、自我提高能力上，集中到提高党的领导能力和执政能力、保持和发展党的先进性和纯洁性上。

二、坚持和发展中国特色社会主义，是党的思想建设的时代主题

党的思想建设关系到党举什么旗、走什么路。中国实行什么样的主义，关键要看这个主义能否解决中国面临的历史性课题。历史和现实充分证明，只有社会主义才能救中国，只有中国特色社会主义才能发展中国。

中国特色社会主义，是科学社会主义理论逻辑和中国社会发展历史逻辑的辩证统一，是当代中国发展进步的根本方向。中国特色社会主义，是中国社会主义，而不是什么其他主义。它既坚持了科学社会主义的基本原则，又根据中国国情和时代条件，不断丰富其实践特色、理论特色、民族特色和时代特色，深化了对共产党执政规律、社会主义建设规律和人类社会发展规律的科学认识。

加强党的建设、推进党的建设新的伟大工程，是马克思主义政党的立党兴党规律和执政规律。中国共产党之所以在中国革命、建设和改革中不断发展壮大，之所以在世界社会主义运动中开辟和拓展中国特色社会主义道路、形成和发展中国特色社会主义理论体系、确立和完善中国特色社会主义制度，根本原因就在于党不断推进马克思主义中国化，不断从党情、国情和世情的实际出发，加强党的思想建设，永葆党的先进性和纯洁性。

然而，现阶段党的思想建设，既面临以历史虚无主义为代表的否定毛泽东的历

史地位和毛泽东思想的“非毛化”，以及把改革开放前后两个历史时期割裂、对立起来的错误思潮和倾向，企图动摇和颠覆党的思想根基和历史根基；又面临民主社会主义、“宪政民主”、“新自由主义”、“普世价值”等企图“西化”、“分化”中国的西方思潮的冲击与挑战。利益的多元化、思想的复杂化，一刻也不能放松党的思想建设，并不断增强全国各族人民的共同思想政治基础。

马克思主义作为科学真理，社会主义由空想变成科学、由理想变成现实，总是在与相应实践的结合中丰富和发展的，也总是在与各种非马克思主义乃至反马克思主义的理论和社会思潮相比较而存在、相斗争而发展的，不因实践的曲折而失去科学理论的光芒，也不因面临挑战而退缩。马克思主义所揭示的资本主义无法克服的社会基本矛盾、社会主义必然代替资本主义的人类社会发展规律依然存在并发挥作用。

改革开放以来，党深刻总结我国社会主义建设正反两方面经验，借鉴世界社会主义历史经验，以经济建设为中心，坚持四项基本原则，实行改革开放，深刻揭示社会主义本质，确立社会主义初级阶段基本路线，认识和处理“什么是马克思主义、怎样对待马克思主义，什么是社会主义、怎样建设社会主义，建设什么样的党、怎样建设党，实现什么样的发展、怎样发展”等重大理论与实践问题，创立邓小平理论、“三个代表”重要思想、科学发展观和“四个全面”战略布局，开创、坚持和发展中国特色社会主义，推进党的建设新的伟大工程，推进党的执政能力建设和先进性建设，走出并不断拓展中国特色社会主义道路。

坚持马克思主义，就是要不断推进马克思主义中国化，坚持和发展中国特色社会主义。这是党的思想建设的时代主题，是全面从严治党的思想理论基础，是共产党人的精神之钙。习近平总书记指出：理想信念就是共产党人精神上的“钙”，没有理想信念，理想信念不坚定，精神上就会“缺钙”，就会得“软骨病”。理想信念动摇，就会有改旗易帜、走上歧路、邪路的严重危险，乃至亡党亡国，苏东剧变就是前车之鉴。理想信念动摇，就会有脱离群众的严重危险。党的最大政治优势是密切联系群众，党执政后的最大危险是脱离群众。

在中国特色社会主义现代化事业发展中，全面建成小康社会是战略目标，全面深化改革、全面依法治国、全面从严治党是战略举措，彼此相辅相成、相得益彰。

坚持党的领导，必须加强党的建设，首要的是加强党的思想建设，既要毫不动摇地始终坚持党的性质、宗旨和使命，坚持党的基本理论、基本路线、基本纲领和基本经验，坚持解放思想、改革创新，加强党的执政能力建设、先进性和纯洁性建设；又要根据世情、党情和国情的深刻变化，全面从严治党，以改革创新精神深入推进党的建设新的伟大工程，坚持和巩固马克思主义在我国意识形态领域的指导地位，确保党始终成为中国特色社会主义现代化建设事业的坚强领导核心。

三、开展新的历史特点的伟大斗争，必须全面从严治党

中国特色社会主义的最大特色、最本质特征是党的领导。在新的历史条件下不断推进改革开放和中国特色社会主义现代化建设事业，必须全面从严治党，深入推进党的建设新的伟大工程，并在党的领导下进行具有许多新的历史特点的伟大斗争，确保党始终成为中国特色社会主义事业的坚强领导核心。

（一）全面从严治党，是实现全面建成小康社会奋斗目标在党的建设上的根本要求和保证

全面建成小康社会，是我国社会主义现代化建设“三步走”战略中实现第三步战略目标的一个承前启后、继往开来的关键阶段，是党领导人民实现中华民族伟大复兴中国梦的新的里程碑。根据党的十八大确定的中国特色社会主义现代化建设事业的奋斗目标，在党成立100年时全面建成小康社会，在新中国成立100年时建成富强民主文明和谐的社会主义现代化国家。

全面建成的小康社会，是经济、政治、文化、社会和生态文明“五位一体”全面协调发展的小康社会。经济持续健康发展，到2020年实现国内生产总值和城乡居民人均收入比2010年翻一番。人民民主不断扩大，依法治国基本方略全面落实。文化软实力显著增强，社会主义核心价值体系深入人心，公共文化服务体系基本建成，文化产业成为国民经济支柱性产业。人民生活水平全面提高，资源节约型、环境友好型社会建设取得重大进展。全面建成小康社会，就是要在党的领导下，发展社会主义市场经济、民主政治和先进文化，不断促进社会主义物质文明、政治文明和精神文明的协调发展，开创中国特色社会主义事业新局面，推进中华民族的伟大复兴。

然而，我国仍处于并将长期处于社会主义初级阶段，人民日益增长的物质文化需要同落后的社会生产之间的矛盾是社会主要矛盾。尽管我国经济发展水平和综合国力不断提高，但我国仍然是世界最大发展中国家。在这样的国情和社会历史条件下，综观国际国内大势，全面建成小康社会，既处于我国发展的重要战略机遇期，也处于面临诸多风险的矛盾凸显期，机遇与挑战并存。

从国内看，改革开放以来，全面建设小康社会取得历史性成就，为确保到2020年全面建成小康社会提供了坚实的基础。转变经济发展方式，调整产业结构，经济平稳较快发展。综合国力大幅提升，我国经济总量在2010年跃升到仅次于美国的第二位，城镇人口占比在2014年达到54.77%[①]。政治体制改革、民主法制建设深入

① 国家统计局2015年1月20日发布的2014年经济数据。

发展，城乡实行按相同人口比例选举人大代表，中国特色社会主义法律体系基本形成，行政体制改革深化发展。文化体制改革、文化建设全面推进，人民精神文化生活更加丰富多彩。人民生活水平显著提高。2014 年，全国居民人均可支配收入实际增长 8%，快于经济增长；农村居民人均可支配收入实际增长 9.2%，快于城镇居民收入增长；农村贫困人口减少 1232 万人。[①] 党的建设全面加强，党内民主进一步扩大。根据国家统计局《中国全面建设小康社会进程统计监测报告（2011）》的测算结果，2010 年我国全面建设小康社会目标的实现程度为 80.1%，其中东部地区实现程度为 88%，东北地区为 82.3%，中部地区为 77.7%，西部地区为 71.4%。

但是，全面建成小康社会，面临我国经济社会发展不平衡不协调不可持续问题。产业结构不合理，农业基础依然薄弱，科技创新能力不强，城乡区域发展差距仍然较大。资源环境约束加剧，能源资源消耗多，环境污染重。全面建成小康社会，基础在农业，难点在农村，关键在农民。没有农村的小康，特别是没有贫困地区的小康，就没有全面建成小康社会。扶贫工作仍然艰巨繁重。2011 年 11 月我国扶贫标准提高到 2300 元，比 2009 年提高了 92%。按照这一标准，2012 年我国依然有 1 亿多的贫困人口，2014 年底还有 7000 多万贫困人口。与之相联系，社会主义民主政治建设需要进一步加强和深入发展；文化建设的总体水平还不能满足人民群众的需要，与我国经济社会发展水平和国际地位还不适应；各种社会矛盾明显增多、日显突出。这些都需要在努力全面建成小康社会中，在党的领导下扎实工作、攻坚克难。

从国际看，和平与发展仍然是时代主题，世界多极化、经济全球化深入发展，文化多样化、社会信息化持续推进。当今世界正在发生深刻复杂变化，新兴市场国家和发展中国家整体实力增强，国际力量对比朝着有利于维护世界和平方向发展，我国有可能争取到较长时间的和平国际环境。经济全球化深入发展，世界新科技革命飞速推进，经济发展日益成为各国利益交汇点，促进共同发展的有利因素增加。在经济相互依存、科技快速发展的国际环境中，我国可以较快地从国际市场获得国内发展所需要的生产要素，积极参与国际体系改革进程和应对全球性议题的国际合作，以更好地维护我国利益和广大发展中国家的权益。我国长期坚持开放合作的发展，自身的经济实力和国际影响力日益提升，已成为世界经济的重要力量。

但是，世界政治、经济、社会等领域不稳定不确定因素明显增多，霸权主义、强权政治和新干涉主义还在上升，我国发展面临的外部环境严峻复杂。世界格局进

① 李克强：《政府工作报告——2015 年 3 月 5 日在第十二届全国人民代表大会第三次会议上》，《人民日报》2015 年 3 月 17 日。

入深度调整期，国际政治经济秩序发生深刻变革，国际力量对比发生新的分化组合，新旧矛盾相互叠加，新旧力量相互博弈。当前世界经济复苏是一个缓慢而复杂的过程，全球经济和贸易持续低迷，各种形式的保护主义抬头，金融市场和大宗商品价格剧烈波动。与此同时，全球发展不平衡加剧，国际金融危机引发全球增长方式、供需关系、治理结构的调整变化。发达国家在经济科技上占优势的压力将长期存在，我国在全球产业和技术革命中面临挑战。此外，全球面临贫困、粮食安全、能源资源安全以及网络安全等非传统安全方面的挑战，世界仍然很不太平，局部战争还在发生，国际局势动荡不安。

然而，现阶段，就党的自身状况来说，领导全国各族人民全面建成小康社会，面临精神懈怠、能力不足、脱离群众和消极腐败等危险。少数党员干部理想信念动摇、宗旨意识淡薄；一些干部领导科学发展能力不强，一些基层党组织软弱涣散；形式主义、官僚主义问题突出，奢侈浪费现象严重；一些领域消极腐败现象易发多发，反腐败斗争形势依然严峻。这些都是与全面建成小康社会不相适应的，而且是严重阻碍全面建成小康社会的消极、腐败因素。

全面建成小康社会，是中国特色社会主义现代化建设事业的重要阶段，既有难得的机遇，也面临来自国内、国际的各种挑战。全面建成小康社会，党处于核心领导地位，肩负的任务艰巨繁重，党不坚强有力，没有创造力、领导力和影响力，就不可能实现这一奋斗目标。

在党的领导下全面建成小康社会，必须全面从严治党，全面加强党的建设，不断增强党的先进性，不断巩固党的执政地位，不断提高党的执政能力和执政水平，使党始终充满生机活力。

（二）全面从严治党，是加强和改善党对全面深化改革的领导的基础与前提

全面深化改革的总目标是完善和发展中国特色社会主义制度，推进国家治理体系和治理能力现代化，主要是围绕使市场在资源配置中起决定性作用深化经济体制改革，围绕坚持党的领导、人民当家作主、依法治国有机统一深化政治体制改革，围绕建设社会主义核心价值体系、社会主义文化强国深化文化体制改革，围绕更好保障和改善民生、促进社会公平正义深化社会体制改革，围绕建设美丽中国深化生态文明体制改革，围绕提高科学执政、民主执政、依法执政水平深化党的建设制度改革。加强党的建设，既是全面深化改革的重要内容，又是全面深化改革的根本保障。

当前，改革进入攻坚期和深水区。全面深化改革，是社会利益关系的深刻调整与变革，需要冲破思想观念的束缚、突破利益固化的藩篱，需要深化各领域创新发展，正确处理中央和地方、全局和局部、当前和长远的关系，让全社会创造潜力充

分释放，让全体人民共享改革发展成果。然而，目前，一些地方、领域和部门联系服务群众的机制还不够通畅、能力不强，严重制约着维护、保障和发展人民群众利益的能力与水平；在社会主义市场经济条件下，一些党员、干部不能正确处理公私关系，缺乏正确的是非观、义利观、权力观、事业观。人民群众的整体利益总是由各方面的具体利益构成的。党的所有的政策措施和工作，都应该正确反映并有利于妥善处理各种利益关系，都应认真考虑和兼顾不同阶层、不同方面群众的利益，最重要的是必须首先考虑并满足最大多数人的利益要求。

全面深化改革，必须加强和改善党的领导，充分发挥党总揽全局、协调各方的领导核心作用，建设学习型、服务型、创新型的马克思主义执政党。教育引导党员、干部坚定理想信念，以党性教育为核心，牢固树立正确的世界观、权力观、事业观；以道德建设为基础，培育和践行社会主义核心价值观。积极发展党内民主，深化干部人事制度改革，端正党风和工作作风，坚决抵制和克服各种消极腐败因素，提高党的领导水平和执政能力。

深化党的建设制度改革，需要增强大党建的意识，推动大党建发展。随着经济全球化、工业化、市场化、信息化和城市化的深度融合发展，世情、党情和国情发生复杂深刻变化，特别是经济发展方式的转变、产业结构的调整，带动社会结构的变动和党员流动性的增强。党员、党组织在哪里，党员、党组织处于什么状态和条件，党建工作就要跟进、覆盖到哪里，并从实际出发，因势利导、顺势而为，拓展党建工作的广度和深度，推进城乡互动、行业衔接、区域联动，促进党建共建、党员共管、人才互动、资源共享，进一步扩大党的群众基础和社会基础。不断促进党建工作适应经济社会发展的需要，推动经济发展新常态下的党建工作长效体制机制建设，促进党的建设与经济建设、政治建设、文化建设、社会建设和生态文明建设持续协调发展。

（三）全面从严治党，是全面依法治国在党的建设上的集中表现和实现方式

党的领导是中国特色社会主义法治之魂。离开党的领导，中国特色社会主义法治体系、社会主义法治国家就建立不起来。坚持党的领导，是社会主义法治的根本要求，确保社会主义法治正确政治方向；依法治国，是党领导人民治理国家的基本方略，依法执政是党治国理政的基本方式。依法治国，首先要依法依规管党治党建设党。

立党为公、执政为民，是我们党作为马克思主义政党的先进性所在，是区别于其他任何政党的本质特征。我们党是一个拥有 8800 多万党员的政党，而且在一个 13 亿多人口的大国长期执政的政党，党员、干部队伍庞大，管理难度大，但又必须管好。然而，现阶段，就党的自身状况来说，一些党组织依法执政、依法办事的

观念和能力不强，有法不依、以权压法现象依然严重；一些党内制度、规章流于形式，有令不行、有禁不止；一些干部包括一些相当高层次的领导干部在党内政治生活和组织生活中不讲政治、不讲原则、不讲规矩，搞团团伙伙、帮帮派派甚或利益集团，严重违犯党纪国法；党内和社会上潜规则盛行，政治生态和社会环境受到污染。在党内政治生活中存在的这些现象与问题，不仅与党的先进性格格不入，而且危害党治国理政的实现。

治国必先治党，治党务必从严。党的执政地位和领导地位不是与生俱来的，也不是自然而然就能长期保持下去的，中国要出问题主要出在共产党内，不管党、不抓党就有可能出问题，甚至有亡党亡国的危险。

全面从严治党，需要改革和完善党的建设制度，进一步明确和落实党建主体责任、监督责任，完善党建工作责任制；对不作为者严肃问责、追究责任。

全面从严治党，需要加强党内法规制度建设，依法依规管党治党。党内法规制度包括党章、准则、条例、规则、规定、办法、细则，是党的先进性和纯洁性的具体体现。要把维护党章的严肃性和权威性放在首要位置，进一步完善党内法规制度，并实现其与国家法律的有机衔接，全面建成内容科学、程序严密、配套完备、运行有效的党内法规制度体系，使党员、干部自觉履行党章赋予的各项职责，严格按照党的原则行使权力，依法依规办事。

全面从严治党，加强和改善党的领导，协调推进“四个全面”战略布局，中国特色社会主义道路必将越走越宽广，全面建成小康社会、实现中华民族的伟大复兴中国梦必将展现光明的前景。

（作者为中国社会科学院当代中国研究所研究员）

改革开放与中国共产党绿色发展理念的演变

刘　斌

一、中国共产党绿色发展理念的辩证内涵

（一）要深刻理解中国共产党绿色发展理念的辩证内涵，必须先搞清楚造成当代中国生态危机的原因

第一，中国当代的生态危机是工业化初期的必然代价。人类发展的过程就是不断向自然索取甚至不断破坏自然的过程，尤其是工业革命以来，这种索取和破坏成几何级提升。随着科技的发展，这种从索取到产出的效率也在不断提高。人类进入工业社会后，污染问题就无时无刻不伴随着人类社会的发展，这是世界的普遍性问题，但是相对于对物质财富的追求仍然是次要矛盾。虽然马克思恩格斯在工业革命时代就已经深刻认识到近代工业生产对生态环境的破坏，并对人与自然的和谐相处作了深入分析。但是绝大多数人仍然沉浸在人类征服自然的巨大喜悦中，仍然沉浸在对巨大物质利益的追求中。

第二次世界大战以后，高污染的现代工业首先在欧美日本等发达国家引起重大生态危机，发达国家开始经历一个从严重污染到立法治理再到产业升级转移的长期的痛苦的过程。比如日本于20世纪50年代以后颁布了一系列全国性环保法令：《工业用水法》（1956年）、《自然公园法》（1957年）、《关于公用水域水质保护法》（1958年）、《关于限制工厂排水等法律》（1958年）、《下水道法》（1958年）、《关于水洗煤炭业的法律》（1958年）、《关于限制建筑物采用地下水法》（1962年）、《防止公害视野团体法》（1965年）、《关于整顿防卫设施环境法》、《公害对策基本法》（1967年）、《大气污染防治法》（1968年）、《噪声控制法》（1968年）、《城市规划法》（1968年）和《公害纠纷处理法》（1970年）等。

中国对生态危机的关注与世界发达国家相比虽然在时间上有所滞后，但是以发展阶段相比较则颇为相似。改革开放以后，中国才开始高度重视工业发展造成的污染问题，并推进环保立法。20世纪80年代，环境保护被列为基本国策，环境资源立法进入迅速发展阶段。全国人民代表大会常务委员会先后制定和颁布了《海洋环境保护法》（1982年）、《水污染防治法》（1984年）、《大气污染防治法》（1987年）、《森林法》（1984年）、《草原法》（1985年）、《渔业法》（1986年）、《矿产资源法》（1986年）、《土地管理法》（1986年）、《水法》（1988年）、《野生动物保护法》（1988

年)、《大气污染防治法》(1995年修改)等相关法律，尤其是2015年1月1日开始实施的《中华人民共和国环境保护法》开启了中国环境保护的新阶段。

综上所述，生态危机是工业化初期的普遍现象。在欧美发达国家，第二次世界大战以前很少意识到现代工业生产对生态环境的巨大破坏，即便如英国在1821年就颁布了第一部防治大气污染的法案，依然不能阻挡全国性严重的生态危机发生发展，这在本质上是由人类社会的发展阶段决定的。

第二，中国当代的生态危机是现代工业迅速发展与发达国家高排放产能转移双重因素造成的。

改革开放以后，中国才进入迅速工业化阶段，这个不能逾越的发展阶段成为中国当代生态危机的主要原因。新中国成立以来，建设社会主义现代化国家就是中国人民的历史责任。在改革开放以前，虽然建立了相对完善的国民经济体系，但是工业产值非常低，人民生活水平非常低，中国的国际地位也比较低。据统计，1978年，中国的GDP总量只有美国的1/10，[①]而人口则是美国的4倍多，即便与其他发展中国家相比，也仅有0.5%的世界人口人均GDP低于中国。[②]这种极端落后的情况是中国大力发展现代工业的重要原因，只有经济发展了才能展现社会主义优越性，才能实现中华民族伟大复兴。

中国改革开放正值发达国家大规模开展环境保护、淘汰落后产能并实现落后产能转移的重要时期。这一时间点的重合一方面有利于中国以较小的代价引进相对于自身更先进的西方技术，另一方面也为中国迅速扩大的生态危机埋下了隐患。与这一过程相伴的是发达国家从20世纪80年代以来的“去工业化”过程，以及以中国为代表的发展中国家的工业化过程。比如，1980年，我国工业制品出口额仅90.1亿美元，2009年增长到11384.8亿美元，[③]增长126倍。我们也必须清醒地认识到，发达国家高度重视的高科技、低污染产业并没有转移到中国。比如今天被人熟知的波音、空客、微软、IBM等重要的跨国公司，只是把生产加工环节转移到中国等发展中国家，而波音、空客的组装甚至最近几年才落户中国。美国、日本的钢铁公司依然在生产中国很少生产甚至不能生产的高端钢材。据国家统计局统计，2014年中国钢材生产112557.2万吨，占世界总产量的七成，出口9378万吨，同时又进口1443万吨高端钢材。[④]

综上所述，中国改革开放30年正处于工业化的重要时期，要满足人民群众日益

---

① 《世界经济年鉴(1981)》，中国社会科学出版社1982年版，第845页。

② 《世界经济年鉴(1981)》，中国社会科学出版社1982年版，第852—853页。

③ 《2010中国经济年鉴》，中国经济年鉴社2010年版，第907页。

④ 《中华人民共和国2014年国民经济和社会发展统计公报》，http://www.stats.gov.cn/tjsj/zxfb/201502/t20150226_685799.html。

增长的物质需求和提高综合国力的需求，就必须加大向自然索取的力度。由于又与发达国家治理污染、转移落后产能、“去工业化”的时间相重叠，一则有利于中国快速发展，二则使中国更快地陷入严重的生态危机。这种生态破坏既有中国人为满足自身需求而对自然生态的破坏，更有为满足欧美需求的工业制品出口而造成的生态破坏。这种叠加作用成几何级破坏中国的生态环境。改革开放仅仅 30 年，中国走过了西方 200 年的工业化发展道路，也形成了发达国家经过 200 年发展才凸显的生态危机。

（二）中国共产党绿色发展理念的辩证内涵

从社会发展的客观角度，我们必须辩证分析绿色发展理念的内涵。

第一，绿色发展理念的关键是发展。虽然发展与污染是一对矛盾体，但是我们必须清醒地认识到发展是人类社会的本质属性，为了生态环境而不发展是不符合人类利益的，人们只能是通过科技进步推动更有效率的发展。从绿色发展理念来说：没有发展的绿色就是贫困和落后，就是继续沦为西方发达国家的经济殖民地。改革开放以来，中国经济发展迅速，已经成为世界第二大经济体，但是人均 GDP，国民实际收入仍然非常低，区域发展不平衡，贫富分化严重，科技创新乏力，经济增长趋缓。可以说人民群众日益增长的物质文化需求与较低的社会发展水平的矛盾依然非常尖锐。美国重返亚洲的再平衡，欧美宣布不承认中国的市场经济地位，周边形势也日益复杂。中国的经济发展仍然困难重重，既有国内调结构的压力，解决生态危机的紧迫，又有发达国家的围堵。只有坚持发展，才能将民众团结起来，只有坚持发展，才能真正改变中国与世界主要国家的力量对比，形成和谐公正的国际环境，实现中华民族伟大复兴。

第二，绿色发展必须坚持绿色生态理念。十八届五中全会提出：“坚持绿色发展，必须坚持节约资源和保护环境的基本国策，坚持可持续发展，坚定走生产发展、生活富裕、生态良好的文明发展道路，加快建设资源节约型、环境友好型社会，形成人与自然和谐发展现代化建设新格局。”① 深刻体现了中共中央对绿色发展的重视。首先，只有推进绿色发展才能根本解决日益严峻的甚至危及民众生命健康的污染问题。进入 21 世纪，中国的生态危机开始大规模集中爆发，不严格治理就不能维护民众的生命健康，就不能体现党为人民服务的本质。其次，只有推进绿色发展，才能保证中华民族的可持续发展。尤其是中华民族伟大复兴的大背景下，永续发展更有意义。人类社会的发展与对自然的掠夺是对立统一存在的，一旦穷尽了对自然界的索取，则是人类社会发展的终点。当下中国，不少人关注中国自然环境的

① 《中国共产党第十八届中央委员会第五次全体会议公报》（2015 年 10 月 29 日），新华网，http://news.xinhuanet.com/fortune/2015-10/29/c_1116983078.htm，2015 年 12 月 10 日。

承受力问题，实则是对中国社会可持续发展的担忧。

第三，坚持国内绿色发展与全世界绿色发展相统一，不能使绿色发展理念成为发达资本主义国家遏制中国发展的工具。由于中国体量大，已经在一定程度上具备了挑战发达国家的实力，这种情况下，炒作中国生态危机已经成为发达国家攻击中国甚至干涉中国内政的重要手段。中国必须警惕并防止影响中国发展的别有用心的言论。

首先，仔细界定发达国家与发展中国家在世界绿色发展中的责任。全世界已经深刻认识到造成发展中国家经济落后、污染严重的重要原因是发展中国家被迫卷入世界资本主义经济体系，为发达国家生产低端的、高污染的、不可替代的初级或者低级工业制品。同时，发达国家的人均资源消耗也远远高于发展中国家。因此，在世界生态危机治理中，发达国家应该承担更多的责任。如果不能统筹国内与国际，中国将很难打破处于食物链底端的处境，也几乎不可能实现自身的绿色发展。其次，打好舆论战，积极应对国外攻击尤其是国内不良媒体的呼应。打好舆论战，必须从广大人民群众的根本利益出发，避免陷入塔西佗陷阱，被外国利用。还必须做好媒体监督工作，对于大肆传播谣言或者借助生态危机蛊惑民心的自媒体要严格管理甚至取缔，要分清正确批评与蛊惑民心的界限。更要提高民众尤其是党媒从业人员的素质，使他们深刻理解生态与发展的关系以及中国的生态现状。

二、改革开放为绿色发展奠定基础

改革开放以来，中国积累了一定的物质、知识、技术储备，为破局生态危机走绿色发展道路奠定了基础。

（一）发达国家治理生态危机的特点与经验

第一，发达国家进行生态治理并取得成效都是在一定的物质基础上实现的。主要发达国家都是在20世纪60年代以后开始大规模推进生态危机治理，主要原因是当时的物质发展水平为生态治理奠定了经济基础，同时也一并证明了第二次世界大战后的迅速工业化是发达国家生态危机的主要原因。

通过表1明显发现，1950—1980年，世界主要国家经济发展迅速，30年间美国GDP总量增长9倍，英国增长15倍，前联邦德国增长39倍，日本更是增长98倍。GDP总量的爆炸式增长也造成主要国家污染日益严重，开始引起政府与民众的重视。当时比较著名的事件有：比利时马斯河谷烟雾事件（1930年12月）、美国多诺拉烟雾事件（1948年10月）、伦敦烟雾事件（1952年12月）、洛杉矶光化学烟雾事件（20世纪50—80年代）、日本水俣病事件（20世纪50年代）、日本釜山骨痛病事件（20世纪50—70年代）、日本四日市哮喘病事件（20世纪60—70年代）、

续表

日本米糠油事件（20世纪60—70年代）、北美死湖酸雨事件（20世纪70—80年代），等等。这些著名的生态危机事件席卷了主要的资本主义国家，越是发展迅速，生态危机大事件越多。但是，主要发达国家于20世纪60年代才开始逐渐制定并完善了环保法规。主要原因即为社会发展与掠夺环境的对立统一关系，社会发展阶段对生态保护的制约。20世纪前期中期，虽然已经出现较多的环境危机事件，但是人们对财富的追求依然远远大于民众的健康感受，而且军备竞赛也不允许人们放慢发展速度，同时生态保护的新技术也较少。到20世纪六七十年代，背景已经彻底改变，发达国家的生态危机治理终于有了实质性的进展。

表1　20世纪六七十年代主要发达国家GDP总量与人均GDP①

国别	年份	GDP总量（亿美元）	人均GDP（美元）
美国	1950	3001.98	1979
	1960	5284	2912
	1970	10380	5063
	1980	28625	12598
日本	1950	109.69	131
	1960	444.75	473
	1970	2047.88	1964
	1980	10710	9220
德国	1950	231.67	494
	1960	725.73	1309
	1970	2088.67	2634
	1980	9196.51	11616
英国	1950	361.14	718
	1960	734.96	1403
	1970	1306.82	2348
	1980	5659.54	10050

第二，发达国家的生态危机治理是科技发展与高排放产能向发展中国家转移的成果。

第二次世界大战后，环保技术飞速发展。具有高科技、高附加值的特点，这既是发达国家的主要增长点，也使发达国家又一次抓住先进技术，继续保持对发展中国家的优势。以美国为例，“1970年美国环保产业总产值390亿美元，占其GDP

① 《世界经济统计摘要》，人民出版社1985年版，第6—21页。

的0.9%，1985—1990年美国环保产业的增长率为5%—12%，1991—1996年下降为1%—5%。2003年美国环境产业的总产值为3010亿美元，30年增长了近8倍，年均增长率近7%，而同期美国GDP年均增长率为2%—3%，占当年美国GDP的2.74%，实现利润200亿美元，创造利税450亿美元。2008年其环保产业总产值已增长到3157亿美元，吸纳就业人数187万人。2010年该产值达到3570亿美元，吸收就业人数539万人。”[①] 这组数字充分说明美国应对生态危机方面是走在世界前列的，同时事实也证明20世纪80年代后期开始美国的生态环境有了明显的好转。由于严苛的法律以及某些大企业对可持续发展的清醒认识，不少重污染企业也在主动谋求转型。比如美国最大的化学工业企业杜邦公司，从20世纪70年代开始逐渐确立了“安全、健康、尊重待人和保护环境”的企业发展理念，逐步退出了低附加值、高污染的传统化工领域，其核心产业转而进入精细化工和高科技材料方向。面对日益严重的生态危机，民众的环保运动、政府的政策引导以及企业自身发展的预期，推动发达国家在环境保护技术的储备创新等方面走在世界前列。

20世纪六七十年代以来出现了大量的新兴民族国家，为发达国家向发展中国家转移高排放产业提供了机遇。这些国家和地区急需大量的发达国家的淘汰技术实现本国工业化和现代化。与此同时，主要发达国家对环境保护的法令执行越来越严格，但是又不能摆脱对高排放产业的需求。发达国家向发展中国家转移高排放产业或者直接利用高排放技术在发展中国家开设工厂，再或者向发展中国家加工订货的模式成为当时的几种选择。

以20世纪70年代前期中国大规模引进西方设备技术的“四三方案”计划为例，以上特点就表现得非常明显。从当时的国内背景来看，近十年的社会动乱导致中国工农业生产不足，甚至已经开始影响社会稳定与党的执政，尤其是科学技术与西方发达国家的差距越来越大。1974年1月，国务院在计委呈交的有关报告的批语中就提到：“从国外进口化肥、化纤等成套设备，目的是为了争取时间，加快我国社会主义的建设”。[②] 同时，欧美发达国家面临着产能过剩以及转移高排放产业的重大历史选择，再加之与西方关系趋暖，该引进计划最终成行。从该计划的实施及效果来看，引进的设备主要是20世纪60年代开发的较为先进的技术，再加之5—10年的

---

① Environmental Business International Inc Environmental business journal［DB/OL］.［2010-10-30］.http：//www.ebiusa.com。赵行姝：《以环境保护创造社会财富——美国发展环保产业的经验》,《中国金融》2006年第19期。

② 国家计委文件：《关于作好进口成套设备项目建设工作的报告》(1974年1月6日)，当代中国研究所档案室档案：740110。转引自林柏：《新中国第二次大规模引进技术与设备历史再考察》,《中国经济史研究》2010年第1期。

建设周期，到设备形成规模效益时，已然落后发达国家15年左右。与此同时，还必须充分注意到，此次引进计划主要是引进设备，对相关的成套技术几乎没有涉及，即便是部分相关软件的引进，也出现了原产权国不出让技术而不得不求助第三国的情况。一直到20世纪70年代末期的又一次大规模引进西方设备技术，仍然没有根本摆脱“进口生产能力”的偏向。[①]时至今天，我们已经成为世界工厂，比如中国是高污染高浪费水的各类牛仔裤的生产基地，是高排放低附加值的钢材生产基地，是高污染的电子元件生产基地。这些现象充分说明：发达国家通过向中国等发展中国家出口设备而不是技术或者直接开设工厂，将发展中国家打造为制造业基地，实现了工业污染的转移。由于限制技术转让，中国等发展中国家的创新能力乏力，并没有通过日益增长的GDP有效缩小与发达国家的技术差距。中国等发展中国家面临着持续增加物质财富的挑战，这使得在引进西方设备技术时，主动或被动地失去议价能力，无法形成谈判优势。

第三，制定严苛的环保法令、政策并强力执行是生态好转的重要保障。美国工业化以来，先后进行了三次大规模的环保运动，分别为19世纪后期、20世纪前期和20世纪后期，这说明生态危机早已为人类知晓。但是只有始于20世纪60年代的第三次环保运动取得重大成效。这里不得不说的就是法令法规的制定及执行问题。这是由生态危机造成的发展危机日益严峻造成的。20世纪60—80年代，美国政府主要采取“命令+控制”的环保政策，通过颁行一系列强制性法令，增加环保产品与服务的需求，刺激环保产业发展。[②]这些环保措施推动了美国环保产业的发展，比如大气污染控制技术、污水处理技术、可再生能源利用技术等均在这一时期得到迅速发展。此后，美国的政策也越来越完善，经济、税收、财政等手段得到更多的利用并推动了环保产业的进一步发展。同时，美国还设立了不同类型的数量众多的环保组织，以美国的十大环保组织会员数为例，“在1965年还不到50万，1985年升至330万,1990年则达到了720万”。[③]这些环保组织涉及各个领域，经费日益充足，与反环保势力进行了激烈的斗争，不但推动了生态环境的改善，而且不断制度化，成为美国经济发展的重要力量。

（二）改革开放为中国绿色发展奠定基础

第一，改革开放为中国绿色发展奠定了经济基础。如前所述，经济发展与生态治理是一对矛盾，作为一穷二白发展起来的新中国，必然要择其一端而行之。中国

---

① 陈慧琴：《技术引进与技术进步研究》，经济管理出版社1997年版，第83—84页。

② 高明：《美国环保产业发展政策对我国的启示》，《中国环保产业》2014年第3期。

③ Benjamin Kline, *First along the River*：*A Brief History of the U.S. Environmental Movement*，San Francisco：Acada Books，2000，p.109.

改革开放前二十年的环境治理，类似于美国前两次环保运动。由于发展压倒一切，提高人民生活水平压倒一切，由于工业化带来的生态危机尚未真正显现，从企业到民众甚至政府都没有对环保事业投入较多精力。时至21世纪，中国已经具备了推动生态危机治理的经济实力，民众、政府甚至企业都开始关注这对矛盾的另一方面。从GDP总量来看，中国已经成为世界第二大经济体，从人均GDP来看，2010年为4434美元，2015年为8016美元。如果仅看单纯的名义GDP和人均GDP数字，已经达到甚至超过20世纪50—70年代主要发达国家的水平。如果从实际发展程度以及购买力的角度来计算，也几乎相当于当时主要发达国家的水平。按照林毅夫根据国际通用的2005年购买力平价计算人均GDP，2015年中国的人均GDP相当于美国1968年水平的1/5[①]，虽然与美国差距巨大，但是与日本、德国、英国等发达国家基本处于一个区间内。如果再考虑到中国GDP总量很高，已经发展了较多的高科技企业，有了在世界占有一席之地的大型国企，有了数量庞大的追求生活质量的中等收入群体，这些因素的叠加，表明中国有能力在发展与生态的矛盾悖论中进一步关注生态环境，关注民生，关注社会经济的可持续发展。

第二，改革开放为中国绿色发展奠定了技术基础。经过30多年的引进、吸收和创新，中国的科技实力有了突破性的发展，不仅在航天等尖端技术领域在国际社会占有一席之地，而且在全门类的工业程序中，取得较大进步。以环保技术为例，《水污染防治先进技术汇编》（水专项第一批）收录了7个领域283项先进技术。[②]《水体污染控制与治理科技重大专项第一阶段专利成果汇编》收录了729项发明专利，443项实用新型专利。[③]仅2015年上半年我国就发布各类国家环境保护标准1890项。[④]以环保产业为例，我国环保企业的数量10年翻四番，从2005年的2764家升至2014年的50234家，产值超过10000亿元，[⑤]已然成为国民经济发展的新的增长点，被国家寄予厚望，提出到2020年成为国民经济的支柱产业。[⑥]同时，国有大型企业特别重视环保技术创新，在环保与产值上逐渐做到双丰收。以上海宝钢为例，宝钢以建成世界一流的清洁生产示范企业为目标，编制《2013—2018绿色制造发展

---

① 《对话林毅夫：中国的奇迹》（2015年博鳌亚洲论坛分论坛，2015年3月27日）。

② 环境保护部，住房城乡建设部：《关于发布〈水污染防治先进技术汇编（水专项第一批）〉的函》（2015年3月18日）。

③ 环境保护部，住房城乡建设部：《关于发布〈水体污染控制与治理科技重大专项第一阶段专利成果汇编〉的函》（2015年4月28日）。

④ 《充分释放环保科技红利——2015年上半年环保科技标准工作综述》，http：//www.mep.gov.cn/xxgk/hjyw/201508/t20150811_307983.shtml。

⑤ 《环保行业大数据解读》，http：//finance.qq.com/original/bigdata/huanbao.html。

⑥ http：//www.qianzhan.com/analyst/detail/220/20120702-7fb7eac754e1ce1e.html。

规划》，不断研发、推广滚筒钢渣处理技术等专有技术或领先节能环保技术，使宝钢成为行业内高能效、低排放的佼佼者。[①]

改革开放以来，中国以资源换经济，以生态环境换技术，以数十年时间达到了主要发达国家 200 年的经济发展水平，也取得了主要发达国家 200 年的技术发展水平，这成为当代中国实现产业升级、绿色可持续发展的重要基础。

小结

生态危机治理是一场长期的攻坚战。从全局的高度来看，十八届五中全会将绿色发展上升为国家发展理念，以习近平为核心的党中央前所未有的关注生态环境，为中国当代生态危机治理攻坚提供了保障。从发展实践来看，当代中国相比较于 20 世纪 50—70 年代的主要发达国家，面临着更大的挑战，承受着更多的压力，我们只有坚定信心，才能攻坚克难，实现中国绿色经济的繁荣，实现中华民族伟大复兴。

（作者为山东师范大学马克思主义学院讲师）

---

① 《绿色规划和环保承诺》，http：//news.baosteel.com/newscenter/pad/contents/4/10223.html。

改革开放以来中国共产党民生建设的基本经验

曹子洋

民生问题，是人类社会生活中最重要的内容，历来为古今中外各国政府、政党高度重视。民生是一个动态的概念，其内涵随社会发展而变化，从本质上说，民生就是要解决民众生存和发展的问题。中国共产党九十多年的奋斗历史，就是一部以关注民生、保障民生和改善民生为奋斗目标，着眼于解放和发展生产力，并在此基础上实现中华民族伟大复兴的历史。总结研究改革开放以来中国共产党民生建设的基本经验，可以使我们更加深刻地理解民生建设在全面建成小康社会、实现中华民族伟大复兴的中国梦中的关键地位和重要作用。

一、从政治的高度看待民生问题

民生问题是一个国家和社会发展的根本问题，它绝不仅是经济问题，更是重大的社会和政治问题。民生问题解决的好坏，直接影响人心向背，关系到党的执政基础和执政地位。随着改革开放的深入，中国共产党对这一问题的认识越来越深刻。1978 年 12 月 13 日，邓小平在中共中央工作会议闭幕会上讲话指出："不讲多劳多得，不重视物质利益，对少数先进分子可以，对广大群众不行，一段时间可以，长期不行。……革命是在物质利益的基础上产生的，如果只讲牺牲精神，不讲物质利益，那就是唯心论。"[①] 他认为民生问题的解决首先要实现人民群众的物质利益，因此他强调经济部门的党委领导的好坏要用经济的标准来衡量，"离开这个主要的内容，政治就变成空头政治，就离开了党和人民的最大利益。"[②]1992 年邓小平在视察南方的谈话中提出了著名的"三个有利于"标准，将是否有利于提高人民的生活水平上升到了判断国家发展道路和根本方向的高度，也是一切工作是非得失的标准，其对民生问题的重视程度可见一斑。

面对由于建立社会主义市场经济体制引起社会生活深刻变化而出现的民生新问题，特别是 2000 年"三个代表"重要思想形成后，江泽民对民生问题的许多战略性、本质性的问题进行了深入思考和探索，对从政治、战略上看待民生问题的认

---

① 《邓小平文选》第 2 卷，人民出版社 1994 年版，第 146 页。

② 《邓小平文选》第 2 卷，人民出版社 1994 年版，第 150 页。

识上升到新的高度，其理论成果反映在“三个代表”重要思想中关于群众利益的表述、扶贫开发的战略意义、“就业乃民生之本”的思想等方面，以及党的十四大报告“九十年代改革和建设的主要任务”①、十五大报告“经济体制改革和经济发展战略”②和十六大报告“经济建设和经济体制改革”③等部分中。

党的十六大以后，以胡锦涛同志为总书记的党中央更加关注民生问题，十七大报告可以说是我们党正式提出、使用“民生”概念的开始。胡锦涛把民生改善与社会建设紧密结合，提出要“加快推进以改善民生为重点的社会建设”④。

党的十八大以来，以习近平同志为总书记的党中央把全面建成小康社会、实现中华民族伟大复兴的中国梦作为引领民生建设的灯塔，提出“人民对美好生活的向往，就是我们的奋斗目标”⑤，中国梦的“基本内涵是实现国家富强、民族振兴、人民幸福”⑥。2013 年 3 月，习近平在参加十二届全国人大一次会议辽宁代表团的审议时讲话指出：“民生连着民心，民心关系国运。我们党和政府做一切工作出发点、落脚点都是让人民过上好日子。”⑦将民生的重要性提高到前所未有的高度，与中国的发展和改革进程以及国家的前途命运紧密相连。

二、党的领导和社会主义制度是改善民生的前提和基本保证

中国共产党是中国工人阶级的先锋队，同时也是中国人民和中华民族的先锋队，是中国特色社会主义事业的领导核心。党的性质决定了全心全意为人民服务必然是其根本宗旨。1980 年 8 月 18 日，邓小平在中共中央政治局扩大会议上讲话指出：“在中国这样的大国，要把几亿人口的思想和力量统一起来建设社会主义，没有一个由具有高度觉悟性、纪律性和自我牺牲精神的党员组成的能够真正代表和团结人民群众的党，没有这样一个党的统一领导，是不可能设想的，那就只会四分五裂，一事无成。这是全国各族人民在长期的奋斗实践中深刻认识到的真理。”⑧关于社会主义制度是解决中国民生问题的基本保证，邓小平在 1987 年 3 月 3 日会见美

① 《江泽民文选》第 1 卷，人民出版社 2006 年版，第 224 页。

② 《江泽民文选》第 2 卷，人民出版社 2006 年版，第 18 页。

③ 《江泽民文选》第 3 卷，人民出版社 2006 年版，第 544 页。

④ 《十七大以来重要文献选编》(上)，中央文献出版社 2009 年版，第 29 页。

⑤ 《十八大以来重要文献选编》(上)，中央文献出版社 2014 年版，第 70 页。

⑥ 《十八大以来重要文献选编》(上)，中央文献出版社 2014 年版，第 261 页。

⑦ 《习近平关注民生问题：民生连着民心民心关系国运》，中国网，http：//news.china.com.cn/2013lianghui/2013-03/07/content_28156362.htm。

⑧ 《邓小平文选》第 2 卷，人民出版社 1994 年版，第 341—342 页。

国国务卿舒尔茨时精辟指出："只有社会主义制度才能从根本上解决摆脱贫穷的问题。……我们说的社会主义是具有中国特色的社会主义，而要建设社会主义，没有共产党的领导是不可能的。"①

20 世纪 90 年代，随着东欧剧变、苏联解体，社会主义在世界范围内遭遇重大挫折。面对国内外对社会主义前途命运的各种议论，江泽民在 1989 年 9 月 29 日庆祝中华人民共和国成立四十周年大会上的讲话旗帜鲜明地指出："社会主义制度的确立、巩固和发展，体现了中国现代社会运动的客观规律，是中国历史上最伟大、最深刻的变革。"②1998 年 12 月 18 日，江泽民在纪念中共十一届三中全会召开二十周年大会上讲话强调："坚持、加强和改善党的领导，是我们的事业胜利前进的根本保证。"③

党的十六大后，以胡锦涛为总书记的党中央，在改善民生过程中更加强调党的领导和社会主义制度的优越性。2007 年 10 月 15 日，胡锦涛在党的十七大报告中深刻指出："改革开放以来我们取得一切成绩和进步的根本原因，归结起来就是：开辟了中国特色社会主义道路，形成了中国特色社会主义理论体系。高举中国特色社会主义伟大旗帜，最根本的就是要坚持这条道路和这个理论体系。"④ 胡锦涛在 2012 年党的十八大报告中进一步强调："中国特色社会主义道路是实现途径，中国特色社会主义理论体系是行动指南，中国特色社会主义制度是根本保障，三者统一于中国特色社会主义伟大实践，这是党领导人民在建设社会主义长期实践中形成的最鲜明特色。"⑤

党的十八大以来，习近平在民生建设上极其透彻地阐述了坚持党的领导和社会主义制度的重要性。2012 年 11 月 17 日，习近平在十八届中央政治局第一次集体学习时讲话指出："中国特色社会主义制度，承载着几代中国共产党人的理想和探索，寄托着无数仁人志士的夙愿和期盼，凝聚着亿万人民的奋斗和牺牲，是近代以来中国社会发展的必然选择，是发展中国、稳定中国的必由之路。实践充分证明，中国特色社会主义是中国共产党和中国人民团结的旗帜、奋进的旗帜、胜利的旗帜。"⑥ "在当代中国，坚持和发展中国特色社会主义，就是真正坚持社会主义。"⑦

---

① 《邓小平文选》第 3 卷，人民出版社 1993 年版，第 207—208 页。
② 《江泽民文选》第 1 卷，人民出版社 2006 年版，第 67—68 页。
③ 《江泽民文选》第 2 卷，人民出版社 2006 年版，第 262 页。
④ 《十七大以来重要文献选编》(上)，中央文献出版社 2009 年版，第 8—9 页。
⑤ 《十八大以来重要文献选编》(上)，中央文献出版社 2014 年版，第 10 页。
⑥ 《十八大以来重要文献选编》(上)，中央文献出版社 2014 年版，第 74 页。
⑦ 《十八大以来重要文献选编》(上)，中央文献出版社 2014 年版，第 74—75 页。

三、人民群众是改善民生的主体和依靠力量

中国共产党自成立之日起就充分肯定人民群众在历史发展中的巨大作用，毛泽东在 1945 年党的七大政治报告中就指出：“人民，只有人民，才是创造世界历史的动力。”[①] 改革开放以来，中国共产党更加尊重人民群众的首创精神，高度重视发挥人民群众的聪明才智，为改善和发展民生提供了坚强后盾。

1982 年邓小平在党的十二大开幕词中指出：“我们党提出的各项重大任务，没有一项不是依靠广大人民的艰苦努力来完成的。”[②] 正是此认识基础上，以邓小平为核心的第二代中央领导集体提出实行改革开放，以经济建设为中心的民生思想，为人民群众的基本生存和发展要求提供了保障。

以江泽民为核心的第三代中央领导集体提出的“三个代表”重要思想，实质上是对马克思主义群众史观认识的深化以及中国共产党执政规律的科学把握。1998 年 12 月 18 日，江泽民在纪念中共十一届三中全会召开二十周年大会上讲话强调：“人民是我们国家的主人，是决定我国前途命运的根本力量。党的全部任务和责任，就是为人民谋利益，团结和带领人民群众为实现自己的根本利益而奋斗。在任何时候任何情况下，党的一切工作和方针政策，都要以是否符合最广大人民群众的利益为最高衡量标准。这是我们观察和处理问题的一个根本原则。”[③]

新世纪新阶段，以胡锦涛为总书记的党中央提出了“科学发展、以人为本”的民生思想。胡锦涛在党的十七大报告中指出：“全心全意为人民服务是党的根本宗旨，党的一切奋斗和工作都是为了造福人民。要始终把实现好、维护好、发展好最广大人民的根本利益作为党和国家一切工作的出发点和落脚点，尊重人民主体地位，发挥人民首创精神，保障人民各项权益，走共同富裕道路，促进人的全面发展，做到发展为了人民、发展依靠人民、发展成果由人民共享。”[④]

2012 年 11 月 15 日，习近平在十八届中央政治局常委同中外记者见面时讲话就强调：“人民是历史的创造者，群众是真正的英雄。人民群众是我们力量的源泉。”[⑤] 党的十八大以来，习近平以政治家的魄力全面深化改革，并在十八届三中全会上首次把民生改革和民生建设以纲领性的文件纳入党的建设之中，明确提出“两个一百年”奋斗目标。2016 年 1 月 18 日，习近平在省部级主要领导干部学习贯彻党

① 《毛泽东选集》第 3 卷，人民出版社 1991 年版，第 1031 页。

② 《邓小平文选》第 3 卷，人民出版社 1993 年版，第 4 页。

③ 《江泽民文选》第 2 卷，人民出版社 2006 年版，第 261—262 页。

④ 《十七大以来重要文献选编》(上)，中央文献出版社 2009 年版，第 12 页。

⑤ 《十八大以来重要文献选编》(上)，中央文献出版社 2014 年版，第 70 页。

的十八届五中全会精神专题研讨班上讲话，提出“着力践行以人民为中心的发展思想”[①]，他强调：“以人民为中心的发展思想，不是一个抽象的、玄奥的概念，不能只停留在口头上、止步于思想环节，而要体现在经济社会发展的各个环节。”[②]

四、适时提出符合民生实际的战略构想是民生建设推进的指南

改革开放30多年来，中国共产党总是立足于各阶段的民生实际，始终以解决人民群众最关心最直接的利益问题为重点，适时提出和调整相关战略构想，成为民生建设不断推进的指南。改革开放之初，中国人民面临的最大的问题就是解决温饱问题，中国共产党作出了把全党全国的工作重心转移到发展经济上来并实行改革开放的决策。1982年9月，党的十二大根据邓小平的战略构想，把20世纪的奋斗目标正式由原来实现现代化改为“力争使全国工农业的年总产值翻两番”，“人民的物质文化生活可以达到小康水平”[③]。1987年10月，党的十三大确认了邓小平提出的当代中国民生建设“三步走”战略构想[④]，并对它的内涵进一步作出科学阐释。“三步走”战略在实施过程中经受住了国际国内的种种考验和冲击，成为中国共产党领导全国人民实现民生幸福的行动指南。

以江泽民为核心的第三代中央领导集体，按照“三步走”战略要求，提前实现第二步战略目标的基础上，在党的十五大上形成了新“三步走”民生建设战略，对21世纪上半叶如何实现第三步战略目标作出新的科学规划。2002年11月，党的十六大科学总结党的十一届三中全会以来民生建设的经验，根据十五大提出的新“三步走”民生建设战略，又提出了“全面建设小康社会”[⑤]的任务。

党的十六大以后，以胡锦涛同志为总书记的党中央以科学发展观为指导，针对长期以来社会事业发展相对滞后和经济增长中日益凸显的资源环境代价过大等现实问题，与时俱进地推动民生建设总体布局由三位一体到十六届六中全会上四位一体，再到十八大上五位一体布局的转变。

党的十八大以来，以习近平同志为总书记的党中央着眼于第一个百年梦想的如期实现，在十八届三中、四中、五中全会上进一步提出“四个全面”战略布局和“五大发展理念”贯彻始终的“十三五”规划。特别是十八届五中全会提出了全面建

① 《习近平总书记重要讲话文章选编》，2016年版，第401页。
② 《习近平总书记重要讲话文章选编》，2016年版，第401页。
③ 《十二大以来重要文献选编》(上)，人民出版社1986年版，第14页。
④ 《邓小平文选》第3卷，人民出版社1993年版，第226页。
⑤ 《十六大以来重要文献选编》(上)，中央文献出版社2005年版，第1页。

成小康社会新的目标要求："经济保持中高速增长，在提高发展平衡性、包容性、可持续性的基础上，到二〇二〇年国内生产总值和城乡居民人均收入比二〇一〇年翻一番，产业迈向中高端水平，消费对经济增长贡献明显加大，户籍人口城镇化率加快提高。农业现代化取得明显进展，人民生活水平和质量普遍提高，我国现行标准下农村贫困人口实现脱贫，贫困县全部摘帽，解决区域性整体贫困。国民素质和社会文明程度显著提高。生态环境质量总体改善。各方面制度更加成熟更加定型，国家治理体系和治理能力现代化取得重大进展。"① 实现这一目标要求，必将使中国人民的民生状况极大改善，从而确保社会稳定和谐与国家长治久安。

五、实现共同富裕和社会公平正义是民生建设的根本目标

改革开放以来中国共产党民生建设的指导原则，无不体现着追求人民共同富裕，达到每个人全面自由发展的奋斗目标。

共同富裕是中国特色社会主义的题中应有之义，既是中国共产党改善民生的根本目标，也是广大人民群众的强烈愿望。在深刻认识和总结中国社会主义实践经验教训的基础上，邓小平提出："坚持社会主义的发展方向，就要肯定社会主义的根本任务是发展生产力，逐步摆脱贫穷，使国家富强起来，使人民生活得到改善。没有贫穷的社会主义。社会主义的特点不是穷，而是富，但这种富是人民共同富裕。"② 民生建设的实践证明，这是中国社会主义初级阶段解决民生问题的重要途径。

20世纪90年代以后，随着以效率为重要特征的市场经济逐步取代传统的计划经济，城乡和地区差距明显扩大，城市和农村内部社会各阶层之间的收入差距也快速拉开。对此，江泽民在1996年8月6日的中央财经领导小组会议上讲话强调："贫富差距扩大不仅是个经济问题，也是个政治问题。……收入分配差距和地区差距扩大的问题，必须引起我们高度重视。"③ 党的十五大后，中国共产党积极推进区域经济发展，开展扶贫工作，坚持走共同富裕之路。

随着社会经济的快速发展，社会公平问题日渐突出。胡锦涛在2005年2月19日的省部级主要领导干部提高构建社会主义和谐社会能力专题研讨班上的讲话中深刻指出："维护和实现社会公平和正义，涉及最广大人民的根本利益，是我们党坚持立党为公、执政为民的必然要求，也是我国社会主义制度的本质要求。"④ 党的十七

① 《中共十八届五中全会在京举行》，《人民日报》2015年10月30日，第1版。

② 《邓小平文选》第3卷，人民出版社1993年版，第264—265页。

③ 《江泽民文选》第1卷，人民出版社2006年版，第543页。

④ 《十六大以来重要文献选编》(中)，中央文献出版社2006年版，第711—712页。

大首次提出了以民生为重点的社会建设基本纲领，把完善社会保障体系作为实现社会公平和共同富裕的保证，生动体现了中国共产党民生建设的根本目标。

党的十八大以来，社会公平正义越来越在民生建设中占据重要位置。2013 年 11 月 12 日，习近平在中共十八届三中全会第二次全体会议上讲话，对促进社会公平正义问题作了全面系统的阐述。他指出："全面深化改革必须着眼创造更加公平正义的社会环境，不断克服各种有违公平正义的现象，使改革发展成果更多更公平惠及全体人民。如果不能给百姓带来实实在在的利益，如果不能创造更加公平的社会环境，甚至导致更多不公平，改革就失去意义，也不可能持续。"[①]2016 年 1 月 18 日，习近平在省部级主要领导干部学习贯彻党的十八届五中全会精神专题研讨班上讲话，论及共同富裕和实现每个人自由全面发展问题时强调："实现这个目标需要一个漫长的历史过程。我国正处于并将长期处于社会主义初级阶段，我们不能做超越阶段的事情，但也不是说在逐步实现共同富裕方面就无所作为，而是要根据现有条件把能做的事情尽量做起来，积小胜为大胜，不断朝着全体人民共同富裕的目标前进。"[②]

六、制度建设是解决民生问题的体制保障

实现民生建设的制度化，是民生建设健康发展的必然要求。要从根本上解决民生问题，必须依靠完善的制度建设作保证，通过建立系统全面的民生制度，使重视民生成为党和政府的自觉行为，保障和改善民生成为党和政府的工作常态，才能确保群众持久稳定地得到实惠。

改革开放以来，中国共产党一方面强调深入群众，关注群众需求，协调社会各阶层的利益；另一方面不断把群众的利益诉求上升到国家制度层面，通过制度的作用改善民生，使制度改革和制度建设成为不断推动中国经济社会发展的动力所在。中国共产党在十七大报告中把民生问题体系化和具体化，以人民群众反映最强烈的教育、就业、收入分配、社会保障、医疗卫生、社会稳定这六个方面作为解决民生问题的重点，进行相关体制改革和新制度建立等体系和制度建设，形成维护最广大人民群众基本利益和基本权益的制度体系和制度保障。

党的十八大明确提出了"加快形成党委领导、政府负责、社会协同、公众参与、法治保障的社会管理体制，加快形成政府主导、覆盖城乡、可持续的基本公共

① 《十八大以来重要文献选编》(上)，中央文献出版社 2014 年版，第 552—553 页。

② 中共中央文献研究室编：《习近平总书记重要讲话文章选编》，中央文献出版社 2016 年版，第 402 页。

服务体系，加快形成政社分开、权责明确、依法自治的现代社会组织体制，加快形成源头治理、动态管理、应急处置相结合的社会管理机制”[①]的民生制度建设任务。

2014年10月，党的十八届四中全会审议通过的《中共中央关于全面推进依法治国若干重大问题的决定》特别强调“加快保障和改善民生、推进社会治理体制创新法律制度建设”[②]，这是以习近平同志为总书记的党中央深刻认识法治在民生建设过程中重要作用的前提下作出的战略部署，集中体现了中国共产党推进社会主义民生建设的法治化思维，为国家以后保障和改善民生提供了强有力的法治保障。

2015年10月，党的十八届五中全会通过的《中共中央关于制定国民经济和社会发展第十三个五年规划的建议》在“坚持共享发展，着力增进人民福祉”部分，具体提出了制度建设方面的八大任务：增加公共服务供给；实施脱贫攻坚工程；提高教育质量；促进就业创业；缩小收入差距；建立更加公平更可持续的社会保障制度；推进健康中国建设；促进人口均衡发展[③]。每一项民生任务下都配有需要建立、完善的具体体制、制度，实现了中国共产党民生思想价值理念与法治的高度融合。

改革开放以来中国共产党民生建设的基本经验，是当代中国民生建设成功实践的总结，反映了中国共产党对中国特色社会主义民生建设规律认识、把握和运用的高度和深度，是实现中华民族伟大复兴中国梦和不断为中国人民创造幸福民生的精神动力和科学指南，同时也向世人昭示了中国共产党领导民生建设的历史担当和政治智慧。

（作者为中共中央党史研究室第一研究部副研究员）

① 《十八大以来重要文献选编》(上)，中央文献出版社2014年版，第27页。
② 《中共中央关于全面推进依法治国若干重大问题的决定》，《人民日报》2014年10月29日，第3版。
③ 《中共中央关于制定国民经济和社会发展第十三个五年规划的建议》，《人民日报》2015年11月4日，第4版。

党内干部称呼与中共政治规矩的 70 年

冷兆松

1943 年，刘少奇指出党内干部称呼出现了问题。在 1943 年至今的 70 多年期间，中共中央发布一系列文件，确立并多次重申党内干部称呼的政治规矩、政治纪律、政治观点。但是，在最近的 30 多年中，党内干部称呼问题乱象丛生，舆情不止。

一、党内称呼的优良传统

（一）优良传统的保持

在中国共产党领导的革命队伍里，历来有一种好传统，不论上级和下级、干部和群众之间，都是互称同志，或者直呼老张、老李。党内称同志，不称官衔，有利于打掉官气放下架子，有利于密切上下关系、干群关系，有利于防范领导干部产生官僚主义，有利于端正党风。优良的党风可以促政风带民风，优良的党风是凝聚党心民心的巨大力量。

1929 年 5 月，红军来到古田。这天，贫农廖大哥去帮红军做饭。晚饭开过好久，红军首长才回来。他一进灶房，看到廖大哥，就亲热地问："辛苦了！老兄弟，贵姓？" 廖大哥心头一热，半晌才回答："小姓廖。""啊，老廖同志！" 首长又亲切地问："多大年纪了？" 廖大哥答："三十七了。""呵，真巧，我们还是'同年'呢！" 关切亲热的话语，像春风吹开了廖大哥的心扉：过去，有钱人总叫他"讨食鬼"、"老长工"；如今，红军首长却称他"老兄弟"和"同志"，还同自己认"同年"，真是寒冬炭火暖全身啊！他一问，这位首长就是毛泽东。[①]

张际春是我军最早的政治工作领导干部之一，为创建红军政治工作作出了贡献。[②] 殷步实回忆说：有一次，他送去编好的部队来稿中有"马夫"、"民夫"、"俘虏兵"等词，张际春副政委严肃地而又耐心地对他说，我们共产党人和人民解放军同国民党军阀部队语言、文字称呼有着根本的区别。我军的干部和战士只是职务上分工不同，但在政治上官兵是平等的，我们应当在语言和文字上称"伙夫"为"炊事

① 饶平：《山高水长同志情》，《人民日报》1979 年 7 月 14 日。
② 宋任穷：《张际春文选》序言，《人民日报》1990 年 12 月 15 日。

员”，“马夫”称“饲养员”，“民夫”称“民工”，国民党军队放下武器自愿参加我军的士兵应称“解放战士”。党内和党外称呼也不一样，在党的会议上都是共产党员，应称同志，不应称某同志行政职务，如某司令员、某政委就不对了。[①]周恩来曾对他的秘书、警卫员和炊事员说：“我在支部里是一名党员，不是总理。你们不要叫我总理，就叫恩来同志。”[②]

（二）优良传统的丢失

中国共产党及其领导的抗日民主政权在陕甘宁边区扎根稳定之后，在干部称呼上出现了与优良传统相背离的现象，刘少奇及时注意到这个问题。1943年9月7日至10月6日，刘少奇出席中共中央政治局扩大会议。10月6日，他在会上发言中指出：我们“应该有意识地造成健全的布尔什维克传统，……发言一律称同志，不称首长”。[③]

新中国成立后，一方面是同志称呼迅速扩展到各行各业各领域，这是主流；与此同时，也出现了一种支流，有些人看轻了同志称呼，认为称呼职务、官衔才是尊重对方。于是，不但行政部门称张市长、王县长，而且党组织系统也出现了称呼李书记、赵部长、孙常委等。在有的地方甚至出现一种荒唐现象，叫什么胡党员、周党员之类。所谓名不正则言不顺，这种称呼上的混乱，诱发人们之间关系的混乱，同志之间的疏远，上下级之间的疏远，党员和群众之间的疏远。称职衔而不称同志，是旧社会等级观念死灰复燃的反映，是政治思想的模糊。这是件大事，绝非无关紧要的小事。[④]这个问题引起毛泽东的高度重视,1959年他提出解决方案，但是从全国全党的实际情况看没有得到很好的执行。1965年12月，中共中央向全党所有支部下发文件，要求必须恢复和坚持党内一律互称同志的优良传统，但是，不久之后“文化大革命”爆发了。

在“文化大革命”十年灾难中，同志称呼受到史无前例的巨大冲击。“造反派”之间，互称“战友”，认为“一个战壕里的战友”是最神圣的称呼，高于同志关系。在社会大众之间，同志称呼几乎消逝，被“师傅”和“哥们”所代替。在党员干部称呼上，由于在“文革”期间党内个人崇拜的错误现象急剧蔓延，所以对党员干部以职务、官衔相称的情况急剧铺张开来，定格为广泛遵行的称呼惯例，党内称呼的优良传统黯然失色。

改革开放以来，同志称呼销声匿迹，取而代之的是越来越“戴高帽”的官衔、

① 殷步实：《人民不会忘记您——际春同志》，《张际春文选》，解放军出版社1990年版，第379—380页。

② 李志远：《何时听到称“同志”的声音？》，《人民日报》1979年5月22日。

③ 刘崇文、陈绍畴主编：《刘少奇年谱（1898—1969）》上卷，中央文献出版社1996年版，第430—431页。

④ 李荒：《同志颂——一个共产党员的心声》，《人民日报》1990年10月30日。

职务称呼，甚至老大、老板等江湖化和商业化的称呼屡见不鲜，党内称呼（尤其党员干部称呼）乱象四起，成为舆论热点。这个问题点到为止，本文在第五、六部分将集中论述。

二、毛泽东高度重视解决党内称呼问题

党内干部称呼问题，1943 年刘少奇提请大家注意，但是，没有得到遏制和解决；到 1959 年，已经发展到比较严重的程度，标志之一是在中共中央会议简报中已经突出地表现出来了。1959 年 7 月 2 日至 8 月 1 日中共中央在江西庐山召开的政治局扩大会议和 8 月 2 日至 16 日举行的八届八中全会，统称为庐山会议。党内干部称呼问题，在庐山会议的每日简报中的严重情况，引起毛泽东的高度警觉和重视。

1959 年 8 月 3 日，毛泽东在给刘少奇、周恩来、彭真、杨尚昆[①]等中央领导同志的信中写道：庐山会议简报上"对于同志的称呼不妥当，这种旧习惯应当改过来。建议：一律称某某同志。例如：主席，称毛泽东同志；总理，称周恩来同志；林总，彭总，贺总，称林彪同志，彭德怀同志，贺龙同志。其他，以此类推。如同意，请各组长在会上宣布一下。请尚昆告简报编者，一律从四日起照此改正"。[②]

毛泽东为什么说庐山会议简报上对于同志的称呼是一种"旧习惯"？（1）主席、总理，这是对毛泽东、周恩来现任职务的称呼，实际上也是他们革命生涯中的最高职务。（2）林总、彭总、贺总，虽然不是对这三位现任职务和最高职务的称呼，却是他们在革命战争年代叱咤风云的重要职务，所以，叫一声"林总"、"彭总"、"贺总"，人们自然就联想到三位开国元帅彪炳史册的赫赫战功。（3）可见，称呼毛泽东、周恩来为主席、总理，称呼林彪、彭德怀、贺龙为林总、彭总、贺总，都属于就高不就低的"戴高帽"性质的称谓。（4）这种奉承恭维之举，实属人所共知的旧社会的旧习惯，与中国共产党人共产主义的理想信念和立党为公执政为民的宗旨是格格不入的。所以，毛泽东主张，共产党人应该废止"戴高帽"的旧习惯，建议无论职位多高功劳多大，一律称同志。同志称呼破除了中国几千年剥削社会贵贱尊卑等级森严的旧观念旧习惯，同志称呼表明彼此是由共同的革命理想和共同的革命任务联结在一起的。

在解决干部称呼问题上，毛泽东主张中央领导干部率先垂范，推及全党。他主动提出从自己做起，从中央领导人做起，"以此类推"到所有干部。他建议：在简

---

① 彭真，时任中共中央政治局委员、中央书记处书记；杨尚昆，时任中共中央书记处候补书记、中央办公厅主任。

② 《建国以来毛泽东文稿》第 8 册，中央文献出版社 1993 年版，第 409 页。

报中将对自己的称呼改正过来，不要称“主席”，改称“毛泽东同志”；周恩来、林彪、彭德怀、贺龙等其他中央领导人，不要称总理、老总之类，一律称某某同志；“其他，以此类推”，也就是说所有干部，也都一律称同志，不能称官衔、职务、老总，等等。

毛泽东主张解决干部称呼问题，要公开宣示，雷厉风行，马上改正。毛泽东在信中提出，如果大家同意纠正旧习惯而一律称同志的建议，那么，请参加庐山会议分组讨论的各组长在会上宣布一下，请中央办公厅主任杨尚昆转告简报编者“一律从四日起照此改正”。这封信毛泽东写于 8 月 3 日，4 日就是第二天；也就是说，毛泽东要求中央有关方面当天议定，第二天就传达，并付诸行动，不允许议而不决、决而不动、动而无果。

对解决党内干部称呼问题，毛泽东是高度重视的。（1）从信息传递形式上看，毛泽东不是让秘书打电话传达自己的看法和建议，而是以给中央有关领导人写亲笔信的形式提出问题及其解决方案。（2）从措施执行力度上看，可以用“雷厉风行”四个字来形容。毛泽东 3 日写信，要求 4 日即第二天就公开宣布并全面实施，不允许拖沓延误，不允许举棋不定，不允许讨价还价，不允许观望变通。

三、党内称呼的政治规矩

毛泽东 1959 年 8 月 3 日信中的建议和要求，后来被中央作为重要文件在全党推进执行，要求要大家互称同志，改变以职务相称的旧习惯，恢复我党称呼的优良传统。但是，实际上，许多地方和部门一直没有认真执行。在这种情况下，1965 年中共中央专门发出了《关于党内同志之间的称呼问题的通知》，将党内干部称呼的政治规矩、政治纪律、政治观点，以中共中央文件的形式确定下来，下发到所有基层党支部，并在所有党刊上登载，以督促执行。

（一）党内称呼的政治规矩、政治纪律、政治观点

中共中央《关于党内同志之间的称呼问题的通知》确立了如下几条重要的政治规矩、政治纪律、政治观点，并且通告全党、明令遵行。（1）确立了一条禁止性的政治规矩——废止以官衔、职务相称的旧习惯。（2）明确了一个政治观点——以官衔、职务相称呼，这是一种旧社会的腐朽习气和官僚作风，同我们党的优良传统是格格不入的。（3）重申和明确了一条政治纪律——对担任党内职务的所有人员，一律互称同志。这条政治纪律包括两项政治规矩——其一是同志称呼的适用范围，包括“担任党内职务的所有人员”；其二是同志称呼的一律性和唯一性要求，强调和明确“一律”二字，这意味着党内只能称同志，而不准使用官衔、职务、老大、老

板等任何其他称呼。（4）通告全党，明令遵行。“此件发到所有基层组织——党支部，并在所有党刊上登载”，这就意味着一律互称同志的政治规矩，在1965年已经公开通报全党所有支部和全体党员。

党内一律互称同志的政治规矩，作为党内一件政治大事，在1965年就已经完全成熟、定型，并且，公开通告所有党支部和全体党员，明令一律遵行。这项政治规矩，中共中央也从来没有宣布失效。

（二）党内称呼的重要性与适用性

对党内称呼政治规矩的认识和适用，有两点需要特别注意。

首先，党内称呼不是随性的小事，而是关系继承和发扬党的优良传统、抵制和克服旧社会腐朽习气和官僚作风的政治大事。中共中央的这个政治观点，非常明确地在《关于党内同志之间的称呼问题的通知》中予以说明了。所以，对党员干部的称呼，必须严格遵循中共中央的政治纪律和政治规矩，一律称呼同志，不得称呼其他。这是一个严肃的政治问题，必须引起高度重视。

其次，不是说对党员领导干部在任何场合都不能称呼职务，也就是说，这项政治规矩的适用是有限度的。（1）必须称呼同志的情况。一般情况下，党内同志之间相互称呼时，不论职务高低，一律称同志，不能称其他。（2）可以称呼职务的情况。在一些场合，公开亮明领导干部的职务身份是工作需要，这个时候这种场合就应该而且必须称呼其职务。例如，我们在媒体中听到看到“中共中央总书记、国家主席、中央军委主席习近平”的职务称呼，这是一种工作需要，并不是对党内称呼政治规矩的破坏。（3）为什么70多年来党内称呼问题解决不了？其中一个重要原因是没有区分这两种情况造成的认识混乱，认为中央文件、领导讲话、媒体报道中出现不称呼党员领导干部为同志而称呼其党政军职务，就误以为党内称呼的政治规矩只是说说而已，不是认真执行的。其实，这是由于人们混淆了这两种情况而产生了误解。

四、十一届三中全会以来和十八大以来中央多次重申政治规矩

1978年12月22日通过的《中国共产党第十一届中央委员会第三次全体会议公报》指出：“全会重申了毛泽东同志的一贯主张，党内一律互称同志，不要叫官衔；任何负责党员包括中央领导同志的个人意见，不要叫‘指示’。”[①] 但是，实际效果依然很不理想。1979年5月《人民日报》刊文指出：关于党内称呼问题，党的三中全

① 《三中全会以来重要文献选编》（上），人民出版社1982年版，第13页。

会又一次明确提出党内要称同志，但是，很多单位的党员和负责同志，在党组织的会议上或日常接触中，还是称官道职。[①]

2003年，全国各地党委都曾专门制定和下发《关于进一步继承和发扬党内互称同志优良传统的通知》，要求对担任党内职务的所有人员一律称同志，不以职务相称。例如，甘肃省的文件就要求，对担任党内职务的所有人员一律称为同志，党内刊物、文件和其他书面材料也要按此办理；各级党员领导干部要身体力行，带头继承和发扬党的优良传统，作党内互称同志的表率；各级党组织要制定完善相应的制度，并针对存在的问题进行整改，形成党内互称同志的有效机制。[②]

十八大后，中央对党内法规和规范性文件进行了一次全面清理，2014年11月发布了《中共中央关于再废止和宣布失效一批党内法规和规范性文件的决定》，在对新中国成立至1977年期间中共中央制定的411件党内法规和规范性文件进行清理，160件被废止，231件宣布失效，20件继续有效。1965年《关于党内同志之间的称呼问题的通知》被确定为继续有效，这就表明，党内一律互称同志的称呼规定，在十八大以后依然是中央明确的必须遵行的重要政治规矩。

五、干部称呼，乱象丛生，舆情不止

1965年中共中央关于党内称呼的政治规矩，适用于所有党员，全体党员必须一律遵行。但是，从几十年的实际情况看，问题没有解决，舆情反应强烈。

（一）干部称呼，乱象丛生

2016年3月，中国人民解放军69057部队列兵向《解放军报》反映情况说：在班里，新兵称呼老兵都叫“班长”，“副班长”也被叫成“班长”；在连队，明明是“副连长”，大家却亲切地称呼为“连长”。军队组织条令规定，职务前面的“副”字不能省略。然而，在工作和生活中，这种“副职”被“转正”的现象，无论在基层连队，还是领导机关，都屡见不鲜。[③]陆军第39集团军的调查显示，这种张口就给长官和领导“戴高帽”现象并非个例，官兵之间、上下级之间在称呼上的这种“言语贿赂”现象，严重影响军队作风建设和军事指挥，在官兵之中引起强烈反响。某特种作战团政委张立元认为，一些领导干部抱有“官大一级压死人”的官本位思想，

---

① 李志远：《何时听到称“同志”的声音？》，《人民日报》1979年5月22日。

② 《中共废止691件党内法规“互称同志”依然有效》（2014年11月18日），腾讯网，http：//news.qq.com/a/20141118/013727.htm。

③ 马静冬：《改一改这种变味叫法》，《解放军报》2016年3月22日。

刻意突出自己的领导身份，对称呼格外重视。[①]

对于党政机关基层的许多官员来说，“逢长必叫，叫大不叫小”已经是相互称呼时的惯例。在县里，一个科级干部就很大了。一个局长其实是科级，但是人们都叫他局长。股长比科长还要小，可在县里也已经好大了，也是一个长，也要叫出来。“叫大不叫小”的惯例不仅仅是基层的专利。一位资深媒体人对《南方周末》记者介绍说：在一些部委，如果党组书记和部长不是同一个人，下属们也会叫党组书记“部长”。正部级机构的领导叫主任或者局长的，他们的下属会叫部长，害怕与低级别的职务混淆，因为部长级别高，而办公厅主任也是主任。[②]

（二）在干部称呼问题上，舆情不止

改革开放30多年来，在党委系统、政府系统、军队系统以及全国各地各行各业，称呼问题已经被普遍庸俗化、商业化、媚俗化。受此影响，中共党内上下级之间的称呼，也普遍受到越来越严重的污染，下级称呼上级老板、老大，副处长、副书记、副院长等一律称呼为处长、书记、院长，“副”字无不被省略掉。中共党员之间的称呼，从同志到职称到老板、老大等不断变迁，各种各样的迎合、巴结领导干部的称呼花样百出，由此演化出一门所谓的“官场称呼学”，专事此类“话术”的投机钻营。

在百度上搜索“官场称呼学”，显示出11.9万条信息。“官场称呼学”大行其道，越演越烈，已经成为一个舆论热点。党内称呼问题看似不大，但是在社会上和群众中的反响是普遍而强烈的，表现在网络上就是舆情热度有增无减。这个问题，每天都在群众身边发生和重复，人们很反感又很无奈。

习近平指出：“微腐败”也可能成为“大祸害”，它损害的是老百姓切身利益，啃食的是群众获得感，挥霍的是基层群众对党的信任。[③]党内称呼上的这种“言语贿赂”现象，虽不能说是“微腐败”，但是，起码可以说是中共党员以及党员干部思想作风的“微腐化”或“亚健康”，对党的形象的损害不可低估。

（三）困扰中共70年的老大难问题

从1943年我党首次明确提出党内称呼问题，至今已经70多年了，不但未获得解决，而且称呼乱象反而愈演愈烈。习近平指出：对那些“年代久远的遗留问题、长期形成的惯性问题，要以燕子垒窝的恒劲、蚂蚁啃骨的韧劲、老牛爬坡的拼劲，

---

① 海洋、张佳帅、向勇：《警惕！官兵称谓中的“跑调”违规——陆军第39集团军对称呼中“戴高帽”现象的调查与思考》，《解放军报》2016年3月22日。

② 鞠靖、孙甜甜、杨翘楚：《官场“称呼学”》，http：//www.infzm.com/content/100108。

③ 习近平：《在第十八届中央纪律检查委员会第六次全体会议上的讲话》，《人民日报》2016年5月3日。

坚持不懈，攻坚克难，善作善成。”①

对党员干部以官衔、职务相称、“同志”反而叫不出口的党内称呼问题，经过1943年、1959年、1965年、1978年、2003年、2014年等多次纠正，不但依然惯性发展，而且竟然变本加厉起来。这个问题，好像已经成为一个解不开的死结，成为“年代久远的遗留问题”、“长期形成的惯性问题”、屡攻不克的老大难问题，半个多世纪的顽疾，恐怕需要以习近平所说的恒劲、韧劲、拼劲才能攻克。

六、干部称呼乱象的治理对策

第一，全面从严治党，让铁规生威，铁纪发力。以习近平为总书记的党中央立下全面从严治党的军令状，研究了依规治党这一重大课题，反复强调领导干部要严守政治纪律和政治规矩，着力解决管党治党失之于宽、失之于松、失之于软的问题。习近平指出：“我们必须坚持不懈抓下去，使管党治党真正从宽松软走向严紧硬。”②党内一律互称同志就是党内政治生态良好的重要指征，是党的重要政治规矩。习近平指出，定了规矩就要执行，要让铁规生威，铁纪发力。③

第二，坚定理想信念，把握好世界观、人生观、价值观的“总开关”。党内称呼乱象，表面上只是在中共言语体系中打破了一个不起眼小的缺口，实质上扰乱的是共产党员的共产主义信仰，扰乱的是中国特色社会主义的“四个自信”，扰乱的是中共的“四个意识”，扰乱的是社会主义核心价值观。

理想信念是共产党人的精神之“钙”，必须加强思想政治建设，解决好世界观、人生观、价值观这个“总开关”问题。“总开关”把握不好，各种各样的出轨越界就在所难免。党内称呼问题上的种种乱象，思想根源就在于“总开关”出了问题，理想信念发生动摇，导致世界观偏差、人生观迷失、价值观错位。因此，我们应该以“两学一做”为契机，铲除称呼乱象的生存土壤。

（作者为中国社会科学院当代中国研究所研究员）

---

① 习近平：《在第十八届中央纪律检查委员会第六次全体会议上的讲话》，《人民日报》2016年5月3日。

② 习近平：《在第十八届中央纪律检查委员会第六次全体会议上的讲话》，《人民日报》2016年5月3日。

③《习近平：从严治军“让铁规生威铁纪发力”》，http：//www.china.com.cn/cppcc/2016-02/12/content_37773159.htm。

胡锦涛以科学发展观指导经济发展方式转变

迟爱萍

2002年冬到次年夏，在抗击非典过程中，暴露出了国家发展中隐藏深层的问题：经济发展和社会公共事业发展不平衡，社会事业发展滞后；政府过分强调经济增长速度，忽视经济增长质量、效益和结构；选择、使用、考核干部看重GDP政绩，较少重视其在公共事务管理、解决公共问题、提供公共服务方面的能力水平和绩效考核；城乡发展不平衡，突出反映在农村卫生事业落后。以胡锦涛为总书记的党中央在反思这些问题的基础上，一方面坚持强调发展是党执政兴国的第一要务，另一方面深化了对发展全面性、协调性、可持续性的认识，提出科学发展观，并以此为指导，将经济发展方式的转变推到新阶段。

一、提出科学发展观，扩展经济增长方式转变思路

2003年8月，胡锦涛在江西考察工作时，第一次明确使用“科学发展观”的概念，提出“五个结合”：把加大结构调整力度和培育新的经济增长点结合起来，把推进城市发展和推进农村发展结合起来，把发挥科学技术的作用和发挥人力资源的优势结合起来，把发展经济和保护资源环境结合起来，把对外开放和对内开放结合起来。努力走出一条生产发展、生活富裕、生态良好的文明发展道路。

10月，党的十六届三中全会正式提出“坚持以人为本、树立全面、协调、可持续的发展观”。会议提出“五个统筹”的思想，即：统筹城乡发展、统筹区域发展、统筹经济社会发展、统筹人与自然和谐发展、统筹国内发展和对外开放的要求。“五个统筹”是落实科学发展观的具体途径，同时也是转变经济增长方式的具体途径。

胡锦涛在讲话中指出：“树立和落实科学发展观，十分重要的一环就是要正确处理增长的数量和质量、速度和效益的关系。增长是发展的基础，没有经济数量增长，没有物质财富积累，就谈不上发展。但是，增长并不简单地等同于发展，如果单纯扩大数量，单纯追求速度，而不重视质量和效益，不重视经济、政治和文化协调发展，不重视人与自然的和谐，就会出现增长失调、从而最终制约发展的局面。”①

党的十六届三中全会后，转变经济增长方式是落实科学发展观的必然要求，成

①《胡锦涛文选》第2卷，中央文献出版社2016年版，第105页。

为中央领导集体在社会经济发展方面突出强调的问题。胡锦涛以科学发展观为统领，对如何推进经济增长方式转变提出许多指导原则。

2004 年 3 月 10 日，在中央举行的人口资源环境工作座谈会上，胡锦涛首次提出“建立资源节约型国民经济体系和资源节约型社会”，初步表达通过构建社会机制实现可持续发展的思想。

5 月，胡锦涛在江苏考察时指出，实现经济持续快速协调健康发展和社会全面进步，必须“切实改变高投入、高消耗、高污染、低效率的增长方式，努力走出一条科技含量高、经济效益好、资源消耗低、环境污染少、人力资源优势得到充分发挥的新路子。”①

9 月，胡锦涛在党的十六届四中全会上说：加强和改善宏观调控“实质就是要优化经济结构，加快转变经济增长方式，逐步消除可能导致经济大起大落的体制性、机制性障碍，以充分利用好重要战略机遇期，实现又快又好发展。”②

2005 年 10 月，党的十六届五中全会审议通过《中共中央关于制定国民经济和社会发展第十一个五年规划的建议》，强调“十一五”期间，要把转变经济增长方式作为战略重点，“使经济增长建立在提高人口素质、高效利用资源、减少环境污染、注重质量效益的基础上，努力取得突破性进展。”③

2006 年 10 月，党的十六届六中全会通过的《中共中央关于构建社会主义和谐社会若干重大问题的决定》，提出“转变增长方式，提高发展质量，推进节约发展、清洁发展、安全发展，实现经济社会全面协调可持续发展”④是构建和谐社会的重要任务。建设社会主义和谐社会理论的提出，拓宽了转变经济增长方式的视野。在市场经济条件下，通过体制机制整合政府、市场和社会三方面力量，共同推进经济、社会、人及自然的全面协调可持续发展，是经济增长方式转变要达到的目标。

随着科学发展观在全党的逐步确立，11 月 30 日，中央政治局会议首次提出，要努力实现国民经济“又好又快”发展的论断。12 月，中央经济工作会议明确，“又好又快”发展是全面落实科学发展观的本质要求。

二、提出“转变经济发展方式”的概念和战略构想

改革开放后，推动经济发展方式转变的实践虽然从 1979 年国民经济调整就开

① 《胡锦涛文选》第 2 卷，中央文献出版社 2016 年版，第 177 页。
② 《十六大以来重要文献选编》（中），中央文献出版社 2006 年版，第 309 页。
③ 《胡锦涛文选》第 2 卷，中央文献出版社 2016 年版，第 368 页。
④ 《十六大以来重要文献选编》（下），中央文献出版社 2008 年版，第 651 页。

始了，但在党的文献中，还没有正式使用“转变经济发展方式”的概念；也没有使用过“转变经济增长方式”的概念。

1994年11月，江泽民在中央经济工作会议讲话中，首次使用“转变经济增长方式”的概念；1995年9月，这一提法正式写入党的十四届五中全会通过的《中共中央关于制定国民经济和社会发展的“九五”计划和2010年远景目标的建议》。

2007年6月，胡锦涛在中央党校讲话时，首次使用“转变经济发展方式”的概念。他说：实现国民经济又好又快，关键要在转变经济发展方式、完善社会主义市场经济体制方面取得重大新的进展。同年10月，这一提法写入党的十七大报告。

转变经济发展方式，除涵盖转变经济增长方式的全部内容外，对经济发展理念、目的、战略、途径等提出新的更高要求，实质就是坚持“好”字优先，加快形成符合科学发展观要求的经济与社会相统一的发展模式。

胡锦涛在党的十七大报告中提出了“加快转变经济发展方式，推动产业结构优化升级”的“两个坚持、三个转变”的战略构想，即：“坚持走中国特色新型工业化道路，坚持扩大国内需求特别是消费需求的方针，促进经济增长由主要依靠投资、出口拉动向依靠消费、投资、出口协调拉动转变，由主要依靠第二产业带动向依靠第一、第二、第三产业协同带动转变，由主要依靠增加物质资源消耗向主要依靠科技进步、劳动者素质提高、管理创新转变”。①2007年12月的中央经济工作会议指出，这一战略构想完整体现了经济发展方式转变的思路；是党的十六大以来贯彻落实科学发展观，根据现阶段我国发展的客观实际提出的重大战略思想，是推动我国经济社会发展必须坚持的正确方向。

按照党十七大推进经济发展方式转变的战略构想，中央经济工作会议作出“五个必须”的具体部署：必须坚持创新驱动，为转变发展方式、推动产业结构优化升级提供有力和持久的技术支撑，加快从工业大国向工业强国转变的历史进程；必须坚持城乡统筹，形成城乡经济社会发展一体化的格局，努力实现城乡共同繁荣；必须坚持节约资源、保护环境，把推进现代化与建设生态文明有机统一起来，把建设资源节约型、环境友好型社会放在工业化、现代化发展战略的突出位置；必须坚持内外协调，统筹利用好国内国际两个市场、两种资源，努力促进我国发展和各国共同发展的良性互动；必须坚持以人为本，更加注重改善民生，切实实现好、维护好、发展好最广大人民的根本利益。

12月，国务院印发了《关于促进资源型城市不可持续发展的若干意见》；中共中央、国务院又印发了《关于切实加强农业基础建设进一步促进农业发展农民增收

① 《胡锦涛文选》第2卷，中央文献出版社2016年版，第630页。

的若干意见》。这两个文件的出台，拉开了十七大转变经济发展方式的“二个坚持、三个转变”的战略部署实施的帷幕。

2008 年 4 月 28 日，胡锦涛在中央政治局第五次集体学习的讲话中提出，转变经济发展方式要推动“两个转变”，即“要大力推动经济增长由粗放型向集约型转变、由片面追求经济增长向全面协调可持续发展转变”；要切实抓好“五个方面”的工作，即：加强和改善宏观调控；增强自主创新能力；调整优化产业结构；切实统筹城乡发展；加强生态文明建设。胡锦涛在此提出的“两个转变”，是对十七大提出的经济发展方式“三个转变”的进一步理论化；“五个方面”的重点工作与十七届二中全会提出的“四个协调”相联系，从而使转变经济发展方式的思路更加清晰和充实。

此后，胡锦涛站在国际国内全局的高度，多次提醒全党要高度重视转变经济发展方式的重要性。对如何从“五个方面”重点推动经济发展方式的转变，中央和国务院提出一系列政策和措施。

三、提出应对国际金融危机、加快转变经济发展方式的战略部署

2008 年下半年以来，由美国次贷危机引发的波及全球的国际金融危机，对我国经济造成较大冲击，主要反映在出口增速开始下滑，工业生产和企业效益受到影响。国际金融危机的影响，暴露了我国过分依赖出口和投资的传统经济增长模式的不可持续性，为我国扩大内需、调整经济结构和解决积累的体制性矛盾提供了强大的倒逼机制。

11 月 29 日，胡锦涛在中央政治局第九次集体学习讲话中指出，为应对我国面临的国际国内经济方面的压力，必须加快转变经济发展方式。12 月 8 日，他在中央经济工作会议上，对“保持经济平稳较快增长”作出五点部署：第一，坚持扩大内需为主和稳定外需相结合。第二，坚持保持增长速度和提高质量效益相统一。第三，坚持推进结构升级和扶持就业创业相协调。第四，坚持推进金融创新和提高金融监管能力。第五，坚持加强政府调控和发挥市场机制作用相互促进。这五条是对我国经济工作的深刻反思，对推动经济发展方式的转变有着重要指导意义。

工作思路明确后，落实是关键。2009 年按照中央统一部署，国务院在经济、文化、社会、生态建设方面推出一系列政策措施。这些措施的目标指向十分明确：关注民生，关注城乡区域协调发展，关注结构调整和自主创新，关注节能减排和生态建设；促使经济增长与结构调整相互促进，力争在应对危机中实现国民经济转型升级；积极破除城乡二元结构，推动城乡经济社会统筹协调发展，利用扩大内需的机遇，使政策支持和资金投入进一步向农民和农村倾斜，更好地发挥农村巨大的市场潜力。

2009年9月，中共十七届四中全会提出，全力保增长、保民生、保稳定的工作着力点要突出五个方面：立足扩大内需保增长；在扩大内需中增强经济发展协调性；加强保障和改善民生工作；通过深化改革开放增强经济社会发展活力；进一步营造我国发展的良好外部环境。

在以胡锦涛为总书记的党中央的领导下，我国取得了应对国际金融危机冲击、保持经济平稳较快发展的明显成效，为世界经济复苏作出贡献。经济形势稳定后，人们开始对中国社会经济发展状况进行冷静和深刻的反思。

随着经济发展和对外开放水平不断提高，我国经济发展呈现出新的阶段特征：一是经济增长高度依赖国际市场，投资率偏高、国际贸易顺差偏大、消费率偏低的增长格局不可持续。二是主要依靠物质投入的传统发展方式与资源环境的矛盾日益突出，部分地区资源环境承载能力已接近极限，资源环境约束的矛盾日益突出，外延型扩张模式难以为继。三是经济发展技术含量不高，企业技术创新能力不强，产业革命结构不合理，大量低水平产业粗放生产，部分产能严重过剩。四是居民收入在国民收入分配中的比重偏低，城乡居民、不同社会群体收入差距过大，不仅造成投资和消费不平衡，而且影响社会和谐稳定。五是广大人民群众对生活水平和质量的要求不断提高，对干净的水、新鲜的空气、优美的环境等方面的要求越来越高，但生态总体恶化的趋势尚未根本扭转，环境治理任务相当艰巨。这些发展阶段中出现的问题，都要通过转变经济发展方式去解决。

12月，在中央经济工作会议上，胡锦涛深刻阐述了加快经济发展方式转变的重要性和紧迫性，并对加快转变经济发展方式提出三点要求：第一，从制度安排入手，完善加快经济发展方式转变的体制机制和政策导向。以更加完善的体制和更有针对性的政策加快经济发展方式转变、保障科学发展。第二，以优化经济结构、提高自主创新能力为重点，实现经济发展方式转变新突破。要扩大国内需求特别是居民消费需求，把国内市场巨大潜力发挥出来，拉动经济结构调整优化。要把促进工业由大变强与大力发展服务业特别是现代服务业结合起来，把淘汰落后生产能力与抢占新兴产业制高点结合起来，提升经济整体素质和国际竞争力。要坚持走中国特色自主创新的道路，为加快转变经济发展方式提供有力的科技支撑。第三，以完善政绩考核评价机制为抓手，增强加快经济发展方式转变的自觉性和主动性。总之，要把保持经济平稳较快发展和加快经济发展方式转变有机统一起来，在发展中促转变，在转变中谋发展。

中央经济工作会议提出，实现经济又好又快发展要坚持“四个必须”：必须坚持市场机制和宏观调控有机结合，必须坚持长期发展目标和短期增长目标有机结合，必须坚持扩大内需和稳定外需协调发展，必须坚持改善民生和扩大内需的内在统一。做到“五个更加注重”：更加注重提高经济增长质量和效益，更加注重推动经济发展方式转变和经济结构调整，更加注重推进改革开放和自主创新、增强经济增长活力和动力，更加注重改善民生、保持社会和谐稳定，更加注重统筹国内国际两个大局。特别强调要在促进经济发展方式转变上下功夫。这“四个必须”、“五个更加注重”、“一个下功夫”，清楚勾勒出推动经济社会又好又快发展需要正确处理的重大社会经济关系和工作重点。

2010 年 2 月，胡锦涛在省部级主要领导干部深入贯彻落实科学发展观、加快经济发展方式转变专题研讨班讲话中进一步明确，加快经济发展方式转变的正确方向是做到“七个加快”：加快推进产业结构调整，加快推进自主创新，加快推进农业发展方式转变，加快推进生态文明建设，加快推进经济社会协调发展，加快发展文化产业，加快推进对外经济发展方式转变。经济发展方式中存在的一系列问题，根源在于体制机制不合理；没有对各种利益关系进行调整的体制机制上的保障，经济发展方式的转变难有突破性的进展。所以，胡锦涛明确指出，加快经济发展方式转变，必须坚定不移地推动经济体制改革。

省部级主要领导干部深入贯彻落实科学发展观加快经济发展方式转变专题研讨班的举行，使加快转变经济发展方式的问题引起全国上下的高度重视。生态环保、可持续发展、调结构、拉内需、保民生，成为 2010 年两会热议的话题。2010 年党和国家又出台一系列新的推动经济发展方式转变的政策措施。这些政策措施落实了中央提出的一系列转变经济发展方式的战略方针，努力创造了国际金融后危机时期，我国经济稳定持续增长的动力结构和机制；特别是推进了经济结构调整和战略性新兴产业的发展；推进了人才强国战略；加快形成了新的经济增长点，促进了区域经济协调发展；改善了民生，扩大了内需空间；提升了利用外资的水平等。

四、提出以科学发展为主题、加快转变经济发展方式为主线的新谋略

2010 年 10 月，中共十七届五中全会审议通过《中共中央关于制定国民经济和社会发展第十二个五年规划的建议》。《建议》提出，制定“十二五”规划，要以科学发展为主题、以加快转变经济发展方式为主线。胡锦涛在会议讲话中明确，“加快转变经济发展方式，最根本的是要靠科技的力量，最关键的是要大幅度提高自主创新能力”①。

12 月的中央经济工作会议，紧紧围绕十七届五中全会提出的，以科学发展为主

① 《十七大以来重要文献选编》(中)，中央文献出版社 2011 年版，第 1004 页。

题、以加快转变经济发展方式为主线，部署2011年经济工作的主要任务，要求在经济工作中，各方面要切实把重点放到加快转变经济发展方式上，使经济增长速度与结构、质量、效益相统一，经济发展与人口、资源、环境相协调。

2011年3月14日，十一届全国人大四次会议通过《中华人民共和国国民经济和社会发展第十二个五年规划纲要》。"十二五"规划紧紧围绕科学发展的主题和加快转变经济发展方式的主线，提出指导思想、主要目标、政策导向；对进一步加快转变经济发展方式进行全面部署，其中包括：强农惠农，加快社会主义新农村建设；转型升级，提高产业核心竞争力；营造环境，推动服务业大发展；优化格局，促进区域协调发展和城镇化健康发展；绿色发展，建设资源节约型、环境友好型社会；创新驱动，实施科教兴国战略和人才强国战略；改善民生，建立健全基本公共服务体系；标本兼治，加强和创新社会管理；传承创新，推动文化大发展大繁荣；改革攻坚，完善社会主义市场经济体制；互利共赢，提高对外开放水平等。

此后，党中央、国务院扎实推进"十二五"规划的实施，下大力气解决我国发展不平衡、不协调、不可持续的问题。2011年，在扶贫开发、社会建设、环境保护、文化产业、"三农"工作等方面加大工作力度，拟订一系列新政策。

从2010年第四季度开始，我国国民经济增长出现放缓态势。经济增长的下行压力和物价上涨压力并存，部分企业生产经营困难，节能减排形势严峻，经济金融等领域也存在一些不容忽视的潜在风险。这与世界经济复苏一波三折、发达国家经济增长明显减速有着密切关系。

根据复杂多变的国际经济环境和国内经济运行新情况新变化，12月的中央经济工作会议确定，2012年经济工作要突出把握好稳中求进的工作总基调。必须继续抓住科学发展这个主题和加快转变经济发展方式这条主线，实现"四个牢牢把握"，即牢牢把握扩大内需这一战略基点，把扩大内需的重点更多放在保障和改善民生、加快发展服务业、提高中等收入者的比重上来；牢牢把握发展实体经济这一坚实基础，努力营造鼓励脚踏实地、勤劳创业、实业致富的社会氛围；牢牢把握加快改革创新这一强大动力，抓住时机尽快在一些重点领域和关键环节取得突破；牢牢把握保障和改善民生这一根本目的，加大财政投入力度，切实办好涉及民生的大事要事。

能否加快转变经济发展方式，决定着中国经济能否在阴霾的国际环境中突围，也决定着中国能否在新一轮国际产业格局调整中占据先机。要尽快实现经济发展方式的转变，必须把稳增长、控物价、调结构、惠民生、抓改革、促和谐更好地结合起来。

7月23日，胡锦涛在省部级领导干部专题研讨班开班式的讲话中，强调全党要坚决执行中央加快转变经济发展方式的重大决策部署，把推动发展的立足点转到提高质量和效益上来，扎扎实实抓好实施创新驱动发展战略、推进经济结构战略性调整、推动城乡发展一体化、全面提高开放型经济水平等战略任务的贯彻落实，着力激发各类市场主体发展新活力，推动工业化、信息化、城镇化、农业现代化同步发展，全面深化经济体制改革，不断增强长期发展的后劲。

“质量和效益优先”、“创新驱动”、“四化同步”是胡锦涛这次讲话在转变经济发展方式上的三大重点，为加快经济发展方式转变进一步指明实现途径，即发展立足点要从“速度至上”转向“质量和效益优先”；要从“要素投资驱动”转向“创新驱动”发展；要推动工业化、信息化、城镇化、农业现代化同步发展，从经济“失衡”走向经济“均衡”。

在世界经济还未复苏的情景下，中国传统的加工出口导向型的经济发展模式面临更大的压力，除了依靠中国企业“走出去”的全球化发展战略外，进行积极主动的发展模式转型升级是中国经济无法回避的选择。加快转变经济发展方式，必须在提升实体经济实力和加强自主创新能力方面下功夫。为此，2012 年国务院出台了一些新的举措，比如：进一步支持小型微型企业健康发展，规划战略性新兴产业发展，实施促进中部地区崛起战略，指导促进企业技术改造；特别是 7 月 2 日，中共中央、国务院共同推出《关于深化科技体制改革加快国家创新体系建设的意见》。

11 月 8 日，胡锦涛在以往经验积累和实践探索的基础上，在党的十八大报告中，对经济发展方式的转变，提出“四个着力”和“五个更多”的新要求，即着力激发各类市场主体发展新活力，着力增强创新驱动发展新动力，着力构建现代产业新体系，着力培育开放型经济发展新优势；使经济发展更多依靠内需特别是消费需求拉动，更多依靠现代服务业和战略性新兴产业带动，更多依靠科技进步、劳动者素质提高、管理创新驱动，更多依靠节约资源和循环经济推动，更多依靠城乡区域发展协调互动，不断增强长期发展后劲。

胡锦涛在党的十八大报告中还强调，推进经济结构战略性调整，“是加快经济发展方式的主攻方向。必须以改善需求结构，优化产业结构、促进区域协调发展、推进城镇化为重点，着力解决制约经济持续健康发展的重大结构性问题”。[①]

在党的十八大报告的总体布局下，以习近平同志为总书记的党中央，率领全党、全国人民将经济发展方式的转变又推进到一个新阶段。

（作者为中共中央文献研究室第三编研部研究员）

---

① 《胡锦涛文选》第 3 卷，中央文献出版社 2016 年版，第 630 页。

改革开放初期中国开启价格改革的历程

——以1979—1984年为考察时段

刘 伟

为把握改革开放之后中国价格改革的缘起和价格双轨制产生的历史背景，有必要对改革开放初期尤其是1979—1984年中国价格改革的历程进行简要回顾，并以此为弄清之后的一系列重大经济决策的前因后果做好铺垫。

一、改革不合理的价格管理体制和扭曲的价格结构，是经济社会发展的迫切要求

经济体制改革前，与传统的计划经济相适应，中国实行计划价格体制。众所周知，在计划经济体制下，中国的价格体系和价格管理体制极不合理。"文化大革命"中价格基本冻结，加剧了这种不合理状态。其中，农产品、采掘工业产品、原材料工业产品价格偏低；加工工业产品价格偏高，消费品的各种差价太小，甚至购销倒挂；服务行业、城市公用事业和房租不合理的情况十分突出，影响这些行业的正常发展；在工业部门间，资金利润率悬殊，根本无法用利润指标来衡量企业的生产经营状况。价格体系不合理，根源是价格管理体制僵化。价格的形成和管理都是政府部门的职能，而且高度集中于中央政府，地方权限很小，企业基本上没有定价权，不能根据市场供求变化灵活地制定和调整价格。这种价格体系和价格管理体制，不仅不利于工农业生产的发展和人民生活水平的提高，而且已经成为改革和开放的障碍，非进行调整和改革不可了。[①] 随着各项改革的逐渐开展，物价问题日益突出。

不过，中国实行计划价格体制，对建立和发展社会主义经济制度，安定和改善人民生活，曾起过积极的历史作用。而且，作出这种政策选择有其历史背景。中国在"一五"和"二五"时期所确立的经济发展战略，是资本密集型的重工业优先发展战略。在当时资本极为稀缺的情况下，要迅速发展资本密集型的产业，必须有一个与此战略相配套的政策措施作为保障。

当然，历史已经证明，这套政策措施的基本内容是"实行人为压低利率、汇率、工资、原材料价格、农产品价格，以及扭曲其他生活必需品和劳务价格的政

---

① 苏星：《新中国经济史》，中共中央党校出版社1999年版，第764—765页。

策”[①]。如此强制性地压低一部分要素的价格，造成了整个价格体系的扭曲，也扭曲了价格作为评价经济效果的经济职能，抑制了价格对社会生产和流通的调节作用，打击了生产者的积极性，降低了资源配置的效果，导致了产业结构和产品结构的失衡。[②]不合理的价格体系和价格管理体制，不仅使经济关系难以理顺，而且严重影响了国民经济的发展。

具体而言，这种体制存在的问题和弊端突出地表现为以下五个方面：一是形式单一。价格几乎都是固定计划价格，浮动价很少，自由市场价格更少。二是决策集中。定价权主要由中央政府掌握，地方定价权很少，企业基本上没有定价权。三是行政制定。价格不是在市场上通过竞争形成，而是按照行政隶属关系，经过层层报批制定，并通过行政法令颁布，借助于行政手段加以实施。四是运行呆滞。不少价格“多年一贯制”，甚至“一价定终身”，不能随产品的生产成本和市场供求的变化灵活调整。五是功能畸形。价格只是被当作核算的工具，其所固有的配置资源、平衡供求、分配利益等基本职能受到限制和破坏，这些职能往往只能通过种种歪曲的、隐藏的形式存在，并常常发挥着“逆调节”的作用。[③]这些问题的出现，造成价格管理体制和价格体系的严重不合理。

改革严重不合理的价格管理体制和价格结构的扭曲状况，已成为当时经济社会发展的迫切要求。这样，改革不合理的价格体系和价格管理体制，自然而然地成为中国价格改革的主要内容。

为此，中共十一届三中全会在决定进行经济体制改革的同时，指出应当重视价值规律的作用，按照价值规律办事。会议建议，由国务院作出决定，大幅提高农副产品收购价，在降低成本的基础上降低农用生产资料的出厂价和销售价。这表明，中共中央在调整不合理的价格体系方面迈出了重要一步，中国价格改革的大幕徐徐拉开。这也表明，价格体制改革之所以从改革计划价格体制起步，是有着深刻的历史背景和急迫的现实需要的。

二、广泛开展“调放结合、以调为主”的价格调整

在此背景下，1979 年 6 月，五届全国人大二次会议审议通过的《政府工作报告》指出，中国应当逐步建立计划调节和市场调节相结合的体制，以计划调节为主，同时充分重视市场调节的作用。这一表述，为中国在一定限度内放开价格创造了政策

① 林毅夫：《发展战略与经济改革》，北京大学出版社 2004 年版，第 3 页。

② 任兴洲：《建立市场体系——30 年市场化改革进程》，中国发展出版社 2008 年版，第 18 页。

③ 马凯：《中国价格改革 20 年的历史进程和基本经验》，《价格理论与实践》1999 年第 1 期。

环境。

同时，早在1978年中国开始酝酿价格改革之初，邓小平对此就十分关心。“三农”问题在中国由来已久，而“农副产品的价格低，导致农业生产发展缓慢”更是这一问题的关键点。据此，邓小平认为提高农产品价格是一个“大政策”，并在1978年的一次谈话中说：“现在工业产品价格高，特别是化肥、拖拉机等农业生产资料，据估算可能高20%—30%；农产品收购价格低，物价局估算了一下，约低20%—30%。这几年剪刀差不但没有缩小，反而扩大了，农民的收入减少了，有些增产地区也减收，这个问题很大，现在中央已经把这个问题提了出来，使之逐步得到解决。”[①]之后，他多次听取相关部门及负责人关于价格改革的汇报，对价格改革的关键地位、指导思想、战略部署、工作方法等方面作了一些原则性的指示。

在各种因素的综合作用下，价格改革于1979年正式启动。不过，建立覆盖全国的价格管理与定价机构体系的工作之前就已开始。1977年4月，原国家计委向国务院建议成立国家物价总局。当年8月，国务院批准该建议，决定改革全国物价管理体制，成立国家物价总局，在全国所有县以上各级政府、相关政府部门、工厂、商店建立物价管理、定价机构，配备定价人员。[②]同时，国务院1981年7月7日常务会议决定由薛暮桥牵头，集中各有关部门的研究力量，成立国务院价格研究中心，要求为价格改革决策提供重要依据。[③]这些努力都为始于1979年的价格改革提供了强有力的组织保障。

1982年9月，中共十二大报告正式阐述了“计划经济为主、市场调节为辅”的思想。以此为指导，开始实行“计划价格为主，自由价格为辅”的改革，以调整不合理的计划价格为重点，对计划价格体制作某些探索性的小破小改。在此期间，采取了“以调为主，以放为辅”的改革方式。[④]所谓调，就是在不变更原有价格形成机制的条件下，调整不合理的价格体系，即“理顺价格”。而所谓理顺价格，就是以行政手段来调整价格。由于价高的商品一般是不可能调低的，只能把比价较低的商品的价格提高。因此，调价，主要是提高价格。值得注意的是，长期以来，中国曾把商品的范围限于生活资料和生产资料，价格体系覆盖的范围也就仅限于此。

1979—1984年，主要针对生活资料和生产资料的价格，中国先后进行了全国范

---

① 《邓小平同国务院政策研究室负责人谈话》（1978年3月28日），转引自孔杰、欧大军：《邓小平价格改革理论对我国经济政策的影响》，《中国行政管理》2004年第8期。

② 王学庆、杨娟：《三十年价格体制改革的历程、成就与经验》，《中国物价》2008年第9期。

③ 成致平：《价格改革若干大事聚焦》，中国物价出版社2002年版，第75页。

④ 中国价格协会课题组：《敢于变革　敢于创新　推进价格改革深化——价格改革30年的回顾与展望》，《经济研究参考》2008年第50期。

围的、影响较大的几项调整。

第一，大幅度提高农副产品收购价格。中国的价格改革是从调整农产品收购价格开始的。1979 年夏收以后，中国政府大幅度地提高了粮食、油脂油料、蓖麻油、棉花、生猪、菜牛、菜羊、鲜蛋、水产品、甜菜、甘蔗、大麻、苎麻、黄牛皮、桑蚕茧、南方木材、毛竹等 18 种主要农产品的收购价格，收购牌价平均提高 22.1%。[①] 其中，粮食和油料超购加价的幅度由 30% 扩大到 50%，对棉花超购部分也开始实行 30% 的加价。这样，18 种主要农产品收购价包括粮、油、棉超购加价部分在内，平均提价 25.7%。以后，又陆续提高了烟叶、糖料等经济作物的收购价格。由于粮食统购和超购价格的提高，仅 1979 年全国农民大约增加收入 40 亿元，平均每人增加收入 5 元。[②]1979—1981 年的 3 年间，农副产品价格共提高 38.5%，加上扩大议价范围，农民由此增收 204 亿元。[③] 据统计，整个 20 世纪 80 年代农民增加的收入，60% 来自价格调放，40% 来自增产。

第二，提高八种主要副食品销售价格。农产品收购价格的提高，又倒逼出销售价与收购价倒挂的问题。据统计，1979 年 4—10 月，全国食品系统经营生猪和鲜蛋共亏损 28 亿元，投机活动屡禁不止。副食品价格的调整，直接影响人民的生活，中国政府对此一直比较慎重。从 11 月 1 日起，各地不同程度地提高了猪肉、牛肉、禽、蛋、水产品、蔬菜、牛奶等 8 种主要副食品及其加工品的销售价格，平均提价幅度约 30%。为解决因价格调整而导致的职工群众生活支出增加的问题，国家物价总局经过调查研究，计算出每月要影响每个职工及其家属增加 4.2 元的开支。为此，1979 年 7 月，李先念主持国务院会议讨论调价方案时，确定给每个职工每月增加工资 5 元[④]，同时给予纯牧业地区的职工补贴 8 元[⑤]。这样，决策层就从购销两方面启动了计划价向市场供求均衡价靠拢的步伐。物价补贴也成为 20 世纪 80 年代中国在理顺农副产品购销价格时反复使用的一个办法。

第三，有重点地调整部分生产资料出厂价格和交通运输价格。1979 年，首先解决煤价突出偏低的问题，统配煤矿的煤炭出厂价格平均提高 32%，初步扭转了当时煤炭部门亏损的局面。1981 年 7 月，国务院决定成立国务院价格研究中心，负责研究、测算理论价格，提出价格改革总体方案。[⑥] 随后，从 1983 年起，对开滦等 22 个

---

① 国家计委经济研究中心价格课题组：《十年价格改革回顾及经验教训》，《调查・研究・建议》1989 年第 19 期。

② 赵发生：《当代中国的粮食工作》，中国社会科学出版社 1988 年版，第 173 页。

③ 苏星：《新中国经济史》，中共中央党校出版社 1999 年版，第 766 页。

④ 成致平：《价格改革若干大事聚焦》，中国物价出版社 2002 年版，第 229 页。

⑤ 苏星：《新中国经济史》，中共中央党校出版社 1999 年版，第 766—767 页。

⑥ 王学庆、杨娟：《三十年价格体制改革的历程、成就与经验》，《中国物价》2008 年第 9 期。

统配煤矿实行超产加价，凡1983年实际产量超过核定能力部分，可在现行价格基础上加价25%；以后年度的产量比1982年实际产量再增加的部分，可在现行基础上加价50%。1979—1984年，随着煤炭出厂价格的提高，国家还陆续提高了铁矿石、焦炭、生铁、钢锭、钢坯、部分钢材、有色金属、水泥、平板玻璃等产品的出厂价格，降低了汽车、通用机械和配件、仪器仪表、量具、刃具等加工产品的价格，从而缩小了采掘工业和原材料工业同加工工业产品的比价。1982年8月，在不必动现行钢铁运价区段和运价号的前提下，国家先对铁路短途货物运输采取了临时征收附加费的办法，适当提高了短途运价；还调整了水运运价，取消了长江和沿海7条航线的煤炭运输优待价，修订了港口计费办法，运价和计费的不合理状况逐步得到改善。[①] 这些举措，在一定程度上缓解了重工业内部产品比价不合理的状况。

第四，有升有降地调整部分轻纺产品和烟酒的价格。国务院决定从1981年11月18日起，降低涤棉布价格。据全国统算，涤棉咔叽、涤棉细布、中长纤维织物等各档涤棉布的零售价格平均降低了13%。同时，适当提高了部分烟酒价格。这些政策措施，对发展生产、改善供应、回笼货币、增加收入起了较好的作用。但有些牌号的烟酒提价幅度过大，随着供求情况的变化，1983年又作了适当降低。为了改变纺织品内部比价的不合理状况，国家决定从1983年1月28日起，再次降低化纤制品价格，适当提高棉纺织品价格。按同纱支、同规格的品种比较，棉布同涤棉布的比价从原来的1：2.4缩小到1：1.4。这对促进生产、扩大销量、改善衣着结构起了有益的作用。同时，国务院还决定降低手表、闹钟、布胶鞋、照相胶卷、电风扇、彩电等工业消费品价格。

从理顺农副产品购销价格到纺织工业品价格的结构调整，以及随后的轻工业产品、重工业产品和交通运输价格等的调整，当时被称作解决工农产品的“剪刀差”。最终，工农业产品交换的比价关系有了明显改善，采掘工业、原材料工业和加工工业之间不合理的比价关系得到初步改善。

三、对价格管理体制进行探索性改革

与此同时，决策层对价格管理体制进行了探索性改革。1979年3月，陈云作了题为“计划与市场”的讲话提纲，其中强调：“六十年来，无论苏联或中国的计划工作制度中出现的主要缺点：只有‘有计划按比例’这一条，没有在社会主义制度下还必须有市场调节这一条。所谓市场调节，就是按价值规律调节，在经济生活

---

① 苏星：《新中国经济史》，中共中央党校出版社1999年版，第767页。

的某些方面可以用‘无政府’、‘盲目’生产的办法来加以调节。”提纲认为：“整个社会主义时期必须有两种经济：（1）计划经济部分（有计划按比例的部分）；市场调节部分（即不作计划，只根据市场供求的变化进行生产，即带有盲目性调节的部分）。”“第一部分是基本的主要的；第二部分是从属的次要的，但又是必需的。”[①] 这一提纲，在很大程度上成为中国进行价格管理体制探索性改革的理论依据。

值得一提的是，为加强国家物价总局的管理能力，1981 年 6 月，国务院将国家物价总局从原国家计委中独立出来，直属国务院领导，增加人员编制，加强内部机构，随后将其改名为国家物价局。为加强对建立合理价格体系的领导、增强协调能力，1983 年 3 月国务院成立物价小组，组员由国家计委、经委、商业部、财政部、国务院经济研究中心、国家工商总局和国家物价局负责同志组成，负责领导、协调全国价格改革工作。这样，一整套包括研究、决策、具体实施的机构体系建立了起来，以理论价格计算为基础，中国政府开始了对各种产品进行定价，建立合理的价格体系的系统化努力。为配合建立合理价格体系的工作，1982 年 8 月，国务院发布《物价管理暂行条例》。随后，国务院物价部门制定了相关配套文件，确定了建立合理价格体系的法规体系。[②] 这就为价格管理体制改革的顺利进行再次提供了组织上和法律上的保障。

在组织和法律保障不断完善的前提下，这一阶段价格管理体制改革的主要内容：逐步下放价格管理权限，实行灵活多样的价格形式，并放开一部分商品的价格，由市场去调节。

其一，部分农副产品恢复议购议销，实行议价。1979 年，改变了三类农副产品由供销合作社独家收购、由主管部门规定价格的办法，恢复了对三类农副产品和完成收购任务后允许上市的一、二类农副产品的议购和议销政策，对这些产品实行议价，通过市场调节。

其二，部分工业品实行以国家定价为基础的浮动价格。一是国家规定最高限价，允许企业向下浮动，有的规定了下浮的界限；二是国家规定中准价，允许企业在一定幅度内上下浮动；三是国家规定最低限价，允许在一定幅度内向上浮动。这一改革，最先从电子行业开始。接着，化工部门对橡胶管、带等部分长线产品也实行向下浮动的价格。1981 年以后，浮动价格的实行范围进一步扩大到主要农副产品的收购价格以及部分轻纺产品的出厂价和销售价。这种价格形式，成为国家指导价格的前身。[③] 随后，上述方法逐步扩大并应用于其他产品领域。

① 《陈云文选》第 3 卷，人民出版社 1995 年版，第 244—245 页。

② 王学庆、杨娟：《三十年价格体制改革的历程、成就与经验》，《中国物价》2008 年第 9 期。

③ 苏星：《新中国经济史》，中共中央党校出版社 1999 年版，第 768—769 页。

其三，分期分批放开部分日用小商品价格。工农业小商品，不仅品种繁多，涉及面广，更是人民生产生活中不可或缺的东西。对此，中共高层极为重视。

根据中共中央指示精神，在分工负责物价工作的张劲夫的领导下，国家物价局拟定了逐步放开轻工业、手工业小商品价格的工作部署，并于1982—1984年分三批陆续放开。

（1）1982年9月放开第一批小商品价格。国务院指示，小商品价格要根据国家的经济状况逐步放开，价格不由国家统一规定，实行市场调节。为此，国家物价局会同有关部门于1982年7月召开12省市小商品价格座谈会，着重研究3类工业品中的小商品价格逐步放开的具体实施办法，并上报国务院。随后，国务院于9月16日以国发［1982］120号文件批转了《国家物价局等部门关于逐步放开小商品价格，实行市场调节的报告》的通知，对放开的品种范围、定价原则、组织管理及有关政策作了明确规定。

（2）1983年9月放开第二批小商品价格。针对第一批小商品价格放开后出现的新情况和新问题，国家物价局会同轻工业部、商业部、国家医药管理局于1983年4月在长沙市召开了部分省市座谈会，研究提出了进一步扩大放开品种范围、改革定价办法、把小商品价格放活的建议，报请国务院于9月1日以国发［1983］136号文批转《关于进一步放开小商品价格的报告》，决定在第一批已经放开的160种（类）基础上，第二批再放开350种（类），合计510种（类）。并要求各省、自治区、直辖市人民政府以此为基础，结合当地小商品的产销情况，制定本地区第二批放开的小商品目录，在保持市场物价基本稳定的前提下，于九、十月间安排执行。

（3）1984年10月全部放开小商品价格。国家物价局根据各地前两批放开小商品价格后取得的良好效果，于1984年10月6日以［1984］价轻字360号文下达了《关于全部放开小商品价格的通知》。通知指出：经国务院批准，为了进一步促进小商品的生产和经营，活跃城乡市场，满足广大人民群众的需要，除了各级政府必要管理的小商品价格以外，其余全部放开。放开的措施、步骤和具体目录，均由各地自行确定。[①]至此，尽管各地执行的情况不尽相同，进度也有快有慢，但国家关于“大体上用两三年时间把应当放开的小商品价格分几批陆续放开”的设想基本实现。

其四，恢复和发展城乡集市贸易，实行市场调节价格。在价格改革中，经中共中央批准实行“特殊政策、灵活措施”的广东省先行一步。1979—1984年，广东省开始也和全国其他地方一样按统一部署从调整价格入手。但它从本省的实际出发，主动积极地放开价格，“动手早，放得开，搞得活”。例如，1984年前，全国价格改

---

① 成致平：《价格改革若干大事聚焦》，中国物价出版社2002年版，第68—69页。

革主要是调整理顺价格，而广东从1979年开始就逐步放活蔬菜、水果、三鸟（鸡、鸭、鹅）、蛋品和水产品加工，到1985年年初，包括猪肉在内的主要副食品价格已全部放开。[①] 广东省的做法，为全国价格改革提供了可资借鉴的经验。

从1978年中共十一届三中全会，到1984年正式开始城市改革，中国的改革进程充满阳光。在这个共赢的时代，每个中国人都在这一进程中获得了经济上初步却又至关重要的改善。这一时期，中国农村与城市的收入差距迅速从2.5倍缩小到1.8倍。鉴于农村人口在中国的比例，以及城市人口生活品质的绝对改善，中国人的“幸福指数”之高可谓前所未有。在1978—1984年的改革历程中，用“帕雷托改进”来描述中国改革无疑是很有说服力的。

然而，在低利率、低汇率、低工资、低原材料价格及低农产品价格的政策环境不变的情况下，要使国民经济运行不出现混乱的局面，就必须紧紧地守着旧有的计划管理体制、国有制和统购统销体制。1979年开始的经济改革是在旧有体制的弊端已十分突出，以致非改不可的情况下才进行的。[②] 所以，尽管1979年以来通过大范围的价格调整，使计划价格体系内严重失衡的差价和比价关系有所理顺，也促进了生产的发展和经济结构合理化。但是，这种方法实质上是要向原有的管理体制复归，无法从根本上摆脱计划经济体制资源配置无效率的弊端，因而难以持续。[③] 从这个意义上讲，这一阶段的价格改革仍属于在原有计划价格管理体制之内的操作，充其量也只能算生产资料价格双轨制和市场价格体制形成的背景，市场取向的价格改革还有待全面开启。

（作者为中国社会科学院当代中国研究所博士后）

---

① 廖彩汇：《广东价格改革的主要特点和基本经验》，《价格理论与实践》1988年第11期。

② 林毅夫：《发展战略与经济改革》，北京大学出版社2004年版，第5—6页。

③ 郝枫：《中国要素价格决定机制研究》，天津财经大学2008年博士学位论文，第101页。

改革开放初期的消费增长及原因分析

胡凯基

新中国成立后，我国逐步建立了独立的比较完整的工业体系和国民经济体系，农业生产条件发生显著改变，生产水平有了很大提高。但是因为多种原因，城乡居民消费增长缓慢。在改革开放初期出现了六年左右的供需两旺、消费大范围改善、消费结构持续升级的局面，本文将之称为改革开放初期的消费增长。这一消费增长就其广度和深度来说是我国历史上前所未有的，在世界史上也是罕见的。改革开放初期消费增长的出现有其特殊背景，不能指望在今天再完全出现，但对其进行学术梳理也许对今天还是会有一定借鉴意义。

一

改革开放这一伟大变革带来中国社会生活的多方面变化，其中人们生活水平的持续显著提高是一个重要方面。当时消费广告的重现也许可以看作是消费增长的序曲。广告是为刺激消费而产生和存在的。新中国成立后，因为对广告认识的误区，广告开始逐步萎缩，到“文革”期间绝迹。新时期消费广告重现可以说是消费增长出现的先声。1978 年年底，丁允明在《文汇内参》上建议恢复国内广告业务，得到胡耀邦的充分肯定。1979 年 1 月 14 日，经中宣部同意，丁允明的文章《为广告正名》在《文汇报》发表。文章从多个层面澄清人们对广告的误解。[①]1979 年 1 月 28 日，上海电视台宣布“即日起受理广告业务”，并播出了一则 1.5 分钟“参桂补酒”广告，这是大陆第一条电视广告。1979 年 2 月 10 日的《文汇报》在末版刊出药品广告。这应是该报在新时期第一次刊登的商品广告。不过在这之后相当长时间里的《文汇报》上并非每期都有广告。3 月，中央电视台播出第一条广告：幸福可乐。[②]1983 年 4 月，北京王府井大街南口竖起索尼公司形象广告。外资广告的出现，被认为是中国开始转向消费社会的标志之一。[③]1984 年，电视机从“奢侈品”降格为“耐用品”，普及率大大提升。“燕舞，燕舞，一曲歌来一片情！”的个性电视广告让人们记住了

---

① 中共上海市委党史研究室、上海市现代上海研究中心：《口述上海 改革创新（1978—1992）》，上海教育出版社 2014 年版，第 37 页。

② 陈煜、钱跃：《民间记忆（1978—2008）》，中央文献出版社 2008 年版，第 22 页。

③《新周刊》编著：《我的故乡在八十年代》，中信出版社 2014 年版，第 322 页。

“燕舞收录机”[①]

改革开放以后，城乡居民收入有了较大幅度的增长，消费水平也有了较大幅度的提高。城乡居民生活必需品的需求到80年代中期已基本得到满足，实行多年的配给式供应逐渐被自主性消费取代。[②]城里人说有几个没想到：没想到延续了30年的布票取消了；没想到短短几年许多地方猪肉敞开供应了，由争买肥肉到肥肉销不出去；没想到过去连过年过节都不好买的花生、瓜子、核桃等，现在随时都可买到了。[③]

这一时期消费增长不仅表现在总量上，还表现在消费档次的明显升级。商业部门当年的统计资料表明，一批批新的家用电器正在以很快的速度涌向广大城乡居民的家庭。1981年，南京市人民商场举办的36次耐用消费品展销，许多名牌产品和高档产品，都是在开头几天就销售一空。据统计，这个商场销售的“九大件”中，手表、沙发比上一年增长20%，缝纫机、自行车、电视机、电子管收音机、洗衣机、照相机、电冰箱等增长40%以上。电视机的增长幅度最大，将近三倍。商场负责人说：高档消费品销售量大幅度增加，购买的对象从少数富裕家庭扩展到广大职工家庭，是近二三年市场上出现的新变化。南京市统计局提供的数字也表明，像电视机这类高档消费品，已经不是少数富裕家庭的“奢侈品”，而是广大职工家庭生活中的必备品了。据调查，1981年年底同1979年年底相比，每百户职工家庭的拥有量，自行车由105辆增加到133辆，缝纫机由63架增加到73架，手表由53只增加到207只，电扇由9台增加到77台，电视机由22台增加到69台，电唱机由6台增加到56台，收录机由0台增加到14台。[④]当时对全国各地消费增长与人们日常生活改善的新闻报道还有很多。1983年以来，城乡居民购买的家用电器大量增加。1—8月份和1982年同期比较，电视机增长13.8%，录音机增长90.2%，电风扇增长27.8%，洗衣机和电冰箱也有较大幅度的增长。这些家用电器，过去一向被农村顾客看作是高不可攀的奢侈品，随着农民生活水平的提高，如今已开始成为农民争相购买的“抢手货”。前些年，人们争购的“三转一响”——手表、自行车、缝纫机和收音机，正在让位给“三机一扇”——电视机、洗衣机、录音机和电风扇。[⑤]

改革开放初期的消费增长的另一特点是按照一般消费规律来看文化消费的超前发展。这是和自建国以来日渐偏“左”的文化政策把很多健康正常的文化产品、生

① 《新周刊》编著：《我的故乡在八十年代》，中信出版社2014年版，第314页。
② 董辅礽：《中华人民共和国经济史》下卷，经济科学出版社1999年版，第146页。
③ 赵华胄、邵永力：《八亿农民的贡献》，《半月谈》1984年第1期，第19、20页。
④ 华惠毅：《大批高档消费品进入寻常百姓家》，《半月谈》1982年第6期，第19、20页。
⑤ 中共中央文献研究室编：《中国（1978—2008）》，中央文献出版社2009年版，第75页。

活方式都批判为“封资修”有关。在“文革”中，绝大多数人们感到的是极度的文化饥渴。

当时人们改善日常生活的一个重要方面是“爱美”热。1955年，法国记者罗伯特·吉兰发表了《蓝蚂蚁——红旗下的六亿中国人》，描述了当时中国人高度统一的服装样式和颜色。这种状态一直延续到改革开放以前。随着改革开放以来的社会市场化转型，人们的服饰消费进入了个性化时尚化阶段。[①]1979年3月19日，法国时装大师皮尔·卡丹应外贸部邀请在北京民族文化宫组织举行了一次时装模特表演，给观众带来强烈冲击。1979年全国电影观众达到惊人的293亿人次，平均每人看电影28次。

1979年，义乌县城热播古装戏《红楼梦》电影，回城待业知青何海美借了一台照相机坐在电影院的第一排，发现年轻人喜爱什么镜头就连忙拍下来，连夜就冲洗照片，第二天她就带着自制的明星照在影院门口摆个小摊卖，每张一元，生意居然很不错。“电影演了三天三夜，我就卖了三天三夜，天天能卖十多元钱呢！”[②]须知当时很多普通职工月收入是三四十元，一张一元钱的明星照要花去一天的工资。这相当于今天花一百元左右。

1980年上映的电影《庐山恋》里女主人公在影片中换了几十套衣服，成为又一个令人津津乐道的话题，“当时上海的孩子赶时髦，有把裁缝拉到电影院里面，要他照着上面的样子去做的。”导演黄祖模后来回忆说。[③]当时日本女排队员小鹿纯子侧边扎起的发型，被称为“纯子头”，红遍清纯的80年代中国。日本电视剧《血疑》在中国的播出带来了“幸子衫”、“光夫衫”、“大岛茂包”的流行。[④]

需要指出的是收入的增加也是支持人们爱美的一大因素。1981年发表的小说《黑娃照相》里的黑娃卖兔毛得了8.4元去赶庙会。他兜里从来没有这么多钱。小说写道：“历来不重视仪表，只是偶尔在山泉水里照一照尊容的黑娃，一旦捏住了八元四角的钞票，也便立即唤醒了人的爱美的天性。”[⑤]“爱美的天性”使黑娃首先想选购一件衣服。可是两件中意的衣服的确良褂子是15.5元，的确良制服裤11.3元，价格都超过了8.4元。最后，黑娃花3.8元穿上摄影师提供的“毛衣、西服、呢子裤等等”拍了一张立等可取的彩色照片。以当时庙会上羊肉汤3毛钱1碗、水煎包子5毛钱20个的价钱比照看，当时要在服装上“爱美”经济代价是相对沉重的。但是

① 李强：《中国社会变迁30年（1978—2008）》，社会科学文献出版社2008年版，第228、229、230页。

② 王灵丽、柳茂森：《1979：中国故事》，东方出版中心2010年版，第139页。

③ 王灵丽、柳茂森：《1979：中国故事》，东方出版中心2010年版，第213页。

④ 《新周刊》编著：《我的故乡在八十年代》，中信出版社2014年版，第342页。

⑤ 张一弓：《黑娃照相》，《上海文学》1981年第7期，第7页。

当时像黑娃这样在吃穿方面还相当简陋的情况下就先进行占其收入比例不低的文化消费并非罕见。前文提到《大众电影》曾创下965万份的单期发行量，其订购者当中很多是物质生活还比较简陋的。

1981年8月4日，《中国青年报》发起了关于“什么是美，什么是资产阶级的生活方式”的讨论，引起广泛关注。这次讨论是很有进步意义的，因为过去不少爱美行为被当作资产阶级生活方式。吴天明在任西安电影制片厂厂长之前曾任该厂团支部书记。当时该厂一位女演员从上海穿了件连衣裙回西安，被吴天明严肃地责令换掉。在吴支书的督促下，该女演员只好把连衣裙压到箱底，还给《陕西日报》写了篇《谈奇装异服》的短文。[①]

《人民日报》1983年11月4日发表《最重要的政治保证》，在论述到反对精神污染问题时，特别提到说：“不要把日常生活中某些式样奇特的服装或发型，看成是精神污染。”1984年上映的《街上流行红裙子》是我国第一次直接以时装为题材的电影。当年，中国政府取消实行了30年的布票凭证供应制度，这为人们追求服饰美创造了客观物质条件。1984年，上海市妇联主任在《文汇报》上号召“用服装美化人民生活”，要求干部带头讲究穿着。[②]这一时期一个令人印象深刻的现象是喇叭裤的流行。

这种消费增长与人们日常生活的改善在当时的文艺作品中也有反映。《黑娃照相》里的黑娃卖兔毛得了8.4元。他兜里从来没有这么多钱。黑娃准备去赶庙会，他母亲提醒他怎么花钱（不是提醒他怎么省钱，是提醒他花钱改善生活）。小说写道：“黑娃见娘这种迫切需要的不断增长的物质和精神的生活，仰着脸说：‘娘，你等着，我这就去把百货门市部给你背回来！’”[③]正如有评论者指出的，“黑娃对金钱的强烈渴望、对商品消费的迷恋，说明现代化建设的一个重要副产品——消费主义已经在日常生活的领域开始凸显出来。”[④]

二

（一）领导层思想意识的改变

1978年前后，国务院政治研究室曾组织调研组写出了调查报告反映职工生活困

---

① 谢铁群：《流光如梦：大众文化热潮三十年》，广西师范大学出版社2008年版，第17页。

② 《新周刊》编著：《我的故乡在八十年代》，中信出版社2014年版，第336页。

③ 张一弓：《黑娃照相》，《上海文学》1981年第7期，第6页。

④ 赖洪波：《召唤与应答——略论“新时期文学”与政治的关系》，《文艺理论与批评》2006年第2期，第80页。

苦的情况，引起中央和各级党政领导的关心。[①] 同时，1978 年很多高层领导对欧美日本的访问考察也使他们认识到西方发达国家普通人生活水平之高与我国差距之大。当时国家领导人意识到，提高人民生活水平是“社会主义优越性”必要体现和证明，在私人消费领域采取了补偿消费的政策。[②]1979 年，陈云等领导人和经济学家提出的调整理由，首先是勒紧裤带搞建设的路子走不下去了。解决生活欠账成当务之急。农业严重落后和农民普遍贫困。由于长期实行农业为工业化积累资金的政策，加上人民公社制度的弊病，相当部分的人生活在贫困线以下。[③]1981 年 5 月 1 日，邓小平在会见外宾时提到调整经济，发展轻工业来满足人民的生活需要。[④]

1979 年，我国开始取消各级革命委员会，恢复各级人民政府。这一政府名称的改变也可以说意味着革命年代的结束和正常年代的开始，而这也就为消费增长的成长打开了政治之门。从此，个人的发家致富和高消费代替了为了国家的“多快好省”。[⑤]1979 年 10 月 20 日，《人民日报》刊发《要真正弄清社会主义生产的目的》，批评了“为生产而生产”的理论，主张生产要满足社会需要。[⑥]1980 年还召开了社会主义生产目的理论讨论会，会上多数人的主张与上述文章类似。

1981 年 11 月 30 日和 12 月 1 日五届全国人民代表大会第四次会议上的 1981 年政府工作报告里指出，1979 年以来，国家用于改善人民生活的各种支出大大增加，尽管步子走得快了一点，但总的说是做得对的。朱学勤曾经用“社会大还俗”这一概念充分肯定 1989 年前近十年中国社会的进步幅度。萧冬连则称之为世俗化潮流。[⑦]1984 年《半月谈》上的一篇文章在介绍了胶东地区农民的致富情况后于结尾处提到：“当然，有些农民富起来以后，不会消费。即墨县的同志说，农民有了钱以后‘盖新房，娶新娘，借给亲戚还饥荒，剩下余钱存银行’。有些人认为住新房、吃细粮，穿上的确良，就很不错了。再花其他钱觉得是浪费，不符合勤俭持家的传统。看来，适当鼓励和引导农民消费还是个问题。”[⑧] 在一个长期提倡“新三年，旧三年，

---

① 冯兰瑞：《关于社会主义生产目的讨论》，《二十一世纪》网络版 2004 年第 1 期。

② 李强：《中国社会变迁 30 年（1978—2008）》，社会科学文献出版社 2008 年版，第 252、253 页。

③ 萧冬连：《历史的转轨：从拨乱反正到改革开放（1979—1981）》，香港中文大学当代中国文化研究中心 2008 年版，第 480 页。

④《邓小平年谱（1975—1997）》（下），中央文献出版社 2004 年版，第 737 页。

⑤ 韩敏：《回应革命与改革：皖北李村的社会变迁与延续》，陆益龙、徐新玉译，江苏人民出版社 2007 年版，第 230 页。

⑥《要真正弄清社会主义生产的目的》，《人民日报》1979 年 10 月 20 日；关于当时社会主义生产目的的讨论可以参见王永江：《关于社会主义生产目的的讨论》，《中国社会科学》1981 年第 3 期；冯兰瑞：《关于社会主义生产目的讨论》，《二十一世纪》网络版 2004 年第 1 期。

⑦ 萧冬连：《历史的转轨：从拨乱反正到改革开放（1979—1981）》，香港中文大学当代中国文化研究中心 2008 年版，第 440 页。

⑧ 闵凡路：《胶东访富》，《半月谈》1984 年第 22 期。

缝缝补补又三年”的国家提出要“鼓励消费”，不能不说是一个重大转变。

（二）经济结构调整

改革开放之前的消费短缺和那时的重积累、轻消费、重重工业、轻轻工业和农业的经济结构密切相关。这种经济结构本来是为了建国初期的经济形势和国防形势而决定的，在最初产生时有其合理性和必然性。但当独立的民族工业体系初步建立和国防安全没那么严峻时，这种应急性的结构不但没有向正常方向改变，甚至还愈加畸形。改革开放初期，中央领导层提出并推动了经济结构调整。1979 年 4 月的中央工作会议主要讨论了经济调整问题，会议决定从当年起用三年时间，认真搞好调整。

当时国家在财力物力上努力保证轻纺工业正常生产的需要。[①]1979 年和 1980 年压重工业促轻工业初见成效。工业总产值两年平均增长 9%。其中轻工业产值两年平均增长 13.9%，超过前 29 年年均递增 11.05% 的水平，说明调整的两年轻纺工业确有大发展。特别是耐用消费品都有大幅度增长。[②] 如电视机两年年递增 119.5%，其中彩电年增 185%，洗衣机增长 612.5 倍，电风扇增长 129 倍。而重工业产值两年平均递增 4.5%。[③]1979 年至 1983 年，通过经济调整，按国民收入使用额计算，积累率从 1978 年的 36.5% 降为 1983 年的 30%。从 1979 年 11 月开始国家调高工资，全国职工的年平均工资 1980 年底达到 762 元，比 1978 年的 614 元增加了 24%（扣除价格因素，实际增加了 15%），是新中国成立以来增加幅度最大的。[④] 在工业总产值中，轻工业所占比重从 43.1% 上升到 48.5%。轻工业的补偿式发展为消费增长的成长提供了物质基础。

1981 年 11 月 19 日，邓小平在会见罗马尼亚第一副总理时谈到，长期以来人民生活水平没有多大提高。再这样下去，就难以为继了。1979 年我们开始调整，逐步降低积累率。[⑤] 同年的政府工作报告提出今后我国经济建设的方针之一是把消费品的发展放到重要地位。1982 年 1 月 1 日，邓小平在会见阿尔及利亚政府代表团时谈到，调整经济就是要注意改善人民生活。[⑥]

到 1984 年，《庆祝建国三十五周年形势讲话之二》提到，国民经济重大比例关系开始协调了。以往相当长一段时间里，我国国民经济中农轻重的比例关系、工业内部的轻重工业比例关系严重失调，不仅阻碍了国民经济的健康发展，也妨碍了人

---

① 武力：《中华人民共和国经济史》，中国经济出版社 1999 年版，第 827 页。

② 当代中国研究所：《中华人民共和国史稿》第四卷，人民出版社、当代中国出版社 2012 年版，第 113 页。

③ 国家统计局：《中国统计年鉴（1986）》，中国统计出版社 1986 年版，第 45 页。

④ 武力：《中华人民共和国经济史》，中国经济出版社 1999 年版，第 829 页。

⑤ 《邓小平年谱（1975—1997）》（下），中央文献出版社 2004 年版，第 786 页。

⑥ 《邓小平年谱（1975—1997）》（下），中央文献出版社 2004 年版，第 795 页。

民生活的改善。党的十一届三中全会以来，全党全国同心协力贯彻国民经济调整方针，在农村普遍推行联产承包责任制，在城镇对消费品工业采取“六个优先”的原则，取得了很好的效果。近五年与1978年以前的二十六年相比，农业总产值的递增率已由原来每年的3.2%提高为7.9%，轻工业总产值的递增率已由原来每年的9.1%提高为11.2%，而重工业总产值递增率则由原来每年的13.6%下降到5.1%。这样就相应地改善了农轻重的比例关系，也改善了工业内部轻重工业的比例关系。1983年与1978年相比，电视机增长12倍，收录机增长近100倍，洗衣机增长9100多倍。[①]1984年，农轻重三者比例达到34 ：31.7 ：34.3的比较合理的水平。[②]

（三）国家与社会关系由紧张到松弛

从50年代初到改革开放，国家对私人消费制度的安排因为受到物质资源约束、传统伦理约束、意识形态约束以及苏联的示范作用，使得国家倾向于建立抑制私人消费的制度安排。上海女作家程乃珊回忆20世纪60年代初看电视的情景：“当时家庭电视尚不普及，因此有了电视也不敢声张，怕被称为是资产阶级生活方式。我家一位亲友，甚至把电视机放在壁橱里，看电视看到一半，一旦有不熟悉的人敲门，壁橱门一关就保险了。”[③]那时不敢声张绝不仅是因为尚不普及，而主要是紧张的国家与社会关系。在改革开放初期，同样是尚不普及的电视机，人们在观看时则常常是聚集了十几甚至几十位邻居。

伴随着计划经济体制的松动，国家开始逐步放松对基本消费生活资料流通的控制权，消费生活资料得以在“体制外”（市场）流通。由于基本消费生活资料的供给和流通摆脱国家的垄断，使得民众的生计问题不再像过去那样掌控在国家的手里，居民对“体制内”供给的基本消费生活资料的依赖性减弱，消费者出现了很大程度的自主性。消费者自主性体现在国家不再控制居民消费生活品的供给，消费者的私人生活成为个人自主选择的事情，人们可以按照自己的意愿，从市场上选择和购买消费品，并自主安排自己的私人生活。消费者自主性的兴起，也意味着改革开放前那种“泛国家化”趋势的终结，私人社会在一定程度上独立于国家而兴起。[④]例如服饰消费行为从同质化到个性化的转变，体现了个体消费者权利的上升。而这种个人权利的提升是改革以来各种结构性力量所促成的结果。[⑤]

如果说对私人消费生活控制的松弛为消费改进的出现打开了闸门，那么对投

---

① 《我国工业史上的光辉篇章——庆祝建国三十五周年形势讲话之二》，《半月谈》1984年12期。

② 武力：《中华人民共和国经济史》，中国经济出版社1999年版，第829页。

③ 谢轶群：《流光如梦：大众文化热潮三十年》，广西师范大学出版社2008年版，第2页。

④ 李强：《中国社会变迁30年（1978—2008）》，社会科学文献出版社2008年版，第226页。

⑤ 李强：《中国社会变迁30年（1978—2008）》，社会科学文献出版社2008年版，第230页。

资、生产、经营环节控制的松弛则为消费改进的出现增加了源头动力。这主要体现在扩大国有集体企业经营自主权从而提高了企业效益和职工收入，农村经济体制改革、允许兴办个体私营经济、鼓励社队企业的发展、允许农民进城务工经商从而增加了人们的收入、活跃了市场。改革开放初期，我国的经济形势是居民收入财产少和商品服务短缺并存。这些放活措施提高了人们的消费能力也扩大了有效消费供给。社队企业产值从 1979 年的 493 亿元增加到 1984 年的 1709 亿元。[①]

这些措施的实施过程及其取得的成效很多著作都有提及，这里仅举当时吸引农村剩余劳力和资金进城兴办商业服务业很有影响的邯郸市一例。当时的报道说，“我们怎么会想到让农民进城来办商业、服务业呢？”邯郸市委书记岳歧峰介绍说：“这是因为我们过去欠债太多，被逼上梁山！”1977 年初，岳歧峰从邯钢调回市委，等着他的是一大堆难题：邯郸城里吃饭难、喝水难、买东西难、看戏难、住旅馆更难……[②] 来邯郸办事的人往往因找不到住处而踯躅街头。饭馆更是寥寥无几，门前永远排着长队。一些顾客评价邯郸的服务业：“脸是阴的，屋是脏的，饭是冷的！”但是只此一家，别无分店，不怕你不来！顾客只好忍气吞声吃他的饭，住他的店。[③]

据统计，（到 1984 年）五年来邯郸市郊区农民向城里投资 3000 多万元：新建影剧院 12 座，拥有座位 12000 多个；新建旅馆 27 家，床位 3700 多个；开办饭店 55 家，年营业额 600 多万元。进城经营烟酒、副食、缝缀、修理的农户共 1700 多户，年营业额达 1800 多万元。农民进城办的事业项目越来越多，规模越来越大。随后，郊区和邯郸县农民又集资 860 多万元，着手在市内建综合服务大楼 2 座，影剧院 2 座，商品住宅部 20000 平方米。[④]

三

改革开放初期消费增长的出现伴随着官方与民间的良性互动。长期处于生活匮乏之中的人们渴望改善生活，而官方及时注意到这一情况，从指导思想、经济结构导向、经济政策等方面作了调整。这些顺应民心的调整很快取得了显著效果。正如胡耀邦同志所预言的那样——“生产狠狠抓，人心乐开花”。1984 年国庆节庆典，可以说是因为消费增长和其他原因官民融洽关系达到新高度的一个标志。

改革开放初期消费增长的出现可以说实现了三个突破，即实现了对“文革”十

---

① 武力：《中华人民共和国经济史》，中国经济出版社 1999 年版，第 919 页。

② 欧洋：《一个大胆的尝试——邯郸市委书记岳歧峰谈农民进城经商》，《半月谈》1984 年第 12 期。

③ 谈风：《农民的挑战——走访邯郸城服务行业》，《半月谈》1984 年第 12 期。

④ 赵德润：《邯郸农民进城开店》，《半月谈》1984 年第 7 期。

年极左状态导致的国民经济处于崩溃边缘的突破，对50年代以来传统社会主义生产高于生活、短缺经济的突破，对几千年传统社会广大人民群众生活改善极其缓慢的突破。

自20世纪90年代后期，扩大内需作为一项中央政策被提出来一直延续至今。实际上，如何扩大或刺激消费是人类进入现代社会后共同面临的经济问题，是现代社会的长期任务。我国改革开放初期消费增长也不能一劳永逸地解决这一问题。1985年之后，农民（除乡镇企业发达地区）收入增长明显放缓，各项负担却严重增加。这自然使得多数农民的消费受到严重抑制。1985年之后，城市居民的消费仍维持了十余年的旺盛阶段。不过，随着消费结构进一步升级，一些高档精致消费品因为国内自主生产能力不足而依赖进口。这些问题到现在有的比如农民消费问题已经有所缓和，有的如高档消费品进口甚至出国购买问题还日益突出。改革开放初期的消费增长不能为后来解决所有问题，但它奠定了良好的基础，指示了健康的方向。

（作者为安徽大学历史系讲师）

我国农垦改革历程及经验

廖 周

1977年年底，为扭转农垦经济因“文化大革命”而长期亏损的局面，国务院召开全国国营农场工作会议，会议回顾历史、分析形势，强调要坚定办好国营农场，提出要“高速度地把国营农场建设成社会主义现代化的农业生产基地”，会议对加强党对国营农场的领导，改善管理体制，提出具体要求，从而拉开农垦改革的序幕。回顾农垦改革开放近40年的历程，大体可以分为四个阶段。

一、探索农工商一体化改革阶段（1978—1991年）

1978年8月，华国锋一行在南斯拉夫进行国事访问期间，参观了贝尔格莱德的农工联合企业，随后他指示有关部门对贝尔格莱德的农工联合企业作专门考察。同年9月，国务院召开座谈会，讨论在人民公社和国营农场试办农工商联合企业的问题。根据考察情况，结合自身实际，会议决定选取部分人民公社和国营农场先行试点。必须要说明的是，农工商联合企业试点在人民公社后来虽然受到了一定的限制①，但是由于国营农场自创业之初就有自办工业、商业的基础和经验，农工商综合经营的改革在国营农场如鱼得水，不仅突破了长期单一经营的格局，还体现了多种优越性。一是改变了农场只生产原料的状况，既生产原料，又自行加工，自销产品；二是农场多余劳动力有了出路；三是几个单位联合起来，共同筹措资金办大事；四是联合企业可以直接销售自己的产品，减少中间环节；五是联合企业与周围社队进行经济联合，密切了场社关系。②综合经营方针，使得农垦二、三产业在农垦生产总值中的比重不断提升，到1990年，全国农垦工业总产值占工农业总产值比重为53.8%，比1978年35.42%高出18个百分点。③

为了加强对全国国营农场的领导和管理，1978年3月，国务院决定成立国家农

---

① 刘艳博士认为，农工商联合企业在人民公社的发展受到限制的主要原因有：旧有计划经济体制的限制；生长空间受家庭农村联产承包制、乡镇企业、个体私营经济挤占；国家政策倾斜“先天不足、后天乏力”等原因。详见刘艳：《农工商联合企业的回顾与思考（1978—1983）》，《中共党史研究》2015年第5期。

② 参见1979年9月，农垦部给国务院《关于农工商联合企业试点情况的报告》。农垦部政策研究室等：《农垦工作文件资料选编》，农业出版社1983年版，第973—974页。

③ 中华人民共和国农业部农垦局编：《1999中国农垦统计年鉴》，2000年7月。

垦总局，对黑龙江、新疆、广东、云南4个垦区，实行农垦总局和省、自治区双重领导，以省、自治区为主的体制。同时，各省、自治区、直辖市也健全了农垦管理机构。1979年4月，国务院决定在国家农垦总局的基础上恢复农垦部。从新疆工作实际出发，于1981年恢复了新疆垦区的兵团体制。在解放思想、改革开放指引下，农垦系统陆续对经济管理体制进行广泛而深入的改革。一是实行财务包干制度。1978年10月，国家农垦总局会同财政部颁发《国营农场财务管理试行办法》和《国营农场成本核算规程》。1979年1月，国务院批转了《财政部、国家农垦总局关于农垦企业实行财务包干的暂行规定》，确立“独立核算，自负盈亏，盈利留用，亏损不补”的一般原则。这项改革突破农垦企业统收统支的财务管理体制，规范国家与农垦企业的分配关系，调动企业发展生产、提高效益的积极性，实行财务包干当年，全国农垦就从上年亏损9000多万元转为盈利3.9亿元，并实现了长时间连续盈利。[①] 二是兴办职工家庭农场。随着农村家庭联产承包责任制的发展，农垦系统也着手研究，如何打破传统办场模式，推行多种形式的生产责任制问题。1983年8月，国务院总理在新疆视察期间提出，国营农场要办职工家庭农场，即“大农场套小农场”，农场通过经济纽带、经济合同，通过生产前、后的服务和家庭农场联系起来，形成大农场的整个体系。同年10月5日，胡耀邦在一个文件上批示：国营农场主要是经营管理问题，我意要坚决按总理在新疆提出的方针办事，不能再慢慢吞吞地拖下去。[②] 为了推动家庭农场的发展，1983年12月农牧渔业部批发《关于在国营农场兴办职工家庭农场的意见》。提出了办好职工家庭农场的10条具体意见和应采取的步骤和方法。家庭农场既发挥了大农场的机械化优势和较为完善的服务功能，又调动了职工及家庭各方面的积极性，还有效解决了“大锅饭”问题。到20世纪80年代末，全国农垦兴办职工家庭农场100多万个，部分垦区也根据实际情况，采取联产农场、机组承包、生产队承包等多种形式对生产责任制进行了改革。[③] 三是推行推进场（厂）长、经理负责制和承包经营责任制。借鉴国有企业和集体企业的改革经验，1984年全国农垦工作会议要求，“农垦企业实行场（厂）长、经理负责制”，普遍实行经济承包制、劳动合同制、工资浮动制，把个人的劳动报酬同本单位生产经济成果直接挂起钩来。规定企业内党委的主要任务是“贯彻执行党的路线、方针、政策，做好思想政治工作，搞好党的建设，并对企业进行有效的监督”。1986年，中央指示“凡是同农场签订了承包经营合同，实行定额上缴、自负盈亏的职工，不

① 农业部农垦局：《中国农垦改革发展30年》，中国农业出版社2008年版，第4页。
② 袁宝华、翟泰丰主编：《中国改革大辞典》，海南出版社1992年版，第1654页。
③ 农业部农垦局：《中国农垦改革发展30年》，中国农业出版社2008年版，第5页。

再按工资等级支付报酬，不再发奖金”[1]。到1988年，全国农垦有60%以上的企业实行了场（厂）长、经理负责制，党政领导职责不分的现象有所改善。企业有了更多的自主权和经营权，企业经营者和职工的收入与企业经营状况挂钩，初步实现所有权与经营权的分离，为下一步的现代企业制度改革创造了条件。

二、探索与市场经济相适应的改革阶段（1992—2001年）

1992年邓小平南方谈话和党的十四大社会主义市场经济体制改革目标的确立，为农垦改革进一步指明方向。1992年，全国农垦实施干部聘任制、全员劳动合同制和劳动报酬与工效挂钩的“三项制度”。1994年，农业部在总结推广了由黑龙江垦区首创的“四到户、两自理”模式[2]，使家庭农场成为农业生产中经营、投入、利益和风险的主体，从而彻底改变了“国家出钱、职工种地”的旧模式，使国有农场焕发了新的生机和活力[3]。推进垦区管理体制改革，从行政管理向集团化、公司化过渡。自1995年起，天津、上海两垦区完成集团组建工作，随后广东、江苏、重庆积极进行成建制转为企业集团的探索，到2001年，共有17个省、自治区、直辖市按照企业集团的方向进行了改革。随着各垦区退休人员不断增多，由企业承担职工养老金亟须改革，1992年，全国农垦根据国务院关于企业职工养老保险制度改革的精神，在垦区内部建立了养老保险系统统筹等新的保险制度，部分垦区还参加了当地的养老保险社会统筹，系统内统筹和参加当地统筹的比例逐年加大。到2001年8月，全国有20%的职工和离退休人员参加了当地的基本医疗保险，26%的垦区医院列为社保定点医院。[4]

虽然这一阶段的改革进一步优化了经营管理，但是长期困扰农垦企业的政企不分、产权关系不清、增长方式粗放等深层次问题日益突出。部分垦区计划经济的观念没有转变，对于承包制、场长负责制、“两费自理”等看准了的改革措施不到位[5]。再加上确立市场经济后激烈竞争的冲击，农产品价格的低迷，过重的社会职能

---

① 《中共中央、国务院批转农牧渔业部〈关于农垦经济体制改革问题的报告〉的通知》，国家体改委办公厅：《十一届三中全会以来经济体制改革重要文件汇编》（上），改革出版社1990年版，第184页。

② 1994年全国农垦工作会议提出，各农场要土地承包到户、核算到户、盈亏到户、风险到户；家庭农场生产费自理、生活费自理。

③ 孟昭春主编：《黑龙江省农垦经济发展史（1981—2005）》，黑龙江人民出版社2009年版，第145页。

④ 中华人民共和国农业部农垦局编：《农垦工作文件资料选编（1996—2003年）》（下），2005年，第655页。需要说明的是，此阶段农垦系统社保参保率与同期全国城镇职工相比一直较低，直到2003年，劳动与社会保障部等4部委联合下文，明确将农垦系统纳入到城镇职工基本养老体系后才有了突破性的进展。

⑤ 《农业部副部长刘成果同志谈农垦经济体制改革问题》，《中国农垦》1993年第12期。

负担，国际金融风暴的影响等原因，全国农垦从1997年起进入长达5年的亏损徘徊期，到2001年累计亏损达110多亿元。[①] 为扭亏增盈，各垦区一方面积极争取地方政府的扶持政策，据不完全统计，1992年至2001年，各省、自治区、直辖市以党委、政府名义下发的有关推进垦区改革的意见和专门政策达30多个。一方面按照中央提出“抓大放小”方针，对场办二、三产业企业进行了大规模的重组整合。1998年至2001年，全国有6000多家场办企业被出售、破产或兼并。与此同时，垦区非国有经济在参与国企改革中得到了较快进展，2001年底，垦区非国有经济占到了全系统经济总量的28.51%。一些垦区勇于探索，以改革的精神解决体制机制、经营方式、土地管理、社会保障等突出问题，取得了较好的效果。例如在最具代表性的广东农垦，1999年广东农垦亏损3.93亿元，通过3年的产业重组、体制改革和对外开放，到2002年底，实现盈利1300多万元。[②]

三、梯次推进垦区集团化发展的改革阶段（2002—2012年）

2002年，全国农垦结束了连续亏损的困难局面，进入全面建设农垦小康社会的发展阶段。中央对“三农”工作也不断强化，连续以一号文件的形式出台强农惠农富农政策。各垦区面对国内市场经济以及中国加入WTO国际农业市场的挑战，积极争取政策扶持，加速自身的体制机制和经营改革。一是集团垦区按照“产业化、集团化、股份化”的要求，不断深化改革，形成一批具有较强竞争力的龙头企业，成为农垦经济的核心竞争力。二是分离农垦企业承担的社会职能。有条件的垦区在场内设立社区管委会，并加快向地方移交公检法司、学校、医院等机构，减低企业负担。总的改革方向是，围绕理顺政企关系，把能够移交的社会职能移交给当地政府，不能移交的在农场实行内部分开运行和管理，少数垦区采取了“撤场建政”或在辖区内建立政府机构的做法。三是税费改革。2006年，依照国务院的政策，取消了国有农场的农业税，免除农工承担的类似农村“乡镇五项统筹”的收费，中央和地方对国有农场税费改革予以补助。四是全面推进社会保障制度建设，将农垦职工的养老、医疗等社会保障及最低生活保障、危房改造等民生工程逐渐纳入社会统筹，实现社会化管理。加大边境垦区及内陆贫困农场的扶贫开发工作力度。五是积极实施“走出去”战略，探索跨国农业资源合作开发的新路径。如广东农垦的海外天然橡胶基地、黑龙江垦区在俄罗斯的农业承包项目等。

---

① 高鸿宾:《在全国农业工作会议农垦专业会上的讲话》,《中国农垦》2008年第2期。

② 《3.9亿元亏损是如何扭转的》,《人民日报》2003年8月9日，第1版。

四、新形势下推进深化改革阶段（2013 年至今）

党的十八大以来，中央空前重视“三农”工作，持续加大对国家粮食安全的关注，习近平总书记在 2013 年中央农村工作会议上指出：“中国人的饭碗任何时候都要牢牢端在自己手上。”[①] 新常态背景下，农垦的改革面临重大挑战与发展机遇，一方面，国际大宗农产品价格低于国内，面临 WTO 贸易黄线所限的价格补贴政策已用到极致，绿色、生态的生产方式不断催高农产品成本；而另一方面，国家高度重视粮食安全及“一带一路”战略，也为农垦发展带来重大机遇。农业部农垦局抓住这一机遇，于 2014 年启动了“国际大粮商”培育计划，积极推进“联合、联盟、联营”发展战略，先后成立中国农垦种业联盟、中国农垦天然橡胶产业联盟、中国农垦乳业联盟，并积极筹建冷链物流、节水灌溉等联盟组织，这些大型行业联盟的组建，标志着农垦已进入大整合推动大发展为主题的时代。2015 年 11 月，中共中央、国务院下发《关于进一步推进农垦改革发展的意见》，要求农垦全面推进垦区集团化、农场企业化和社会管理属地化，鼓励垦区根据实际进行差别化探索。当前，深化农垦改革专项试点工作正在进行中。

经过 38 年改革开放的艰辛探索与伟大实践，农垦积累了宝贵的历史经验，认真总结这些经验，对于当前深化农垦改革工作具有重要意义。

（一）必须在改革中坚持农垦的战略定位与发展方向

改革开放以来，历届中央领导集体对农垦在改革中的地位与方向的认识是一以贯之的。一个总的方针是，紧紧围绕发挥好农垦“做示范、保供给”重要职能和“屯垦戍边”的特殊职能。1978 年，国务院要求，“要高速度地把国营农场建设成为社会主义现代化的农业生产基地”，“农业机械化，农场要先化”。[②]1991 年，中央要求农垦农业企业的示范作用应体现在“农业专业化、商品化、现代化过程中”。[③] 纵观 30 多年来农垦的改革发展，坚持好农垦的定位和发展方向，事业就能不断取得胜利，但如果在改革中放弃这一定位，将垦区等同于一般企业组织，农垦事业就难以为继。例如，有的垦区在市场经济确立初期就提出要大搞“国退民进”，导致垦区地位丧失。实事求是地说，农垦如果不搞规模化的现代农业，就不能成为国有农业经济的骨干和代表，农垦作为一个特殊组织也就没有了存在的必要。纵向来看，“发展——不适应——改革——发展”的螺旋上升路径也是农垦改革的必经之路。尽管存在诸多困难，农垦在改革的浪潮中坚持了正确的定位与职能作用发挥，没有“私

---

① 《中国人的饭碗要端在自己手上》，《人民日报》2014 年 1 月 7 日，第 1 版。

② 农垦部政策研究室等：《农垦工作文件资料选编》，中国农业出版社 1983 年版，第 839、844 页。

③ 《中共中央关于进一步加强农业和农村工作的决定》，《中华人民共和国国务院公报》1991 年 42 期。

分散伙”，也没有停步不前，在社会化大生产和生产专业化的进程中逐渐站稳了脚跟，愈发显示出国有大型农业企业的优势和作用。正因为农垦在改革中坚持了正确的定位，在新时期，继续实践邓小平同志提出的农业“二次飞跃”[①]思想才有了物质基础和组织保障。实际上，新时期以来，在全国农业的改革层面，土地流转、生产合作化、土地托管等典型经验层出不穷，我国的农业经营正在由小机械小规模生产向大机械大规模作业经营转变，这是农业适应国内国际两个市场的重大变化，而农业的产业化、规模化、组织化正是中国农垦的优势所在。值此背景下，2015 年 11 月，中央时隔 24 年后再次出台全面指导农垦改革发展的专门文件，明确指出“农垦是国有农业经济的骨干和代表，是推进中国特色新型农业现代化的重要力量”，要“努力把农垦建设成为保障国家粮食安全和重要农产品有效供给的国家队、中国特色新型农业现代化的示范区、农业对外合作的排头兵、安边固疆的稳定器”。[②]2016 年 5 月，习近平在黑龙江考察时，对农垦工作又作出重要的指示。中央纲领性的文件和习近平总书记系列重要讲话精神，不仅总结了农垦自成立以来的地位和作用，同时还赋予了新的历史内涵。现阶段，农垦改革已进入深水区，各垦区正在按照中央的要求推进深化改革专项试点工作。从改革经验得知，只有坚持农垦战略定位，服务国家战略需要，坚守“三条底线”[③]，激发改革的内生动力，抱团合力，建立现代农业的大基地、大企业、大产业，做好“中”字头的产业联盟，才能真正成为农业领域的航母。

（二）必须坚持在上下联动的机制中分类分级、循序渐进的改革

农垦系统在体量上相当于一个中等省区[④]，在全国 31 个省区市有 1700 多个国营农场、5000 多个国有及国有控股企业。分布在各地的垦区成长历史、经济实力、发展水平、社会地位、政策环境不尽相同。在管理体制上既有党政军合一、中央直管

---

① 1990 年 3 月 3 日，邓小平在与中央负责同志的谈话中指出，“中国社会主义农业的改革和发展，从长远的观点看，要有两个飞跃。第一个飞跃，是废除人民公社，实行家庭联产承包为主的责任制。这是一个很大的前进，要长期坚持不变。第二个飞跃，是适应科学种田和生产社会化的需要，发展适度规模经营，发展集体经济。这是又一个很大的前进，当然这是很长的过程。”参见《邓小平文选》第 3 卷，人民出版社 1993 年版，第 355 页。

② 《中共中央、国务院关于进一步推进农垦改革发展的意见》（2015 年 11 月 27 日），新华网，http：//news.xinhuanet.com/politics/2015-12/01/c_1117322798.htm。

③ “三条底线”，即农垦改革要始终坚持国有属性、始终坚持以农为本、始终坚持发挥农垦的规模优势。2016 年 6 月 21 日，农业部党组成员杨绍品指出，要“始终坚守深化农垦改革试点的基本方向，决不能把国有经济改没了、决不能把农业改弱了、决不能把经营规模改小了。”（参见《深化农垦改革专项试点工作启动会在银川召开》，中华人民共和国农业部农垦局网站，http：//www.nkj.moa.gov.cn/dongtai/201606/t20160622_5183153.htm。）

④ 2015 年农垦生产总值 6902.48 亿元，拥有 36.2 万平方公里土地，占地总量上仅次于云南省（39.4 万平方公里），是广东省面积的 2 倍。

的新疆兵团，也有省部双重领导的广东、黑龙江垦区，在其他由地方管理的垦区中，还分为省级管理和农场归属市县管理两种体制。即使同一垦区，农场与农场之间也有较大差别。所以，农垦集经济性、社会性、区域性为一体的特殊性和垦区之间所在地域经济社会发展水平的差异性决定了农垦的改革必须是一个分级分类、循序渐进的过程。虽然农垦改革的总目标是垦区集团化、农场企业化，但如果不顾垦区利益，急于去行政化、没有激发广大农工改革的内生动力，为了改革而改革，只能问题越改越多，这在过去部分垦区的改革中存在深刻的教训。同样，有的垦区固步自封、自我封闭，总想多保留几个公章，多管几个部门，负担越来越重，改革成本陡增，频失良机，导致与所在地方农业发展水平相比，逐渐丧失国有农业企业的优越性。有的垦区注重改革的节奏和力度，采取试点先行，梯次推进，先实行“一个机构、两个牌子”的管理模式，一方面大力推进集团化，另一方面运用行政手段推动国营农场社会职能改革和行业指导服务，最后水到渠成，取得了较好的改革成果。

在农垦改革实践中，还有一个重要的问题就是改革中的上下联动机制，农垦改革能否实现分类分级、循序渐进，很大一部分来自良性的上下联动机制，这需要垦区处理好政企关系、社企和垦地关系。由于历史原因，农垦相对封闭的经济社会系统，容易导致政策上的边缘化，国有政策、惠农政策在垦区总是不能实现全覆盖。有些是地方政府的认识问题，有些是垦区自身问题。原农业部农垦局魏克佳局长就政策环境，有过一段生动的讲话，他说：“政策不是等来的，而是争来的，是深化改革得来的。谁去争？这就要靠我们上下一起努力。”“农垦现在求人的事很多，协调的难度确实很大。要面对现实，学会攻关，学会交朋友，不耻求人，敢争善要。”[①]善于运用上下联动机制，争取改革发展政策较为典型的事例就是宁夏垦区的改革，2009年至2014年，宁夏农垦争取自治区党委政府出台了3份改革意见和1份加强土地管理的专项决定，连续4个省级文件顺利推动了集团化的梯次改革，其改革探索和所取得的成绩得到了汪洋副总理的充分肯定。由此可见，上下联动推动政策互动是农垦改革的重要法宝。实际上，中央历次的改革文件同样也吸收了大量地方垦区的成功探索，然后才上升为理论指导。所以，地方垦区在改革中，只要认准了中央的意见，就不能等，不能靠，一面按照中央政策干，另一面积极争取地方政府的配套，同时与中央主管部门上下联动，以有为谋求有位，在过去改革实践中，这样的联动机制总能取得好的成效。

---

① 中华人民共和国农业部农垦局编：《农垦工作文件资料选编（1996—2003年）》（下），2005年，第926页。

（三）必须坚持以人为本，让广大农垦建设者共享改革发展成果

改革的目的是解放生产力，发展生产力，不断改善人民群众的生活。由于受到历史、体制和政策等方面的影响，垦区在民生方面普遍存在欠账较多等问题。在改革开放前，农工有固定工资，享受垦区从“摇篮到坟墓”的各种社会福利，虽然是低水平的，但与周边农村、农民相比，无论是政治地位、经济地位还是幸福指数都比较高。随着改革开放政策的实施，特别是从计划经济体制到市场经济体制转变的过程中，农产品价格变化不大，垦区把有限的积累投入到二、三产业的发展中，受体制所限，地方上的政策又难以覆盖垦区，导致部分农工群众在改革中获得感不强。正确处理好国家、集体和职工的三方利益，增进职工群众的福祉，是改革的出发点和落脚点，只有职工群众的生活有了明显改善，改革才能有内生动力和发展活力。20 世纪 90 年代以来，在国家政策的支持和各垦区干部职工的努力下，农垦总体上有步骤地开始解决社会保障、税费负担、基础设施、社区服务、危房及棚户区改造和垦区扶贫等关系民生的重大问题，解决了改革的后顾之忧，有效保障了垦区稳定，增强了农垦职工的主人翁责任感。2015 年的中央改革意见更是对职工权益、社会保障提出了更高的要求，并明确要求财政部要“将农垦全面纳入国家强农惠农富农和改善民生政策覆盖范围”。[①] 可以预见，发展成果共享、惠及垦区更多领域的改革，必将激发最广大职工群众的主动性和积极性，推动农垦事业不断取得新进步。

（四）必须坚定边疆垦区屯垦戍边的特殊职能

边疆垦区主要包括西北新疆、东北黑龙江、北部内蒙古、华南广西、云南、海南等农场和相应的农垦管理机构。改革开放 30 多年来，边疆垦区除了担负保障国家粮食安全和重要农产品有效供给、支援地方建设、服务各族人民的任务外，还承担了维护边疆和谐稳定和边境安全的特殊职能。以新疆生产建设兵团为代表，之所以要在改革中以“准军事实体”实行党政军企合一体制，自行管理内部行政、司法事务，就是要从制度层面保障兵团发挥好安边固疆稳定器的作用。1981 年，邓小平在新疆考察工作时指出“新疆生产建设兵团，就是现在的农垦部队，是稳定新疆的核心”。[②]20 世纪 90 年代至今，江泽民、胡锦涛、习近平等党和国家领导人高度重视兵团稳疆兴疆、富民固边重要作用，数十次对兵团建设发表重要讲话和指示。[③] 多年来，兵团坚持亦兵亦民、劳武结合，一手拿枪、一手拿镐，随时应对“三股势力”

① 《中共中央、国务院关于进一步推进农垦改革发展的意见》（2015 年 11 月 27 日），新华网，http：//news.xinhuanet.com/politics/2015-12/01/c_1117322798.htm。

② 中共中央文献研究室编：《新疆生产建设兵团工作文献选编》，中央文献出版社 2014 年版，第 137 页。

③ 中共中央文献研究室编：《新疆生产建设兵团工作文献选编》，中央文献出版社 2014 年版，第 7—10 页。

的破坏活动和各种暴力恐怖突发事件。尤其在1990年阿克陶县巴仁乡“四五”事件、1997年伊宁“二五”事件、2009年乌鲁木齐“七五”事件、[①]严打暴恐专项行动中，与武警部队和各族群众携手互动，共同打击暴恐犯罪，维护了社会稳定。在华南，边境农场在边防自卫的斗争中亦有重大贡献。新时期，边疆及边境农场已成为国家维护边境安全、繁荣边疆经济、促进民族团结以及反恐、禁毒、阻止外来动物疫病和外来物种入侵的重要屏障。[②]实践证明，边疆垦区的改革发展，不仅要算经济账，还要算好政治账、为子孙算好账。实行屯垦戍边的战略性决策是中央治国安邦的英明决策，这个职能作用，只能加强，不能削弱。

（五）必须建设好农垦文化，以农垦文化、农垦精神凝聚改革发展的共同意志

文化是黏合剂，精神是凝心聚力的魂魄。农垦建设者来自五湖四海，在融合发展中，形成了以兵团精神、北大荒精神等一系列农垦精神为核心的农垦文化，农垦文化在产生和发展的过程中，启发了农垦建设者的进取意识、铸就了英雄气概、凝聚了智慧和力量，并通过文化辐射交流促进了地方的文化发展。农垦精神是农垦文化的灵魂，在各垦区的表现上既有个性，又有共性。1986年，王震同志为农垦精神进行过精辟的概括，他说，“什么是中国农垦创业者的精神呢？我以为，最主要的，一是艰苦奋斗，一是勇于开拓。”[③]创业之初，农垦建设者们在沙漠戈壁、亘古荒原、沼泽湿地、热带丘陵，披荆斩棘、开荒种地，其艰苦程度，后人难以想象。正是在这样的背景条件下，在艰苦卓绝的创业和改革发展的实践中逐渐形成并发展的农垦精神和农垦文化，承载着时代特点和行业特色，是农垦建设者综合素质的集中反映，更是农垦系统的无形资产和无价之宝。在新时期，农垦文化面临发展环境的变化、自身体制机制的变化，以及党和国家对农垦改革发展的新要求，应对这一变化，需要赋予农垦精神以新的时代内涵。改革的实质就是以大无畏之精神，挑战自我，再次创业，创业就需要艰苦奋斗，改革要勇于开拓创新。所以，以“艰苦奋斗、勇于开拓”为核心的农垦精神，是改革开放前后两个时期的历史结晶，大力弘扬推进农垦文化建设，才能不断汇聚推动农垦改革发展的强大精神力量。

（作者为宁夏社会科学院历史研究所助理研究员）

① 中共中央文献研究室编：《新疆生产建设兵团工作文献选编》，中央文献出版社2014年版，第355页。

② 农业部：《288个农垦边境农场成维护边境安全重要屏障》，中国新闻网，http：//www.chinanews.com/gn/2015/12-07/7659147.shtml。

③ 《当代中国的农垦事业》编辑委员会：《当代中国的农垦事业》，中国社会科学出版社1986年版，第2页。

改革开放以来从严治党对经济发展的保障

郑有贵

发展为了人民、发展依靠人民、发展成果由人民共享这样一个贯穿中国经济活动整个过程的政策取向，其探索形成和不断艰辛实践，是中国取得经济跨越发展奇迹的内在原因，是不同于资本控制经济运行、发展成果按资本分配的资本主义的根本所在，是中国特色社会主义政治经济学的重要组成部分。在社会主义改革发展的实践中，中国共产党不断深化认识，把计划和市场等明确为服务于这一政策取向的政策工具，而不是本末倒置——将其作为要实现的目的。中国之所以能够保障主要政策工具服务于这一政策取向，而没有在实践中发生重大偏离，最关键的是因为有坚持以人民为中心的中国共产党的坚强领导，从严治党又构建起有利于发挥好政府和市场作用的政治生态，从而避免腐败可能引发的蚁穴溃堤。

一、经济跨越发展奇迹是在从严治党下实现的

从严治党使中国共产党永葆先进性、纯洁性，构建起能够适应经济发展的政治经济体制，形成有利于经济发展的政策、法律及其实施体系，也就能够很好地把以人民为中心的思想践行到改革发展实践的各个领域和不同层面。

不从严治党，放任腐败分子侵蚀国家和人民的发展成果而扰乱经济秩序，甚至演变成侵蚀国家和人民发展成果的利益集团，通过影响政策的选择，偏离发展成果由人民共享的方向，这是苏联等社会主义国家未能在20世纪八九十年代的改革中实现经济快速发展，反而陷入困境的关键因素。

20世纪80年代，中国在有计划的商品经济理论创新下，在实践中通过放活政策的实施，逐步突破高度集中计划经济体制的束缚，其中一项重大实践突破就是实行计划价格和市场价格并存的“双轨制”。在这一渐进式改革中，由于中国当时仍处于短缺经济阶段，供不应求，也就发生市场价格明显高于计划价格的现象。在这种情况下，一些党政干部利用手中之权，批给一些组织或个人价格较低的计划内指标（当时习惯称批条子），从中寻租。很多组织或个人通过种种不正当方式获取计划内指标批条，坐享计划价格和市场价格差价之“利”。其中，“官倒”等腐败现象的发生，成为引发1989年政治风波不可忽略的重要原因。如果中国共产党当时不及时解决这些腐败问题，放任势态蔓延，不仅会使扰乱了的经济秩序更为恶化，还可

能形成官僚利益集团，人民的利益也就得不到保障，中国共产党也就必然失去人民的拥戴。由此，中国也就会滑向俄罗斯那样的资本主义化之路。

正是中国共产党果敢向腐败宣战，对党政干部寻租腐败说不，净化了经济社会发展的政治生态，成为1989—1991年国民经济治理整顿成功的保障，成为之后社会主义市场经济改革成功的保障，成为在国民经济中起主导地位的国有企业建立现代企业制度改革成功的保障，进而才有了那场政治风波平息后至今的政治稳定、社会和谐、经济快速发展的良性互促局面。

现阶段，要进一步增强对全面从严治党的定力，还需要厘清经济增速放缓是否是因为全面从严治党所致这样一个问题。在协调推进"四个全面"战略布局提出和反腐败高压态势形成之前的一段时间内，不少地方政府、公有制企业把反腐败停留在文件中、口头上，落实得少，因为担心大力度反腐败会影响经济社会发展。在调研中了解到，一些国有企业的纪检负责人在那些日子里，为反腐败烦恼，不反腐败的话，腐败问题会严重影响党的形象和扰乱经济社会秩序；反腐败的话，所在企业在经营活动中不讲所谓的"人情世故"，不理会有的参与国家资源分配实施和市场交易的人想从中获取私利的所谓潜规则，会失去不少政府支持项目和商业订单等机会，纪检负责人就可能遭受阻碍企业发展的指责，从而导致有的纪检部门形同虚设。中共十八大以来，中央重拳出击反腐败，一些人在这种强大威慑下不敢腐，同时也因为寻租机会缺失，在工作中推进发展的动力减弱，由此社会上有中国经济增速放缓是高压反腐败所致的观点，实质是间接地指责全面从严治党有些过度。这是一种错误的认识。

实际上，中国经济下行不是因为全面从严治党，而是由于国内外经济运行因素共同作用所致。就国际因素而言，是因为世界经济增速持续徘徊于低位所致。全球经济增速从2008年开始在低位徘徊，至今未见根本好转，即便是新兴经济体国家，近两年增速也有所放缓。美国、日本等为应对经济下行，实施量化宽松的货币政策，由此其他国家货币也竞相贬值，尽管如此，国际油价和大宗商品价格仍然持续低迷。其中，纽约商品交易所原油期货价格由2008年7月11日每桶147.27美元的历史最高价[①]，最低下降至30美元左右。这种世界经济增速放缓和不能走出低迷的态势，对中国经济增速产生了极为明显的下拉作用。就国内因素而言，是因为对经济的增长速度由高速向中高速换挡的主动选择。改革开放以来，中国抓住发展战略机遇期，在提升人民生活水平的同时，实施投资、出口拉动等发展政策，在1979—

① 参见《国际油价盘中首次突破每桶147美元》，新华网，http：//news.xinhuanet.com/fortune/2008-07/ 12/content_8532842.htm。

2012 年间 GDP 实现高达 9.8% 的增速，在解决了长期供给短缺问题之后，也演变生成一些传统支柱产业产能过剩的问题。在这一过程中，一些地方和企业没有未雨绸缪，在严重困难到来之前，缺乏推进转型升级的动力，一些传统支柱产业产能严重过剩、新兴产业发展不能满足需求的结构问题没有得到及时妥善解决，还导致严重的环境污染。面对如此态势，特别是随着经济发展上升到更高台阶的新阶段，习近平总书记提出新常态理论，中央要求认识新常态、适应新常态、引领新常态，主动下调经济增长速度，实施供给侧结构性改革，更加注重提升经济质量和效益，明确去产能、去库存、去杠杆、降成本、补短板的任务及其实现路径。近年来，中央在采取多种措施淘汰落后产能的基础上，从 2016 年起，明确用 5 年时间再压减 1 亿—1.5 亿吨粗钢产能[①]，用 3—5 年时间煤炭行业产能再退出 5 亿吨左右、减量重组 5 亿吨左右[②]。

有人为实现否定社会主义和中国共产党领导的目的，一方面不愿意承认中国共产党在中国跨越发展奇迹中的核心领导作用的客观事实，将奇迹的取得视为“悖论”；另一方面，利用各种时机，错乱人们的视听。如果把现今中国面临经济下行压力归于全面从严治党，与事实不符，实质上是一种陷阱，会动摇全面从严治党的信心，中断全面从严治党进程，让党自甘堕落走进泥潭。对此应当高度警醒，清醒地认识到全面从严治党不是经济高速增长放缓至中高速的原因，不能因为面临经济下行压力而对全面从严治党有丝毫动摇，更不能因此而使全面从严治党半途而废。

二、全面从严治党有利于更好发挥政府作用，形成优化资源配置和厚植发展优势的机制

中国跨越发展奇迹的取得，是由于在不同经济社会发展阶段处理好政府和市场的关系，发挥好政府和市场两方面的作用，其中发挥好政府作用实现了资源的优化配置，并厚植起国家发展优势，而不是有人所说的去政府作用的结果。无论是政府在计划经济时期直接配置资源，还是现今市场经济时期让市场在资源配置中起决定性作用，发挥好政府的作用不仅仅是为了避免市场失灵，还在于通过促进资源向事关国计民生的战略新兴产业、重大科技攻关等领域集中优化配置，解决单一经营主体难以完成，或由于外部性和成本高等原因而使单一经营主体承担后不经济的难题，由此才厚植起社会主义国家的发展优势。离开政府作用的充分发挥，中国是难

---

① 参见国务院关于钢铁行业化解过剩产能实现脱困发展的意见，《人民日报》2016 年 2 月 5 日，第 1 版。

② 参见国务院关于煤炭行业化解过剩产能实现脱困发展的意见，《人民日报》2016 年 2 月 6 日，第 2 版。

以在新中国成立起至改革开放前的较短时间内建立起独立的比较完整的工业体系和国民经济体系的，改革开放以来也难以实现持续高速发展而在世界经济体中攀升至第2位。

如果不全面从严治党，放任腐败，不利于政府作用的发挥及促进资源优化配置和厚植发展优势的实现。一是，在实施社会主义全国一盘棋、集中力量办大事的建设模式时，腐败分子把国家的种种资源收入私囊，不利于经济社会的发展。一段时间曝光频率较高的桥梁断裂、公路毁坏、堤坝溃烂、房屋坍塌事件，就是因为相关人员受贿寻租，导致项目设计不科学、形象工程、豆腐渣工程等问题，使人民艰辛创业兴业积累起来的国家财富遭受浪费和损失，甚至有的重大事故还危及人民的生命安全。由于各方不正当的“各得其所”，由此，作为项目发包方的政府工作人员或其代表对项目实施不敢严格监管，验收者对项目完成质量不严格把关，施工单位则可大胆偷工减料，因而就有了间隔时间不长的坏了修、修了坏循环的现象。一些国家工作人员和公有制企业职员用公款旅游、打高尔夫球、在高档会所消费、超标使用办公用房和用车，也是对国家财富的侵蚀，败坏党风、政风，影响党和政府的形象。二是，不利于公有制经济的进一步发展壮大。其中，较为明显的是有的国有企业在改革中存在国有资产被低价评估出售问题，在产品交易中也可能发生偏离市场价格的利益输送问题。例如，2002年，广州市白云城市建设开发有限公司在由国家出资企业向民营股份制企业转变的过程中，时任董事长、总经理、法定代表人及白云城建公司深化企业改革筹备小组领导小组组长陈柏钊利用职务上的便利，故意不向资产评估公司提供全部资料，致使价值4459万元的133套公司房产仅核定为260万元，造成4199万元国有资产的流失。[①] 种种腐败现象的发生，也一直是新自由主义主张去政府作用的理由。长此下去，发挥好政府作用来优化资源配置和厚植国家发展优势的信心也将动摇。如此，不仅不能接续厚植来之不易的发展优势，还可能使之在不经意间丧失。

中国之所以能够发挥好政府作用，根本缘于作为执政党的中国共产党能够把发展为了人民、发展依靠人民、发展成果由人民共享的政策取向贯彻落实到实践的方方面面，处理好全局与局部、长远与短期利益的关系，使全国一盘棋、集中力量办大事建设模式的实践能够获得优化资源配置和厚植发展优势的成效。同时，从严治党又使政府更好地担当起优化资源配置和厚植发展优势的重大使命，才保障了计划经济时期的举国体制和市场经济时期的新型举国体制下重大项目能够成功实施，才

① 参见《广州一国企原董事长贪6000多万 被控隐瞒133套房产》，http：//news.china.com/domestic/945/20160517/22663153.html。

有了以“两弹一星”、杂交水稻、青蒿素等重大前沿科技攻关的成功，才有了大庆油田、宝钢等大型骨干国有企业建设和改革发展的成功，才有了高铁、青藏铁路等重大基础设施建设的成功。

当代中国的实践反复表明，能否发挥好政府作用来厚植起国家发展优势，关键在党的领导，也关键在能否从严治党。在利益主体多元化和利益关系复杂化的市场经济中，要发挥好政府作用，促进资源配置的优化和发展优势的厚植，必须坚持全面从严治党，一方面要通过完善政治纪律、组织纪律、财经纪律防范腐败行为的发生，另一方面还应对不作为、乱作为者坚决说不，强化对不作为、乱作为的查处，促进敢于作为且善于作为激励机制的不断完善。

三、从严治党有利于更好发挥市场在资源配置中的决定作用，形成激活经济和提高资源配置效率的机制

尊重市场规律，让市场在资源配置中起决定性作用，进而让一切劳动、知识、技术、管理、资本的活力竞相迸发，提高资源配置效率，关键在于能否建立起以公平为前提的统一开放、竞争有序的市场体系，这也取决于能否全面从严治党。

中国共产党在推进依法治国的进程中，把发展为了人民、发展依靠人民、发展成果由人民共享的政策取向，逐步体现到所制定和实施的法律法规中。在保护产权上，制定实施了《民法通则》《物权法》《商标法》《著作权法》《城市房地产管理法》《农村土地承包法》《担保法》；在完善市场体系和规范市场秩序上，制定实施了《合同法》《反垄断法》《反不正当竞争法》《消费者权益保护法》《产品质量法》《价格法》《土地管理法》《商业银行法》《证券法》《保险法》；在促进创新上，制定实施了《科学技术进步法》《专利法》《促进科技成果转化法》等。中共十八届四中全会通过的《中共中央关于全面推进依法治国若干重大问题的决定》从产权保护、创新激励、市场建设、公平竞争等方面对市场经济法律制度的完善作出了全面部署。在构建保障市场开放统一、公平竞争运行的法律制度框架的同时，还针对有可能扰乱开放统一、公平竞争秩序的关键环节问题进行专项治理。中共十八大以来把权力关进制度的笼子里，对“老虎”、“苍蝇”一起打，形成有腐必反的高压态势。尽管腐败现象有所遏制，但仍不可忽视种种腐败对发挥市场作用的负面影响。

种种腐败现象的发生，除了不利于发挥好政府作用外，还有碍发挥好市场作用，不利于资源的优化配置和效率的提高。一是腐败扰乱市场秩序，使市场不能统一开放、公平竞争运行。一些国家工作人员在承办多种行政审批和监管、土地资源利用规划、财政资源分配、税收减免、重大建设项目实施等业务时，利用手中的权

力，搞权钱交易。例如，在证券市场上，由于处于发展过程中制度尚需不断完善，加之相关职能部门的少数人在对企业上市准入审批时寻租而不严格把关，对企业信息披露监管不到位，导致有的企业所披露信息不真实，由此导致股民遭受损失。再如，2016 年 3 月 6 日下午，全国人大代表、时任中共山西省委书记王儒林在十二届全国人大四次会议山西团开放日中列举腐败案例说：我们查处的一个副市长，胆大妄为，在北京看上了一套 1420 万元的别墅，让老板专程到北京给他付款，买下这套房子。在海南游玩时，看中了一套当地的房产，让陪同游玩的老板当场出钱买下来。还有几户企业投资兴办煤矿，原来计划两年半建成，这位副市长找他索要干股钱。企业老板拖着没给，他就百般刁难，结果 8 年都没有建成。老板看没有希望了，无奈想把在建煤矿转出去。副市长就说，你不给干股钱，你想干干不成，你想转也转不出去。老板给了上亿元钱才把煤矿转出去。腐败扭曲市场，资源配置到行贿的企业，使优质企业的发展遭受冲击，劣币驱逐良币，也就不能实现资源的优化配置。[①]二是，腐败增加交易成本，也导致整个经济社会发展成本增加，不利于国家在国际上竞争力的提高。例如，2005 年山西一省级金融机构党委书记、董事长在给企业贷款的时候，要求企业在正常付息之外，还要向他控制的公司支付 2% 的顾问费。[②]三是，腐败扰乱合理经济布局。2015 年天津港“8·12”瑞海公司危险品仓库特别重大火灾爆炸事故，造成 165 人遇难、8 人失踪、798 人受伤，304 幢建筑物、12428 辆商品汽车、7533 个集装箱受损，直接经济损失高达 68.66 亿元[③]。发生如此重大灾难的一个重要原因，就是由于腐败，致使该公司可以公然违反天津市城市总体规划和滨海新区控制性详细规划，非法建设危险货物堆场。可见，腐败是严重影响市场在资源配置中起决定作用的毒瘤，放任其漫延，激活经济、释放新的发展动力和提高资源配置效率的预期目标也就难以实现。

从更好发挥市场在资源配置中的决定作用，由此激活经济和提高资源配置效率出发，应当把维护开放统一、公平竞争的市场秩序作为全面从严治党的重要内容，在实践中坚持发展为了人民、发展依靠人民、发展成果由人民共享的政策取向，处理好党、政、企、市场的关系，完善法律法规，在政策支持、行政审批和监管、市场交易等可能扰乱开放统一、公平竞争市场秩序的关键环节加强监督，加大反腐力

① 参见《山西省委书记王儒林：一副市长受贿金额超过 9 个贫困县的财政收入》，中青在线，http：//news.cyol.com/content/2016-03/06/content_12255903.htm。

② 参见《山西省委书记王儒林：一副市长受贿金额超过 9 个贫困县的财政收入》，中青在线，http：//news.cyol.com/content/2016-03/06/content_12255903.htm。

③ 参见《天津港“8·12”瑞海公司危险品仓库特别重大火灾爆炸事故调查报告公布》，《光明日报》2016 年 2 月 6 日，第 2 版。

度，根除法不如文件、文件不如讲话、讲话不如批示、批示不如领导现场办公的现象，避免官僚利益集团的形成及其对政策、法律制定和实施的钳制。

总之，全面从严治党，有利于更好地发挥政府和市场的作用，是厚植发展优势和释放发展新动力的根本保障。鉴此，对全面从严治党应当更加有信心，在实践上更加有定力。

（作者为中国社会科学院当代中国研究所研究员）

20世纪90年代末我国从供需两侧治理经济下行对当前供给侧结构性改革的经验启示

钟　瑛

引言

中国经济增速2012年跌破8%，2015年更是跌破7%，进入类似20世纪90年代中后期以产能过剩为主要特征的经济下行期。2015年11月，中央审时度势，提出在适度扩大总需求的同时，要着力加强供给侧结构性改革。[①] 此次被中央决策层首次提到的"供给侧改革"，有学者认为供给侧改革的理论基础是西方供给学派，甚至认为实行供给侧改革是对政府宏观调控的否定，更有甚者大肆宣扬"市场化、自由化、私有化"新自由主义理论，反对政府宏观调控。20世纪80年代美国总统罗纳德·里根曾经采纳过供给学派的主要政策主张，由此一些人认为，当前中国的供给侧改革应该借鉴当年美国里根式的做法。温故历史，不难发现，其实当年美国里根式的供给侧改革远没有一些人想象的那么成功，而中国改革开放以来也不止一次上演了从供需两侧治理解决短期宏观经济周期问题的好戏。本文通过回顾分析20世纪90年代末我国从供需两侧治理经济下行，以期对当前中国推进供给侧结构性改革提供经验借鉴。

一、20世纪90年代中后期中国经济增速下滑背景及成因

1992—1996年，在改革开放和宏观调控的双重作用下，1996年中国经济成功实现"软着陆"，GDP增速从14.2%平稳下降到10%，没有出现通货紧缩，这是中国政府首次运用经济手段成功治理经济过热，具有里程碑式意义。

同期20世纪90年代，随着中国对外开放不断取得进展，对外经济关系包括出口贸易和资本流动对宏观经济的影响日益增大。1994年的外汇管理体制改革和人民币深度贬值，意味着中国全面执行出口导向战略。此后，中国出口贸易快速增长，

① 2015年12月，中央经济工作会议明确了2016年经济五大任务：去产能、去库存、去杠杆、降成本、补短板。很显然，中央提出供给侧结构性改革，是希望通过供给侧的改革和创新带动需求扩展，弥补大规模需求刺激政策的不足，从不同维度扩大社会有效需求，共同推动周期性产能过剩问题的解决，缓解经济下滑的压力。

贸易平衡也由之前的顺差逆差互现转变为每年的高额顺差（见表 1）。巨大的出口需求弥补了国内需求的不足，为经济增长提供了强有力的支撑。

表 1　1993—1999 年中国进出口贸易的发展　（单位：亿美元）

年度	1993	1994	1995	1996	1997	1998	1999
出口总额	917	1210	1488	1511	1828	1837	1949
进口总额	1040	1156	1321	1388	1424	1402	1657
净出口	–122	54	167	122	404	435	292

数据来源：国家统计局：《中国统计年鉴》（各年）。

然而，这种依靠出口需求支撑的经济繁荣，在 1997 年遭受到亚洲金融危机的冲击。1997 年 7 月亚洲金融危机爆发，在周边国家货币纷纷贬值的情况下，为了不使世界整体经济恶化，中国政府作出了人民币不贬值的重大决策。在中国深度融入国际经济体系的情况下，这自然就使中国出口产品的竞争力相对降低和出口减少，也使得来华外商直接投资大量减少（见表 2），从而加剧了中国市场疲软、开工不足的状况。

表 2　1996—1999 年来华外商直接投资情况　（单位：亿美元）

年度	合同外资金额	实际使用外资金额
1996	732.76	417.26
1997	510.03	452.57
1998	521.02	454.63
1999	412.23	403.19

数据来源：国家统计局：《中国统计年鉴》（各年）。

紧接着，中国经济增速从 1998 年初开始掉头下行，GDP 增速明显下滑，同时进入了长达两年的通货紧缩、物价指数下降的过程（见表 3）。

表 3　1997—1999 年中国宏观经济情况　（单位：%）

年度	1997	1998	1999
GDP 增长	9.3	7.8	7.6
固定资产投资增长	8.8	13.9	5.1
CPI 提高	2.8	–0.8	–1.4

数据来源：国家统计局：《中国统计年鉴》（各年）。

然而，此次中国经济下行的成因，除了因为亚洲金融危机的影响，具备输入性危机的特征外，还有自身的特殊成因：

一是产能过剩和债务风险高悬。经过1992—1996年的高速增长，中国告别短缺经济，而20世纪90年代中后期，国内大部分制造业出现产能过剩，国民经济积累了大量低效产能和过度杠杆。而长期以来，以国有银行为主的金融信用资源倾向于配置到低效、亏损的国有部门，融资结构与经济增长结构、绩效结构不匹配，资源错配严重。由于金融信用资源持续流向国有亏损企业，导致巨额社会金融债权风险高悬。虽然1993—1997年宏观政策持续收紧，但宏观经济政策从调整到结果显现有一个滞后期，几乎所有国家的紧缩和扩张政策通常都会出现滞后效应，加上由于体制性障碍，去产能和去杠杆一直进展缓慢，难以真正展开。

二是有效供给不足和无效供给过剩并存。当时中国市场存在的一个最突出的基本问题是，本国普通低档产品的大量过剩与对国外高附加值、高技术含量产品的大量进口并存，过剩与进口、走私、"洋货"抢滩并存。例如，自1996年起中国是世界第一产钢大国，但市场急需的热轧薄板、冷轧薄板、镀锌板、不锈钢板、管线钢板、冷轧硅钢片、模具钢、铁道用钢等品种却需大量进口。其根源在于渐进式价格改革中政府的推动和市场诱导的合力，从供给方面导致累积性的产品过剩，国内大量产能集中在低端产品供给领域，满足消费和出口升级的高端优质产品供给匮乏，金融资源循环于"低效产能—被动库存"环节上。很显然，当时中国的供给过剩是一种低层次的、局部的、结构性过剩，与发达国家的全局性过剩不可同日而语。

三是国内有效消费需求不足。由于要素市场化程度低，特别是城乡分割政策以及国有企业改革中配套改革的滞后，大大抑制了国内有效需求。当时的情况是，在对国有经济进行战略性改组的过程中，一方面要废弃一部分多余的生产能力，如纺织业在3年内要减少1000万锭纺锭，占原有纺锭总量的25%；另一方面还要有大量国有企业职工下岗，虽然政府采取了对下岗职工保留基本工资的办法，但他们的收入仍然有很大的下降，这些都会造成需求的大量减少。同时，在改革过程中，对住房和医疗、养老等社会保障制度由国家统包的旧制度破除得较快，而市场化的新制度建立得较慢，对未来预期的不确定性使人们的储蓄倾向提高，即期消费有所减少。加之城镇居民收入增长趋缓、收入分配结构不合理等因素，从而导致了全面的消费需求不足。

总之，这次经济下行的发生，是总供给扩张和总需求相对收缩共同导致的，这是新中国成立以来第一次集中出现总供给过剩的状况。这种由生产过剩导致的经济下行，具备有效需求不足、产能过剩、利润率下降等典型特征。当时的中国宏观经济运行，各类风险凸显：国有企业大面积亏损，盈利的企业大约只占1/3；产能过剩严重，陷入“通缩—债务”循环，显性和隐性失业率上升；银行不良资产比率过高，金融风险加大。[①]其成因是市场失灵和政府失灵并存，市场失灵体现在竞争性投资带来企业产能过剩、收入差距加大、有效需求不足；政府失灵体现在推动企业扩大投资，弱化公共服务职能，导致经济社会发展不平衡、公共产品供给不足和产能过剩加剧。

二、20 世纪 90 年代末我国从供需两侧治理经济下行的措施成效

面对经济持续下行，从 1998 年初开始，我国从供需两侧迅速采取了有力措施，并实行“向供给方面倾斜”的政策，成功进行了宏观调控和市场化改革，推动了去产能和去杠杆，有效刺激了经济增长。

从供给侧看，中国政府采取了一系列政策措施来提高供给方面的活力。主要思路是：扩大市场边界，深化国有企业、劳动、住房、医疗、教育领域的改革，通过将更多领域纳入市场机制，分担和转移累积的产能和资本过剩。其中包括：

第一，加快国有企业改革的步伐。对石油、通信、铁路、电力等大型国有企业集中的部门进行了重组，同时进行公司化改制，包括：一是实行政企职能分离和建立新的政府监管框架；二是打破行业垄断，促进企业间的竞争；三是企业经过重组在海内外证券市场上市，在股权多元化的基础上搭建起公司治理的基本框架。同时，根据中共十五大对国有经济布局进行有进有退的调整的要求，将数十万家国有中小企业改制成为产权明确、市场导向的民营企业；以壮士断腕的气魄推进国有企业三年脱困，作为突破口的纺织业砸锭 1000 万，国有纺织业系统职工大规模下岗分流，坚决去过剩产能。

第二，改善民营企业的创业环境和经营环境。这些措施包括：在国家经贸委设立中小企业司，专司帮助中小企业改善融资环境；在金融机构着力改善中小企业的金融信贷服务，在各省（自治区、直辖市）成立中小企业信贷担保公司、基金以帮助中小企业改善融资环境等。这一系列措施改善了民营企业的经营环境和刺激了民间投资的积极性，使一些地区的民营中小企业得以迅速发展起来。由于中小企业的创业积极性得以较大释放，改善了财务状况，扩大了就业，并且使市场活跃起来。

第三，实施住房制度改革，扩大住房、教育、医疗消费供给。1998 年 7 月，国务院发布《关于进一步深化城镇住房制度改革、加快住房建设的通知》，决定从 1998 年下半年开始停止住房实物分配，将福利分房制度转变为包括经济适用房和商品房在内的多层次的住房保障体系，鼓励居民购买商品房。同时，高等学校大幅度扩招；实行医药卫生改革，事实上鼓励医院竞争和创收。在这些措施推动下，教

---

① 任泽平：《当前经济形势与 1999 年的比较及启示》，《中国发展观察》2014 年第 7 期。

育、医疗和住房消费高速增长，居民文教支出、卫生总费用、商品房竣工价值增长均显著高于 GDP 增速。

从需求侧看，中国政府采取了扩张性的财政政策和货币政策，扩大公共支出，解决需求不足的问题。主要思路是：实行积极的财政政策，同时加快“入世”步伐，以政府投资和外需弥补内需不足。具体包括：

第一，实行以国债投资为主的“积极的财政政策”。1998—2001 年的 4 年间共发行长期建设国债约 5100 亿元，主要投资于基础设施，如高速公路、交通、发电和大型水利工程等，很快遏止了投资下滑势头。通过政府直接投入、国债、贴息等办法，集中力量投资农林水利、交通通信、城市基础设施、城乡电网建设与改造、中央直属储备粮库、经济适用住房 6 个方面，改变了自然环境和社会面貌，也改变了人民的生活状况。

第二，实行与财政政策配套的货币政策名为“稳健”实为适度扩张。中央银行 7 次降低存贷款利率，增加了货币供应。四大国有商业银行对国债投资项目的“配套资金”与财政拨款总额也大致相等。

第三，推进金融市场化改革，有效化解潜藏的金融风险。具体包括：一是对国有商业银行进行财务重组，1999 年将 1.4 万亿不良资产剥离给新成立的四家资产管理公司[①]。二是改善国有银行内部管理，取消贷款规模，实行资产负债比例管理和风险管理，改革和完善国有商业银行资本金补充机制以及呆账、坏账准备金提取和核销制度。三是 1998 年中国人民银行管理体制实行重大改革，撤销省级分行，跨省（自治区、直辖市）设置 9 家分行，增强了中央银行执行货币政策的权威性和实施金融监管的独立性。完善分业管理体制，先后成立了中国证监会和中国保监会。四是防范金融风险，1999 年着手整顿城市信用社、信托投资公司等金融机构，先后关闭了海南发展银行、广东国际信托投资公司等一批风险显现的金融机构。

随着时间的推移，上述供需两侧的治理政策在经济运行中的作用力度对比显示：供给侧政策的作用已经明显地超过了需求侧政策，成为中国经济快速增长的主要动力，其体现在：

一方面，民间投资已经成为社会投资的主体部分，影响力在逐渐增强。国务院发展研究中心的一份调查报告表明：1999—2001 年，各类民营经济的固定资产投资增长速度都快于国有经济的固定资产投资增长速度。[②] 与国有投资增幅放缓的趋势形

---

① 即中国华融资产管理公司、中国长城资产管理公司、中国东方资产管理公司、中国信达资产管理公司，分别接收从中国工商银行、中国农业银行、中国银行、中国建设银行剥离出来的不良资产。

② 参见卢中原：《民间投资态势分析》，马洪、王梦奎主编：《中国发展研究——国务院发展研究中心报告选》，中国发展出版社 2003 年版，第 109—121 页。

成鲜明对比的是：民间固定资产投资在1999—2001年的平均增幅，不仅高于国有经济，而且还高于全社会投资的增幅（见表4）。由于国内民间投资成长势头逐步增强，到21世纪之交，社会投资增长对政府投资的依赖程度逐步降低，民间投资自主增长能力逐步出现增强的趋势。

表4　1999—2001年全社会固定资产投资中各种经济类型投资增长　（单位：%）

年份	全社会平均	国有经济	集体经济	个体经济	其他经济	其中			
						股份制经济	外国投资	港台投资	联营经济
1999	5.1	3.8	3.5	12.1	5.3	27.3	-12.6	-8.7	35.1
2000	10.3	3.5	10.7	12.2	28.5	63.9	-8.4	6.2	-3.2
2001	13.0	6.7	9.9	15.3	28.9	39.4	7.8	22.4	-0.2

数据来源：国家统计局：《中国统计年鉴》（各年）。

另一方面，在供给侧政策的支持下，中国的出口保持了高速增长的势头。1999年中国政府开始允许民营企业自营出口贸易。2001年，中国正式加入世贸组织，实行了全面的对外开放，深度融入全球化，中国出口开始大幅增加，2001年中国出口总额由1999年的1657亿美元上升至2436亿美元，[①] 在全球贸易中的比重显著上升。由此，从2000年开始，中国经济增速下滑的趋势得到遏制，经济开始进入新一轮上升期。

总之，在20世纪90年代末，我国实行从供需两侧并"向供给方面倾斜"的政策，通过深化市场化改革，激发企业活力、鼓励住房医疗教育消费、对外开放拓展国际市场等措施，依靠市场、企业和民间的力量，在供给侧开辟新的增长点，开辟新的市场，为过剩的产能和资本寻找出路。从治理手段来看，这是中国政府第一次运用经济手段而非直接行政干预来治理经济下滑，以成功的实践丰富和发展了社会主义市场经济理论。

三、对当前中国式"供给侧改革"的经验启示

众所周知，需求学派主张"政府干预"，其代表人物是凯恩斯。供给学派[②]以萨伊定理为基础，核心思想是"供给创造其自身的需求"，但其并没有建立严密的理

① 数据来源：国家统计局：《中国统计年鉴》1999年卷、2001年卷。

② "供给学派"（supply-side economists）是20世纪70年代后期主要在美国出现的一种经济学流派。当时，西方国家战后一直采用的凯恩斯主义需求刺激政策出现了失灵，并且导致停滞与膨胀两症并发的"滞胀"（stagflation）。供给学派的经济学家认为，一个国家的经济状况好坏并非像凯恩斯主义所认为的那样，主要取决于需求侧是否充足，而是取决于供给侧是否具有活力，因而政府促进经济发展的主要措施，也不应该是运用财政和货币手段去增加需求，而是应向供给侧方面倾斜，使企业提高竞争活力和增大投资积极性。

论体系。就不足而言，需求学派主张的政策容易造成通货膨胀、低效投资、产能过剩；供给学派主张的政策过于理想化，供给未必创造需求，减税未必刺激投资和消费，经济复苏时间相对比较漫长。

1981年里根就任美国总统后，按照供给学派的经济学主张采取了解除管制、开放竞争、减低税负、扶持小企业等一系列“向供给方面倾斜”的政策，来提高供给侧的活力和发挥供给方面的潜力。回看美国当年，供给学派的政策在减少财政赤字和治理通货膨胀方面，其实短期内并没有取得立竿见影的效果，但在提高美国企业的竞争力方面却有长期成效，这也是20世纪90年代美国经济得以保持长期繁荣的微观基础。当年美国里根式的供给侧改革效果表明，在总需求不足的经济衰退期，即使政府作出了必要的改革，微观效率的改进短期内难以立竿见影，在总体过剩的环境下企业也不大可能有动力去增加产品供给。历史经验告诉我们，当前中国要实施成功的“供给侧改革”，就不能是美国里根式的仅仅只能在一般意义上改善微观经济效率。

中国式“供给侧改革”的理论基础是中国特色社会主义，源自于中国改革开放的实践摸索。虽然此前国内还没有使用“供给侧改革”的概念，但在中国改革开放的30多年里，不乏从供需两侧治理解决短期宏观经济问题的成功案例。比如改革开放之初，中国轻工业产品普遍短缺，而政府主导的国有工业体系却无力供给足够的轻工业产品。于是，政府放开准入限制，大量的乡镇企业、民营企业、外资企业乃至地方国有企业纷纷涌入轻工行业，相关产业立刻出现供需两旺的繁盛景象，这也是20世纪80年代中国经济高速增长的重要逻辑之一。

再回看20世纪90年代末我国从供需两侧治理经济下行的实践探索，中国政府从以往运用扩张性财政政策拉动增长的历史经验中，开始认识到，单纯依靠这种政府投资拉动增长的政策，虽然可以在短期内刺激经济复苏，但很难保障经济有效率的持续稳定增长。因而，为了扭转经济下行和通货紧缩的形势，中国政府除了继续采取需求刺激政策，从需求侧入手来拉动经济增长外，而且还重视运用供给侧治理政策，把更多的注意力放到供给侧，实施“向供给方面倾斜”的政策，尽可能地使供给方面的潜力得以发挥出来，由此形成供给扩张和需求增大相互促进的良性循环，使国民经济迅速走出经济下行和通货紧缩的陷阱。

立足当前国情，其经验启示是：

第一，供给侧改革至关重要的关键点是有效化解过剩产能，若离开去产能，供给侧改革就无从谈起。因为产能过剩的负面影响会向金融体系传导，如不采取有力措施化解，势必触发系统性区域性金融风险。因此，加快清理产能过剩，为实现经济结构调整卸包袱、腾空间，势在必行。同时，化解过剩产能要抓住重点，政府的作为重在敢啃硬骨头。

第二，供给侧改革本身会创造出需求，需求的增加又会拉动供给扩张。这种良性循环会使经济活动全面活跃起来，促成经济形势的稳定转变。而实行“向供给方面倾斜”的政策，关键在于如何采取一切可能的手段，调动企业和企业家的积极性，使富有活力、蓬勃成长的企业成为经济健康发展的发动机。

第三，着力推进供给侧改革，不意味着否定需求侧、忽略需求刺激政策，而是要同时适度扩大总需求。20 世纪 90 年代末我国从供需两侧治理经济下行，有几点经验十分宝贵：一是以增发长期国债、加强基础设施建设为主要内容，由中央负担，既提升了长期增长潜力，又没有增加地方政府和企业的负担；二是持续、温和地实施积极财政政策，平均每年增发 1000 亿元国债，7 年间共发行约 9000 亿元，没有进行短期大规模的强刺激，既守住了底线，也避免了对市场预期和微观主体行为的过度干扰；三是政府没有强压银行大量放贷，防止了 1992—1993 年式的信贷失控，没有出现向计划体制“复归”；四是相继采取了取消贷款规模管理、下调法定准备金率、开展公开市场操作、降息等放松银根、反通缩的有力措施，实现了从直接调控向间接调控的转变，坚持了市场化改革取向。[①] 也就是说，适度扩大总需求，意味着执行持续、温和的积极财政政策，同时要根据宏观经济情况的变化适时调整货币政策目标。

总之，中国式“供给侧改革”就是通过发挥市场决定性作用和政府调控性作用，促进企业创造有效的产品和服务。也就是说，当前中国式“供给侧改革”既需要发挥市场决定性作用，也需要发挥政府调控性作用。

结语

当前中国经济面临的形势，与 20 世纪 90 年代中后期许多情况颇为相似：都是在前期经过一轮高速增长之后，遭遇外部冲击，经济下行压力持续加大，经济结构性矛盾未曾根本缓解，产能过剩对经济的拖累愈发沉重，特别是钢铁、煤炭、水泥等高污染、高耗能、低效益行业的问题尤为突出，直接导致生产价格指数（PPI）持续下跌，企业效益急剧恶化，财政收入增幅下滑，金融风险、通缩、就业问题凸显。因此，当年对问题的认识与应对在许多方面值得借鉴。

当前的中国式“供给侧改革”核心是结构性改革，结构性改革对比需求总量刺激，显得更为集约、精准，重点是化解过剩产能、降低杠杆、发展新兴产业，夯

---

① 任泽平：《当前经济形势与 1999 年的比较及启示》，《中国发展观察》2014 年第 7 期。

实中国中长期中高速发展潜力。为此，当务之急在于：一是创建以市场化方式为主的过剩产能出清政策框架，以及产能出清过程中风险和代价的分担框架。对于体制内的领域，采取市场和行政手段相结合的方式强制出清。二是剥离现有商业银行不良资产，允许不良贷款的显性化，建立存款保险和破产退出机制，重新恢复金融体系正常的融资功能。三是紧密结合“一带一路”战略积极推动国际产能合作，全面实施反垄断政策，实现贸易和投资的便利化，形成统一、开放、法治、竞争的市场秩序，营造市场化、法制化的营商环境。四是彻底消除对民营企业的意识形态成见和歧视性政策，努力改善它们的经营环境，放手发展中小企业。五是通过深化供给侧的改革为宏观经济释放新的增长动能，下一阶段的改革重点应主要集中于新型城镇化、财税改革、土地改革、金融改革等领域，完善市场机制，纠正资源错配和扭曲，释放现行体制下被抑制的需求增长空间。

（作者为中国社会科学院当代中国研究所研究员）

新中国国有资产管理模式的演变——从全面介入到两权分离

王丹莉

国有资产，在新中国的经济发展中一直扮演着重要的角色。计划经济时期，凭借着由庞大的国有经济体系支撑的国有资产的运营，中国的基础工业得到了快速发展，并由此建立了相对完整的工业体系。改革开放后的今天，国有经济仍然是我国国民经济至关重要的组成部分。国有资产管理是解读中国政府与经济之间关系的一把钥匙。广义的“国有资产”包括经营性国有资产和非经营性国有资产以及资源性国有资产三大类[①]，本文的“国有资产”仅指企业所拥有的经营性国有资产，因为不论是在计划经济时期，还是在改革开放以后，这都是国有资产中最重要的一个构成部分。本文以政府与国有企业之间的关系为切入点探讨新中国成立以来国有资产管理所表现出的变化。概括而言，新中国的国有资产管理经历了从直接到间接、从介入到评估、从微观到宏观、从管企业到管资产再到管资本的转变。

一、国有经济体系的快速构建与计划管理的起步

新中国国有资产规模和国有经济体系的壮大并非发端于社会主义改造。1949 年前后，数量庞大的官僚资本企业的收归国有，连同解放区的公营经济及在此基础上组建起来的国营金融和国营商贸体系，以及政府通过征用、转让等方式接收的外资企业，为新中国国有经济体系的形成创造了条件。1949 年国营工业企业仅有 2858 个，1952 年已经增至 9517 个。[②]对国营企业实施计划管理的探索也从这一时期启动。1950 年 6 月，中央重工业部计划司在《国营工业经济计划工作的组织与方法》中强调“所有一切与生产及建设相关的全部经济内容”都必须包括在工业经济计划内，而“企业计划”应当包括产品计划、劳动计划、供应计划、成本计划等生产计划以及产品分配计划、基本建设计划和财务计划等内容。[③]这种计划管理方式在赶超工业化战略开始实施后被不断加强。

① 李松森、孙晓峰编著：《国有资产管理》，东北财经大学出版社 2010 年版，第 4 页。

② 中国社会科学院、中央档案馆编：《中华人民共和国经济档案资料选编·1949—1952·工商体制卷》，中国社会科学出版社 1993 年版，第 267—283 页。

③ 中国社会科学院、中央档案馆编：《中华人民共和国经济档案资料选编·1949—1952·综合卷》，中国城市经济社会出版社 1990 年版，第 802—804 页。

二、工业化目标下全面介入的“所有者”：计划经济时期的国有资产管理

1950 年统一财经后，中央政府财政收入大幅增长，使其推进大规模经济建设成为可能，而优先发展重工业的工业化目标的确立则直接影响了新中国政府对国有资产的管理方式。1953 年，中国在苏联的援助下启动了第一个五年计划，也在学习和模仿苏联的过程中建立起高度集中的计划经济体制。从 1953 年到 1978 年的二十余年间，每一年国家投资在基本建设投资资金来源中的比重都在 70% 以上①。政府的直接投资为国有资产的大规模形成奠定了坚实的基础。

政府不仅在国有资产的形成中发挥着重要的作用，还控制着国有资产的运营。从“一五”时期起，政府开始了对国营企业严格的计划管理。按照当时国务院的规定，关于国营企业的生产，总产值、主要产品产量、新种类产品试制、重要的技术经济定额、成本降低率、成本降低额、职工总数、年底工人到达数、工资总额、平均工资、劳动生产率、利润等 12 项指标都属于指令性指标，一经确定不得随意更改。1957 年仅中央直属国营企业就有 9300 余个②，社会主义改造完成后，公有制在国民经济中占据了绝对主导的地位，越来越多的国营企业接受政府的指令性计划。而除了生产环节的全程控制，国营企业的财务也受到政府的严格管理。在逐步建立计划经济体制的第一个五年计划期间，虽然时有调整，对国营企业基本上一直施行高度集中的统收统支的管理体制。国营企业日常生产经营中所需的各项资金，多由各级财政支付。而在利润分配方面，国营企业绝大部分的利润都要上缴财政，并不能自主支配。

也就是说，从计划经济体制确立开始，政府就以全面介入的姿态出现在国有资产的管理和经营当中，所有权与经营权实现了高度的统一，作为出资人的政府既是所有者又直接干预国有资产的经营。在物资集中统一管理、价格由政府控制、市场调节机制缺失的大背景下，承载着国有资产运营任务的国营企业从原料供应、要素价格、生产过程、产品分配与销售、基本建设、财务制度等方方面面都受到了政府的严格限制，几乎丧失了生产经营自主权。

过多的干预确保了资源向政府希望优先发展的部门倾斜，却抑制了国营企业的生产积极性。这一问题在第一个五年计划期间就已经显露出来，一方面，在生产经营决策和收益分配上的被动地位无法为企业提供有效的激励，难以调动企业更大

① 国家统计局固定资产投资统计司编：《中国固定资产投资统计年鉴（1950—1995）》，中国统计出版社 1997 年版，第 91 页。

② 董志凯、武力主编：《中华人民共和国经济史（1953—1957）》上卷，社会科学文献出版社 2011 年版，第 436 页。

的生产热情；另一方面，企业“收入多少，收入是否完成，和自己本身的支出不发生关系”[①]，即财政资金的无偿使用使国营企业没有足够的动力去增加收入节约支出，国营企业的这种“预算软约束”在计划经济时期始终存在。为了改变这一状况，使国有资产的运营更有效率，中央政府并不乏反思和改革，第一个五年计划完成后和20世纪60年代末，在国有资产管理方面，中央政府曾经两次尝试放权。权利的下放包括两个层面：一个是将管理权下放给地方政府，调动地方政府的积极性；另一个是通过调整利润分配、适度扩大自主权等方式调动企业的积极性。但是，每一次快速的大规模放权往往会带来一定时期内生产与管理的混乱无序以及地区之间、企业之间盲目的重复建设，使经济陷入一个“一统就死、一放就乱”的怪圈。在计划经济运行方式和强调重工业的发展战略没有发生根本性改变的前提下，国营企业的问题并没有得到彻底解决。以全面介入的所有者身份出现的新中国政府，高效而快速地构建了一个基本完整的工业体系，然而，如何在实现这一目标之后继续推动国有资产的高效运营是计划经济时期政府面临的一个难题。

三、两权分离下的出资人与经营者：现代企业制度构建过程中的国有资产管理

改革开放以后的国有资产管理大体上可以分为三个阶段：第一个阶段是1978—1984年，这一时期城市经济管理体制的改革逐步启动。为了调动企业的生产积极性，作为国有资产所有者的政府首先不再以全面介入的姿态出现，而是逐步向国有企业放权让利。第二个阶段是1984—1992年，认可并着手于探索所有权与经营权的分离、转变“政企不分”的局面是这一时期国有资产管理改革的主要特征。第三阶段是1992年以后，在社会主义市场经济体制的改革目标确立后，理论的突破成为国企改革的加速器，在构建现代企业制度的过程中探索公有制与市场经济的结合方式是这一时期国有资产管理的重点。所有这些变革的核心目标在于：第一，从“所有者”的角度而言，是改变国有企业一直以来存在的“所有者缺位”现象，一方面明确“所有者”的权利，另一方面也对政府的行为边界作出重新界定；第二，从“经营者”的角度而言，是让担负着国有资产保值增值任务的国有企业不再依附于政府，而成为市场经济条件下真正独立的并具有竞争力的经济主体。第三，在市场经济条件下寻求新的机制，以市场化而不是行政干预的方式解决所有权与经营权分离之后存在于出资人与经营者之间的委托代理关系。

① 李先念：《关于财贸工作的汇报提要》（1956年4月1日），载中国社会科学院、中央档案馆编：《中华人民共和国经济档案资料选编·1953—1957·综合卷》，中国物价出版社2000年版，第653页。

（一）从“放权让利”开始

如前文所述，在计划经济时期，为了减少高度集中的决策和管理模式对企业生产经营积极性的抑制，政府已经开始了一些扩大企业自主权、提高企业利润留成比例的尝试。改革开放初期的“放权让利”在一定程度上可以被视为这种思路的延续，但力度更大。1979年7月，国务院发布《关于扩大国营工业企业经营管理自主权的若干规定》，在确保完成国家经济计划的前提下，这一规定赋予了企业在补充计划制定、产品生产与销售、利润留成、固定资产处理、外汇分成等方面一些自主权，但政府在计划制定下达、产品定价上仍具有绝对的主导权。[①]此后的几年中，全国范围内扩大经营自主权的试点企业数量不断增加，各种形式的经济责任制开始在大量企业中推行，国营企业的利润分配制度随之改革。国营企业必须通过贷款或自筹方式获取流动资金，而不能像以往一样依赖国家财政的无偿拨款。

1984年5月，国务院发出《关于进一步扩大国营工业企业自主权的暂行规定》[②]，和此前出台的规定相比，国营企业在产品的生产与销售中获得了更大的自主权，甚至原来的国家统配物资都允许企业在一定比例内自行销售，企业还可以在一定范围内对工业生产资料进行自行定价，此外，在机构设置、人事任用、工资奖金、联合经营等方面企业都可以根据自身需要作出相关决策。同年，经国务院批准，国家计委对计划体制进行改革，工农业生产中的大量产品不再推行指令性计划。尽管在这一时期的改革中所有制形式和隶属关系并没有发生大的变化，但市场调节逐渐被引入到国营企业的生产经营过程中，国有资产的经营管理已经告别了单纯由国家计划和政府行政命令来决定的时代。

（二）所有权与经营权的分离

从20世纪80年代中期开始，我国经济体制改革的重点逐步向城市转移，增强国有企业的活力成为经济体制改革的中心环节。1984年10月《中共中央关于经济体制改革的决定》中第一次提出国有企业的所有权与经营权可以“适当分开”，这意味着全民所有并不等同于必须由政府直接经营企业。1987年中共十三大报告中明确提出全民所有制企业“不可能由全体人民经营，一般也不适宜由国家直接经营”，为了企业的生机与活力，应当“实行所有权与经营权分离，把经营权真正交给企业”。[③]这一理念的提出标志着国有资产管理的改革进入第二阶段，在肯定了“两权分离”的合法性与合理性之后，国有企业有权在保证所有权不变的前提下，灵活地

① 国家经济委员会经济体制改革局编：《中国经济管理政策法令选编（1979年1月—1983年6月）》（上），经济科学出版社1983年版，第15—18页。

② 《十二大以来重要文献选编》（上），中央文献出版社2011年版，第394—397页。

③ 《十三大以来重要文献选编》（上），中央文献出版社2011年版，第24页。

选择经营方式以实现国有资产的保值增值，那么“政企不分”是必然要解决的问题。

短短几年的时间里，中央相继出台了一系列文件，1985 年国务院批准《关于增强大中型国营工业企业活力若干问题的暂行规定》，强调“部门和城市都要实行政企职责分开、简政放权”；1986 年 9 月，中共中央、国务院发布《全民所有制工业企业厂长工作条例》提出厂长“对本企业的生产指挥和经营管理工作统一领导，全面负责”，即国有企业的领导体制为厂长负责制，而不再是“党委领导下的厂长负责制”；1986 年 12 月国务院《关于深化企业改革增强企业活力的若干规定》提出对全民所有制小型企业可“试行租赁、承包经营”，对全民所有制大中型企业“实行多种形式的经营责任制”，并严禁截留下放给企业的权利；1988 年的《全民所有制工业企业法》以法律形式确认了国家对国有企业施行所有权与经营权相分离的管理原则；1992 年 6 月，国务院发布《全民所有制工业企业转换经营机制条例》，该条例明确了国有企业不仅享有生产经营决策权、产品及劳务定价权、产品销售权等权利，还享有进出口权、留用资金支配权、投资决策权、拒绝摊派权等权利，企业在生产经营、利润分配、人事管理方面获得了前所未有的自主权。这些文件使政府与企业各自的职责日渐明晰，同时也推动着经营国有资产的国有企业成为独立自主、自负盈亏的经济主体。

（三）现代企业制度构建与两权分离后的“委托代理”关系

在所有权与经营权逐步分离的背景下，我们对国营企业的称呼也发生了改变，以“国有”替代了“国营”，称谓的变化已经可以看出国有资产管理模式的转变，代表全体人民行使“所有权”的政府退出了对企业的直接经营，“国有”更多的是对产权属性的强调。如果说前一阶段的改革侧重于调整政府与企业之间经济利益的分配关系，推动国有企业发展成为自主经营的独立经济主体，那么在 1992 年以后，改革则沿着两个方向向前推进：一个是从宏观层面探索“两权分离”后，作为所有者或者说出资人的政府如何实现对国有企业的管理和制约；另一个是从微观层面深入到国有企业内部，构建现代企业制度，完善公司治理结构，使国有企业能够适应市场经济条件下的竞争环境。

就宏观层面而言，两权分离、政企分开的一个直接后果是政府对国有企业日常生产经营活动行政性干预的不断减少，那么随之而来的问题是政府如何实现对国有企业的监督，以保证国有资产的增值和防止国有资产的流失。换言之，所有权与经营权的分离必然带来委托代理问题，如何在将国有企业推向独立的同时保障国有资产所有者的权益是这一层委托代理关系中必须解决的核心命题。1988 年 5 月，国家国有资产管理局成立，成为专门负责国有资产监督与管理的政府机构。这一机构在国有资产的管理方面作出了很多探索和改革，但仍具有一定行政管理的色彩。为了将简政放权落到实处，一些地方政府很早就开始了改组企业主管部门的尝试。如深圳、上海等地先后成立国有资产投资或经营管理公司，代表政府管理国有资产。

2002年党的十六大提出了在坚持国有资产国家所有的前提下，由中央和地方政府"分别代表国家履行出资人职责"的新设想。2003年4月，国务院国有资产监督管理委员会正式成立，政府作为国有资产所有者所应履行的职能与其所承担的社会公共管理职能被明确分离开来。随着地方各级国资委的成立，我国的国有资产管理按照新的模式进行：作为国有资产所有者的代表，国资委尽管享有对企业负责人、重大事项、国有资产进行管理的权利，但为了确保所有权与经营权的分离，国资委并不直接管理国有企业，而是授权给国有资本运营或投资公司，在国有企业公司制日益完善的条件下，国有资本运营管理公司以投资者或者说股东的身份，通过派出股东代表、董事、监事等方式参与到由其控股或参股的企业的重大决策中去。

与以往的国有资产管理方式相比，这种运作模式有两点特别值得关注：其一，借助于国有资本运营管理公司，国资委实现了国有股东的人格化，在一定程度上解决了出资人不到位的问题。其二，国有资本运营或投资公司代表出资人对于国有企业进行的管理所采取的是市场化的干预方式而不是行政手段，这是改革开放以来国有资产管理体制改革希望达到的目标之一。

就微观层面而言，在确立了社会主义市场经济体制的改革目标之后，国有企业的改革方向也更加明确，1993年召开的中共十四届三中全会提出国有企业应建立"产权明晰、权责明确、政企分开、管理科学的现代企业制度"。1994年，国务院选择了一批国有大中型企业，启动了建立现代企业制度的试点工作，试点方案中的两项内容对此后的国有资产管理以及国有企业的发展产生了深远的影响：第一，为明晰企业的产权关系，由国家授权投资机构（如国家投资公司、国家控股公司、国有资产经营公司、国有独资公司或企业集团等）作为国有资产投资主体，依法对其所持股企业进行股权管理；第二，企业不仅要在组织形式上改组为公司，还必须建立规范的内部组织管理机构，包括股东大会、董事会和监事会，构建健全规范的公司治理结构成为国有企业此后改革的一项重要目标。同一时期，政府还大力推进国有企业的股份制改革，实现股权的多元化。

从20世纪90年代起，随着乡镇企业、外资企业和私营企业的发展与崛起，国有企业在市场经济竞争中面临着日益严峻的挑战，在经历了企业转制和艰难的"脱困"之后，国有企业的运行机制发生了明显的变化。2003年国资委成立后，先后采取了公开招聘央企高管、推进国有独资企业的董事会建设和独立董事制度以及央企的兼并重组等举措继续深化国有企业的改革。现代企业制度的构建与公司治理结构的完善推动着国有资产的经营者——国有企业逐步走向市场，国有资产的运营与保值增值越来越通过市场化而非行政干预的方式实现。

四、四重转变：新中国国有资产管理的演进特征

从政府直接干预下的国有经济体系的快速构建与不断壮大，到为了实现有效激励而进行的所有者与经营者之间“权”、“利”关系的不断调整，再到所有权与经营权分离后的国有资产管理模式的创新，新中国的国有资产管理呈现出以下四个方面的变化特征：

首先，国有资产的管理方式发生了从直接到间接的转变。在计划经济体制确立初期，为了倾全力推进工业特别是重工业的发展，在资源匮乏、积累有限的条件下，政府采用了最为直接的方式以国营企业为载体对国有资产的管理和运营进行干预。在这一方式下，所有企业的原料供应、投资建设、生产销售等每一个环节都与政府发生着密切的联系，企业在生产经营中事无巨细地遵行着政府的计划与指令。政府的行政命令可以控制资源的配置，却无法确保微观经济主体的生产积极性，这导致后来国有资产运营的低效。第一个五年计划结束前后，国务院曾出台文件尝试改进工业管理体制，其中一个重要举措就是大幅度减少对企业下达的指令性指标，允许企业在日常经营中根据实际情况适度修改非指令性指标，希望以此扩大企业的自主空间。1964 年，国家经委还提出了试办工业、交通托拉斯的意见，希望“用社会主义的经济办法（而不是用行政办法）”、“按照经济原则”来管理国营企业，以杜绝工业管理的“机关化和官僚主义”。这些措施的目的都在于尽量减少政府对国营企业的直接干预，然而这一目标很难在政企不分的前提下实现。改革开放后，所有权与经营权分离，政府由最初的放权，逐步过渡到目前的授权给国有资本运营公司，让后者以经济手段影响国有企业的重大决策，这推动着政府的国有资产管理实现从直接到间接的转变。

其次，对国有资产价值的评判发生了从介入到评估的转变。赶超战略下的工业化起步时期政府对国有资产的管理是介入式的，国有资产的形成及其保值增值过程中的每一步几乎都有政府介入的印迹。1984 年以后，政府逐步退出企业的日常生产经营过程。在慢慢走向独立自主、自负盈亏的过程中，国有企业的经营模式以及组织形式都发生着重大变化，企业的出售转让、企业之间的兼并联营、企业的股权多元化以及与外商外资的合作等问题随之而来，这必然涉及国有资产产权的变动。如何在这一转变中维护国有资产所有者同时也包括经营者的合法权益、确保国有资产不会在产权的变动中有所损失是亟待解决的问题，这要求政府在产权层面探索新的管理机制。1990 年 7 月，国家国有资产管理局资产评估中心成立，负责对资产评估

机构进行资格审查并组织国有资产的评估等工作，地方各级国有资产管理局的资产评估中心也相继成立。1991 年 11 月，国务院颁布了《国有资产评估管理办法》，提出在发生资产拍卖、转让，企业的兼并、出售、联营、股份经营、清算，中外合资或中外合作项目，企业租赁等情形时必须对国有资产进行评估。而国有资产的评估需要由政府认可的具有相关资质的评估机构来进行，行政主管部门不能进行国有资产评估。政府对国有资产的管理、对国有资产价值的认定实现了从介入到评估的转变，维护国有资产权益的方式也开始发生变化。

第三，国有资产管理对象实现了从管企业到管资产再到管资本的转变。如前所述，在高度集中的计划经济体制下，政府对国有资产的管理主要体现为管企业，通过直接介入，影响企业的生产细节，即使是扩大企业自主权，也是有限度的。1957 年底《国务院关于改进工业管理体制的规定》中曾大力削减企业的指令性指标，但主要产品产量、职工总数、工资总额、利润等四项内容仍必须严格遵照国家的指令性计划。对企业的控制是高积累以及计划经济体制得以维系的重要条件。改革开放后，对国有资产的管理首先是完成了从管企业到管资产的转变。20 世纪 80 年代中后期，随着各种经营责任制的推行，政府对企业的干预逐步减少。“从管企业到管资产”这一变化的核心特点在于政府不再介入企业的日常经营，但要求企业实现国有资产的保值增值。随着所有制结构的调整和国有企业改革的深入，产权的流动与重组成为社会经济中的常态，国有资本与集体资本以及非公有资本交叉持股的混合所有制经济获得了前所未有的发展，这必然带来企业产权结构的变化。“管资本”与“管资产”相比，前者更加强调资本的流动性，更加强调以股权为纽带通过市场化的运作优化国有资本的配置，从而实现产业的整合，因此也更为契合当下混合所有制企业快速发展的经济形势。

最后，政府对国有资产管理的角度实现了从微观到宏观的转变。计划经济时期政府对国有资产的管理是通过对国营企业从组织形式到生产过程的全程控制实现的。而改革开放后，政府关注的重点逐渐由微观层面上升到宏观层面，在逐步退出国有企业的生产经营决策之后，如何优化国有资本的整体布局、推进国有经济的战略性调整是政府在国有资产管理中面临的核心命题之一。特别是新世纪以来，一方面国家高度关注国有资本产业布局的优化和整合，国资委自 2006 年起明显加大了中央企业的兼并重组力度，在减少央企数量的同时也对国有资本涵盖的领域作出调整。另一方面，政府相继出台文件鼓励非公有制经济的发展，支持民间资本进入公用事业等领域，放开一些垄断行业的竞争性业务。1978 年，全民所有制工业占全部工业总产值的比重为 77.63%，而改革开放 30 余年后，不论从企业数量还是从企业规模来看，国有企业占据绝对优势的领域已大为减少。2011 年，规模以上工业国有控股企业占规模以上工业总产值的 26.2%，其中，在煤、电、油、气、水的生产和交通运输设备制造等关系国计民生的重要领域，所占比重达到 40%—95%；在冶金、有色等原材料领域，比重达到 25%—40%；但在多数竞争性行业比重在 10% 以下。[①]2013 年《中共中央关于全面深化改革若干重大问题的决定》中提出国有资本的投资运营“要服务于国家战略目标，更多投向关系国家安全、国民经济命脉的重要行业和关键领域”，政府对国有资产的管理实现了从微观层面到宏观层面的转变。

新中国的国有资产管理由此经历了从直接到间接、从介入到评估、从管企业到管资本、从微观到宏观的转变，国有资产管理模式的变化在一个侧面也反映出了政府职能以及治理方式的转变。从新中国近 70 年的长期发展视角出发，我们可以看到国有资产和国有企业一直在新中国的工业化和赶超战略中扮演着极其特殊而关键的角色，国有资产的有效增值和国有企业的发展壮大，既是我国社会主义经济制度的必然要求，也是社会主义经济制度得以巩固强大的有力保障，更是中国在全球化竞争中得以保持战略优势地位的重要体制前提。因此，必须从国家战略高度认识国有资产管理制度的演变与创新，无论政府管理国有资产的方式发生何种变迁，其最终目标始终应该是保证国有资产的发展壮大，而不是削弱国有资产和国有企业，政府对国有资产的管理与增值始终肩负着不可替代的职责。国有资产的真正所有者是全体人民，因此，全体人民对国有资产应该享有的权益必须得到法律上的有效保障和捍卫。

（作者为中国社会科学院当代中国研究所副研究员）

---

① 国家统计局：《从十六大到十八大经济社会发展成就系列报告之八》，http：//www.stats.gov.cn/ztjc/ztfx/kxfzcjhh/201209/t20120904_72844.html。

世界经济的“新常态”与中国经济的“新常态”

——关于“新常态”的一个思想史的梳理

李　文

2008 年前后国际金融危机爆发以来，“新常态”一词迅速在国内外各大媒体“蹿红”，成了最抢眼和最前沿的热词之一。特别是习近平总书记提出中国经济进入新常态，更将全球舆论界对“新常态”的议论推向高潮。本文拟对“新常态”作一思想史的梳理，供大家学习和讨论时参考。

一、世界经济危机下的“新常态”和“新中性”、“新平庸”

许多文章都把“新常态”（New Normal）这个词的发明权判给了美国太平洋投资管理公司（PIMCO），其实这个说法并不准确。早在 1997 年亚洲金融危机时期，“新常态”一词就已经出现，后来随着东南亚国家经济逐渐恢复，“新常态”的说法逐渐消失。① 然而，随后不久美国新经济泡沫破裂，“新常态”再次被不时提及。据统计，2002 年，“新常态”一词在国际主流媒体中每个月出现 50 次。② 2004 年，美国 Face book 投资人罗杰·麦克纳米（Roger McNamee）出版了《新常态——大风险时代的无限可能》③ 一书。他认为，20 世纪 40—60 年代，人们很容易为自己设计一个安全的未来，包括选择自己的职业、配偶和住所，乃至幸运地享受公司的利益和足够聪明地购买股票；到了 70—90 年代，技术和竞争改变了一切，经济的强劲掩盖了生产和生活的不稳定，股市的繁荣使人们误以为可以掌控自己的世界。但是现在我们已经进入了一个全新的时代，恐怖事件、公司丑闻频繁发生，工作岗位大量外流，世界充满了不确定性，而且即便是经济复苏也不复以往的安全和繁荣的景象。作者把这一时代叫作 New Normal。此后，2007 年美国爆发次贷危机后，New Normal 一词在全世界范围内迅速得到广泛传播。

确实，20 世纪 80 年代，美国和欧洲发达国家陆续走出滞胀困境，通货膨胀率下降，经济恢复增长。随后迎来了以信息技术为核心的高新技术革命和以中国等新

---

① 王健、李肖：《“新常态”的前世今生》，工业和信息化部国际经济技术合作中心网，http：//www.cietc.org/article.asp？id=5886。

② 张慧莲、汪红驹：《中国经济“新常态”》，《银行家》2014 年第 6 期。

③ Roger McNamee，*The New Normal*：*Great Opportunities in a Time of Great Risk*，Portfolio Hardcover，2004.

兴经济体融入世界经济为动力的全球化浪潮的强力推动，世界经济经历了一段范围空前的快速发展时期，GDP 平均增长率从 1990 年的 3.0% 上升到 2000 年的 4.3%、2005 年的 3.6% 和 2010 年的 4.1%，其中，高收入经济体从 2.9% 上升到 4.0%、2.8% 和 3.0%，中等收入经济体从 3.3% 上升到 5.5%、7.1% 和 7.9%，中低收入经济体从 3.2% 上升到 5.4%、7.1% 和 7.9%（表现最抢眼的亚洲和太平洋经济体从 5.6% 上升到 7.5%、9.8% 和 9.9%，其中中国从 3.9% 上升到 8.4%、11.3% 和 10.6%，傲立群雄），低收入经济体从 0.5% 提高到 2.0%、6.7% 和 6.8%。[①] 但是，1997 年的亚洲金融风暴影响深远，2007 年开始的美国次贷危机遏制未果很快演变成全面的金融危机，更使发达经济体的经济增长势头出现逆转，市场笼罩在一片恐慌的气氛之中。

2009 年初，全球债券市场的主要操盘手、美国太平洋投资管理公司的两位主要掌门人比尔·格罗斯（Bill Gross）和默罕默德·埃尔·埃里安（Mohamed A. El-Erian）在一次论坛中用“新常态”（New Normal）一词来概括世界经济特别是发达国家所发生的变化，认为这场金融危机给世界经济带来的影响不仅仅是皮外伤，而是已经伤筋动骨，西方经济体很可能无法从此次经济危机重新回归此前的经济循环，经济活动将会持续处于缓慢萧条、失业率异常居高的状态。这一观点一经提出，随即引起一些同仁的持续关注。果然，继美国之后，从希腊开始，随后是爱尔兰、葡萄牙、西班牙、意大利等，欧债危机全面爆发。后来的几年，世界经济低迷，增长缓慢，失业率之高令人震惊，于是“新常态”概念逐渐被广泛接受。一些著名经济学家如卡门·莱因哈德（Carmen Reinhard）、肯·罗格夫（Ken Rogoff）、劳伦斯·萨默斯（Larry Summers）、保罗·克鲁格曼（Paul Krugman）、辜朝明（Richard Koo）、托马斯·弗里德曼（Tomas Friedman）等都结合这一概念对金融危机后的经济走势作出了更加深入的分析，美国的各大主流媒体如 CNN、彭博社、《时代》杂志、《福布斯》杂志、《纽约时报》等都探讨过“新常态”的话题。2010 年第 40 届瑞士达沃斯世界经济论坛首场专题研讨会的主题便围绕“什么是全球增长的‘新常态’”展开，随后几天的多场专题讨论会都与这一话题有关。“新常态”概念也逐步得到美国官方认可。2012 年美国总统奥巴马任命埃里安为总统全球发展顾问委员会主席；次年美国劳动统计局（BLS）发布了题为《2022 年的美国经济：通向新常态》的报告，对美国经济未来若干年的增长前景作出了预测。[②]

据统计，2011 年，“新常态”一词在国际主流媒体中每个月出现的次数已经高达 700 次。[③] 这一概念甚至也被使用到了许多非经济领域，如新加坡总统陈庆炎在

---

① 《国际统计年鉴（2010）》，http：//data.stats.gov.cn/files/lastestpub/gjnj/2010/indexch.htm。

② 张慧莲、汪红驹：《中国经济“新常态”》，《银行家》2014 年第 6 期。

③ 张慧莲、汪红驹：《中国经济“新常态”》，《银行家》2014 年第 6 期。

2011 年的总统大选中称新加坡的国会政治已进入了“新的常态”（New Normal），也就是一个既有强有力政府又有更多反对党议员的状态。①2012 年美国 NBC 推出一部带有喜剧色彩的电视连续剧，名字就叫 *The New Normal*，讲述一对男同志夫妇和代孕闺蜜一起生活，迎接和抚养小孩的故事。由于媒体中使用的“新常态”越来越偏离其本来所指，2011 年初埃里安再次对该概念的内涵作出明确的阐释。他说，“新常态”是指世界各工业国将面临增长乏力、失业率持续高企、私人部门去杠杆化和主权债务等问题，而且各经济体的增长速度不一致，财富增长动力从工业化国家加速向新兴经济体转移。他强调指出，“新常态”指的是在目前的政治经济环境下最可能发生的事情，而不是应该发生的事情。②2014 年他在另一次接受采访时就引发“新常态”的深层次原因作出阐述：“一个经济体在经历了一段时期的过度经营、过度借债、随意冒险和信贷扩展之后，需要很多年才能完全恢复——这种观点是最初的推理依据。紧接着，政策回应进一步造成发展滞后，总需求不足加剧了经济增长和就业的艰难程度，人们开始关注供应方面因素。”③

2014 年起，世界经济有了复苏企稳的迹象，美国 GDP 增长 2.4%，比上年增加 0.5 个百分点；欧元区经济恢复增长，由前两年的 -0.6%、-0.4% 提高到 0.9%。④但总体上看，发达经济体依然增长缓慢、制造业疲软、需求不旺；新兴经济体发展不均衡，增速普遍低于过去 20 年的水平，部分国家甚至陷入深度衰退。有鉴于此，太平洋投资管理公司在该年 5 月 13 日发布一份题为《新中性》（*The New Neutral*）的长期展望报告，认为新常态已逐渐过渡到了一个可以称为“新中性”的阶段，“即使现在是一个‘多速’的世界，未来几年，各国经济很可能会不约而同地向较缓慢却稳定的增长率趋同，而央行利率将不得不维持在危机之前的均衡水平以下。”报告预测，未来三至五年欧元区经济增长率将在 1% 范围内，可能超不过 1.25%；中国在 6%—6.5% 范围内；而美国经济增长的前景比其他主要经济体要乐观，但危机前的增长趋势未来三至五年不大可能会达到。据美国太平洋投资管理公司执行副总裁克拉里达（Richard Clarida）作出的解释，“‘新中性’预期说的是全球经济并不是在复苏，而是在向乏力的经济增长率趋同。”⑤就在同年，国际货币基金组织（IMF）将 2014 年世界经济增长预期值从 3.7% 下调至 3.4%，该组织总裁拉加德（Christine Lagarde）公

① 《新总统面对新的政治生态》，《联合早报》2011 年 8 月 29 日。

② 周健明：《埃尔埃利安：“新常态”全球金融环境》，《期货日报》2011 年 2 月 1 日。

③ 《解读美国经济“新常态”》，《中国日报》2014 年 8 月 27 日。

④ http：//data.stats.gov.cn/files/lastestpub/gjnj/2015/indexch.htm；http：//news.xinhuanet.com/2015-02/14/c_127494679.htm。

⑤ 张华君：《PIMCO 解析经济“新常态”：当前是“新中性”阶段》，《第一财经日报》2014 年 5 月 15 日。

开对外表示世界经济可能会经历一个长期低于其此前的平均增长水平的时代，她称之为“新平庸”（New Mediocre）时代[①]。她是在美国乔治城大学外交事务学院的一次演讲中提出这一概念的。她认为需要给全球经济一点震撼，以免“它以欠佳的增长水平得过且过”。[②]“新平庸”的特征是“两低两高”，即低增长、低通胀、高失业和高负债。那么世界经济如何避免“新平庸”成为“新现实”？这也便是2016年博鳌亚洲论坛热议的话题，有人认为“新平庸”就是“新常态”，市场回到一个更加平稳的态势，世界经济本来也无法一直维持高增长势头；也有人提出反驳，认为目前全球面临的关键问题不仅仅是增长放缓，同时还有低通胀、结构性改革等一系列问题。[③]

总之，“新常态”、“新中性”和“新平庸”三个概念都是针对危机后的世界经济形势作出的悲观预测，三者没有本质上的不同，或许只有程度上的差别。笔者认为，国际上之所以用“新中性”、“新平庸”取代了“新常态”的提法，更重要的还在于后者在中国被赋予了新的含义，并迅速成了与前两个概念区别开来的热词之一。

二、学术界热议的“中国经济新常态”

自2002年至2011年，中国的GDP增长率连续保持在9%甚至10%以上的水平。美国次贷危机爆发后，中国政府迅即推出“四万亿计划”，旨在应对国际危局，进一步扩大内需，促进经济平稳较快增长，结果中国的GDP增长率从2008年的9.6%、2009年的9.2%回升到2010年的10.6%。2011年尚有9.5%的增长速度，但从2012年开始一下子就下滑到8%以下的水平，2012年、2013年和2014年分别为7.7%、7.7%和7.3%。[④]2015年更是只有6.9%，创近25年新低。[⑤]一时间，中国经济是不是也像欧美国家那样患上了同样的病症、中国经济的潜在增长水平究竟如何，成为国内外舆论热议的话题。一些“顽固的悲观者”认为中国的增速即将大幅放慢至4%以下甚至更低，国际上唱空中国制造业甚至认为中国经济会崩溃的论调重新泛起；另一些“坚定的乐观主义者”则认为中国经过短暂调整后仍能重拾高速增长的势头，如在林毅夫看来，未来20年中国仍有潜力实现每年8%左右的经济增长[⑥]。多数经济学家认为从已经达到的经济体量和推动增长的条件发生改变来判断，中国

① Christine Lagarde，“The Challenge Facing the Global Economy：New Momentum to Overcome a New Mediocre”，http：//www.imf.org/external/np/speeches/2014/100214.htm。

②《新平庸主义在时尚界成为新常态》，美国纽约时报中文网，转引自 http：//qqenglish.com/bn/8936.htm。

③《博鳌亚洲金融论坛热议“新平庸”与“新现实”》，《第一财经日报》2016年3月25日。

④ 国家统计局网站，http：//data.stats.gov.cn/easyquery.htm？cn=C01。

⑤ 国家统计局：《中华人民共和国2015年国民经济和社会发展统计公报》，《人民日报》2016年3月1日。

⑥《林毅夫：中国经济还能快速增长20年》，财新网，http：//china.caixin.com/2012-06-19/100402280.html。

未来若干年的增长速度将会调低一个挡位[①]。中国的经济学家正是从这个意义上使用“新常态”概念的，或者说是给这个概念赋予了本土化的内涵[②]，因为每一个挡位的经济增长都会持续一个相对稳定的时期。

2012 年 3 月 12 日，《第一财经日报》评论部主任徐以升发表《中国经济“新常态”》一文，开始采用“新常态”概念讨论中国经济。文章指出：“不仅是欧美经济，中国经济在经过 30 年尤其是加入 WTO 十年后的高增长之后，在经历全球经济危机尤其是经历 2008 年危机后三年的财政货币再扩张之后，经由 2011 年的酝酿，自 2012 年开始，也将迎来一个‘新常态’。定义中国经济的‘新常态’，是探寻中国经济未来与中国资产价格未来的基础背景与前提。中国经济的‘新常态’的总含义是，中国经济将从加入 WTO 之后十年的 GDP 平均增长 10.5%、M2 年均增长率 18.2%，回到 GDP 增长 8% 左右、M2 年均增长 12% 甚至更低水平。”[③] 同年 10 月 28 日，中国金融四十人论坛季度宏观政策报告论证会第 13 期暨“双周圆桌”内部研讨会第 69 期召开，报告的主题亦即会议的主题：“适应经济增长的‘新常态’”。与会专家认为，中国经济潜在增长率已经下降，7%—8% 的增速将成为经济增长的“新常态”。其背景是中国经济正在经历一场从经济奇迹到常规发展的转型，以及国际经济环境的变化。经济“新常态”对经济决策提出的最重要的要求是放弃单纯追求 GDP 增长的政策目标，就业应该成为比 GDP 增长更重要的政策目标。增长减速和结构转型意味着较大的金融风险，特别是短期融资占比上升与收益率曲线的变化预示着债务危机的可能性，监管部门需要特别加强对风险的监督与控制。[④]

2013 年 7 月 15 日，《经济参考报》发表黄益平、苟琴、蔡昉的文章《增长趋势放缓将是中国经济新常态》，指出中国正在经历从“经济奇迹”到“常规发展”的重大转变。文章认为，目前增长率稳定在 8% 左右，但未来十年有可能进一步下降。同时，通胀压力正在上升，并可能最终稳定在 5% 左右。这些变化构成了中国经济的新常态。为了使中国成功转向更加平衡、更加高效和更加可持续的经济模式，政府需要采取进一步的政策行动。

2014 年，“新常态”成为“习式热词”，在此推动下，学术界对“中国经济新常态”展开了更加广泛深入的讨论。马光远认为：“新常态”至少应该包含五个方面

---

① 当时，对中国经济走势的判断流行的有“拐点”说、“换挡”说、“新阶段”说等，可谓众说纷纭，比较而言，“换挡”说、“新阶段”说更科学一些。

② 当然，起初中国学者也有在前述意义上使用“新常态”概念的，如林毅夫、李扬等。

③ 徐以升：《中国经济“新常态”》，《第一财经日报》2012 年 3 月 12 日。

④《中国经济“新常态”与中等收入陷阱》，中国金融中间智库，2012 年 11 月 5 日，http：//www.cf40.org.cn/plus/view.php？ aid=5988。报告由黄益平执笔，全文载于 http：//www.cf40.org.cn/plus/view.php？ aid=5982。

的内容：一是经济增速正式告别 8% 的快速增长，潜在增长率在 2020 年前后回落至 7.5% 左右；二是宏观政策告别常态的调控和刺激，如果经济增速在 7.2% 以上的合理区间，不会采取非常规的刺激措施；三是经济增长的动力悄然转换，政府投资让位于民间投资，出口让位于国内消费，创新驱动成为决定中国经济成败的胜负手；四是在推动新型工业化使命的同时，强力扶持服务业，经济结构避重就轻；五是告别货币推动型增长模式，控制包括房地产在内的资产价格泡沫和债务杠杆，这优于经济增长本身。[①] 李佐军认为，经济进入新常态后应具有以下特点：一是经济增速是适度的，与潜在经济增长率相适应，具有可持续性；二是经济结构是优化的，第三产业、高附加值产业、绿色低碳产业比重稳步提高；三是经济质量是较高的，经济动力主要来自生产率的提高；四是经济制度环境是有利的，市场在资源配置中日益发挥决定性作用。他指出，严格说来，目前中国经济并非已处于新常态，而是处于向新常态过渡的过程中，目前更准确的阶段判断是处于经济增速换挡期、结构调整阵痛期、前期刺激政策消化期三期叠加的时期，只有当度过这一时期后，经济才进入新常态时期。[②] 刘培林认为，“新常态”可能会有几方面的特点：增长速度可能会比过去 10 多年有所降低，但与全球范围其他经济体特别是发达经济体相比，仍然有望保持较高水平；推动增长的主要力量，将转向主要依靠转型升级、生产率提升和多元的创新；经济结构也将会发生新的变化，比如，服务业的比重超过第二产业，投资的比重会达到峰值并缓慢降低。[③] 刘世锦指出，当前中国经济已经出现一些具有中长期意义的积极变化，通过深化改革，今后一两年有望实现增长阶段的转换，进入一个新的稳定增长轨道或者状态。如果成功，中国经济的增长速度将在 7% 左右，或者 6% 至 7% 之间持续较长一个时期，比如 5 年或者更长时间。他认为，这样一个经济增长的新常态，应具备若干特征，包括：增长率从原来 10% 左右，逐步过渡并稳定在新的均衡点上，比如 7% 左右；经济结构呈现转折性变化，增长将更多依托消费、服务业和内需的带动；产业升级和创新驱动加快，资源环境压力舒缓，增长的可持续性增强，劳动生产率提升能有效抵减要素成本上升的影响；经济增长能够提供相对充裕的工作岗位，产业调整与人力资本结构基本适应；财政、金融、产业等方面的风险得到有效控制并逐步化解；企业总体上能够实现稳定盈利，政府财政和居民收入保持稳定增长，中等收入群体稳步扩大，等等。他还说，对这一增长新常态，还可以进一步提出“六可”的目标：企业可盈利，财政可增收，就业可充分，风险可控制，民生可改善，资源环境可持续。其中，“企业可盈利”应被视为中

① 马光远：《什么是中国经济新常态》，《中外管理》2014 年第 6 期。

② 李佐军：《如何理解新常态》，《北京日报》2014 年 8 月 18 日。

③ 参见王子约、重华：《确认“新常态”：中国容忍经济放缓》，《第一财经日报》2014 年 5 月 13 日。

国企业乃至中国经济转型成功的关键性指标。[①] 以上，笔者只是列举了几个比较早的和有代表性的观点。不难看出，“中国经济新常态”的判断提出后，学术界很快就对其表示肯定并达成共识。除了对“中国经济新常态”的内涵作出大同小异的解释以外，学者们还就“新常态”下面临的种种挑战展开了热烈的讨论，并提出了具体的对策建议。[②]

2015年以来，关于“新常态”的讨论愈加热络，发表在各种媒体上的相关文章可以说到了俯拾即是的地步，甚至有大量的学术专著问世。6月25日10时整，笔者通过百度检索“新常态”一词，找到相关结果约866万个，要把这些成果全都综述一遍很难了。

三、中国领导人和官方媒体对“中国经济新常态”的权威阐释

把握思想前沿，尊重客观规律，是中国共产党推动理论创新进而用于指导实践的一条重要经验。国内外对“新常态”的讨论引起了中国党和国家领导人的密切关注，中国理论界对国内经济形势的分析和判断很快就在决策层获得共鸣。

在党和国家领导人明确认可“新常态”的提法之前，新一届政府已经对世界金融危机后的国内外形势作出了深刻的分析，对国内经济面临的矛盾和走势作出了比较准确的判断，提出了推动经济转型、释放改革活力、打造中国经济升级版的目标。2013年3月，国务院总理李克强集中阐述了这一思路。17日，十二届全国人大一次会议闭幕后，他在人民大会堂与中外记者见面并回答记者提问时指出：“要努力去实现2020年的目标，测算一下，这需要年均增长7%左右的速度，这不容易。但是，我们有有利的条件，有巨大的内需。关键在推动经济转型，把改革的红利、内需的潜力、创新的活力叠加起来，形成新动力，并且使质量和效益、就业和收入、环境保护和资源节约有新提升，打造中国经济的升级版。”[③]25日，他在同出席中国发展高层论坛2013年会的境外代表座谈时指出：13亿人口的大国努力实现现代化，在人类历史上前所未有。我们既有难得的机遇，也面临严峻挑战。从应对国际金融危机的实践看，要保持经济持续健康发展，必须将立足点放在扩大内需上，而且要长期依靠内需，把“四化协调”发展和城镇化这个最大内需潜力逐步释放出来。同时，要有相应的供给做支撑，要通过创新驱动，提升产业层次，补足服务业等短

① 《刘世锦：中国经济转入增长新常态》，《经济参考报》2014年3月25日。

② 陈莹莹：《关于我国经济发展“新常态”的观点综述》，《经济研究参考》2014年第66期。

③ 《李克强：以民之所望为施政所向》，《新华每日电讯》2013年3月18日。

板，提高发展的质量和效益，打造中国经济升级版。[①]29日，他在上海召开部分省市经济形势座谈会时指出：要立足当前、着眼长远，用勇气和智慧推动转型发展，打造中国经济升级版，这对稳增长、增后劲具有双重作用，是现代化必由之路。没有这种积极主动的“升级”，发展也难以稳住、更难持续。他强调，中国经济升级版应是全面的：要在立足扩大开放中扩大内需；要着力提高经济增长的质量和效益；要建立在扩大就业和增加收入的着眼点上；资源环境要可支撑；要靠改革释放制度红利。[②]这是他首次对“中国经济升级版”作出的全面说明，此后他又在多个场合阐释了自己的观点，并提出了统筹推动稳增长、调结构、促改革的路线图。同年9月习近平总书记出访前夕接受联合采访，回应“中国经济增长有所放缓”的提问时指出：“如果我们继续以往的发展方式，我们会有更高的增长率。但是，在宏观经济政策选择上，我们坚定不移推进经济结构调整，推进经济转型升级，宁可主动将增长速度降下来一些，也要从根本上解决经济长远发展问题。”[③]这一表态表明高层在引导中国经济转型升级的认识上是一致的，并逐步地将减慢速度与转型升级的内在要求联系在了一起。

2013年8月5日至8日，《经济日报》连发4篇评论员文章，分析了当时的国内经济形势。其中的第四篇文章指出：我国经济正处于增长速度换挡期、结构调整阵痛期和前期刺激政策消化期，“三期”叠加是当前中国经济的阶段性特征。[④]这一判断被当年年底的中央经济工作会议所接受。就在这次会议上，习近平总书记的讲话中第一次出现了“新常态”一词。他说：“我们注重处理好经济社会发展各类问题，既防范增长速度滑出底线，又理性对待高速增长转向中高速增长的新常态；既强调改善民生工作，又实事求是调整一些过度承诺；既高度关注产能过剩、地方债务、房地产市场、影子银行、群体性事件等风险点，又采取有效措施化解区域性和系统性金融风险，防范局部性问题演变成全局性风险”。[⑤]但当时，“新常态”还不是此次中央经济工作会议的关键词，会后发表的公报中也未见这个提法。习近平讲“新常态”首次见诸媒体的是在2014年5月11日的《人民日报》，他于9日至10日在河南考察时指出：“我国发展仍处于重要战略机遇期，我们要增强信心，从当前我国经

① 《李克强：两个前所未有　打造经济升级版》，搜狐证券，http：//stock.sohu.com/20130327/n370502905.shtml。

② 《李克强谈中国经济升级版：靠改革释放制度红利》，新浪网，http：//news.sina.com.cn/c/2013-03-29/144126681015.shtml。

③ 《习近平接受土、俄、哈、乌、吉五国媒体联合采访》，《人民日报》2013年9月4日。

④ 陈学慧、林火灿：《“三期”叠加是当前中国经济的阶段性特征》，《经济日报》2013年8月8日。

⑤ 转引自夏宝龙：《学习贯彻习近平总书记关于经济工作的系列重要讲话，不断开创浙江经济社会发展新局面》，《政策瞭望》2014年第10期；张占斌：《经济新常态的提出及背景》，光明网，http：//economy.gmw.cn/2016-01/09/content_18428508.htm。

济发展的阶段性特征出发，适应新常态，保持战略上的平常心态。在战术上要高度重视和防范各种风险，早作谋划，未雨绸缪，及时采取应对措施，尽可能减少其负面影响。”[①]7月29日，习近平在中南海召开的党外人士座谈会上要求把思想和行动统一到中共中央决策部署上来，正确认识我国经济发展的阶段性特征，进一步增强信心，适应新常态，共同推动经济持续健康发展。[②]可见，在习近平那里，“新常态”从一开始就是同中国经济发展的阶段性特征联系起来讲的，并已明确地指出是从以往的高速增长转变为今后一个阶段的中高速增长，这一认识虽然与此前的“中国经济升级版”的提法在逻辑上是一致的，但显然有所深化，更进了一步，它对帮助人们正确认识经济下行风险和重拾信心、指导决策部门制定出正确的改革举措是一个及时的指导。

随后，《人民日报》2014年8月4日发表题为《新常态，新在哪？》的特别报道，规劝人们告别过去的高速度，丢掉幻想，迎接新常态。5日至7日，连发三篇评论员文章，指出：一方面，新常态下，经济增速换挡回落、从高速增长转为中高速增长。这就要求我们在宏观调控上既坚持底线思维，保持“忧患心”，又坚持战略思维，彻底摆脱“速度情结”、“换挡焦虑”，保持“平常心”。另一方面，新常态下，经济发展从过去的传统粗放转为高效率、低成本、可持续，这就要求我们在宏观调控上将转方式、调结构放在更加突出的位置。当前，增长速度换挡期、结构调整阵痛期、前期刺激政策消化期“三期”叠加，各种矛盾和问题相互交织。新常态有长期性，要求我们保持平常心。一是冷静理性，不急不躁，顺势而为，力求经济保持合理的增长速度，既不过速，也不失速。二是积极主动，开拓创新，尽力而为，创新宏观调控思路和方式，统筹稳增长促改革调结构惠民生防风险，加快经济转型升级结构优化，更好地改善民生。[③]此外，人民网、中国经济网等也纷纷发文作了类似的评论。

2014年11月9日，习近平在北京召开的亚太经合组织工商领导人峰会开幕式的演讲中，集中阐述了中国经济发展新常态的主要特点，指出：“中国经济呈现出新常态，有几个主要特点。一是从高速增长转为中高速增长。二是经济结构不断优化升级，第三产业、消费需求逐步成为主体，城乡区域差距逐步缩小，居民收入占比上

---

① 《习近平在河南考察时强调：深化改革发挥优势创新思路统筹兼顾　确保经济持续健康发展社会和谐稳定》，《人民日报》2014年5月11日。媒体普遍认为这是习近平首次提“新常态”，看来并不准确。

② 《中共中央召开党外人士座谈会习近平主持并发表重要讲话》，《人民日报》2014年7月30日。

③ 这三篇评论员文章的标题分别是《经济形势闪耀新亮点——新常态下的中国经济（上）》（8月5日）、《经济运行呈现新特征——新常态下的中国经济（中）》（8月6日）、《经济发展迈入新阶段——新常态下的中国经济（下）》（8月7日）。

升，发展成果惠及更广大民众。三是从要素驱动、投资驱动转向创新驱动。新常态将给中国带来新的发展机遇。”[①] 此后，在该年年底的中央经济工作会议上，“新常态”一举成为首屈一指的关键词。习近平在会上从消费需求、投资需求、出口和国际收支、生产能力和产业组织方式、生产要素相对优势、市场竞争特点、资源环境约束、经济风险积累和化解以及资源配置模式和宏观调控方式等多个角度分析了中国经济新常态的趋势性变化，并指出：这些趋势性变化说明，我国经济正在向形态更高级、分工更复杂、结构更合理的阶段演化，经济发展进入新常态，正从高速增长转向中高速增长，经济发展方式正从规模速度型粗放增长转向质量效率型集约增长，经济结构正从增量扩能为主转向调整存量、做优增量并存的深度调整，经济发展动力正从传统增长点转向新的增长点。认识新常态，适应新常态，引领新常态，是当前和今后一个时期我国经济发展的大逻辑。[②] 这一论断将新常态提升到国家战略层面。2015 年底的中央经济工作会议重申了这一论断，并指出“这是我们综合分析世界经济长周期和我国发展阶段性特征及其相互作用作出的重大判断”，强调“推进供给侧结构性改革，是适应和引领经济发展新常态的重大创新，是适应国际金融危机发生后综合国力竞争新形势的主动选择，是适应我国经济发展新常态的必然要求”。[③]

2016 年 1 月 18 日，习近平在省部级主要领导干部学习贯彻十八届五中全会精神专题研讨班开班式上发表重要讲话，从党和国家发展全局高度，从理论和实践、历史和现实相结合的角度，对经济发展新常态等重大问题作了阐述。他说：“从历史长过程看，我国经济发展历程中新状态、新格局、新阶段总是在不断形成，经济发展新常态是这个长过程的一个阶段。这完全符合事物发展螺旋式上升的运动规律。”这一论断也完全符合马克思主义的辩证唯物主义和历史唯物主义的立场和观点。他进一步指出，全面认识和把握新常态，需要从时间和空间大角度审视我国发展。从时间上看，我国发展经历了由盛到衰再到盛的几个大时期，今天的新常态是这种大时期更替变化的结果。改革开放以来，我们用几十年时间走完了发达国家几百年走过的发展历程，创造了世界发展的奇迹。但是，“随着经济总量不断增大，我们在发展中遇到了一系列新情况新问题。经济发展面临速度换挡节点，如同一个人，10 岁至 18 岁期间个子猛长，18 岁之后长个子的速度就慢下来了。经济发展面临结构调整节点，低端产业产能过剩要集中消化，中高端产业要加快发展，过去生产什么都赚钱、生产多少都能卖出去的情况不存在了。经济发展面临动力转换节点，低成本

① 习近平：《谋求持久发展，共筑亚太梦想——在亚太经合组织工商领导人峰会开幕式上的演讲》（2014 年 11 月 9 日），《人民日报》2014 年 11 月 10 日。

② 《中央经济工作会议在北京举行 习近平李克强作重要讲话》，《人民日报》2014 年 12 月 12 日。

③ 《中央经济工作会议在北京举行 习近平李克强作重要讲话》，《人民日报》2015 年 12 月 22 日。

资源和要素投入形成的驱动力明显减弱，经济增长需要更多驱动力创新。”从空间上看，我国出口优势和参与国际产业分工模式面临新挑战，经济发展新常态是这种变化的体现。“改革开放以来，我们大踏步发展的一个重要特点就是对国际市场的充分有效利用。建立在劳动力成本低廉优势和发达国家劳动密集型产业向外转移机会基础上的大规模出口和外向型发展，成为我国经济高速增长的重要推动力。1979年至2012年，我国货物出口保持20%左右的年均增长率，快速成长为世界贸易大国。”我国出口快速发展，也得益于西方国家黄金增长期释放出来的大量有效需求。但是，2008年国际金融危机爆发，西方国家结束黄金增长期，经济进入深度调整期，有效需求下降，再工业化、产业回流本土的进口替代效应增强，贸易保护主义抬头；我国劳动力等生产要素成本上升较快，东盟等新兴经济体和其他发展中国家凭借劳动力成本和自然资源比较优势积极参与国际分工，产业和订单向我国周边国家转移趋势明显，导致我国出口竞争加剧。“全球贸易发展进入低迷期，是当前和今后一个时期世界经济发展的一个基本态势。……这意味着我国出口增速拐点已经到来，今后再要维持出口高增长、出口占国内生产总值的高比例是不大可能了。这就要求我们必须把经济增长动力更多放在创新驱动和扩大内需特别是消费需求上。”[①]总之，中国经济进入成年期，需要减速换挡、提质增效，中国经济新常态存在内生动力和客观趋势；国际金融危机导致外需低迷，无论货物出口还是产能输出都严重受阻，倒逼着中国经济的转型升级[②]。这便是习总书记向我们揭示的“新常态”，因其有别于前述“世界经济新常态”，也有人称之为“习近平新常态”或“习近平常态”（Pinormal）。新常态既是客观要求、客观趋势，就要明确它是一种客观规律使然，遵循客观规律就要求我们适应新常态、把握新常态，而为政者还要去主动引领新常态，这是“大逻辑”，也是责任所在。

习近平“1·18”讲话，是中国领导人迄今对“中国经济新常态”作出的最为深刻、全面的阐述，是指导我国“十三五”时期经济工作的重要文献。新华社和《人民日报》随后分别在1月19日和22日发表评论员文章，对讲话的精神作了评述和宣传。新华社的文章指出：“‘惟天下之静者，乃能见微而知著。’进入新常态，越来越多的人认识逐步深入，适应更加主动，引领已经开始；但也有人认识还不到位，一知半解，还有的未能摆脱‘速度情结’、‘换挡焦虑’，行动上自觉不自觉地逆向而行。‘一了千明，一迷万惑’，从计划经济到改革开放，从加入世贸组织到成为世界第二大经济体，我国经济发展历程中新状态、新格局、新阶段总是在不断形

① 习近平：《在省部级主要领导干部学习贯彻党的十八届五中全会精神专题研讨班上的讲话》（2016年1月18日），《人民日报》2016年5月10日。

② 可以说，是世界经济新常态构成中国经济新常态的外生动力。

成，我们总是在新与旧的转换中探索前行。实践证明，变中求新、新中求进、进中突破，才能始终引领时代潮流、立于不败之地。”[①]《人民日报》的文章则强调新常态要有新作为，新作为要有新理念，“我们党提出的创新、协调、绿色、开放、共享五大发展理念，集中体现了今后五年乃至更长时期我国的发展思路、发展方向、发展着力点，深刻揭示了实现更高质量、更有效率、更加公平、更可持续发展的必由之路。以新理念把握引领新常态，坚持变中求新、新中求进、进中突破，才能破解发展难题、增强发展动力、厚植发展优势，推动我国发展不断迈上新台阶。”[②]

为了进一步帮助人们特别是各级领导干部统一思想、提高认识，澄清社会上的一些错误观念，清除对改革推进的不必要干扰，2015 年 5 月 25 日、2016 年 1 月 4 日和 5 月 9 日，《人民日报》先后三次发表权威访谈，以权威人士的名义解读了中国当前的经济形势和政府的政策主张[③]。第一篇访谈指出：增速回落是经济进入新常态的一个重要特征，但这是一个让人“不难受”的速度，既有“面子”又有“里子”。目前经济运行在意料之中，仍处合理区间。从全国各地区的走势分化来看，凡是主动适应新常态，注重调整结构、需求分析、创新驱动和质量效益的，努力走向产业中高端的，发展势头都不错；反之，压力都比较大。结构调整是新常态更本质的特征，等不得、熬不得，也等不来、熬不起。我们要扭住调结构不放松，不必太纠结于一两个百分点的起落，更不能以焦虑心态稳增长，结果事与愿违。经济下行压力较大有其必然性，我们要高度重视应对，但也不必惊慌失措。宏观政策要保持定力，稳字当头，并注重“三个结合”，即近期和长期相结合、发展和改革相结合、国内和国际相结合。第二篇访谈说：从“三期叠加”到“新常态”，再到供给侧结构性改革，是一个不断探索、深化认识的过程。2013 年，中央认为我国经济进入“三期叠加”阶段，明确了我们对经济形势应该“怎么看”。2014 年，中央提出经济发展“新常态”，对此作了系统性理论论述，既进一步深化了“怎么看”，又为“怎么干”指明了方向。2015 年，中央财经领导小组第十一次会议提出要推进“供给侧结构性改革”，既深化了“怎么看”和“怎么干”的认识，又进一步明确了主攻方向、总体思路和工作重点。2015 年 12 月召开的中央经济工作会议，对供给侧结构性改革从理论思考到具体实践，都作了全面阐述，从顶层设计、政策措施直至重点任

---

① 《引领新常态　发力供给侧——论习近平总书记在省部级学习贯彻十八届五中全会精神专题研讨班重要讲话》，《新华每日电讯》2016 年 1 月 19 日。

② 《以新理念把握引领新常态——论学习贯彻习近平同志在省部级专题研讨班上重要讲话》，《人民日报》2016 年 1 月 19 日。

③ 这三篇访谈的标题分别是《五问中国经济（权威访谈）——权威人士谈当前经济形势》《七问供给侧结构性改革（权威访谈）——权威人士谈当前经济怎么看怎么干》《开局首季问大势——权威人士谈当前中国经济》。

务，都作出了全链条部署。访谈指出：认识新常态、适应新常态、引领新常态，是当前和今后一个时期我国经济发展的大逻辑。从目前情况看，对这个大逻辑的认识有三种情况：第一种是认识逐步深入，适应更加主动，引领已经开始。这种情况在不断增加，这是好的。第二种是认识还不到位，一知半解，适应不太主动，引领基本无为，流于口号化。这种情况还比较普遍。第三种是很不适应，没有摆脱“速度情结”、“换挡焦虑”的思维定势，结果行动上自觉不自觉逆向而行。大家都要照照镜子，往第一种靠拢，认识不到位的要尽快抓提高，思想不适应的要尽快换脑筋。提高认识后，还要靠扎实的工作和顽强的毅力来完成这个历史责任。第三篇访谈明确指出根据综合判断，我国经济运行不可能是U型，更不可能是V型，而是L型的走势。这个L型是一个阶段，不是一两年能过去的。访谈还就供给侧结构性改革中的一些具体的认识和政策问题一一作了解答。

以上就是笔者对“新常态”这一概念从提出到变迁的一个回顾和总结。在信息大爆炸时代，对这样一个全球性的热词进行思想史的梳理，不借助大数据分析的手段殊为不易。简单说来，“新常态不是一个筐子，不要什么都往里面装。”[①]“新常态”概念用在世界经济领域是对国际金融危机爆发后进入萧条期的经济走势的悲观性预测，用在中国经济领域则是对中国经济高速增长结束后即将出现的新状态、新格局、新阶段的客观判断；前者是消极的，后者则是积极的。尽管国际舆论预测的世界经济前景并不乐观，但是笔者认为，从规律上看，经过一段时期的调整，危机后的世界经济迟早会呈现一个U型或者V型的走势，而中国的经济则会呈现L型走势，新常态下，“中国经济的‘列车’不仅不会掉挡失速，反而会跑得更稳健有力，带来新机遇，形成新动能。”[②]

（作者为中国社会科学院当代中国研究所研究员）

① 习近平：《在省部级主要领导干部学习贯彻党的十八届五中全会精神专题研讨班上的讲话》（2016年1月18日），《人民日报》2016年5月10日。

② 李克强：《维护和平稳定　推动结构改革　增强发展新动能——在世界经济论坛二〇一五年年会上的特别致辞》（2015年1月21日），《人民日报》2015年1月23日。

新时期中国文化体制改革的启动

——以艺术表演团体改革为突破口

殷瑞航

作为文化事业单位的一个重要组成部分，新时期艺术表演团体改革的力度大于广电、新闻出版等单位的改革，效果较为显著。由此表明，新时期文化体制改革的启动是以艺术表演团体改革为突破口。本文通过对新时期艺术表演团体旧有体制弊端、改革历程、成效和不足等问题展开研究，有利于全面系统地把握文化体制改革，同时也对现阶段文化体制改革全面推进产生了重要启示。

一、旧体制的弊端

艺术表演团体旧体制，是在革命战争时期形成的文工团基础上，以及在社会主义改造中对民营剧团实行“改人、改戏、改制”的基础上形成的，带有明显的单一公有制、高度集中统一的计划经济体制特征。建国初期，在计划经济体制的制约下，文化管理突出的特征就是“统”，政府统包统管文化事业。“文革”的十年动荡，使中国的文化事业遭到严重破坏，计划经济体制下的“一大二公”达到前所未有的程度，文艺界出现了过度政治化的倾向，扼杀了所有艺术表演团体的创造性。在江青等人的把持下，大兴“样板团”，“八亿人民八台戏”，绝大多数艺术表演团体都被迫停演或撤销，艺术表演团体数量锐减。“文革”结束后，由于缺乏新的体制支持，不得不借助传统的计划经济体制发展文化事业，艺术表演团体出现了短期膨胀。1979 年初，那些在“文革”期间被撤销的艺术表演团体相继恢复建制和名称，一些省（市）还新建了芭蕾舞团、轻音乐团等。随着重建和新建的艺术表演团体迅速膨胀，旧的计划体制的弊端日益暴露，主要集中在以下几个方面：

（一）领导管理体制僵化

建国以后，政府对文化艺术单位采取单一的“事业”体制，即文化机构由国家统一设立，工作人员由国家统一供养，工作任务由国家统一下达，经费由财政统一拨付，生产出的文化产品由国家统一分配使用。在这种单一“供养型”的计划体制下，艺术表演团体缺乏自主经营意识和经营能力，演职人员的思想认识和业务素质难以得到提升。院团开销全靠政府补贴来维持，也导致财政预算持续攀升。1980 年国家对艺术表演团体补贴上升到 2.25 亿元，相比 1964 年的 0.53 亿元增加了 4 倍多，占到了当年文化事业费总额的40%[①]。此后，如表1所示，1981年到1985年，投向艺术表演团体的文化事业费由38897万元增加到47292万元，增幅为21.53%，占文化事业费总支出平均比例高达47.22%。这一时期艺术表演团体支出占文化事业费支出比例较高，主要是受财政支出规模和“供养型”计划体制的影响；同时，艺术表演团体高比例支出也对其他项目支出形成一定的挤占。实际上，国家财政下拨给艺术表演团体的经费，大部分是用于“人头费”开支，真正用于艺术生产和发展方面的资金却是非常少的。

表1 1981—1992年文化事业费各项支出构成表 （单位：万元）

年份	艺术表演团体	艺术表演场所	公共图书馆	群众文化事业	中等专业学校	干部训练	其他
1981	38897		6145	12140	2797		9253
1982	39693	6169	252	11957	2827		11420
1983	42861	6653	9121	13631	3114	261	13641
1984	44820	7705	1184	16798	3540	335	29503
1985	47292	9519	13393	20340	4143	344	22568
1986	53238	16912	17242	27118	4640	1160	31582
1987	54334	21887	19030	28222	483	958	34350
1988	57834	27420	23021	32385	5967	872	46454
1989	61937	33601	26737	3818	6720	1000	92935
1990	67514	38254	30270	42470	7357	1132	57632
1991	76065	45634	34388	48674	8610	1228	73338
1992	87797	49738	41132	55330	10483	1217	82598

数据来源：《中国文化文物统计年鉴（2011）》，国家图书馆出版社2011年版。

表2 1981—1992年文化事业费各项支出占比 （单位：%）

年份	艺术表演团体	艺术表演场所	公共图书馆	群众文化事业	中等专业学校	干部训练	其他
1981	56.18	–	8.88	17.54	4.04	–	13.37
1982	54.89	8.53	0.35	16.53	3.91	–	15.79
1983	48.01	7.45	10.22	15.27	3.49	0.29	15.28
1984	43.14	7.42	1.14	16.17	3.41	0.32	28.40
1985	40.21	8.09	11.39	17.30	3.52	0.29	19.19
1986	35.05	11.13	11.35	17.85	3.05	0.76	20.79
1987	34.12	13.74	11.95	17.72	0.30	0.60	21.57

① 文化部财务司编：《2016年中国文化统计提要》，2016年，第49页。

续表

年份	艺术表演团体	艺术表演场所	公共图书馆	群众文化事业	中等专业学校	干部训练	其他
1988	29.82	14.14	11.87	16.70	3.08	0.45	23.95
1989	27.32	14.82	11.79	1.68	2.96	0.44	40.99
1990	27.60	15.64	12.37	17.36	3.01	0.46	23.56
1991	26.42	15.85	11.94	16.90	2.99	0.43	25.47
1992	26.74	15.15	12.53	16.85	3.19	0.37	25.16

数据来源：《中国文化文物统计年鉴（2011）》，国家图书馆出版社 2011 年版。

（二）人事制度不完善

建国初期，由于受计划经济体系的影响，艺术表演团体一直采取艺术人才终身制，艺术人才进出渠道不畅，内部人员结构比例失调，积压与老化问题越来越突出。同时，在动荡不稳的局势下，演出市场本身并不景气，特别是“文革”的爆发，演出市场几乎处于瘫痪状态。“文革”结束之后，那些积压多年的中老年演员纷纷要求出演，致使一些青年演员失去了出演机会，造成了大量艺术人才的闲置。这些青年演员要么下海经商，要么热衷于“走穴”私演，艺术人才开始逐渐流失。中央歌舞团作曲家谷建芬指出，“走穴”私演反映出艺术表演团体内部的人才长期不流动，缺乏科学的激励和淘汰机制，艺术队伍更新极为缓慢等问题。①

（三）分配制度不健全

在旧有的管理体制下，艺术表演团体分配方式上的平均主义问题突出，演职人员的个人收益与经济效益、个人贡献不相挂钩，全部演职人员一律享受终身制工资待遇。干多干少一个样，干好干坏一个样，干与不干还是一个样。这种以平均主义为特征的分配制度，严重挫伤了演职人员从事艺术生产和创作的积极性。在“文革”后恢复上演旧剧目不久，演职人员对演出持消极态度，很多剧团竟无新戏可演，北京、上海、天津等大城市的艺术表演团体曾一度无人问津。

（四）布局结构不合理

在经历了“文革”的摧残后，艺术表演团体的布局结构基本失去了平衡。一些中直院团和大中城市的专业艺术表演团体数量过多，一些市、县级艺术表演团体的数量也远远超过了实际需要，一些边远地区和少数民族地区少有甚至还没有艺术表演团体。据统计，1975 年，全国艺术表演团体共 2836 个，1980 年增加到 3533 个，其中最多的戏曲剧团有 2224 个，最少的是乐团合唱团仅有 11 个。②在剧种设置和生

① 汤华、赵忆宁：《明星“走穴”私演的背后》，《瞭望周刊》1988 年第 5 期。

② 中华人民共和国文化部编：《中国文化文物统计年鉴（2012）》，国家图书馆出版社 2012 年版，第 168 页。

产方面，从中央到地方都存在剧种重复设置问题，同时也还存在生产的剧目不能适合当地群众的口味的问题。

总之，艺术表演团体在“文革”中遭受了极端打压，在拨乱反正后又出现了盲目发展，种种弊端日益明显。“文革”结束后国民经济濒临崩溃边缘，国家财政困难重重，加之党和国家的工作转向“以经济建设为中心”，国家财政着眼于经济建设，文化单位全部靠国家财政供养显然难以为继。中国艺术表演团体旧体制已不能适应社会变革，社会主义文化艺术事业发展停滞不前，亟须从体制机制上进行改革。

二、改革历程

艺术表演团体的旧体制一直持续到了80年代的文艺体制改革时期，才开始发生变化，随着改革的逐渐推进，改革的内容也由单一到全面、由表及里、由浅入深。

1979年最初进行的艺术表演团体改革只停留在调整布局、精简机构和人员、下放三权（人权、财权、剧目生产演出权）三个方面。1982年，有些地区开始效仿安徽凤阳小岗村的家庭联产承包经营责任制改革，开展试点工作，提倡社会办团；到1983年，全国各地兴起了承包经营责任制改革的热潮，艺术表演团体也出现了多种经营方式。从1985年开始，承包责任制改革逐步深化，文化市场开始出现，普遍出现了“以文养文”、社会力量办文化、艺术生产机制改革以及其他配套的改革。1988年，艺术表演团体基本形成了“双轨制”格局。

（一）承包制改革

1980年9月，时任总理华国锋在第五届全国人民代表大会第三次会议上的讲话中指出，“我们的经济管理体制所存在的缺陷和弊端，主要表现为权力过于集中，统得太多，统得太死。”[①]这就为艺术表演团体改革提供了思想上的指导。在经济体制改革的推动下，全国各省、自治区、直辖市都开始了艺术表演团体改革的尝试，重点在于压缩编制和控制院团规模膨胀和下放三权（人权、财权、剧目生产演出权）。经过初步调整，艺术表演团体和从业人员数量均有所下降，但人员结构和分配制度这两个根本性的问题尚未触动。

承包制改革，是在对布局结构初步调整之后开展起来的，在一定程度上解决了前者未能解决的问题。早在1980年2月，全国文化局长会议就提出了艺术表演团体整顿、改革的初步方案，把国家对艺术表演团体的差额补贴改成定额补贴和政策性补贴。同年，上海杂技团魔术队率先试行“集体经营、独立核算、自负盈亏、结

---

① 《人民日报》1980年9月15日，第1版。

余分成”为内容的承包经营责任制，迈出了向旧文艺体制挑战的第一步，并初见成效。[1]1982年12月31日，朱穆之提出“农业改革的基本原则一般也适合于文化艺术事业，就是要实行责任制，联产承包”[2]。全国各地的艺术表演团体纷纷兴起了承包经营责任制改革的热潮，实行“全民所有、集体经营、独立核算、自负盈亏”的承包经营和“定额补贴、节余分成”的承包责任制，推行定额计酬的浮动工资制，坚持遵循责、权、利相结合的原则、按劳分配的原则等改革措施，初步改变了内部的人员结构和分配制度。1983年12月，文化部在给中共中央宣传部报送的《关于艺术表演团体承包经营责任制情况的报告》指出，在经营管理上实行承包责任制对大多数艺术表演团体是可行的。到1984年，承包经营责任制已经在全国大部分省市的艺术表演团体中开展起来，但主要集中在地、县级，省级和中直院团并没有全面展开。

（二）承包制改革的深化

1985年4月23日，中共中央办公厅和国务院办公厅转发了《文化部关于艺术表演团体的建设和改革的方案》（以下简称《方案》），指出艺术表演团体在布局、机构设置、领导体制和管理体制、分配制度、激励创造机制等方面急需解决的问题，以政策文件的形式将关涉艺术表演团体的各项改革纳入各级党委、政府的工作日程。遵照《方案》的精神，全国各地进一步推行了承包责任制改革，一方面对院团的布局进行了调整，解决人员精简和院团自主经营权的问题；另一方面开展了多种形式的领导管理体制改革，改善人事和分配制度，实行激励创作机制改革，提高了演职人员的积极性。然而，改革依然没有从根本上解决艺术表演团体运行机制存在的问题。这种承包经营责任制一味强调经济指标和演出场次，并且缺乏有效的约束方式，后来出现了片面追求经济利益的倾向。

（三）“双轨制”改革

1987年，文化部、财政部、国家工商行政管理局联合颁发了《关于文化事业单位开展有偿服务和经营活动的暂行办法》，正式实行“以文补文、多业助文”等改革措施。1988年9月6日，国务院转发了《文化部关于加快和深化艺术表演团体体制改革的意见》，在对前一阶段改革工作总结的基础上，提出了在组织运行机制上实行“双轨制”，少数代表国家和民族艺术水平的，或带有实验性的，或具有特殊的历史保留价值的，或少数民族地区的艺术表演团体，由政府主办；大多数艺术表演团体，采取多种所有制形式，由社会主办。此外，对艺术表演人员实行聘任合同制或演出合同制，实行以合同收入为主的劳动报酬制度；对不适合继续存在的艺术表

① 孙滨、寿山根：《论艺术表演团体体制改革》，宁夏人民出版社1999年版，第127页。

② 《光明日报》1983年1月1日，第1版。

演团体宣告解体；同时提出进一步推进人事制度、分配制度、内部机制改革和建立完善文化市场体系等举措。"双轨制"改革是在所有权不变的情况下放开经营权，实现所有制形式和经营方式上的"双轨制"，符合了当时条件下艺术生产和艺术发展的规律，是改革深化的关键。

在经过以上几个阶段的改革，中国的艺术表演团体开始稳定在"事业性质企业化经营"这一"双轨制"模式上，艺术表演团体普遍放开的经营权导致了文化市场的长足发展，中国的文化体制改革开始站到了一个新的历史起点上。

三、艺术表演团体改革的实践及成效

以上几个阶段的改革在中国艺术表演团体改革历史上具有重要的意义，总的来说有以下几个方面的经验值得总结。

（一）探索了经营管理体制创新，增强了艺术表演团体活力

在领导管理体制方面。1986年下半年开始，北京、上海等城市率先实行了导演中心制、名角负责制、艺术总监制和有偿合同制，为全国艺术表演团体改革向着纵深方向发展作出了有益的探索。最为典型的就是上海交响乐团的音乐总监制、上海歌舞剧院仲林舞剧团的导演中心制、上海越剧院红楼剧团的有偿合同制和上海滑稽剧团顺开喜剧社的名角经理制。

在人事制度方面。一些国有艺术表演团体实行了聘任合同制，建立艺术表演团体和演职人员双向选择机制，形成合理的人才结构和人员流动体系。1988年，上海艺术表演团体开始推行专业人员评定职称和聘任制相结合的改革，1989年又推行了全员聘任制的改革。上海京剧院在普遍进行职称评定的基础上，有步骤地实行聘任制，完成了全院3个演出团、6个业务部门359名专业人员及54名行政、工勤人员的聘任，聘任期均为两年，未聘的一百余人也通过多种渠道得到安置落实。这一改革有力推动了京剧院的多项工作，使得全院出现了新气象。[①]

在收入分配制度方面。有些艺术表演团体实行承包经营责任制下的个人浮动工资制，将演职人员的收入与个人劳动多少、贡献大小挂钩，逐步取消各种补贴，实行全浮动。这种做法很有实效，坚持按劳分配、多劳多得的原则，逐渐打破了平均主义分配方式。改革后的艺术表演团体拥有了更多的自主权，部分地增强了其自身的活力。

（二）文化市场地位得到承认，文化市场管理体系逐步建立

文化市场合法性地位得以确立，是这一阶段文化体制改革最大的特征。改革开

① 寿山根：《上海艺术表演团体体制改革之探索》，《上海大学学报》（社会科学版）1988年第6期。

放以前，计划经济体制下的艺术生产是不需要市场化运作的。1979 年广州东方宾馆开设的首家音乐茶座，成为文化市场兴起的标志。随着商品经济的发展，各类营业性舞会、卡拉 OK 等市场化活动日益活跃。

市场化的艺术生产活动必须要由法规来赋予其经营活动的合法化。1981 年，安徽省合肥市制定了《合肥市人民政府关于加强文化市场管理的规定》，并于次年成立了文化市场管理领导小组。1983 年，深圳市率先在市文委内专设了文化市场管理处。1987 年 2 月 9 日，文化部、公安部、国家工商行政管理局联合发布《关于改进舞会管理的通知》，正式解除了对曾引起众多争议的营业性舞会（厅）的禁令，赋予其合法地位。[①]1988 年，文化部、国家工商行政管理局发布的《关于加强文化市场管理工作的通知》中，正式提出“文化市场”的概念，标志着在我国“文化市场”的地位正式得到承认。1989 年 2 月，国务院批准设立文化市场管理局，标志着文化市场管理体系开始建立。1989 年，深圳市组建了文化稽查大队，组成一支文化市场行政执法队伍，在文化、广播电视、新闻出版领域实行综合执法，统一检查监督文化市场。截至 1991 年，全国已有 10 余个省市初步建立了文化执法队伍，仅湖南一省，就有 50 个市县成立了文化市场稽查队，配备专职或兼职稽查人员近 500 人。[②]文化市场管理体系的初建，为文化体制改革作出了历史性的贡献，文化主管部门开启了从办文化向管文化转变的历程，面向社会，扩展了自身职能，增强了经济实力。

（三）开展“以文补文”，一定程度上缓解了财政负担

各地艺术表演团体在“改革、开放、搞活”方针的指引下，相继开展了“以文补文”的活动。“以文补文”最初是一些文化馆、文化站为发展文化市场举办的有偿服务活动，如举办艺术培训班、出租服装道具等。后来渐渐发展到艺术表演团体自办企业，实行文企结合、文商结合，如开办舞厅、音乐茶座、卡拉 OK 厅，兴办文化用品服务公司、音响器材公司等。通过开展“以文补文”的活动，艺术表演团体取得了一些经济效益，同时在一定程度上缓解了国家经费不足的困难。

据文化部对北京、辽宁、江苏、湖北、四川等 12 个省市的调查统计和全国推算，1987 年全国文化事业开展有偿服务和经营活动，总营业额为 6 亿元，纯收入为 1.4 亿元，相当于国家拨给文化事业费的 13.6%。[③]1988 年，全国文化事业单位纯收入 1.8 亿元，相当于当年国家所拨文化事业费的 12%左右。[④]重庆市沙坪坝区率先搞

① 康式昭主编：《中国改革全书·文化体制改革卷》，大连出版社 1992 年版，第 571 页。
② 康式昭主编：《中国改革全书·文化体制改革卷》，大连出版社 1992 年版，第 38 页。
③ 孙建平、邹晓岩：《总结以文补文经验，促进文化事业发展——全国文化事业单位以文补文经验交流会综述》，《财政》1988 年第 9 期。
④ 康式昭主编：《中国改革全书·文化体制改革卷》，大连出版社 1992 年版，第 36 页。

"以文补文"经营，1978年总收入3万元，到1992年收入383万元，人均创收6.3万元，比发展初期增长近130倍。15年来，沙坪坝区"以文补文"经营收入达1356万元，超过同期国家拨款的3374%。[①]通过开展"以文补文"的活动，艺术表演团体的部分富余人员获得合理的安置，演职人员的生活条件也得到改善。在引进经营机制与竞争机制后，艺术表演团体实现了供给型逐渐向经营型的转变。这些情况使得文化与经济的关系更加密切，有力地推动了艺术表演团体的进一步改革。

（四）创新艺术生产机制，优秀作品大量产生

随着改革的逐渐深入，市场竞争机制开始发生作用，为艺术生产注入了新活力，演职人员的创造精神得到了调动，创新了艺术形式，生产出了符合时代需求和群众口味的精品剧目。

"大厂传奇"和"沈话现象"就是典型。1982年，河北省大厂评剧团大胆地进行经营管理和艺术生产机制的改革，坚持扎根农村，以农民为主要服务对象，狠抓创作和演出，共演出6000余场，观众达1000万人次。辽宁省沈阳话剧团在80年代中后期的改革之后，连续推出了《搭错车》《走出死谷》《喧闹的夏天》《大潮中的漩涡》《生命之光》《古塔街》等十几台大戏。其中，《搭错车》以连演1460场，足迹遍布全国22省200余座城市的辉煌成就而载入中国喜剧史册。定向话剧《大潮中的漩涡》和《生命之光》也分别连演960场和740场。《生命之光》在1991年荣获文化部首届文化新剧目奖和优秀导演奖。[②]据统计，全国艺术表演团体1980年演出540000万场，1985年上升到740000万场，增长了37.03%。[③]

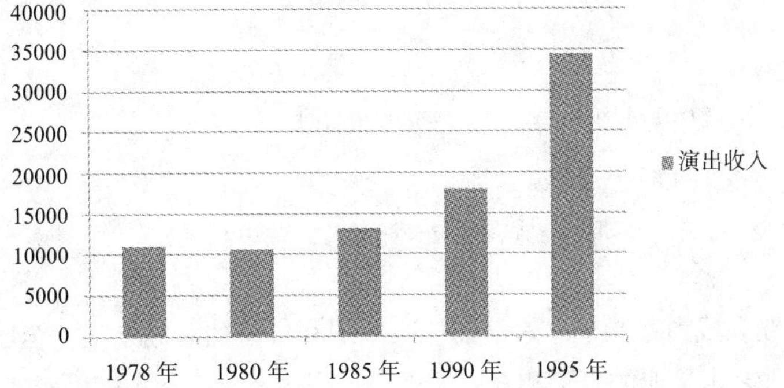

数据来源：文化部财务司统计数据。

图1　按年份艺术表演团体演出收入（单位：万元）

---

① 雷宗文：《以文补文》，《人民论坛》1994年第1期。

② 孙滨、寿山根：《论艺术表演团体体制改革》，宁夏人民出版社1999年版，第157、160页。

③ 文化部财务司编：《2016中国文化统计提要》，2016年，第49页。

（五）精简人员编制，结构布局日趋合理

文化体制改革的初期，是艺术表演团体布局结构调整规模较大的一个历史阶段。文化主管部门出台的每一项重大政策都明确指出，要调整布局结构、精简人员编制。据统计，全国专业艺术表演团体由1980年的3533个，减少到1990年的2805个。[①]艺术表演团体从业人员由245659人减少到170000人。[②]四川省剧团由1979年的248个，减少到1990年的155个，减少了37.5%；从业人员由20464人减少到10070个，减少了50.8%。什邡县川剧团、仁寿县川剧团均于1989年被撤销。这些县级剧团撤销后，演员被安置到其他系统，成为全县群众文化活动的骨干。[③]安徽省安庆市文化局在1988年将原有的三个黄梅戏剧团合并重新组编成市黄梅戏一团、二团，精简了京剧团和话剧团，并将其更名为话剧艺术团，以演话剧为主，兼演影视和歌舞。同时，还妥善安置富余人员，将富余的150人，调出80人，系统内安排70人，使全市专业艺术表演团体人员减少了36%。[④]上海沪剧团于1984年进行人事分配制度改革，定编定员，做到人员有进有出，把原来58人缩编为45人。[⑤]经过十年"消肿"改革，艺术表演团体的结构日趋合理，效益逐渐增长，自身活力也不断增强。

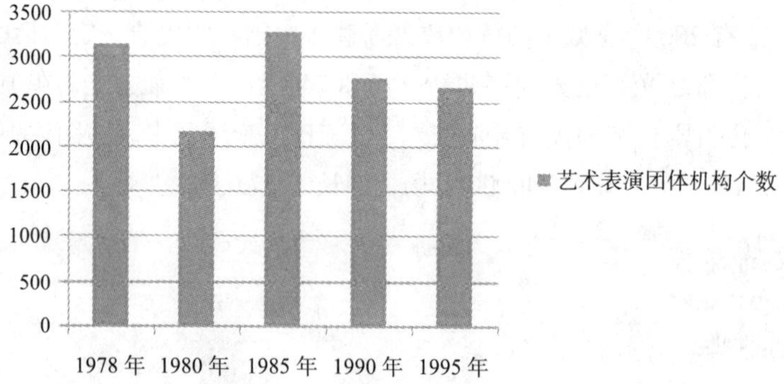

数据来源：文化部财务司统计数据。

图2　按年份艺术表演团体机构个数

以上实践和成效都是艺术表演团体改革顺利进行的有利条件，全国各地的成功经验也为促进艺术事业的繁荣和发展，进一步深化改革打下了较好的基础。

---

① 中华人民共和国文化部编：《中国文化文物统计年鉴（2012）》，国家图书馆出版社2012年版，第169页。

② 康式昭主编：《中国改革全书·文化体制改革卷》，大连出版社1992年版，第4页。

③ 文妍：《川剧艺术表演团体布局结构剖析》，《四川戏剧》1992年第1期。

④《工作深入细致　步子积极稳妥——安庆市认真进行专业艺术表演团体体改工作》，《黄梅戏艺术》1988年第1期。

⑤ 寿山根：《上海艺术表演团体体制改革之探索》，《上海大学学报》（社会科学版）1988年第6期。

四、存在的问题

艺术表演团体改革虽然起步早，但由于自身行业的特殊性，以及与同时期其他领域的改革配套不足，因此存在明显的困难和问题，主要表现在：

（一）理论缺乏，认识不足

我国的艺术表演团体改革是一项全新的改革实践，没有成功的先例可以遵循。1979年开始的改革是在三中全会后改革开放的大背景下展开的，“承包责任制”改革则是在借鉴我国农村经济体制改革成功经验的基础上进行的，后来的“双轨制”改革也基本上是对既成现状的认可，既没有系统的探讨和认真论证，也缺乏相应的配套改革措施。因此，以上几次断断续续的改革，都因为对改革的复杂性、艰巨性认识不足和缺乏相关的理论研究和理论指导而未能达到预期效果。

（二）经费不足、设施陈旧

改革开放初期，国家财政紧缺，无力支持国有艺术表演团体的生存发展，致使艺术表演团体的经费出现缺口。于是，艺术表演团体广泛开展了“以文补文”有偿服务的活动，寻求社会资助。“以文补文”虽然在一定程度上缓解了经济压力，但并非稳定的经费来源，更无力进行扩大再生产投资。随着剧目投入的增加和成本上升，演职人员的工资和奖金也随之增加，开支急剧增加，甚至连人员经费都出现问题。加之基础设施日益陈旧，剧场年久失修，住房设施差，危房多。有些艺术表演团体的灯光、舞美、道具、服装陈旧破损，无法维修更换。这些旧剧场远远不能满足艺术生产的要求和人民群众日益增长的物质文化生活需求，也不利于为改革提供较好的硬件环境。

（三）法制建设滞后，配套政策不健全

文化立法工作滞后，文化法规体系欠缺，是又一个严重问题。比如说，仅仅出现了规范文化市场和演出市场的法规，而规范内部管理和艺术生产方面的法规几乎没有。此外，改革从一开始就缺乏总体布局和规划，各项改革措施不协调、不配套。几次艺术表演团体改革的实践足以说明这一点。如1985年的整顿队伍、精减人员的改革，1988年“双轨制”的改革，都是因为相应的配套改革措施严重滞后，导致改革中止。

五、结论

1978年到1988年，从初期的开放搞活到形成“双轨制”，是中国演艺行业改革发展的起步阶段，值得认真总结。在这一时期，全国的艺术表演团体进行了多轮改革，为后来的全面改革提供了许多有益的探索。从某种程度上说，没有这一个时期在效仿经济体制改革基础上开展的各种改革尝试，就不会有后来文化体制改革的全面推进。比如说，如果没有“以文补文”就不会有文化市场的发展，没有“事业单位企业化经营”的双轨制，就不会有2003年文化体制改革全面展开后的体制性并轨。

新世纪以后，中国于2000年在政策上提出发展文化产业，并要求加快文化体制改革。2003年，全国文化体制改革试点启动，标志着全面构建面向新时期的新型文化体制工作的开始。本轮改革的任务是全面构建新型市场主体，艺术表演团体再次成为改革主战场之一。所不同的是，在市场机制事实上已经在演艺领域资源配置中起决定性作用的今天，演艺领域普遍存在的特殊经济规律第一次凸显了出来：我们不应该将绝大多数艺术表演团体“一刀切”地转为营利性企业，不能将演艺产业等同于一般的经济产业，必须要在体制上作出特殊安排。中国艺术表演团体的改革已经启动，但是我们对于演艺产业的认识还很初级，需要走的路还很长。

（作者为中国社会科学院博士研究生）

西藏自治区公共文化服务体系建设的状况及对策研究

——基于对西藏自治区五个地市的调研分析①

欧阳雪梅

习近平总书记在2014年12月2日主持召开的中央深化改革小组第七次会议上强调，构建现代公共文化服务体系是保障人民群众基本文化权益、建设社会主义文化强国的重要制度设计，是一项重要的民心工程。公共文化服务体系建设按照公益性、基本性、均等性、便利性的要求，以公共财政为支撑，以公益性文化单位为骨干，以全体人民为服务对象，以保障人民群众看电视、听广播、读书看报、进行公共文化鉴赏、参与公共文化活动等基本文化权益为主要内容。"十二五"时期，西藏自治区将中央的部署要求与西藏特殊区情结合，将公共文化服务体系建设纳入《国民经济和社会发展规划纲要》，把文化为民惠民摆在突出位置，加大政府对文化事业的投入，完善公共文化运行保障机制，加强文化设施和文化队伍建设，优先安排涉及群众切身利益的基层文化建设项目，大力实施文化惠民工程，公共文化服务体系建设取得了前所未有的进展，丰富精神文化产品和服务供给，切实保障各族人民群众的基本文化权益。但要建立现代公共文化服务体系，还必须在此基础上落实中央支持政策，创新发展模式，攻坚克难，补齐短板。

一、"十二五"时期西藏公共文化服务体系建设状况

（一）建立公共文化服务体系体制机制，加大政府对公共文化事业的投入

为建设公共文化服务体系，自治区党委、政府先后颁布《公共文化服务体系建设规划》《城市公共文化设施建设规划》《基层文化设施建设规划》。在设施建设强力推进的同时，区文化厅先后发布了《西藏自治区公共文化设施免费开放准则》《基层公共文化设施管理服务标准化建设指标》，制定县级综合文化活动中心、乡镇综合文化站的建设标准，包括建筑面积、基础设施、设备配置、服务项目、服务流程、服务时间、活动经费、管理人员职数、宣传形式等10个方面50项内容的具体要求，规范公共文化设施建设和服务工作。全区七地市把公共文化服务体系建设纳

---

① 本文为中共西藏自治区委员会与中国社会科学院合作于2013年启动的《西藏重大现实问题研究》课题子课题"推动西藏文化大发展大繁荣战略研究"项目阶段性成果。拉萨、林芝、山南、日喀则、阿里5个地市。

入经济社会发展总体规划，纳入对地方政府的考核指标体系。林芝、山南还作为第一、二批国家公共文化服务体系创建示范区，出台了创建规划。

西藏公共文化建设充分发挥了政府公共财政的主导作用，文化事业费投入增长很快，2014 年比 2010 年增长 2.42 倍，远远高于全国增速。2012 年、2013 年、2014 年、2015 年人均事业费分别为 88.09 元、102.45 元、160.06 元、178.46 元，由全国第四、第三位，上升到第一，为全国的 3.59 倍。[①]

一些地市对公共文化服务投入较大。2011 年至 2014 年，拉萨市、县两级财政共计投入资金 2.4 亿元用于公共文化建设，市县两级财政对公共文化投入的增长率分别为 25.85%、33.12%、41.9%[②]，均高于财政经常性收入增长幅度。山南地区明确将援藏资金的 20% 和财政收入的 3% 用于发展文化事业，设立了地县两级农村文化建设专项资金，“十二五”时期投入资金近 4 亿元，重点进行各级公共文化设施建设、人员培训、图书购置和开展文化活动等。

中央的特殊倾斜政策助力自治区基层公共文化服务建设。西藏地市、县、乡级开展基本公共文化服务设施免费开放所需经费，由中央和地方财政共同承担，中央承担 80%。西新工程完成了一、二、三、四期项目建设任务，目前已进入第五期建设阶段，总投资 40508 万元。2012 年召开的第四次全国文化文物援藏工作会议，确定 77 个文化援藏项目。中央和全国的支持，推动了西藏公共文化设施建设和服务水平的提高，有利于缩小西藏与发达地区的差距。

（二）公共文化设施网络基本形成，服务条件显著改善

基础公共文化设施是公共文化服务的重要载体。依托国家重大文化惠民工程建设的展开，西藏以基层为重点的公共文化服务体系建设全面提速。2010 年底建设完成的有县有综合文化活动中心和信息共享工程县“支中心”，乡镇文化站 149 个，村级信息共享工程 1200 多个服务点，约占总数的 22%。县民间艺术团 37 个、民间藏戏队 200 余支。“十二五”期间快速发展，到 2015 年，全区已建成群众艺术馆 8 座、公共图书馆 5 座、博物馆 4 座、自然科学博物馆 1 座，结束了没有科技馆的历史。实现 74 个县县县有民间艺术团和综合文化活动中心、692 个乡乡乡有综合文化活动场所，5453 行政村村村有农家书屋，1787 个寺庙寺寺建设有书屋。53% 的县国有艺术团有排练场，建成 1600 余个文化广场[③]，乡村业余文艺演出队达 2446 支。文

① 文化部财务司编：《2015 年中国文化统计手册》，2015 年，第 4、112—113 页；《2016 年中国文化统计手册》，2016 年，第 2—3、112—113 页。

② 数据来自 2015 年 8 月自治区及 5 个地市有关部门向调研组提供的资料。下文中，凡为调研时有关部门提供的数据，均省略注释。

③ 国务院新闻办公室：《民族区域自治制度在西藏的成功实践白皮书》，《光明日报》2015 年 9 月 7 日，第 7 版。

化信息资源共享工程从区到乡镇、村基层点全面覆盖。其中，县的综合文化活动中心建筑面积不少于1000平方米，内设图书阅览室、电子阅览室、培训教室、娱乐活动室、多媒体演示厅、文化艺术展示厅、多功能厅、健身房等文化活动功能房间，有条件的设有排练室（简称为“五室3厅1房”）。电子阅览室电脑不少于25台。每县配置一辆流动售书车。乡镇综合文化站有350平方米的独立建筑，开展图书展览、电子阅览室、文艺演出、电影放映、各类培训和展示等文化活动。西藏每万人拥有的群众文化设施达1164.15平方米，在全国排名第一；每万人拥有公共图书馆建筑面积为156.16平方米，居第五位。① 自治区基本形成了区、地市、县、乡、村五级公共文化设施网络。

现代传媒体系获得长足发展。已累计新建、改扩建100瓦以上调频转播台78座，50瓦以上电视转播发射台78座，中波广播发射台27座，卫星地球站1座，村村通广播电视站9371座。目前，全区有省级广播电台1座5个频率，听众遍及世界50个国家和地区；有省级电视台1座4个频道，藏语卫视已在尼泊尔、印度、不丹等周边国家部分落地，全台节目实现数字化，覆盖全国人口7亿多人；有地市级广播电台6座，电视台1座。②2015年，全区广播、电视综合覆盖率为94.83%和95.96%③，比2010年增加了4个多百分点。90%以上农牧户实现了“户户通”，寺庙也实现了广播影视全覆盖。通过直播卫星接收设备，农牧区的农牧民能够收听收看到40至70多套数字广播电视节目。互联网普及率由2010年的27.9%④ 增长为70.7%，大大高于全国的50.3%，农牧区移动互联网覆盖率达到65%以上。全区共有566个电影机构，其中478个农村电影放映队全部实现数字化放映。⑤ 东风工程完成了80%的项目建设任务，实施了报刊社采编编辑信息化、党报社业务用房建设及设备购置、西藏新华印刷厂进行绿色印刷技术改造升级、县级及边境口岸新华书店发行网点等项目建设，极大地改善基础设施条件。

（三）文化产品和服务不断增长，群众性文化活动日益丰富

随着从区到乡村（社区）的各级文化服务设施网络体系的初步形成，自治区重点开展文化设施的免费开放、流动文化服务、广场文化服务等三大活动。2014年，全区公共文化设施每年开展免费开放活动近1万场次，受益群众近300万人次。新闻出版系统向社会各界赠送优秀出版物达1700余万码洋。全民阅读进农村

---

① 文化部财务司编：《2016年中国文化统计手册》，2016年，第113页。

② 国务院新闻办公室：《民族区域自治制度在西藏的成功实践白皮书》，《光明日报》2015年9月7日，第7版。

③ 洛桑江村：《西藏自治区人民政府2016年政府工作报告》，《西藏日报》2016年2月6日，第3版。

④《2011年中国广播电视年鉴》，中国广播电视年鉴社2011年版，第107页。

⑤ 国务院新闻办公室：《民族区域自治制度在西藏的成功实践白皮书》，《光明日报》2015年9月7日，第7版。

（牧区）、进社区、进校园、进军营、进企业、进机关、进家庭，并开展读书征文、读书讲演等活动。每个农家书屋配送的图书、报刊、音像制品为993种、2760册（盘），寺庙书屋配发472种、1052册（盘），其中藏文版占80%。山南地区超过区水平，农家书屋配发1140种、寺庙书屋配发521种。形成“拉萨雪顿节”、“珠峰文化旅游节”、“望果节”等群众性、常态化品牌文化活动90个。农牧区公益放映电影每个行政村平均1.6场。[①] 许多地区广场文化活跃。拉萨市“幸福拉萨规范舞”学跳活动达9800余场次。林芝开展广场文化活动9000场，参与群众达80余万人次。

艺术表演是西藏最具特色最受欢迎的文化形式之一，送戏下乡常规化。全区专业文艺团体和县民间艺术团年均推出舞台艺术作品800多个，下乡演出4000多场次，制作优秀剧节目光盘60多万张，免费发放到基层单位和群众。乡村文艺演出队年均开展文艺演出7000余场。区专业艺术团体不仅把重点剧目和优秀节目及时送到基层群众中，送到高寒边远山区进行慰问演出，而且通过开展全区民间艺术团调演、职工文艺调演、“3·28”群众文艺演出，组织民歌大赛、摄影大赛、电视舞蹈大赛、曲艺大赛、藏戏大赛、业余歌手大赛等大型群众文化活动，形成了专业演出队下乡、业余演出队进城的城乡互动局面，并创作了不少优秀节目。由拉萨市群艺馆编排，林周县农牧民群众表演的舞蹈《阿谐》，获第七届全国电视舞蹈大赛群舞组最佳作品奖、编导奖金奖和最佳演员奖。在山东威海举办的第十届中国艺术节上，由娘热民间艺术团表演的传统藏戏片段、当雄县民间艺术团表演的舞蹈《酥油情》获戏剧、舞蹈类“群星奖”。拉萨老年艺术团参加广西第四届全国老年舞蹈大赛获得金奖。区文联组织摄影家为农牧民拍“全家福”赠送，“送书法进万家、进边关”，切实丰富和活跃群众文化生活。

现代传媒系统供给了较丰富的文化产品。全区广播电视系统开办有新闻、专题、文艺、体育等10多种类型的节目，200多个栏目，比2010年增长近2倍，打造了《圣山吉祥红云》等多部广播剧和《西藏诱惑》等纪录片，摄制了《布达拉宫》等多部影视作品。广播节目译制量达10200小时，电影译制量达80部，电视剧译制量达1522集[②]，比2010年分别增长了3.8%、90%、30%。为满足群众新闻资讯分众化需求，西藏日报社、西藏人民广播电台、西藏电视台等单位作为传统媒体与新兴媒体融合发展试点单位，推动报网、台网融合发展。西藏日报社建设全媒体的集团，共有以《西藏日报》为中心的“九报、一刊、四网、四微、一网群”19个新闻媒体矩阵。全区12家报刊创办了数字报刊或网站、手机报。还推出了面向基层农牧

① 国务院新闻办公室：《民族区域自治制度在西藏的成功实践白皮书》，《光明日报》2015年9月7日，第7版。

② 孙文娟：《为历史存正气为世人弘美德——党的十八大以来我区文艺工作综述》，《西藏日报》2015年2月8日，第3版。

民群众和寺庙僧尼的移动视频客户端和藏语语音手机报。这些丰富了西藏各族人民群众的精神文化生活。

（四）壮大基层文化队伍，为公共文化建设提供支撑

2011年，区党委宣传部等6部门根据中央意见，研究提出《关于加强全区县级和城乡基层宣传文化队伍建设实施意见》，明确要求加强县、乡宣传文化部门组织建设，充实和培训基层宣传文化队伍，为基层专业技术人才、民间文化人才队伍建设与发展提供体制机制保障。2012年初，西藏自治区发布的《关于开展乡镇机构改革进一步加强乡镇组织和政权建设的意见》，规定在乡镇事业机构中设立文化服务中心。编办核定县综合文化活动中心、县民间艺术团和乡镇文化站的人员事业编制分别为3—5、2—4、5个。为保证迅速发展的公共文化服务需要，在每年举行的人员招考录用中，事业单位先于公务员考试。2014年，全区县综合文化活动中心专职人员达到216名，乡镇文化站人员达到2608名。全区现有10个专业文艺团体、67支县民间艺术团、2446支乡村业余文艺队，共有专职工作人员近4000人，兼职队伍人数达到近5万人，充实了基层文化队伍。

民间艺术团演员的岗位设置各地不一。日喀则地区将18个县民间艺术团演员纳入了公益性岗位。阿里的札达县实行招聘制，发工资，但原有的农牧民收入仍然保留，解决演员们的后顾之忧，有效稳定了演职员队伍。为提高群众文化服务业的水平，2014年区内外举办的各类培训班1430次，受训人员达到9.5万人。[①]西藏的群众文化队伍发展有制度保障、阵地保证和平台展示。

（五）坚持社会主义先进文化方向，加强思想引领

西藏处于反分裂斗争的第一线，反思想文化渗透是西藏文化建设的职责和使命。西藏拍摄《透视十四世达赖》电视片，出版《西藏反分裂斗争简史》，译制境外记者、专家揭露十四世达赖的著作，组织理论界对十四世达赖集团所谓“中间道路”、“大藏区”、“高度自治”的反动观点进行剖析，澄清谬误，引导各族干部群众明辨是非，自觉与十四世达赖集团划清界限，筑牢了全区各族人民反分裂、反渗透的坚实思想基础。

同时，通过重大政策宣讲、开展纪念日活动、加强正面宣传、进行主题创作等形式，夯实民族团结的思想基础。组织力量翻译出版有《习近平总书记系列重要讲话读本》和《习近平谈治国理政》藏文版等，供各级干部学习。组织基层党员干部进村入户，宣传习近平总书记系列重要讲话、特别是中央关于“建设美丽西藏”的指示精神，推动中央精神落地基层。在中央开展对口援藏20周年、西藏自治区成立

---

① 《2015文化发展统计分析报告》，中国统计出版社2015年版，第270页。

50周年等重要时间节点，组织纪念活动，进行爱国主义和“民族团结一家亲”的民族团结宣传教育。

西藏电视台和西藏日报每天以新旧西藏对比为主题推出1期专题节目、发表专栏文章。组织爱国主义主题展览、教育影片和科教片的巡回播放等活动，使先进文化进农牧区、进社区、进寺庙。出版《松赞干布和文成公主略传》等一批图书，推出《国魂》等一批译制专题片。开展主题文艺创作活动，征集“中国梦·我的梦”原创歌曲400余首，举办“中国梦”小戏小品展演。创作了电影《西藏的天空》，电视剧《西藏秘密》，歌舞《魅力西藏》等富有西藏特色的优秀主题文艺作品，唱响了主旋律、提振了精气神、凝聚了正能量。

西藏自治区“一手抓繁荣，一手抓管理”，在繁荣发展文化事业的同时，从制度建设和市场监管两手，净化文化发展环境。如，率先建立健全区地县三级网信办，实行网络实名制，进行有效管控；建立网评队伍，引导网上舆论；开展专项整治行动，依法查缴违禁非法的文化产品，防止错误、消极和低俗的文化产品进入市场。

二、建设现代公共文化服务体系需要解决的问题

“十二五”时期，西藏自治区党委政府及相关部门共同努力，并得到中央和援藏地区及企业的大力支持下，推动公共文化服务体系建设尤其是文化设施建设取得了空前的发展，但由于底子薄、基础差、起步晚、欠账多，目前，公共文化服务体系建设仍然处于初级阶段。要建设现代公共文化服务体系，还需要解决以下几个方面问题：

（一）财政困难，投入不足

“十二五”时期，自治区公共文化建设的经费投入增长很快，但西藏地域辽阔、自然条件艰苦，基础设施建设成本高，公共文化服务半径大、运行成本高，文化事业费仍然捉襟见肘。全区还只有1个全国一级馆、3个二级县文化馆、10个“三级馆”。人均购书费由0.4元增长为2014年的0.55元、2015年的3.63元，增速很快，但基础差。县城数字影院只有7家，有线电视双向化、高清化还是空白。西藏没有美术馆，社区书屋、军营书屋建设尚处于探索阶段。文化资金投入与文化发展需求存在的差距，严重制约着公共文化服务体系建设的发展。

（二）地区、城乡发展不平衡

和全国一样，西藏文化建设城乡差距大。现代化的、标志性的文化设施都在城市，文化产品相对丰富。县及县以下乡村文化服务设施不足，文化公共服务体系发

展滞后，村一级的文化活动场所建设尚待展开，人口较少的民族和高寒、边境地区公共文化服务体系还没有完成覆盖。全区有12.9万户农牧户未通广播电视。农牧区电影仍为露天放映，观影条件差，流动放映车辆老化严重。农牧区居民享有的文化服务与城镇居民相比还存在相当大的差距。

（三）公共文化产品和服务的有效供给不足

在西藏以藏戏为代表的各级艺术表演、一些较成熟的文化广场活动，在活跃群众文化方面发挥了较好作用，但总体上，文化活动单调、内容单薄，公共文化设施闲置、“空壳化”现象比较普遍，利用率亟待提高。受语言限制，影视品种不够丰富，动漫产品方面只制作了《格萨尔王传奇》《阿古登巴》两部原创动漫样片。各级群艺馆、图书馆、县综合文化活动中心开展了文艺比赛、阅读竞赛、展览展示等活动，但文化活动没有达到常态化、丰富化、便民化程度。78个公共图书馆西藏书量为125万册，人均拥有公共图书册数为0.39册，低于全国的0.55册（国际图联、联合国教科文组织规定的1.5—2.5册），有效借书证1万个、总流通人次17万人次、书刊外借人次7万、册次9万；图书馆组织各类讲座42次、参加讲座的0.88万人次，举办展览32个、参观者1.44万人次。4个博物馆参观的总人数是38万人次。[①] 无论是供给量，还是活动参与的人数均严重不足。许多基层综合文化中心门可罗雀，一些文化室免费发放的《人民日报》《西藏日报》没有开捆。信息共享工程因为缺乏宣传和适用的二次开发，大多处于沉睡状况，甚至有电脑装机几年没有被使用过。

（四）政府唱独角戏，社会参与少

政府是西藏公共文化建设的唯一投资者和公共文化产品的生产与服务供给者。在所调研的5个地市，除拉萨、山南等少数地区有少量文化志愿者（山南800余人）参与公共文化服务外，基本上是政府唱独角戏。政府包揽公共文化领域的一切事物。政府既是出资人，又是运作者和监管者，公共部门依靠行政力量、自上而下采用计划配置的方式提供公共文化产品和服务产品。这种政事不分的体制，造成了公共文化供给渠道单一、保障水平不高、项目范围狭窄、享有对象规模有限、供给效率低等问题，也不利于政府职能转变，人民群众主体作用的发挥。

三、对策建议

公共文化服务体系既是一项重要的民心工程，也是西藏治理的重要抓手，是“长期建藏、凝聚人心”的基础工作，固本之举，需要把它与西藏发展和建设安全的

---

① 国家统计局：《中国统计年鉴（2015）》，中国统计出版社2015年版，第795—797页。

文化边疆结合起来谋划，借助外力与激发内力相结合，扩大社会主义先进文化的影响力，为西藏的长治久安夯实基础。公共文化服务体系建设具体宜在以下几个方面努力：

（一）积极落实中央相关政策，补齐公共文化服务体系建设的短板

2015 年 1 月中办、国办下发的《关于加快构建现代公共文化服务体系的意见》提出："落实对国家在贫困地区安排的公益性文化建设项目，取消县以下（含县）及西部地区集中连片特困地区市地级配套资金的政策。加强边境地区基层公共文化设施建设。"[①] 同年 12 月中旬，文化部等七部委联合印发《"十三五"时期贫困地区公共文化服务体系建设规划纲要》，提出"十三五"时期贫困地区的基本公共文化服务指标接近全国平均水平，明显改善贫困地区的公共文化服务能力的任务。西藏是边疆民族地区，是全国唯一的省级集中连片的贫困地区，贫困人口达 23.7%，属于国家重点扶持对象。"十三五"期间，西藏要借助国家的政策，完成门巴、珞巴等人口较少民族和僜人、夏尔巴人聚集区，青藏、新藏线一带高寒地区和边境县公共文化设施建设、广播电视户户通建设，加强县级有线电视数字化建设、县级城镇数字化影院建设，并通过流动文化服务、数字文化服务和文化志愿服务等方式，定时定点配送等服务手段，建立针对性和区别化的服务供给模式，丰富和满足流动放牧点、偏远居住点群众的精神文化生活，打通公共文化服务"最后一公里"，消除"文化孤岛"现象，实现公共文化服务的全覆盖。

（二）要以"五个认同"为核心加强思想建设

西藏的特殊区情是达赖集团分裂国家、破坏祖国统一，对其斗争是西藏意识形态领域斗争的焦点。反分裂斗争实际是一项重要的人心工程。"加强中华民族大团结，长远和根本的是增强文化认同，建设各民族共有精神家园，积极培养中华民族共同体意识。"[②] 在中央第六次西藏工作座谈会上，习近平总书记提出了"五个认同"，即"加强民族团结，不断增进各族群众对伟大祖国、中华民族、中华文化、中国共产党、中国特色社会主义的认同"[③]。"五个认同"是民族团结之根、社会和谐之魂，是稳定西藏的基石。正在建设的覆盖城乡的公共文化服务体系，要充分发挥公共文化服务体系在丰富人民群众精神文化生活、密切社会公共交往、促进社会共识、培养现代公民、培育核心价值方面的积极作用，引导群众树立正确的祖国观、历史观和民族观，增进"五个认同"的共识，凝聚意志，把公共文化服务体系打造

① 《中办、国办关于加快构建现代公共文化服务体系的意见》，《光明日报》2015 年 1 月 15 日，第 7 版。

② 《人民日报》评论员：《筑牢中华民族共同体的思想基础——二论学习贯彻习近平中央民族工作会议重要讲话精神》，《人民日报》2014 年 10 月 10 日，第 1 版。

③ 习近平：《在中央第六次西藏工作座谈会上发表重要讲话》，《人民日报》2015 年 8 月 26 日，第 1 版。

成一个各民族群众相互了解、相互帮助、相互尊重、相互欣赏、相互学习的平台。实践证明，比起单向灌输，“有体温的”文化双向互动和交流，更易吸引、影响受众，取得事半功倍的效果。并且，要正确认识藏文化与中华文化的关系，充分重视藏族人民的民族心理、宗教情结，要辩证看待宗教的作用。遍布1700多个寺庙的大小寺庙书屋，是为满足几万僧众基本文化需求建立的，寺管会可以尝试通过组织读书会及相关活动，丰富广大僧尼的文化生活，切实增强广大僧尼的民族意识、国家意识、法治意识和公民意识。

（三）整合、丰富公共文化资源供给

要解决公共文化设施闲置、服务空转的现象，丰富文化产品与服务内容，需要盘活存量、拓展增量。西藏除了国家通用的文化产品，还要加强对广大群众尤其是广大农牧民文化需求的调研分析，加大以藏语言文字为主的舞台艺术、出版物、广播影视节目和数字文化等创作，尤其是涉农涉牧出版物、节目和作品的创作。为优秀的节目、影片、电视剧加上藏语字幕，以方便不懂汉语的藏民群众。西藏是“重要的中华民族特色文化保护地”，有着丰富多彩的传统文化资源，西藏在保护民族民间传统文化遗产时，将开发利用与公共文化服务相结合，将发展特色手工艺品、传统文化展示表演和基层公共文化结合，将文化乐民与文化富民相结合，提高公共文化资源的总量、质量。互联网+文化是西藏公共文化重点开拓的领域。要充分利用现代数字网络技术，推进数字化公共文化服务网络建设，如数字公共文化服务平台、数字网络化文化信息管理系统、特色资源数据库等，以有效整合各类文化资源，提高公共文化服务的效能。推动包括网络文学、网络音乐、网络剧、微电影、网络演出、网络动漫等新兴文化产品繁荣有序发展，进一步推动传统媒体与网络新媒体的融合，丰富优秀作品传输渠道、展示平台、推送终端，让有筋骨、有道德、有温度的文化作品滋润、影响人们，是“十三五”时期公共文化发展的重头戏。西藏较高的互联网普及率为公共文化数字化提供了良好基础。

（四）转变发展理念，实现政府主导与社会多方参与相结合

政府负有提供公共文化服务的首要责任，但政府主导并不等于政府包办，包揽一切，政府不可能是全能型的，也难以对群众形形色色、多种多样的文化需求一一作出及时反应。因此，要创新公共文化服务的供给方式，实现由依靠政府提供的单一方式向逐步由政府、企业、非营利组织和广大群众共同来提供，实现政府与社会力量的合作共治，以弥补自身功能的不足。政府更多地在导向调控、市场监管、质量监控等方面发挥作用，有利于政府实现由“办文化”向“管文化”的职能转变，实现公共利益的最大化。西藏实现公共文化服务体系建设的当务之急，是在重视政府发挥的同时，健全公共文化服务的社会参与机制，创造条件鼓励各类主体参与公

共文化服务体系建设，通过建立健全相关法律法规，设定准入门槛、实行监督来保障文化安全，并切实加强基层公共文化服务设施建设和服务能力建设，促进全社会公共文化资源共建共享，加强公共文化管理人员和服务人员的培训提高，全面提高基本公共文化服务的能力和水平，在“十三五”时期建设好结构合理、功能健全、实用高效、惠及全区广大群众的现代公共文化服务体系。

（作者为中国社会科学院当代中国研究所研究员）

20 世纪 90 年代党史国史领域文化研究述略

孙　丹

20 世纪 90 年代，随着改革开放的深入和市场经济体制的建立，中国经济进入快速增长的时期，迫切要求文化建设与中国特色社会主义相适应。文化建设一方面探索新形势下文化发展的新特点，解决新问题，另一方面自然而然地向历史寻求文化建设的有益经验和思想资源。

党史国史学界出现一个明显的特点，就是将整体历史观融入研究当中，从对事件和问题的单向度微观研究为主转向对一定历史时期的立体宏观研究与微观研究相结合，将微观研究置于大的历史时空中进行，新研究方法和手段也得到应用，推动了研究水平的快速提升。文化史研究跳出从政治史视角以意识形态演变史代替文化发展史的窠臼，回归到文化的历史研究中，取得了重要收获。

一、新民主主义文化思想和理论

新民主主义文化理论诞生于 20 世纪 40 年代，是对中国从晚清、五四运动以来一百多年中西文化论战的科学总结，在观察和分析 20 世纪上半叶中国半殖民地半封建社会的现实国情和世情基础上提出的新民主主义文化纲领，凝聚了中国共产党对新文化的理论探索和局地实践。新民主主义文化理论的提出标志着中国化的马克思主义文化理论的形成，是毛泽东思想的文化构件。

新民主主义文化决定于并服务于新民主主义革命，是“在观念形式上反映新政治和新经济的东西，是替新政治新经济服务的”，[①] 决定了新民主主义文化反帝、反封建的性质。新民主主义的实践在共产党执政以后虽然只有短短的七年时间，然而，其“古为今用”，“洋为中用”，“取其精华，去其糟粕”等处理文化问题和文化建设的原则和方针，对社会主义文化不仅具有理论指导意义，更具有中国化的马克思主义文化观和方法论的意义。这一时期，对新民主主义文化理论的专题研究并不多，主要集中在毛泽东的《新民主主义论》，以及中国早期领导人瞿秋白、张闻天等人的文化思想在毛泽东文化思想中得到发展等方面。

---

① 《毛泽东选集》第 2 卷，人民出版社 1991 年版，第 655—656 页。

二、社会主义文化思想和理论

正确的思想和理论是文化建设的指南。中国共产党在漫长的革命和建设的实践中，积累了丰富的实践经验和理论总结。社会主义文化是中华五千年文化的延续和发展，社会主义文化思想和理论是党的新民主主义文化思想和理论合乎逻辑的发展。社会主义文化理论既包括完成社会主义改造后20多年的探索时期，又包括中国特色社会主义理论中的文化思想，前后时期一脉相承。然而，由于前后两个阶段社会状况发生了变化，文化理论和文化实践必然也相应地发生变化。社会主义文化理论研究主要围绕邓小平理论研究展开。

随着中国特色社会主义理论的完善和成熟，党对于社会主义文化的理论和实践也日益成熟，知识分子在现代化建设中的地位和作用不断得到加强。90年代初，邓小平南方谈话发表后，面向科技主战场的科技体制改革率先全面铺开，科技知识分子的地位和作用空前地凸显出来，继党的十四大报告中提出重视知识分子服务于“科技进步、经济繁荣和社会发展”之后，1996年，党的十四届六中全会《中共中央关于加强社会主义精神文明建设若干重要问题的决议》中，在强调“我们进行的精神文明建设，是以经济建设为中心、坚持四项基本原则和坚持改革开放的精神文明建设”的同时，注意到文化建设的重要性，将文化问题单列出来，在第四部分“积极发展社会主义文化事业”中，从六个方面比较全面地对文化事业的发展提出指导性意见。这就把此前精神文明建设包括思想道德和科学文化，但更强调思想道德建设即更强调意识形态的重要性，调整为两个方面并重。

1997年，党的十五大报告在作出我国社会的主要矛盾仍然是“人民日益增长的物质文化需要同落后的社会生产之间的矛盾”的正确判断后，把文化建设问题提到重要的位置。在第七部分“有中国特色的社会主义文化建设”中，不仅对文化建设与精神文明建设的关系作了说明：“有中国特色社会主义的文化，就其主要内容来说，同改革开放以来我们一贯倡导的社会主义精神文明是一致的。文化相对于经济、政治而言。精神文明相对于物质文明而言。”还对社会主义文化与传统文化、外来文化的关系进行了明晰的阐释：“有中国特色社会主义的文化，……它渊源于中华民族五千年文明史，又植根于有中国特色社会主义的实践，具有鲜明的时代特点。”“我国文化的发展，不能离开人类文明的共同成果。要坚持以我为主、为我所用的原则，开展多种形式的对外文化交流，博采各国文化之长，向世界展示中国文化建设的成就。”这是继毛泽东“古为今用”、“洋为中用”之后党在正式文件中对社会主义文化问题的集中表述，表明共产党人和社会主义文化是中华文化和人类文明的传承者和广纳海川的文化胸襟。十四届六中全会的决议和十五大报告之后，文化问题成为党的各次会议报告和决议中的重要内容，并随着时代的发展和实践提出的新问题而与时俱进、不断发展，标志着党的文化思想理论趋向成熟并不断丰富。

这一时期，文化理论和政策上的重大突破是“文化事业”和“文化产业”概念的确立。在承认文化具有商品属性、市场属性和产业属性的基础上，党在文化理论、文化政策、文化管理上，突破了过去强调文化的意识形态属性的认识框架，明确文化兼有意识形态和商品的双重属性，以及文化产业和文化事业是文化不同的建设和发展的层次，从而厘清了公益性文化事业与经营性文化产业的区别。

1986 年 1 月，中国提出恢复其 GATT（关贸总协定）中席位的希望。90 年代，中国与 GATT 进行多轮谈判，其中的重点和难点正是文化产业问题。在国内被视为非经济的文化事业，在国际惯例中大多定义为“产业”，被要求纳入到对外开放目录中。文化产业产业链长，投入产出高，被誉为无烟工业，七八十年代以后，已经成为一些发达国家的支柱产业。而此时中国理论界、学术界对文化产品的商品属性一直存在争论和分歧，很多理论和实践问题困扰着文化管理者和从业者。因此，国际国内形势的发展都要求在理论上明确界定文化事业和文化产业的概念和属性。1992 年，国务院办公厅综合司在提出加快发展第三产业时，使用“文化产业”的概念。1998 年，文化部增设文化产业司，在实践层面确认了文化产业的市场主体地位。2000 年 10 月，中共十五届五中全会在《关于制定国民经济和社会发展第十个五年计划的建议》中，首次提出“文化产业”概念并将其列入国家发展战略，从理论上确认了文化产业，终结了持续十余年的论争。

三、社会主义精神文明建设

社会主义精神文明建设的理论和实践，是党在领导中国人民进行社会主义革命和建设新的实践基础上总结的新经验。“八九风波”以后，苏东社会主义阵营动荡不安，1991 年，苏联解体，世界上第一个社会主义国家终结。以美国为首的国际反华势力对中国实行经济制裁和政治孤立，中国再次面临向何处去的严重危机。精神文明建设必须要解决人们思想上的困惑、理论上的无助，以及实践中的软弱。思想道德建设要着重解决价值观、人生观的问题，是精神文明建设中的灵魂。十一届三中全会以后，党一方面突出了社会主义物质文明建设的中心地位，另一方面强调在进行社会主义物质文明建设的同时，不能放松社会主义精神文明建设。两个文明建设缺少任何一个方面，都不成其为有中国特色的社会主义。只有“物质文明和精神文明都搞好，才是有中国特色的社会主义”。[①]

市场经济体制的建立，要求与之相适应的上层建筑。经济形式多样化必然对原有文化传统、价值观念产生重大影响。随着经济、文化对外交往的增加，外部影响也与日俱增，精神文明建设成为现代化建设、维护国家文化安全的内在要求，成为中国特色社会主义道路的必然选择，成为中国特色社会主义理论的重要组成部分。1992 年 2 月，邓小平发表南方谈话，对什么是社会主义、怎样建设社会主义，对改革开放以来在理论和实践中产生巨大争议和困惑的市场经济问题，进行了马克思主义的阐释，同时强调指出，精神文明是社会主义社会的重要特征。同年召开的中共十四大提出建立社会主义市场经济体制的目标，改革开放进入新阶段。

党的十四大提出精神文明重在建设，此后，围绕社会主义市场经济与社会主义精神文明建设的关系进行了一系列深入探索。1994 年 1 月 24 日，中央召开全国宣传思想工作会议，时任中共中央总书记江泽民在讲话中要求用邓小平建设有中国特色社会主义的理论武装全党，教育人民。针对 80 年代后期思想领域混乱、文艺创作中的种种问题，提出加强对文化工作的领导，宣传思想战线要以科学的理论武装人，以正确的舆论引导人，以高尚的精神塑造人，以优秀的作品鼓舞人，在建设有中国特色社会主义伟大事业中发挥有力的思想保证和舆论支持作用。强调“团结鼓劲，正面引导，不搞‘大批判’，不搞无谓争论”。但是，在事关政治方向和根本原则的大是大非问题上，“要旗帜鲜明，理直气壮，毫不含糊”。[②]

1995 年 9 月，中共十四届五中全会规划十五年国民经济和社会发展蓝图，建议将精神文明建设纳入总体规划。指出，没有社会的发展和精神文明进步，物质文明建设就没有精神动力、智力支持和思想保证，经济发展目标就难以实现。必须把物质文明和精神文明作为统一的奋斗目标，始终不渝地坚持两手抓、两手都要硬。[③]此后，八届全国人大四次会议把精神文明建设正式列入《关于国民经济和社会发展“九五”计划和 2010 年远景目标纲要》。

1996 年，中共中央召开十四届六中全会，专门讨论社会主义精神文明建设议题，审议并通过《中共中央关于加强社会主义精神文明建设若干重要问题的决议》，对社会主义市场经济条件下的精神文明进行理论探索和全面部署，并首次对发展社会主义文化事业进行部署。与 1986 年的第一个精神文明建设决议相比较，第一个决议强调精神文明建设为物质文明的发展提供精神动力、智力支持和思想保证，体现了中共中央在改革开放初期基于经济建设为中心、文化建设服务于经济建设的

---

① 《中国共产党第十四次全国代表大会文件汇编》，人民出版社 1992 年版，第 36 页。

② 《江泽民文选》第 3 卷，人民出版社 2006 年版，第 88 页。

③ 《十四大以来重要文献选编》(中)，人民出版社 1997 年版，第 1485—1486 页。

要求；两个决议虽然都强调精神文明是社会主义社会的重要特征，但第二个决议更进一步提出精神文明建设也是现代化建设的重要目标，把精神文明建设放在建设有中国特色社会主义事业的全局中考察，赋予了社会主义精神文明相对独立的地位与价值。

《决议》发表以后，学术界迅即掀起了阐释和研究的热潮，仅《党史研究与教学》杂志 1997 年就发表 30 多篇文章，对精神文明理论内涵、历史发展过程、理论和现实意义、长远影响等进行了全方位的探讨。

四、党的领袖人物文化思想研究

党史、国史领域中的领袖人物研究，覆盖面比较广泛，往往涉及政治、经济、文化、军事、外交等方方面面。毛泽东作为伟大的马克思主义者、中华人民共和国的缔造者，在第一代领导集体中，对新中国文化发展的影响最为深远，其文化思想也始终是学术研究的热点。90 年代，随着历史档案资料的大量披露和研究的不断深入，对毛泽东文化思想的研究也有新的进展。陈晋关于毛泽东的系列著作[①]从文化的维度全面解析了毛泽东的文化性格、文化思想和文化内涵，是关于毛泽东文化思想研究的翘楚。

90 年代前期，文化研究中的毛泽东思想主要集中在毛泽东的文艺思想研究，对文艺与政治的关系、文艺的批评标准、文艺的大众化等问题进行研究，也不可避免地有一些争鸣。[②]后期扩展为毛泽东文化思想研究，提出毛泽东有关文化的本质及经济、政治、文化三者的关系，文化的人民取向，文化工作的“双百”方针，以对待古今中外文化的十二字方针的论述为核心的文化思想，为当今的文化建设提供了理论的基点与支撑。[③]

毛泽东关于知识分子思想改造的理论也是研究的热点。分析者梳理了马克思主义经典作家关于知识分子的论述，研究了毛泽东关于知识分子特点的基本认识、思

---

① 据不完全统计，这 10 年间，陈晋出版的关于毛泽东研究的著作有：《毛泽东的文化性格》，中国青年出版社 1991 年版；《毛泽东与文艺传统》，中央文献出版社 1992 年版；《毛泽东之魂》，吉林人民出版社 1993 年版；《毛泽东之魂》（修订本），中央文献出版社 1997 年版；《毛泽东读书笔记解析》（上、下）（主编），广东人民出版社 1996 年版；《文人毛泽东》，上海人民出版社 1997 年版等。

② 邓超高：《研究毛泽东文艺思想应当采取科学的态度——析〈历史无可避讳〉》，《毛泽东文艺思想研究》集刊第 6 辑，湖南文艺出版社 1991 年版。该辑取名为《实践、思考与追求》，所收文章均为 1990 年全国毛泽东文艺思想研究会纪念会暨学术讨论会入会论文，其中多篇论文对否定毛泽东文艺思想的审美本性的观点进行了争鸣。

③ 王湘军：《毛泽东的文化思想与有中国特色社会主义的文化建设》，《沈阳教育学院学报》1999 年第 4 期。

想改造的内容和方法、途径，以及失误及其原因，认为毛泽东在知识分子思想改造问题上尽管存在严重失误，但这一理论及其实践的主导方面并没有违背马克思主义，仍具有重要的现实意义，并通过邓小平和江泽民的发展，进一步完善和丰富了党的知识分子思想和实践。

邓小平的文化思想是其理论体系的重要组成部分，是中国特色社会主义实践经验的总结。邓小平文化思想是对毛泽东文化思想的继承，又在改革开放的现实中实现了创造性的重大发展。邓小平早在第二次复出的各项整顿中，就对文艺工作进行了调整，使一些被错误批判的作品得到解放。“文革”结束以后，邓小平首先着手解决文艺与政治的关系，在第四次文代会上发表划时代的讲话，重申文化建设的“双百”方针。此后，把文化艺术“为工农兵服务、为无产阶级政治服务”发展为“为人民服务、为社会主义服务”，把文艺服从和围绕“以阶级斗争为纲”发展为服从与围绕“以经济建设为中心”。

90 年代以后，随着新一届中央领导集体诞生，关于江泽民文化思想的研究也迅速展开。研究者认为，江泽民作为党的第三代领导集体的代表，参与了邓小平理论的创造。作为邓小平理论发展的参与者之一，他的文化思想属于邓小平理论思想体系的一部分。[①] 针对改革开放和社会主义市场经济条件下人民群众在精神文化需求方面的变化，十四大报告中强调精神文明重在建设。1994 年 1 月，江泽民在全国思想宣传工作会议上提出并全面阐释“弘扬主旋律，提倡多样化”这一文化建设方针，以及“以科学的理论武装人，以正确的舆论引导人，以高尚的精神塑造人，以优秀的作品鼓舞人”的文化建设的途径和目标。十四届六中全会决议中还提出“提高人民群众文化生活质量”的新要求。

经过 80 年代的拨乱反正和经济社会的全面调整和初步改革，进入 90 年代以后，中国社会进入一个新的发展阶段，文化建设面临着许多新情况新问题，需要给予理论上的指导。江泽民在十五大报告中对文化和精神文明的联系和区别作出说明，阐述了有中国特色的社会主义文化的内涵，“就是以马克思主义为指导，以培育有理想、有道德、有文化、有纪律的公民为目标，发展面向现代化、面向世界、面向未来的，民族的科学的大众的社会主义文化。”并首次提出“有中国特色社会主义的文化，是凝聚和激励全国各族人民的重要力量，是综合国力的重要指标。”“综合国力的重要指标”的提出，充分表明党在文化问题上的世界视野和文化思想的新高度。

---

① 王建辉：《江泽民文化思想初论》，《湖北社会科学》1999 年第 1 期。

五、知识分子问题

新中国知识分子的命运与祖国和时代紧密相连，与党的知识分子政策紧密相连。经过 80 年代一系列贯彻执行提高知识分子的待遇、改善生活条件的政策，以及十二大把教育列为我国经济发展的重点之一，十三大更明确地提出培养人才是实现四化的关键问题，党的十四大召开前，基本形成了“尊重知识、尊重人才”的社会风尚和政策环境。对党的知识分子政策和党的领导人的知识分子思想的研究也在这一时期广泛开展。这一时期的知识分子问题研究，既有历史纵深，又关注现实，成果丰硕。

建国初期知识分子思想改造运动是新中国历史上关于知识分子问题争议最少最具共识的一段历史。但是这一运动后期的一些做法，为此后愈演愈烈、对知识分子造成巨大伤害的一系列运动埋设了巨大隐患，因此，作为新中国知识分子改造的源头，这段历史吸引了众多研究者。研究者对这段历史进行多角度的阐释，并扩展到对中国知识分子的人文传统、知识分子群体的性格、命运等纵深研究。

周恩来不仅是党制定知识分子政策的主要参与者，正确执行知识分子政策的党的领导人，而且以其人格魅力凝聚了大批爱国知识分子，并与他们终生保持密切联系。周恩来的知识分子思想及其文献，他在关于知识分子的重大历史事件中的作用等问题也是研究的热点，发表了不少成果。

而新中国成立以后 20 多年间针对知识分子的一系列改造、批判运动，不仅对知识分子当事人及其家庭造成诸多悲剧，也对社会上普通民众对于知识、知识分子以及与其相关的文化教育的认知造成极大的偏差甚至扭曲。因此，知识分子问题的话题持续不衰，不少当事人撰写回忆文章和书籍，一些知名知识分子的书信、日记，以及他们的传记得以出版。在对知识分子问题的研究中，逐步触及思想文化领域的深层次问题，也形成所谓公共知识分子群体，将当代知识分子群体出现的种种不良问题甚至社会问题与历史问题联系起来，引发一些争论。对此，党史、国史研究者既要对其进行一分为二的分析，也要关注和警惕所谓公知背后的经济乃至政治利益诉求。

六、国外党史国史研究中的文化研究

改革开放以后，国外对中共党史、当代中国史的研究日趋活跃。毛泽东等领袖人物的研究长盛不衰，仅领袖传记就有美国、德国、英国学者的多种毛泽东、周恩来传记出版。剑桥版《中华人民共和国史》也于 20 世纪 90 年代出版。书中对新中国的意识形态问题、知识分子问题、教育问题等都有专门描述。国外学者进行文化专题研究的并不多，但在研究中却较多地注意文化因素的影响。也就是说，他们的研究中，并非研究当代中国文化发展史本身，而是关注当代史发生发展的文化背景，[①]这个背景，既包括传统文化，也包括现当代文化。这对中国的研究者来说具有方法论的借鉴意义。比如在毛泽东思想研究中，十分关注传统文化、近现代中西方文化对毛泽东思想形成时期的影响。但也有的研究有意无意地陷入文化决定论的唯心主义当中。比如风行一时的关于毛泽东是不是民粹主义者的论争就是这样。

七、新研究方法的应用

20 世纪 80 年代“文化热”中一个重要的文化现象是学界对新的研究方法的热衷。作为研究工作的手段和工具，在一定时期和条件下，新研究方法的确能够开阔视野，成为破解瓶颈、推动研究取得突破的重要推动力。20 世纪 90 年代党史国史研究，特别是国史研究，正是借助新的研究方法，开创了研究的新局面。

以往的党史国史研究，重点领域往往集中在经济、政治、外交。这一时期，文化史、社会史、思想史，甚至更细小的人口史、家庭史、城镇史等研究领域不断被开拓，并取得成果。而这些新领域的开拓，大多首先是借鉴新的研究方法。学科交叉、系统思想，以及数理统计等跨学科研究方法的应用和多维视角，计算机和网络技术的进步和应用，为新的研究方法如数据采集和数理统计等提供了巨大的便利和可操作性，都使党史国史研究呈现出新面貌。

八、不足与启示

中国的改革开放，不仅需要党的思想路线、政治路线和组织路线的保障，还必须有社会层面与改革开放相适应的制度安排和思想层面的文化价值观念的整合与建构。经济和社会的深刻变革，需要从观念层面、哲学层面、文化层面进行理论阐释和总结。在改革开放的伟大实践中，文化对经济发展、国家富强、人民幸福的正反两方面的作用都越来越突出，党史国史领域文化研究得到空前的关注，研究范围不断扩大，研究成果不断增加。但也存在着党史国史领域文化研究对社会文化的关注和研究不够，存在着理论建设前瞻性不足、历史研究与现实研究脱节、宏观性与

---

① 周绍荣、黄长义：《从冲突到交融——国外中国文化传统与现代化研究述评》，《社会科学动态》1996 年第 2—3 期。[日]沟口雄三：《日本现阶段的中国研究及 21 世纪的课题》，《国际儒学研究》(会议论文集)，1996 年。

微观性研究各有缺失等问题，这直接或间接派生出新世纪以来文化阐释缺乏历史根基、历史阐释泛文化化和戏谑化、主流文化与社会文化整合困难等问题。

文化是经济政治制度的产物，并反映着经济政治制度的变迁。而文化一经形成，则会或深或浅、或隐或显地影响和制约经济政治的走向。因此，党史国史领域的文化研究一方面要避免抽象空洞地分析文化问题，而是把文化问题置放于党史国史发展的大背景中，追寻文化思想理论和实践发展的深层动因，研究社会文化状况如何影响党的文化思想理论和政策，以及党的文化思想理论和政策又怎样引导和塑造社会文化生态。另一方面，在党史国史的研究中，植入文化的视角，挖掘经济社会发展中文化所发挥的深层力量，并随着时代的发展，总结党领导的文化建设为民族文化注入的新元素、新活力，推动中华文化的现代转型和发展进步。同时，在党史国史研究中加入文化的视角和维度，文化本身的丰富复杂性无疑会拓展和深化党史和国史研究，不仅能够丰富研究的方法和手段，也为破解和阐释党史国史领域一些难点问题提供新思路。

（作者为中国社会科学院当代中国研究所副研究员）

改革开放初期文化建设的开展及经验研究

魏立帅　李　婷

粉碎“四人帮”后，文化领域很快进入对“文革”的反思和清算，文学、教育、科技、知识分子政策开始拨乱反正，随着真理标准大讨论和1978年12月中共十一届三中全会召开，党和国家实现工作重心向现代化建设的转移，为文化领域的全面拨乱反正和文化建设的开拓创新奠定基础。随着形势发展，中共中央不再提“文艺从属于政治”的口号[①]，摈弃“以阶级斗争为纲”的文化范式，确立了文化“为社会主义服务、为人民服务”的“二为”方向，恢复“双百”方针，同时在思想文化建设中旗帜鲜明地提出坚持四项基本原则，形成了关于社会主义精神文明建设的完整思想体系和理论框架，科教文化各项事业迅速恢复，文化进入空前繁荣的新时期。

一、文艺政策的调整与“二为”方向的提出

粉碎“四人帮”后，作为“文革”重灾区的文艺较早进行反思，开始推翻“文艺黑线专政”论的思想禁锢。1977年开始，文艺界对“三突出论”等文艺理论进行批判。10月，《人民文学》编辑部召开短篇小说创作问题座谈会，拉开了批判“文艺黑线专政”论的序幕。11月21日，《人民日报》编辑部邀请文艺界知名人士举行座谈会，会上控诉和批判了“文艺黑线专政”论的恶果，肯定“文革”前17年毛泽东革命路线在文艺战线的主导地位。12月28日，人民日报社邀请在京的100多位作家、诗人、文学评论家举行座谈会。文化部长黄镇在会上提出，今后一个时期文艺界的中心任务就是深入批判“文艺黑线专政”论。

1978年4月，文化部召开揭批“四人帮”大会，为受迫害的文艺工作者平反。5月27日，中国文联召开三届三次扩大会议，批判了“文艺黑线专政”论，决定恢复全国文联和中国作家协会、中国戏剧家协会、中国音乐家协会、中国电影工作者协会和中国舞蹈工作者协会等。6月，被停刊的《文艺报》复刊。经过一年多的清理、批判，文艺领域逐渐澄清了思想是非、理论是非。1979年5月3日，中央批转总政治部《关于建议撤销1966年2月部队文艺工作座谈会纪要的请示》的通知，决定撤销《部队文艺工作座谈会纪要》，对受《纪要》影响被错误批判、处理的人员和

---

① 《邓小平文选》第2卷，人民出版社1994年版，第255页。

文艺作品，要实事求是地予以平反。[1]“文艺黑线专政”论被彻底否定。

中共十一届三中全会后，在总结党领导文化工作的成败得失，分析新时期中国文化事业面临的新情况新问题基础上，文艺政策作出重大调整。1978年6月13日，《人民日报》发表《认真调整党的文艺政策》，在对“毛主席革命文艺路线”的阐释上，只强调“文艺为工农兵服务”而舍弃了“文艺为政治服务”的提法。1979年10月30日，中国文学艺术工作者第四次代表大会在北京召开。邓小平致祝词，他肯定了“文革”前十七年和“文革”结束后文艺工作取得的成绩，指出：“要继续坚持毛泽东同志提出的文艺为最广大的人民群众、首先为工农兵服务的方向，坚持百花齐放、推陈出新、洋为中用、古为今用的方针，在艺术创作上提倡不同形式和风格的自由发展，在艺术理论上提倡不同观点和学派的自由讨论。”并集中阐释文艺与政治、文艺与人民、文艺与生活的关系等问题。不再只重视文化的意识形态属性，认可了文化的娱乐和审美功能，丰富了文化内涵。关于文艺与政治的关系，祝词没有提之前一直强调的“文艺为政治服务”。祝词总结文艺发展的经验教训，解决了文艺、文化发展中的重大问题，在此基础上形成的一系列新的文艺政策，成为20世纪80年代文艺调整的指导方针。

1980年7月26日,《人民日报》发表社论《文艺为人民服务、为社会主义服务》，明确以“文艺为人民服务、为社会主义服务”取代“文艺为工农兵服务，为无产阶级政治服务”的方针。“二为”方向作为文艺界的指导性口号，成为新时期国家文化方针政策的重要组成部分。文化领域的拨乱反正，就是把过去提出的正确的方针原则恢复起来，把反对错了的改正过来，并根据时代的变化，适时实现新时期社会主义文化政策的重大调整。

二、教育事业的整顿和恢复高考

“文革”期间，教育遭到严重冲击，极左思潮在学校蔓延，整个国家的教育秩序被彻底打乱。教育领域的拨乱反正从推翻“两个估计”和恢复高考开始。

1977年8月4日至8日，邓小平主持召开科学和教育工作座谈会。关于教育，大家最关心“两个估计”的是非问题，主张改革高等学校现行招生制度，立即恢复文化考试。他明确指出：“对全国教育战线十七年的工作怎样估计？我看，主导方面是红线。”对于知识分子问题，他认为“知识分子绝大多数是自觉自愿地为社会主义服务的”。他提出要尊重教师，“就今天的现状来说，要特别注意调动教育工作者

---

① 《三中全会以来重要文献选编》(上)，中央文献出版社2011年版，第130页。

的积极性，要强调尊重教师。”对于高校招生问题，他提出：“今年就要下决心恢复从高中毕业生中直接招考学生，不要再搞群众推荐。”[①]招生的条件，政审主要看本人的政治表现。8月13日，教育部根据邓小平的指示，召开第二次全国高等学校招生工作会议，出台《关于1977年高等学校招生工作的意见》和《关于高等学校招收研究生的意见》。10月12日，国务院批准这一意见，宣布恢复高考招生制度和招收研究生制度，当年立即恢复高考招生。

推翻“两个估计”是教育领域拨乱反正的前提。1977年11月18日，教育部以大批判组名义发表题为《教育战线的一场大论战——批判“四人帮”炮制的“两个估计”》的文章，公开批判“两个估计”。1979年3月19日，中共中央撤销了“两个估计”的文件，并要求由此造成的冤假错案，尚未平反昭雪的，要抓紧解决。在历次政治运动中被错误打击、迫害的干部和师生员工予以平反昭雪和落实政策，有效地医治了内乱的创伤，调动起广大教育工作者的积极性。

1978年4月22日至5月16日，全国教育工作会议召开。会议就如何提高教育质量、提高科学文化的教学水平、加强学校秩序和纪律、教育事业如何同国民经济发展的要求相适应、提高教师政治地位和社会地位达成共识。各学校普遍恢复了教师职称评定工作。为早出人才、快出人才，2月，国务院批准了教育部《关于恢复和办好全国重点高等学校的报告》，恢复全国重点高等学校88所。12月，又批准恢复和增设普通高等学校169所。为与世界直接交流对话，1978年，教育部恢复向国外派遣留学生的做法，并根据邓小平“要成千上万地派”[②]留学生的意见，加大选派留学生数量。1978年和1979年中国派遣包括本科生、研究生及访问学者在内2230人出国。[③]

教育界拨乱反正完成后，确立了新时期教育发展战略。1980年12月3日，中共中央、国务院发出《关于普及小学教育若干问题的决定》，提出全国应在80年代基本实现普及小学教育的历史任务，有条件的地区还可以普及初中教育，推动基础教育的发展和普及。1981年2月22日，《中共中央、国务院关于加强职工教育工作的决定》发布，提出有计划地实行全员培训，建立正规的职工教育制度。1982年9月，中共十二大把发展教育列为社会主义现代化建设的战略重点，要求大力普及初等教育，加强中等教育和高等教育，发展包括干部教育、职工教育、农民教育、扫除文盲在内的城乡各级各类教育，培养各种专门人才，提高全民族的科学文化水

① 《邓小平文选》第2卷，人民出版社1994年版，第48—58页。

② 《邓小平年谱（1975—1997）》（上），中央文献出版社2004年版，第331页。

③ 参见［美］陆丹尼：《20世纪80年代中国留学政策的演变》，李喜所主编：《留学生与中外文化》，南开大学出版社2005年版，第402页。

平。1983 年，邓小平为北京景山学校题词："教育要面向现代化，面向世界，面向未来"①，提出"三个面向"的教育思想，后拓展为整个文化发展的思想。

三、向科学技术现代化进军

"文革"结束后，中国科技落后问题凸现出来。1977 年 8 月 12 日至 18 日，中共十一大召开，政治报告中明确提出"向科学技术现代化进军"的号召。

8 月 4 日至 8 日，邓小平邀请科教工作者座谈。他强调，国家要赶上世界先进水平，要从科学和教育着手。科学当然包括社会科学。9 月 18 日，中共中央发出关于召开全国科学大会的通知。同一天，根据邓小平的提议，恢复国家科学技术委员会，方毅为主任，以统一规划，统一调度，统一安排，统一指导协作。6 月开始筹备全国科学大会。筹备工作期间，根据中央的通知，全国上下兴起向科学技术现代化进军的热潮。各地分别制定科学技术发展规划；整顿和充实科研单位的领导班子，建立和健全党委领导下的所长分工负责制，取消院、所两级的革命委员会；重新建立学术委员会；建立各类人员的考核制度；落实党的知识分子政策，恢复技术职称，提拔了一批研究员、教授、工程师；对用非所学、安排不当的科技人员逐步予以调整；为保证"六分之五"的业务时间积极创造条件。

1978 年 3 月 18 日至 31 日，全国科学大会召开。华国锋主持会议。邓小平作重要讲话，宣布：中央召开这次会议的目的，就是动员全党全国重视科学技术，加速中国科学技术的发展。他阐述了科学技术是生产力这一马克思主义的基本观点；强调指出四个现代化，关键是科学技术的现代化，要努力培养一支浩浩荡荡的工人阶级的又红又专的科学技术大军，要有一大批世界第一流的科学家、工程技术专家，要向外国学习；明确在科研部门实现党委领导下的所长负责制。他指出，党委的领导主要是政治上的领导，为科技人员创造必要的工作条件，并表示自己"愿意当大家的后勤部长"。②华国锋发表了题为《提高整个中华民族的科学文化水平》的重要讲话。大会还表彰了 826 个先进集体和 1192 名先进个人，奖励了 7657 项优秀成果。

大会讨论并制定了《1978—1985 年全国科学技术发展规划纲要》，对自然资源、农业、工业、国防、环境保护等 27 个领域和基础科学、技术科学两大门类的科学技术研究工作进行规划，作了全面安排，从中确定 108 个项目作为全国科学技术研究的重点。《八年规划纲要》要求把农业、能源、材料、电子计算机、激光、空间、

---

① 《邓小平文选》第 3 卷，人民出版社 1993 年版，第 35 页。
② 《邓小平文选》第 2 卷，人民出版社 1994 年版，第 86—100 页。

高能物理、遗传工程等8个影响全局的综合性科学技术领域、重大新技术领域和带头学科，放在突出的地位，集中力量，做出显著成绩，以推动整个科学技术和整个国民经济高速度发展。规划纲要确定了一个时期科技战线的工作任务，推动了中国科技事业的发展。随着全国科学大会的召开和拨乱反正的推进，解除了旧的思想束缚，破除了精神枷锁，提出了一系列科技发展战略，并进行了广泛动员，中国科技事业的春天真正来临。

四、尊重知识，尊重人才

“文革”时期，存在严重的反智主义和歧视知识分子现象。“文革”结束后，国家的发展急需对知识分子进行重新定位和政策调整。粉碎“四人帮”后，党和政府对知识分子的理论与政策进行调整，核心是拨乱反正和落实政策。

首先是突破“两个估计”束缚，提出“尊重知识，尊重人才”的思想。1977年5月24日，邓小平指出：“靠空讲不能实现现代化，必须有知识，有人才。”“一定要在党内造成一种空气：尊重知识，尊重人才。”[①] 这是新时期知识分子政策的基本立足点。要“尊重知识，尊重人才”，首先需要解除知识分子的历史包袱。8月8日，邓小平在全国科学和教育工作座谈会上发表《关于科学和教育工作的几点意见》的讲话，指出：“应当肯定，十七年中，绝大多数知识分子，不管是科学工作者还是教育工作者，在毛泽东思想的光辉照耀下，在党的正确领导下，辛勤劳动，努力工作，取得了很大成绩。”[②] 邓小平不仅肯定新中国17年教育工作的成绩和广大知识分子的贡献，而且恢复和强调“知识分子是工人阶级一部分”。这一观点在落实知识分子政策时进一步强化。1978年11月3日，《中共中央组织部关于落实党的知识分子政策的几点意见》指出：“20多年来，我国广大知识分子，热爱党，热爱祖国，热爱社会主义，满腔热忱地从事科学文化教育事业，就是在遭受林彪、‘四人帮’严重迫害，工作极端困难的条件下，许多人仍然坚守岗位，表现出很高的政治觉悟。他们不愧是工人阶级自己的又红又专的知识分子队伍”。

随着“两个估计”的突破和“知识分子是工人阶级一部分”论断的提出，知识分子也由被“团结、教育、改造”的对象变为社会主义建设事业的依靠力量。1978年10月31日，胡耀邦在中共中央组织部召开的落实党的知识分子政策座谈会上提出：现在我们的知识分子队伍人数已有两千多万，整个知识分子队伍都发生了很大

---

① 《邓小平文选》第2卷，人民出版社1994年版，第40—41页。

② 《邓小平文选》第2卷，人民出版社1994年版，第49页。

的变化，新中国培养出来的知识分子已经占知识分子队伍中的绝大多数，从旧社会过来的知识分子中的绝大多数几十年来跟着党走，为社会主义事业而努力工作，因此，在新中国成立前后提出的以旧社会过来的知识分子为主要对象的团结、教育、改造这个方针，现在已经不适用了。在新中国成立几十年了，提对知识分子的团结、教育、改造，很容易造成对知识分子的歧视。1981 年 12 月 4 日，五届全国人大五次会议通过的《中华人民共和国宪法》明确规定："社会主义的建设事业必须依靠工人、农民和知识分子，团结一切可以团结的力量"。对知识分子在现代化建设中的重要地位和作用作出法律规定。

知识分子问题上另一个重要问题是对又红又专要有正确的理解、合理的要求。"文革"中鼓吹"知识越多越反动"，"宁要没有文化的劳动者"，把既无知又反动的交白卷的捧为"红专"典型，把孜孜不倦，刻苦钻研，为祖国的科学技术事业作出贡献的诬蔑为"白专"典型。对此，邓小平指出，白是一个政治概念。只有政治上反动，反党反社会主义的，才能说是白。不能把努力钻研业务和白扯到一起。"世界观的重要表现是为谁服务。""一个人，如果爱我们社会主义祖国，自觉自愿地为社会主义服务，为工农兵服务，应该说这表示他初步确立了无产阶级世界观，按政治标准来说，就不能说他是白，而应该说是红了。我们的科学事业是社会主义事业的一个重要方面。致力于社会主义的科学事业，作出贡献，这固然是专的表现，在一定意义上也可以说是红的表现。"①这就明确了红与专的标准以及"红"与"专"的关系问题。

中共中央在理论上正本清源的同时，抓紧落实政策。1978 年 10 月、11 月间，中组部先后召开两次落实知识分子政策的座谈会，会后，中共中央以中组部名义发布《关于落实知识分子政策的几点意见》，要求：一是对知识分子队伍应当有一个正确估计；二是继续做好复查和平反昭雪冤、假、错案工作；三是充分信任，放手使用，做到有职有权有责；四是调整用非所学，做到人尽其才，才尽其用；五是努力改善工作条件和生活条件；六是加强领导，改进作风。②1981 年中共中央成立知识分子工作联系小组，中组部和各地党委组织部门成立知识分子工作办公室，专门负责落实知识分子政策和解决历史遗留问题。1982 年 1 月 30 日，中共中央发出《关于检查一次知识分子工作的通知》，要求各级党委检查知识分子工作，认真落实中央关于知识分子的政策和归侨政策，进一步消除党内和社会上对他们的偏见。要真正做到：政治上一视同仁，工作上放手使用，生活上关心照顾。并要求把政治觉悟

① 《邓小平文选》第 2 卷，人民出版社 1994 年版，第 92 页。
② 《知识分子问题文献选编》，人民出版社 1983 年版，第 51—62 页。

高、业务能力强、工作干劲大、群众关系好的知识分子（包括非党知识分子），提拔到适当的领导岗位上来[①]。到1987年党的十三大前后，拨乱反正意义上的知识分子政策落实工作基本结束，党的知识分子政策发生全面的转变，尊重知识、尊重人才的观念和社会风气开始逐步形成。

五、社会主义精神文明建设为文化事业保驾护航

在中共十一届三中全会恢复和确立解放思想、实事求是的思想路线，实现把全党工作重心转移到社会主义现代化建设上来后，中共中央及时提出建设社会主义精神文明的战略任务，明确社会主义精神文明是社会主义的重要特征，不断丰富和发展社会主义精神文明建设的理论与实践。

1979年3月30日，邓小平在理论工作务虚会上讲话时，在深刻论述实现四个现代化，必须坚持四项基本原则时，还强调保持崇高的革命理想、提高人民的道德水平、转变社会风气和端正党风的极端重要性。实际上已经提出社会主义精神文明建设的一些根本性问题。9月，中共十一届四中全会讨论通过的《在庆祝中华人民共和国成立30周年大会上的讲话》中指出，“我们要在建设高度物质文明的同时，提高全民族的教育科学文化水平和健康水平，树立崇高的革命理想和革命道德风尚，发展高尚的丰富多彩的文化生活，建设高度的社会主义精神文明。”[②]正式提出“建设高度的社会主义精神文明”的任务。中共十二大全面阐述了社会主义精神文明建设的内涵。胡耀邦在报告中指出：“社会主义精神文明是社会主义的重要特征，是社会主义制度优越性的重要表现。”[③]并将社会主义精神文明的建设分为文化建设和思想建设两个方面，指出这两方面又是互相渗透和互相促进的。

粉碎“四人帮”以后，思想理论战线进行了拨乱反正、正本清源的工作。改革开放初期，中共中央一方面鼓励思想解放，以清除长期以来“左”的思想束缚，另一方面又防止矫枉过正，尤其防止思想在孕育、启蒙、探索时脱缰，注意思想理论引导。1979年1月，中共中央召开理论工作务虚会，总结理论宣传战线的经验教训，讨论思想理论上的重大原则问题，同时研究全党工作重心转移之后理论宣传工作的根本任务。1980年12月，邓小平在中央工作会议上讲话要求“批判和反对崇拜资本主义、主张资产阶级自由化的倾向，批判和反对资产阶级损人利己、唯利是

① 《知识分子问题文献选编》，人民出版社1983年版，第57页。
② 《改革开放30年重要文献选编》（上），中央文献出版社2008年版，第71页。
③ 《改革开放30年重要文献选编》（上），中央文献出版社2008年版，第275页。

图、‘一切向钱看’的腐朽思想，批判和反对无政府主义、极端个人主义”①。20世纪80年代初，抓住一些典型事例以正面教育为主，解决思想认识问题。一是关于人生观问题的大讨论。二是对电影《苦恋》的批评。三是关于人道主义和异化问题的讨论。为进一步统一全党全社会思想认识，1981年6月，中共十一届六中全会通过《关于建国以来党的若干历史问题的决议》，运用马克思主义的辩证唯物论和历史唯物论，对新中国成立32年来中国共产党的重大历史事件作出总结。

精神文明建设理论发展的同时，大规模的群众性社会主义精神文明建设活动逐步开展起来。1981年2月25日，全国总工会等9个单位联合发出《关于开展文明礼貌活动的倡议》，倡议开展以讲文明、讲礼貌、讲卫生、讲秩序、讲道德和心灵美、语言美、行为美、环境美为内容的“五讲四美”文明礼貌活动。5月，全国总工会党组、共青团中央、全国妇联党组开展推动学赶先进活动，以“同先进比差距，拜先进作老师”的精神，引导和推动越来越多的人尊重和学习各条战线的先进模范人物。1983年2月24日，中宣部等24个单位在继续开展“五讲四美”活动的基础上，增加了“三热爱”。“三热爱”即热爱祖国、热爱社会主义、热爱中国共产党。为加强思想政治工作的领导，中共中央发出《关于加强农村思想政治工作的通知》《关于批转〈国营企业职工思想政治工作纲要（试行）〉的通知》《关于新时期军队政治工作的决定》《关于改进和加强高等学校思想政治工作的决定》《关于改革和加强中小学德育工作的通知》等。这些举措对改善和净化社会风气，提升人民群众的道德素质，起到了积极的推动和促进作用。为推动社会主义精神文明建设的深入开展，1986年9月，中共十二届六中全会研究通过了《中共中央关于社会主义精神文明建设指导方针的决议》，实事求是地总结社会主义精神文明建设的成就和不足，进一步明确社会主义精神文明建设的指导方针和政策举措，为在新的历史时期加强社会主义精神文明建设指明了方向。

六、经验启示

“文化大革命”结束后，中共中央在文化领域采取了一系列方针政策对文化进行了拨乱反正，并随着时代发展采取了许多新的符合实际的举措。这些措施的恢复和举措的实行，促进了文化的恢复和发展，并及时开展了社会主义精神文明建设，为文化事业发展保驾护航。总结新时期文化事业的发展繁荣，我们认识到：第一，马克思主义经典理论历久弥新，永远不会过时，永远是指导文化工作和全国各项工

① 《邓小平文选》第2卷，人民出版社1994年版，第369页。

作的常青理论之树。马克思主义关于物质决定意识，意识反作用于物质的经典论述，是对新时期中国文化事业繁荣与社会主义建设伟大实践空前发展的最好注脚。今后的工作中一定要注意协调好二者的关系。第二，文化建设必须坚持与社会发展同步，在坚持被实践证明正确的政策措施基础上，要坚持理论创新，不断用新的理论成果来武装头脑，用新的政策举措来引导文化与社会发展相适应。第三，要处理好文化建设与思想建设的关系，文化建设有其自身发展规律，同时又与思想建设密不可分。处理和协调好二者的关系，才能保证二者协调持续发展。第四，中国特色社会主义文化建设的根本和前提是必须与中国国情相适应，必须是在中国共产党领导的社会主义建设的框架内进行。

（作者为中国社会科学院当代中国研究所助理研究员）

论邓小平 1975 年教育整顿的特点及影响

周艳红

1975 年的中国，人民群众的工作和生活依然笼罩在“以阶级斗争为纲”的政治氛围中，教育、科技、文艺等领域的工作依然在混沌中进行，老百姓依然看不到“出路在何方？希望在哪里？”但希望的曙光就在这一年出现了：1975 年初，邓小平出任中央军委副主席兼中国人民解放军总参谋长、中共中央政治局委员、中共中央副主席、中央政治局常委、第一副总理等职务①；1975 年 1 月 25 日，邓小平传达毛泽东“军队要整顿”的指示②，为邓小平主导的 1975 年全面整顿工作拉开了帷幕。这次整顿从军队开始，扩及铁路、钢铁、工矿企业、科技、文艺等各领域，教育整顿也随之悄然兴起。

一、教育整顿的缘起

“百年大计，教育为本。”教育界是“四人帮”反革命集团的“眼中钉、肉中刺”，在十年浩劫中遭受重创。在“以阶级斗争为纲”的错误理论指导下，我国教育领域矛盾重重：在行政领导权上，“知识分子领导”和“无产阶级领导”之间存在尖锐的冲突，夺权斗争此起彼伏；在教学体制和办学模式上，存在“关门办学”和“开门办学”两种截然不同的观点和主张；在教学内容和课程设置上，以“书本知识”还是“实践经验”为主要学习对象成为争论的核心内容之一；在师生关系上，坚持“师道尊严”还是以“革命战友”关系相处成为矛盾之一；在考试方法上，“闭卷考试”与“开卷考试”的矛盾愈演愈烈；在招生制度上，主张“文化考查”与实行“四大步骤”两种主张争论不休；在毕业分配问题上，是“镀金回城”还是“下乡扎根”存在显著矛盾；等等。③这些矛盾在实践中则表现为乱象重生：“白卷英雄事件”、“小学生日记事件”、“王亚卓事件”、“马振扶公社中学事件”等一系列扰乱教育秩序的恶性事件接连发生，真实地反映了“教育革命”不仅没能实现“天下大治”的夙愿，反倒严重破坏了各级各类学校的正常教学秩序，扰乱了人民群众的教育理念，大大降低了我国教育质量和教育水平。

---

① 《邓小平年谱（1975—1997）》（上），中央文献出版社 2004 年版，第 15—17 页。

② 《邓小平年谱（1975—1997）》（上），中央文献出版社 2004 年版，第 18 页。

③ 程晋宽：《“教育革命”的历史考察：1966—1976》，福建教育出版社 2001 年版，第 400—408 页。

久乱思治。经历了十年摧残的广大教育界人士和普通民众由衷地期盼能有一个安静祥和的读书环境，能够通过学习来实现人生理想和社会和谐。邓小平主持、周荣鑫主抓的1975年教育整顿就在这样的期盼中呼之欲出了。

二、教育整顿的过程

1966年开始的“文化大革命”是打着“文化革命”的旗号、在文化领域进行、以教育和学校为主战场展开的一场动乱。“文化大革命”伊始，教育部门就被“四人帮”等反动力量把持，学校成为“文化革命”的“重灾区”，教师和学生成为被打压的首批对象，大量教师被打倒，众多教育界人士被错定为“反动学术权威”、“特务”以及“反革命修正主义分子”等。据《中华人民共和国最高人民检察院特别检察厅起诉书》中记载：在教育界，仅教育部直属单位和17个省市高校，受诬陷、迫害的人数就达到14.2万之多，著名学者熊庆来、翦伯赞等就在其中①。其中幸运的人到“文革”结束时被释放，不幸的人则直接被批斗致疯、致死。

教育整顿是邓小平1975年全面整顿中绕不开的环节。1975年3月8日，邓小平同叶飞谈话时指出，“目前我首先要抓铁路、钢铁、煤炭、军工，还有教育。”②可见，邓小平早就开始考虑教育整顿问题，只是迫于现实顾虑，着手教育整顿的步伐相对迟缓。9月19日，他在会见胡乔木时强调，“军队要整顿，地方也要整顿，工业、农业、文教、文艺等都要整顿。”③这里所说的“文教”就是指的文化教育，教育整顿从此进入实施阶段。9月26日，在听取胡耀邦等人工作汇报时，邓小平提出，科技工作要后继有人，这是对教育部门提出的要求。他指出，“我们有个危机，可能发生在教育部门，把整个现代化水平拖住了。”④发展高等教育成为解决科技问题的突破口，同时也为我国高等教育的发展指明了方向。

教育整顿是一个渐进的过程。早在1975年5月，教育部长周荣鑫就着手准备教育整顿与改革事宜。他通过召开各种会议对教育领域问题进行调查研究。调查工作围绕以下主题展开：如何认识教育在国民经济中的地位？如何看待建国后17年的教育路线？知识分子的大多数是否是资产阶级知识分子？通过调查，周荣鑫了解到教育界问题严重，倍感痛心，深感责任重大。随后，周荣鑫先后多次发表针对性极强的讲话，明确表示教育界存在的主要问题是极“左”思潮。他认为教育的根本问

① 席宣、金春明：《“文化大革命”简史》，中共党史出版社2006年版，第320页。
② 《邓小平年谱（1975—1997）》（上），中央文献出版社2004年版，第26页。
③ 《邓小平年谱（1975—1997）》（上），中央文献出版社2004年版，第100页。
④ 《邓小平文选》第2卷，人民出版社1994年版，第34页。

题出在教育部门的领导和管理上，并非学校领导的问题，更不是教师的问题。[①]他义正词严的讲话在教育界引起了强烈反响与共鸣，教育界人士普遍感叹“这回教育有救了”。在周荣鑫的带领下，教育界在短时间内呈现出欣欣向荣的景象，甚至抵制住了来自“四人帮”的错误宣传，出现了教育部及相关报刊一度停止宣传“朝农经验”的可喜景象。

1975年的教育整顿，严格来说，以9月15日邓小平明确提出“教育也要整顿”为标志，分为前后两个阶段。[②]

第一阶段（即1975年5月至9月）的工作主要由周荣鑫牵头，在隐蔽状态下进行。1971年《纪要》中所提出的“两个估计”[③]就像一把利剑，悬在教育界每个人头顶，窒息着整个教育界的空气。经实地调查后，周荣鑫认为，“文化大革命”以来教育界存在的诸多问题责任应归咎于教育部门的领导，因此，教育整顿首先要整顿的是教育思想。为此，周荣鑫等人深入扎实地做了以下三件事情：一是认真学习，深化认识。周荣鑫组织教育部内部各单位认真总结，认真学习中央文件和毛泽东、周恩来、邓小平的指示，深刻理解中央精神。二是调查研究，澄清问题。周荣鑫等人有计划地组织召开各种座谈会和讨论会，细致入微地了解情况，就教育方面的重大是非问题与各级领导和各界同仁交换意见，力求划清界限。三是办好刊物，搭建平台。创刊于1972年的内部刊物《教育革命通讯》为教育讨论与交流搭建好平台，引导教育战线分清是非，廓清迷雾，划清界限，营造良好的风气和氛围。

第二阶段从1975年9月邓小平提出“教育也要整顿”的论断开始。周荣鑫前期的调查研究、资料收集和整理为邓小平着手教育整顿奠定了基础。1975年邓小平在农业学大寨会议上指出，“工业要整顿，农业要整顿，商业也要整顿，文化教育也要整顿，科学技术队伍也要整顿。”[④]邓小平在强调经济发展的同时积极倡导整顿教育，是为了实现四个现代化的需要，也是为了重新确立教育基础性地位的需要。9月26日，邓小平主持国务院会议，听取胡耀邦等人汇报中国科学院工作，详细听取了《科学院工作汇报提纲》。邓小平在会上指出，“我们有个危机，可能发生在教育部门，把整个现代化水平拖住了。比如我们提高工厂自动化水平，要增加科技人

---

① 张化：《邓小平与1975年的中国》，中共党史出版社2004年版，第405—406页。

② 程中原、夏杏珍：《邓小平与1975年整顿》，人民出版社2004年版，第355页。

③ 所谓“两个估计”，是在1971年《全国教育工作会议纪要》中提出的。其主要内容是对“文化大革命”前十七年教育工作的基本评价，即新中国成立后“毛主席的无产阶级路线基本上没有得到贯彻执行”，“资产阶级专了无产阶级的政”，是“黑线专政”；大多数教师和新中国成立后培养的高等学校学生的“世界观基本上是资产阶级的”，是“资产阶级知识分子”。

④《邓小平思想年谱（1975—1997）》，中央文献出版社1998年版，第18页。

员，这就要靠教育。”[①]他还指出“教育战线也要调动人的积极性”[②]。10月4日，邓小平明确批评林彪、“四人帮”没有完整理解毛泽东思想，还以学校教育为例加以说明，从而强调学校教育的重要性。邓小平的多次讲话清晰地展示了他关于教育整顿的主旨思想：一是要凸显教育在“四个现代化”建设中的重要地位；二是主张办好大学，学校应以教学为主；三是重视教师的作用，突出教师的地位，倡导提高教师的劳动积极性。[③]

教育部长周荣鑫和副部长李琦等鉴于教育部内部情况复杂，深感有责任和义务将教育战线的问题如实向中央领导汇报，故在隐蔽状态下，亲自主抓、找人单独谈话，由方玄初执笔起草《教育工作汇报提纲》。《教育工作汇报提纲》是邓小平思想在教育领域的具体体现。

然而，理性的设想在非理性的时代也没能发挥其应有的作用，当《教育工作汇报提纲》推进到第三稿时，刘冰等人写信状告迟群、谢静宜的事件发生了，“四人帮”借用这个机会大肆掀起“反击右倾翻案风”，《教育工作汇报提纲》就此夭折。尽管该《汇报提纲》没能付诸实践，但教育整顿精神的春风已经在教育界不胫而走，教育界人士奔走相告，倍受鼓舞。“反击右倾翻案风”这股逆流的袭来，使得邓小平再次被打倒，教育部长周荣鑫则于1976年4月13被批斗致死。1975年教育整顿就此告一段落。

三、教育整顿的特征

教育在“文化大革命”全过程中占据着举足轻重的地位。一方面，基于经济基础决定上层建筑的唯物史观思考，邓小平主持1975年全面整顿的重点放在了交通系统和经济领域，力图尽快恢复国民经济形势，改善物质生活条件；另一方面，教育界是“文化革命”的“重灾区”，其领导权一直把持在“四人帮”及“左”倾“黑干将”手里，受“左”倾思想影响深重。对教育界开刀，就意味着对“左”倾思想开刀，就意味着与“文化大革命”的基调针锋相对，因此，教育整顿比其他领域整顿显得更复杂、更艰难，并由此呈现出不同于其他领域整顿的特征。

（一）隐秘性

尽管早在1975年3月邓小平就已经明确了“教育也要整顿”的思想，却迟迟未能付诸实践，而只是在隐秘状态下进行各种调查研究和资料收集的准备工作。四

① 《邓小平文选》第2卷，人民出版社1994年版，第34页。

② 《邓小平文选》第2卷，人民出版社1994年版，第34页。

③ 程中原、夏杏珍：《邓小平与1975年整顿》，人民出版社2004年版，第377页。

届全国人大一次会议后，在邓小平的授意下，新任教育部长周荣鑫、副部长李琦等开始在教育领域着手调查研究。从5月到9月初，他们由内而外组织召开了人数和规模不等的各类座谈会和讨论会，围绕教育基础理论问题收集基层意见，诸如：教育与经济基础是否相适应的问题、当前知识分子的主流问题、大学人才培养目标问题、学校发展的核心力量问题等。经过深入细致的调研与探讨，教育界的现实难题及破解对策在酝酿中萌生。

《教育工作汇报提纲》的编撰和起草工作也是在隐秘状态下进行的。起草该《汇报提纲》的目的旨在让中央领导了解教育界的真实情况。其起草在隐秘状态下由周荣鑫和李琦主抓，他们通过调查走访、个别访谈等途径收集到教育界人士的中肯意见和真实想法，由方玄初执笔。尽管该《汇报提纲》没能付诸实施，但却在教育界刮起了一阵暖心的春风，起到了思想引领的作用。

（二）敏感性

"教育革命"是"文化大革命"的终极目标之一。[①]"文化大革命"以来，教育界一直是重灾区：从高校到中小学，常规的教学秩序被打乱，日常的教学工作无法正常进行，学生无法正常升学和继续接受教育，升学和就业的矛盾成为摆在广大青年学生面前的现实困境。积极拥护和支持毛泽东的广大青年学生纷纷响应毛泽东"广阔天地，大有作为"的号召，"上山下乡"，"接受贫下中农再教育"，人才队伍的可持续发展遭遇严重挫折；各级各类学校和科研院所的老师和学者们大多被扣上了"资产阶级反动学术权威"、"黑帮"、"走资派"、"反革命修正主义分子"、"臭老九"的帽子而被打倒。他们或是蹲牛棚，或是进"五七"干校，或是在批斗中致死，灾难深重。此处仅以北京、上海、天津为例进行不完全统计（见表1）

表1　红卫兵"文革"期间抄家数据统计

城市	抄家（户）	统计截止时间
北京	32600	1966年9月底
上海	84200	1966.8.23—9.6
天津	12000	——

资料来源：席宣、金春明：《"文化大革命"简史》，中共党史出版社2006年版，第106页。

另据材料统计，在当时的成就卓越的学者、专家、教授被批斗的不仅限于教育界，其他各个部门均灾难深重。具体数据如表2。

① 程晋宽：《"教育革命"的历史考察：1966—1976》，福建教育出版社2001年版，第294页。

表 2　文化界受批斗情况汇总表

行业	范围	受迫害人数	代表人物
教育界	教育部所属单位和 17 个省市	14.2 万	熊庆来、翦伯赞
科学技术界	中国科学院直属单位、第七机械工业部的两个研究院、17 个省市	5.3 万	赵九章、叶渚沛
卫生界	卫生部直属 14 个高等医学院校，共计 674 名教授、副教授	500 多人	胡正祥、张昌绍
体育界	干部和教练	—	荣国团、傅其芳
文艺界	文化部及其直属单位	2600 多人	老舍、赵树理

资料来源：席宣、金春明：《“文化大革命”简史》，中共党史出版社 2006 年版，第 320—321 页。

教育领导权一直被“四人帮”主持下的“左”倾思想支持者把持着，教育界的任何风吹草动带来的都是牵一发而引起大矛盾的后果。所以，教育整顿是一条敏感的神经，尽管大家都能意识到其错误，意识到需要严加整顿，却难以下手；也正是因为其敏感性，致使 1975 年全面整顿因教育整顿而夭折；也还是由于其敏感性，上任不到一年的教育部长周荣鑫被打倒，并于 1976 年 4 月 13 日在教育部办公室中被批斗致死。

（三）滞后性

邓小平领导的 1975 年整顿，其首要目标不在于教育整顿，他是希望通过对铁路交通系统的恢复和工业企业的整顿来恢复国民经济发展，提高人们的物质生活水平。基于此种考虑，全面整顿的起点始于铁路交通系统的整顿，直到军队、铁路、工矿企业等领域的整顿初见成效后，邓小平才明确提出了“教育也要整顿”的主张。由此过程我们可以看到，教育整顿在整个 1975 年整顿中具有一定的滞后性，但这种滞后性又是必然的，它是由各种原因综合促成的。

（四）开创性

教育整顿之所以隐秘、滞后、敏感，都是因为教育是一项塑造人的思想和行为的工作，这一特性决定了对其整顿的艰难与复杂的程度远胜于其他领域。“十年树木，百年树人。”教育关乎国家和民族的未来，教育兴则民族强，教育衰则民族弱。站在时代的拐点，回望教育发展道路上的崎岖与坎坷，作为负责任的领导者和战略家，邓小平深感大学教育改革势在必行。

为了提高大学教育的质量，邓小平果敢地提出破除“文化大革命”时期的招生制度，积极倡导从高中毕业生中择优录取，“科学院要把科技大学办好，选数理化好的高中生入学，不照顾干部子弟。这样做要是犯错误，我首先检讨。”① 他不仅明确

① 《邓小平文选》第 2 卷，人民出版社 1994 年版，第 34 页。

了招生制度的改革，还打破了传统的干部子弟优先的原则，实行教育公平。此开创性举措的推行，引领了新时期教育发展的正确方向，为改革开放以来教育人才的大量培养和中国科学技术实力的突飞猛进奠定了良好基础，为中国特色社会主义建设输送了可靠的人才队伍。

（五）反思性

1975年的邓小平，经历了“文化大革命”初期被打倒，体验了江西南昌新建县拖拉机厂三年半的疏离，饱读了马克思主义经典著作和中国历史典籍，对很多问题形成了深刻认知，对教育问题的理性认知和深刻反思也是其厚积薄发的理论成就。他的反思体现在：一是对教育质量的反思。他指出，“教育方面存在不少问题，现在老师积极性不高，学生也不用心学，教学质量低，这样下去怎么能实现四个现代化？”①“有些大学只是中等技术学校水平，何必办成大学？”②可见，他对教学质量表示不满，并有了自己的疑问和思考。他的这种不满实际上是对“文化大革命”中的不正常现象进行反思，他的整顿工作实质是改革的试验。二是对教学方式的反思。1968年毛泽东的“七二一指示”成为“教育革命”的指导思想，高校也随之实行“开门办学”。这样一来，教学质量大打折扣，贻误了青年一代的教育和成长，造成了党和国家人才队伍的断层，后果极为严重。③据材料显示，“高等学校和中等专业学校的教学被长期中断，使我国少培养大学毕业生100多万，中专毕业生200万，少培养了几百万青年人才。在我国科学技术队伍的组成上，出现了一个长达10年以上的空白。”④其后果是在旧文盲未被扫除的情况下，又产生了大批新文盲。据1982年人口普查统计结果显示，我国文盲和半文盲达到2.3亿人，其中很多都是由于“文化大革命”期间教育中断而造成。⑤邓小平深感痛心，他指出“要后继有人”。⑥三是对招生制度的反思。“文革”时期实行的是“群众推荐、领导批准和学校复审相结合的办法”，即工农兵学员免试上大学。学员知识基础相当贫乏，无法适应大学教学内容，邓小平因此发问：“大学究竟起什么作用？培养什么人？”⑦鉴于此，邓小平明确提出了“选数理化好的高中毕业生入学”⑧，为招生制度的改革确定了方向和基调。

---

①《邓小平年谱（1975—1997）》（上），中央文献出版社2004年版，第91页。

②《邓小平文选》第2卷，人民出版社1994年版，第34页。

③ 何沁：《中华人民共和国史》，高等教育出版社2009年版，第235页。

④ 席宣、金春明：《“文化大革命”简史》，中共党史出版社2006年版，第319—320页。

⑤ 席宣、金春明：《“文化大革命”简史》，中共党史出版社2006年版，第320页。

⑥《邓小平文选》第2卷，人民出版社1994年版，第33页。

⑦《邓小平文选》第2卷，人民出版社1994年版，第33—34页。

⑧《邓小平文选》第2卷，人民出版社1994年版，第34页。

四、教育整顿的影响

1975 年的教育整顿是中国教育界在经历了十年“文革”浩劫之后的一线曙光，带给了教育界乃至全社会无限希望和遐想，教育界人士普遍感叹“教育有救了”。

首先，邓小平主持的 1975 年教育整顿唤醒了人们对教育的期待和敬仰，扭转了教育界的混乱认识，促进了人民群众教育思想的觉醒和统一。经过这次整顿，人民群众普遍认识到教育的重要性，从而为在粉碎“四人帮”后的“拨乱反正”中更加自觉自愿、积极主动地贯彻各项教育政策和方针奠定了思想基础。据江苏省统计，恢复高考的第一年（1977 年）是新中国成立以来报考人数最多的一年。仅就江苏省的录取情况来看，1978 年 3 月全省共录取新生 9556 人，后又扩招 4896 人，合计招生 14420 人[①]。统一教育思想后人民群众投身教育的积极性可见一斑。这些通过高考走向人生坦途的人改变的不只是其自己和家人的命运，更有幸成为国家新一轮建设和发展征途中重要的一员。

其次，邓小平主持的 1975 年教育整顿提出了一系列改革教育的具体措施，为“拨乱反正”后的教育改革、恢复高考等一系列科学的方针政策推行奠定了坚实的思想基础，迎来了中国教育的春天，从而间接地为中国的改革开放与社会发展提供了精神动力和智力支持。

再次，邓小平主持的 1975 年教育整顿为邓小平第三次复出赢得了民心和支持，为“四人帮”倒台和后来邓小平的再次复出以及其领导的改革开放奠定了良好的群众基础。1975 年的教育整顿，受影响最大的有两大人群，一是早已成长起来的知识分子，二是正在成长中的青年人。这两大人群的发展和成长，事关中国发展的前途，得到了他们的支持，就等于为中国的社会主义建设和发展提供了坚实的人才力量。

四十年风雨兼程，邓小平主持的 1975 年教育整顿以开创性的思维引领了中国教育发展的方向。尽管历经曲折，但前途光明，在后来的改革开放及中国特色社会主义建设的征程中，为我国的教育改革与发展提供了丰富的实践经验。

（作者为赣南师范大学中国共产党革命精神与文化资源研究中心讲师，
中国社会科学院研究生院博士生）

① 马征里:《新中国成立 60 年江苏省教育大事记》(12),《江苏教育报》2009 年 10 月 19 日，第 2 版。

改革开放时期城市史：当代中国史研究新课题

王凛然

改革开放以来，城市发展的生动实践推动了中国城市史研究的长足进步。不过，城市史研究却极少涉足改革开放时期的城市发展。实践与理论的脱节，使得这一时期城市发展进程、城市发展规律，以及其间的城市社会变迁、城市人民生活等核心议题仍有待于历史学界的讨论。基于此，本文对改革开放时期城市史研究的现状、意义、途径等展开初步的分析，以期有助于学界对相关议题的逼近。

一、中国城市史研究现状与不足

虽然中国的城市已经有了数千载的演化史，但学术意义上的中国城市史研究至今才五六十年而已。从20世纪70年代开始，受"中国中心论"、"地方史研究"以及"草根研究"等学术潮流冲击，美国的中国史研究者们率先将注意力更多地从政治外交、国家全局、上层精英转向下层社会、区域地方与基层民众。英语世界的中国城市史研究由此得以兴起。数十年来，从"城乡关系"到"大型都市"，再到"深入中国腹地的中小市镇"，虽然选题有所变化，方法有所更新，但总体上保持了欣欣向荣的态势，至今方兴未艾。[①] 改革开放以来，欧美新史学的理论与方法被陆续译介而为中国学界所了解。恰在此时，中国开始了大规模、快速度的城市化进程。城市的发展吸引了中国史学工作者将目光投向城市历史的研究领域。1986年，上海、天津、重庆、武汉四座近代城市研究被列入国家"七五"社科规划重点项目。此后，城市史研究机构、研究团体成立，城市史学术会议召开，城市史研究队伍壮大，城市史研究著作、论文涌现。作为史学研究大家庭中的年轻一员，中国城市史研究展现出了勃勃的生机与活力。这其中，单体城市研究、区域城市研究、城市整体研究、城市经济与城市发展动力研究、市政建设与城市管理研究、城市社会与公共空间以及城市大众文化研究等方面都取得了十分丰硕的学术成果。[②]

大醇小疵，任何新生的学术领域都会存有瑕玷与不足，中国城市史研究亦是

---

① 卢汉超：《美国的中国城市史研究述评》，李小兵、田宪生编：《西方史学前沿研究评析》，上海辞书出版社2008年版，第24—36页。

② 何一民：《城市史》，曾业英编：《当代中国近代史研究（1949—2009）》，中国社会科学出版社2014年版，第378—394页。

如此。其实，从20世纪80年代中国城市史研究刚起步开始，已陆续有学者从不同角度对其中的问题进行了深入的剖析。[①] 但到目前为止，还少有研究者从研究对象的时间限阈角度观察其中的问题，而这样的观察于今日而言并非微不足道。阅读大量的中国城市史论著后，从时间角度看，我们发现迄今为止关于改革开放时期城市史的研究型著作还较为少见。[②] 在仅有的几部中国城市通史性著作中，一般都止步于1949年，涉及1978年以后的极少。[③] 对这一阶段城市发展的研究与探讨，我们虽然可以看到经济学、社会学、地理学等诸多学科的介入，却鲜见中国历史学者的研究成果。[④]

事实上，进入新世纪以来，党和政府已经注意到改革开放时期城市史研究的重要性。2002年由中共中央书记处通过，当代中国研究所牵头的《当代中国城市发展》丛书的科研规划，就涉及改革开放时期城市历史。此后，这一丛书陆续出版了《哈尔滨》《杭州》《重庆》《北京》等十余卷。由于这些著作大多由当地党委、政府或史志办组织编写，城市实际工作者提供素材，具有很高的权威性与史料价值。这一丛书的陆续出版促进了当代中国城市历史的文献整理，丰富了当代中国城市历史的史料编研，也为改革开放时期城市史研究的开展提供了准备。此外，在社科规划层面，国家哲学社会科学规划办于2014年、2015年、2016年度连续三年将“改革开放以来城市发展与社会变迁研究”列入国家哲学社会科学基金“中国历史”学科年度项目选题中。虽然国家层面多有鼓励，但学界反应平平。在CNKI文献数据库中，以关键词或主题词“城市”，叠加学科领域“中华人民共和国史”，或学术刊物《当代中

---

① 如何一民、曾进：《中国近代城市史研究的进展、存在问题与展望》，《中国文化论坛》2000年第4期；吴良镛：《中国城市史研究的几个问题》，《城市发展研究》2006年第2期；董佳：《新时期中国近代城市史研究》，《中国社会科学报》2016年4月5日，第A5版；等等。

② 极少数以改革开放时期城市历史为主题的著作，大都是以“城市”为背景的改革开放时期地方史，虽对这一时期城市中发生的重大事件与成就做了客观记录，但对城市史核心研究内容的城市功能、特征、城市发展规律，以及城市社会结构、城市个人生活等着墨较少。

③ 如曹洪涛、刘金声：《中国近现代城市的发展》，中国城市出版社1998年版；傅崇兰、白晨曦、曹文明等：《中国城市发展史》，社会科学文献出版社2009年版；[日]斯波义信：《中国都市史》，布和译，北京大学出版社2013年版；何一民：《中国城市史》，武汉大学出版社2012年版；等等。

④ 各学科中较有代表性的，如王兴中的《中国城市社会空间研究》（科学出版社2000年版），John R. Logan的*Urban China in Transition*（Blackwell，2008）对改革开放后中国城市空间的重构及其间多种关系等地理问题进行了梳理。边燕杰的*Work and Inequality in Urban China*（State University of New York Press，1994）、李强等的《城市农民工与城市中的非正规就业》（《社会学研究》2002年第6期）、[美]张鹂的《城市里的陌生人——中国流动人口的空间、权力与社会网络的重构》（江苏人民出版社2014年版）对改革开放后城市流动人口、居民分层等社会问题进行了剖析。沈悦等的《住宅价格与经济基本面：1995—2002年中国14城市的实证研究》（《经济研究》2004年第6期）、陆铭等的《城市规模与包容性就业》（《中国社会科学》2012年第10期）对改革开放后城市土地制度、城市规模经济效益等经济问题进行了探讨；等等。

国史研究》等进行复合检索，得到改革开放时期城市史论文寥寥无几。[①] 而国家社科基金的改革开放时期城市史选题，学术界则至今仍乏人问津。

二、改革开放时期城市史研究意义

史学研究是史料与“问题意识”的结合，史学领域的开拓与史料收集密切相关。改革开放时期城市史研究的文字史料、实物史料、声像史料和数字化史料等史料积累都极其丰富。历史学者较少介入改革开放时期城市历史，主要不是史料方面的原因，而是史学研究的一个潜在疑虑：改革开放时期的史学研究者能否进入改革开放同时段，甚至同空间下的历史呢？关于这一点，古希腊历史学家修昔底德曾给予明确的肯定。作为同程参与伯罗奔尼撒战争的雅典人，修氏在《伯罗奔尼撒战争史》开篇即言：“修昔底德，一位雅典人，在伯罗奔尼撒人和雅典人之间的战争爆发之时，就开始撰述这部战争史了。其所以如此，是因为他相信这将是一场重大的战争，比以前的任何一场战争都更值得记述”。[②] 换言之，一个事件是否应纳入历史学家的视野，主要应考虑这一事件是否会对后人产生重要影响，“值得记述”，从而能为现实活动提供借鉴与启示。梁启超说：“什么是历史的目的？简单一句话，历史的目的在将过去的真事实予以新意义或新价值，以供现代人活动之资鉴。”[③] 从这一角度看，改革开放时期城市历史，因其具有的重大学术意义与现实意义，理应尽快提上研究的日程。

以学术意义而言，改革开放时期城市史研究需要历史学者的参与。如前所述，非历史学科已经在城市研究领域产生了大量有价值的成果，并对我们认识这一时期的城市发展作出了重要的贡献。但是，这些研究存有相当大程度的不足。因为，非历史学科的研究多为社会科学方法下针对单体城市局部问题的研究，这些研究多是对西方理论模型或直接或间接的移用，虽有较强的借鉴意义，但立足于改革开放大背景下中国城市历史与特质的分析还有待加强。同时，这些研究多针对因城市发展而起的共时性、现实性、必然性问题，缺少历时性、长时段、既关注必然性也关注

① 仅见的有代表性的论文如萧冬连：《中国七十年代末的就业危机与城镇非国有经济的发展契机》，《中共党史研究》2006 年第 1 期；张太原：《20 世纪 90 年代中国城市居民的文化消费——以北京为例》，《当代中国史研究》2007 年第 1 期；陈亚杰：《二十世纪八十年代中国城市经济体制综合改革试点述论》，《中共党史研究》2011 年第 9 期；程美东、侯松涛：《改革开放以来中共处置城市群体性突发事件的经验》，《中共党史研究》2012 年第 4 期；等等。

② ［古希腊］修昔底德：《伯罗奔尼撒战争史》（上），徐岩松译注，世纪出版集团、上海人民出版社 2012 年版，第 35 页。

③ 梁启超：《中国历史研究法》，中国人民大学出版社 2012 年版，第 139 页。

偶然性的历史学角度的介入。美国社会学家米尔斯曾一针见血地指出："非历史研究通常易成为对有限环境的静态或短期性的研究。但这是一种期望而已，因为在更宏大的结构发生变迁时，我们更容易认识这些结构，而只有在我们拓展视野，使它包括一个恰当的历史阶段时，我们才有可能了解这些变迁。"[①] 就改革开放时期城市发展而言，正是在城市经济结构、社会结构、城乡结构等发生巨大变迁的背景下展开的，历史学视角下的改革开放时期城市史研究可以使我们对其中的过程有更清晰地认识。正如德国社会学家马克斯·韦伯所言，抽象理论象征着一个开始，而不是对历史细节分析的结论。而没有历史学者的参与，我们难以获得对城市本质和城市化进程更全面的认识。[②]

此外，从城市史与国史研究的需要出发，尽快跨越1978年的时间限界也有利于相关专业研究的增长与繁荣。目前，中国城市史研究领域，古代城市史、近代城市史研究成果较为丰硕，当代城市史，特别是改革开放时期城市史研究较为薄弱。《易·系辞上》曰："往来不穷谓之通"，[③] 只有打通从"鲧作城郭"到改革开放时期城市历史全过程，我们对中国城市通史的理解才会更加深刻。国史研究（特别是改革开放史研究）领域，城市史研究更是尚处于起步阶段。诺贝尔经济学奖得主斯蒂格利茨曾断言："本世纪影响世界发展的最大两件事：一是美国高科技产业，二是中国的城市化"。[④] 作为国家经济、政治、社会、文化等方面活动的中心，作为中国改革开放与现代化建设的引擎，研究这一时期城市历史，有助于丰富我们对整个中华人民共和国政治、经济、社会、文化等方面的理解，从而推进国史研究的深入。

以现实意义而言，改革开放时期城市史研究需要历史学者的参与。改革开放时期城市史研究可以为今后城市规划建设提供历史依据，为探索中国特色的城市发展道路提供启示。新中国成立后，特别是改革开放以来，中国城市化水平迅速提升，城市面貌焕然一新，城市发展取得了举世瞩目的成绩。进入新时期以来，中国城市发展在取得巨大进步的同时，也面临着转变城市发展方式、提高城市治理能力、着力解决城市病等重大而突出的现实问题。十八大以来，党和国家高度重视城市发展，编制了《国家新型城镇化规划（2014—2020）》，召开了中央城市工作会议，对城市工作作出了新部署，对城市发展提出了新课题。列宁指出："在社会科学问题

---

① ［美］C. 赖特·米尔斯：《社会学的想象力》，陈强、张永强译，生活·读书·新知三联书店2005年版，第160页。

② ［美］安东尼·奥罗姆、陈向明：《城市的世界——对地点的比较分析和历史分析》，曾茂娟、任远译，世纪出版集团、上海人民出版社2005年版，第57—58页。

③ 《周易正义》卷七，《十三经注疏》，中华书局1980年版，第82页，转引自刘家和：《论通史》，《史学史研究》2002年第4期。

④ 范恒山、陶良虎编：《中国城市化进程》，人民出版社2009年版，第3页。

上有一种最可靠的方法，它是真正养成正确分析这个问题的本领而不致淹没在一大堆细节或大量争执意见之中所必需的，对于用科学眼光分析这个问题来说是最重要的，那就是不要忘记基本的历史联系，考察每个问题都要看某种历史现象在历史上怎样产生、在发展中经过了哪些主要阶段，并根据它的这种发展去考察这一事务现在是怎样的。”① 马克思也说过："人们自己创造自己的历史，但是他们并不是随心所欲地创造，并不是在他们自己选定的条件下创造，而是在直接碰到的、既定的、从过去继承下来的条件下创造。”② 今日中国的城市现状是历史城市发展的延续，特别是改革开放以来城市发展的延续。以能反映城市发展水平的城镇人口比重而言，国家统计局的数据显示，经过数千年的发展，至 1949 年止，中国城镇人口占总人口的比重仅为 10.64%，而“1978 年提高到 17.92%，2011 年突破 50%，达到 51.27%，2013 年进一步上升到 53.73%，比 1949 年提高 43.09 个百分点，年平均上升 0.66 个百分点，其中 1979—2013 年年平均上升 1.02 个百分点”。③ 这是数千年中国城市演化历史中前所未有的奇迹。今日中国城市正是在新中国成立以来，特别是改革开放三十余年城市发展历史这一“直接碰到的、既定的、从过去继承下来的条件”下形塑出来的。如何建设“和谐宜居、富有活力、各具特色”的现代化城市，除了社会科学的研究外，我们需要从改革开放时期城市发展的历史研究中寻找答案。

三、改革开放时期城市史研究途径

历史学的首要功用在于还原事实，但对于内容极其丰富的改革开放时期城市历史，我们应该还原哪些事实？如何还原这些事实呢？英国历史学家卡尔认为，“并不是所有关于过去的事实都是历史事实，或者过去的事实也并没有全部被历史学家当作历史事实来处理。”④ 卡尔提醒我们，研究内容需要有所取舍，而取舍的要求取决于研究顺序的先后以及研究意义的大小。对于尚处于知识重建时期的改革开放时期城市史，囿于研究紧迫性的先后，即来自于上文所言之学术意义与现实意义的缘故，须有所重点。

改革开放时期城市史研究可以从单体城市出发，目标于城市发展规律的认识。中国近代城市史是以上海、重庆、天津、武汉四个单体城市为突破，“总结了各自城

① 《列宁选集》第 4 卷，人民出版社 1995 年版，第 26 页。

② 《马克思恩格斯选集》第 1 卷，人民出版社 1995 年版，第 585 页。

③ 中华人民共和国国家统计局编：《新中国六十五年》，中国统计出版社 2014 年版，第 37 页。

④ ［英］E. H. 卡尔：《历史是什么？》，陈恒译，商务印书馆 2009 年版，第 91 页。

市发展的阶段性波动、特点与规律，开创了近代城市史研究新局面”。[①]从史学发展规律看，改革开放时期城市史研究也应起步于单体城市与个案研究。我们既需要关注深圳、上海、天津等改革开放前沿城市，也需要重视重庆、西安、兰州等后发展城市，还需要探讨江阴、乌镇等中小城镇的演进。既需要梳理城市的空间、功能、结构，也需要关注城市发展中问题与矛盾的形成与化解。在此基础上，我们逐渐总结出具有全局性的城市发展的规律。毋庸讳言，正如海外中国城市史学者所言：“中国社会的历史无比悠久，经历了多次变迁，国土面积辽阔，不同土地的风情及复杂性超出了人们的想象”。[②]特别是改革开放以来，中国由计划经济转向市场经济，中央将部分权力下放至地方，不同城市的政治、历史、文化等形塑着不同的发展风格。为此，我们研究城市，需要有更强烈的“在地化”体验。例如，我们需要通过钻研史料与田野调查等方法，了解个案城市的历史背景，城市政府的执政风格与特色，海派文化、津味文化等不同城市的不同文化等，探究这些个性化特征对城市发展、市政规划、功能设计乃至城市结构产生的微妙影响。但是，这并不意味着我们应该放弃对具有普遍意义的“城市发展规律”的探讨。美国城市史学家乔尔·科特金在研究了全球差异性巨大的跨时段、跨洲的不同城市后，依然坚定地认为存在着“城市经历的普遍性”。[③]今日中国城市发展中的一些问题，如城市制度供给不足、城市生态环境不理想，城市土地资源供应紧张，城市公共产品与公共服务不足等，并非是个别城市的个案，而显然带有相当大程度的普遍性。简而言之，今日中国“城市发展中出现的很多矛盾和问题，归根结底就在于没有把握好城市发展规律”。[④]这些矛盾与问题体现了对城市发展规律还缺少认识、尊重与顺应。因此，探讨单体城市发展的过程，研究这些城市如何处理其中的矛盾与问题，剥茧抽丝，从不同侧面揭示城市发展的规律性。而只有对城市发展的规律认识清楚，研究透彻，才能更加优化城市发展指导思想，更好地指导城市工作实践。

改革开放时期城市史研究可以从城市群研究出发，融合于城乡关系史的讨论。20世纪60年代“波士沃施”（BosWash）计划实施后，发达国家中先后出现了五个世界级的城市群。改革开放后，中国加入了这一全球都市化的潮流。经过三十余年的发展，几个大的城市群已经显现，长三角、珠三角、环渤海、长江中游、中原城市群、成渝城市群等国家级城市群尤为典型。以学术史角度而论，城市群历史研究

---

① 何一民：《城市史》，曾业英编：《当代中国近代史研究（1949—2009）》，中国社会科学出版社2014年版，第353页。

② ［日］斯波义信：《中国都市史》，布和译，北京大学出版社2013年版，第214页。

③ ［美］乔尔·科特金：《全球城市史》（修订版），王旭等译，社会科学文献出版社2010年版，第16页。

④ 《走出一条中国特色的城市发展道路》，《光明日报》2016年1月13日，第7版。

在近代中国城市史研究中已经有所基础与积淀。早在20世纪90年代初期，中国城市史学家魏瀛涛等就倡议开展“以全国或区域的城市体系或城市群为研究对象”的研究。[①]此后，长江沿岸城市、东南沿海城市、华北、东北、西南、西北等区域城市也都陆续产生了一批在全国范围有较好影响的学术成果。在已有近代城市史研究基础上，结合国家实施“一带一路”建设、京津冀协同发展、长江经济带建设、全面振兴东北老工业基地等战略，改革开放时期城市群研究对象应可有所选择。城市群研究的基本内容一般为“城市体系内城市的数量、布局、规模、性质、结构、功能的发展演变以及城市之间、城镇之间、城乡之间的关系”。[②]之所以在城市群研究中要关注城乡关系，从理论上看，主要是因为“都市化并非简单地指越来越多的人居住在城市和城镇，而是指城市与非城市之间的往来和联系越来越密切的过程”。[③]也就是说，城市群是一个区域内城乡信息与网络连接而成的集合体，大城市与周边农村城乡大规模的人口流动是城市群形成的重要条件。从实践上看，改革开放初期，正是上山下乡知识青年与下放干部返城、乡镇企业发展等历史事件推动了城乡人口流动与区域城市的发展。这其中，农民工进城务工影响最为深远。新中国成立后，由于国家经济战略选择与生产力条件限制，我国实行了事实上的城乡二元体制。改革开放后，旧的管理体制不断松动，城乡流动加快。统计显示，1987年农村劳动力流向城市人口为1300万，2005年全国农民工数量达到1.4亿。按照2020年全国城镇化率56%的目标，农民工队伍还在不断壮大。[④]某种程度而言，改革开放城市史就是一部城乡流动并逐渐走向城乡和谐的历史。改革开放时期城市史研究应关注城乡互动、城市农民工、城市外来人口管理的历史。研究内容上，由“城市群为主体形态”出发，最后融合于“形成城乡发展一体化的新格局”。

改革开放时期城市史研究可以从城市社会变迁出发，落脚于城市人民生活的探讨。社会由群体构成，城市由农村人口向城市集聚形成。自商、周以来，中国的城市就是人们社会生活的中心。随着城市的发展，城市社会也随之发生了剧烈的变迁。换句话说，一部城市史，也是一部城市社会的变迁史。日本中国城市史学者斯

---

① 魏瀛涛、谢放：《关于近代中国城市史研究的几个问题》，《城市史研究》第3辑，天津教育出版社1990年版，第2页。

② 魏瀛涛、谢放：《关于近代中国城市史研究的几个问题》，《城市史研究》第3辑，天津教育出版社1990年版，第2页。

③ Guldin，G.E.，1992，*Urbanizing China*.Westport：Greenwood Press. 转引自周大鸣、陈世明：《从乡村到城市：文化转型的视角——以广东东莞虎门为例》，《社会发展研究》2016年第2期。

④ 牛凤瑞、潘家华、刘治彦编：《中国城市发展30年（1978—2008）》，社会科学文献出版社2009年版，第246—247页。

波义信曾言:“研究中国社会，都市问题是一个关键”。[①]而研究城市问题，城市社会变迁同样很关键。研究改革开放时期城市社会变迁，首先应研究城市阶层结构、家庭结构、组织结构、城市社区与单位制度变迁。伴随着这些结构性的变化，城市人民生活与社会心理也发生了变化。晚近以来，中国城市史学研究在强调结构、功能的主张下，虽取得了突飞猛进的成果，但也隐含了“见城市不见人”、“见社会不见人”的不足。加强城市社会变迁研究，既要关注城市结构性的变迁，也需要重视对城市发展中“人”的关怀。中央城市工作会议提出:“坚持以人民为中心的发展思想，坚持人民城市为人民。这是我们做好城市工作的出发点和落脚点。”[②]这一论述不仅对今后的城市工作有指导意义，也为改革开放时期城市史研究提供了落脚点。恩格斯说:“我们要求把历史的内容还给历史，但我们认为历史不是‘神’的启示，而是人的启示，并且只能是人的启示。”[③]社会学家费孝通提醒我们仅仅用“收入的增长来表示他们生活变化的速度”，这会导致对生活于社会中的“人”，“他们的思想和感情，忧虑和满足，追求和希望都没有说清楚”。换言之，我们研究城市发展历史，不仅应着眼于“收入的增长”、“发展的模式”，还需要关注“人在发展中是怎样思想，怎样感觉，怎样打算”的。[④]而要深入上述研究，则需要口述史学方法以及社会调查方法的运用。相较于古代城市史与近代城市史，由于样本的采集便利性，改革开放时期城市史也更适合开展大规模口述访谈与社会调查，也更易产生口述史与社会调查成果。

四、余论

中国正处于城市化进程的关键时期，城市发展事关全面建成小康社会与现代化的宏伟目标，是一件正在进行中的伟大历史事件。作为国史研究者，梳理好改革开放时期城市发展历史，总结好城市发展规律，意义重大。当然，任何崭新的课题都会既有着重大的价值与意义，也会面临全新的挑战与困难。对于综合性、整体性的人类文明代表的“城市”这一研究对象，美国城市史学家刘易斯·芒福德曾说:“人类用了5000多年的时间，才对城市的本质和演变过程得了一个局部的认识，也许要

---

① [日]斯波义信:《中国都市史》，布和译，北京大学出版社2013年版，第2页。

② 《中央城市工作会议在北京举行　习近平李克强作重要讲话　张德江俞正声刘云山王岐山张高丽出席会议》，《人民日报》2015年12月23日，第1版。

③ 《马克思恩格斯全集》第3卷，人民出版社2002年版，第520页。

④ 费孝通:《学术自述与反思：费孝通学术文集》，生活·读书·新知三联书店1996年版，第222页。

用更长的时间才能完全弄清它那些尚未被认识的潜在特性。”[①] 这充分说明了城市史研究的艰辛与不易。对于改革开放时期城市史研究而言，既有主观上，也有客观上的挑战。主观上，改革开放时期城市史属于正在发生中的历史，研究者如何保持理性、求实的研史态度，而不被自身情感所左右？改革开放以来，城市已经发展成为我国各方面活动的中心。作为政治、经济、社会、文化、环境的“巨系统”，研究城市需要历史学、经济学、社会学、地理学等多学科的工具，城市史学者如何做好自己的知识储备？客观上，改革开放以来，城市报纸杂志、城市志书、城市政府的文件大量刊印，口述史方面访谈对象极其丰富，这些都使得史料过于庞杂，如何加以采掘？这些困难既需要我们去粗取精、去伪存真、由此及彼、由表及里地予以探究，也需要研究者更努力地汲取与学习，加强不同学科之间的团结与协作。任何一门研究的主体都是研究者本身，改革开放时期城市史研究的开展，从根本上而言还是有赖于更多学者的关注与学术界同仁的参与。基于此，我们既应对我们的研究价值与研究前景葆有信心，也应对我们的研究困难有充分的估量。

（作者为南开大学历史学院讲师）

① ［美］刘易斯·芒福德：《城市发展史——起源、演变和前景》，宋俊岭、倪文彦译，中国建筑工业出版社2005年版，第2页。

改革开放以来我国城镇化进程及思考

叶明勇

城镇化进程对于一个国家的现代化起到非常重要的作用。从英国早期工业化的过程，我们可以发现城镇的作用是乡村不能比拟的。城市在英国工业化早期对乡村工业的发展中所起到的组织作用、市场作用、后期加工、批发转运及城市生活需求增长的刺激等方面，都有举足轻重的作用。乡村城市化、农业工业化均离不开城镇的积极推动。[①]

刚刚成立的新中国，由于仍然是一个农业大国，城市的发展受到政府的严格控制，因此，建国之后一直到改革开放，中国的城市主要是行政中心，在经济建设中还没有起到应有的作用。改革开放后，由于政府放松了对城市经济活动的控制，尽管户口的迁徙仍然控制很严，但人们已经能够自由流动，城市对于经济发展的经济作用逐渐凸显出来。我们回顾这一历程，可以清晰地勾画出新中国现代化进程的走向，并可以展望这一趋势的未来蓝图。因此，这一选题具有一定历史借鉴作用，也可以为国家未来的经济建设方向提供一个可以预期的判断。

改革开放后我国城镇化发展历程大致包括以下几个阶段：城镇化恢复发展（1978 年至 80 年代中期），城镇化稳步发展（80 年代中期至 90 年代初），城镇化快速发展、城市群与城市特色化发展（90 年代初至新世纪初）。[②]

一、1978 年至 80 年代中期，城镇化恢复发展

1978 年的十一届三中全会拉开了农村经济体制改革的序幕。农村家庭联产承包责任制的普遍推行，激发了农民的生产积极性，农业劳动生产率大幅度提高，使农业生产得到突飞猛进的发展，从根本上改变了我国农副产品严重供不应求的局面，为城镇吸收更多的人口和城市轻纺工业的发展奠定了物质基础。与此同时，知青与下放的城镇干部、居民大批返城。城乡集市贸易开放，吸引了一大批农民进城开店办厂。乡镇企业的异军突起，使农村非农化取得了突破性进展，为农村城镇化奠定了坚实的产业基础。旧的工农业、城乡二元分割发展格局被打破，新兴小城镇迅速

① 叶明勇：《英国城市在乡村工业化中的作用》，《武汉大学学报》（哲学社会科学版）1998 年第 5 期，第 123—127 页。

② 中国科学院可持续发展战略研究组：《2012 中国新型城市化报告》（2012 年 10 月 31 日）。

发展起来。

改革开放是基于政府主导下的重大变革，这一时期城镇化发展也离不开政府的主导作用。

1978 年 3 月，国务院在北京召开全国城市工作会议，会议由李先念主持，各省、市、自治区和国家各有关部门的主要负责人参加了会议。经过讨论，会议对城市建设制订了一系列的方针、政策，解决了几个关键问题。一是，强调了城市在国民经济发展中的重要地位和作用，要求城市适应国民经济发展的需要，并指出要控制大城市规模，多搞小城镇。二是，强调了城市规划工作的重要性。三是，决定从 1979 年起，先在所有省会城市和城市人口在 50 万以上的大城市[①]试行每年从上年工商利润中提成 5%，作为城市维护和建设资金。为了建设好小城镇，加强现有小城镇的维护管理，自 1979 年起城市维护费的开征范围扩大到一些工业比较集中的县镇和工矿区。并提出今后在国家基本建设计划中，要专列城市住宅和市政公用设施建设（包括供水、排水、公共交通、煤气、道路、桥梁、防洪、园林绿化等）户头。四是，为缓和城市住房的紧张状况，在对城市现有住房加强维修养护的同时，要新建一批住宅。1978 年国家先补助城市住宅建设资金 2 亿元，以后几年国家每年要拨款 4 亿元，用于城市住宅建设。

会议制定的《关于加强城市建设工作的意见》，于 1978 年 4 月，经中共中央批准，下发各省、市、自治区和国务院各有关部委。这次会议对城市建设工作的发展起了重要作用。[②]

与此同时，对外开放梯度战略的实施与沿海经济特区的创办，又进一步推动了城镇化的迅速扩展。

1979 年 4 月，邓小平提出要开办“出口特区”。1979 年 7 月，中共中央、国务院同意在广东省的深圳、珠海、汕头三市和福建省的厦门市试办出口特区。1980 年 3 月，“出口特区”改名为“经济特区”，并在深圳加以实施。1980 年 5 月，中共中央和国务院决定将深圳、珠海、汕头和厦门这 4 个“出口特区”改称为“经济特区”。“经济特区”的设置标志中国改革开放进一步发展，也是为今后的城镇化发展树立了样板。

深圳、汕头、厦门和珠海 4 个城市因此获得了巨大发展活力。随后，在 1984 年，国家又相继开放了大连、秦皇岛、天津、烟台、青岛、连云港、南通、上海、宁波、温州、福州、广州、湛江、北海 14 个沿海城市，这些沿海城市的区位优势和

① 不含北京、上海、天津三大直辖市。

② 《当代中国的城市建设》编辑委员会编：《当代中国的城市建设》，当代中国出版社、香港祖国出版社 2009 年版，第 78—79 页。

潜能也迅速得到了释放，现代化进程明显加快。由此，“长三角”和“珠三角”两大城市群雏形在我国东部和南部地区形成。

1979 年 12 月 13 日，胡耀邦在地、市宣传工作座谈会上说：要把我国几千个、上万个小城镇建设成为农村里面政治、经济、文化的中心场所。

1980 年 10 月 5 日至 15 日，国家建委在北京召开了全国城市规划工作会议，会议遵照十一届三中全会以来的路线、方针、政策和五届人大三次会议精神，总结交流了经验，讨论制订《中华人民共和国城市规划法（草案）》，研究了城市规划工作的方针、政策和措施。会后，国家建委形成《全国城市规划工作会议纪要》一文，并上呈中央。《纪要》主要内容有：正确认识城市规划的地位和作用，尊重客观规律，自觉地以规划指导城市的建设和发展；明确城市发展的指导方针。“控制大城市规模，合理发展中等城市，积极发展小城市”是中国城市发展的基本方针。[①]《纪要》中提出的“控制大城市规模，合理发展中等城市，积极发展小城市”，成为改革开放初期很长一段时间内我国城镇化发展的基本方针。[②]1980 年 12 月 9 日，国务院批转了《全国城市规划工作会议纪要》。

这一阶段我国的城镇化取得了长足的发展，城市个数由 1978 年的 190 个增加到 1984 年的 300 个，建制镇数由 2173 个增加到 7186 个，城镇人口由 17245 万人增加到 24017 万人，城镇化水平由 1978 年的 17.92% 提高到 1984 年的 23.01%。1983 年曾达到 23.5%，年均增长 1%。（见表 1）

表 1　1978—1984 年全国总人口、城镇人口、乡村人口数、设市城市、建制镇

年份	全国总人口（万人）	按城乡分				市	建制镇
		城镇总人口		乡村总人口			
		人口数（万人）	比重（%）	人口数（万人）	比重（%）		
1978	96259	17245	17.92	79014	82.08	193	2173
1984	104357	24017	23.0			300	7186

二、80 年代中期至 90 年代初，城镇经济体制改革推动阶段，城镇化稳步发展

1984 年 1 月 1 日，中共中央发布一号文件《关于 1984 年农村工作的通知》指出，“随着农村分工分业的发展，将有越来越多的人脱离耕地经营，从事林牧渔等生产，并将有较大部分转入小工业和集镇服务业，这是一个必然的历史进步。”规定：

① 袁宝华、翟泰丰主编:《中国改革大辞典》，海南出版社 1992 年版，第 2057 页。

② 《中国城市发展报告》编委会编:《中国城市发展报告（2008）》，中国城市出版社 2009 年版，第 246—247 页。

“1984 年，各省、自治区、直辖市可选若干集镇进行试点，允许务工、经商、办服务业的农民自理口粮到集镇落户。”[①]

1984 年 10 月 13 日，国务院发布了《关于农民进入集镇落户的通知》，要求各级人民政府积极支持有经营能力和有技术特长的农民进入集镇经营工商业。它标志着我国原有的户籍制度开始有了松动。打破了长期以来从户籍上限制农民进城的旧规定。[②]

同年 11 月，国务院又批转了民政部《关于调整建制镇的报告》，对设镇标准重新进行了修订。报告指出：“凡县级地方国家机关所在地，或总人口在 20000 人以下的乡，乡政府驻地非农业人口超过 2000 人的，或总人口在 20000 人以上的乡，乡政府驻地非农业人口占全乡人口 10% 以上；或少数民族地区、人口稀少的边远地区、山区和小型工矿区、小港口、风景旅游区、边境口岸等地，非农业人口虽不足 2000 人，确有必要，都要建镇”。[③]这就是人们通常所说的“撤乡建镇，实行镇管村”。这些政策的实施，拓宽了农村人口向城镇的流动，加速了城市化的进程。

1987 年，邓小平强调了乡镇企业发展的意义，他说：“乡镇企业的发展，主要是工业，还包括其他行业，解决了占农村剩余劳动力百分之五十的人的出路问题。”[④]

在这样的背景下，七届全国人大常委会第十一次会议于 1989 年 12 月 26 日通过了《中华人民共和国城市规划法》，并予以发布。该《规划法》自 1990 年 4 月 1 日起施行。《城市规划法》指出，国家实行严格控制大城市规模、合理发展中等城市和小城市的方针。

这一阶段，乡镇企业和城市改革作为双重动力，推动着城镇化的发展。在这一阶段，我国政府开始采取严格控制大城市扩张和鼓励小城市成长及发展农村集镇的新政策。从土地上解放出来的农民在创造了“离土不离乡、进厂不进城”的农村工业化模式之后，又形成了“离土又离乡、进厂又进城”的小城镇化模式。1984 年和 1986 年国家先后放宽建制市镇的标准，建制市的数量大量增加。1992 年全国建制市达到 517 个，比 1984 年的 300 个增加了 217 个，1980 年建制镇 7186 个，80 年代中期，增加到 9140 个，1992 年又增加到 14539 个。城镇人口增加到 24017 万，城镇化水平由 23.01% 上升到 27.46%。[⑤]城镇化进程大大加快。

---

① 《新时期农业和农村工作重要文献选编》，中央文献出版社 1992 年版，第 234 页。

② 李成言：《中国农村发展政策分析》，陕西人民出版社 1999 年版，第 320 页。

③ 《小城镇土地使用制度与管理体制改革》课题组：《中国小城镇发展与用地管理》，中国大地出版社 1998 年版，第 22 页。

④ 《邓小平文选》第 3 卷，人民出版社 1993 年版，第 238 页。

⑤ 国家统计局：《中国统计年鉴（2004）》，中国统计出版社 2004 年版。参见袁宁、陈小溢、谷芬：《农村城镇化的思路探讨》，《理论月刊》2002 年第 3 期，第 58—59 页。

这一时期，城市经济体制改革成为整个经济体制改革的重点，也是城市经济体制改革推动城镇化阶段。这一阶段城镇化的特点是老城市发展比较缓慢，新城市特别是小城镇、小城市快速发展占主导地位。

三、90 年代初至新世纪初，城镇化快速发展、城市群与城市特色化发展

1992 年以后，国家鼓励发展第二、三产业，大批农业剩余劳动力向非农产业转移，第二、三产业得到了前所未有的发展。1993 年 5 月 17 日，国务院批转《民政部关于调整设市标准报告》。[①] 批文指出："为了适应经济、社会发展和改革开放的新形势，适当调整设市标准，对合理发展中等城市和小城市，推进我国城市化进程，具有重要意义。"[②] 民政部的《报告》中，对 1986 年的设市标准的具体调整如表 2 所示：

表 2　设立县级市的标准

人口密度（公里^2）	从事非农产业的人口比率及数量	工业产值及在工农业总产值比率	三产业 / 国内生产总值	财政收入（万元）
400 人以上	≥ 30%，≥ 12 万人	≥ 15 亿元，≥ 80%	≥ 20%	≥ 6000
100—400 人	≥ 25%，≥ 10 万人	≥ 12 亿元，≥ 70%	≥ 20%	≥ 5000
100 人以下	≥ 20%，≥ 10 万人	≥ 8 亿元，≥ 60%	≥ 20%	≥ 4000

《报告》中还对具备下列条件之一者，设市条件放宽政策：（1）自治州人民政府或地区（盟）行政公署驻地。（2）乡、镇以上工业产值超过 40 亿元，国内生产总值不低于 25 亿元，财政收入超过 1 亿元，上解支出超过 50%，经济发达，布局合理的县。（3）沿海、沿江、沿边境重要的港口和贸易口岸，以及国家重点骨干工程所在地。（4）具有政治、军事、外交等特殊需要的地方。《报告》指出，国家和部委以及省、自治区确定予以重点扶持的贫困县和财政补贴县原则上不设市。

此外，设立地级市的标准调整为：市区从事非农产业的人口 25 万人以上。其中市政府驻地具有非农业户口的从事非农产业的人口 20 万人以上；工农业总产值 30 亿元以上，其中工业产值占 80% 以上；国内生产总值在 25 亿元以上；第三产业发达，产值超过第一产业，在国内生产总值中的比例达 35% 以上；地方本级预算内财政收入 2 亿元以上，已成为若干市县范围内中心城市的县级市，方可升格为地级市。[③]

---

① 国务院法制办公室编：《中华人民共和国民政法典》，中国法制出版社 2011 年版，第 402—404 页。
② 国务院法制办公室编：《中华人民共和国民政法典》，中国法制出版社 2011 年版，第 402 页。
③ 国务院法制办公室编：《中华人民共和国民政法典》，中国法制出版社 2011 年版，第 403—404 页。

国家的这一调整推动了城镇化的新发展，城镇人口进一步增加，城镇化率进一步上升。到 1995 年，全国建制镇发展到 17532 个，城镇总人口数达到 35174 万人，人口城镇化率提高到 29.04%。

1998 年，《中共中央关于农业和农村工作若干重大问题的决定》中又提出“小城镇，大战略”问题，确立了小城镇在我国城市化过程中的重要作用。《决定》指出，“发展小城镇，是带动农村经济和社会发展的一个大战略，有利于乡镇企业相对集中，更大规模地转移农业富余劳动力，避免向大中城市盲目流动，有利于提高农民素质，改善生活质量，也有利于扩大内需，推动国民经济更快增长。要制定和完善促进小城镇健康发展的政策措施，进一步改革小城镇户籍管理制度。小城镇要合理布局，科学规划，重视基础设施建设，注意节约用地和保护环境。”①

2000 年，中共中央在《关于制定国民经济和社会发展第十个五年计划的建议》中提出，在着重发展小城镇的同时，要积极发展中小城市，完善区域性中心城市功能，发挥大城市的辐射带动作用。② 在此基础之上，最终形成《中华人民共和国国民经济和社会发展第十个五年计划纲要》，《纲要》中提出要“有重点的发展小城镇”，并明确了发展小城镇是推进我国城镇化的重要途径。《纲要》指出，我国推进城镇化的条件已渐成熟，要不失时机地实施城镇化战略。走符合我国国情、大中小城市和小城镇协调发展的多样化城镇化道路，逐步形成合理的城镇体系。有重点地发展小城镇，积极发展中小城市，完善区域性中心城市功能，发挥大城市的辐射带动作用，引导城镇密集区有序发展。《纲要》特别提出，发展小城镇是推进我国城镇化的重要途径。要把发展重点放到县城和部分基础条件好、发展潜力大的建制镇，使之尽快完善功能，集聚人口，发挥农村地域性经济、文化中心的作用。③

2000 年前后，中国城镇化水平进一步提高。到 2001 年底，我国共有建制镇 20374 个。2002 年与 1992 年相比，建制市由 517 个增加到 660 个，建制镇由 14539 个增加到 20601 个，城镇化率达到 39.09%。到 2003 年底，全国城市总数达到 660 个，比 1991 年增加 181 个，增长 37.8%，平均年增加 16.5 个，城镇总人口达到 52376 万人，人口城镇化率提高到 40.53%。同时城市结构和规模逐步向大中城市发展，2003 年在全国所有建制市中，大中型城市占到了全国城市的 60% 以上，呈现出大城市加速平稳发展、中等城市发展较快的发展趋势，一批资源、区位占优的大

① 中共中央文献研究室编：《改革开放三十年重要文献选编》下册，中央文献出版社 2008 年版，第 988 页。

② 中国共产党新闻网，http：//cpc.people.com.cn/GB/64162/71380/71382/71386/4837946.html。

③ 全国人大财政经济委员会办公室、国家发展和改革委员会发展规划司编：《建国以来国民经济和社会发展五年计划重要文件汇编》，中国民主法制出版社 2008 年版，第 131—132 页。

中城市迅速崛起并联动成片，成为领跑区域经济的龙头。[①]

2002 年，中国共产党第十六次全国代表大会报告指出，全面繁荣农村经济，加快城镇化进程。统筹城乡经济社会发展，建设现代农业，发展农村经济，增加农民收入，是全面建设小康社会的重大任务。农村富余劳动力向非农产业和城镇转移，是工业化和现代化的必然趋势。要逐步提高城镇化水平，坚持大中小城市和小城镇协调发展，走中国特色的城镇化道路。发展小城镇要以现有的县城和有条件的建制镇为基础，科学规划，合理布局，同发展乡镇企业和农村服务业结合起来。消除不利于城镇化发展的体制和政策障碍，引导农村劳动力合理有序流动。[②]

从全国来看，2002 年，我国建制镇的数量达到 19811 个，第一次超过了乡的数量，小城镇发展出现历史性拐点。到 2005 年底，全国建制镇数量占全部乡镇数量的比重已达到 53.7%。[③] 我们从表 3 中也能看出这一时期我国城镇化的发展趋势。

表 3　1990—2003 年中国城镇人口和城镇化水平

年份	总人口（百万）	城镇总人口（百万）	城镇化水平（%）
1991	1158.23	312.03	26.94
1992	1171.71	321.75	27.46
1993	1185.17	331.73	27.99
1994	1198.5	341.69	28.51
1995	1211.21	351.74	29.04
1996	1223.89	373.04	30.48
1997	1236.26	394.49	31.91
1998	1247.61	416.08	33.35
1999	1257.86	437.48	34.78
2000	1267.43	459.06	36.22
2001	1276.27	480.64	37.66
2002	1284.53	503.12	39.09
2003	1292.27	523.76	40.53

资料来源：国家统计局：《中国人口统计年鉴（2003）》，中国统计出版社 2003 年版。国家统计局：《中国统计年鉴（2004）》，中国统计出版社 2004 年版。

“十五”时期，随着我国城市化进程的加快，农村小城镇建设也保持了较快的发展速度。据统计，“十五”期间，全国小城镇规模迅速扩大。到 2005 年底，全国平均每个建制镇拥有 3.8 万人，比 2000 年增长了 15.1%；镇区平均人口达 9511

① 宋三平、饶江红主编：《中国特色城镇化道路研究》，江西人民出版社 2008 年版，第 49 页。

② 央视网，http：//news.cntv.cn/china/20120907/105290.shtml。

③ 宋洪远等编著：《“十五”时期农业和农村政策回顾与评价》，中国农业出版社 2006 年版，第 322 页。

人，比 2000 年增长了 27.5%；总人口达到 3 万人以上的镇占全部小城镇的比重超过 53%。小城镇的经济实力在“十五”期间进一步增强，2005 年，全国平均每个镇的财政收入达 2211 万元，比 2000 年增长了 130%；财政收入超亿元的镇达 751 个，超过 5000 万元的镇达 1444 个。小城镇基础设施建设水平也日益提高。2005 年，全国建制镇通电行政村比例达 99.5%，通邮行政村比例达 97.8%；99% 的小城镇拥有医院或卫生院，95% 的小城镇拥有汽车站或站点。①

2007 年，中国共产党第十七次全国代表大会报告提出，走中国特色城镇化道路，按照统筹城乡、布局合理、节约土地、功能完善、以大带小的原则，促进大中小城市和小城镇协调发展。以增强综合承载能力为重点，以特大城市为依托，形成辐射作用大的城市群，培育新的经济增长极。②

2007 年以后，随着国家主体功能区规划、国家级区域规划和国家级创新试点城市规划等政策密集出台，我国区域城市群已经借势得到了较快的发展。截至 2012 年年底，国内已经基本形成了京津冀、长三角、珠三角、山东半岛、辽中南、中原、长江中游、海峡西岸、川渝和关中等 10 大城市群。诸如南京、宁波和深圳等处在这些城市群中的核心城市已经纷纷走向新型城市模式的探索之旅，陆续提出了“智慧型城市”、“知识型城市”等新的发展目标。可以说，这些城市在追求“群发展”与“特色发展”的道路上，如何选择符合自身的发展模式已经成为发展的关键议题之一。

2011 年 3 月 4 日至 14 日，在北京召开的十一届全国人民代表大会第四次会议上，由温家宝总理作的《政府工作报告》指出，积极稳妥推进城镇化。坚持走中国特色城镇化道路，遵循城市发展规律，促进城镇化健康发展。坚持科学规划，严格管理。要充分尊重农民在进城和留乡问题上的自主选择权，切实保护农民承包地、宅基地等合法权益。城镇化要同农业现代化和新农村建设相互促进。③

2011 年，《国家“十二五”规划纲要（草案）》指出，优化城市化布局和形态，加强城镇化管理，不断提升城镇化的质量和水平。构建城市化战略格局，稳步推进农业转移人口转为城镇居民，增强城镇综合承载能力，打造“两横三纵”的城市化战略格局，包括 21 个重大的区域规划。④ 这意味着建设重点转到了大城市。这一时期，我国城镇化高速发展的势头有所减缓，城镇化率平均每年提高约 1.07%，平均每年增长 2.3%。建制市镇数量有所减少，但单个城镇规模迅速扩张，尤其是大城市。

---

① 宋洪远等编著：《“十五”时期农业和农村政策回顾与评价》，中国农业出版社 2006 年版，第 326 页。

② 新华网，http：//news.xinhuanet.com/newscenter/2007-10/24/content_6938568_4.htm。

③ 中国人大网，http：//www.npc.gov.cn/npc/dbdhhy/11_4/2011-03/15/content_1647404_12.htm。

④ 中央政府门户网站，http：//www.gov.cn/2011lh/content_1825838_6.htm。

四、结语：几点思考

（一）从以上的考察，我们可以清楚看出，改革开放后，我国城镇化的发展进程是和这一阶段经济发展密切相关的。从历史上看，城镇历来都是商品交换的市场、大宗货物的集散地、连接各个区域的交通枢纽，城镇也是资金、信息的聚集地，对市场波动比较敏感、信贷容易达成。诚如2012年12月15日，李克强总理在全国发展和改革工作座谈会上所说的那样，"城镇化既可增加投资，又能拉动消费"。2011年我国城镇人口占总人口的比重超过50%，但总的看，我国城镇化水平不仅远低于发达国家，而且也低于世界平均水平。据统计，发达国家城市化率一般达到80%，人均收入与我国相近的一些发展中国家城市化率也在60%以上。李克强总理在这次会议上还算了一笔账：2010年我国农村居民消费水平为4455元，城镇居民为15900元，城镇居民消费水平是农村居民的3.6倍。按此测算，一个农民转化为市民，消费需求将会增加1万多元。城镇化率每年提高1个百分点，可以吸纳1000多万农村人口进城，进而带动1000多亿元的消费需求，而相应增加的投资需求会更多。目前我国农民工总量达2.4亿人，其中外出农民工约1.5亿人，农村还有相当数量的富余劳动力，城镇化蕴含的内需潜力巨大。

我国城镇化发展始终伴随着改革开放经济飞速发展。相对于改革开放以后，对于农村经济发展的研究而言，学术界对城镇化发展的研究还很不够。我们可以毫不夸张地说，城镇化进程是我国改革开放后经济发展的另一条主线，必须引起足够的重视，对这个领域的研究，比如：城镇化对农村经济的促进、城镇化对于改革开放后我国经济发展的积极作用、城镇化与农村劳动力、资金、技术等因素的互动等问题，还有待于深化和提高。

（二）城镇化的发展很大程度上依靠乡村的土地、劳动力、原材料等资源的供应。研究表明，小城镇的发展，是区域经济发展的结果，而农村劳动力的转移，是小城镇规模扩大，城镇化率提高的主要动因。没有区域经济的发展，第二产业与第三产业就得不到发展，也就不会有劳动力的转移，小城镇的发展与扩大也就必然十分缓慢，这是小城镇发展的一条基本规律。① 其实，这一规律推至于大中城市也同样适用。2011年的中国内地城市化率首次突破50%，达到了51.3%。这意味着中国城镇人口首次超过农村人口，中国城市化进入关键发展阶段。②

与城镇化飞速发展同时伴生的另一现象是农村的衰微：耕地的大量减少、荒

① 《小城镇土地使用制度与管理体制改革》课题组：《中国小城镇发展与用地管理》，中国大地出版社1998年版，第22—23页。

② 中国科学院可持续发展战略研究组：《2012中国新型城市化报告》（2012年10月31日）。

芜。农村青壮劳力进城打工使得农村出现严重的空心化现象，农村劳动力的不足只能依靠老年人种地，留守儿童得不到家庭关爱等问题，成为眼下十分突出的问题。自然村庄的衰落、破败日益明显。“三农问题”专家对此忧心忡忡。

但是，如果我们从现代化的角度看，农村的这种衰落是不可避免的。在这个过程中，除了应该着力保留具有人文和自然景观的非物质文化遗产的分布外，大部分自然村庄恐怕都要慢慢消失。随着农业本身的工业化、现代化的完成，最终，城镇和乡村将呈现一种新型的良性互动发展关系。

2013 年，中国共产党十八届三中全会指出，要完善城镇化健康发展体制机制。将其焦点放在如何定义城镇化上，使得城镇化真正成为转变中国经济增长方式、扩大居民内需的动力和活力。2014 年，《国家新型城镇化规划（2014—2020 年）》明确提出，按照走中国特色新型城镇化道路、全面提高城镇化质量的新要求，明确未来城镇化的发展路径、主要目标和战略任务，统筹相关领域制度和政策创新。

城镇化作为一种社会历史现象，既是物质文明进步的体现，也是精神文明前进的动力。城镇化作为一种历史过程，不仅是一个城镇数量与规模扩大的过程，同时也是一种城镇结构和功能转变的过程。这对于今后我国的发展而言，仍然任重而道远。

（作者为中国社会科学院当代中国研究所副研究员）

中国住房改革历程：一个综合回顾

马先标

新住房制度改革向何处去？这无疑需要认真回顾改革开放以来中国住房改革的整个历程，从而在获得房改历史经验的同时，明确今后较长一段时期继续深化“二次房改”的总目标。本文按“两次房改”的界分范式，系统梳理评析“一次房改”和“二次房改前期”的改革目标、原则，以及所取得的成就和不足。在此基础上，指出“二次房改中后期”的改革目标是建立“两房协调”的新住房体制，为促进整个住房体系长期平稳较快发展，进而履行破解房困和稳健繁荣商住房的使命，提供深层持久的制度动力。

一、引言

当前，我国“还存在着住房困难家庭的基本需求尚未根本解决、保障性住房总体不足、住房资源配置不合理不平衡等问题。人民群众对实现住有所居充满期待，我们必须下更大决心、花更大力气解决好住房发展中存在的各种问题”。①

由于体制或集合层面的制度，是系统演化和事物发展的深层动力、根本动力，因而，有效破解住房领域的上述问题，最终仍需借助于有效的住房体制。

历史维度，系统深入地发掘住房体制改革②（以下有时简称为“房改”）历史经验，体察成败得失，找寻历史规律，汲取历史智慧，无疑是当前和今后较长一段时期，为继续深化房改，构建比较完善的契合国情的新住房体制，而摆在我们面前的一项重要历史课题。

纵观已经进行的房改，可将旧住房体制到“新住房体制雏形”的阶段视为“一次房改”，时区大致在 1980 年至 2001 年；从“新住房体制雏形”到建立起市场配置与政府保障相结合的住房体制的整个转换阶段，则属“二次房改”，其前期在 2001 年至 2011 年，中后期始于 2012 年并将延续较长时间。

何谓旧住房体制？正如资深专家所言，“新中国成立以后至改革开放前，我国实行的住房制度被统称为旧住房制度。旧制度的主要内容是以低工资为基础，由公

① 《习近平谈治国理政》，外文出版社 2014 年版，第 192 页。

② 体制是包含若干个制度的集合体，就此而言，可以认为，住房体制改革与集合层面的住房制度改革，属于同序列的概念。

家（含政府和单位）建设（或购买）公房，通过行政方法分配给职工居住，收取很低的租金。”[①] 这是对住房旧制度的经典认知。这里的旧制度涵盖了旧福利公房的投资、建造、分配、消费等环节，因而也就是集合层面的体制范畴，而应被视为旧住房体制。

那么，“新住房体制雏形”所指何物？对现有的房改历程回顾的诸多文献表明，从 1980 年开始，行政性公房低租金分配的旧住房体制开始接受改革的洗礼，而向新体制转型，其间新体制构建虽出现过失败、停滞，但在 1998 年 7 月国发［23］号文颁布后，住房分配货币化改革全面展开，至 2001 年，旧住房体制基本瓦解而让位于商品化的住房体制。然而，由于这种商品化的住房体制因“商保失调”，衍生新的房困问题，故只能称之为“新住房体制雏形”，而不是完全意义上的新住房体制。

显然，如果要进一步地追问，完善的新住房体制究竟应该是什么模式？经过 2001 年至今的理论争辩和实践探索，学业两界对此的认识虽然逐渐深入。但是，无疑需在统观回顾迄今为止的全部房改历程后，才能有一个更为清晰的答案。

下面，就按上述“两次房改”的界分范式，梳理 30 多年来中国房改的基本脉络，回顾房改的风雨历程，进而瞻望“二次房改的总目标”以及完全意义上的新住房体制模式。

二、“一次房改”历程的重新梳理

一些专家已对“一次房改”有所回顾，但阐释基调基于住房体制是经济体制的一部分，且观照维度笼统发散，现从房改目标和原则两维度出发，并结合 2001 年以后的住房发展，对“一次房改”历程重新梳理。

（一）“一次房改”的具体阶分

如前述，“一次房改”的时区跨度集中在 1980 年至 2001 年。结合专家的经典回顾，现对“一次房改”各具体阶段的划分与称谓重释如下：1980—1986 年，理论准备和售公房阶段；1986—1991 年，提租补贴阶段；1991—1993 年，以售带租和公积金试点阶段；1993—1998 年 7 月，房改深化、配套改革与艰难探索阶段；1998 年 7 月至 2001 年，住房分配货币化改革全面展开[②]、新住房制度初建阶段。此后，进入新住房制度不断完善的二次房改期。

---

① 包宗华：《住宅与房地产》，中国建筑工业出版社 2002 年版，第 146—175 页。

② 所谓住宅分配货币化，就是把原来以实物形式分配给职工的住宅转化为货币形式分配给职工。通俗地说，就是把职工的住宅消费包含进工资中，取消住宅实物分配，代之以货币分配，让职工凭个人收入购买或租赁住宅。

（二）"一次房改"的目标概括

虽然"一次房改"涉及的行为主体涵盖政府、单位和职工，但主导房改的力量主源于政府，从而使其带有自上而下的强制性制度变迁特色，改革目标也自然体现在权威的国家级房改文件中。以国发［1988］11号文、国发［1991］30号文、国发［1994］43号文、国发［1998］23号文、1999年国务院令第350号等房改文件为代表①，各具体阶段的目标和总目标依次呈现。

1．"一次房改"各具体阶段的目标

一次房改各具体阶段的改革目标着眼于有针对性地解决某一改革进程中的突出问题，与总目标之间表现为"局部与整体、当前和长远"的逻辑关系，其内容并不能从房改文件中"按字面"直接获取，而需结合文件和专家回顾加以提炼。现简述如下：

1980—1986年，通过售公房以减轻政府财政负担，同时增加筹集资金的渠道，从而加速解决城镇居民的住房困难②。

1986—1991年，通过提租补贴实现以租养房，甩掉政府财政包袱，相应地抑制部分干部职工多占公房和促进公房出售。

1991—1993，以售公房为主，带动提租从而改变住房产权结构，通过公积金试点以促进职工购房支付能力的增强。

1993—1998年7月，通过公积金制度推广、企业改制等配套改革以推动房改深化，实现机制转换与资金筹集相结合，促进住房制度与市场经济体制改革相配合。

1998年7月至2001年，停止住房实物分配，逐步实行住房分配货币化；建立和完善以经适房为主的多层次城镇住房供应体系；发展住房金融，培育和规范住房交易市场③。

2．"一次房改"的总目标

房改总目标主要通过关键的国字号房改文件得以体现。体察"一次房改"期间的国发［1988］11号文、国发［1991］30号文、国发［1994］43号文和国发［1998］23号文，政策界对房改总目标的表述随经济体制改革目标和形势发展之需而有调整，轨迹如下：1988年提出"按照社会主义有计划商品经济的要求，实现住房商品

① 当然，有的文件如1991年10月17日国务院批转住房制度改革领导小组提出的《关于全面推进城镇住房制度改革的意见》和1995年2月6日国务院办公厅发出《转发国务院住房制度改革领导小组安居工程实施方案的通知》，两者虽然并非以"国发"字目出现，但因从某些层面凸显改革目标而不可忽视。

② 由于此期尚没有国字号房改文件，改革的政策思路主要来自于邓小平两次房改问题的谈话和1980年6月中央、国务院批转《全国基本建设工作会议汇报提纲》以及房改试点城市的工作经验。

③ 参见国发［1998］23号文第一条第二款。注意，该款作为房改阶段的分目标比较合理，而总目标体现在该文第一条的房改指导思想中。

化”→1991年提出“城镇住房体制改革是经济体制改革的重要组成部分，其根本目的是要缓解居民住房困难，不断改善住房条件，正确引导消费，逐步实现住房商品化，发展房地产业。”→1994年提出“建立与社会主义市场经济体制相适应的新的城镇住房制度，实现住房商品化、社会化；加快住房建设，改善居住条件，满足城镇居民不断增长的住房需求。”→1998年“稳步推进住房商品化、社会化，逐步建立适应社会主义市场经济体制和我国国情的城镇住房新制度；加快住房建设，促使住宅业成为新的经济增长点，不断满足城镇日益增长的住房需求。”①改革进路显示，在认识的不断深化中，“一次房改”总目标集中体现在国发［1998］23号文，只不过作为总目标的内容通过该文第一条的“指导思想”得以体现，而该文第二条的“目标”实际上应归为实现房改总目标的手段，或作为房改具体阶段的目标。

概览房改总目标演化轨迹可知，住房商品化成为“一次房改”总目标的主导特征。正如学者后来所言：国发［1998］23号文颁布后，意味着建国以来一直实行的福利性实物分配的住房制度“寿终正寝”，给职工发住房补贴为主的工资性货币化分房的制度开始实施……因而“表明我国的‘房改’按照既定的目标——商品化、市场化全面推进，向纵深发展。”②

当然，一次房改期间，90年代初已提出建设经适房或安居工程以解决职工住房困难的思路③，个别专家也对此有相关阐述，这有积极意义，但还未从住房体制也属于社会保障体制的特点对其进行系统改革④。

（三）“一次房改”的改革原则

这里仅对国字号文件的文标或条款标题出现改革原则的内容进行总评述。从表1的阐述可见，此阶段房改原则主要体现在：

（1）通过国家、单位和个人协力解决住房问题的责任分解；（2）中央统一政策和各地因地制宜分散决策；（3）分地区推进改革的领导方式。（4）省一级政府主抓房改。⑤（5）“坚持多住房多交租和少住房可得益的原则”和“租、售、建并举的原则”，侧重于微观层面的操作，对实现分阶段改革目标较为关键。因此，总体观之，

---

① 参见国发［1998］23号文第一条第一款。

② 曹振良：《房地产经济学通论》，北京大学出版社2003年版，第296—297页。

③ 参见国发［1994］43号文第五条。

④ 蔡德容曾强调将住房保障纳入社会保障制度中的理念，但似乎未从住房包括保障房和商品房视域出发冲破“住房是商品”的偏误认识，从而也就未从住房体制涵盖保障房体制和商品房体制的维度出发推出住房体制是经济体制的一部分，也是社会保障体制一部分的系统结论。

⑤ 需指出，在国发［1988］11号文文初的五点说明中，第三点着重就住房制度改革中的央地关系加以阐明，明确省一级政府主抓房改，并一直延续至今（见文后“二次房改”部分），这也是一次房改的指导原则之一，尽管本身没有被冠名为“原则”。

“一次房改”的这些原则可归结为四个大向度原则［即（1）至（4）条］，附加两个技术性细则［即第（5）条］。

（四）对“一次房改”的总评析

1.“一次房改”具有先进性且改革成就巨大

其一，打破了住房不是商品和住房姓公的神话，打破了旧福利房体制中的种种扭曲和分房中的种种不正之风，同时改变旧体制下住房产业化严重落后的格局，进而有力地配合了城市经济体制改革和社会主义市场经济体制的构建与完善。

其二，推动商品房大发展，提高了居民居住水平。1949 年国内人均居住面积 4.5 平方米，实行旧福利实物房分配制度，反而使得 1978 年人均居住面积下降到 3.6 平方米左右，通过房改，到 1997 年该指标达到 8.8 平方米。之所以如此，正因为住房市场化改革后，市场竞争促进商品房开发企业供给多样化的数量充裕的住房，从而丰富了住房消费的选择渠道，居民特别是中高收入者被压抑的居住消费被充分释放出来。

其三，通过商品房大发展的主渠道解决居民住房问题，也使政府彻底摆脱了旧福利公房体制下的财政重负。同时，以经适房和安居工程为主要内容的保障房雏形开始发育、成长，为后来构建较完善的保障房体系作了必要的准备[①]。

其四，在住房商品化的改革总思路下对可能出现的职工住房难题加以关切，凸显了该时期政府浓厚的民生情怀。如高度重视公房租售价的合理确定，并建设经适房、安居房以对冲住房商品化改革中的职工房困，也设计了维护居民住房合理支付能力的技术性政策[②]。当然，国外理论家的政策建议，是促进此期国内政府部门重视房改中新房困的重要原因，如 Rebecca L. H. Chiu（1996）、Lai，O.-K.（1998）发现中国市场化房改进程中，切断单位福利房后，房地产市场活跃的同时却出现国企下岗人员、城市化迁移人口购房能力不足，Lai，O.-K.（1998）和 Lee，J.（2000）警示，政府部门忽视房改中的房困将造成社会不和谐甚至动荡[③]。但是，提高居民住房支付能力的政策细化是世界性难题，即便是当前房改也同样面临该难题的困扰。一次改

① 国发［1994］43 号文第五条第二十五款，但那时仅以经适房面目出现的安居房并非像当前一样是针对于中低收入群体房困问题破解的，主旨服务于住房商品化改革和住宅业培育成新的经济增长点和消费热点的“两点效应”。例如，1995 年《国家安居工程实施方案》指出，实施安居工程的目的是结合城镇住房改革，调动各方面积极性，加快城镇住房商品化和社会化进程，促进城镇住房建设。

② 发放住房券，部分解决了公房租金提高后职工住房消费能力不足的困难。参见国发［1988］11 号文第二条。

③ Lai，O.-K（1998），“Governance and the Housing Questions in a Transitional Economy，the Political Economy of Housing Policy in China Reconsidered”，*Habitat International*，Vol.22，No.3，pp.231-243；Chiu，R.L.H.（1996），“Housing Affordability in Shenzhen Special Economic Zone：A Forerunner of China’s Housing Reform”，*Housing Studies*，11（4），pp.561-580；Lee，J.，“From Welfare Housing to Homeownership：The Dilemma of China’s Housing Reform”，*Housing Studies*，2000，pp.61-76.

革出现几次公房低价出售风潮启示政策部门，居民住房支付能力得到适度保障，改革就顺利，反之也反是。

2. 事后诸葛亮地看，“一次房改”的不足表现

其一，在住房属性的归向上，“住房是商品”的理念在学界主流化，这相应地衍生住房体制仅是经济体制一部分的偏误认识，导致住房商品化的体制改革原则占绝对主导地位，而未同时将住房体制拓展到社会保障体制层面加以系统改革，最终住房体制似乎披上完全的商品房体制的外衣。

其二，房改中各具体阶段的改革目标多变[①]，虽有长期的改革总目标但尚显笼统，可操作性尚需加强。如提出适应社会主义初级阶段和社会主义市场经济体制改革的房改目标，但如何适应，尚需政学两界给出更具体深入的阐述。

其三，实现目标的指导原则还需系统优化，需要契合总目标和具体阶段目标而分类阐明，并注意总的指导原则和具体细则之间的衔接。如虽有对冲住房商品化改革中职工房困的安居工程建设目标，但相关的受惠对象确定、防异化的指导原则还未系统供给，即保障房体制开始萌芽，有待发展。

表 1 “一次房改”时期有关房改原则的“国发”文件

“国发”文件名称	有关改革原则的内容
《关于在全国城镇分期分批推行住房制度改革的实施方案》（国发［1988］11 号）	四、坚持多住房多交租和少住房可得益的原则
国务院办公厅转发住房制度改革领导小组《关于全面推进城镇住房制度改革的意见》（1991 年 10 月 17 日）	三、城镇住房制度改革的基本原则：（一）坚持国家、集体、个人三者共同负担的原则。（二）坚持租、售、建并举的原则。（三）坚持在统一政策下因地制宜、分散决策的原则。（四）坚持机制转换的原则
《国家安居工程实施方案》（1995 年 1 月 20 日）	实施国家安居工程的目的和基本原则：（二）实施国家安居工程要为推进城镇住房制度改革提供政策示范；要实行政府扶持、单位支持、个人负担的原则；要以大中城市为重点，有计划、有步骤地推进
《关于进一步深化城镇住房制度改革加快住房建设的通知》（国发［1998］23 号）	第一条第三款：（三）深化城镇住房制度改革工作的基本原则是：坚持在国家统一政策目标指导下，地方分别决策，因地制宜，量力而行；坚持国家、单位和个人合理负担；坚持“新房新制度、老房老办法”，平稳过渡，综合配套

总括而言，“一次房改”是在“住房是商品”的理念导引下将住房体制作为经济体制的一部分，走了一条与经济体制改革模式相容的住房商品化或市场化的渐进

① 体现为在改革出现困顿后采取救急措施，如起初表现为甩财政负担过重的包袱，后来部分地区一度出现“公房低租金废止，政府撂挑子不管保障房”的倾向。

式改革之路，成就巨大但不足也存在。无疑需强调：中国国情的复杂特别是地区发展的极不平衡性，使得房改更为复杂艰巨，加上历史情境和认识的约束，任何人都不可能对改革目标、基本原则、措施、切入点等一步“看透”，出现一些偏差是正常且难以避免的。故评析以往改革的得失只是为了更好地擘划未来的改革思路，而不能浸淫在“事后诸葛亮”式的窃喜中；另外，一些政策语境表述“住房是商品”时，其时的“住房”即指“商品住房”，但常规化解读中还需专门交代一下两者的简称关系以免含混。

三、“二次房改前期”新住房体制构建的探索与推进

如前述，“一次房改”后新住房体制初步建立“雏形”，因暴露商品房过度的缺陷而需进行“二次房改”。从个人掌握的文献来看，诸多专家对房改历程的回顾集中在“一次房改”，即观照时区限于 2001 年以前①，故此，体察 2001 年以后的“二次房改”带有一定的初探性。

（一）“二次房改”的具体阶分

以 2012 年党的十八大召开为历史分界点，这里将 2003—2011 年作为“二次房改前期”，来回顾此期已经走过的房改历程，并将此期再细分为 2001—2007 年，以及 2008—2011 年两阶段。今后还将推进的房改深化之路，则称为“二次房改中后期”。现对已经进行的“二次房改前期”历程予以简梳。

（二）“二次房改前期”的改革目标

观照发现，此阶段尚无“一次房改”时期文标即剑指住房制度改革或体制改革的国发文件，因而此期房改总目标、阶段目标难以从国字号房改文件中“按字面”直接获取；不过暗含改革目标的“基本原则”、“指导思想”等术语融入关键性国发文件，房改进展也内蕴在城市低收入群体房困破解、房价维稳、促进房地产市场稳

---

① 孟星简要回顾 1993—2012 年中国住房保障制度，将此期住房保障制度建设划分为 1993—1997 年（以经适房为核心）、1998—2005 年（以廉租住房为重点）、2006—2012 年（重视公租房等保障房）三阶段，并就建立以租赁为主中央投入为主的住房保障体系、住房补贴形式、改革财政体制官员考核机制和住房保障法律提出有价值的建议。但是，还未从整个住房体制的大视角全面梳理房改的得失，因而也就未结合房价回归调控、城市化战略加以阐述，也未明晰住房保障制度和保障房制度的关系，以及公廉租房两者交叉混乱而需并轨的义理性。参见孟星：《中国住房保障制度建设 20 年》，《中国房地产》2012 年学术版第 11 期。国外专家的研究回顾，如 Lai，O.-K.（1998），“Governance and the Housing Questions in a Transitional Economy，the Political Economy of Housing Policy in China Reconsidered”，*Habitat International*. Vol. 22，No.3，pp.231-243.Chiu，R.L.H.（1996），“Housing Affordability in Shenzhen Special Economic Zone：A Forerunner of China's Housing Reform”，*Housing Studies*，11（4），561-580.Lee，J.，“From Welfare Housing to Homeownership：The Dilemma of China's Housing Reform”，*Housing Studies*，2000，15（1）：61-76.

健发展、加强保障房建设管理四方面内容中（见表2），突出进步是保障房建设在国发［2011］45号文标中单列，并得到相当程度的阐释，与“一次房改”时期保障房雏形化状态相比，这是一次飞跃。

表2 “二次房改前期”的“国发”住房政策文件一览

“国发”文件名称	文号
《关于促进房地产市场持续健康发展的通知》	国发［2003］18号
《关于切实稳定住房价格的通知》	国办发明电［2005］8号
《关于做好稳定住房价格工作意见的通知》	国办发［2005］26号
《关于调整住房供应结构稳定住房价格意见的通知》	国办发［2006］37号
《关于解决城市低收入者家庭住房困难的若干意见》	国发［2007］24号
《国务院办公厅关于促进房地产市场健康发展若干意见》	国办发［2008］131号
《国务院办公厅关于促进房地产市场平稳健康发展的通知》	国办发［2010］4号
《国务院关于坚决遏制部分城市房价过快上涨的通知》	国办发［2010］10号
《国务院办公厅关于进一步做好房地产市场调控工作有关问题的通知》	国办发［2011］1号
《关于保障性安居工程建设和管理的指导意见》	国办发［2011］45号

资料来源：本表根据中国政府网、新华网和住建部网等文献信息整理。

在总结凝练的基础上，“二次房改前期”各分阶段的改革进貌如下：

1. 以低收入者家庭房困破解为目标的“二次房改”积极探索阶段

该阶段时区居于2001—2007年，以2003年和2007年为改革关键年。

“二次房改前期”实际上从2003年正式开始。虽然“二次房改前期”始于2001年，但实际上从2003年真正启动，这与该年呈现的节点性事件有关。首先，该年中国城市化进入加速期[①]，而客观上有加重已有房困的趋向；其次，自该年度以后，整个中国政府系统正式明确地提出推进服务型政府建设[②]，表明政府意识到应承担公共服务体系建设的主导责任；再者，2003年8月国发［2003］18号文颁布，虽以“促进房地产市场持续健康发展”为文标，但提出“建立适合我国国情的住房保障制度”和“改革住房制度、完善住房补贴制度”的改革基调，在该文第二条第三款“完善供应政策，调整供应结构”中还着重就经适房、廉租房进行具体阐释，并对普通商品房的大比例建设提出要求，这是调节“住房体系过度商品化”而加强保障房体制建设的信号。因而，“二次房改前期”可认为正式始于2003年，而2001—2003年8月居于理论困惑、实践困顿而萌动“二次房改”的过渡期。

国发［2007］24号文从制度改革层面凸显低收入家庭房困破解的目标。自国发

① 马先标：《论住房价格回归合理水平的内涵、目标与对策》，《社会科学战线》2012年第6期。

② 朱光磊：《城市公共服务体系建设纲要》，中国经济出版社2010年版，第3页。

[2003] 18号文后，2003年12月31日《五部委城市最低收入家庭廉租住房建设管理办法》和2004年5月13日四部委《经济适用住房管理办法》等文件相继颁布，关于保障房的一些政策条例得到进一步阐述。政策探索的结果后来集中体现在《关于解决城市低收入者家庭住房困难的若干意见》（国发[2007] 24号文）中。在该文第一条第一款，出现"将解决城市低收入群众住房困难问题作为住房制度改革的重要内容和政府公共服务的一项重要职责"的表述；第二条为"进一步建立健全城市廉租住房制度"，第三条为"改进和规范经济适用住房制度"。

由此可见，国发[2007] 24号文着重从住房制度改革的理路破解低收入者家庭房困；反观实践维度，此期保障房机构和融投资建设都有积极进展，2007年住建部设立住房保障司，一些省市在住建职能部门内设住保处，2007年全国安排廉租住房资金77亿元，超过历年累计安排资金的总和。这都表明住房制度改革步入继续深化的积极探索阶段。

2．以加强保障房体制构建为目标的"二次房改"加快阶段

该时段（2008—2011年）的房改目标为加强保障房体制构建。理由是：

其一，各省市住房机构继续得到增强。观照现实，四大直辖市中，津渝将原有的房地产管理局更名、改建为国土资源与房屋管理局，在土地与住房资源整合管理方面迈开一步；而上海和一些省会大城市如南京、长春等在原有的"房地产管理局"名号上增加了"住房保障"的称谓，凸显保障房破解房困的特色。云南省为加强保障房建设管理，成立省住房保障局，开全国省区首例。

其二，围绕保障房的制度改革得到进一步重视。国发[2008] 131号和国发[2010] 10号文均出现"加大或加快保障性住房建设力度"的内容；国务院办公厅《关于保障性安居工程建设和管理的指导意见》（国办发[2011] 45号）、住城部《关于调整住房公积金存贷款利率的通知》（建金[2011] 44号）和《国家发展改革委办公厅关于利用债券融资支持保障性住房建设有关问题的通知》（发改办财金[2011] 1388号）的政策文件颁布，此外住建部颁布了《关于做好住房保障规划编制工作的通知》（建保[2010] 91号），保障房整体和专项规划进入操作阶段，这都加快了保障房制度改革的步伐。

其三，此阶段加强保障房体制构建的改革目标凸显在国办发[2011] 45号文第一条第一款中，即"深入贯彻落实科学发展观，把住房保障作为政府公共服务的重要内容，建立健全中国特色的城镇住房保障体系，力争使城镇中等偏下和低收入家庭住房困难问题得到基本解决"。在该文第一条第二款的基本原则中，明确"坚持规范管理，不断完善住房保障制度"。

如前述，围绕理念、机构与职能范畴的保障房制度建设加快，直接促进保障房

建设规模空前，大步迈向与商品房相协调的格局：2009 年保障房支出达 550.56 亿元；2010 年中央财政安排保障房支出 992.58 亿元，全国各类保障房和棚户区改造住房开工 590 万套；2011 年两会期间及其后，提出五年建设 3600 万套保障房、两年建设 2600 万套保障房的规划，2011 年新开工建设保障房已超 1000 万套①。

3．2009 年至今以房价回归合理水平为目标的中国式调控

虽然该阶段政府对房改的推动力量仍居首位，但政策实施的动因与网民的意见表达，关联甚大。由于该阶段网络技术和网民数量大大超越“一次房改”阶段，这为顺畅公民意见表达渠道、降低意见综合和公共部门决策成本提供了独优载体，用新制度的话语表述是技术变迁促进了体制变迁。围绕“住房价格合理回归”的中国式调控的启动即为典例。

在中央媒体开设给胡锦涛总书记留言专区后，万条网民意见中相当一部分反映房价太高。任何一个负责任的现代政府都不可能对扭曲的高房价和绝大部分居民降房价的普遍呼声漠然视之②，也不可能对庞大的中低收入群体的房困坐视不管，因而宏观当局果断实施“住房价格合理回归”的调控，旨在抑制奇高房价、促进大部分居民买得起住房并维护房地产市场稳健发展③。围绕“住房价格合理回归”的中国式调控工具体现在：结构化供给住房用地，如保障房土地行政划拨，普通商品房土地“限房价，竞地价”④；颁布住房限购政策和加强住房保有环节的征税，以减少过度的住房需求、抑制投资性投机性住房需求；将住房价格合理回归纳入问责考核机制中。这些政策或推动住房供给曲线右移，或推动其需求曲线左移，双重平抑了住房价格，因而已取得积极效果，如大多数城市房价止涨回稳，部分城市房价开始下行。

当然，住房价格回归合理水平似难归入常规意义上的房改目标，但该调控的实施却表明继续探索契合国情的新住房体制的紧迫性，也在某些层面为建立新住房体制提供了经验性信息。

（三）“二次房改前期”的改革原则

与对“一次房改”时期改革原则的总括方法类似，这里同样仅列举文标或条款标题出现改革原则的两个国发文件：国发［2007］24 号文和国办发［2011］45 号文。它们是促进此期“保障房体制构建、破解低收入群体房困”目标得以实现的集大成文件，两个文件分别给出“五项原则”和“六项原则”，形成两个原则体系（参见

---

① http：//news.xinhuanet.com/house/2011-11/10/c_122263180.htm。

② 网友在给中央领导的万余条留言中，反映高房价的占七成，“降房价”成为许多网友的心声。参见：《中央媒体开设给胡锦涛留言专区房价问题受关注》，人民网，http：//house.people.com.cn/GB/12703083.html。

③ 参见国发［2010］10 号文第一条第一款。

④ 参见国办发［2011］1 号文第五条：严格住房用地供应管理。

表3）。

1. 两大原则体系的交集有两个：坚持立足国情，满足基本住房需要；政府主导，社会参与。

2. 两大原则体系的不同点在于：（1）国发［2007］24号文的另三个改革原则是改革规划与时序进度上统筹规划，分步解决；领导责任分担格局上是省级负总责，市县抓落实；中央与地方在政策协调方面坚持统一政策，因地制宜。应该说，后三条原则在“一次房改”中已基本出现[①]，此期加以承袭。（2）国办发［2011］45号文的另四个原则则专门针对保障房建运的实际过程而展开：融投资机制上的两轨制，坚持加大公共财政的投入，同时发挥市场机制的作用；质量标准落实上的全维度，坚持经济、适用、环保，确保质量安全；分配环节的过程化管理，坚持分配过程公开透明，分配结果公平公正；总的制度改善方面，坚持规范管理，不断完善住房保障制度。与国发［2007］24号文相比，国办发［2011］45号文对保障房建设的原则进行系统化的过程阐述，但是无疑需将国发［2007］24号文中的后三个通识性原则吸纳进来，以更全面。

需交代，在上述国发［2007］24号文的第二个改革原则即领导责任分担格局上，似乎只明确了“省级负总责，市县抓落实”的责任主体，中央政府似乎成了局外人。不过从该文的第三个改革原则即“中央与地方在政策协调方面坚持统一政策，因地制宜”的内涵中可推出，中央政府在房改中的角色体现为宏观决策和大方向引导。统括两个关键性文件，可形成保障房体制改革的九条原则。

（四）对“二次房改前期”的总评述

1. 梳理表明，“二次房改前期”的主绩效体现在：其一，已体察到“住房是商品”的认识存在偏误，并开始按“两板块”或“两轨”制发展住房体系[②]，也开始重视保障房体制改革并在构建上迈开有力步伐。其二，以逐步构建保障房体制从而完善整个住房体制为主旨，住房物品体系中保障房板块迅速生发，与“一次房改”中住房商品化主导的特色形成对照。其三，在“二次房改前期”至今的一段时期，已从某些层面丰富了此前笼统的改革总目标。在国发［2007］24号文第一条（一）指导思想和（二）总体要求的两款中，出现房改总目标双维度的新表述，即“按照全面建设小康社会和构建社会主义和谐社会的目标要求，加快建立健全以廉租住房制度为重点、多渠道解决城市低收入家庭住房困难的政策体系”。与“一次房改”住房体制改革“适应社会主义市场经济体制”的单一的经济性归向而言，房改总目标兼具社

① 参见国发［2007］24号文标题。张承惠、陈道富：《中国有条件避免房地产市场硬着陆》，《人民日报》2012年1月4日。

② 参见本文“一次房改”原则部分。

会性归向的出现，表明政策当局对房改总目标的认识不断深化。改革分目标上，“破解城市低收入群体”和“建立健全中国特色的城镇住房保障体系”的目标理念，对克服“新住房体制雏形”中所存在的“商保失调”的缺陷有积极推动作用。其四，关涉保障房乃至住房体制改革的相关原则集大成地体现在国发［2007］24号文和国办发［2011］45号文中，有分类构建商品房、保障房体制的趋向。其五，住房价格合理回归的政策开始促进房困破解，并治理房地产领域的乱象，成为此阶段房改的一个重要特色。

表3 “二次房改前期”阐述改革原则的“国发”文件

“国发”文件名称	有关改革原则的内容
《关于解决城市低收入者家庭住房困难的若干意见》（国发［2007］24号）	一、明确指导思想、总体要求和基本原则（五项原则） 二、（三）基本原则。解决低收入家庭住房困难，要坚持立足国情，满足基本住房需要；统筹规划，分步解决；政府主导，社会参与；统一政策，因地制宜；省级负总责，市县抓落实。
国务院办公厅发布《关于保障性安居工程建设和管理的指导意见》（国办发［2011］45号）	一、总体要求和基本原则（六项原则） （二）基本原则。住房保障工作要坚持从我国国情出发，满足基本住房需要；坚持政府主导、政策扶持，引导社会参与；坚持加大公共财政的投入，同时发挥市场机制的作用；坚持经济、适用、环保，确保质量安全；坚持分配过程公开透明，分配结果公平公正；坚持规范管理，不断完善住房保障制度。

2.“二次房改前期”需改进之处：其一，住房体制改革相关内容仍内置于“促进房地产市场健康发展”、“稳定房价”、“坚决制止部分城市房价过快上涨”的系列文件中，对住房体制促进住房体系演化发展的深层动力似乎还未形成切肤共识，缺乏“一次房改”时期标题即剑指住房体制改革的国发文件即为典例（参见表1）。由此，一个从制度视域出发的新住房体制基本框架也就尚未出台。其二，正如前述，比较地看，此期房改目标不断丰富，如已提出“建立健全中国特色的城镇住房保障体系”，但还未就如何促进“两房协调”对新住房体制构建目标进行大系统的深入阐述。其三，房改原则虽多达九条，但因缺乏一个包括保障房、商品房在内的整个新住房体制构建目标，故而这些原则或宏大而不够精准，或未从“两房协调”的治理进路而展开，或未从法制化建设、科学规划、央地利益协调等要害问题而展开体制创新。

四、结语和新住房体制构建的总目标

综上所述，我们可以清楚地看到，随着一次房改和二次房改在实践中的不断推进，学业两界对房改的目标、原则等逐渐有了完备清晰的认识。特别是在2012年，党的十八大报告第一次将保障性住房正式写入党的重要文件，并指出要建立“市场配置和政府保障相结合的住房制度”。2013年，中央政治局集体学习住房问题，2013年11月，“健全符合国情的住房保障和供应体系”的新时期房改基本原则，在党的十八届三中全会的报告中得到集中体现，习近平总书记则强调指出，“住房问题既是民生问题也是发展问题，关系千家万户切身利益，关系人民安居乐业，关系经济社会发展全局，关系社会和谐稳定。”因而，“要处理好政府为主提供基本保障、以市场为主满足多层次需求的住房供应体系”①。由于市场配置的对象是商品房，政府保障中低收入群体的住房类别是保障房，因而，该制度在本质上也可概括为商品房与保障房相协调的住房制度，即“两房协调”的新住房制度。当然，由于十八大报告中的住房制度实际上是包括若干制度安排的集合层面的住房体制，故而，“两房协调”的住房新制度与“两房协调”的住房新体制是同序列概念。至此，市场配置和政府保障相结合的、两房协调的住房体制，就成为“二次房改中后期”改革的总航向和总目标。

也正是在这个意义上，我们说，完善的住房新体制或新住房体制的模式，应该就是市场配置和政府保障相结合的、两房协调的住房体制。它的建立，将为促进住房体系长期平稳较快发展，进而履行房困破解和商住房稳健繁荣的使命，提供深层持久的制度动力。

（作者为西南财经大学产业经济研究所研究员、南昌大学教授）

① 《加快推进住房保障和供应体系建设 不断实现全体人民住有所居目标》，参见中央政治局第十次集体学习内容报道，新华网 http：//news.xinhuanet.com/house/bj/2013-10-31/c_117939768.htm；http：//study.ccln.gov.cn/zhongxinzuxx/zyzzjjtxx/37020.shtml。《中国共产党第十八届中央委员会第三次全体会议文件汇编》，人民出版社2013年版，第67页。《习近平谈治国理政》，外文出版社2014年版，第192—194页。

中国环保产业发展的历史回顾与经验启示

段 娟

环保产业是为社会生产和生活提供环境产品和服务活动，为防治污染、改善生态环境、保护资源提供物质基础和技术保障的产业。[①]随着中国经济的持续快速发展和城市化与工业化进程的不断加快，国家对环保产业发展日益重视，尤其改革开放以来，各五年规划（计划）对环保事业和环保产业发展都有明确的目标内容，新出台的国家“十三五”规划更是辟专章规划绿色环保产业的发展。我国环保产业从20世纪70年代初开始起步，目前已进入快速发展阶段，总体规模迅速扩大，产业领域不断拓展，产业结构逐步调整，产业水平明显提升，逐渐成为国民经济新的支柱产业。但当前环保产业发展也存在技术创新体系不完善、技术开发投入不足、市场不规范、法律法规不健全、财税优惠政策激励力度有限、企业融资难度大等诸多问题。文章回顾了中国环保产业发展的历史阶段、进展和问题，总结了历史经验，并对当前如何更好地推动中国绿色环保产业发展的路径给出了相关启示性思考。

一、20世纪60年代中后期至70年代初：环保产业发展萌芽阶段

20世纪60年代中后期到70年代初，环境保护工作的重点是“三废”治理和综合利用。首先，成立了“三废”利用等环保机构。1971年，国家计委成立“三废”利用领导小组。1973年1月，成立了国务院环境保护领导小组筹备办公室。北京、甘肃、湖北、广东、贵州、河北、河南、辽宁、云南、浙江、湖南、山东等省市新建或重建了“三废”治理利用办公室等。到第一次全国环保会议召开前，已有16个省区市设立了环保机构。1972年6月，官厅水库水资源保护领导小组成立，随后，又相继成立了关于保护黄河流域、淮河流域、长江流域、松花江流域、珠江流域、太湖水系等水域的环保领导小组。环保机构的成立为以后环保事业的起步准备了重要的组织条件。其次，从中央到地方开展了广泛的环境污染调查。1971年4月，卫生部军管会向各省、市、自治区革命委员会卫生局下达《关于工业“三废”对水源、大气污染程度调查的通知》，指出：“三废”中的有害物质排出是害、回收是宝，回收利用可以为国家创造大量的物质财富，反之则会严重危害人民健康和工农业生

① 《关于环保系统进一步推动环保产业发展的指导意见》，《中国环保产业》2011年第5期，第17页。

产。“三废”问题的解决首先要调查清楚其对河流、大气、水源的污染情况及危害程度。《通知》要求各地对辖区主要厂矿进行全面调查，了解排污情况、排放制度、回收利用的方法以及对周围居民健康和其他行业的影响。《通知》下达后，各地污染调查工作陆续展开。1972 年，青海、甘肃、河南、山东等八省（区）联合成立协作组，长江水系六省一市成立协作组，辽宁、河北、山东三省与天津市组成协作组，分别对黄河、长江、渤海、黄海等污染情况进行了调查。在全国开展污染普查的同时，一些污染事件也引起中央政府的重视，影响较大的是官厅水库污染问题。1972 年 3 月，北京市革委员向中央提交《关于官厅水库污染情况的报告》。5 月，李先念批示要着力解决这一问题。6 月，国家计委和国家建委向国务院提交《关于官厅水库污染情况和解决意见的报告》，建议采取紧急治理措施迅速制止水质继续恶化，加强对官厅水库上游河流污染的调查；新建、扩建工厂要认真考虑“三废”综合利用，工厂建设和“三废”综合利用工程要同时设计、同时建设、同时投产；建立监测化验系统，加强检验工作。[①] 环境污染调查工作的开展为查清污染源和有计划的治理提供了科学依据；促进了环保监测站和区域监测网的建立，为工业建设、污染防治提供了参考。再次，这一时期，还制定了诸如《工业企业设计卫生标准》《生活饮用水卫生规程》《渔业用水水质标准》《工业“三废”排放试行标准》等“三废”污染治理文件和法规，为当时的污染防治提供了制度性依据，也为以后环境保护法规的制定和完善奠定了基础。应该说，这一阶段我国的环保事业开始起步，虽然没有正式出现环保产业的概念，但“三废”治理机构的建立、治理法规的出台、污染调查监测工作的开展、污染控制设备的研制等，都为以后环保产业的孕育发展奠定了基础。

二、20 世纪 70 年代中期至 80 年代：环保产业孕育阶段

在环境保护工作受到普遍重视的情况下，1973 年 8 月，国务院召开第一次全国环境保护会议。会议确定了环境保护工作方针：“全面规划、合理布局、综合利用、化害为利、依靠群众、大家动手、保护环境、造福人民”，制定了《关于保护和改善环境的若干规定》[②]。该规定提出要做好全面规划，经济发展与环境保护要统筹兼顾，全面安排；工业要合理布局，厂址选择要切实注意对环境的影响；要注意保护水源，消烟除尘，处理、利用垃圾，改善劳动环境；综合利用，除害兴利，一

---

① 《中华人民共和国环境保护法研究文献选编》，法律出版社 1983 年版，第 7—12 页。

② 沈阳市环境保护监测站、沈阳市环境保护科研所编：《环境保护文件和标准选编》，1978 年，第 3—12 页。

切新建、扩建和改建企业的主体工程与环境保护设施要同时设计，同时施工，同时投产；加强对土壤、植物、江河、湖泊、海洋、森林、草原保护；认真开展环境监督工作，制定工业企业污染物排放标准和环境质量标准；大力开展环境保护的科学研究工作和宣传教育；环境保护需要的投资、设备和材料要尽可能予以保证。第一次环境保护会议召开后，我国的环境保护工作开始起步。1974 年，国务院成立了环境保护工作领导小组，各省、市、自治区和国务院有关部委也陆续建立起环境管理机构，以及环保科研、监测机构。1978 年 3 月，第五届全国人大第一次会议通过的《宪法》，明确提出“国家保护环境和自然资源，防治污染和其他公害”。1979 年 9 月，第五届全国人大第十一次会议通过《中华人民共和国环境保护法（试行）》，确定了中国环境保护法体制框架，标志着我国环境保护工作进入法制轨道。1983 年底召开第二次全国环境保护会议，明确了环境保护是一项基本国策，提出了“三建设、三同步、三统一”的战略方针，初步规划出环境保护的主要目标、步骤和措施，确定了强化环境管理作为环保工作的中心环节。1984 年成立了国务院环境保护委员会，1985 年中国环境保护工业协会正式成立。1988 年，国务委员、国务院环委会主任宋健首次提出发展环保产业，“环保产业”这一新概念引起社会广泛关注。1989 年，国家环境保护局组织全国第一次环保工业调查，对全国的环保工业生产、经营等情况进行了统计和分析，在被调查的 3148 个单位中有 2529 个从事环保产业的生产或研究。1988 年的生产总值为 38 亿元，其主要产品包括用于治理环境污染的机械设备、专用仪器及专用材料等。这次调查反映出大部分的企业规模小，集体企业和乡镇企业占多数。在 1928 个企业中，年产值在 500 万元以上的仅 137 家，只占企业总数的 7.1%。① 这一时期环保产业开始孕育发展，但由于处于发展初期，基础较薄弱，尚未形成一定规模，产业市场狭小、技术落后，亟须政府出台一系列政策措施进行引导和扶持。

三、20 世纪 90 年代至 21 世纪初：环保产业迅速发展阶段

1989 年召开第三次全国环境保护工作会议，国务院发出《关于当前产业政策要点的决定》，将环保产业列入优先发展领域。1990 年，国务院环境保护委员会第 15 次会议通过《关于积极发展环境保护产业的若干意见》，这是我国第一份指导环保产业发展的政策性文件。该文件详细阐明了环保产业的概念，指出发展环境保护产业的指导方针是在治理整顿和深化改革中，提高环境保护产品和环境工程的质量，

---

① 范秀英等编：《环保产业与高新技术》，中国科学技术出版社 2001 年版，第 16 页。

为保护和改善环境、防治污染和其他公害提供物质和技术保障。1991年，国家环境保护局开始启动最佳环保实用技术的筛选与推广工作。1992年4月，全国第一次环保产业工作会议召开。会议阐明了发展环保产业对推动我国环保事业发展的重要意义，并确定了我国发展环保产业的指导思想与基本方向。会议期间同时举办了全国第一次环保产业展览会，把环保产业发展推向高潮。1992年9月，党中央和国务院批准中国环境与发展十大对策建议，其中之一是“大力推进科技进步，加强环境科学，积极发展环境保护产业”。1992年11月，国务院环境保护委员会发出《关于促进环境保护产业发展的若干措施》①，提出了“积极扶持，调整结构，依靠科技，提高质量，面向市场，优质服务”的指导思想，强调各级政府、各有关部门应针对环保产品市场需求量大的特点，把生产和开发环保产品和提供环保服务的企事业单位推向市场，供需结合、有偿服务、平等竞争、优胜劣汰，把发展环保产业纳入社会主义市场经济的轨道。1993年，中国环保产业协会成立。1994年，国家环境保护局发出《关于开展环保产品质量考评的通知》，这是在过去开展环境监测专用仪器质量考评的基础上，第一次在全国范围内开展多种环保产品质量考评。1995年,《中国环保产业》杂志出版。该杂志是中国环保产业协会主办的全国惟一的国内外公开发行的环保产业综合性期刊，在宣传环保方针、政策，沟通市场信息，交流行业管理经验，介绍国内外先进环保技术和产品，推动环保科技成果的商品化、产业化、国际化等方面发挥了积极作用。1995年4月，国家环境保护局发布《关于环保产业科技开发贷款有关事项的通知》，指出环保产业科技开发贷款是运用国家银行资金，支持发展环保产业的企、事业单位进行环保的开发、环保最佳实用技术推广、环保示范工程建设、环保信息服务、资源综合利用、生态保护开发等项目。②1995年，国家环保局会同国家计委、国家经贸委、国家科委和国家统计局联合开展了全国环境保护产业基本情况调查。此次调查是建国以来由政府布置的第一次全国范围内的环保产业调查。历时15个月，共获得了全国29个省、直辖市、自治区8651个从事环保产业活动的企事业单位约100万个调查数据和29套总结分析资料。③1996年4月，国家环境保护局发出《关于对环保产品实行认定的决定》④，强调要对用于防治污染和保护生态环境的环保产品实行认定，对通过认定的环保产品，颁发环保产品认定证书。在建设项目的污染防治和其他污染防治工程中，以及在环境监测中，必

① 国家环境保护总局政策法规司编:《中国环境政策全书》(下)，中国环境科学出版社2005年版，第1344—1345页。

② 国家环境保护局办公室编:《环境保护文件选编(1993—1995)》，中国环境科学出版社1996年版，第505页。

③《中国环境年鉴(1996)》，中国环境科学出版社1996年版，第217—218页。

④《中国环境年鉴(1997)》，中国环境年鉴社1997年版，第37页。

须使用获得认定证书的环保产品。1996 年 8 月，国家环境保护局发布《环保产品监督检验机构管理办法》，保证了环保产品监督检验机构工作的规范化。1997 年 5 月，国家环境保护局发布《关于环境科学技术和环保产业若干问题的决定》①，提出"大力发展环保产业，规范环保产业市场"，指出要有重点、有计划地推动环保产业上规模、上水平，提高环保产品的技术含量、质量和档次。要引导环保企业集约化经营，扩大环保产业规模；鼓励、支持国有大中型企业进入环保产业，从事环保产品的开发和生产；重点扶植一批环保骨干企业，组建环保产业集团和环保高科技基地；整体推进环保产业发展。同时要加强环保产业的监督管理，建立环保产业管理体系，规范环保产业市场，坚决打破部门封锁和地方保护主义，防止不正当竞争，实现环保产业市场的有序运行。1998 年，国家环保总局召开全国环保系统环保产业工作会议，会议提出要大力推动环保产业发展，使其成为国民经济新的增长点。要把环保产业发展摆到重要的议事日程，积极探索促进环保产业发展的新思路和新方法，维护环保产业市场公平竞争的环境，促进污染治理机制的转化，引导环保产业全面走向社会化、市场化、专业化和企业化，形成环保产业自我发展的内在机制。1999 年，国家环保总局发挥对环保产业引导、规范、监督、服务的职能，采取各项措施，推进环保产业向深层次发展。国家环境保护总局与国家科技部、国家机械局联合发布了《机动车排放污染防治技术政策》，与国家轻工业局联合发布了《草浆造纸污染防治技术政策》。向社会公布污染防治技术路线、工作进度和时限要求，规范和指导污染防治工作；以环境保护设施运营资质认可工作为突破口，提倡发展环保设施运营业和污染治理服务业，实行环保设施建设和运营两权分离。2000 年，为适应社会主义市场经济发展的需要，国家将环境保护产品认定由行政性认定转为第三方认定，逐步建立起全国统一的第三方认定管理体系，推进了环境工程资质认可工作的规范化。为促进环保产业形成规模优势，促进环保产业化发展进程，培育新的经济增长点，国家环保总局还制定了国家环保产业基地和环保产业园区建设总体方案。

20 世纪 90 年代至 21 世纪初，随着中国经济快速发展，经济发展和环境污染之间的矛盾日益突出，国家对环境保护工作日益重视。第三次全国环境保护工作会议将环保产业列入优先发展领域，促进了环保产业地位的提高；首次召开环保产业会议，确定了环保产业的指导思想，基本方向；出台了一系列关于环保产品质量考评、环保产业科技开发贷款、环保产品实行认定、环保产品监督检验机构管理、环境工程资质认可等方面的政策措施，对规范环保产业发展提供了思路；提出把发展

① 国家环境保护总局办公厅编：《环境保护文件选编（1997）》，中国环境科学出版社 1998 年版，第 145 页。

环保产业纳入社会主义市场经济轨道，引导环保产业走向社会化、市场化、专业化和企业化，对于推动环保产业走向市场，促进环保产业发展规模和水平的提高发挥了重要作用。2001 年 2 月，国家环保总局组织开展了 2000 年环境保护相关产业基本情况调查。结果显示，截至 2000 年底，从事环境保护相关产业企事业单位总数达 18144 家，从业人数 317.6 万人。年收入总额 1689.9 亿元，实现利润 166.7 亿元。与 1997 年相比，我国环境保护相关产业的从业单位增加了近 1 倍，从业人数增加了 87%，年收入总额增长了 268%，年利润总额增长了 187%，人均收入、人均利润分别增长了 73%和 53%。[①] 调查显示，我国环境保护相关产业的内涵在不断延伸和丰富，产业规模在逐步扩大，产业结构分布日趋合理，产业的整体规模和效益有了较大幅度的增长，产业的地域分布由东南沿海、沿江的经济发达地区向中、西部地区扩展，我国环保产业发展呈现出良好的发展势头。尽管这一时期环保产业得到迅速发展，但由于环保产业是在计划经济体制下适应环境保护的需要发展起来的，多年来一直处于一种无序、盲目的发展状态，导致环保产业发展存在缺乏国家宏观指导，企业分散、规模小、缺乏骨干力量，产品科技含量低，市场管理不规范、社会化服务体系不健全等诸多问题。在社会主义市场经济下，亟须加强政府的宏观调控，规范环保产业市场发展，建立以市场供求关系为主、以政府制度管理为支撑的市场主导型运行机制，促进环保产业的有序健康发展。

四、21 世纪至今：环保产业持续健康发展阶段

2001 年 5 月，为深入贯彻落实可持续发展战略和科教兴国战略，促进我国环保产业快速、健康发展，保护资源和环境，培育新的经济增长点，国家环保局发出《关于加快发展环保产业的意见》，指出各地区和有关部门在制订国民经济和社会发展计划及远景目标时，要把环保产业作为重点发展领域。制定和实施环保产业发展规划，要认真分析国内外市场需求和技术发展趋势，明确发展方向、目标和重点，坚持“有所为，有所不为”的原则，发挥地区比较优势，防止低水平重复建设。同时强调发展环保产业，要坚持以市场为导向、以科技为先导、以效益为中心、以企业为主体的原则，强化政策引导，依靠技术进步，培育规范市场，加强监督管理，加大环境执法力度，逐步建立与社会主义市场经济体制相适应的环保产业宏观调控体系，统一开放、竞争有序的环保产业市场运行机制，促进环保产业健康发展，为环境保护提供技术保障和物质基础，以适应日益严格的环保要求对环保产业的需

① 《中国环境年鉴（2002）》，中国环境年鉴社 2002 年版，第 253 页。

求，并使其成为新的经济增长点。[1]2001年11月，国家经贸委发出《环保产业发展“十五”规划》[2]，指出，“十五”期间，是我国经济和社会发展的重要时期，是经济结构战略性调整的重要时期，也是我国加快生态建设和环境保护的重要时期。发展环保产业是实施可持续发展战略的必然要求；是培育新的经济增长点的需要；是适应我国加入WTO的现实选择。“十五”期间，国家紧密结合经济结构调整和西部大开发战略的实施，以解决重点区域的重点环境问题为突破口，实施和推进了淮河、海河、辽河、太湖、巢湖、滇池、酸雨和二氧化硫控制区、北京市、渤海、三峡库区及其上游、黄河小浪底库区及其上游和松花江流域等重点区域的污染防治工作。同时，国家环保总局在机制、政策和制度创新方面，继续推进环境污染治理的市场化，推进环保产业基地、环保产业园及生态工业园的建设，规范、完善环保运营资质、环境工程设计资质工作，加强对环境保护产品的监督管理与认定工作。环保产业工作取得了新的进展。“十五”期间，我国加大了对环保基础设施建设的投资力度，全社会环境保护投资比“九五”时期翻了一番，占GDP的比例首次超过1%，[3]促进了环保产业的整体发展，从而使环保产业总体规模不断壮大，涵盖领域不断延伸。

2007年，政府对于环保工作的开展提出了新方法、新思维，正式将环保项目支出列入国家财政总预算中，并出台了一系列措施促进节能减排。2008年，全球金融危机爆发，我国加大了基础设施的建设规模，其中对环保产业的投资更是显著增加。2009年一季度，我国环保行业实现了较高增长，其中废弃资源与废旧材料回收加工业、环境污染处理专用药剂材料制造业的工业销售总产值同比增幅均超过50%；环保、社会公共安全及其他专用设备制造业的销售总产值同比增长也超过20%。[4]2009年9月，温家宝召开三次新兴战略性产业发展座谈会，强调要重视新能源、节能环保、电动汽车、新材料、新医药、生物育种和信息产业的发展。2010年10月，国务院发出《关于加快培育和发展战略性新兴产业的决定》，强调要立足我国国情和科技、产业基础，坚持创新发展，将节能环保、新一代信息技术、生物、高端装备制造、新能源、新材料、新能源汽车等战略性新兴产业加快培育成为先导产业和支柱产业。节能环保产业要重点开发推广高效节能技术装备及产品，实现重点领域关键技术突破，带动能效整体水平的提高。加快资源循环利用关键共性技术

---

① 《中国环保产业（2002）》，中国环境科学出版社2003年版，第11—14页。

② 国家发展和改革委员会环境和资源综合利用司编：《环保产业政策汇编》，中国友谊出版公司2005年版，第70—78页。

③ 《国家环境保护“十一五”规划》，中国环境科学出版社2008年版，第2页。

④ 《中国环保行业分析报告（2010年1季度）》，中国经济信息网，2010年5月。

研发和产业化示范，提高资源综合利用水平和再制造产业化水平。示范推广先进环保技术装备及产品，提升污染防治水平。推进市场化节能环保服务体系建设。加快建立以先进技术为支撑的废旧商品回收利用体系，积极推进煤炭清洁利用、海水综合利用。"十一五"期间，环保产业作为战略性新兴产业得到较快发展。环保产业投资总额1.375万亿元，较"十五"期间增加96.4%，占GDP比例上升到1.35%。根据《第四次全国环境保护相关产业综合分析报告》，2011年我国环境保护相关产业从业人员达到319.5万人，年营业收入30752.5亿元，年营业利润2777.2亿元，年出口合同额333.8亿美元。与2004年相比，2011年我国环境保护相关产业的从业人数增加了100.3%，年平均增长速度为10.4%；营业收入增加了572.6%，年平均增长速度为31.3%；营业利润增加了605.1%，年平均增长速度为32.2%；出口合同额增加了439.3%，年平均增长速度为27.2%。同时，我国环境保护相关产业营业收入占同期GDP的比重由2004年的2.8%上升至2011年的6.5%。[①]

"十二五"期间，发展环保产业是我国经济绿色化发展的主要方向。2011年，环保部发出《关于环保系统进一步推动环保产业发展的指导意见》，指出要充分认识环保产业的战略性、基础性地位，进一步发挥环保系统在推动环保产业发展中的作用，并提出了"十二五"时期环保部门推动环保产业发展的指导思想、基本原则与重点发展方向。2012年6月，国务院发出《"十二五"节能环保产业发展规划》，对节能环保产业的重点发展领域作出规划。2012年7月，国务院发出《关于印发"十二五"国家战略性新兴产业发展规划的通知》[②]，指出，"十二五"时期是我国战略性新兴产业夯实发展基础、提升核心竞争力的关键时期。关于节能环保产业，要强化政策和标准的驱动作用，充分运用现代技术成果，突破能源高效与梯次利用、污染物防治与安全处置、资源回收与循环利用等关键核心技术，大力发展高效节能、先进环保和资源循环利用的新装备和产品；完善约束和激励机制，创新服务模式，优化能源管理、大力推行清洁生产和低碳技术、鼓励绿色消费，加快形成支柱产业，提高资源利用率，促进资源节约型和环境友好型社会建设。2013年，国务院发出《关于加快发展节能环保产业的意见》[③]，提出要牢固树立生态文明理念，立足当前、着眼长远，围绕提高产业技术水平和竞争力，以企业为主体、以市场为导向、以工程为依托，强化政府引导，完善政策机制，培育规范市场，着力加强技术创

① 《第四次全国环境保护相关产业综合分析报告》，《中国环保产业》2014年第8期，第4—17页。

② 《国务院关于印发"十二五"国家战略性新兴产业发展规划的通知》，《中华人民共和国国务院公报》2012年第21期，第11—33页。

③ 国务院法制办公室编：《中华人民共和国法规汇编（2013年1月—12月）》，中国法制出版社2014年版，第805—815页。

新，大力提高技术装备、产品、服务水平，促进节能环保产业快速发展，释放市场潜在需求，形成新的增长点，为扩内需、稳增长、调结构，增强创新能力，改善环境质量，保障改善民生和加快生态文明建设作出贡献。并指出节能环保产业的发展目标是“年均增速在15%以上，到2015年，总产值达到4.5万亿元，成为国民经济新的支柱产业。”2015年4月，中共中央、国务院制定出台《关于加快推进生态文明建设的意见》，明确提出“要大力发展节能环保产业”。2015年11月，“十三五”规划建议提出，支持绿色清洁生产，推进传统制造业绿色改造，推动建立绿色低碳循环发展产业体系，鼓励企业工艺技术装备更新改造。2016年3月5日，李克强在十二届全国人大四次会议上作政府工作报告，强调要重拳治理大气雾霾和水污染。大力发展节能环保产业，扩大绿色环保标准覆盖面；开展全民节能、节水行动；推进垃圾分类处理，健全再生资源回收利用网络，把节能环保产业培育成我国发展的一大支柱产业。2016年3月17日，“十三五”规划纲要明确提出要发展绿色环保产业，培育服务主体，推广节能环保产品，支持技术装备和服务模式创新，完善政策机制，促进节能环保产业发展壮大。2016年4月，环境保护部出台《关于积极发挥环境保护作用促进供给侧结构性改革的指导意见》，指出大气、水、土壤污染防治三大战役为环保产业扩大产业规模、优化产业结构、提高技术水平和市场化程度提供了大好机遇，环保产业发展也将为实现环境质量改善目标提供有力支撑。2016年12月，国务院印发《“十三五”国家战略性新兴产业发展规划》，提出要推动新能源汽车、新能源和节能环保产业快速壮大，构建可持续发展新模式。在国家出台的一系列环保产业发展方针政策的指导下，“十二五”以来，我国环保产业发展的相关政策法规不断完善，国务院先后发布了《大气污染防治行动计划》《重点区域大气污染防治“十二五”规划》《水泥工业大气污染物排放标准》《水泥窑协同处置固体废物污染控制标准》《火电厂大气污染物排放标准》《环境空气质量标准》《钢铁烧结、球团工业大气污染物排放标准》《炼钢工业大气污染物排放标准》《炼焦化学工业污染物排放标准》《土壤污染防治行动计划》等一系列法规标准，促进了我国环保行业的快速发展。目前，我国环保产业领域的投资不断增长，发展规模不断扩大，已发展成为囊括环保产品、环境基础设施建设、环境服务、环境友好产品、资源循环利用等多领域的综合产业体系。据统计，我国环境污染治理投资总额由2010年的6654.2亿元增长到2014年的9575.5亿元，增长44%。[①] 环保行业产值从2012年的3万亿元增长到2014年的3.98万亿元，年复合增长率为15.2%。环保产业从业人数由2011年的319.5万人增长到2014年328.0万人，增长2.7%。环保产业从业单位

① 《2010—2015年中国污染治理行业投资总额情况回顾统计》，中国产业信息网。

由2011年23820个增长到2014年25710个，增长7.9%。[①]但与此同时，我国环保产业发展仍存在激励与约束机制不够健全，技术创新建设和推广进程迟缓，环境服务业发展相对滞后等诸多问题。

五、经验与启示

回顾我国环保产业的发展历程，政府宏观调控与市场机制的有机结合、环保产业法规政策的健全、环保产业技术创新体系的推进、环保产业领域多元化投融资改革措施的完善等都是当前环保产业发展值得借鉴的历史经验。第一，政府宏观调控与市场机制的有机结合是规范环保产业发展的重要驱动力。随着市场经济体制的日臻完善，政府要引导环保产业走向社会化、市场化、专业化和企业化，推动环保产业发展规模、水平的不断提高。第二，法规政策的健全是环保产业发展的有力支撑。一国环保产业的发达程度与该国环境法规的完善程度密切相关。要不断健全环保产业法规政策，推动环保产业健康发展。第三，技术创新是推动环保产业发展的关键因素。环保产业属于技术密集型综合性产业，环保产品从设计开发之初，经过中间环节的生产过程一直到推向市场，都强烈依赖科学技术的创新。加强环保科技成果共享平台建设、构建“政产学研”一体的环保技术研发体系、健全环保先进技术示范应用的鼓励性政策等，促进环保产业优化升级，是推动环保产业持续健康发展的关键。第四，开辟多元化投融资渠道是促进环保产业发展的有力保障。一方面，应完善政府投资体制，加大对环保领域的投资力度，确保涉污企业的治理费用投入达到环境治理的需求。另一方面，要鼓励政府和社会资本合作，通过运用BOO、BOT、BT、绿色环保基金、绿色环保债券等多种方式，积极引导民间资本进入环保产业。

（作者为中国社会科学院当代中国研究所副研究员）

① 《2016年中国环保产业市场发展前景分析》，中国产业信息网。

从制度创新视角看95年来中国共产党社会救助思想

高冬梅

社会救助是国家和社会对陷入困难和不幸中的公民给予款物接济和帮助的一种政策或制度。社会救助思想，简而言之，就是人们对社会救助的价值、社会救助的主客体、社会救助的途径等一系列问题的认识。时代在变化，人们的社会救助思想也随之变化。中国共产党从成立以来，对社会救助的认识，因时代及其政治主张的不同呈现出阶段性特点。从制度创新的视角看，党的社会救助思想，经历了从民主革命时期认为依靠社会革命推翻旧制度“一揽子解决”到社会主义革命和建设初期认为社会主义制度确立后就能根本解决再到改革开放后认为只有根本社会制度加上社会保障制度创新才能有效解决社会救助问题的历程。

一、推翻旧制度的革命是解决社会救助问题的根本出路

民主革命时期，在马克思主义指导下，中国共产党逐步认识到，近代中国积贫积弱的原因是旧的社会制度造成的，要想救中国，必须推翻旧的社会制度。因此在专门探讨社会救助问题时，高举革命大旗的中国共产党也贯穿了通过革命“一揽子解决”的思路，将根本社会制度的变革看作是社会救助的核心内容。

首先认为弱势人群的生存困境主要是旧的社会制度造成的。社会救助包括对生理性弱势群体、社会性弱势群体的一般救助和对自然性弱势群体的灾害救助。对于一般社会救助对象的成因，此时期中国共产党领导人大都这么认为。李大钊在1919年1月《新自杀季节》一文中指出，“那些因不耐冻饿”等自杀的现象“只应从社会制度上寻找他的原因”[①]。1924年，他在《中国的内战与工人阶级》一文中更确切地指出，是“帝国主义的沉重压迫”和国内的“军阀”统治导致“农民丧失了土地，绝大多数产业工人饱受着失业之苦”。[②] 抗日战争时期，毛泽东在《中国革命和中国共产党》中，更明白无误地指出，“中国的殖民地和半殖民地的地位，造成了中国农村中和城市中的广大的失业群。在这个人群中，有许多人被迫到没有任何谋生的正当途径，不得不找寻不正当的职业过活，这就是土匪、流氓、乞丐、娼妓和许多迷

① 《李大钊全集》第2卷，人民出版社2006年版，第273页。
② 《李大钊全集》第5卷，人民出版社2006年版，第33页。

信职业家的来源”。[①]

对于民国以来我国灾荒的频发和灾民的频现，1930年毛泽东在《星星之火，可以燎原》一文中认为，原因之一是帝国主义和中国反动政府的统治造成了“普遍于全国的灾荒和匪患，使得广大的农民和城市贫民走上求生不得的道路”[②]。1934年9月，中共中央的政治理论机关刊物《斗争》第72期发文《发动水灾旱荒斗争的提纲》表达了同样的思想：灾荒的发生“完全是国民党统治的赐予，是豪绅地主的非人剥削以及帝国主义加紧侵略的结果”。

党对弱势群体的这种归因，是近代中国根本社会制度造就积贫积弱的客观事实在党的领导群体主观世界中的反映，是在马克思主义指导下得出的结论，是正确的、深刻的。但灾民的成因必有自然因素，生理性弱势群体的成因必有先天生物性因素。当时中国共产党人很少提及这一点，当时出于社会革命的目的可以理解，但不能说认识没有瑕疵。

其次认为解决弱势人群的生存困境主要靠社会革命以摧毁旧的社会制度。1919年李大钊认为救助妓女，“根本解决的办法，还是非把这个社会现象背后逼着一部分妇女不去卖淫不能生活的社会组织根本改造不可”[③]。1921年毛泽东也认为社会问题的解决，“社会政策，是补苴罅漏的政策，不成办法”，“激烈方法的共产主义，即所谓劳农主义，用阶级专政的方法，是可以预计效果的，故最宜采用”[④]。李达也认为：“社会问题的解决，就不能不借阶级对抗的形式表现出来”，无产阶级“要解决社会问题，自身若不取得政权，是不能达到目的的，这就是各国社会革命的由来”。[⑤]就当时三座大山压顶的形势，共产党人将变革剥削制度作为社会救助的根本出路，无疑是正确的。但一些共产党人甚至认为解决灾荒问题的根本手段也是社会革命，如1931年党的机关报《红旗周报》第17期明确指出“只有推翻帝国主义与国民党的统治，建立苏维埃政权，这一灾荒问题才能得到根本的解决”，这就忽视了自然因素，是有失偏颇的。另外早期共产党人因为坚持社会革命而排斥社会政策，也是有罅漏的。如1921年蔡和森就在《马克思学说与中国无产阶级》一文中痛斥资产阶级“设贫民学校”和“慈善事业”是“买工人欢心”，“使工人阶级感怀恩惠”，是贿买无产阶级的防止社会革命的手段。[⑥]直到建立根据地局部执政之后这种

① 《毛泽东选集》第2卷，人民出版社1991年版，第645—646页。
② 《毛泽东选集》第1卷，人民出版社1991年版，第101页。
③ 《李大钊全集》第3卷，河北教育出版社1999年版，第214—216页。
④ 《毛泽东选集》第1卷，人民出版社1991年版，第2页。
⑤ 《李达文集》第1卷，人民出版社1980年版，第549页。
⑥ 《中共中央文件选集》第10册，中共中央党校出版社1985年版，第318页。

观念才有所改变。

建立根据地局部执政后，根本救助的社会革命不可能马上成功，对于根据地无以为生的群体，党又广泛探索社会政策以应对。首先是奉行拿来主义，中国传统的救助方式，如急赈或急救、节约、调粟、发动群众捐献等都拿来使用。其次是在马克思主义指导下创新救助方式。如提出了生产自救的思想。土地革命战争时期主张"尽量把有生产能力的难民群众切实调查，有计划有组织地去分配他们生产，组织生产合作社"；抗日战争时期党中央与毛泽东更突出强调"发展经济，保障供给"，救助体系的核心是生产自救。又如，主张大力防灾。中央苏区政府时期就积极倡导兴修水利、植树造林，以涵养水源和防治水土流失。再如，主张变革生产关系。主张通过建立劳动合作社、耕牛队、犁牛合作社等劳动互助社组织、开展合作运动来弥补生产资料和劳动力的不足。这些措施都是切合实际的，遗憾的是，由于当时处于革命时期，中国共产党人基本没能将这些社会救助实践上升到思想理论层面。

二、社会主义制度的建立是解决社会救助问题的根本途径

新中国成立后，中国共产党成为执政党，掌握了制度创新的主导权。新中国成立到改革开放前是党探索如何建立和建设社会主义的时期。此时期，中国共产党人认为，根本社会制度的置换——社会主义制度代替旧的剥削制度——是社会救助的根本途径。

改革开放前，对弱势群体存在的原因，党仍然认为是旧的社会制度造成的，毛泽东认为帝国主义和国民党反动派的长期统治……造成了广大的失业群。刘少奇认为劳动人民陷入穷困的基本原因之一是外国的帝国主义和中国的封建地主、官僚、买办阶级在中国的长期统治。党和国家领导人的观点也反映到当时的社会救助法规中。1949 年 12 月《政务院关于生产救灾的指示》中指出，是"帝国主义蒋匪帮"造成了灾害性弱势群体的出现和救灾工作的困难；1950 年《政务院关于救济失业工人的指示》中指出，"城市中的广大失业群"，也是"由于帝国主义的长期侵略与国内反动势力的长期统治，使中国经济遭受了重大的破坏，农村日益贫困破产，民族工业不仅不能发展，而且日益衰落"所致。而且这种认识一直到改革开放前都居于主导地位。

所以，根本社会制度的置换——社会主义制度的建立——被认为是社会救助的首要途径。毛泽东在建国前夕的《论人民民主专政》一文中高屋建瓴地把无产阶级与广大劳动人民利益实现的路径表述为，"使中国有可能在工人阶级和共产党的领导之下稳步地由农业国进到工业国，由新民主主义社会进到社会主义社会和共产主

义社会，消灭阶级和实现大同。”[①]1950年刘少奇也指出：“共产党的观点从来就区别于那些慈善家的观点。土地改革的结果，是有利于穷苦的劳动农民，能够帮助农民解决一些穷困问题。但土地改革的基本目的，不是单纯地为了救济穷苦农民，而是为了要使农村生产力从地主阶级封建土地所有制的束缚之下获得解放，以便发展农业生产，为新中国的工业化开辟道路。只有农业生产能够大大发展，新中国的工业化能够实现，全国人民的生活水平能够大大提高，并在最后走上社会主义的发展，农民的穷困问题才能最后解决。仅仅实行土地改革，只能部分地解决农民的穷困问题，而不能解决农民的一切穷困问题。”[②]1953年毛泽东也提出“搞农贷，发救济粮……等等，这些都是好事。但是不靠社会主义，只在小农经济基础上搞这一套，那就是对农民行小惠。……不靠社会主义，想从小农经济做文章，靠在个体经济基础上行小惠……解决国计民生的大计，那真是‘难矣哉’！”[③]

在这里，党的领袖们提出了发展生产、由农业国变成工业国是解决包括社会救助问题在内的民生问题的重要手段，但包括社会救助问题在内的民生问题只有社会主义制度建立后才能根本解决。这种认识的根源是传统社会主义观和苏联社会主义实践：社会主义就是公有制，就是泛福利、平均主义的分配制度等。在这种制度下，没有失业等造成的弱势群体问题，没有贫富差距造成的相对贫困问题。所以社会主义制度的建立是解决社会救助问题的根本途径。

这种认识的核心思想“只有社会主义才能救中国”毫无疑问是非常正确的。但是社会主义建立后就能彻底解决社会救助问题的想法又是不现实的。因为任何社会只要是在发展，就会产生社会结构本身各部分的发展失调问题，从而导致某些社会问题的产生。社会主义同样如此。1956年社会主义制度建立后的实践证明了这一点，泛福利、平均主义的分配制度等使得失业问题由显性变成隐性、生产效率普遍不高、经济社会发展缓慢。这些制度设计最终使得人们普遍贫穷，自然不能从根本上解决社会救助问题。

那么，对于按照传统社会主义观不该有而现实中确实存在的弱势群体问题如何应对呢？在新中国成立后的前30年，党和政府除了将上述根据地时期的临时解决方法拿来应急，还进行了具体救助制度的创新，建立了灾民救助制度、农村五保制度，城市贫民和孤老残幼的救助制度。以农村五保制度为例，1956年6月《高级农业生产合作社示范章程》中规定：“农业合作社对于缺乏劳动力或者完全丧失劳动力、生活没有依靠的老、弱、孤、寡、残疾社员，在生产上和生活上给予适当安排

① 《毛泽东选集》第4卷，人民出版社1991年版，第1476页。
② 《建国以来刘少奇文稿》第2册，中央文献出版社2005年版，第231、232页。
③ 《毛泽东文集》第6卷，人民出版社1999年版，第302页。

和照顾，保证他们的吃、穿和柴火供应，保证年幼的受到教育和年老的死后安葬，使他们生养死葬都有依靠。”五保制度由此建立。五保制度建立后，政府和社会对五保老人采取了分散供养为主、集中供养为辅的措施，五保户大部分在生产队的资助下，由亲友或同村社员分散供养起来，一小部分由敬老院集中供养（参见下表河北省集中供养的情况）。改革开放前五保制度的实施虽然深受“大跃进”、“文化大革命”等政治运动的影响，但对农村五保户的生活还是发挥了重要的保障作用。可惜这些制度创新在党的社会救助思想中没有能获得应有地位。

1958—1977 年河北省集中供养五保老人统计表

年份	五保老人（人）
1958	223235
1959	61052
1960	80168
1961	31192
1962	14768
1963	9321
1965	5000
1971	3755
1977	4642
1975	2819

资料来源：本表数据由《河北省志·民政志》第 401—403 页统计得出。

三、社会救助问题的解决需要各层次社会制度的改革、建设和创新

按照传统社会主义观建立的社会主义效率不高，影响了生产的发展，也影响了中国的脱贫，所以社会主义制度还需要自我完善，还需要通过改革继续进行制度创新以促进生产的发展，从而改善民生。

“文革”结束后，党中央直面中国的贫困。邓小平不仅多次谈到中国的贫穷问题，还反复强调贫穷不是社会主义、发展太慢不是社会主义，并从制度的视角思考解决贫困问题的途径：“如果现在再不进行改革，我们的现代化事业和社会主义事业就会被葬送。”[①] 在邓小平的呼吁下，依靠社会主义制度的改革和创新解决中国的贫穷问题逐渐成为此时期党中央的共识，中国的改革开放就这样开始了。

改革开放后的党中央领导集体都坚持通过改革使我国的社会主义走上生产效率高、发展速度快的新路，通过发展解决弱势群体问题。邓小平明确指出“发展是硬

① 《邓小平文选》第 2 卷，人民出版社 1994 年版，第 150 页。

道理”，江泽民也指出：“实现改革开放是社会主义中国的强国之路，是决定当代中国命运的历史性决策。”[①] 他还在党的十六大报告中指出必须把发展作为党执政兴国的第一要务。胡锦涛在十七大上进一步指出“改革开放是决定当代中国命运的关键抉择，是发展中国特色社会主义、实现中华民族伟大复兴的必由之路，只有社会主义才能救中国，只有改革开放才能发展中国”。他还在“发展是硬道理”和“发展是执政兴国第一要务”的基础上提出科学发展观。这些通过宏观的根本社会制度的改革促发展的理念，使得中国经济快速发展，中国的贫困问题大大减少。从1978年到2000年，人民的生活水平大大提高，中国农村未达到温饱的贫困人口由2.5亿减少到3000万人。许多弱势群体的生活问题相应得到解决。

改革使经济发展了，但却不能避免阵痛和新问题的产生。在改革的市场化进程中，市场经济优胜劣汰的竞争机制和产业结构的调整等多种原因导致社会贫富差距加大，贫穷阶层生活状况相对下降，甚至造成大量新的弱势群体出现。于是，党的领导集体认识到在改革和发展的制度设计中，经济领域不能一头独大，制度设计和创新既要为了发展考虑效率，还要为了弱势人群的生计而考虑公平：在通过改革进行经济领域的制度创新时，还要进行社会领域的建设和制度创新，于是，解决弱势群体问题必须创新包括社会救助在内的社会保障制度，成了“三个代表”重要思想和科学发展观的题中应有之义。

1990年底党的十三届七中全会特别提出要“逐步完善社会保障体系”，“认真做好优抚工作和社会救济工作。”[②]1993年11月，党的十四届三中全会进一步指出：“社会保障体系包括社会保险、社会救济、社会福利、优抚安置和社会互助、个人储蓄积累保障。社会保障政策要统一，管理要法制化”。[③] 也在该年，为了应对原有的和新出现的弱势群体问题，上海市率先在全国建立城市居民最低生活保障制度，标志着中国社会救助制度的创新拉开了序幕。1997年国务院颁发了《关于在全国建立城市最低生活保障制度的通知》，认为城市居民最低生活保障制度“是改革和完善传统社会救济制度、建立健全社会保障体系的重大举措”，决定在全国建立。1999年国务院颁布了《城市居民最低生活保障条例》，标志着作为全中国范围的社会救助制度之一的城市居民最低生活保障制度正式建立。21世纪初，党的特别重视将社会救助制度建设与创新推进快车道，农村新五保、农村“低保”和医疗救助等社会救

---

① 《江泽民论有中国特色社会主义（专题摘编）》，中央文献出版社2002年版，第4页。

② 《中共中央十三届四中全会以来历次全国人民代表大会中央全会重要文献选编》，中央文献出版社2002年版，第85页。

③ 《中共中央十三届四中全会以来历次全国人民代表大会中央全会重要文献选编》，中央文献出版社2002年版，第294页。

助制度相继建立。2007 年，“全国各项社会救助制度覆盖的救助对象总数超过 1 亿人，其中 6000 多万人次受灾群众得到灾害应急性救助，6000 多万城乡特殊困难群众得到经常性救助。”[①] 因此，社会救助制度创新在中国共产党社会救助思想中占据越来越重要的地位。2007 年党的十七大不仅指出要以社会保险、社会救助、社会福利为基础，以基本养老、基本医疗、最低生活保障制度为重点，以慈善事业、商业保险为补充，加快完善社会保障体系；而且明确要健全社会救助体系。2012 年，中共十八大给社会保障的定位是保障人民生活、调节社会分配的一项基本制度，提出要坚持全覆盖、保基本、多层次、可持续方针，以增强公平性、适应流动性、保证可持续性为重点，全面建成覆盖城乡居民的社会保障体系；并强调要完善社会救助体系。在党和政府的推动下，社会救助制度逐步实现了规范化、体系化。

十八大以来，党中央、国务院把社会救助事业发展纳入深化改革和依法治国的总体部署，对社会救助制度的建设与创新提出了更高要求，特别关注社会救助制度的法制化工作。2013 年 10 月底国务院总理李克强主持召开国务院常务会议专门讨论建立健全社会救助制度问题，会议认为，“建立健全社会救助制度，事关困难群众基本生活和衣食冷暖，是一项保民生、促公平的托底性、基础性制度安排。……这对于推进市场化改革，促进社会公正，使全体人民共享改革发展成果，具有重要意义。”明确了当前社会救助制度的定位以及建设与创新社会救助制度的原则和重要意义。会议还强调，“要以法治方式推进社会救助制度建设，立足国情、借鉴国际经验，抓紧把已有的成功做法上升为法规制度。”此次会议的“法治思维”推动了社会救助立法工作的步伐。2014 年 2 月 21 日国务院终于正式将酝酿多年的《社会救助暂行办法》以中华人民共和国国务院第 649 号令的形式公布。该《办法》第一次以行政法规的形式，将已有的包括最低生活保障、特困人员供养、受灾人员救助、医疗救助、教育救助、住房救助、就业救助和临时救助等成功的社会救助做法上升为稳定的法律制度，为中国的社会救助确立了制度方位、法律保障和努力方向。

结语

综观 95 年来党的社会救助思想的发展，从制度创新视角看有如下特点：

（一）党对社会救助概念的理解呈现出广义和狭义相结合的趋势，对社会救助途径的把握呈现出宏观和微观相结合的趋势。民主革命时期和改革开放前，党特别强调了民族解放和社会主义制度取代旧的剥削制度对社会救助问题的决定性意义。

---

① 《民政部李学举部长在 2008 年全国民政工作会议上的讲话》。

在党的救助思想中，推翻旧制度的革命与社会主义制度的建立，既是社会救助的政治前提，又是实现社会救助的根本途径，反映了对社会救助概念理解的广义性和解决社会救助问题的宏观视野。改革开放后，党不仅认识到宏观层面社会主义制度自我完善和发展是社会救助的前提和基础，而且深刻认识到微观层面社会救助制度自身创新和建设的重要意义，将广义和狭义的社会救助概念、宏观和微观的社会救助路径统一到自己的社会救助思想体系中，反映了党更为广阔和综合性的理论视野。

（二）党的社会救助思想有鲜明的时代特征。民主革命时期，中国革命如火如荼，这一背景使得党将社会救助与推翻旧制度的革命斗争密切地联系在一起。新中国成立后，党相继领导了社会主义制度的建立、建设和改革，社会救助思想也与社会主义计划经济体制的建立和改革、社会主义市场经济体制的建立和发展等制度变迁紧密联系，与时俱进。首先，党的社会救助思想深深植根于其领导的中国革命和建设的实践过程，在中国革命和建设过程中逐步确立，反过来又折射出了中国革命和建设的历史进程。其次，作为革命党和执政党的中国共产党的社会救助思想是它对现代中国不同时期社会主要矛盾与任务积极回应的结果。鲜明的时代感，是其社会救助思想区别于其他学术派别社会救助思想的显著特征。

（三）党的社会救助思想的理论基础是马克思主义、毛泽东思想和中国特色社会主义理论体系。研究中国社会保障（包括社会救助）的一些学者，认识到了马克思主义、毛泽东思想是改革开放前党的社会保障思想的理论基础[①]，笔者深以为然。同样，笔者认为改革开放后党的社会救助思想也是以中国特色社会主义理论体系为理论基础的。正是以中国特色社会主义理论体系为指导，社会救助被赋予了推进市场化改革、促进社会公正、使全体人民共享改革发展成果的重要意义，在依法治国、加强以民生为重点的社会建设格局中社会救助制度建设和创新一步步得到推进；《社会救助暂行办法》的颁布和实施，是中国共产党成立95年来特别是改革开放以来其社会救助思想理论的重要结晶。今后，在中国特色社会主义理论体系的最新成果——“四个全面”战略思想的指导下，社会救助，作为全面建成小康社会的重要内容之一，必将在全面深化改革、全面依法治国的过程中进入制度建设和创新的新时期，中国共产党社会救助思想也必将因此而得到进一步发展。

从制度创新视角回顾党的社会救助思想历程，我们得到的现实启示是：

第一，弱势群体问题的永恒性，决定了政府和社会对社会救助问题的回应、解决社会救助问题的有关制度的建设和创新是一个长期的过程，不可能一蹴而就。

① 马杰、郑秉文：《计划经济条件下新中国社会保障制度的再评价》，《马克思主义研究》2005年第1期，第38—48页。

第二，经济发展水平、财富的多寡与弱势群体问题的解决程度并不必然成正比，必须充分认识到作为社会财富再分配途径的社会救助制度建设在解决弱势群体问题方面的重要意义。

第三，解决弱势群体问题时，社会救助制度建设和创新绝不能是孤立的，它必须融入政治、经济和社会等领域的制度建设与创新中。

（作者为北京联合大学马克思主义学院教授）

从应对封锁禁运到建设“一带一路”

——相隔半个多世纪的联想与启示

董志凯

2013年9月，习近平主席访问哈萨克斯坦时提出共同建设“丝绸之路经济带”的倡议；同年10月，在访问东盟国家时提出共同建设“21世纪海上丝绸之路”的战略构想。“一带一路”由此作为新时期中国对外大战略浮出水面。它既有引进来的客观需要，也有走出去的现实条件。并且是构建中国主导、多方共赢的新经济秩序的重要途径。在新形势下，回顾半个多世纪之前陈云领导中财委应对封锁禁运，开辟洲际货运、建立中波轮船公司、开办铁路国际联运的历程，令人产生联想与受到启迪。

一、远洋运输业的创建

运输是内外交流的基本条件之一。在西方，航运业是最早形成产业资本萌芽的重要行业。我国航海事业早在明代曾有郑和远洋航行的壮举，但明后期以来受海禁政策影响，致多曲折。康熙中叶，上海的沙船业成为最大的民间海运业。晚清时有了历史最长规模最大的轮船公司轮船招商局和新崛起的民生轮船公司，但是远洋航运仍很缺乏，基本被外轮控制。

新中国诞生时，微弱的对外运输基本处于瘫痪状态。在全国航运中心上海，公私船舶总吨位仅6.9万吨，不足原有船舶的十四分之一，占世界比重不足0.3%；而且船型单一、吨位小、技术落后。

为了改变这种状况，1950年3月，政务院发布《关于1950年航务工作的决定》，规定了海洋和内河航务工作的方针、政策和中心任务，成立全国航务机构。然而，由于东南沿海各出海口都不同程度受到美国的封锁和军事威胁，东北部、苏联东部的海域也不安全。美国政府千方百计割断新中国与世界的联系。当其得知来往中国的远洋船队多数轮船挂的是巴拿马旗，即令巴拿马船只不准驶往中国。这给我国的远洋运输带来极大困难。我国必须开辟新的海运线。

（一）接管香港招商局，开展远洋外贸运输业务

香港招商局最早是设在上海的轮船招商局在香港的分支机构，始建于19世纪70年代清朝的洋务运动中。轮船招商局于1932年定为国营轮船招商局。1949年5

月上海市解放后，人民政府接管并改组轮船招商局，其分布在各地的分支机构和财产也相应归属中华人民共和国所有。

1949年10月24日，招商局的“海辽”轮在由香港赴汕头的途中宣布脱离国民党政府，驶抵大连港。“海辽”轮船长方枕流和全体船员50多人，向毛泽东主席发致敬电，毛主席当即复电慰勉。1950年1月15日，香港招商局经理汤传篪、陈天骏率全体职工和在港的13艘船舶宣布起义。先后将13艘轮船开回祖国，为新中国海洋运输业发挥了奠基作用。从此香港招商局成为交通部驻香港的代表机构和航运企业。它不仅承担中国轮船进出香港的代理业务；还配合远洋运输业的发展，为中国远洋运输总公司代购和租用船舶；并且与外资航运公司广泛合作，开展中转业务。

（二）租用外籍商船，建立外轮代理总公司、中外合资海运公司、外轮理货公司

国际海洋运输代理业务包括船舶代理、货运代理、揽货订舱、客运代理、集装箱运输代理、国际联运等，是发展外贸运输不可缺少的项目。

20世纪50年代，我国远洋运输主要是利用外国船舶进行的。1950年9月，交通部、贸易部联合在天津建立中国国外运输公司，租用外籍商船开展对外贸易运输。1951年5月31日，陈云复信交通部：为统一掌握海外运输计划并及时办理对外租船事宜，原则同意由该部与港委会代表共同组成管理委员会，下设中国海外运输公司。海外运输公司的业务范围以统一掌握海外运输计划及办理对外租船为主，各港口一般业务仍由交通部海运局办理，公司内部组织应照此原则力求简化。①

20世纪50年代初期，我国的国际海洋运输代理业务经历了一个由分散到集中的过程。起初在天津、上海、广州等对外开放港口都有规模不等的外轮代理机构和私营的船舶代理行。还有外国商人经营的船务公司或代理行。随着中国沿海运输的侨商船舶逐渐增多，逐渐加强了外轮代理机构的统一经营和领导。如在大连，1950年由大连轮船公司营业部兼办代理业务，并于当年10月成立海运服务部，专门受理外轮代理业务。1952年9月，公司迁至北京，翌年更名为中国海外运输公司，不久改称中国外贸运输公司（又称中国租船公司），由对外贸易部领导。该公司通过驻香港代理华夏公司积极开展活动，利用他们同国际租船市场的关系去租船或合作租船，承运次要的禁运物资，并争取到一些北欧船东的合作。1953年1月1日，根据政务院财政经济委员会的指示，交通部将各对外开放港口中独立经营的外轮代理机构归并统一，在此基础上成立各港务局领导的外轮代理分公司，并在交通部海运管理总局内设立远洋运输科（对外称中国外轮代理总公司）。大连的海运服务部先后

① 《陈云年谱》（修订本）中卷，中央文献出版社2015年版，第153—154页。

归大连港务局和交通部北洋区海运管理局领导。1956 年，中国外轮代理总公司建制完善，成为主管全国海洋运输代理业务的全国性机构。1953—1956 年，各私营船舶代理行经改造归并到各地的外轮代理机构，各资本主义国家开设的洋行或船务公司因业务萧条纷纷歇业或由中国折价购买。1957 年 5 月，大连外轮代理公司接管了苏联来华船舶的代理业务。

在机构调整的同时，外轮代理业务规章和管理办法不断完善。1955 年，中国外轮代理总公司正式颁发了《中国外轮代理公司业务章程》。为了掌握一批租船，中国外贸运输部门采取了长期期租的方式，将租船的租期订为一、二年或更长时间。在期租船海上运输的过程中，为了防止意外和避免经济损失，在租约条款中争取纳入一些保护性条款，以提高船、货的安全度。

在中国外轮代理总公司成立的 1953 年，其代理船舶 1702 次，代理货运量 3015532 万吨。此后 30 年，该公司已发展成为世界最大的航运代理企业之一。

表 1　1955—1958 年侨商船舶承运量

年度	艘次	进口运量（吨）	出口运量（吨）	合计（吨）
1955	214	48127	85926	134053
1956	272	71498	116476	187974
1957	382	8800	177950	186750
1958	291	17209	198050	215259
合计	1159	145634	578402	724036

外轮理货是外贸运输中不可缺少的环节，它对承托运双方履行运输契约、买卖双方履行贸易合同和船方保质保量地完成运输任务，都起着重要的作用。

新中国成立后，在中国海员工会领导下，成立了“上海外轮理货委员会”和“青岛理货服务处”等不同形式的理货机构。1953 年民主改革中，理货机构清除了封建把持制度，各港将理货业务设于装卸作业区。1957 年，根据形势发展的需要，外轮代理公司设立理货科，将理货业务独立出来，对外使用外轮理货公司名义。1961 年，交通部召开第一次全国外轮理货工作会议，决定成立中国外轮理货总公司，各对外开放港口均成立外轮理货公司，成为具有法人性质的独立的理货业务单位。

（三）组建中波轮船股份公司

为了突破国际封锁，1950 年 9 月 21 日下午 5 时 30 分，周恩来总理在中南海接见波兰驻华大使布尔金，谈中波贸易、中波合营轮船公司、中波邮电协定等问题。1950 年 11 月 2 日，中华人民共和国中央人民政府代表团和波兰人民共和国政府代表团在北京就两国政府合资组建中波轮船股份公司举行会谈。11 月 17 日，陈云同薄一波、马寅初、李富春签发中财委复交通部函，同意波兰代表团提议的在《中波轮船公司协定》上加上一条："缔约国双方同意尽量增加公司的经营，以配合中波两国和其他新民主主义国家间贸易的发展，公司应将前五年所得盈利全部用于购买船只和充实公司基金"，以保证轮船公司的发展。①

1951年1月29日，两国政府代表在北京签署了《关于组织中波轮船股份公司协定》。1951年6月15日，中国和波兰两国政府本着平等、互利、合作的原则合营组建了中波轮船股份有限公司（当时称中波海运公司）。公司股金双方各半，共拥有10艘、10万载重吨远洋运输船舶。总公司设于天津，分公司设于波兰格丹尼亚。公司的建立，得到中、波两国国家领导人的支持和关怀。毛泽东主席指示"好好办"，周恩来总理批准创建并视察了中波公司，1952年6月18日，中央人民政府财政经济委员会主任陈云为公司签发营业执照。从1951年起，在中国至欧洲长达1.25万海里的航线，穿越地球的东半区：从中国湛江广州湾起，经南海到马六甲海峡，经阿拉伯海到红海，经苏伊士运河到地中海，经直布罗陀海峡到大西洋，北上过英吉利海峡到北海，最终进入波罗的海。航程需要50天左右。朝鲜战争爆发后，苏联和十几个国家组成的社会主义阵营出口中国的物资，大多集中在波兰；中国出口苏联和东欧各国的物资，也运到波兰再转运。

中波轮船股份公司为突破封锁发挥了重大作用。仅在1952年，公司有船10艘，载重近10万吨，另在中波航线代理船32艘。通过海运进口的重要物资计有：钢铁、铜、铝、橡胶、肥田粉、烧碱与纯碱等。出口物资主要包括：花生仁、大豆、煤、桐油、菜籽、芝麻，豆油等。穿越东半球的海运线成为连接新中国与西方世界的纽带。该公司未成立前，我国进口物资主要靠租用他国船只运输，曾发生战略物资被劫情形，自中波公司成立后所运进口物中80%为战略物资，从未发生事故，成为保证对外贸易的主要而可靠的运输力量。在通过海洋运输实现的贸易活动中，西方世界禁运的联合阵线被逐步瓦解。而中、波两国船员，为恢复中国与印度洋和波罗的海沿岸一些国家的外贸远洋运输作出了巨大的贡献，一些年轻的船员甚至献出了生命。

中波轮船股份公司是新中国第一家中外合资企业。1978年，该公司股东会议决定，如一方不主动提出解散，公司将长期存在下去。2010年，中波公司共拥有22艘现代化船舶，总运力近500000载重吨，经营航线遍及亚、欧、美、非四大洲。其在波兰设有分公司，在美国休斯敦设有全资子公司，在鹿特丹和新加坡拥有合资代理公司，在各个挂靠港口和许多重要地区都建立了具有一流水平的代理网络。该

---

①《陈云年谱》（修订本）中卷，中央文献出版社2015年版，第103页。

公司先后还承运过如山西神头电厂、葛洲坝、宝钢等国家重点工程的大型成套设备，近年来还独家承运了上海地铁、广州地铁的设备与车厢。

迄今它已成为新中国建立以来中外合资企业中历史最长的企业。

抚今追昔，中波轮船股份公司60余年的历史是我国连接亚欧，开展区域合作，开放与包容的历史；是公元前200年秦汉之际兴起的海上丝绸之路的延伸与拓展，它开拓了一条交通贸易的黄金路线。可以说，中波轮船股份公司对于以周边外交和互联互通为依托的"一带一路"战略，具有开先河的历史意义。

表2　1952年中波轮船股份公司轮船一览表

船名	隶属国	建造日期	载重量（吨）	航速（节）
兄弟	中国	1917	11540	
和平	中国	1941	8920	12.5
普拉斯基	中国	1928	10220	13.5
团结	中国	1943	10310	9.5
希望	中国	1942	10400	10.0
国际友谊	中国	1937	10180	13.5
哥德瓦尔特	波兰	1938	8380	10.7
米克拉瑞	波兰	1920	9500	11.0
华沙	波兰	1939	10265	13.5
克休斯克	波兰	1939	10375	11.5
合计			100090	

（四）在波兰设置专管远洋运输的办公室

朝鲜战争爆发后，苏联和十几个国家组成的社会主义阵营，其出口中国的物资，大多集中到波兰转运；中国出口苏联和东欧各国的物资，也运往波兰后再转运。我国出口物资主要是粮食和农副产品，曾将干蛋黄运到西德；进口主要是钢铁。为了打破封锁，解决较重要的所谓"战略物资"和大量进口货物的接货转运问题，1952年底，对外贸易部决定在波兰的格丹尼亚成立专管远洋运输的办公室，负责安排进口到货的转运。即各国货物到达格丹尼亚港后便验收付款办理进口中国的手续，然后将中国进口物资通过国际铁路联运回国。

（五）与捷克海运合作

1953年6月11日，中国还与捷克斯洛伐克签订了"中捷发展航运议定书"，并决定将中国的货船"尤利乌斯·伏契克"号、"利吉柴"号委托捷方经营。1959年，两国政府决定成立捷克斯洛伐克国际海运股份公司，船舶所有权仍归投船方，实行分船核算，自负盈亏。此时，中方已投船7艘，8万载重吨（详见表3）。1967年，该公司根据捷方的要求解散。

表 3　1952 年中国投入国际海运公司轮船一览表

船名	类别	投入营运时间	载重吨
尤里乌斯·伏契克	货船	1954	7108.59
利吉柴	货船	1954	8550
杜克拉	货船	1958	10070
和平	货船	1958	12761
奥斯特拉斯瓦	油船	1959	20518.11
奥拉瓦	货船	1959	10070
奥利克	货船	1960	10350
合计			79427.7

二、沿海港口的恢复与新建

中国有着开发港口的悠久历史。早在 19 世纪末就开始建设近代港口，至 1949 年建成海港泊位 300 个，其中万吨以上泊位 60 个，但是布局杂乱，设施简陋，多数没有装卸机械。新中国诞生后，人民政府采取积极措施，克服重重困难，及时修整了部分沿海港口，打捞和修复了一部分沉没和破旧船只，并添置了一些新船。1950 年 8 月恢复了长江口以北的沿海运输。1951 年 9 月恢复了华南沿海航线。

1951 年 5 月 31 日，陈云就港口管理问题复信交通部：各港口一般业务仍由交通部海运局办理，公司内部组织应照此原则力求简化。①1951 年 10 月 31 日，陈云同薄一波、李富春签发中财委复中共华南分局电，对其拟定的《关于沿海边防的各项工作办法之决定》提出意见：同意确定汕头、深圳、广州、江门、湛江、北海、海口为对外开放港口，惟深圳并不通航，不应算为港口。②

在新中国建立初期的 20 世纪 50 年代，中国在医治战争创伤的同时，为了发展内外交流，分别对各港口的布局进行了规划和调整，并开始添设部分小型装卸机械。重点修复了天津新港，兴建了湛江商港，迈出了依靠自己力量建设大型港口的第一步。此后，在上海、天津、秦皇岛、黄埔、湛江等港兴建了一批万吨级泊位，形成了第一次港口建设高潮（建设成果详见表 4）。在 1949 年底到 1962 年的短暂的 12 年中，建成海港泊位 82 个，相当于以往半个多世纪的四分之一以上，其中 1 万吨级以上泊位 35 个，相当于以往半个多世纪的二分之一以上。

---

① 《陈云年谱》（修订本）中卷，中央文献出版社 2015 年版，第 134—135 页。
② 《陈云年谱》（修订本）中卷，中央文献出版社 2015 年版，第 147 页。

表 4　1949—1962 年沿海大型港口码头建设成果

港名	1949—1957 泊位数	1958—1962 泊位数	备注
秦皇岛	2（2）	2（2）	括号内数字是 1 万吨级以上的泊位数。
天津	5	6（5）	
烟台	9		
青岛	20（10）	5（2）	
连云港	3	2	
上海	7	9（6）	
宁波		2	
福州		1	
厦门	2		
黄浦	1	3（3）	
湛江	5（2）	1（1）	
八所	1（1）	3（1）	
合计	48（15）	34（20）	

5 个海港新中国建立初期发展状况如下：

1. 天津港

天津港系 1860 年 10 月根据不平等的《北京条约》辟为通商港口的。当时在市区海河两岸兴建 3000 吨级以下的码头和仓库，形成了老港区。1939 年，日本侵略者又在距市区 50 公里的溏沽区修建 1 万吨级以下的码头仓库和铁路，兴建新港区。在建港过程中，虽耗费了我国 28 亿斤小米的财力物力，牺牲了数以千计的劳工，但直到 1945 年日本投降为止，却至终没有完成。日寇投降后，国民党政府投资约合 6 亿斤小米，亦未修成。[①]

解放后，政务院于 1951 年 8 月决定修建塘沽新港，仅用 1 年零 2 个月天津港新港就开港了。一年后，天津港即成为中国北方沿海的外贸货运中心，全国近半数进出口货物在此集散。1957 年，全港货物吞吐量达 181 万吨，仅次于上海港和大连港，其中外贸货物吞吐量达 131 万吨。1957 年开始天津港第二期建设工程，到 1962 年底，全港货物吞吐能力近 400 万吨，为 1949 年的 12 倍多（见表 5）。

表 5　1949 年、1952 年、1957 年天津港生产设施和生产量

年度	泊位		仓库面积（万平方米）	堆场面积（万平方米）	装卸机械（台）	年吞吐量	
	数量	长度（米）				货运（万吨）	客运（万人）
1949	22	2946	–	–	–	31	–
1952	22	2762	4.6	13.8	9	74	2.0
1957	28	3137	5.2	24.7	119	284	5.0

① 章伯钧：《庆祝塘沽新港胜利开港》（1952 年 10 月 18 日），载《中华人民共和国经济档案资料选编·1949—1952·基本建设卷》第八部分，中国城市经济社会出版社 1989 年版。

2. 青岛港

青岛于清朝乾隆年间设立海关，1897年被德国侵占，1898年作为自由港开放。1949年6月2日青岛解放，15日即宣布港口对外开放。当时在营运的33个泊位中，18个桩基承台式的都因破损严重不能正常使用。在1954年开始的桩基码头修复过程中，施工人员群策群力，研究成功水下抽砂灌浆和斜管灌注水下混凝土等工艺，使18个泊位的修复工程于1958年胜利完成。青岛港基本情况如表6所示。

表6　1949年、1952年、1957年青岛港生产设施和生产量

年度	泊位		仓库面积（万平方米）	堆场面积（万平方米）	装卸机械（台）	年吞吐量	
	数量	长度（米）				货运（万吨）	发送旅客（万人）
1949	在营运的33个泊位中，18个桩基承台式的已不能正常使用。		3.6	8.9	1	72	
1952	27	4222	3.4	19.9	2	132	1.8
1957	27	4830	4.2	19.9	108	223	4.1

3. 上海港

上海在宋朝以后即成为贸易港口，1685年设立海关。鸦片战争以后，帝国主义列强纷纷在黄浦江两岸修建码头和堆栈，使上海港成为中国最大的港埠。

上海市解放后，全港职工抢修被战争毁坏的港口设施，保证了上海市煤、粮、棉等物资供应，粉碎了国民党的军事封锁。此后至1957年，全港生产基础设施尚无重大扩展，但机械化装卸比重迅速增长三分之一以上，货物吞吐量突破了历史最高年份1400万吨的记录，达到1649万吨，1953—1957年货物吞吐量平均每年递增24.1%（见表7）。

表7　1949年、1952年、1957年上海港生产设施和生产量

年度	泊位		仓库面积（万平方米）	堆场面积（万平方米）	装卸机械（台）	年吞吐量	
	数量	长度（米）				货运（万吨）	客运（万人）
1949	63	3092	–	–	44	194	–
1952	69	8390	38.5	66.7	50	560	
1957	69	8390	38.5	66.7	487	1649	375

4. 黄埔港

黄埔港位于珠江江口，系1925年省港大罢工工人要求开辟黄埔商埠后经多年努力逐渐形成的。1938年6月建成400米顺岸码头和4座仓库。至1949年解放时，港内仍只有顺岸式钢板桩码头一座，长 400 米，港池和航道水深仅 5.3 米。

广州市解放后，1950 年港口即着手清理航道，浚深港池，兴建码头，修复仓库、道路和铁路。黄埔港于 1950 年 10 月 15 日正式开港。至 1962 年，黄埔港码头岸线长 1212 米，有 1 万吨级泊位 5 个，已成为华南海运的中心，广州海运局和广州远洋运输公司的船舶均以其为基地。黄埔港基本情况见表 8。

表 8　1949 年、1952 年、1957 年、1965 年黄埔港生产设施和生产量

年度	泊位		仓库面积（万平方米）	堆场面积（万平方米）	装卸机械（台）	年吞吐量	
	数量	长度（米）				货运（万吨）	客运（万人）
1949	2	400	0.9	3.6	7	4	
1952	3	418	0.9	6.3	14	47	
1957	9	624	2.8	4.4	50	186	
1965	9	1089	3.4	13.6	116	470	

5. 湛江港

湛江港位于雷州半岛东北部，于 19 世纪末年法帝国主义强迫清政府签订《租借广州湾条约》后逐渐成为可进出轮船的近代港口。1945 年 8 月，中国收回湛江市，并决定建设军港和商港。但后来因为资金缺乏，工程建设停止。

新中国成立以后，台湾海峡形势紧张，沿海南北航运中断，远洋运输也受到美蒋军事阻挠，为了内外交流和巩固国防，1953 年 7 月，国家将湛江港列为“一五”计划中自行设计和施工的重点建设项目。1955 年开始第一期工程，1957 年建成第一作业区，1958 年建成第二作业区。1960 年湛江港完成货物吞吐量 221.5 万吨。湛江港基本情况见表 9。

表 9　1949 年、1952 年、1957 年、1965 年湛江港生产设施和生产量

年度	泊位		仓库面积（万平方米）	堆场面积（万平方米）	装卸机械（台）	吞吐量	
	数量	长度（米）				货运（万吨）	客运（万人）
1949	–	327.6	–	–	–	7.0	–
1952	–	327.6	0.02	–	–	12.2	–
1957	2	363.0	2.3	4.7	42	79.0	0.8
1965	10	1140.5	3.3	12.6	93	220.1	–

封锁禁运缓和之后，为发挥港口的多种功能，陈云对港口建设提出了新建议。1957 年 8 月 31 日，他将上海锦江饭店经理兼旅行社经理宣铎的报告批送罗瑞卿、

齐燕铭。并在附信中指出：外国货轮到上海装卸，少则三天，多则七天，现在规定船员下船半夜十二点必须回船。如果允许他们下船住高级旅馆和到杭州、苏州等地游玩，我国统统可得外汇，仅上海一地一年可得二百万美元。如全国各港口都这样搞，而且允许一些外国自费旅行者到开放城市旅游，很可以赚取外汇。①

建国初期组建远洋运输业和实施港口建设打破了封锁、禁运等人为限制，使中国的对外贸易运输没有中断，海上航线保持畅通，保证了国家内外交流的物资源源不断地输入输出。

三、国际铁路联运的开办

1949 年以前，中国大陆的铁路共计 2.69 万公里（营业里程 2.18 万公里），不仅数量少，而且制式不一。国内各条铁路之间尚不能完全接轨通车，更谈不上同其他国家铁路办理联运。对外贸易运输主要依靠海运。新中国建立以后，为了冲破帝国主义的封锁、禁运，为了发展同苏联和人民民主国家的贸易，中国在大力发展海洋运输的同时，大力修复和新建铁路，并着手办理国际铁路联运。

首先是恢复广九铁路（即广州到香港、九龙的铁路）通车。1950 年，陈云对广九铁路恢复通车提出如下意见：（一）目前恢复广九通车，似对我有利。你们可在适当时机以我方铁路部门出面与英方铁路部门谈判，商谈地点以广州为宜。（二）通车办法有各种：甲、广九直达；乙、以深圳为界全部换车；丙、只换员工不换车；丁、只换旅客车不换货物车。我们认为既可通车，则似以广九直达为好，但请你们斟酌利害，电告我们。（三）谈判中不应接触英在九龙的地位，也不应涉及广九路过去的条约与债权，声明这些问题我铁路方面无权商谈。（四）通车后出入口之外人（这里指境外的人，既包括外国人，也包括香港人），应采取何种出入境手续，深圳我站之税收、公安检查机关如何布置，请研究电告。②

新建的国际铁路联运，最早开办的是中苏铁路联运。1951 年 3 月 14 日，以铁道部副部长吕正操为首的中国铁道部代表团与苏联交通部代表团在北京签署了《中苏铁路货物联运协定》，当年 4 月 1 日开始实行。1951 年 11 月 1 日，苏联和东欧各国签订铁路国际旅客联运协定和国际铁路货物联运协定开始实行。1952 年 8 月 20 日，陈云参加中国政府代表团与斯大林举行第一次会谈。双方就中蒙铁路修建问题等交换意见。在此基础上，1953 年 7 月 2 日至 31 日，国际客协和货协代表大

① 《陈云年谱》（修订本）中卷，中央文献出版社 2015 年版，第 561 页。
② 《陈云年谱》（修订本）中卷，中央文献出版社 2015 年版，第 112—113 页。

会在莫斯科举行。以铁道部部长滕代远为首的中国铁路代表团参加了大会，签署了联运议定书。1954 年 1 月 25 日，中朝国境铁路协定在北京签订。1954 年 10 月 12 日，中、蒙、苏三国政府发表关于修建集宁——乌兰巴托铁路和组织联运的联合公报。1954 年 12 月 11 日，集二铁路铺轨至中蒙边境，当时轨距为 1524 毫米的宽轨（1965 年改为 1435 毫米标准轨），所运送的大部分是中苏间进出口货物，苏联铁路车辆经二连到集宁换装。1955 年 10 月 17 日，中、蒙、苏三国铁路代表在乌兰巴托签署了中、蒙、苏铁路联运问题的议定书。1956 年 1 月 4 日，三国政府宣布集宁——乌兰巴托铁路建成和开办国际联运。

1955 年 5 月 25 日，中越铁路联运协定在北京签订，同年 8 月 1 日开办了中越铁路联运。

至此，中国同欧亚两洲的 11 个国家（即朝鲜、越南、蒙古、苏联、罗马尼亚、保加利亚、匈牙利、捷克斯洛伐克、波兰、民主德国、阿尔巴尼亚）的铁路之间办理了国际联运，营业里程共达 26 万公里。同时与欧洲其他各国铁路也可通过国际货协（《国际铁路货物联运协定》的简称）参加国办理转发送，进行货物联运。

通过联运业务，双方国度发站铁路承运的货物，以一张联运运单即可直达最终到站；中途站、过境站所有作业都由双方铁路部门负责办理，实现了“一票直达”。大大简化了运输手续，缩短了运输时间。

开展国际铁路联运的最初几年，由于经办单位缺乏经验，业务知识亦不足，错发错运现象时有发生。外贸运输部门及时总结经验教训，把好口岸关，严格按合同核放货物，加强票货、票票核对，力争把错运消灭在口岸；对于没有合同的货物，运输部门主动同有关外贸专业公司取得密切联系，采取口岸核查与内地查找相结合的办法，建立了进口回执单制度。与此同时，各进口公司将中国对外签订的交货共同条件中的运输条款加以具体化，订明到站收货人和代号。在国内外各方面的共同努力下，在第一个五年计划期间，错发错运问题基本上得以解决，从而保证了工业化建设的大批进口设备物资安全抵达目的地。

在 20 世纪 50 年代，国际铁路运量在中国对外贸易进出口总运量的比例逐渐上升至近半。

四、联想与启示

（一）新中国开辟洲际货运渠道，与古代“丝绸之路”、当代“一带一路”一脉相承

新中国开辟洲际货运渠道是基于反对封锁禁运，建立开放、自由、安全和海

洋、陆地资源互利的新秩序。与古代丝绸之路比较，新中国开辟的洲际货运相似之处在于都不是一条简单的路，而是一个道路系统，是由海上、陆路不同路线所组成、基本走向相似的道路体系。与当代相比较，“一带一路”面对拥有广泛多样性的世界更加需要互联互通，以促进相关国家之间交往的便利化和流动性，全方位、宽领域、多层次的格局正在步入成熟期。从应对封锁禁运到建设“一带一路”，历史表明中国致力于开放、和平与发展是一贯的。中国建设“一带一路”是以周边外交和互联互通为依托，连接亚欧，是一个经济、政治、外交、文化等全方位的新型区域合作概念。从古至近至今，历史表明：对外开放、洲际互通是由中国的和平与发展的需求所决定的。

（二）合作必须互利，各自发挥比较优势、互通有无

当年洲际货运的开辟涉及政府合作、企业合作、地域合作。这种合作仍然是建设“一带一路”所必须。只有合作，才能互通共赢。

历史上中国没有主动地利用丝绸之路，也很少从丝绸之路贸易中获得利益，在这条路上经商的主要是今天的中亚、波斯和阿拉伯商人。60多年前新中国开辟洲际货运开始了互利合作之路。今天我们要建设“一带一路”，不是古代的丝绸之路，要坚持互通互补互利、实现共赢。“一带一路”能不能建成，关键是能不能形成利益共同体。如果最终能形成命运共同体，那么它才是真正巩固的。“一带一路”倡议将使沿线国家从基础设施互联互通中获益，缩小各国间的发展差距。

为了建设“一带一路”，控制海上交通要道，确保本国商品最快捷地运抵西方消费者手中。2015年10月，澳大利亚宣布，中国的岚桥集团以5.06亿澳元（约23.78亿元人民币）获得北部地区达尔文港99年的租赁权。它是该国北海岸上的大型港口，亦被称作“通往亚洲之门”。2016年4月8日，中国远洋海运集团有限公司（中远海运集团）和希腊共和国发展基金（HRADF）正式签署了比雷埃夫斯港口管理局（比港管理局）股权的转让协议和股东协议。此举标志着中远海运集团收购比雷埃夫斯港（比港）67%股权项目取得了重要进展。它将打造为吞吐从亚洲输往欧洲货物的大型国际转运枢纽，与中国欲在阿尔及利亚的舍尔沙勒兴建并运营港口的计划可谓相得益彰。后者理当成为地中海最大的海上运输中心。北京已与阿国政府签署了总额33亿美元的协议。早在2007年，我国就投资近2.5亿美元，在巴基斯坦建成了瓜德尔港。承揽基建工程的中国交通建设股份有限公司也将自2019年起，于加拿大东海岸的悉尼港兴建集装箱终端，项目价值同样高达数十亿美元。目前，全球货运吞吐量排名前十的港口中，有6个地处中国。在此背景下，中国控制海运线路另一端口的意愿是合乎情理的。投资港口令中国能够提升本国物流的确定性，降低这一交易环节的成本。此外，掌握相关的货运信息不仅有助于中国对物流

领域的情况作出预期，也能顺道摸清港口所在地区的经济进程。[①]

“一带一路”各国的有效对接，犹如为中国与沿线各国的合作装载了“超级引擎”，不仅拓宽了沿线国家的企业投资之路、贸易之路，也拓宽了中国与中东欧国家的战略对接、合作共赢之路。

中国在租用外籍商船，建立外轮代理公司、中外合资海运公司、外轮理货公司等举措中，均遵循世界市场通行的一般规则，有着良好的信誉。中波轮船公司等中外合资企业得以长期生存，不断发展即是突出例证。波兰当年与中国创建中波轮船公司，允许中国在格丹尼亚成立专管远洋运输的办公室；今日支持“一带一路”倡议，在中东欧地区率先加入亚洲基础设施投资银行，积极致力于欧亚合作，体现了中波友谊的源远流长。今日中方在提出“一带一路”倡议，并非强求他方呼应，而是将中方战略同相关国家已有的发展规划战略衔接起来。这种关系网络与运行规则的平等性和共生性，符合合作共赢的潮流，是将经贸合作作为主攻方向，携手推动中欧贸易和投资机制建设，提高贸易和投资自由化便利化水平，整合欧洲先进技术优势、中国产能优势、与合作国的区位和人才优势，打造新的贸易中心和经济增长极。

（三）开辟与建设洲际互通渠道需要多方协商投资

新中国建立初期为开辟洲际货运通道，创建远洋运输业、恢复和建设沿海港口、开办与发展国际铁路联运，均与相关国家各方共同协商投资，才取得了预期的效果。今日以基础设施建设为核心的“一带一路”建设需要大量资金投入，单个国家很难完成。2014 年成立的亚洲基础设施投资银行（简称“亚投行”）和“一带一路”是孪生兄弟，以基础设施建设为核心的“一带一路”需要亚投行推动。目前，亚投行共有 57 个成员。2016 年下半年还将有 20 个意向国家加入亚投行，届时将会有约 90 个成员。亚投行近期交出的首份周年报告显示：亚投行董事会已经批准了该行首批四个项目、总计 5.09 亿美元的贷款，涉及孟加拉国、印度尼西亚、巴基斯坦和塔吉克斯坦的能源、交通和城市发展等领域。这些项目具备三个最基本要求，即必须在金融上具有可持续性、环保、在社会上得到广泛接受。[②] 为了优化投资机制，使地方政府、企业和其他民间机构形成合力；仍要加强对“一带一路”建设方案和路径的研究，在规划对接、政策协调、机制设计上做好政府的参谋和助手，在理念传播、政策解读、民意通达上做好桥梁和纽带。

（四）发展中国家的合作发展是当代世界的突出特征

表现在一批新兴经济体崛起、更多的发展中国家步入起飞门槛。为发展中国

① 《中国大手笔全球买港口：战略布局一带一路》，中新网。

② 金立群：《亚投行也支持非“一带一路”国家》，《新京报》2016 年 6 月 30 日。

家创建可持续发展的环境是时代的要求。中国是世界经济大国，但仍然是一个发展中国家。从应对封锁禁运到建设一带一路体现着中国从本身的发展需要出发，并把中国经济的发展与其他国家的发展结合起来，动员各方的积极性，打造新的发展空间，创建新的发展引擎。

人类历史上对世界有所贡献的大国，必是在思想和理论上不步别人后尘、筚路蓝缕、另辟蹊径。联想从应对封锁禁运到建设“一带一路”的历史进程，有助于我们开阔视野，深入认识自己与世界。

（作者为中国社会科学院经济研究所研究员）

新疆改革开放与“丝绸之路经济带”战略

居宪涛

2013年9月5日，习近平在哈萨克斯坦纳扎尔巴耶夫大学作重要演讲，提出共同建设“丝绸之路经济带”[①]的战略构想，引起国际国内的普遍关注和赞同。“2014年我们通过了《丝绸之路经济带和21世纪海上丝绸之路建设战略规划》，2015年对外发布了《推动共建丝绸之路经济带和21世纪海上丝绸之路的愿景与行动》，有关地方和部门也出台了配套规划，在国际上引起较大反响。”[②]2016年8月17日，他在推进“一带一路”建设工作座谈会上指出“目前，已经有100多个国家和国际组织参与其中，我们同30多个沿线国家签署了共建‘一带一路’合作协议、同20多个国家开展国际产能合作，联合国等国际组织也态度积极，以亚投行、丝路基金为代表的金融合作不断深入，一批有影响力的标志性项目逐步落地。‘一带一路’建设从无到有、由点及面，进度和成果超出预期”。[③]“一带一路”发展战略是党中央根据全球经济深刻调整变化、统筹国内国际两个大局作出的重大战略决策，在实施中已经取得丰硕的成果。

丝绸之路横跨亚欧大陆，绵延7000多公里，新疆是其中穿越的必经之地，是中国联系中亚西亚的重要交通枢纽，是丝绸之路经济带的核心区域。新疆地处亚欧大陆腹地，拥有六分之一的国土面积，有陆地边境线5600多公里，与周边8个国家毗邻，区位优势得天独厚。新疆是我国向西对外开放的桥头堡，现在又处在丝绸之路经济带建设的最前沿，将迎来新的历史发展机遇。

一、新疆改革开放以来取得的成就为“丝绸之路经济带”战略的实施奠定了坚实基础

改革开放以来，新疆维吾尔自治区党委、政府带领各族人民自力更生、艰苦创业，社会、经济、政治、文化等各项事业全面发展，进入了经济社会快速发展、综

---

① 习近平：《弘扬人民友谊 共创美好未来——在纳扎尔巴耶夫大学的演讲》，《人民日报》2013年9月8日，第1版。

② 习近平：《总结经验坚定信心扎实推进 让“一带一路”建设造福沿线各国人民》，《人民日报》2016年8月18日，第1版。

③ 习近平：《总结经验坚定信心扎实推进 让“一带一路”建设造福沿线各国人民》，《人民日报》2016年8月18日，第1版。

合实力明显增强、各族群众得到实惠最多的时期，成就举世瞩目。

据2017年2月13日在乌鲁木齐召开的“2016年新疆国民经济运行情况新闻发布会”公布数据，2016年全年新疆实现地区生产总值（GDP）9617.23亿元，同比增长7.6%，增速高于全国0.9个百分点。新疆城乡居民可支配收入为18354.7元，同比名义增长8.9%，其中农村居民人均可支配收入首次突破万元大关。[①] 自治区经济保持较快发展，综合实力得到显著增强，全区生产总值年均增长速度高于全国平均水平，多项经济发展指标位居全国前列，国民经济步入增长快、质量好、效益高的历史新阶段。

在生态、文化、教育、科技等各领域改革多点推进，发展方式加快转变，产业结构不断优化。着力推进经济转型升级，以煤炭、石油天然气、特色农副产品、纺织、有色、黑色金属为代表的特色优势产业规模不断扩大。现代农业生产、经营、产业体系基本形成，新型工业化逐步向中高端迈进，以信息、金融、电商为代表的现代服务业快速成长。非石油工业比重超过60%，彻底扭转了石油工业“一业独大”格局。第三产业比重十几年来首次超过第二产业，对经济增长贡献率超过55%。基础设施日趋完善，支撑能力显著增强。一大批交通、水利、能源、通信等项目开工建设或建成投产，基础设施、城乡面貌、人民群众生产生活条件发生了历史性巨变。大力发展教育、科技、文化、卫生、体育等社会事业，建立了统筹城乡、覆盖全民的基本养老保险和基本医疗保险制度，社会保险比全国提前一年实现全覆盖，生活困难群众享受到低保政策，补助水平连年提高，临时救助制度全面建立。社会事业全面进步，九年制免费义务教育覆盖城乡，南疆四地州实施了14年免费教育，社会保障体系不断完善，医疗卫生条件大为改善，城乡居民健康水平不断提高。少数民族优秀传统文化得到保护和弘扬，“十二木卡姆”、“玛纳斯”、“麦西来甫”等列入世界非物质文化遗产名录，覆盖城乡的公共文化服务网络基本建成。

近年来，新疆的发展更具有里程碑意义。党中央对新疆工作给予特殊重视和支持，召开了两次中央新疆工作座谈会。习近平亲自来疆视察指导工作，多次对新疆工作作出重要批示指示，丰富、发展、升华了党的治疆方略，为新疆工作指明了方向。自治区党委按照中央决策部署，全面落实两次中央新疆工作座谈会精神，立足特殊区情，坚持问题导向，围绕社会稳定和长治久安总目标，围绕国家“一带一路”重大战略部署，新疆党委和政府超前谋划，及早安排，制定了丝绸之路经济带核心区建设实施意见和行动计划，一批标志性工程开工建设。自治区党委和政府精

① 《2016年新疆国民经济运行情况新闻发布会》，乌鲁木齐市人民政府网，http：//www.urumqi.gov.cn/sy/zwxx/305956.htm。

心谋划未来发展思路，坚持全方位对外开放政策，用好建设丝绸之路经济带核心区这一抓手，加快推进互联互通基础设施和“五大中心”标志性、示范性工程，围绕“三基地”、“一通道”、“五大中心”和“十大进出口产业集聚区”建设，全面推进“外引内联、东联西出、西来东去”的开放战略，以开放促改革、促发展、促创新的全新局面正在形成。

二、“丝绸之路经济带”战略布局下新疆深化改革开放所面临的机遇与挑战

在“丝绸之路经济带”战略布局下，新疆必须紧紧抓住可以大有作为的重要战略机遇期，必须科学分析新疆改革开放事业所面临的新机遇、新挑战，深刻把握新疆发展面临的新课题、新矛盾，作出新的突破和贡献。

（一）新疆深化改革开放所面临的历史新机遇

新疆基于自身在地理、自然资源以及文化上的特点，在国家“丝绸之路经济带”战略布局中，受益于党的坚强领导和对新疆政策的倾斜，以及改革开放后整体经济实力的跃升，迎来了难得的发展新机遇。

其一，对于发展中亚地区经济合作，新疆具有独特的地理优势。新疆与周边 8 个国家陆路接壤，沿边一类口岸有 17 个、二级口岸也达到 10 个，已经成为我国面向西部对外开放的重要门户。通过多年的交通网络建设，新疆交通体系已经初具规模，拥有相对完善的公路、铁路、航空及管道四位一体的综合立体交通网络。再加上西至欧亚大陆，东依内地的独特地理区位，使得新疆完全有条件成为丝绸之路经济带上最重要的交通枢纽中心、国际物流中心和新的经济高地。

其二，当今世界，地缘政治因素突出，局部动荡此起彼伏，恐怖主义等非传统安全和全球性挑战不断增多，丝路沿线国家和地区摆脱贫困，追求和平稳定的愿望迫切。2013 年 10 月 24 日，习近平在周边外交工作座谈会上强调，“无论从地理方位、自然环境还是相互关系看，周边对我国都具有极为重要的战略意义。思考周边问题、开展周边外交要有立体、多元、跨越时空的视角。审视我国的周边形势，周边环境发生了很大变化，我国同周边国家的关系发生了很大变化，我国同周边国家的经贸联系更加紧密、互动空前密切。”[①] 在经济贸易方面，中国已成为中亚国家最主要的贸易伙伴，分别成为哈萨克斯坦、乌兹别克斯坦、吉尔吉斯斯坦和塔吉克斯坦的第二大贸易伙伴。新疆和中亚周边国家的经济贸易合作十分密切，并且在经济

① 《习近平在周边外交工作座谈会上发表重要讲话》，人民网，http：//politics.people.com.cn/n/2013/1025/ c1024-23332318.html。

结构和贸易合作上具有互补性。目前，中国—亚欧博览会已成为我国与亚欧国家开展首脑外交的重要平台、建设“丝绸之路经济带”的重要平台、推动新疆与周边国家（地区）合作的重要渠道、展示新疆形象的重要窗口，推动了与周边国家的经济贸易交流的深度和广度，使得新疆与中亚、俄罗斯、西亚、南亚以及欧洲部分地区具有广阔的合作前景。为我国与亚欧各国共享发展机遇、实现互利共赢创造了更为广阔的空间，也为构建丝绸之路经济带提供了重要的贸易保障。

其三，新疆是我国重要的资源能源大省，拥有丰富的自然资源，其中包括：水资源、土地资源、动物资源、矿产资源以及农作物资源等。新疆身处国际能源资源陆路通道，随着国内经济发展对能源资源需求的增加，已经成为我国能源资源战略基地，其能源资源的通道作用和基地作用不断强化。随着国际能源资源竞争的日益加剧，合理有效地开发新疆能源资源，将为丝绸之路经济带的建设提供能源供应和能源安全的保障。

其四，十八大以来，新一届党和政府领导人致力于中国特色大国外交，倡导新亚洲观和亚洲安全观，致力于创设亚洲基础设施投资银行、丝路基金，并力推“一带一路”建设，使我国面向中亚的国际环境转向宽松，新疆迎来开放的新机遇。新疆的发展一直以来都是西部大开发的重点，中央政府在政策上给予了较大的倾斜和照顾，其中包括金融、产业、人员、财政、税收等以及全国发达省市纷纷对口支援新疆经济的发展。习近平在推进“一带一路”建设工作座谈会上的重要讲话，进一步完善和升华了“一带一路”重大战略思想，为深入推进“一带一路”国家战略、加快构建开放型经济体制指明了前进方向、提供了根本遵循。这些条件都为新疆在构建丝绸之路经济带上提供了诸多政策优势。

最后，新疆是丝绸之路的核心地带，又是我国向西开放的桥头堡，与中亚国家地缘相近、人文相亲，占据着天时地利人和的优势。纵观历史，新疆地区一直都是多民族聚集的地方，是东方文明与西方文明交汇的中心，具有多种文化相融合的发展特点。特别是新疆与中亚周边国家具有深久的历史渊源，在语言上可以畅通的交流，在宗教信仰上又趋向一致，在风俗习惯上也基本相同。这些条件都将有利于新疆在构建丝绸之路经济带上扮演重要地位。在新的开放格局中，新疆成为我国对外开放的战略高地和进军中西亚、欧洲的平台和前沿。

（二）新疆深化改革开放所面临的严峻挑战

新疆的改革开放，对内既要加强在能源、农业、基础设施、经贸、科技、人文等流域的发展，着力转变不适应不符合科学发展观的思想观念，着力解决影响和制约科学发展的突出问题，进一步理清发展思路，着力把握规律、创新模式、破解难题、夯实基础、提高质量、增强后劲，实现又好又快发展。对外又要强化战略思维、系统思维、辩证思维，破解“三股势力”渗透、蔓延的难题，在未来需要面对诸多严峻的挑战。

其一，经济带沿线国家社会制度、宗教信仰、教育文化和经济社会发展水平存在巨大差异，导致其在区域合作中的利益诉求各异，增加了相互间政策沟通的难度，需加强友好对话和磋商，增进多方政治互信，消除政策壁垒，找到利益契合点，通过协商共同制订合作计划。

其二，从国际上看，我们要清醒地认识到，以美国为首的西方力量，利用民族分裂势力来颠覆中国，妄图搞乱新疆、把新疆从中国分裂出去的图谋是其既定战略和目标，这种战略永远不会改变。他们不断加大对“世维会”等境外“东突”分裂势力的支持力度，从政治、经济、法律、舆论上支持“东突”分裂势力，在国际反恐活动中公开持有双重标准，这使新疆反渗透反分裂反恐怖的形势更加复杂，面临长期的严峻的挑战。

其三，在“丝绸之路经济带”战略布局的推动下，新疆面向新欧亚大陆桥和中亚、俄蒙、西亚、东南亚的国际大通道的构建，必然实现互联互通。随着与沿线国家在交通、能源合作、工业区建设等领域合作的深入，生产网络的不断完善，人员往来、信息互通、贸易互联、观光旅游等都会不断增加。近年来，国际上恐怖活动活跃，分裂分子利用即时通信、自由贸易和旅行便利来进行分裂活动，邮寄反动宣传品，利用旅游、探亲、经商等机会，接近、拉拢群众，煽动信仰非法宗教。他们打着“圣战”旗号，对信教群众的迷惑性、煽动性更强。这都对我们进行反分裂斗争提出了挑战，我们要加大边境检查、社会管控和法制侦查力度，提出强有力的措施，积极应对。正如2014年6月5日，习近平在北京召开的中阿合作论坛第六届部长级会议开幕式上的讲话中所阐述的，“中国将继续毫不动摇支持阿拉伯国家维护民族文化传统，反对一切针对特定民族和宗教的歧视和偏见。我们应该一道努力，倡导文明宽容，防止极端势力和思想在不同文明之间制造断层线。”[①] 新疆多元文化荟萃、多种文化并存，有着丰富的文化资源。要不断增强“五个认同”，营造昂扬向上的社会氛围，引导各族群众追求现代文明生活。用老百姓听得懂、看得见、记得住的方式进行宣传教育，把道理讲通、讲透、讲深，才能抵御民族分裂主义和宗教极端思想渗透，引导群众、凝聚人心。

其四，随着开放的深入，在与丝路沿线国家合作打击分裂势力的过程中，难免会受到各国不同的政治理念、宗教民族因素、历史文化倾向的影响，另外，一些国家政局不稳，不同党派理念悬殊，执政党更替会影响其对外政策，这都对我反分裂

① 习近平：《弘扬丝路精神　深化中阿合作》，《人民日报》2014年6月6日，第1版。

斗争带来风险和挑战。必须对这些国家的政治格局、政治环境、民族宗教政策等进行具体深入研究，做好应对风险的预案，建立和完善我国现有反分裂斗争涉外冲突的应对机制。在沟通合作中，利用好积极因素，化解消极因素，求同存异，达成政策共识，形成合作的最大公约数，及时化解危机和风险，最大限度地合作打击分裂势力。

最后，中亚是世界大国利益交织与博弈的主战场，也是国家间战略竞争的要地，某些大国在中亚也有自己的战略利益和布局，这就难免有利益冲突。在应对挑战上，正如习近平在中央外事工作会议上指出的那样，我们看世界，不能被乱花迷眼，也不能被浮云遮眼，而要端起历史规律的望远镜去细心观望。这就要求我们在反分裂的斗争中，加强与沿线国家的协商和合作，讲究策略，减少竞争和冲突，最大限度保持战略平衡，维护自身核心利益，应对新疆安全、稳定与发展中存在的诸多挑战和问题，实现自己的战略目标。在反分裂斗争中要高度重视涉外工作，最大限度地挤压境外“东突”势力的活动空间，努力改善新疆反分裂斗争的国际政治、经济、安全和舆论环境。

三、“丝绸之路经济带”战略布局下新疆改革开放的战略走向和选择

在“丝绸之路经济带”战略布局下，新疆将围绕社会稳定和长治久安的总目标，提高战略思维和应对能力，进行战略走向和战略选择。

（一）紧紧抓住新疆在“丝绸之路经济带”战略中的定位和机遇

面对建设丝绸之路经济带的重大历史机遇，切实增强建设丝绸之路经济带核心区的责任感和紧迫感，积极主动融入国家战略。2016年9月9日，陈全国主持新疆党委常委（扩大）会议，在传达习近平在推进“一带一路”建设工作座谈会上的重要讲话精神时提出，“要抓住促进和谐稳定的好机遇，紧紧围绕社会稳定和长治久安的总目标，建立倒逼机制，落实各项维护稳定政策措施，加强国际反恐合作，努力实现社会和谐稳定，为丝绸之路经济带核心区建设营造良好环境和有力保障；抓住又好又快发展的好机遇，通过丝绸之路经济带核心区建设，带动全区经济转型升级，提升经济发展质量和效益；抓住对内对外开放的好机遇，发挥与周边国家地缘相近、人缘相亲、文缘相通、经济互补的优势，打通东联西出的国际国内大通道，提升对内对外开放水平；抓住巩固民族团结的好机遇，在丝绸之路经济带核心区建设中促进各民族交往交流交融，实现和睦相处、和衷共济、和谐发展；抓住发挥援疆优势的好机遇，围绕丝绸之路经济带建设，与援疆省市、企业加强协作，优势互补、互利共赢，共同开拓周边国家市场；抓住改善人民生活的好机遇，提升经

济实力，不断改善民生，把发展成果更多地惠及各族人民群众。”“加快推进‘三通道’‘三基地’‘五大中心’‘十大进出口产业聚集区’建设，建设好丝绸之路经济带核心区。”[①]要抓住一切机遇，切实增强新疆的经济转型升级、深化改革开放，成为未来中国经济的增长极。

（二）以改革开放促发展，增强经济发展和民心基础

2014年4月，习近平总书记到新疆考察和调研。他指出，“发展仍是解决新疆一切问题的关键，必须切实抓好。发展要落实到改善民生上，落实到惠及当地上，落实到增进团结上。”[②]这是对新疆经济发展重点和方向的明确指示。经济上不去，民生问题就解决不好；民心抓不住，稳定最终也保不住。许多涉及稳定的深层次问题，都必须通过发展来解决。改革开放的目的是实现发展，民生凝聚人心、顺应民意。要让各族群众共享发展带来的成果，创造稳定的社会环境，为反分裂斗争奠定经济和民心基础。在新开放格局下，新疆改革发展的压力增大，社会经济面临转型升级，发展中的深层次矛盾将会不断涌现。部分地区整体性贫困的问题较为严重，受各种利益因素的诱惑，与贫困相联系的走私、贩毒、拐卖儿童、艾滋病传播等各种违法犯罪现象激增，社会问题层出不穷。由于经济规模和产业层次的限制，新疆能容纳的就业岗位少，社会闲散劳动力长期处于贫困状态，容易滋生不满情绪和事端。从深层次来看，如国家认同危机、政治认同弱化、宗教渗透、极端暴恐事件等都与贫困和公共服务薄弱存在密切关联，这对社会治安和政府公共服务提出了新挑战，都需要积极面对和化解。

（三）围绕改善民生、争取人心来推动改革开放事业

2012年3月9日，习近平参加十一届全国人大五次会议新疆代表团审议时指出，“民生是连着民心，民心是牵动全局的。只有进一步改善各族干部群众生活，才能更好凝聚民心，打牢维护新疆民族团结、社会稳定的根基；才能更好发挥民力，为新疆经济社会发展提供持久动力。”[③]只有经济发展了，化解社会矛盾、促进团结统一、实现人民幸福，才能有感召力和说服力，才能有更多资源和手段。新疆作为丝绸之路经济带核心区，正在按照“五通”的要求，致力于经济发展和产业振兴。随着开放水平的提高和发展战略的调整，必将在经济上受惠，提升发展速度，不断创造就业机会、提高居民收入水平，使各族群众有参与感，切实增强彼此的理解、包容、融合，消除各民族、宗教间的隔阂和误解，促进社会安全稳定、经济繁荣，

① 《以习近平总书记重要讲话精神为指引 加快推进丝绸之路经济带核心区建设》，《新疆日报》2016年9月10日，第1版。

② 《把祖国的新疆建设得越来越美好——习近平总书记新疆考察纪实》，《人民日报》2014年5月4日，第1版。

③ 《新疆生产建设兵团工作文献选编》，中央文献出版社2014年版，第315—316页。

加快全面实现小康目标，促进新疆社会稳定和长治久安。

（四）面向中亚，着眼国际，不断拓展改革开放的新境界

丝绸之路经济带沿线地区地域辽阔，有丰富的自然资源、矿产资源、能源资源、土地资源和宝贵的旅游资源，被称为21世纪全球的战略能源和资源基地。作为一个新的经济发展区域，丝绸之路经济带东边牵着亚太经济圈，西边系着发达的欧洲经济圈，被认为是世界上最长、最具有发展潜力的经济大走廊。它不再是一条狭窄的线路，而是立体的通道，由现代公路、铁路、航空和油气管道组成，它横跨整个欧亚大陆，涵盖了东亚、中亚、南亚、西亚、中东欧，直达西欧，建设丝绸之路经济带，将对世界经济产生重要影响。[①]新疆的对外开放和全国一样，也是以经济开放为基础的全方位对外开放，同时也包括积极发展同其他各国、各地在科学、技术、文化、教育等方面的交流与合作。通过改革开放的历史新定位，使新疆成为欧亚经济大通道的支点、东西方文明交融的桥梁、中国与亚欧交通大动脉的枢纽。

（五）新疆的改革开放要服从、服务于的国家“丝绸之路经济带”战略的布局要求

新疆的改革开放要围绕国家战略、地区战略和全球战略的平衡协调展开。首先，要强调新疆改革开放的领域，开放范围的全面性，全面融入国际经济大循环，以建立开放型市场、开放型经济和开放型社会为目标，尤其是，在经济建设上，促进商品、服务和生产要素较为自由地跨越边境流动，按照市场规律实现资源优化配置，实现生产与消费国际化、贸易与投资自由化、经济体制的市场化与国际化。当然全面开放并不意味着完全放开，它并不排除适度的符合国际惯例的保护措施，而加强对开放的制度化、法制化监管亦是开放战略的题中之意。其次，从反恐战略需要来看，“东突势力”是目前我国反恐的主要挑战，促进我国新疆以及丝绸之路经济带沿线国家的安定发展，将有助于消除“三股势力”的思想土壤和社会经济土壤。再次，建立开放型经济、开放型市场和开放型社会，全面激发新疆的创新力，全面提高新疆在中亚的竞争力，增强新疆的综合经济实力。通过改革开放全面提升新疆各类企业和产业参与国际市场的竞争能力和抵御外部冲击和风险的能力，坚持在更大范围、更广领域和更高层次上参与贸易，并发挥积极的作用。最后，既运用政治、外交手段维护和拓展经济贸易利益，又运用经济、贸易、投资手段维护和保障国家安全利益。使新疆通过丝绸之路经济带获得和平发展、开放发展、合作发展和和谐发展。

（作者单位为新疆维吾尔自治区党委党史研究室）

---

① 朱显平、邹向阳：《中国——中亚新丝绸之路经济发展带构想》，《东北亚论坛》2006年第5期，第3—4页。

粤港澳经济合作的新探索

吴克辉　雷骐瑜

伴随着我国社会主义现代化建设的进程，粤港澳经济合作成为改革开放的一大特色。进入新世纪，粤港澳经济合作的格局也在不断发展。大致经历了两个阶段：第一阶段是实施 CEPA 协议，为粤港澳经济合作奠定基础。这一阶段主要采取了消除关税壁垒，便利通关政策；全面提升产业合作，经贸合作日趋多元化；加强建设基础设施，打造粤港澳共同生活圈。第二阶段是在《珠江三角洲地区改革发展规划纲要》的指导下，深化粤港澳合作与创新。主要采取了深化改革开放，探索粤港澳合作新模式；推进重大基础设施对接，加强社会服务一体化建设；深化粤港澳金融合作，推动粤港澳科技创新等措施。2016 年是“十三五”规划的开局之年，“十三五”时期是深化粤港澳合作发展的黄金期和机遇期，从国家战略全局和长远发展出发，站在新的历史起点上及时总结经验，提出发展规划，将进一步推动粤港澳区域深度经济合作，促进我国全面实现小康社会。

一

随着香港和澳门的回归以及港澳自由行的开放，2003 年 6 月 29 日，中央政府与香港特区政府签署了《内地与香港关于建立更紧密经贸关系的安排》，2003 年 10 月 17 日，与澳门特区政府签署了《内地与澳门关于建立更紧密经贸关系的安排》，简称 CEPA[①]。此后几年，还陆续签署了 CEPA 的十个补充协议。CEPA 是在“一国两制”方针的指导下，内地第一个全面实施的自由贸易协议，是中国国家主体与其特别行政区之间签署的自由贸易协议性质的经贸安排，带有明显的自由贸易区特征。CEPA 通过制定各项开放措施，在内地与香港、澳门的经贸合作之间作出互惠安排，促进内地与香港、澳门之间经济的融合，提高内地与香港、澳门之间的经贸合作水平。CEPA 协议的签署，是内地与港澳经贸交流与合作的重要里程碑，为粤港澳经济合作奠定了基础。

---

① CEPA（Closer Economic Partnership Arrangement），即《关于建立更紧密经贸关系的安排》的英文简称。包括中央政府与香港特区政府签署的《内地与香港关于建立更紧密经贸关系的安排》、中央政府与澳门特区政府签署的《内地与澳门关于建立更紧密经贸关系的安排》。

（一）消除关税壁垒，便利通关政策

改革开放以来，由于内地自然资源、劳动力资源丰富，港澳地区则有丰富的资金、技术、人才和管理经验，珠江三角洲就吸引了香港和澳门的大规模投资，创办了一大批劳动密集型的加工制造企业，形成了"前店后厂"[①]的分工合作模式，并且尝试性地创立了"三来一补"[②]的企业贸易形式。随着2003年CEPA协议的签署，制定了各项经贸互惠政策，协议包含货物贸易、服务贸易和贸易投资便利化三方面。在货物贸易方面，根据CEPA协议，内地自2004年1月1日起，逐步消除粤港澳三地的贸易壁垒，对符合规定的原产香港澳门的进口货物实行零关税。服务贸易方面，内地向港澳逐步开放银行、证券、旅游、电信等行业。贸易投资便利化方面，内地与港澳就促进中小企业投资，加强经贸合作等方面达成了具体协议。

通关政策的放宽，推行通关便利化，也深化了深港珠澳的对接。2003年1月27日，深圳皇岗口岸实现24小时通关。2007年8月15日，深圳的又一通关口岸——福田口岸正式开通，有效缩短了深圳到香港九龙的通关时间。澳门拱北口岸也进行了扩建，通关能力提高了两倍，每日通关人数可达50万—60万人，增加了路新城口岸和珠澳跨境工业区口岸两个货物通关口岸，实现跨境货物的快速通过。

（二）全面提升产业合作，经贸合作日趋多元化

粤港澳经济合作逐渐改变过去"前店后厂"的协作模式向共建产业园的合作模式发展。经贸合作由加工贸易企业向现代服务业和先进制造业转变，延长产业链条，由单纯的货物贸易向更广泛的领域延伸，以此来共同帮助珠江三角洲的劳动密集型企业顺利转型升级。

广东与香港、澳门计划共建产业园，涉及医药产业、文化产业、科技教育、商务旅游等方面，珠海与澳门建立了第一个跨境工业园——珠澳中医药产业园。广州计划将南沙建成粤港澳物流与服务业发展的聚集地，深圳规划借助香港金融业和服务业，将前海新区建成现代服务业的发展基地，珠海计划与澳门共同开发横琴岛，建成横琴新区，配套完善横琴新区的卫生医疗和住房、交通等公共设施。

---

① "前店后厂"指港澳地区与珠江三角洲地区经济合作的基本模式。港澳地区利用海外贸易窗口优势，承接海外订单，从事制造和开发新产品、新工艺，供应原材料、元器件，控制产品质量，进行市场推广和对外销售，扮演"店"的角色。珠江三角洲地区则利用土地、自然资源和劳动力优势，进行产品的加工、制造和装配，扮演"厂"的角色。港澳在前，珠江三角洲在后，彼此紧密合作，因而被形象地称为"前店后厂"。

② "三来一补"指来料加工、来样加工、来件装配和补偿贸易，是中国大陆在改革开放初期尝试性地创立的一种企业贸易形式，它最早出现于1979年。"三来一补"企业主要的结构是：由外商提供设备（包括由外商投资建厂房）、原材料、来样，并负责全部产品的外销，由中国企业提供土地、厂房、劳力。中外双方对各自不作价以提供条件组成一个新的"三来一补"企业；中外双方不以"三来一补"企业名义核算，各自记账，以工缴费结算，对"三来一补"企业各负连带责任。

（三）加强建设基础设施，打造粤港澳共同生活圈

CEPA 协议签署以后，开始提出深港无缝对接和珠澳同城化的概念，通关口岸和交通设施的建设显得尤为重要。龙华铁路是深港合作的第一个交通设施项目，连接了深圳、香港两地的轨道交通，促进两地居民和企业的贸易往来和经济交流，还有利于推动两地在社会、民生等领域的进一步合作。同时，澳门为了与珠海城际轨道以及珠三角轨道交通网相接，也在规划轻轨捷运系统的建设，为居民的跨界出行提供便捷、安全的公共交通。

广东对港澳车辆实行双牌照制度，港澳车辆可以挂牌在内地自由通行。深圳和珠海也借鉴香港、澳门的住房和物业管理制度，方便港澳居民在内地买房、工作和生活。粤港澳社会服务一体化建设还体现在三地在文化教育、卫生医疗、旅游服务等方面资源共享、交流合作，充分发挥各地优势，建设优质的社会服务体系。

二

在改革开放 30 周年之际，国内外经济形势发生深刻变化，珠江三角洲地区处于经济结构转型和发展方式转变的关键时期，为进一步促进珠江三角洲地区的创新发展，发挥对全国的辐射带动作用和先行示范作用，2008 年 12 月 17 日，国务院审议通过了《珠江三角洲地区改革发展规划纲要（2008—2020 年）》（以下简称《珠三角发展纲要》）。纲要的规划范围以广东省的广州、深圳、珠海、佛山、江门、东莞、中山、惠州和肇庆为主体，辐射泛珠江三角洲区域，并将与港澳紧密合作的相关内容纳入规划。纲要明确了广东深化改革先行区的战略定位，继续发挥好新形势下改革开放的“窗口”、“试验田”、排头兵和示范区作用。纲要的颁布，标志着粤港澳合作已经上升为国家战略。此后，为进一步实施 CEPA 协议，广东省政府于 2010 年和 2011 年分别与香港、澳门签订了《粤港合作协议框架》《粤澳合作协议框架》，以及制定《横琴总体发展规划》《深圳前海发展规划》，在《珠三角发展纲要》的指导下，粤港澳合作日趋制度化，粤港澳经济合作也迈入一个新的阶段。

（一）深化改革开放，探索粤港澳合作新模式

“一国两制”背景下为了推动 CEPA 的顺利实施，需要不断对粤港澳经济合作方式进行创新和探索。2014 年 12 月 18 日，广东与香港、澳门分别签署了《广东省与香港（澳门）基本实现服务贸易自由化的协议》，这是特区政府与商务部在 CEPA 协议框架下参照国际标准制定的自由贸易新协议，开放的深度和广度都超出了以前的 CEPA 措施。2015 年广东批准创建 13 个粤港澳服务贸易自由化升级示范基地，分布于广州、深圳、珠海、佛山、汕头、江门等城市。4 月 21 日，广东自由贸易试验

区正式挂牌，涵盖广州南沙、深圳前海和珠海横琴 3 个片区，是集法律、金融、教育、物流、贸易制度创新和产业合作为一体的新型经济区。广州南沙、深圳前海、珠海横琴新区功能各有侧重，广州南沙新区重点发展现代服务业，深圳前海新区着重金融发展，珠海横琴新区侧重发展科教文化和休闲旅游。[①]

广东积极推进粤港澳大湾区建设，加快建设广州南沙、深圳前海、珠海横琴等粤港澳合作平台。发挥南沙新区连接珠三角的区位优势和特有的大港口优势，努力打造成服务内地、连接香港的商业服务中心、科技创新中心和教育培训基地。按照“依托香港、服务内地、面向世界”的要求，高标准建设深圳前海新区，加快前海深港现代服务业合作区开发开放，进一步推动贸易投资便利化，努力打造成我国自贸区建设的新标杆。横琴新区的开发，珠海在现有珠澳合作模式的基础上，进一步探索在产业发展、文化科研、休闲旅游、金融服务等方面的多种合作模式，加快打造粤港澳紧密合作示范区。

同时，广东还将粤港澳大湾区纳入国家“一带一路”战略愿景与行动，制定了发展湾区经济、建设海上丝绸之路桥头堡的若干意见。进一步强化中心城市功能，推动形成以广州、深圳、香港为主要辐射核心的城市群，拓展发展空间并辐射带动泛珠三角区域合作，促进区域内人才、物流、贸易的自由流动，加强与周边城市经济、社会、文化、科技等领域的全方位合作。

（二）推进重大基础设施对接，加强社会服务一体化建设

广东积极开展与香港、澳门在城市规划、轨道交通网络、信息网络、能源基础网络、城市供水等方面的对接，积极推进高速公路、港口、码头、机场等跨境基础设施规划、建设和运营方面的合作。2009 年 12 月 15 日，连接香港、珠海和澳门的港珠澳大桥工程开工建设，它的建立能够促进香港、澳门和珠江三角洲经济的进一步发展。2016 年 3 月 30 日，港珠澳大桥主体工程非通航孔桥箱梁吊装完成，大桥预计 2017 年年底建成，届时香港到珠海的车程只需半小时。港珠澳大桥是中国首座涉及港珠澳三地的世界级跨海大桥，也是连接最具活力经济区的重要桥梁，它的建成对三地经济社会一体化具有重要意义。

广东还积极推动与港澳在教育、医疗服务、住房、社会保障、应急管理、环境监测等方面开展合作，为三地居民的工作和生活提供便利，共同建立优质生活圈。2009 年 6 月，中央批准澳门大学在珠海横琴岛建立新校区，并授权澳门政府在新校区内实施澳门法律和行政体系。2012 年 10 月 11 日，香港中文大学深圳校区也正式开工建设，这标志着粤港澳教育合作取得新突破。广东为了推动粤港澳教育合作与

---

① 《提升带动力、辐射力和影响力广州强化中心城市作用》，《人民日报》2016 年 6 月 12 日，第 1 版。

发展，已经在自贸试验区三个片区分别建立平台，分别是粤港澳（国际）青年创新工场、前海深港青年梦工场、横琴澳门青年创业谷。[①]2016年，广东也把加强粤港澳青少年交流和帮助青少年赴粤创业创新等工作，纳入粤港澳合作协议框架实施的重点。

（三）深化粤港澳金融合作，推动粤港澳科技创新

深化粤港澳金融合作与创新，应充分发挥香港国际金融中心的优势，加快推进粤港澳经济一体化，重点打造粤港澳金融特区，使粤港澳经济体在国际金融体系的重构中发挥更大的作用。大力推动粤港澳金融市场尤其是港深金融的合作，加快探索开展跨境人民币业务，从而推进人民币国际化进程。[②]在自贸园区内建设金融交易平台，大力推动证券期货行业创新发展。在金融创新定位方面，深圳前海主要对接香港，要建设成为21世纪海上丝绸之路金融商务枢纽港。广州南沙主要立足广州、依托珠三角、连接港澳，积极发展科技金融、航运金融等特色金融，与港澳、东南亚对接的现代金融服务区。珠海横琴主要对接澳门，鼓励金融行业创新示范，致力于构建金融后台服务区，打造粤港澳金融合作新平台。金融创新合作是粤港澳经济合作的最大推力，到2015年，前海、横琴、南沙已分别进驻金融类机构5607家、443家、80家，金融聚集效应显著，前海跨境人民币贷款规模超过600亿元，前海和横琴获批在香港发行人民币债券累计达45亿元。[③]

深化粤港澳科技合作，建立联合创新区，要规划建设深港创新圈，加强穗港产学研合作，加快国家创新型城市建设，形成以广州—深圳—香港为主轴的区域创新布局。推动粤港澳科技联合创新，要深入推进粤港科技创新走廊、深港创新圈建设，促进港澳科研资源与广东高新园区、平台基地和专业镇对接合作，推动粤港澳联合创新和港澳重大科技成果在粤转化。在科技发展方面，南沙新区将建设科技创新中心，着力推动粤港澳科技联合创新和港澳重大科技成果在南沙新区产业化，打造大珠三角产业转型升级新平台。珠海充分发挥横琴自贸试验区在创新中的核心作用，推进科技企业孵化器倍增计划，重点培育一批具有国际竞争力的创新型企业，推进新型研发机构和公共平台建设，深化与中山大学、吉林大学和省科学院等产学研合作。深圳前海全面落实《深圳国家自主创新示范区发展规划纲要（2015—2020年）》，努力建成更高水平的国家自主创新示范区，率先形成符合创新驱动发展要求的体制机制，建成一批具有国际先进水平的重大科技基础设施，聚集一批具有世界水平的科学家和研究团队，加快建设国际科技创新中心。

---

① 《广东欲成为香港青年北上创业就业的首选地》，《人民日报（海外版）》2016年3月21日，第3版。

② 《广东自贸区推粤港澳合作 金融创新合作是最大推力》，《人民日报（海外版）》2015年4月29日，第3版。

③ 《广东自贸区将深化探索粤港澳合作和金融创新》，《人民日报》2015年2月11日，第2版。

三

进入新世纪，在“一国两制”方针的指导下，在党中央、国务院的高度信任和正确带领下，广东、香港、澳门三地准确把握国家的战略定位，解放思想，坚持先行先试，促进了内地与港澳经济的合作。自2003年CEPA协议签署以来，粤港澳经济合作已经进入稳定发展期。2016年4月21日，正值中国广东自由贸易试验区挂牌一周年，2016年也是“十三五”规划的开局之年，“十三五”时期是广东自由贸易试验区持续发展的黄金期和机遇期。站在新的历史起点上，要及时总结粤港澳经济合作的历史经验，努力加快广东自贸试验区的建设，积极探索粤港澳经济合作的新模式，进一步推进粤港澳地区的融合发展。

第一，抓住“一带一路”国家战略的历史契机，努力探索前海、横琴和南沙新区的经济开放创新，辐射带动珠三角、泛珠三角以及全国。随着2015年3月，《推动共建丝绸之路经济带和21世纪海上丝绸之路的愿景与行动》的发布，粤港澳合作也成为“一带一路”国家战略中的重要内容。广东可以更好地参与“一带一路”，充分发挥深圳前海、珠海横琴的作用，深化与港澳的合作，打造粤港澳大湾区，努力将广东自贸区建设成为粤港澳深度合作示范区、21世纪海上丝绸之路重要枢纽和全国新一轮改革开放先行地。通过粤港澳开放创新可以提升广东、香港、澳门三地的竞争力，通过区域战略提升竞争力，而“一带一路”的国家战略也将为粤港澳开放创新提供更远大的前景和空间。对接“一带一路”，香港可以充分利用自身的国际金融、贸易、航运中心地位、税率优势、中西合璧的文化和广泛的国际联系，在当前的经济低潮中寻找新的经济动力，拓展与“一带一路”沿线的英联邦国家的贸易合作，开发支付平台和金融相关产品，推动担保国际化。澳门可以凭借自身优势，通过横琴自贸区这个平台，构建葡语国家的跨境贸易机制，推动内地企业对葡语国家的贸易投资，建构葡语国家“一带一路”金融联盟，与巴西、葡萄牙、安哥拉3个葡语系龙头国家建立自贸平台，共同促进内地和葡语国家的交流合作，打通拉丁美洲、欧洲以及非洲自贸通道。

第二，在国家战略层面上推进区域经济合作，用好用活中央扶持政策。《珠三角发展纲要》将粤港澳合作上升为国家战略，粤港澳合作要把握国家“十三五”规划及国务院《关于深化泛珠三角区域合作的指导意见》等重要战略机遇，创新粤港澳合作模式，争取改革措施先试先行。加快前海新区、横琴新区和南沙新区的建设，成为中央赋予广东的重大历史使命。广东要积极发挥深圳、珠海开放特区的优势，发挥香港国际金融、贸易、航运中心的地位，加快建设港深金融圈、港深物流圈和港深创新圈，建设珠澳金融商务中心、休闲旅游中心，便利港澳企业在广东的投资发展，进一步放宽投资的准入限制。2015年11月27日，在CEPA框架下香港与内地签署了新协议，让内地率先在广东与香港基本实现服务贸易自由化，保证香港享受内地最优惠的开放措施。香港可以积极发挥自身优势，将香港乃至海外的资金、人才和技术带入内地，帮助内地企业提升竞争力，开拓国际市场。6月21日，2016年粤澳合作联席会议在澳门举行，粤澳两地相关部门共同签署了《粤澳携手参与国家“一带一路”建设合作意向书》和11份合作协议。粤澳两地发展可以以自贸区建设为契机，促进两地要素便捷流动，增强两地经济社会关联度，加快服务贸易体系对接，积极构建澳门青年北上创新创业的载体。粤港澳三地可以积极争取改革的先试先行权，借鉴国际一些自由贸易区的通行规则和管理模式，创新粤港澳的合作模式。在中央给予广东自由贸易试验区自主权的基础上，采取灵活多样的政策措施，拓展和优化粤港澳的发展空间和布局，推动粤港澳区域经济的融合，从而引领广东经济转型升级，为全国经济的转型升级和科学发展创造成功经验。

第三，推动广东三大自贸片区互补错位发展，关注粤港澳区域内不同制度、文化的差异，注重区域内各方利益的协调，通过合作努力既缩小粤港澳之间的差距，又能将共同利益最大化。广东三大自贸片区功能定位各有侧重，都是促进粤港澳合作的重要载体，不同自贸试验区的产业规划也不同，因此要积极推动三个区的互补错位发展。南沙片区重点建设以生产性服务业为主导的现代产业新基地和综合服务枢纽。前海蛇口片区重点建设金融业对外开放试验示范窗口、世界服务贸易重要基地和国际性枢纽港。横琴片区重点建设文化教育开放先导区、国际商务服务休闲旅游基地。广东三大自贸片区虽各有侧重，但都是服务于国家战略，广东自贸试验区应合理配置三大片区的资源，促进三大片区互补错位发展，进一步发挥优势互补，带动泛珠三角区域和内陆地区转型升级。内地与港澳在政治、经济、法律制度等方面都存在差异，但改革开放三十多年以来，内地逐步实现从传统制造业到现代服务业的优化转型，粤港澳之间的产业结构也日趋相同，都是现代服务业的功能定位，容易出现产业结构同构和产业链断裂的问题，不利于粤港澳经济的发展。为了防止粤港澳经济出现无序竞争、各自为政的现象，可以优化粤港澳之间的经济梯度。粤港澳经济圈的三方合作都是为了实现自身利益的最大化，寻求互利共赢，为了实现各自合理的利益诉求，三地公共管理机构可以加强沟通，积极制定一体化管理规则，建立完善的利益分配制度和规范的法律法规，进行合理、有序的分工协作，实现粤港澳区域内资源的合理配置。

（第一作者为中共广东省委党校党史党建教研部教授，
第二作者为中共广东省委党校硕士研究生）

香港“占中”事件和旺角暴乱之表象与本质[①]

方侃实

2014 年 8 月 31 日，全国人大常委会就香港普选问题作出决定[②]（以下简称“8·31 决定”）。香港的“泛民势力”和“双学”[③]组织认为，与“中央对话的道路已经堵塞”。9 月 28 日，香港大学副教授戴耀廷宣布“占领中环”正式启动（以下简称“占中”事件，“占中”运动）。金钟、铜锣湾、旺角等地相继被示威者所占领。至同年 12 月 15 日香港警方正式完成清场，“占中”事件共持续 79 天，示威人群与警方多次发生冲突。“占中”事件导致的直接后果即重创了香港经济。恒生股指受此影响 9 月份从 25000 多点狂泻至 23000 多点，国际炒家做空香港股市获利超过 100 亿港元[④]。是年，香港的十一假期旅游也大受影响[⑤]。

而在 2016 年 2 月 8 日夜间，传统新年的第一天，在香港旺角街头发生了严重暴力事件：众多暴徒用垃圾桶、木板、玻璃瓶攻击警察，警察则用警棍和警用喷雾予以还击，甚至朝天鸣枪示警。[⑥]香港在暴乱中迎来了农历新的一年。事件中共有 125 人受伤，66 人被捕。

---

① 有学者认为从学理角度来看“占中运动”的表述并不恰当，因为运动一开始就突破了“占领中环”这一范围，应该用“占领运动”表述更为准确（详见白小瑜：《香港“占领运动”：过程、特征及影响》，《港澳研究》2015 年第 1 期），这里笔者采用的是大众传媒中的表述。

② 《全国人民代表大会常务委员会关于香港特别行政区行政长官普选问题和 2016 年立法会产生办法的决定》，中国人大网，http：//www.npc.gov.cn/npc/cwhhy/12jcwh/2014-08/31/content_1876904.htm。

③ 即“香港专上学生联会”和“学民思潮”这两个学生组织。“专上学联由香港八个大专院校学生会组成，具有在政府独立注册的社团法人资格，并以‘放眼世界，关心社会，建设民主中国，争取同学权益’为纲领，以推动学生运动和增加学生对社会投入为宗旨和目的。”摘自孙少森、罗盛齐：《从“占中”运动看香港学生骨干培养的困境与突破》，《中国青年研究》2015 年第 3 期。“2011 年 5 月 29 日，在反对国民教育的运动中，15 岁的中学生黄之锋与同学组织了‘学民思潮’（在香港也简称为‘学民’），并任召集人。‘学民思潮’最出名的行为是组织‘反国教’占领运动，根据维基百科的数据，‘学民思潮’成员约有 150 人，义工人数有 600 人。2016 年 3 月 20 日，20 岁的黄之锋召开记者会，宣布成立近五年的‘学民思潮’‘永久停止运作’。”摘自边驿卒：《围堵梁振英、挑头“占中”——香港“学民思潮”解散》，凤凰网，http：//news.ifeng.com/a/20160321/48046786_0.shtml。

④ 赵衍龙：《黎智英策划“占中”已久　作空港股获利超 10 亿》，环球网，http：//china.huanqiu.com/article/2014-10/5157717.html。

⑤ “据悉，国家旅游局已经发布消息，禁止在国庆假期间新增赴港旅游团。”李望贤：《赴港游黄金周跌四成 深禁开新团》，香港《文汇报》2014 年 10 月 1 日。

⑥ 《香港旺角数百名暴徒袭警 44 伤　警方开枪》，新浪网，http：//news.sina.com.cn/c/gat/2016-02-09/doc-ifxpfhzq2661926.shtml。

在短短一年多时间里，香港发生了两起影响巨大的群体性事件，在香港以及内地造成了巨大的影响。看似独立的两起事件，其本质却是相同的。联系到香港近年来社会状况的变化，笔者认为有必要分析这两起事件的表象与本质，进而分析得出在香港发生这种群体性事件的深层原因。

一、表象的不同之处

首先，两起事件的持续时间与规模有所不同

从持续时间上来看，"占中"事件持续的时间长达两个多月。如果从7月2日香港"双学"组织号召学生进行罢课开始，则时间更长。从规模上来看，这次运动涉及的区域包括尖沙咀、湾仔、金钟、旺角、弥敦道、中环、铜锣湾等多处繁华地带。其中特区政府总部门口从10月3日开始被示威者堵住东侧入口，政府总部停止开放，香港公务员的工作遭受了极大影响。[①] 同时，由于参与"占中"人群长期占据香港繁华区域，学校被迫停课[②]，公交车被迫改道[③]，给市民的学习、生活、交通带来了极大不便。[④]

相比之下，发生在2016年春节的旺角暴乱持续时间仅有一个晚上，所涉及的范围也仅仅是旺角附近一片区域。[⑤] 但其激烈程度远远超过"占中"事件。暴徒在道路上设置路障，纵火，并用砖块、垃圾桶等物品袭击警察，致使旺角交通严重瘫痪。仅在事件发生当日，"香港警方就拘捕54人，涉嫌非法集结、袭警、拒捕、阻差办公、藏有攻击性武器、在公众地方行为不检等多项罪名。""事件最终导致近90名警务人员及多名记者受伤。"[⑥] 可以说这是"香港回归以来最严重的暴乱事件"。[⑦]

---

① "面对大批示威者堵塞政府总部出入口并与警方对峙，特区行政署昨早宣布，政府总部暂停开放，约3000名政府人员不能入内工作。行政长官梁振英与一班政府高层需改于礼宾府开会；部分问责官员亦要临时使用旧政府总部的办公室。"钟立：《政总被堵 三千公仆返工无门》，香港《文汇报》2014年10月4日。

② "受'占中'影响，香港湾仔区、中西区的交通受阻，共151间学校因此停课，超过61500名学生受影响。"余非：《"占中"透视》，三联书店（香港）有限公司2015年版，第32页。

③ "有的士司机昨日指，'占领'封路，令生意大减，更有司机指曾接载乘客到医院就诊，本约15分钟的车程，却要70分钟才到达，乘客最终未能赶及预约时间而不能就诊。"《文森揾食车难揾食 怒吼"还我生计"》，香港《文汇报》2014年10月6日。

④ "最高峰时期（即9月30日）有270条巴士路线受影响，约占全港巴士路线的一半。"《香港立法会会议记录》（2014年10月29日）。

⑤ 同年2月12日深夜在香港荔枝角货柜码头一个露天停车场，12日深夜发生三级大火，波及多辆汽车。香港警方正在调查此次火警与旺角暴乱之后爆发的连串纵火潮有否关联。但在事实真相公布之前，笔者暂不将其与旺角暴乱相联系。

⑥ 杜法祖、钟立：《旺角暴乱 64疑犯被拘》，香港《文汇报》2016年2月11日。

⑦ 杜法祖、钟立：《旺角暴乱 64疑犯被拘》，香港《文汇报》2016年2月11日。

其次，两起事件参与的人群类别有所不同

“占中”事件参与的人群涉及面广，除了以“双学”为代表的学生团体之外，还包括以“占中”三子为代表的高校教师和社会团体，以“泛民”为代表的立法会反对派，还有新闻从业人士、法律从业人士，甚至有幼儿园老师带领幼儿园的小朋友参加“占中”[①]。参加人数在最初即有近10万人[②]。

同时，反对“占中”人群也是一个庞大的群体。在“占中”运动开始之后不久，针对“占中”运动的“反占中”运动也随之展开。在“占中”活动甚嚣尘上的时候，“反占中”团体也针锋相对地开展了一系列游行示威，早在“占中”运动正式开始之前的2014年8月17日，面对少数极端派以占领中环闹市相威胁、违法硬推他们的政改主张的行为，香港主流民意终于爆发。[③]大批香港民众参加了“保普选、反占中”大联盟（后文简称“大联盟”）发起的“和平普选大游行”，表达各界落实“一国两制”方针和基本法，依法实行普选的愿望和诉求。[④]此外，“大联盟”还两度发起“反占中”性质的签名活动，人数分别超过151万人（2014年7月19日—8月17日）和超过183万人（2014年10月26日—11月3日）。[⑤]

值得我们注意的是，香港很多公众人士在“占中”事件这段时间中都以他们自己的方式参与到“占中”或者“反占中”行列中来。在香港文艺界，何韵诗[⑥]、杜汶泽[⑦]等一批艺人积极参与“占中”事件，他们有人在脸书发布有关“占中”运动的消息表示支持，有人亲自到“占中”运动现场参加运动，并为参与者打气助威。与他们的态度相反，以香港著名电影导演王晶为代表的另一批香港艺人则态度鲜明地反对“占中”。香港导演王晶撰文表示：“对‘占中’，我观察了很久，看到的是破坏法治、撕裂社会。”[⑧]香港著名演员成龙也在接受采访时表示：“我一直关注‘占中’事件，一小撮人伤害了几百万香港人，让香港损失了几千亿。有

---

① 余非：《“占中”透视》，三联书店（香港）有限公司2015年版，第63页。

② “9月28日八、九万人当中感不适送院的……”余非：《“占中”透视》，三联书店（香港）有限公司2015年版，第63页。

③ 《香港19.3万人举行大游行保普选 遭激进分子挑衅》，腾讯新闻，http：//news.qq.com/a/20140818/002811.htm？tu_biz=1.114.1.0。

④ “大联盟昨晚宣布，初步估计约19.3万人参与‘和平普选大游行’，警方则表示有11.18万人由维园出发，数字是自2004年以来，警方公布最多的游行人数。”李自明：《19.3万人游行正胜邪 顶烈日挥汗雨踏出和平普选路》，香港《文汇报》2014年8月18日。

⑤ 陈庭佳：《签名183万 民意促停占》，香港《文汇报》2014年11月4日。

⑥ 《香港歌手何韵诗留守金钟阻挠警方清场被捕》，中华网，http：//news.china.com/domestic/945/20141211/19094759.html。

⑦ 《杜汶泽怒斥暴力反占中 何韵诗讽刺维稳派》，新浪网，http：//gd.sina.com.cn/zh/life/2014-10-15/140014870.html。

⑧ 王晶：《我为什么反“占中”》，东方网，http：//enjoy.eastday.com/e/20141026/u1ai8411118.html。

很多渠道去表达心声，你可以坐在家里，也可以去别的地方，你不需要站在马路中间。”[①]

在香港政界，政治团体或个人对“占中”事件表示支持或反对态度表现得更为鲜明。在香港立法会中，“泛民主派”议员通过各种方式支持“占中”群体。有人在立法会会议上就香港警方对“占中”示威人群使用催泪弹提出质疑，提出“停止使用暴力手段镇压和平示威的人群，并对做出使用暴力手段的官员追究责任”。[②]有人亲赴“占中”现场参加示威游行，在香港警方清场以后坚持不离开，其成员包括“壹传媒集团主席黎智英、民主党创党主席李柱铭、公民党党魁梁家杰、社民连梁国雄、‘人民力量’陈伟业”[③]等人。某些立法会成员邀请“占中”运动的学生骨干成员前往立法会开会、休息以及堆放物资，将立法会变成了“占中”运动的大本营。[④]当“占中”被警方清场，趋于失败的时候，反对派相关人士则希望借助外国势力，帮助“占中”运动死灰复燃。戴耀廷提出：“《中英联合声明》写明两国完全同意声明内容并予以实施，在国际法上，签订国有权利要求另一方履行”。而李柱铭则前往英国参加英国下议院“关于香港问题的听证会”，在会上以“当年美国、加拿大、日本及欧洲国家都曾有份大力支持《中英联合声明》签订，这些国家应该一同干预香港，向中国施压”的名义，请求外国势力对中国内政问题进行干涉。[⑤]

相比在“占中”运动中形成的两派尖锐对立，2016年发生的旺角暴乱却遭受了几乎“一边倒”的谴责。除了以“本土民主前线”、“热血公民”[⑥]等为代表的少数香港本土激进势力积极参与暴乱之外，其他政治势力、行业派别均对此次暴乱避之唯恐不及。以香港的政治势力为例，立法会中的建制派自然是对此事大加谴责。民建联主席李慧琼，工业界代表梁君彦等人在旺角暴乱发生过后的第一次立法会会议

---

① 成龙：《成龙谈国家：说我是“中国名片”，我压力很大》，新华网，http：//news.xinhuanet.com/local/2014-12/24/c_1113766409.htm。

② 《香港立法会会议记录》（2014年10月15日），第19—20页。

③ 《清场成功 “占中”失败》（2014年12月12日）。

④ 郑治祖：《谁令立法楼沦“违法窝”？》，香港《文汇报》2014年10月8日。

⑤ 高天问：《李柱铭戴耀廷妄图组织“八国联军”反华》，香港《文汇报》2014年2月20日。

⑥ “本土民主前线”在2014年的非法“占中”运动后成立的，该组织成员约有60人，都是在“占中”期间相识的，而且其中百分之九十都是90后。该组织认为“以武制暴”才是正确策略，市民要以武力与警方抗衡，保护自己及其他示威者。（见《香港“港独”组织发言人涉暴乱被捕 曾叫嚣“宁为玉碎”》，中华网，http：//news.china.com/domestic/945/20160222/21569931.html）“热血公民”成立于2012年2月，是香港反对派中的极端激进团体，创办人为黄毓民、黄洋达等人。在黄毓民、黄洋达等的策动下，他们的人数虽不多，但暴力冲击能力“惊人”，经常“上演”暴力冲突事件。（见王绍尔：《从“热血公民”的暴力和“港独”性质看23条立法》，香港《文汇报》2014年11月21日）

上就代表民建联和经民联“对暴徒的行为，予以强烈谴责”。[①]香港特别行政区长官梁振英也在暴乱发生后第一时间召开新闻发布会，表达他和特区政府对于暴力事件的意见。“对暴徒目无法纪的暴力行为，我和特区政府严厉谴责、绝不姑息，警方会全力缉拿暴徒归案，绳之于法。”[②]即便是在“占中”运动中对“占中”示威群体大力支持的“泛民主派”中的某些政治势力，也在不同的场合以个人的名义或以团体的名义对这样的暴力行为表示不满，甚至对警方开枪的行为表示赞成。民主党立法会成员胡志伟认为“当天的活动已经超越支持民主的市民的底线，特别是当连报道事实真相的记者也被殴打，大多数市民都不会同情参与者，更不会支持这种行为”。[③]民主党总干事林卓廷以个人名义发表声明，“现场的警力，袭击者的人数和武力程度，不足以应付当时的情况。……因此拔枪可以说无可厚非。”[④]民主党和公民党这样的“泛民势力”，虽然竭力将发生暴乱的责任归结到特区政府身上，但是在公开声明中承认“不容忍和谴责任何暴力和纵火行为”。“他们（笔者注：指参与暴乱的人群）必须承担使用暴力的法律后果。”[⑤]

第三，中央政府对两起事件的表态也有所差异

在“占中”运动和旺角暴乱发生之后，中央政府相关领导人均在不同场合，对事件进行了不同表态。

2014年9月28日，国家副主席李源潮在会见全国港澳研究会港澳会员国庆访京团时，虽然没有明确提及“占中”事件，但强调全国人大常委会的决定不会因为香港发生什么事情而改变。[⑥]10月14日，中联办主任张晓明在与部分香港立法会议员会见时表示：“‘占中’行动试图仿照颜色革命的做法，是违背‘一国’原则、挑战中央权力、漠视香港基本法的严重社会政治事件，是公然违反香港现行法律的非法活动。”[⑦]11月9日，习近平主席在听取香港特别行政区长官梁振英就香港当前局势的汇报时指出：“中央政府充分掌握香港情况和‘占中者’诉求，明白‘占中’事件挑战很大，认为这不仅是挑战特区政府，挑战管治，还挑战中央。对于外部势力，”“中央已和外国政府说明政改是中国内政，不容其他国家干

① 《香港立法会会议记录》（2016年2月17日），第88、104页。

② 《行政长官及保安局局长会见传媒谈话全文》，http：//sc.isd.gov.hk/gb/www.info.gov.hk/gia/general/201602/09/P201602090371.htm。

③ 《香港立法会会议记录》（2016年2月17日），第120页。

④ 杜法祖、文森：《一哥：鸣枪示警，跟足指引》，香港《文汇报》2016年2月11日。

⑤ 郑治祖：《反对派“赖”政府要负“最终责任”》，香港《文汇报》2016年2月11日。

⑥ 马静：《李源潮：不论港发生何事 人大决定不变》，香港《文汇报》2014年9月29日。

⑦ 李自明：《张晓明：“占中”仿照颜色革命》，香港《文汇报》2014年10月15日。

预。"[①]12月3日，全国人大常委会副秘书长兼香港基本法委员会主任李飞在一次讲座上表示："任何变革都应当循序渐进，走稳妥路线，切忌急躁冒进主义，要高度警惕不顾实际而照搬外国或其他地区政治模式的倾向，防止陷入无穷无尽的政治纷争"。[②]

相比之下，旺角暴乱发生之后，中联办主任张晓明在2016年2月14日回应暴乱时指出："强烈谴责暴徒蓄意兼肆意打砸烧的犯罪行为，强烈谴责激进分离势力越来越暴力并有恐怖倾向的活动，强烈谴责鼓吹'暴乱有理'的奇谈怪论。"[③]这是张晓明代表中央政府首次以"恐怖倾向"形容香港激进人士的暴行。同年2月11日外交部发言人洪磊就香港发生暴乱事件答记者问时首次将参加旺角暴乱的人群定性为"本土激进分离组织"，将旺角暴乱定性为"暴乱事件"。[④]

二、两起事件相同的本质

在前文中，笔者对"占中"事件以及旺角暴乱的不同之处进行了分析。如果说这些不同之处体现了两起事件在表象上的不同，那么两者的相似之处则体现了其在本质上的相同。

首先，这两起事件背后都有西方势力操控的背景

"占中"事件发生以后，特首梁振英曾经于2014年10月18日做客某新闻访谈节目，在节目中，他指出，"占中"事件有来自不同国家、不同地区的势力参与其中，"占中"事件并不是一个单纯的本土事件。在10月21日的记者见面会上，他再次印证了这一说法。[⑤]

在香港活跃的外国组织当中，NED和NDI[⑥]是两个著名的机构，前者自称为

---

① 马静：《习近平：中央全力挺梁 维护法治秩序》，香港《文汇报》2014年11月10日。

② 连嘉妮、钟立、施虹宇：《李飞："占领"擦亮港人眼睛》，香港《文汇报》2014年12月4日。

③ 陈庭佳：《张晓明谴责暴徒恶行 坚信邪不胜正》，香港《文汇报》2016年2月15日。

④ "2月11日，针对国际媒体的种种说法，中国外交部以答记者问的形式，将旺角事件定性为'暴乱'，发言人洪磊说：2月9日凌晨，香港旺角地区发生了由个别本土激进分离组织为主策动的暴乱事件。部分暴徒架设路障、焚烧杂物、毁坏警车并向警员扔掷砖头、围殴受伤倒地的警员，致使89名执法警员和数名记者受伤。香港警方专业、克制，依法采取有效措施，迅速平息了事件。香港社会普遍对暴行进行强烈谴责，对警方表示全力支持。"（见《外交部发言人就香港发生暴乱事件答记者问》，《人民日报》2016年2月12日）

⑤ "我是有说过，在'占中'这个问题上是有外部势力参与的。这个并不是我的一个猜测，我是有责任知道这些事情，我作为政府的负责人是有责任知道这些事情。"（《行政长官梁振英今日（十月二十一日）上午出席行政会议前会见传媒的谈话全文》，http：//sc.isd.gov.hk/gb/www.info.gov.hk/gia/general/201410/21/P201410210368.htm）

⑥ NED全称National Endowment for Democracy（即美国"国家民主基金会"），NDI全称National Democratic Institute for International Affairs（即美国"国际共和政体研究所"）。

“非盈利的私人机构”，致力于“促进世界各地民主机构的成长与壮大”[①]；后者自称其目标就是“致力于政治和民间组织的建设，维护选举，促进政府治理中的公民参与、公开性和责任承担”。[②]这两个机构对香港的政治问题“情有独钟”，据披露，“NED 自 1995 年起就开始资助本港的反对派组织，多年来资助逾 395 万美元（逾 3000 万港元）。……2012 年 NED 投放 46 万美元（逾 350 万港元）给 NDI，推动香港学生参与政治，项目包括：资助港大法律学院‘比较法与公法研究中心’（CCPL），成立‘港人讲普选’网上平台等，而搞非法‘占中’的始作俑者戴耀廷长期是 CCPL 成员。”[③]时任美国国防部顾问迈克尔·菲尔斯伯里（Michael Pillsbury）坦陈美国介入香港事务，用数百万资金资助香港的“民主运动”。[④]在“占中”期间，英国下议院举行听证会，前港督彭定康公开支持“占中”，与此同时，美国参议院酝酿重启《美国—香港政策法》，重新赋权动用国会人力财力干预香港事务。[⑤]

旺角暴乱背后似乎也不缺乏西方势力的身影。在事件发生的当天，欧美媒体就用“Fishball Revolution（鱼蛋革命）”来形容这场暴乱。将这场暴乱视为与 2014 年他们所称作“Umbrella Revolution（雨伞革命）”的“占中”事件一脉相承。有的媒体用 protesters（抗议者）来形容这些本应被称为 rioter（暴乱者）的人。[⑥]西方媒体这种别有用心的提法，其祸心则不言而喻。而在旺角暴乱发生之后一个月，旺角暴乱的两个始作俑者黄台仰和梁天琦在金钟与两名疑似美国领事馆职员密会，交谈接近两小时。问及会面内容，黄台仰声称私人事，毋须向公众交代。[⑦]

---

① 这是其官网上的说法，事实上《国家利益》杂志披露，根据 NED 在 2011 年纳税申报单，它 99% 的经费来自美国国会。其首任终身董事会主席是美国前助理国务卿约翰·理查森，在董事会名单中出现过的知名成员包括美国前国务卿亨利·基辛格和前副总统沃尔特·蒙代尔。美国《国家利益》说，NED 无法逃脱类似于一个美国政府部门的特性，致力于支持愿意颠覆美国眼中的“独裁政权”或阻止这些政权壮大力量的团体。对国家民主基金会的定性，这一组织前代理主席艾伦·温斯坦恐怕有发言权。他认定，国家民主基金会干的其实就是中情局的活儿。温斯坦在 1991 年接受采访时承认：“我们如今所做的许多事情在 25 年前（即 20 世纪 60 年代）是由中情局秘密开展。”（《起底占中者背后的推手：美国国家民主基金会》，搜狐网，http://news.sohu.com/20141021/n405339092.shtml）

② “to establish and strengthen political and civic organizations, safeguard elections, and promote citizen participation, openness and accountability in government.” https://www.ndi.org/whoweare。

③ 龚学鸣：《美谋占中长达八年》，《大公报》2014 年 11 月 7 日。

④ “We have a large consulate there that’s in charge of taking care of the Hong Kong Policy Act passed by Congress to insure democracy in Hong Kong, and we have also funded millions of dollars of programs through the National Endowment for Democracy … so in that sense the Chinese accusation is not totally false”, Christopher Snyder, (2014, October 13). China tries to blame US for Hong Kong protests，http://www.foxnews.com/world/2014/10/13/china-tries-to-blame-us-for-hong-kong-protests.html 。

⑤ 潘天朗：《香港“占中”揭秘》，新民主出版社有限公司 2015 年版，第 195—196 页。

⑥ “Clashes between protesters, police clash mar Lunar New Year celebrations.”（2016, February 9），http://edition.cnn.com/2016/02/08/asia/gallery/mong-kok-riot/index.html。

⑦ 冼国强：《美领馆疑密会梁天琦黄台仰》，《大公报》2016 年 3 月 10 日。

其次，两起事件最终都是暴力结局

旺角暴乱在此无须赘言，整个暴乱的过程就是一个以暴力对抗警方，引发社会动荡的过程。其暴力性质即便是与暴乱分子有着千丝万缕联系的立法会反对派成员也不敢否认。[①]

对于“占中”事件，反对派各方极力掩饰其“暴力”本质，极力宣扬其所谓的“爱与非暴力”，将其美化成为“警方使用催泪弹和胡椒喷雾镇压和平集会人士”。[②]（立法会议员何秀兰语）但是，一系列事实证明，“爱与和平”并不存在，整个“占中”过程充斥着暴力。

2014 年 10 月 15 日，激进人士占领龙和道，拆毁周边地砖制造障碍。多名占领人士围堵并恐吓内地媒体记者，要求删除照片。[③]11 月 19 日凌晨，在金钟占领区，大批示威者暴力冲击立法会，占领者群情激奋，头戴口罩及面具，拿起铁马和石头，撞烂立法会大楼的玻璃门，玻璃碎裂满地。[④]10 月 18 日，某香港公民偕家人凌晨返回弥敦道住所，一家三口在大厦外惊现大量路障堵塞正门，于是移走路障，惟有数名示威者误以为他为“反占中”人士，双方起争执。男居民惨遭拳打脚踢，更被人以金属棍及雨伞攻击。导致右手骨折。[⑤] 以上事实充分证明“占中”事件中所谓的“爱与和平”是不存在的。

综上，“占中”运动的发起者在一开始是想通过“非暴力”手段达到政治目的，但是随着运动的发展，在这一愿望已经被打破，激进势力又在煽风点火的背景下，“占中”运动开始转向“暴力行动”。这与后来的旺角暴乱可以说一脉相承。从这一点来看，旺角暴乱可以视为“占中”事件的继续。

第三，两起事件的本质是“颜色革命”在香港的预演

2014 年 6 月，国务院新闻办公室发布了《“一国两制”在香港特别行政区的实践》白皮书，白皮书中明确指出：“中央拥有对香港特别行政区的全面管治权，……对香港特别行政区长官产生办法和立法会产生办法修改的决定权”。[⑥] 全国人大常委会通过“8·31 决定”，是在行使宪法和基本法所赋予的权力。“占中”运动的目的是影响香港的政改。这一点从“占中”的发起人戴耀廷最初策划“占中”开始就已

① 郑治祖：《反对派“赖”政府要负“最终责任”》，香港《文汇报》2016 年 2 月 11 日。

② 《香港立法会会议记录》（2014 年 10 月 15 日），第 23 页。

③ 潘天朗：《香港“占中”揭秘》，新民主出版社有限公司 2015 年版，第 63 页。

④ 潘天朗：《香港“占中”揭秘》，新民主出版社有限公司 2015 年版，第 65、66 页。

⑤ 《旺角街坊遭示威者打断手》，http：//orientaldaily.on.cc/cnt/news/20141019/00176_011.html。

⑥ 中华人民共和国国务院新闻办公厅编：《“一国两制”在香港特别行政区的实践》，人民出版社 2014 年版，第 7 页。

经决定了。[①]实际上，这就是在挑战全国人大常委会以及中央政府对香港特区的全面管治权。而“香港专上学生联会”（学联）宣布9月22日发起一周罢课的理由也是“不满2014年8月31日全国人大常委会就香港政改问题作出的有关决定”。在整个“占中”事件过程中，香港特区政府与“占中”群体也主要围绕“全国人大是否收回‘8·31决定’”、“梁振英是否下台”等问题角力。很显然，以上问题已经涉及是否能够维持香港现行政治体制问题。

而旺角暴乱发生之后，立法会中的反对派成员除了迫于其产生的巨大破坏对暴乱者进行谴责之外，也在试图将公众注意力吸引到政府层面上来，希望利用决策失误、政府执政不力等原因来解释发生旺角暴乱的原因。“梁振英在上任后3年多以来，处处与民为敌，权力用到尽，斗争哲学，……每一件事都不是要解决问题，每一件事都是令社会更撕裂，引起更多的不安，唯恐香港不够乱。”[②]“今天民主党在谴责扔石、放火人士的同时，更要谴责这个既无心亦无能的梁振英政府。”[③]很明显，这些反对派成员转移视线的目的就是想要现任特首梁振英承担这些刑事案件的责任，从而达到迫使其下台的目的。

从“颜色革命”的定义[④]来看，“占中”事件和旺角暴乱的目的是要改变现有的香港政治体制，迫使时任特首梁振英下台；街头运动贯穿始终；西方媒体称其为“雨伞革命”和“鱼蛋革命”；西方势力从资金、技术、经验等多方面对参与人员加以支持；参与人群通过推特、脸书传递信息，聚集人群。从以上各点分析来看，把这两起事件定性为“港版颜色革命”并无不恰当的地方。

“占中”事件和旺角暴乱，既不是所谓的“公民抗议”、“占领街头”，也不是单纯的刑事案件。其最终目的都是要改变香港现有的政治体制，也是我们所说的“颜色革命”。

三、启示与应对

第一，区分并分化“占中”事件和旺角暴乱的群体

正如前文所说的，无论是人数还是群体规模，参与“占中”事件的皆大于参与

---

① “行动的最终目标是要在香港实现‘真普选’，一旦对手表明愿意回到谈判桌讨论落实‘真普选’的具体措施，那就要结束行动。”（潘天朗：《香港“占中”揭秘》，新民主出版社有限公司2015年版，第4页）

② 《香港立法会会议记录》（2016年2月17日），第115页。

③ 《香港立法会会议记录》（2016年2月17日），第121页。

④ 根据南开大学博士丁兰的博士毕业论文《独联体国家“颜色革命”研究》，“颜色革命”具有以下特征：1.意图实现政权更迭；2.街头运动为主要形式；3.有标志性的信物；4.有来自外部的势力参与其中；5.媒体作用突出。（参见丁兰：《独联体国家“颜色革命”研究》，南开大学2013年博士论文）

旺角暴乱，二者之间具有明显的区别。从这两起事件参与的人群分布来看，“反对派”群体发生了分化，分化成为“泛民”和“本土激进势力”。这不仅是行为的划分，更体现为政治势力的分化。

2016年旺角暴乱发生之后不久，同年2月28日香港立法会进行了新界东席位的补选。在这次选举中，一度在旺角暴乱后被警方逮捕的梁天琦作为“本土激进势力”的代表异军突起，得票20.4%，高居第三位。[①]以往“建制派”与“泛民主派”的对立被打破，第三方势力开始出现。在此次选举后的第二天，香港几个著名的“本土激进势力”政治团体宣布将会派人角逐五个分区的立法会直选议席。[②]

从中央政府对待这两起事件不同的讲话来看，中央虽然将两起事件都定性为企图改变香港特区现有的政治体制，但对两起事件中的具体行为做了区分。如果说“占中”事件还一度企图用“非暴力”的方式来达到目的，那么旺角暴乱则是在非法“占中”行动失败后，“本土激进势力”突飞猛进发展，企图用“暴力手段”达到同样政治目的的结果。“本土激进势力”这样的行为一方面受到了香港本地居民的反对。另一方面香港传统的“泛民”派别也深受其害，生怕被民众划归到“暴力”的群体里面去。同时，新的势力的出现大量地分割了“泛民”的政治势力，导致“泛民”与“建制派”进行政治斗争的力量削弱。在选举中甚至出现了“泛民”与“本土激进势力”团队发生冲突的情况。[③]

在这两次事件中，“本土激进势力”迅速发展，表现出强烈的破坏力，有成为除了“泛民”和“建制”之外的第三股势力的趋势。相对于“泛民”较为温和的政策，“本土激进势力”公开打出了“反共”和“反中”的口号。[④]其目标显然已不仅局限于香港特区政府和香港现有的政治制度，而是直指中央政府和中国大陆的政治制度。我们要重视“反对派”内部的各种动向，既要警惕第三股势力的存在，同时也要了解分化出来的其他势力，争取为我所用。

---

① 郑治祖:《周浩鼎惜败 矢言续行正路》，香港《文汇报》2016年2月29日。

② “立法会换届选举将于9月举行，鼓吹‘港独’的政治组织‘香港复兴会’、‘热血公民’、‘普罗政治学苑’昨日举行记者会，宣布将会派人角逐五个分区的直选议席，更声言日后不惜以‘辞职’来推动‘全民制宪’的‘五区公投’。”（齐正之:《“五独”合流拟出选五区》，香港《文汇报》2016年3月1日）

③ “反对派立法会新界东补选竞选团队昨晚发生暴力事件。在补选结束前不足1小时，疑因拉票越趋激烈，涉嫌煽动旺角暴乱的‘本土民主前线’候选人梁天琦的助选团队，与公民党候选人杨岳桥助选团队，在上水发生集体打斗，警方需持盾牌戒备。”（郑治祖:《梁天琦杨岳桥团队冲突见血》，香港《文汇报》2016年3月1日）

④ “本土激进势力”“我哋系香港人，唔系中国人”的facebook主页上打出口号:“港中不两立，你不死就为我亡”，“港虽三户，灭中必港”。《起底“港独”:香港发展中的“港独”阴影》，凤凰网，http://news.ifeng.com/hongkong/special/qdgd/index.shtml。

第二，香港的社会稳定和经济发展关键在人心的重建与归拢

笔者认为，人心缺失是这两起事件发生的重要原因。由于香港特区这几年受国际大环境影响，经济发展速度变缓，社会矛盾尖锐，“国民教育科问题”迟迟未能落实，青年人的国家意识和民族意识缺失。这些问题的存在使得以青年人为主体的一批香港居民在别有用心的煽动下走上街头，与特区政府和香港警队发生对抗。

同时，正是因为人心的回归促使了两起事件的最终解决。“占中”事件长期堵塞交通，造成社会混乱，最直接的受害者还是香港居民。深受其害的香港居民自然会走上街头，自行去阻止这些“街头人士”的行为，从而加速了事件的解决。这一点在旺角暴乱中香港居民一边倒地支持政府中得到更加明显的体现。

从长久来看，香港自身的问题、青少年的教育问题曾经长期存在，短时间内其影响难以消弭；外部势力对香港的渗透也同样短时间内无法终止。但通过这两起事件，香港社会要求稳定发展、反对动荡的力量开始形成并发展壮大。香港社会两种力量的“撕裂”已经形成。在这两种力量“撕裂”的过程中未来香港社会将会受到巨大影响，参考当下进行的英国“脱欧”公投在英国国内造成的人心分裂，这种“撕裂”在香港社会所能造成的巨大影响不言而喻。

既然这种“撕裂”无法避免，那便需要我们充分地利用。借用“反占中”的力量，在香港推行耽搁已久的“二十三条”立法，明确告诉香港居民，“二十三条”立法除了政治意义之外，更大的意义在于维护香港社会的稳定。相信在吃过“占中”事件和旺角暴乱的苦头之后，以往一边倒地反对“二十三条”局面将不会出现。在其他有关香港前途的大是大非问题上，这种“撕裂”有助于我们看清楚香港各方势力的分布，“撕裂”既是香港社会长治久安要付出的代价，同样也是维护香港社会长治久安的一个契机。充分了解并利用这两次事件中产生的新力量，同时改进以往香港社会中存在的问题，这应该是我们通过这两次“港版颜色革命”所得出的经验与启示。

（作者为中国社会科学院博士研究生）

改革开放以来坚持独立自主和平外交政策的经验

李久林　梁婷婷

独立自主的和平外交政策，是新中国在对外交往的实践中逐步形成的，是改革开放以来中国对外交往中不断丰富和发展的。独立自主的和平外交政策，是新中国成立以来对外交往的主要政策，更是改革开放以来中国对外交往的主要政策。虽然在改革开放前后两个时期都是主要政策，但是，两个时期对时代主题的判断，对战略目标的制定，对主要经验的总结是各有不同的。本文就改革开放以来坚持独立自主和平外交政策的经验进行探寻与总结。

一、科学判断和平与发展的时代主题

时代主题是观察和处理国内国际问题的出发点，制定对内对外战略的根本依据。科学判断时代主题具有全局性的重大意义。我们这里所讲的时代是指能够综合反映世界发展现状和趋势的一个具有全球性意义的概念。主题是指某个时代的基本矛盾和反映这个时代主要矛盾的核心内容。时代主题既指反映当下现实，又反映未来发展趋势。每个历史时代都有其主题，每个主题也都要放到特定的历史时代去观察才能适应时代的发展。因此，正确把握时代主题是历史上各个国家制定正确的战略策略的出发点。

20 世纪 70 年代后，亚非拉民族解放运动的历史任务基本完成，和平与发展就是世界范围内最突出的基本矛盾和人们的最大愿望。和平是发展的前提和保证，有一个相对稳定的和平环境，一个国家的经济才可能顺利发展；同时，世界各国共同发展是维护世界和平稳定的基础，各个国家在和平的环境下得到不同程度的发展，反过来又维护和促进世界的和平与稳定。虽然和平与发展已成为当今世界的时代主题，但是我们依然应该认识到，这两个问题一个都没有解决，局部战争接连不断，世界许多地方仍然处于落后和饥饿状态，世界各国应该携手共同推进世界和平与发展的进程。

关于和平与发展的时代主题，邓小平同志作出了突出贡献。他在 1984 年会见当时的巴西总统菲格雷多时指出："现在世界上问题很多，有两个比较突出。一是和平问题，现在有核武器，一旦发生战争，核武器就会给人类带来巨大的损失，要争取和平就必须反对霸权主义和强权政治。二是南北问题。这个问题在目前十分突出。发达国家越来越富，相对的是发展中国家越来越穷。南北问题不解决，就会对世界经济发展带来障碍。”[①]在这里，其实邓小平已经提出了“和平与发展的时代主题”。1984年10月，邓小平又明确提出，“国际上有两大问题非常突出，一个是和平问题，一个是南北问题。还有其他许多问题，但都不像这两个问题关系全局，带有全球性、战略性的意义”。[②]1985年3月，邓小平在会见日本商工会议所访华团时正式提出了“和平与发展是当今世界两大主题”的新论断。同时，他又指出：“现在世界上真正大的问题，带全球性的战略问题，一是和平问题，一是经济问题或者说是发展问题。和平问题是东西问题，发展问题是南北问题。概括起来就是东西南北四个字。”[③]自此，邓小平完整地阐述了和平与发展的时代主题论断。

此后，中国几代领导人都把握了和平与发展的时代主题。冷战结束后，江泽民纵观全局，提出：“21世纪头20年，对中国来说，是一个必须紧紧抓住并且可以大有作为的重要战略机遇期。”[④]他还认为，“总体和平、局部战争、总体缓和、局部紧张、总体稳定、局部动荡，是当前和今后一个时期国际局势发展的基本态势”；“走向缓和是当前国际形势的主流，世界和平机遇继续扩大。”[⑤]因此，人民要和平，国家要稳定，经济要发展，社会要进步，已经成为大势所趋。胡锦涛同志指出，“新形势下，各国相互依存和利益交融不断加深，求和平、谋发展、促合作是人心所向、大势所趋。面对各种风险挑战，我们必须和衷共济、携手合作，谋求共同发展，为建设一个持久和平、共同繁荣的和谐世界做出不懈努力。”[⑥]党的十八大以后，习近平认为，和平与发展的时代主题没有变，“我们所处的是一个风云变幻的时代，面对的是一个日新月异的世界。这个世界，和平、发展、合作、共赢成为时代潮流”。[⑦]在这里，习近平把时代主题和实现时代主题的途径统一了起来，也就是说，只有走和平发展的路子才能实现中国与世界的和平与发展。他还说：“实现我们的奋斗目标，必须有和平国际环境，没有和平，中国和世界都不可能顺利发展；没有发展，中国和世界也不可能持久和平。”[⑧]总的来说，时代的主题依然是和平与发展没有变，但是威胁和平与发展的因素变得更加复杂和多样。

---

① 《邓小平文选》第3卷，人民出版社1993年版，第56页。
② 《邓小平文选》第3卷，人民出版社1993年版，第96页。
③ 《邓小平文选》第3卷，人民出版社1993年版，第105页。
④ 《全面建设小康社会，开创中国特色社会主义事业新局面》，人民出版社2002年版，第19页。
⑤ 《江泽民论有中国特色社会主义（专题摘编）》，中央文献出版社2002年版，第522页。
⑥ 《胡锦涛接受哈俄媒体书面采访》，《人民日报（海外版）》2011年6月13日。
⑦ 《习近平谈治国理政》，外文出版社2014年版，第272页。
⑧ 《习近平谈治国理政》，外文出版社2014年版，第248页。

二、坚持独立自主的基本原则

独立自主是中国共产党领导中国革命、建设和改革中形成的一贯坚持的基本原则，也是长期以来对外交往的立足点和出发点。早在建国前夕，毛泽东就明确提出："中国必须独立，中国必须解放，中国的事情必须由中国人民自己作主张，自己来处理，不容许任何帝国主义国家有一丝一毫的干涉。"[①] 新中国成立以后，始终坚持独立自主的外交政策。

改革开放后，中国领导人继承和发展毛泽东的外交思想，坚持独立自主的原则，并为其注入了新的时代内容。邓小平在坚持独立自主原则的同时，改变了以往的"一边倒"或"一条线"的外交战略，他认为，"过去一段时间，针对苏联霸权主义威胁，我们搞了'一条线'的战略，就是从日本到欧洲一直到美国的'一条线'。现在我们改变了这个战略，这是一个重大的转变。"[②] "我们奉行独立自主的正确的外交路线和对外政策，高举反对霸权主义、维护世界和平的旗帜，坚定地站在和平力量一边，谁搞霸权就反对谁，谁搞战争就反对谁。所以，中国的发展是和平力量的发展，是制约战争力量的发展"。[③] 这个时期的独立自主外交政策是摒弃了社会制度，跨越了意识形态的真正的独立自主，为中国的改革开放赢得了相对和平稳定的外部环境。

江泽民说："我国是一个发展中的社会主义大国，在一些战略性、基础性的重大科技项目上，必须依靠自己，必须拥有自主创新的能力和自主知识产权。不能靠别人，靠别人是靠不住的。"[④] 一味依赖别人，一旦发生什么情况，我们就很难维护国家的安全。胡锦涛坚持独立自主原则，十分注重我国的自主创新能力，他强调，把提高自主创新能力作为推进结构调整的中心环节，把推动自主创新摆在全部科技工作突出位置，提高我国科技自主创新能力，加快建设中国特色国家创新体系。

独立自主说到底就是要维护自己国家的利益，任何重大决定都要从本国实际出发，从本国利益出发，在任何时候都不放弃我们的正当利益，不能以牺牲国家利益为前提来换和平。习近平说："我们要坚持走和平发展道路，但决不能放弃我们的正当利益，决不能牺牲国家核心利益。任何外国不要指望我们会拿自己的核心利益做交易，不要指望我们会吞下损害我国主权、安全、发展利益的苦果。"[⑤] "坚持独立自

① 《毛泽东选集》第 4 卷，人民出版社 1991 年版，第 1465 页。
② 《邓小平文选》第 3 卷，人民出版社 1993 年版，第 127 页。
③ 《邓小平文选》第 3 卷，人民出版社 1993 年版，第 128 页。
④ 《江泽民文选》第 2 卷，人民出版社 2006 年版，第 396 页。
⑤ 李维：《习近平重要论述学习笔记》，人民出版社 2014 年版，第 122 页。

主，就是要坚持独立自主的和平外交政策，坚定不移走和平发展道路”，“我们要根据事情本身的是非曲直决定自己的立场和政策，秉持公道，伸张正义，尊重各国人民自主选择发展道路的权利，绝不把自己的意志强加于人，也绝不允许任何人把他们的意志强加于中国人民。我们主张以和平方式解决国际争端，反对各种形式的霸权主义和强权政治，永远不称霸，永远不搞扩张。”[①]

要真正做到独立自主必须发扬自力更生精神。像中国这样的大国，搞社会主义现代化建设不靠自己不行。在改革开放和社会主义现代化建设的新时期，邓小平认为中国进行现代化建设一定要坚持自力更生为主的原则，他说：“中国的经验第一条就是自力更生为主。”[②]“中国的事情要按照中国的情况来办，要依靠中国人自己的力量来办。独立自主，自力更生，无论过去、现在和将来，都是我们的立足点。”[③]他还深刻指出：“历史证明，越是富裕的国家越不慷慨，归根到底，我们要靠自己来摆脱贫困，靠自己发展起来。”[④]当然，独立自主不是闭关自守，自力更生不是盲目排外。一个还处于相对落后的发展中国家和民族，如果不提倡自力更生、艰苦奋斗、勤俭建国，那么，这样的国家，这样的民族，是没有希望的。坚持独立自主、自力更生的方针，是中国革命也是中国社会主义建设取得胜利的一条根本经验。针对以美国为首的西方国家不卖武器给中国，对中国实行军事封锁，江泽民深刻指出：“我们不能花钱买一个现代化，特别是在国防科技方面不可能买一个现代化。我们这么大的国家，国民经济必须建立在自力更生的基础上。”[⑤]胡锦涛多次强调：独立自主，自力更生，无论过去、现在和将来，都是我们的根本立足点。他说：“在我们这样的有十几亿人口的发展中的社会主义东方大国，要实现全面建设小康社会的宏伟目标，进而实现社会主义现代化，必须走适合国情的发展道路，主要依靠自己的力量进行建设。”[⑥]“真正的核心技术、关键技术是买不来的，必须依靠自主创新。”[⑦]习近平指出，在新时期，必须坚持独立自主，自力更生原则，“不论过去、现在和将来，我们都要把国家和民族发展放在自己力量的基点上，坚持民族自尊心和自信心，坚定不移走自己的路。”[⑧]实践证明，自力更生、自主创新，是我们真正在世界高科技领域占有一席之地的重要基石。尖端技术不可能从国外直接拿来，唯有自己创新，

① 《习近平谈治国理政》，外文出版社 2014 年版，第 30 页。
② 《邓小平文选》第 2 卷，人民出版社 1994 年版，第 406 页。
③ 《邓小平文选》第 3 卷，人民出版社 1993 年版，第 3 页。
④ 《邓小平文选》第 3 卷，人民出版社 1993 年版，第 282 页。
⑤ 《江泽民文选》第 1 卷，人民出版社 2006 年版，第 146 页。
⑥ 《十六大以来重要文献选编》（上），中央文献出版社 2005 年版，第 647 页。
⑦ 《十六大以来重要文献选编》（下），中央文献出版社 2008 年版，第 189 页。
⑧ 《习近平谈治国理政》，外文出版社 2014 年版，第 29 页。

掌握核心技术，才能将祖国的发展与安全的命运牢牢掌握在我们手中。

中国坚持独立自主原则，积极实行不结盟政策，“我们中国不打别人的牌，也不允许任何人打中国牌”。[①]“中国的对外政策是独立自主的，是真正的不结盟。中国不打美国牌，也不打苏联牌，中国也不允许别人打中国牌。”[②]由于中国既不亲苏也不亲美，就可以争取到更多的国家进行交流和合作，使中国处于更加主动的地位。尼克松在《1999：不战而胜》一书中写道：“我们现在以及在 20 世纪余下的年头的目标应当是确使 21 世纪的中国是一个独立的巨人——不一定亲西方，但肯定不亲苏联。”[③]正是基于真正的不结盟政策，才有了中俄、中美、中日关系的正常化，才赢得了大多数国家的信任，才使中国逐步走向全方位外交。

三、坚持在和平共处五项原则基础上发展与世界各国的关系

和平共处五项原则是我国处理国与国之间关系的基本准则。经过 60 多年的实践检验，显示出了其强大的生命力，现已被世界绝大多数国家所接受。在这一原则的指导下，我国有了相对和平稳定的外部环境，促进了我国的经济发展，提升了我国的国际地位。

和平共处五项原则提出之际正值我国处于社会主义改造，迈向社会主义时期，国际上第二次世界大战的烟云刚刚散去，美国在入侵朝鲜的战争中惨败，但仍然制造紧张局势；美苏两极在世界范围内掀起冷战的序曲，盘旋在人民头上的战争乌云挥之不去，人们的反战情绪日趋高涨。1953 年 12 月，周恩来在与来华的印度政府代表团就中国西藏同印度的关系问题的谈话中，首次提出用“互相尊重领土主权、互不侵犯、互不干涉内政、平等互惠和和平共处的原则”来解决两国之间悬而未决的问题，得到了印方的赞同。1954 年 4 月，和平共处五项原则正式写入中印两国政府签订的《关于中国西藏地方和印度之间的通商和交通协定》的序言中。同年 6 月，周恩来应邀访问印度和缅甸，在中印、中缅《联合声明》中，将“平等互惠”改为“平等互利”，并将五项原则载入其中。1955 年 4 月 18 日至 24 日，在印度尼西亚万隆召开的亚非会议上，将“互相尊重领土主权”改为“互相尊重主权和领土完整”，并把和平共处五项原则吸纳进会议通过的处理国际关系的十项原则中。到此，我们今天所看到的完整准确的和平共处五项原则正式形成。毛泽东说，和平共处五项原则是一个长期方针，新中国把和平共处五项原则作为一个基本方针，并在此基础上

---

① 《邓小平文选》第 3 卷，人民出版社 1993 年版，第 128 页。

② 《邓小平文选》第 3 卷，人民出版社 1993 年版，第 57 页。

③ 尼克松：《1999：不战而胜》，世界知识出版社 1996 年版，第 273 页。

发展与世界各国的友好关系。

20 世纪 80 年代，虽然世界总体上来看朝着和平与发展的方向迈进，但是区域性冲突、宗教矛盾、民族矛盾、边界纠纷、政治冲突也时有发生。这些矛盾如果不能得到妥善的解决，就有可能出现斗争甚至战争。对此，邓小平指出："世界上有许多争端，总要找个解决问题的出路。我多年来一直在想，找个什么办法，不用战争手段而用和平手段，来解决这种问题。"①他还说："世界上这类的国际争端还不少。我们中国人是主张和平的，希望用和平方式解决争端。"②这个方法就是和平共处五项原则。邓小平对此予以高度评价："处理国与国之间的关系，和平共处五项原则是最好的方式。其他方式，如'大家庭'方式，'集团政治'方式，'势力范围'方式，都会带来矛盾，激化国际局势。总结国际关系的实践，最具有强大生命力的就是和平共处五项原则。"③后来苏联的解体，社会主义阵营的坍塌，也给中国带来了巨大的影响，西方七国对中国的各种制裁、加紧对中国进行和平演变，让中国更加意识到，处理国与国之间关系要从国家利益出发，要以和平共处五项原则为基本准则。

独立自主的和平发展道路是中国的一个基本选择。中国始终"坚持在和平共处五项原则的基础上同各国友好相处，在平等互利的基础上积极开展同各国的交流和合作，在国际舞台上高举和平、发展、合作的旗帜，为人类和平与发展的崇高事业做出贡献"。④在 2008 年经济危机席卷全球之际，中国经济增长一枝独秀，依然保持了 9% 的高增长率，对世界经济增长贡献率超过 20%。到 2010 年，中国的经济总量跃居世界第二。中国经济的飞速发展，引发了许多国家的担忧，"中国威胁论"和"中国崩溃论"甚嚣尘上。对此，习近平表示："在长期实践中，我们提出和坚持了和平共处五项原则，确立和奉行了独立自主的和平外交政策，向世界作出了永远不称霸，永远不搞扩张的庄严承诺，强调中国始终是维护世界和平的坚定力量。这些我们必须始终不渝坚持下去，永远不能动摇。"⑤

20 世纪 80 年代末，随着苏联解体，世界的一极轰然倒塌，制约美国的力量突然消失，使世界的局势处于动荡不安当中。美国等西方国家为了加速社会主义阵营的灭亡，对中国实行各种各样的制裁。"我们的对外政策，就本国来说，是要寻求一个和平的环境来实现四个现代化，这不是假话，是真话。这不仅是符合中国人民

---

① 《邓小平文选》第 3 卷，人民出版社 1993 年版，第 49 页。
② 《邓小平文选》第 3 卷，人民出版社 1993 年版，第 87—88 页。
③ 《邓小平文选》第 3 卷，人民出版社 1993 年版，第 96 页。
④ 《胡锦涛在中共中央政治局第十次集体学习时的讲话》，《人民日报》2004 年 2 月 24 日。
⑤ 《习近平谈治国理政》，外文出版社 2014 年版，第 248 页。

的利益，也是符合世界人民利益的一件大事。”[①]要想集中力量搞建设必须要有一个好的外部环境，因此，坚持独立自主的和平外交政策，坚持真正的不结盟原则，才能摆脱外交困境，形成新的思路，才能与更多国家建交并汲取更多技术和资金为我国社会主义现代化服务，才有利于我们在中国特色社会主义的道路上精力充沛。

四、努力维护世界和平和实现互利共赢的战略目标

努力维护世界和平是毛泽东国际战略思想的主要目标之一，也是改革开放后中国国际战略思想的主要目标之一。毛泽东多次强调，霸权主义是世界和平的主要威胁，要维护世界和平，就必须坚决反对霸权主义和强权政治。邓小平继承了毛泽东这一国际战略思想，认为霸权主义是世界和平和中国国家安全的主要威胁。他说：美国和苏联“是新的世界战争的策源地。它们两家都有大量的核武器。它们进行激烈的军备竞赛，在国外派驻重兵，到处搞军事基地，威胁着所有国家的独立和安全。它们都不断对其他国家进行控制、颠覆、干涉和侵略。它们都对别国进行经济剥削，掠夺别国的财富，攫取别国的资源”。[②]他深刻地认为，世界的不安宁主要来源于霸权主义，世界和平的主要威胁来源于霸权主义和强权政治。他明确指出：“我们对外政策还是两条，第一条是反对霸权主义、强权政治，维护世界和平；第二条是建立国际政治新秩序和经济新秩序。这两条要反复讲。”[③]1984年5月他还对巴西总统菲格雷多说，“中国的对外政策，主要是两句话。一句话是反对霸权主义，维护世界和平，另一句话是中国永远属于第三世界。”[④]

坚决反对霸权主义和强权政治，维护世界和平，这符合中国人民的利益，也符合世界人民的利益。中国所实行的政策是高举反对霸权主义、维护世界和平的旗帜，坚定地站在和平力量一边，谁搞霸权就反对谁，谁搞战争就反对谁。邓小平说：“不仅世界人民，我们自己也确确实实需要一个和平的环境。所以，我们的对外政策，就本国来说，是要寻求一个和平的环境来实现四个现代化。这不是假话，是真话。这不仅是符合中国人民的利益，也是符合世界人民利益的一件大事。”[⑤]他还说：“我们提出维护世界和平不是讲空话，是基于我们自己的需要，当然也符合世界人民的需要，特别是第三世界人民的需要。因此，反对霸权主义、维护世界和平是

① 《邓小平文选》第2卷，人民出版社1994年版，第241页。
② 《邓小平团长在联合国大会第六届特别会议上的发言》，人民出版社1974年版，第2页。
③ 《邓小平文选》第3卷，人民出版社1993年版，第320页。
④ 《邓小平文选》第3卷，人民出版社1993年版，第56页。
⑤ 《邓小平文选》第2卷，人民出版社1994年版，第241页。

我们真实的政策，是我们对外政策的纲领。”①

互利共赢是中国对外战略的重要目标之一。如果说维护世界和平是政治上的目标，那么互利共赢就是经济上的目标。国与国之间交往要从自己国家的利益出发，而不应该以社会制度和意识形态来划分，更不能以个人的喜恶来判定。邓小平说：“考虑国与国之间的关系主要应该从国家自身的战略利益出发。着眼于自身长远的战略利益，同时也尊重对方的利益，而不去计较历史的恩怨，不去计较社会制度和意识形态的差别，并且国家不分大小强弱都相互尊重，平等相待。”②也正是基于此，我们才能实现真正的不结盟政策；也正是基于此，我们才不至于在以意识形态作为衡量标准时丧失一部分真正的独立，丧失一些独立自主行动的自由；也正是基于此，我们才真正看清了国与国之间交往的实质其实就是本国的利益诉求。

互利共赢的原则包含两层含义，即“互利”和“共赢”。“互利”是国与国之间交往必须对双方都有利，“共赢”是要着眼于双方都能获得自己所关心的利益，实现双方的目标。互利共赢的对外开放战略在于国家间交往的“互利”前提，其目的是为了实现双方的“共赢”。互利使交往能够持续进行下去，共赢则加强了双方合作的愿望。在这种模式下，国家往往更加注重长期利益的实现，甚至可以特定时期的“让利”来实现其长远发展，例如，中国在改革开放初期为了引进外资，学习他们的技术和知识，而对其实行一系列的优惠政策。

2008年的金融危机给世界经济造成了巨大冲击，中国拿出了4万亿元人民币来拉动中国和世界经济，体现了负责任的大国形象。同时，以“金砖五国”为首的新兴经济体也日益成为世界经济的强大引擎。世界多极化使国际形势总体趋于稳定。各个国家之间往往相互借重，有矛盾冲突的时候往往借助对话、交流和磋商等更加和平的方式进行解决。如八国集团与中国、印度、巴西、南非、墨西哥五国领导人形成的“8+5”形式的对话机制，以及20国对话机制。这些机制也是实现互利共赢的有效途径。党的十八大以来，中国以更加开放的姿态走向世界，积极打造互利共赢的利益共同体。为此，中国积极建设“丝绸之路经济带”和“海上丝绸之路”，积极深化与周边国家的合作，以期实现互利共赢。在开放中实现互利共赢是中国经济腾飞的一个秘诀，也是中国全面建成小康社会的一件法宝。“十三五”规划建议指出：开放是国家繁荣发展的必由之路。必须顺应我国经济深度融入世界经济的趋势，奉行互利共赢的开放战略。

党的十八大以后，中国更高地举起了合作共赢、互利共赢的大旗。习近平指

① 《邓小平文选》第2卷，人民出版社1994年版，第417页。
② 《邓小平文选》第3卷，人民出版社1993年版，第330页。

出，“随着世界多极化、经济全球化深入发展和文化多样化、社会信息化持续推进，今天的人类比以往任何时候都更有条件朝和平与发展的目标迈进，而合作共赢就是实现这一目标的现实途径。”[①]“零和思维已经过时，我们必须走出一条和衷共济、合作共赢的路子。”[②]“和平发展道路能不能走得通，很大程度上要看我们能不能把世界的机遇转变为中国的机遇，把中国的机遇转变为世界的机遇，在中国与世界各国良性互动、互利共赢中开拓前进。”[③]“中国始终坚持独立自主的和平外交政策，始终强调中国外交政策的宗旨是维护世界和平，促进共同发展。”[④]

改革开放以来，我国对外政策指导对外交往取得了伟大成就，最根本的原因就在于实行独立自主的和平外交政策。它给我们的主要经验是：科学判断时代主题；坚持独立自主的基本原则，坚持在和平共处五项原则的基础上发展与世界各国的关系，努力维护世界和平和实现互利共赢的战略目标。中国坚持独立自主的和平外交政策，不是权宜之计，而是我们的战略选择，是长期以来我国制定对外政策和进行外交实践得出的最重要的结论。

（第一作者为首都经济贸易大学马克思主义学院教授，
第二作者为首都经济贸易大学马克思主义学院硕士研究生）

① 《习近平谈治国理政》，外文出版社 2014 年版，第 274 页。
② 《习近平谈治国理政》，外文出版社 2014 年版，第 250 页。
③ 《习近平谈治国理政》，外文出版社 2014 年版，第 248 页。
④ 《习近平谈治国理政》，外文出版社 2014 年版，第 266 页。

改革开放以来中国共产党建军治军的基本经验

刘祖爱

习近平在一次中央军委常务会议上指出："在国防和军队建设的长期实践中，我们不仅取得了举世瞩目的伟大成就，也积累了十分丰富的建军治军经验，我们要认真归纳总结，进一步完善提高。"① 本文旨在尝试系统总结改革开放以来中国共产党建军治军的基本经验。

一、坚持密切跟踪世界军事发展趋势，明确使命任务，科学制定军事战略方针和军队建设目标

强国强军，战略先行。1978 年 12 月，中共中央十一届三中全会召开，中国进入改革开放的新时期，党和国家工作重心转移到社会主义建设。为适应改革开放新形势需要，国防和军队建设指导思想实行战略性转变，即从准备"早打、大打、打核战争"的临战状态转向和平时期的建设轨道上来，军事战略方针由"积极防御、诱敌深入"转到实行"积极防御"。与此相适应，邓小平 1981 年 9 月指出："我军是人民民主专政的坚强柱石，肩负着保卫社会主义祖国、保卫四化建设的光荣使命。因此，必须把我军建设成为一支强大的现代化、正规化的革命军队。"② 这就及时明确了新时期军队建设的总目标，有效地指导了 20 世纪 80 年代中国国防和军队建设的顺利开展。20 世纪 90 年代初，随着高新技术大量涌现并应用于军事领域，战争形态、战场环境、作战手段、指挥方法等各个方面，都在发生革命性变革，世界各主要国家都在调整军事战略，企图谋取新优势。以高技术为支撑的新战争形态对遏制战争与打赢高技术条件下的战争的新要求，成为中国国防和军队建设发展的外在动力。经过酝酿，1993 年初，中共中央军委明确提出新时期军事斗争准备的基点，要从一般条件下的常规战争转到打赢现代技术条件特别是高技术条件下的局部战争上来，推动军队建设从数量规模型转到质量效能型，从人力密集型转到科技密集型的发展道路上来，确立了"建设信息化军队，打赢信息化战争"的新军事战略方针，这是军事战略指导方针的重大调整。

进入 21 世纪后，尽管和平、发展、合作是当今时代的主流，但是随着国际形

---

① 《习近平国防和军队建设重要论述选编》，解放军出版社 2014 年版，第 20 页。

② 《邓小平军事文集》第 3 卷，军事科学出版社、中央文献出版社 2004 年版，第 206 页。

势的深刻变化和我国社会的深刻变革。中国共产党要团结带领全国各族人民全面建设小康社会，实现继续推进现代化建设、完成祖国统一、维护世界和平与促进共同发展三大历史任务，在中国特色社会主义道路上实现中华民族伟大复兴。要顺利完成上述任务，就需建设一支强大的人民军队。2004 年 12 月，胡锦涛同志站在我们党、国家和军队建设的战略高度，将我军历史使命科学概括为“三个提供、一个发挥”：军队要“为党巩固执政地位提供重要的力量保证”，“为维护国家发展的重要战略机遇期提供坚强的安全保障”，“为维护国家利益提供有力的战略支撑”，“为维护世界和平与促进共同发展发挥重要作用”[①]。适应战争形势和作战方式发展变化趋势，针对我军总体技术跟发达国家军队相比还有相当差距，体系结构不尽完善，自主创新能力不强，军事训练建设现状滞后于国家利益发展的需要，为推进我军现代化的建设，中央军委明确“建设信息化军队、打赢信息化战争的战略目标，努力推进机械化和信息化复合发展”[②]的战略方针。党的十六大后，我们党在更高起点上推进军队机械化和信息化复合发展。

党的十八以来，站在新的历史起点上，中国军队面临国家安全环境新变化，即我国正在由大向强发展的关键阶段，面临的挑战和考验前所未有。一些大国千方百计对我国进行战略遏制和围堵；我国周边领土安全和海洋权益争端、大国地缘竞争、军事安全较量、恐怖主义威胁等问题更加凸显；遂行非战争军事行动任务艰巨。因此，中央军委贯彻新形势下积极防御的军事战略方针，着力建设同我国国际地位相称、同国家安全和发展利益相适应的巩固国防和强大军队，为实现“两个一百年”奋斗目标、实现中华民族伟大复兴的中国梦提供坚强力量保证。在军事战略指导上，统筹预防危机、遏制战争、打赢战争，加强军事斗争准备；在军事力量建设上，高度关注海洋、太空、网络空间安全，着力抓好陆航、特种作战、电子战对抗部队建设，使部队尽快成建制成系统形成作战能力；在军队建设目标上，提出了党在新形势下的强军目标，即建设一支听党指挥、能打胜仗、作风优良的人民军队。从而确立了军队建设新的起点和标准，明确了军队各项工作的聚焦点、着力点，拎起了国防和军队建设的总纲。

二、坚持政治建军，确保从思想上政治上组织上牢牢掌握军队

从思想上政治上建设和掌握部队是我军建设的基本原则。改革开放以来，中央

① 《胡锦涛文选》第 2 卷，人民出版社 2016 年版，第 256—261 页。
② 《胡锦涛文选》第 2 卷，人民出版社 2016 年版，第 451 页。

军委坚持从不同时期不同阶段的形势要求和使命任务出发，继承和发扬了这一优良传统。1981 年 9 月，邓小平指出："我们一定要坚持四项基本原则，加强政治思想建设，努力使部队成为贯彻执行党的路线、方针、政策的模范。"[①]1989 年 11 月，邓小平离开军委领导岗位时仍强调："我们的军队能够始终不渝地坚持自己的性质。这个性质是，党的军队，人民的军队，社会主义国家的军队。""我们的军队始终要忠于党，忠于人民，忠于国家，忠于社会主义。"[②]江泽民担任军委主席后指出："坚持党对军队的绝对领导，这是我们建军的根本原则，是我们党的优良传统，是我们军队特有的政治优势，必须继续保持和发扬"[③]。他要求军队要以党的宗旨为宗旨，以党的目标为目标，实现了党对军队的绝对领导从"原则"到"军魂"的飞跃。2004 年 9 月，胡锦涛任军委主席后指出："坚持党对军队的绝对领导，是我军建设和发展的首要问题。我们对这个问题要始终关注、抓住不放，任何时候任何情况下都不能有丝毫含糊和动摇。"[④]他强调："要始终坚持党对军队的绝对领导的根本原则和人民军队的根本宗旨，深入进行军队历史使命、理想信念、战斗精神和社会主义荣辱观教育，大力弘扬听党指挥、服务人民、英勇善战的优良传统。"[⑤]

党的十八大以来，针对我们党正带领人民进行具有许多新的历史特点的伟大斗争，我军建设所处的时代条件和历史方位发生深刻变化，怎样保持人民军队的性质和本色，怎样确保全军始终坚持党对军队的绝对领导，怎样使我军适应能打仗、打胜仗的要求？这是新形势下做好军队政治工作必须回答的时代课题。在习近平主席领导下，人民军队站在了新的历史起点上，继往开来、砥砺前行。2014 年 10 月，在福建省上杭县古田镇召开的全军政治工作会议上，习近平主席指出："必须正视军队建设特别是思想政治建设方面存在的突出问题，特别要高度重视和严肃看待徐才厚案件，深刻反思教训，彻底肃清影响。"[⑥]12 月，中共中央向全党全军转发《关于新形势下军队政治工作若干问题的决定》，这份由习近平主席亲自领导和主持起草形成的重要文件，着力回答和解决了在新的历史条件下党从思想上政治上建设军队的重大问题，确保部队绝对忠诚、绝对纯洁、绝对可靠，永葆人民军队的性质和本色。军队党的建设是政治建军的核心问题，是军队全部工作的关键，关系到党的执政地位，关系到我军性质宗旨，关系到我军战斗力，关系到强军目标在国防和军队

---

① 《邓小平文选》第 2 卷，人民出版社 1994 年版，第 395 页。
② 《邓小平文选》第 3 卷，人民出版社 1993 年版，第 334 页。
③ 《江泽民文选》第 1 卷，人民出版社 2006 年版，第 77 页。
④ 《毛泽东邓小平江泽民胡锦涛关于坚持党对军队绝对领导重要论述摘编》，解放军出版社 2012 年版，第 156 页。
⑤ 《国防和军队建设贯彻落实科学发展观重要论述选编》，解放军出版社 2008 年版，第 97 页。
⑥ 《习近平国防和军队建设重要论述选编》（二），解放军出版社 2015 年版，第 93 页。

建设中的贯彻落实。党的十八大以来，军委坚持党要管党、从严治党，为实现强军目标提供可靠保证。

三、坚持科技强军和改革强军战略，依靠科技进步和不断改革推进国防和军队建设

强军以练兵为要，练兵以制器为先。20世纪中叶以来，世界经历着一场深刻的科学技术革命，大批高科技成果运用于军事领域，改变了战争的物质基础和手段，战争形态和作战样式也随之出现了一些新的特征。为适应这一形势，党的十一届三中全会后，邓小平关于“科学技术是第一生产力”的论断和关于科学技术在现代战争中的突出地位的重要思想，奠定了“科技强军战略”的理论基础。20世纪末期，战争形态开始由机械化向信息化转变，一场以发展高技术武器为先导的军事领域的深刻变革正在世界范围内悄然兴起，为适应新的形势并争取自身优势，各国都在大力发展国防科技，更加注重质量建军。所有这些，使人民解放军建设面临着前所未有的严峻挑战，也给人民解放军建设与改革提出了新的更高的要求。中央军委及时制定新时期军事战略方针，并于1995年12月提出了科技强军、实现“两个转变”的重大战略。科技强军战略的实施，进一步增强了全军官兵的科技强军意识和质量制胜观念，科学技术成为军队现代化建设的强大推动力。

军队改革是贯彻科技强军的必然产物。恩格斯指出，“一旦技术上的进步可以用于军事目的并且已经用于军事目的，它们便立刻几乎强制地，而且往往是违反指挥官的意志而引起作战方式上的改变甚至变革。”[①] 改革开放以来，人民解放军贯彻科技强军的战略决策，积极稳妥地进行编制体制等方面的调整改革。坚持科研先行，紧跟世界高科技尤其是军事高科技的发展，通过逐步裁减部队员额、合并院校、精简机关、减少副职、设置文职人员等一系列重大措施，优化力量结构，创新指挥体制，推进管理改革，并使精兵原则进一步规范化、法制化，努力把部队建设成为机构精干、指挥灵便、装备精良、训练有素、反应快速、效率很高、战斗力很强的精锐之师。如为了贯彻科技强军战略，1985年我军裁减员额100万，1997年我军裁减50万，2002年我军裁减20万。党的十八大以来，针对国防和军队建设的制约因素，党中央对全面深化国防和军队改革专门作出战略部署，着力解决制约国防和军队发展的体制性障碍、结构性矛盾、政策性问题，推进军队组织形态现代化，进一步解放和发展战斗力，进一步解放和增强军队活力。可以说，深化国防和军队

---

① 《马克思恩格斯选集》第3卷，人民出版社1995年版，第514—515页。

改革是实现中国梦、强军梦的时代要求，是强军兴军的必由之路，也是决定军队未来的关键一招。为推进改革，中央军委成立了深化国防和军队改革领导小组和相关工作机构，改革工作有序进行。如牢牢把握“军委管总、战区主战、军种主建”的原则，以领导管理体制、联合作战指挥体制改革为重点，协调推进规模结构、力量编成、政策制度和军民融合深度发展改革。随着改革的推进，我军发展理念和模式的转变加快，朝着世界一流军队的目标渐行、渐近、渐成。

四、坚持依法治军、从严治军方针，不断规范治军方式，提高国防和军队建设法治化水平

治军之道，在于明法。改革开放以后，军队正规化建设的突出特点就是坚持依法治军。一方面，加强军事立法工作，相继制定了一系列军事法律、军事法规和军事行政法规、军事规章和军事行政规章，开始逐渐形成一个军事法规体系，基本做到有法可依；另一方面，重视军事执法工作，严格制度，严格纪律，严格训练，严格管理，健全军事法规制度体系和军事法律顾问制度，改革军事司法体制机制，创新纪检监察体制和巡视制度，完善审计体制机制，改进军事法律人才管理制度，建立健全组织法制和程序规则，推动军队建设逐步走上法制化、制度化的轨道。如自1986年起，全军先后实施了“一五”、“二五”、“三五”、“四五”普法教育，官兵法制观念普遍增强。1997年，《中华人民共和国国防法》颁布实施，宣告了我国无国防基本法的历史，“依法治军”提法首次在我国现行法律中出现。“依法治军”方针的确立，标志着我军治军方式实现重大转变，军事法制建设迈出了新步伐。至2008年底，全国人大及其常委会制定的直接调整国防和武装力量建设的法律和有关法律问题的决定15件，国务院和中央军委联合制定的军事行政法规90多件，中央军委制定的军事法规210多件，各总部、军兵种、军区和武警部队制定的军事规章3200多件，几乎覆盖了国防和军队建设的各个领域、各个环节，为依法从严治军提供了法律保障。

党的十八以来，适应构建现代国家治理体系的新要求和深化国防和军队改革的新任务，依法治军向更高层次推进。习近平主席鲜明提出依法治军、从严治军是强军之基，是我们党建军治军的基本方略，他在主持党的十八届四中全会决定起草时，明确要求把依法治军、从严治军问题单列一块写进去，纳入依法治国总体布局。在习近平主席和军委领导下，我军依法治军的理念与实践进入崭新阶段。一方面，紧紧围绕党在新形势下的强军目标，着眼全面加强革命化、现代化、正规化建设，坚持党对军队绝对领导，坚持战斗力标准，坚持官兵主体地位，坚持依法和从

严相统一，坚持法治建设和思想政治建设相结合，构建完善的中国特色军事法治体系，形成系统完备、严密高效的军事法规制度体系、军事法治实施体系、军事法治监督体系、军事法治保障体系。另一方面，加大军事法规制度执行力度，厉行法治、严肃军纪，让制度纪律成为带电的“高压线”，坚决杜绝有法不依、执法不严、违法不究的现象；坚持制度面前人人平等、执行制度没有例外，不留“暗门”、不开“天窗”，提高法规制度的权威性和约束力，让铁规生威、铁纪发力，提高国防和军队建设法治化水平，努力实现“三个根本性转变”。

五、坚持将战斗力作为军队建设的唯一根本标准，把军事训练摆在战略位置，不断提高部队实战化水平

有器不练，与无器同；练而不近实战，与不练同。把教育训练提高到战略地位，是邓小平新时期军队建设思想中的一个突出思想和独到见解。我们的军队过去是在长期的战争环境中锻炼成长和发展起来的，那时培养干部，锻炼部队，主要靠战场考验，是从战争中学习战争；和平时期，军队不打仗，靠什么来考验干部，用什么来提高干部，提高军队的素质，提高部队的战斗力？由此，邓小平在1975年中央军委扩大会议上提出一个原则，“就是在没有战争的条件下，要把教育训练提高到战略地位”①。进入新世纪后，胡锦涛指出：“我军已经多年没有打仗，缺乏信息化条件下作战经验。因此，必须坚持从信息化条件下实战需要出发从难从严训练。”②为此，他指示，军队要坚持以新时期“建设信息化军队、打赢信息化战争”军事战略方针为统揽，紧密结合使命任务，“要根据机械化、信息化建设实际进程和发展水平，从实际出发，分类指导，创造性开展军事训练，着力提高训练质量和效果，扎扎实实推进机械化条件下军事训练向信息化条件下军事训练转变，加快提高我军信息化条件下的威慑和实战能力”③。他强调：“强军必须兴训，治训务必从严。军事训练贵在一个‘严’字”④；加强科学统筹，把战略战役训练、部队训练、院校教育、民兵预备役训练统筹起来，使训练改革协调发展、整体推进。

党的十八大以来，习近平强调实战必先实训，并赋予军队提高军事训练实战化水平的重大命题。2012年12月10日，习近平主席指出：“军队作为一个武装集团，是要随时准备打仗的。我们必须强化战斗队思想，始终坚持用打仗的标准搞建设抓

① 《邓小平军事文集》第3卷，军事科学出版社、中央文献出版社2004年版，第55页。
② 《胡锦涛文选》第2卷，人民出版社2016年版，第452页。
③ 《胡锦涛文选》第2卷，人民出版社2016年版，第451页。
④ 《胡锦涛文选》第2卷，人民出版社2016年版，第452页。

准备”；“要贯彻战训一致的原则，坚持仗怎么打、兵就怎么练，从实战需要出发从难从严训练部队”，不断强化官兵当兵打仗、带兵打仗，练兵打仗的思想。2014 年 3 月，经习近平主席批准，军委颁发《关于提高军事训练实战化水平的意见》，紧紧围绕实现党在新形势下的强军目标，对当前和今后一个时期军事训练作出战略部署。8 月，总参谋部、总政治部联合印发《〈关于提高军事训练实战化水平的意见〉学习宣传提纲》，要求要切实把军事训练摆上战略位置，严格落实党委训练责任，加强训练中思想政治工作，深化战斗力标准大讨论成果，加强后勤和装备保障，进一步改进训练作风，做到全部心思向打仗聚焦、各项工作向打仗用劲，形成齐心协力大抓实战化训练的良好局面，着力推动部队训练向实战靠拢、院校教育向部队靠拢。

六、坚持走中国特色军民融合式发展路子，积极探索和创新军民融合发展的途径及体制机制，不断实现富国与强军的有机统一

改革开放后，如何正确处理国防科技工业在国防建设和经济建设中的关系，更好地发挥国防科技工业的经济与国防功能，是国防科技工业改革与发展面临的首要问题。1982 年 1 月，邓小平在听取军委领导同志有关国防工业问题的汇报时指示：“国防工业有四句话：军民结合，平战结合，以军为主，以民养军。其中，以军为主改为军品优先，其他三句话不变。”[①]1985 年以后，国防科技工业实行战略转变，由过去主要为国防建设服务，逐步转到为整个现代化建设服务，使军民结合进入到一个新的发展阶段。2008 年 3 月，十一届全国人大一次会议决定，为加强整体规划和统筹协调，组建中华人民共和国工业和信息化部，中华人民共和国国防科学技术工业委员会、中华人民共和国信息产业部、国务院信息办不再保留。2009 年 7 月 24 日，胡锦涛在主持中共中央政治局第十五次集体学习时强调，在新的历史条件下，我们“要站在国家安全和发展战略全局的高度，坚持军民融合式发展，推动国防建设和经济建设良性互动，确保在全面建设小康社会进程中实现富国和强军的统一，确保军队有效履行新世纪新阶段历史使命”；“明确推动军民融合式发展的战略目标、战略任务、战略举措，建立和完善军民结合、寓军于民的武器装备科研生产体系、军队人才培养体系和军队保障体系，完善国防动员体系，不断开创军民融合式发展新局面”[②]。

---

① 张云川：《邓小平与国防科技工业》，《学习时报》2006 年 10 月 3 日。

② 《胡锦涛文选》第 3 卷，人民出版社 2016 年版，第 248 页。

党的十八大以来，围绕建设信息化军队、打赢信息化战争的目标，以创新发展理论为先导，深化改革、锐意创新，积极稳妥地推动中国特色军事变革，国防和军队建设深入发展。2015 年 3 月 12 日，习近平在出席十二届全国人大三次会议解放军代表团全体会议时强调，按照全面建成小康社会、全面深化改革、全面依法治国、全面从严治党的战略布局，深入实施军民融合发展战略，努力开创强军兴军新局面。党中央、国务院、中央军委全面推进军民融合式发展，并提升为国家发展战略。在军民融合发展相关主体责任上，军地双方思考问题、推动工作，要站在党和国家事业发展全局的高度，强化大局意识，树立一盘棋思想，做到责任到位、措施到位、落实到位。在军民融合发展保障机制上，要强化改革创新，着力解决制约军民融合发展的体制性障碍、结构性矛盾、政策性问题，努力形成统一领导、军地协调、顺畅高效的组织管理体系，国家主导、需求牵引、市场运作相统一的工作运行体系，系统完备、衔接配套、有效激励的政策制度体系；要强化战略规划，拿出可行办法推动规划落实，要加强督导检查、建立问责机制，强化规划刚性约束和执行力；要强化法制保障，善于运用法治思维和法治方式推动军民融合发展，充分发挥法律法规的规范、引导、保障作用，提高军民融合发展法治化水平。

总结改革开放以来中国共产党治军建军的基本历史经验，科学制定军事战略和军队建设目标是先导，坚持党对军队的绝对领导是根本原则，科技强军、改革强军和军民融合是有效路径，围绕战斗力核心进行实战化训练是关键，依法治军是重要保障。核心思想是要坚持八个一致：军与势一致，即人民军队建设要密切适应世界军事发展趋势，特别是要适应潜在敌人的军事发展趋势，积极推进军事理论、军事技术、武器装备、编制体制、战略战术和军事人才培养等领域的创新，实现人民军队建设中“势”、“道”与“器”的有机统一；军与党一致，即人民军队始终坚持党对军队绝对领导，人民军队要成为党实现自己目标的有力工具；军与国一致，即人民军队要坚决捍卫国家主权、安全、发展利益；军与民一致，即人民军队要贯彻全心全意为人民服务的宗旨，坚持军民结合、寓军于民；军与军一致，即人民军队内部各兵种之间、各军事单位之间要听从中共中央军委主席的统一指挥，高度协作与联合；官与兵一致，即人民军队要实现士兵和各级干部的有效沟通，正确处理官长与士兵关系、上级与下级关系，坚持尊重士兵和尊重官长的有机统一，做到官兵平等、民主集中、令行禁止；兵与兵一致，即培养部队士兵内部互帮互助、步调一致的良好作风；训与战一致，即要始终坚持从实战需要出发从难从严训练部队，提高部队实战化水平。

（作者为国防科技大学人文与社会科学学院副教授）

改革开放以来中国政治发展的历程、成就与经验

张　浩

一、改革开放以来中国政治发展的历史进程

改革开放30多年来，中国政治发展走的是一条以改革为主调，改革与建设并进的渐进增量式的道路。这是一个循序渐进、由局部到整体逐步展开的过程，是一个先易后难、先外围后中心、先微观后宏观、不断取得突破性进展的不可逆进程。改革开放以来中国政治发展的历史进程可以分为三个时段。

第一，初步探索时期。时间跨度为从十一届三中全会到十三届四中全会。“文化大革命”结束之后，以中共十一届三中全会召开为标志，党和国家的工作重心转移到以经济建设为中心的社会主义现代化建设上来。从理论上看，1978年十一届三中全会不但重新确立了党的“解放思想、实事求是”的思想路线，而且掀开了中国社会主义政治发展新的一页。1980年8月18日，邓小平在中央政治局扩大会议上发表《党和国家领导制度的改革》的重要讲话，对我国政治体制改革，尤其是党和国家领导制度重要的改革作了系统深入而精辟明确的论述。1986年6月，邓小平指出改革不仅应包括政治体制的改革，而且应把它作为改革向前推进的标志。1987年10月，中共十二届七中全会原则同意《政治体制改革总体设想》。11月，中共十三大勾画了改革蓝图，十三大报告吸纳该政治体制改革设想的内容，提出要建立高度民主、法制完备、富有效率、充满活力的社会主义政治体制。以十三大召开为标志，我国政治体制改革步入了有目标、有步骤的全面配套改革阶段。

第二，稳步推进时期。时间跨度为从十三届四中全会到十六大。1989年12月，中共中央颁布《关于坚持和完善中国共产党领导的多党合作和政治协商制度的意见》，建立了中国共产党就重大问题与各民主党派进行政治协商的制度。1992年10月，中共十四大把积极推进政治体制改革，使社会主义民主和法制建设有一个较大的发展，作为必须努力实现的关系全局的10项任务之一。1994年，十四届四中全会通过《中共中央关于加强党的建设几个重大问题的决定》，提出关于进行党的领导制度改革，逐步完善民主科学决策制度，实现党内生活民主化、制度化等问题。1997年9月，中共十五大报告中特别将政治体制改革和民主法制建设作为专门一部分进行论述。1998年，国务院机构改革再次启动。1998年11月，九届全国人民代表大会五次会议通过《中华人民共和国村民委员会组织法》，强调加强农村基层民

主建设，实行民主选举、民主决策、民主管理、民主监督。1999 年 3 月，九届全国人民代表大会二次会议将“依法治国，建设社会主义法治国家”写入宪法修正案。2000 年 2 月，江泽民同志提出“三个代表”的新论断，随后发展成“三个代表”重要思想理论体系，标志了中共作为执政党的新觉醒。

第三，积极拓展时期。时间跨度为从十六大至十八大。2002 年 11 月，中共十六大对全面建设小康社会作出规划，把发展社会主义民主政治，建设社会主义政治文明，作为全面建设小康社会的重要目标。2004 年 9 月，党的十六届四中全会通过《关于加强党的执政能力建设的决定》，在提出加强党内民主建设措施的同时，也提出了一系列深化干部人事制度改革、规范党政机构设置、扩大党政领导成员交叉任职等涉及政治权力构成的具体改革办法。2006 年 10 月，十六届六中全会通过的《中共中央关于构建社会主义和谐社会若干重大问题的决定》将“社会主义民主法制更加完善”这一政治目标列为构建和谐社会的指标体系中首要任务。2007 年，党的十七大报告强调“人民民主是社会主义的生命，发展社会主义民主政治是我们党始终不渝的奋斗目标”，在改革进程中“深化政治体制改革”是我国经济社会不断发展、人民群众政治参与积极性日益高涨的必然要求，是中国特色社会主义的重要组成部分。[①] 在 2008 年 2 月举行的党的十七届二中全会上，胡锦涛同志强调：中国特色社会主义政治发展道路是我国发展社会主义民主政治的正确道路，必须更加坚定不移地走中国特色社会主义政治发展道路。

第四，深入发展时期。时间跨度为从十八大以来至今。2012 年，党的十八大报告明确提出“坚持走中国特色社会主义政治发展道路和推进政治体制改革”。2013 年 11 月 9 日，十八届三中全会审议通过的《中共中央关于全面深化改革若干重大问题的决定》提出要推进“国家治理体系和国家治理能力现代化”，习近平总书记在说明中强调：要构建程序合理、环节完整的协商民主体系。2014 年 9 月 5 日，庆祝全国人民代表大会成立 60 周年大会在京召开。习近平总书记发表重要讲话强调，要坚定不移走中国特色社会主义政治发展道路，继续推进社会主义民主政治建设、发展社会主义政治文明。同年 10 月 20 日至 23 日，党的十八届四中全会在北京召开。全会提出了建设中国特色社会主义法治体系，建设社会主义法治国家的总目标。十八届四中全会的召开成为我国法治事业上新的里程碑。

二、改革开放以来中国政治发展的主要成就

30 年来，在中国共产党的正确领导下，经过全国各族人民义无反顾地探索和坚

① 《十七大以来重要文献选编》(上)，中央文献出版社 2009 年版，第 235 页。

持不懈的实践，中国特色社会主义政治发展取得了巨大成就。

第一，稳步推进政治体制改革，社会主义民主制度不断发展。政治体制改革是社会主义政治制度的自我完善、自我发展，是社会主义政治发展的基本路径。改革开放以来，社会主义民主制度在积极稳妥的政治体制改革中不断完善和发展。一是人民代表大会制度日益发展和完善，人民代表大会的地位和作用逐步增强。十一届三中全会后，为了发展社会主义民主政治，我们不断发展和完善了人民代表大会这一根本政治制度，强化了人民代表大会的职权，人民代表大会制度作为人民有效行使当家作主权利的可靠保证和组织形式，在改革和完善中逐渐步入制度化轨道。人大的组织建设进一步加强，工作制度日趋完善，特别是通过完善选举制度，直接选举进一步扩大，差额选举制逐步确立，实行城乡人口按相同比例选举等，使全国人民参与国家事务管理的权利得到保障和发展。二是中国共产党领导的多党合作和政治协商制度得到全面恢复与发展。1982 年，统一战线的指导方针由“长期共存，互相监督”，增加了“肝胆相照，荣辱与共”的内容。1989 年底，中共中央经与各民主党派充分协商制定了《关于坚持和完善中国共产党领导的多党合作和政治协商制度的意见》。1993 年八届全国人大一次会议通过的宪法修正案将“中国共产党领导的多党合作和政治协商制度将长期存在和发展”载入宪法，使其以根本大法的形式得到了确认。经过 30 年的恢复和发展，在中国共产党的大力支持下，各民主党派的组织更加健全，规模不断扩大，自身建设得到加强，更具生机和活力。三是民族区域自治制度进一步健全和完善，少数民族权利得到保障。1984 年 5 月，六届全国人民代表大会二次会议通过了《中华人民共和国民族区域自治法》。2001 年 2 月，九届全国人民代表大会常务委员会通过了关于修改《民族区域自治法》的决定，将民族区域自治“是国家的一项重要政治制度”修改为“是国家的一项基本政治制度”，强调要继续坚持和完善民族区域自治制度，使其在国家和社会主义现代化进程中发挥更大的作用。四是基层民主制度有较明显发展，推进了基层社会自治。1989 年 12 月全国人大常委会制定了城市居民委员会组织法，进一步明确居民委员会是居民自我管理、自我教育、自我服务的基层群众性自治组织。我国农村基层民主的制度化、法制化建设也稳步推进，并于 1998 年正式通过了《中华人民共和国村民委员会组织法》。以农村村民委员会、城市居民委员会和企业职工代表大会为主要内容的基层民主自治体系基本建立。

第二，行政改革取得重大突破，初步建立起适应市场经济发展的行政体制。行政体制的调整改革是中国特色社会主义政治发展的又一重要内容。改革开放以来，随着行政管理科学化、民主化、法制化要求的提高，行政体制的改革更是被提上了重要议事日程。以最为引人关注的政府机构改革为例，从 1982 年开始，按照精简、统一、效能的总体原则，我国不断进行政府机构的改革。这些改革，强化了政府从事经济调节监管、社会管理服务的机构，减少部门间的职责交叉，精简了政府机构和人员的数量，有效地推进了政府职能的转变和行政效率的提高。与此相适应，政府职能也发生了重大转变：一是根本改变了以计划为龙头，由综合部门管理专业部门，专业部门管理专业局，专业局管理国有企业的经济管理模式。二是撤销了直接管理企业的绝大多数部门，原来的综合部门也改成宏观调控部门，初步建立了以间接手段为主的宏观调控体系框架，并先后组建了市场、质量和金融管理等一批机构，形成了市场经济新的管理格局。三是政企分开迈出了实质性步伐，特别是2003年机构改革成立了国资委，完成了政府社会管理职能与国有资产所有职能分开的历史性任务。在改革机构，整合行政管理资源的基础上，责任政府建设也取得了很大成效，行政问责制逐步被纳入法治化和制度化的轨道，为加强对行政管理人员的监督，增强其责任意识发挥了积极的影响。党和国家还及时地提出了建设服务型政府的战略目标，这标志着我国的行政体制改革又迈入了一个新的阶段。

第三，公民有序政治参与不断完善，人民的民主权利得到保障。现代政治是一种典型的参与性政治。改革开放三十年来，我国坚持中国特色社会主义政治发展道路，大力发展社会主义民主，积极推进公民有序政治参与，使我国公民政治参与取得巨大进展，人民民主权利得到有效保障。一是公民政治参与的权利得到有效保障。改革开放以来，通过政治体制改革，使人民真正享有了宪法规定的各种权利，如选举权、被选举权，对国家机关和国家工作人员的批评权、建议权、罢免权、申诉权、控告权、检举权等。知情权也随之扩大，人民的监督权也因监察制度的完善而得到了增强。二是公民政治参与意识不断增强。改革开放以来，随着民主政治的发展和市场经济体制的建立，公民的民主意识、主体意识、平等意识和权益意识不断增强；同时，社会政治资源由高层向低层、由政府向社会流动，公民政治参与的效能感有所增强，有力地推动了自主型政治参与的发展。三是公民政治参与规模显著扩大。人大代表直选从乡镇一级扩大到了县区一级，公民参与人数增加，从而直接扩大了公民政治参与的规模。而在村（居）委会选举中，由于利益直接且实现了有限竞选，所以村民和居民的选举积极性都很高。四是公民政治参与的形式不断丰富。改革开放以来，中国建立和完善了公民政治参与的具体制度，如投票制度、选举制度、信访制度、听证制度、旁听制度、测评制度、公示制度、信息公开制度、民意调查制度等，这些制度的建立健全和贯彻落实，使得公民政治参与的形式逐渐丰富。

第四，党的自身建设不断改进和加强，党的执政能力显著提高。中国是共产党执政的国家，共产党的自身建设对政治发展影响极大。改革开放以来，中国共产党以改革创新的精神全面推进党的建设新的伟大工程，全面加强党的思想建设、组织建设和作风建设、制度建设以及反腐倡廉建设，不断增强执政能力，保持和发展党的纯洁性与先进性，积极构建学习型、服务型、创新型马克思主义执政党，科学执政、民主执政、依法执政的水平得到显著提高。一是党的理论建设成果丰硕。改革开放以来我们党始终围绕建设中国特色社会主义这个主题，坚持不懈地推动马克思主义中国化，创立了邓小平理论、“三个代表”重要思想、科学发展观，特别是十八大以来形成了习近平总书记系列重要讲话和治国理政新理念新思想新战略。二是党的组织建设卓有成效。改革开放以来，基层党组织基本实现全覆盖，凝聚力和战斗力明显提升，各级党组织战斗堡垒作用显著增强。党员队伍持续发展壮大、结构不断优化，党员素质普遍提高、先锋模范作用得到充分发挥和展示。以改革精神大力加强中国特色干部制度建设，培养和造就适应新形势新任务要求的高素质干部队伍，保证了干部队伍新老交替与合作，保证了党的事业继往开来。三是党的制度建设扎实推进。以扩大民主、坚持和健全民主集中制为重点的党内制度建设取得突破性进展，党内政治生活走上制度化、规范化的健康发展轨道。四是作风建设有效推进。先后开展了整党运动、“三讲”教育活动、保持共产党员的先进性教育活动、创先争优活动，群众路线教育实践活动、“三严三实”专题教育活动、“两学一做”学习教育等，坚持不懈地加强党的作风建设，使党在改革开放和现代化进程中始终保持同人民群众的血肉联系。五是反腐倡廉建设成效显著。党中央从战略的高度充分认识反腐倡廉的重要性、紧迫性和艰巨性，与腐败现象进行坚决的斗争，并且使反对腐败紧紧围绕经济建设这个中心，服从和服务于全党和全国工作的大局，建立健全教育、制度、监督并重的惩治和预防腐败体系，始终把维护、发展和实现人民群众的根本利益作为反对腐败的出发点和落脚点，在反腐力度不断加大、反腐体系逐渐健全的条件下，标本兼治、综合治理、惩防并举、注重预防的反腐倡廉方针得到了很好的贯彻，初步找到了一条中国特色的反腐倡廉之路。

三、改革开放以来中国政治发展的基本经验

改革开放以来中国共产党在推进政治发展的过程中取得了伟大成就，也积累了丰富的经验。

第一，从中国国情出发，始终坚持中国特色社会主义政治发展道路。一个国家实行什么样的政治制度，走什么样的政治发展道路，归根结底取决于这个国家最广大人民的意志，取决于这个国家的具体国情和历史文化条件。世界各国国情不同，政治发展道路和制度模式是多样化的，没有放之四海而皆准的制度模式，也没有一

成不变的政治发展道路。要实现经济社会的发展，必须找到符合自身实际的发展道路。实践证明，改革开放以来，中国共产党开辟的中国特色政治发展道路是符合我国国情和实际的唯一正确道路。这条道路凝聚着几代人的艰辛探索，积累了近代中国百余年历史经验，顺应了时代的潮流，既能够反映人民群众中不同群体的意见和呼声，又能够从全局出发将人民群众的各种意见集中综合起来，使国家的法律与政策能够兼顾各方利益，妥善化解人民内部矛盾，最大限度地协调人民内部的局部利益、个别利益与整体利益、根本利益。我们倍加珍惜、长期坚持、不断发展民主政治成果，坚定不移走中国特色社会主义政治发展道路，是对历史和人类的尊重，符合我国各族人民的共同意愿和根本利益。坚持走中国特色社会主义政治发展道路，必须积极借鉴人类政治文明的有益成果，但绝不照搬照抄别国的政治发展模式。借鉴人类政治文明的有益成果，必须在认真研究的基础上，分清良莠、择善而从，而不能顶礼膜拜、照搬照抄。实践证明，即便是在他国有效的制度模式，如果不顾国情，照搬照抄，也会出现严重的社会后果。

第二，坚定社会主义政治制度自信，积极推进政治体制改革。中国特色社会主义政治发展道路经过半个多世纪的发展，已经建立起一套适合中国国情的包括人民代表大会制度、中国共产党领导的多党合作和政治协商制度、民族区域自治制度以及基层群众自治制度等构成的基本政治制度。中国的特色社会主义政治制度是马克思主义基本原理同中国国情相结合的产物，既坚持了科学社会主义关于民主理论的基本原理，又吸收了人类政治文明的有益成果，有利于保持党和国家活力，调动广大人民群众和社会各方面的积极性、主动性、创造性。有利于解放和发展社会生产力、推动经济社会全面发展，有利于维护和促进社会公平正义、实现全体人民共同富裕，有利于集中力量办大事，有效应对前进道路上的各种风险挑战，有利于维护民族团结、社会稳定、国家统一。我们必须坚定社会主义政治制度自信，始终坚持这一套政治制度。但是，党和国家现行的具体领导制度、组织形式和工作方式还存在一些不足。因此，在坚持我国基本政治制度的前提下，我们必须继续积极稳妥地推进政治体制改革。

第三，坚持政治秩序优先的渐进式的政治发展战略。改革开放以来，中国共产党领导人一直主张稳定压倒一切，要求正确处理改革、发展与稳定之间的关系。在这个问题上，邓小平的观点非常明确，他旗帜鲜明地表示中国不允许乱。“没有一个安定团结的政治局面，就不能安下心来搞建设。过去二十多年的经验证明了这一点。去年一年的经验也证明了这一点。现在我们有了、或者说基本上有了一个安定团结的政治局面。这个安定团结的政治局面来之不易，现在还很不巩固，还有来自不同方面的不安定因素。在各个岗位上工作的同志，一定要共同负起责任，维护、保障和发展这个安定团结的政治局面。”[①] 为了使中国政治体制改革能在保持政治稳定的前提下推进，中国共产党始终强调中国政治发展要有领导、有步骤地进行，形成了渐进式的政治改革思维。在强调政治体制改革紧迫性的1986年，邓小平用一段通俗的话语阐述了他的政治渐进主义的基本逻辑：改革需要以稳定为念，不断地选择和调适其方案和行动，循序渐进地（有时是间歇式地）向前推进。他说：“这个问题太困难，每项改革涉及的人和事都很广泛，很深刻，触及许多人的利益，会遇到很多的障碍，需要审慎从事。我们首先要确定政治体制改革的范围，弄清从哪里着手。要先从一两件事上着手，不能一下子大干，那样就乱了。国家这么大，情况太复杂，改革不容易，因此决策一定要慎重，看到成功的可能性较大以后再下决心。”[②] 在邓小平看来，“改革不是一年两年的事情，政治体制改革如能在十年内搞成功就很了不起了。”[③] 改革开放30多年来，中国坚持渐进式政治发展战略，中国的政治发展才取得了显著成效。这说明，渐进式改革战略是经理论和实践证明了的符合中国国情的政治发展战略。

第四，政治发展要与经济社会发展相适应，为经济社会发展服务。政治发展总是处于一定的经济社会环境中，受经济社会发展状况的制约。能否处理好政治发展与经济社会发展之间的关系，直接决定着政治发展的成效。改革开放以来中国政治发展历史证明，民主政治建设与市场经济体制建立和先进文化建设、和谐社会建设，既相互联系又相互支持。坚持走中国特色政治发展道路必须以经济建设为中心，从中国特色社会主义的经济、政治、文化、社会、生态建设相互关系的全面把握中，从深入理解经济社会发展与政治民主的辩证关系中，研究和认识社会主义民主政治发展的规律和特点。在改革开放过程中，我们党始终注重政治发展与经济社会发展的适应性。在总结历史经验教训的基础上，中国共产党将处理好政治发展与经济发展之间关系摆在第一位，始终强调政治体制改革与经济体制改革应该相互依赖，相互配合，如政治体制改革滞后，就不能保障经济体制改革的成果。1986年6月28日，邓小平在《在全体人民中树立法制观念》一文中强调：“政治体制改革同经济体制改革应该相互依赖，相互配合。只搞经济体制改革，不搞政治体制改革，经济体制改革也搞不通，因为首先遇到人的障碍。事情要人来做，你提倡放权，他那里收权，你有什么办法？从这个角度来讲，我们所有的改革最终能不能成功，还是决定于政治体制的改革。”[④] 同年，他在《关于政治体制改革问题》一文中指出：“我

① 《十一届三中全会以来重要文献选读》（上），人民出版社1987年版，第138页。
② 《邓小平文选》第3卷，人民出版社1993年版，第176页。
③ 《邓小平文选》第3卷，人民出版社1993年版，第249页。
④ 《邓小平文选》第3卷，人民出版社1993年版，第164页。

们提出改革时，就包括政治体制改革。现在经济体制改革每前进一步，都深深感到政治体制改革的必要性。不改革政治体制，就不能保障经济体制改革的成果，不能使经济体制改革继续前进，就会阻碍生产力的发展，阻碍四个现代化的实现。”① 在实际操作过程中，中国共产党遵循经济决定政治，政治反作用于经济的发展规律，强调“要随着经济体制改革的推进相应地进行政治体制改革”，② 并根据经济体制改革的进展情况，决定政治改革的内容和步骤，从而不断推进政治体制改革的深入。

（作者为中共广东省委党校党史党建教研部教授）

① 《邓小平文选》第 3 卷，人民出版社 1993 年版，第 176 页。
② 《十六大以来重要文献选编》（上），中央文献出版社 2005 年版，第 144 页。

改革开放前后两个历史时期关系论析

柳国庆

一、两个历史时期具有重大区别，不能混为一谈

首先，两个历史时期所面临的时代问题不同

为了建设社会主义的新中国，中国共产党积极争取和平的国际环境，并为此作出了积极努力。毛泽东指出："中国要和平。凡是讲和平的，我们都赞成。我们不赞成战争。"①1964年10月16日，赫鲁晓夫下台和中国第一颗原子弹试爆成功在同一天发生，震惊了世界。毛泽东对这两件事用两句话来描述："无可奈何花落去，无可奈何花已开。"当时还议论到是否能争取到十年和平时间。毛泽东说："有可能。再有十年，原子弹、氢弹、导弹都搞出来了，世界大战就打不成了。将来我们要把原子弹试验转入地下，不然污染空气！"②1976年2月，毛泽东对前任美国总统尼克松说保持和平"25年可能"。尼克松说：要想建设一段时间的和平的世界，我们之间的合作是必不可少的。毛泽东说：讲得好。③中国共产党创造性地提出了和平共处五项原则，致力于建立和发展同世界上爱好和平国家的外交关系，建立了中美大使级关系，恢复了中华人民共和国在联合国的合法席位，实现了中日邦交正常化，积极争取有利于和平发展的国际环境。但总体上看，改革开放前历史时期，中国的社会主义建设长时期处在"革命和战争"这样的国际环境中，国家的生存和发展经常面临着巨大的挑战甚至威胁。建国初期主要面临的是来自美国的威胁，20世纪60年代主要面临来自苏联的巨大威胁。1964年10月22日，毛泽东在一项批示中明确说：必须立足于战争，从准备大打、早打出发，积极备战，立足于早打、大打、打原子战争。周恩来总理在1965年4月访问巴基斯坦时，请阿尤布·汗总统在访问美国时转告中国的立场：中国并不准备同美国打仗。但是在军事上，我们不能不有所准备。如果美国把战争强加给中国人民，中国人民将抵抗到底，别的出路是没有的。进入60年代后，早打、大打、甚至打核战争，已经进入了中央领导层的预想。"这个预想后来延续了十多年，密切影响着国家政治经济的走向。"④

---

① 《毛泽东文集》第8卷，人民出版社1999年版，第377—378页。

② 《毛泽东传（1949—1976）》（下），中央文献出版社2003年版，第1306页。

③ 《毛泽东年谱（1949—1976）》第6卷，中央文献出版社2013年版，第639页。

④ 《中国共产党历史》第二卷（1949—1978）下册，中共党史出版社2011年版，第716页。

改革开放后历史时期，“和平与发展”成为了时代的主题，中国共产党科学把握了这一时代主题的精髓，作出了“把党和国家的工作重心转移到经济建设和现代化建设上来”的重大战略决策。20世纪70年代末80年代初，世界局势开始缓和，和平的力量压倒了战争的力量，和平与发展问题成为了时代的主题。邓小平指出：“现在世界上真正大的问题，带全球性的战略问题，一个是和平问题，一个是经济问题或者说发展问题。”90年代以后，随着冷战的结束，美苏两个超级大国称霸世界的格局不复存在，代之而起的是“一超多强”的多极世界和经济全球化的格局。进入21世纪，和平与发展仍然是时代的主题，政治多极化和经济全球化在曲折中不断发展，给世界的和平与发展带来了机遇和有利条件，争取较长时期的和平国际环境可以实现。“总体和平、局部战争，总体缓和、局部紧张，总体稳定、局部动荡，是当前和今后一个时期国际局势发展的基本态势。”① 正是基于对时代主题的准确判断和科学把握，中国共产党才能够提出并且始终坚持以“一个中心、两个基本点”为核心的社会主义初级阶段党的基本路线，领导人民致力于改革开放和现代化建设。

其次，党领导社会主义建设的指导思想不同

改革开放前历史时期，党在领导社会主义建设的指导思想上“有过好文章”，《论十大关系》和《关于正确处理人民内部矛盾的问题》初步提出了社会主义建设的指导思想，但由于主观上对社会主义建设缺乏经验，1957年以后逐步偏离到以“阶级斗争为纲”的错误路线，对我国的经济社会发展造成了巨大损失，留下了深刻教训。1956年党的八大宣布社会主义制度在中国已经基本上建立起来了，我国社会的主要矛盾已经是人民对于建立先进的工业国的要求同落后的农业国的现实之间的矛盾，已经是人民对于经济文化迅速发展的需要同当前经济文化不能满足人民需要的状况之间的矛盾。党和全国人民当前的主要任务，“就是要集中力量来解决这个矛盾，把我国尽快地从落后的农业国变为先进的工业国。”② 遗憾的是，党的八届三中全会很快就改变了关于我国社会主要矛盾的判断。毛泽东提出，“八大决议说，目前的主要矛盾是先进的社会制度与落后的生产力之间的矛盾。这个矛盾将来还会有，因此这句话从长远讲也对，但现在看则不适当。”“总起来讲，过渡时期的主要矛盾仍然是无产阶级和资产阶级、社会主义与资本主义的矛盾。”③1957年以后相当长的历史时期内，我们坚持所谓“无产阶级专政下继续革命”的理论，错误地执行“以阶级斗争为纲”的思想路线，直至发动“文化大革命”这样全局性的动乱，给党和

① 《江泽民论有中国特色社会主义（专题摘编）》，中央文献出版社2002年版，第522页。

② 《中国共产党第八次全国代表大会文献》，人民出版社1957年版，第810页。

③ 《毛泽东年谱（1949—1976）》第3卷，中央文献出版社2013年版，第218页。

国家带来了巨大的灾难。

改革开放后历史时期，党中央果断地停止使用“以阶级斗争为纲”的错误口号，把党和国家的工作重心转移到社会主义现代化建设上来。我们重新提出社会主义初级阶段主要矛盾是落后的社会生产与人民群众日益增长的物质文化需要之间的矛盾，并由此确定了我国社会主义建设的指导思想：以经济建设为中心，坚持四项基本原则，坚持改革开放，努力建设社会主义市场经济、社会主义民主政治、社会主义先进文化、社会主义和谐社会和社会主义生态文明，致力于促进人的全面发展和逐步实现全体人民共同富裕，建设富强民主文明和谐生态的社会主义现代化国家。这一指导思想贯穿于改革开放和现代化建设的始终，指导我们胜利渡过苏联解体、东欧剧变等国际共产主义运动的波涛，“任凭风浪起，稳坐钓鱼台”，使中国特色的社会主义傲然屹立于世界东方，焕发出勃勃生机和活力。

再次，党制定的路线方针政策不同

改革开放前历史时期，我们党领导人民“确立了社会主义基本制度，消灭一切剥削制度，推进了社会主义建设。”[①] 但是，由于对社会主义建设的规律缺乏正确认识，党的八大以后我们党制定的路线方针政策逐步偏离了正确的方向。在所有制结构上，我国过早地消灭了非公有制经济，搞所谓的“一大二公三纯”，使得以全民所有制和集体所有制为主要内容的单一公有制经济一统天下，偏离了我国生产力发展的现实水平，阻碍了生产力的发展；在分配制度上，实现单一的按劳分配，搞“一平二调”，使得平均主义和“大锅饭”盛行，严重挫伤了人民群众的积极性和创造性；在经济体制上，实行单一的计划经济体制，国家对经济活动大包大揽，指令性计划占主导地位，使得经济发展失去了应有的活力；在对外关系上，批判所谓的“洋奴哲学”，实行僵化封闭政策，使得我国失去了抓住世界科技革命发展自己的历史机遇，搞得贫穷落后愚昧无知；在政治上，搞所谓的“以阶级斗争为纲”，实行残酷斗争、无情打击，使得原本应该生动活泼的社会主义政治变得“万马齐喑究可哀”，甚至发生了“文化大革命”这样的国家和民族的巨大悲剧。“总的来说，就是对外封闭，对内以阶级斗争为纲，忽视发展生产力，制定的政策超越了社会主义的初级阶段。”[②]

改革开放后历史时期，我们坚持实事求是的思想路线，拨乱反正，纠正了过去长期实行的“左”的路线方针政策，实行了适应改革开放和现代化建设事业需要的路线方针政策，促进社会主义事业的发展。在所有制结构上，坚持以公有制经济

---

① 习近平：《在庆祝中国共产党成立95周年大会上的讲话》，人民出版社2016年版，第3页。

② 《邓小平文选》第3卷，人民出版社1993年版，第269页。

为主体、多种所有制经济共同发展的社会主义基本经济制度，发挥不同所有制经济的优势和积极性；在分配制度上，坚持实行以按劳分配为主体、其他分配方式为补充，走共同富裕的发展道路；在经济体制上，实行社会主义市场经济，既遵循价值规律，以市场作为资源配置的主要形式，又加强对国民经济的宏观调控，使得经济又好又快地发展；在对外关系上，在独立自主、自力更生的基础上坚持对外开放，善于学习和借鉴世界上所有国家特别是发达资本主义国家的先进技术、管理经验和思想文化；在政治建设上，深刻总结“文化大革命”的惨痛教训，坚持把党的领导、人民当家作主和依法治国有机统一起来，坚持把依法治国和以德治国有机统一起来，坚定不移地走中国特色社会主义政治发展道路。改革开放成为这个历史时期最鲜明最生动的特点，“从农村到城市、从经济领域到其他各个领域，全面改革的进程势不可挡地展开了；从沿海到沿江沿边，对外开放的大门毅然决然地打开了。”[①]

第四，我国经济社会发展的实际成效不同

改革开放前历史时期，我国的经济社会取得了一定的发展，初步建立起独立的比较完整的国民经济体系，改变了旧中国“一穷二白”的落后面貌。“到 1978 年，我国国民生产总值和财政收入分别比新中国成立初期有了几倍、十几倍的增长，农业生产条件得到很大改善；原有工业部门大大加强，许多新的工业部门从无到有、从小到大迅速发展起来，几乎所有工业产品都比旧中国最高年产量有了成倍、几十倍甚至上百倍的增长。”[②]但由于党在指导思想上忽视发展社会生产力，实行“阶级斗争为纲”的错误路线，我国经济社会发展长期处于比较落后的水平，经济长期停滞不前，“文革”时期甚至到了濒临崩溃的边缘；人民群众的生活水平长期处于很低的水平，在世界上属于低收入发展中国家。据估算，“大跃进”时期，国民收入损失了一千两百亿元，经过三年调整才恢复过来；“文化大革命”动乱十年，国民收入损失了五千亿元。[③]这个数字相当于建国 30 年全部基本建设投资的百分之八十，超过了建国 30 年全国固定资产的总和。[④]城乡居民收入较低，1978 年，农民从集体分得的平均收入为七十四元，全民所有制单位职工年平均工资为六百四十元。“社会主义优越性发挥得太少，社会生产力发展不快、不稳、不协调，人民的生活没有得到多大的改善。”[⑤]我国同世界上某些国家之间本来已经缩小的距离又拉大了。1957 年，日本同我国经济水平相差无几，但到 70 年代中期，日本已经成为人均产值五千美元

① 《十七大以来重要文献选编》（上），中央文献出版社 2009 年版，第 7 页。
② 《中国共产党历史》第二卷（1949—1978）下册，中共党史出版社 2011 年版，第 1063 页。
③ 《三中全会以来重要文献选编》（上），人民出版社 1982 年版，第 290 页。
④ 王年一：《大动乱的年代》，河南人民出版社 1988 年版，第 625 页。
⑤ 《邓小平文选》第 2 卷，人民出版社 1994 年版，第 249 页。

以上的世界上最富的国家之一，而我国却落在了人均产值四百美元的贫穷国家的行列里。[①]

改革开放后历史时期，我国经济社会发展的实际成效，就是经济快速发展，人民生活水平迅速提高，中国成为了国民生产总值位居世界前列的经济大国。改革开放极大地解放了长期被禁锢的社会生产力，推动我国经济以世界上少有的速度持续快速发展起来。国民经济从"文革"期间一度濒于崩溃边缘，发展到经济总量跃居世界第二、主要农产品和工业品产量居世界第一、进出口总额位居世界第二、外汇储备跃居世界第一，人民生活从温饱不足发展到总体小康，农村贫困人口从两亿五千多万减少到一千四百多万（据世界银行公布的数据，自1981年到2005年，中国是发展中国家中国家减贫成就最为显著的国家，如果将中国的减贫成果排除在外，那么在此期间，世界贫困人口实际上还增加了1亿多），我国的政治建设、文化建设、社会建设和生态文明建设等也取得举世瞩目的伟大成就。"中国的发展，不仅使中国人民稳定地走上了富裕安康的广阔道路，而且为世界经济发展和人类文明进步作出了重大贡献。"[②]

二、两个历史时期"本质上都是我们党领导人民进行社会主义建设的实践探索"

第一，立足于中国特殊国情，坚持把马克思主义基本原理与中国具体实际相结合，"走自己的路"，建设有中国特色的社会主义

改革开放前历史时期，以毛泽东同志为核心的第一代中共中央领导集体，面对国民党政府留给我们的"一穷二白"的烂摊子，提出并致力于把马克思列宁主义的基本原理和中国的具体实际相结合，"以苏为鉴"走自己的路，努力探索符合中国国情的社会主义建设道路。邓小平指出："在搞社会主义方面，毛泽东主席的最大功劳是将马克思列宁主义的普遍真理同中国革命的具体实践结合起来。我们最成功的是社会主义改造。"[③]在1956年4月4日中央书记处会议上，毛泽东指出，我们初步总结了自己发展的经验教训，最重要的就是要把马克思列宁主义的基本原理同我国革命和建设的具体实际结合起来。"民主革命时期，我们走过一段弯路，吃了大亏之后才成功地实现了这种结合，取得革命的胜利。现在是社会主义革命和建设时期，我们要进行第二次结合，找出在中国进行社会主义革命和建设的正确道路。"[④]

---

① 王年一：《大动乱的年代》，河南人民出版社1988年版，第626页。

② 《十七大以来重要文献选编》（上），中央文献出版社2009年版，第7页。

③ 《邓小平文选》第2卷，人民出版社1994年版，第313页。

④ 吴冷西：《十年论战》（上），中央文献出版社1999年版，第23—24页。

在此后长达二十年的时间里，以毛泽东为核心的第一代中央领导集体带领全国人民，殚精竭虑，孜孜探求符合中国国情的社会主义建设道路，努力实现国家的富强和人民的幸福。即便毛泽东错误发动“文化大革命”，“主要是从反修防修的要求出发的”[①]，目的是要走出一条有中国特色的社会主义建设道路。诚如毛泽东所言：“这不是为我个人，是为将来这个国家、这个党，将来改变不改变颜色、走不走社会主义道路的问题。”“我没有私心，我想到中国的老百姓受苦受难，他们是想走社会主义道路的。所以我依靠群众，不能让他们再走回头路。”[②]遗憾的是，由于在社会主义建设指导思想上发生重大偏差，错误地推行“阶级斗争为纲”的政治路线，以毛泽东为核心的第一代中央领导集体在探索社会主义建设道路上出现了重大的挫折和失误。正如邓小平所指出的，“我们建设社会主义的方向是完全正确的，但什么叫社会主义，怎样建设社会主义，还在摸索之中。”[③]因此他特别强调“把马克思主义的普遍真理同我国的具体实际结合起来，走自己的路，建设有中国特色的社会主义。”[④]

改革开放后历史时期，中国共产党人深刻总结正反两方面的经验教训，坚持把马克思主义基本原理和中国具体国情和时代特征相结合，开创并不断丰富发展了中国特色的社会主义道路，创立了包括邓小平理论、“三个代表”重要思想、科学发展观和习近平总书记系列重要讲话等一系列科学理论在内的中国特色社会主义理论体系，形成并不断完善了中国特色的社会主义制度，使社会主义中国逐步走向富强、民主、文明、和谐，朝着实现中华民族伟大复兴中国梦的宏伟目标迈进。“三十年的历史经验归结到一点，就是把马克思主义基本原理同中国具体实际相结合，走自己的路，建设有中国特色社会主义。”[⑤]

改革开放前后两个历史时期都坚持把马克思主义和中国的具体实际相结合，“走自己的路”，这是由中国特殊的国情所决定的，具有历史必然性。中国的社会主义，不是建立在马克思、恩格斯曾经构想的经济高度发展的西方发达的资本主义社会，也不完全等同于苏联、东欧等其他社会主义国家的模式，而是建立在经济文化发展十分落后、刚刚从半殖民地半封建社会脱胎而来的社会主义初级阶段。特殊国情决定特殊道路，中国的特殊国情决定了我们必须也只能走有中国特色的社会主义建设道路。唯一正确的选择，就是实现马克思主义和中国具体实际的有机结合，“走自己

① 《邓小平文选》第 2 卷，人民出版社 1994 年版，第 149 页。
② 《毛泽东传（1949—1976）》（下），中央文献出版社 2003 年版，第 1390 页。
③ 《邓小平文选》第 3 卷，人民出版社 1993 年版，第 227 页。
④ 《邓小平文选》第 3 卷，人民出版社 1993 年版，第 3 页。
⑤ 《十七大以来重要文献选编》（上），中央文献出版社 2009 年版，第 809 页。

的路，建设有中国特色的社会主义”。

第二，坚持独立自主、自力更生建设社会主义，艰苦创业，使中华民族傲然屹立于世界民族之林，社会主义中国赢得世界的广泛尊重

改革开放前历史时期，由于以美国为首的西方发达国家对中国进行政治和经济等的封锁，由于苏联赫鲁晓夫上台后对中国采取敌视政策，又在中苏边境陈兵百万威胁我们，所以从50年代中期到70年代，我们完全或基本上处于相对封闭和没有外援的状况。但无论遇到什么样的困难，我们都没有动摇过独立自主、自力更生的决心，没有屈服于任何外来的压力，表现了中国共产党、中国各族人民的大无畏的英雄气概和独立自主、自力更生建设自己国家的坚强决心。“在这种精神的激励下，我们在这个期间搞出了原子弹、氢弹、导弹，发射了人造卫星等等。”[①]正是因为始终坚持了独立自主、自力更生的方针，奉行“不信邪、不怕鬼”的原则，中国共产党提振起整个国家和民族奋发图强的精神，同心同德，艰苦创业，战胜了一个又一个的艰难险阻，不断取得改革开放和社会主义现代化建设的胜利，终于使中国以崭新姿态傲然挺立在世界的东方。著名学者胡绳说：1956年中国面前有两条路好走。“一条路就是我们实际上在这20多年里走过的路，另一条路就是亦步亦趋地跟着苏联走。认为中国应该走另一条路的至少是当时的苏联领导人。如果走这条路意味着什么呢？那不仅意味着中国会走上一条不是那么健康的社会主义道路，而且意味着中国会成为在苏联指挥棒下一个大的‘卫星国’”[②]。坚持独立自主、自力更生，是改革开放前历史时期我们进行社会主义建设并取得成功的重要法宝。

改革开放后历史时期，中国共产党更加自觉和坚定地奉行独立自主、自力更生地建设社会主义的原则，创造性地把独立自主、自力更生和对外开放有机地统一起来。邓小平指出：“独立自主，自力更生，无论过去、现在和将来，都是我们的立足点。”[③]改革开放30多年来，我们始终坚持独立自主、自力更生地建设自己的国家、建设社会主义的战略方针，从不依附和屈从于任何外国和政治集团。我们坚定不移地实行对外开放的政策，从不盲目排外，善于向世界上一切国家学习，大胆吸收和利用外国资金、先进技术、科学管理和一切进步的东西。我们坚定不移地奉行独立自主的和平外交政策，既同许多国家建立友好合作关系，又坚持自己的国家主权原则和“不结盟、不称霸，韬光养晦”的国际战略思想，决不拿原则作交易，敢于对任何国家说“不”，按照自己的独立思考和国家利益作出自己的判断和决定。邓小平深刻指出：“中国本来是个穷国，为什么有中美苏‘大三角’的说法？就是因为

① 《邓小平文选》第2卷，人民出版社1994年版，第406页。
② 《胡绳全书》第3卷（上），人民出版社1998年版，第193页。
③ 《邓小平文选》第3卷，人民出版社1993年版，第3页。

中国是独立自主的国家。为什么说我们是独立自主的？就是因为我们坚持有中国特色的社会主义道路。否则，只能是看着美国人的脸色行事，看着发达国家的脸色行事，或者看着苏联人的脸色行事，那还有什么独立性啊！"[①] 中国独立自主、自力更生发展经济的经验也受到世界各国的高度评价。尼日利亚著名学者费米·阿科莫莱夫说，中国今天的经济腾飞为非洲人提供了特殊的经验，"要想发展本国经济，只能靠自己民族的努力和决心，历史上没有哪个国家的经济是靠外国人发展起来的。"[②]

三、科学把握两个历史时期的内在逻辑关系

首先，改革开放前社会主义实践探索为改革开放后历史时期提供了宝贵经验、理论准备和物质基础，决不能用改革开放后历史时期否定改革开放前历史时期

改革开放前历史时期积累了建设社会主义正反两方面历史经验。邓小平指出，改革开放时期实行的路线、方针、政策，是在总结了成功时期经验、失败时期经验和遭受挫折时期经验后制定的。"历史上成功的经验是宝贵财富，错误的经验、失败的经验也是宝贵财富。"[③] 他在接见美国记者迈克·华莱士时强调，为什么我们能在70年代末和80年代提出现行的一系列政策，就是总结了"文化大革命"的经验和教训。"二十年的经验尤其是'文化大革命'的教训告诉我们，不改革不行，不制定新的政治的、经济的、社会的政策不行。""这些政策概括起来，就是改革和开放。"[④] 如果没有改革开放前历史时期积累的社会主义建设正反两方面的历史经验，中国人民就不可能开创改革开放的新局面，更不可能走上建设中国特色社会主义的康庄大道。

改革开放前历史时期为开辟中国特色社会主义道路提供了思想先导和理论准备。以毛泽东为核心的第一代中央领导集体提出以苏为鉴，"走自己的路"，对如何建设有中国特色的社会主义提出了一些具有创造性的重要思想，成为三中全会以后开辟中国特色社会主义道路的思想先导和理论准备。如关于中国式的工业化和现代化道路思想，为改革开放时期提出中国特色社会主义的发展战略和发展道路奠定了思想基础；关于社会主义基本矛盾和正确处理人民内部矛盾的理论，成为新时期社会主义改革动力论的思想基础，为构建社会主义和谐社会提供重要的理论依据和科学方法；关于三个世界理论和在和平共处五项原则基础上同各国发展对外关系的思

---

① 《邓小平文选》第3卷，人民出版社1993年版，第311页。

② 《中国特色社会主义研究》2009年第4期，第6、10页。

③ 《邓小平文选》第3卷，人民出版社1993年版，第234—235页。

④ 《邓小平文选》第3卷，人民出版社1993年版，第266页。

想，为新时期实施中国特色的外交与国际战略，推动建设和谐世界奠定了实践和理论基础。[①] 薄一波在谈到第一代领导集体和第二代领导集体探索的相互关系时说过，中国特色社会主义道路继承了毛泽东探索的积极成果，扬弃了他老人家探索中的失误，并在实践中有新的发展。“始于毛，成于邓；继往开来。”这一论述，为改革开放前历史时期对社会主义建设道路的探索为改革开放后历史时期开创中国特色社会主义道路提供重要理论准备，提供了权威的诠释。

改革开放前历史时期的发展“建立了实现四个现代化的物质基础”[②]。改革开放前历史时期，尽管党犯过一些错误，“但我们还是在三十年间取得了旧中国几百年、几千年没有取得过的进步。我们的经济建设曾经有过较快的发展速度。”我们建立和发展了社会主义经济，基本实现了生产资料公有制和按劳分配；在工业建设中取得了令世界惊叹的重大成就，初步建立了独立的比较完整的工业体系和国民经济体系；农业生产条件发生显著改变，生产水平有了很大提高，依靠自己的力量基本上保证了人民吃饭穿衣的需要；城乡商业和对外贸易都有很大增长；教育、科学、文化、卫生、体育事业有了很大发展，等等。所有这些成就，为改革开放后历史时期的发展奠定了十分重要的物质基础。正如邓小平所指出：“如果六十年代以来中国没有原子弹、氢弹，没有发射卫星，中国就不能叫有重要影响的大国，就没有现在这样的国际地位。”[③] 应该承认，改革开放前的历史时期，由于党领导社会主义事业的经验不多，对形势的分析和对国情的认识产生偏差，后来又发生了“文化大革命”这样全局性、长时间的严重错误，“同全国人民作出的艰苦努力相比，同社会主义制度应当发挥的优越性相比，我们的成就很不够。”但是，这个历史时期我们取得的成就还是主要的，这些“成就和成功经验是党和人民创造性地运用马克思主义的结果，是社会主义制度优越性的表现，是全党和全国各族人民继续前进的基础”。[④] 我们决不能用改革开放后的历史时期否定改革开放前的历史时期。

其次，改革开放后历史时期是对改革开放前历史时期的坚持、改革和发展，决不能用改革开放前历史时期否定改革开放后历史时期

“改革开放是决定当代中国命运的关键抉择，是党和人民事业大踏步赶上时代的重要法宝。”[⑤] 如果没有改革开放后的历史时期党在思想战线、政治路线和组织路

---

① 柳国庆：《中国特色社会主义道路的理论基础和指导思想》，《东北师大学报（哲学社会科学版）》2009 年第 6 期，第 8—10 页。

② 《邓小平文选》第 2 卷，人民出版社 1994 年版，第 232 页。

③ 《邓小平文选》第 3 卷，人民出版社 1993 年版，第 279 页。

④ 《关于建国以来党的若干历史问题的决议（注释本）》，人民出版社 1983 年版，第 14 页。

⑤ 习近平：《在庆祝中国共产党成立 95 周年大会上的讲话》，人民出版社 2016 年版，第 16 页。

线上的拨乱反正，就不能科学总结改革开放前历史时期社会主义革命和建设正反两方面的经验教训；我们党就不可能果断地停止使用“阶级斗争为纲”的口号，彻底结束“文化大革命”的十年动乱；也就不可能实现马克思主义的基本原理与中国的具体实际相结合，提出一整套符合国情的中国特色社会主义的理论体系，探索出一条有中国特色的社会主义道路，制定一系列既符合国情又行之有效的中国特色的社会主义制度。如果这样，我们的国家就不能走出贫穷落后的泥潭，社会主义制度的优越性不能得到充分发挥，中国共产党执政的合法性和社会主义制度的合理性就会受到重大的挑战，甚至连改革开放前历史时期社会主义建设取得的成果也不能巩固，可能还会被葬送。这已经为苏联解体和东欧剧变的事实所充分证明了，绝不是危言耸听！

从某种意义上讲，改革开放后的历史时期是对改革开放前历史时期的拨乱反正和合乎逻辑的继承发展。中国特色社会主义作为一篇宏大的文章，以十一届三中全会为界，可以分为上下两大篇章。我们在改革开放后历史时期进行的这个篇章，就本质而言，是改革开放前历史时期社会主义革命和建设事业的续篇，是要弥补改革开放前中国共产党艰辛探索社会主义道路留下的历史遗憾，是要找到一条在国际共产主义运动的低潮中成功实现崛起的“中国道路”，从而真正实现“民族振兴、国家富强和人民幸福”的“中国梦”。邓小平说得好：“从许多方面来说，现在我们还是把毛泽东同志已经提出、但是没有做的事情做起来，把他反对错了的改正过来，把他没有做好的事情做好。今后相当长的时期，还是做这件事。当然，我们也有发展，而且还要继续发展。”①

（作者为绍兴文理学院医学院教授）

①《邓小平文选》第2卷，人民出版社1994年版，第300页。

陈云治国理政的突出特点

李正华

陈云在革命、建设和改革开放的实践探索中，积累的丰富的治国理政经验，具有鲜明的特点。由于陈云是党的第二代中央领导集体的重要成员，亲自开辟了中国改革开放事业，他在改革开放中的理论与实践，比较集中地反映了他治国理政的智慧。

一、善于运用科学的思想方法和工作方法

陈云认为，要把党和国家领导好，最要紧的，是要使领导干部的思想方法对头。只有思想方法对头，才能不犯错误、少犯错误，少走弯路。他在治国理政的实践中，特别注意并善于运用科学的思想方法和工作方法，深入思考重大的战略性问题，牢牢抓住重点领域、关键环节。他在关于如何解放思想、如何认识经济发展中的各种平衡、如何处理好改革发展与稳定的关系等方面的理论与实践，成为他运用科学的思想方法的典范。

既坚持解放思想，又注意立足国情、坚持实事求是，是陈云对如何解放思想的一贯主张。解放思想是推进改革的前提，陈云将解放思想置于十分突出的位置，并予以不断强调。“文革”结束后，陈云积极支持并有力推动了真理标准问题大讨论，为全党解放思想、冲破束缚准备了重要条件。在改革开放过程中，陈云强调要不断学习新的东西，他在 1992 年 7 月说：“现在我们国家经济建设规模比过去要大得多、复杂得多，过去行之有效的一些做法，在当前改革开放的新形势下很多已经不再适用。这就需要我们努力学习新的东西，不断探索和解决新的问题。”[①]

陈云的解放思想是建立在中国的基本国情的基础上的。他从中国处于社会主义初级阶段的基本国情出发，把全国人民的吃饭穿衣问题当成大的政治问题。他指出：“一方面我们还很穷，另一方面要经过二十年，即在本世纪末实现四个现代化。这是一个矛盾。人口多，要提高生活水平不容易；搞四个现代化用人少，就业难。我们只能在这种矛盾中搞四化。这个现实的情况，是制定建设蓝图的出发点。”[②]“实

---

① 《陈云文选》第 3 卷，人民出版社 1995 年版，第 379 页。

② 《陈云文选》第 3 卷，人民出版社 1995 年版，第 250 页。

现四个现代化是我国史无前例的一次伟大进军，必须既积极又稳重。”[①] 在这种对国情清醒认识基础上，他坚持把以经济建设为中心同四项基本原则、改革开放这两个基本点，统一于发展中国特色社会主义的伟大实践，既以四项基本原则保证改革开放的正确方向，又通过改革开放不断赋予四项基本原则新的时代内涵。他主张大胆学习和利用资本主义先进的东西，但坚决反对照抄照搬，搞全盘“西化”。他认为：“解放思想，实事求是，既要积极，又要稳妥。只要这样做了，这次改革就一定能够成功。”[②] 他多次强调在发展生产力和提高人民生活水平的大前提下，试验要大胆，推广要谨慎，改革要“摸着石头过河”，建设规模要和国力相适应。

在经济建设中，陈云强调，要善于总结经验，注意把握平衡，缓步而行，不能过于求快，“国民经济做到按比例发展就是最快的速度”[③]。陈云特别强调部门、行业之间要平衡，包括计划与市场，农、轻、重，财政支出和收入，进口与出口，中央与地方，货币与市场之间的平衡等；基本建设与人民生活要平衡；长线（指五年计划、长远规划）与短线（指年度计划）要平衡；经济建设“必须瞻前顾后、前后衔接，避免陡升陡降，造成损失。”[④] 陈云指出：在物质文明建设的同时，也要注意精神文明建设。他告诫人们：必须“两个文明”一起抓，“如果忘记或放松抓社会主义精神文明建设，物质文明建设也不可能搞好。严重的，甚至会脱离社会主义和共产主义的理想，这是很危险的”[⑤]。

陈云强调要正确处理好改革、发展与稳定的关系。他指出，经济、政治、社会稳定了，人心才能安定，国家才能长治久安。在各种稳定中，经济稳定是更重要的稳定，经济稳定是政治稳定、社会稳定的基础。同时，他又强调政治、经济、社会稳定之间的内在联系，提醒人们，决不能把各种稳定孤立化、绝对化。他反对为了稳定，过分强调整齐划一、不允许有一点差异、不能有另类的声音。他对经济稳定与经济发展二者关系作过精辟概括，强调稳定的目的是为了更好更快的发展，以改革发展求稳定。他指出：“人民向往四个现代化，要求经济有较快的发展。但他们又要求不要再折腾，在不再折腾的条件下有较快的发展速度。”[⑥] 陈云坚持量力而行是保持经济快速而又稳定发展的正确原则，认为量力而行与抓住机遇、加快发展并不矛盾。能快则快正是量力而行、尽力而为的结果，不量力而行，盲目追求高速度，

① 《陈云文选》第3卷，人民出版社1995年版，第235页。
② 《陈云文选》第3卷，人民出版社1995年版，第338页。
③ 《陈云年谱》（修订本）下卷，中央文献出版社2015年版，第269页。
④ 《陈云文选》第3卷，人民出版社1995年版，第55页。
⑤ 《陈云文选》第3卷，人民出版社1995年版，第347页。
⑥ 《陈云文选》第3卷，人民出版社1995年版，第268页。

就不会有真正意义上的加快发展。他提醒人们：新中国历史上，曾经出现过的片面重视经济发展速度和规模，忽视甚至无视经济稳定，导致经济发展受挫、出现经济负增长，“代价是重大的。错误的主要来源是‘左’的指导思想”①。在陈云的稳定观中，稳定不是僵化固定，而是灵活变化，不是停止，而是发展，是与时俱进。

对于如何做到思想方法“对头”这一问题，陈云特别强调了三点：一是要注意学习。他反复倡导领导干部要加强学习，特别要学好马克思主义哲学。1981 年 3 月 24 日，他“建议中央提倡学习，主要是学习马克思主义哲学，重点是学习毛泽东的哲学著作。……也要学点历史”。②他认为学习马克思主义哲学是共产党员树立正确的思想方法、工作方法和少犯错误的关键。他说：“学习哲学，可以使人开窍。学好哲学，终身受用”③。二是要重视调查研究。重大决策之前，陈云总要作大量调查研究，听取多方面意见。他说：“领导机关制定政策，要用百分之九十以上的时间作调查研究工作，最后讨论作决定用不到百分之十的时间就够了。”④三是要掌握和运用好辩证唯物主义的方法。陈云提出的“不唯上、不唯书、只唯实，交换、比较、反复”⑤著名的十五个字，是辩证唯物主义的具体化。他总结说：“这十五个字，前九个字是唯物论，后六个字是辩证法，总起来就是唯物辩证法。”⑥这十五个字，既是他在治国理政中长期积累起来的经验总结，也是他在历次风浪中始终能保持认识比较全面、比较正确，少犯或者不犯大的错误的法宝。

陈云强调的思想方法，其理论基础是辩证唯物主义和历史唯物主义，认识基础是中国的具体实际，是科学的世界观和方法论，充满了唯物辩证法的智慧。正是因为坚持运用科学的思想方法，陈云在治国理政的实践中，无论是对中国国情的把握，还是对重要理论问题的认识，都比较客观科学。

二、着力抓经济抓民生

发展经济与改善民生，是陈云始终高度重视的大事情。陈云把发展经济与改善民生提高到党是否脱离群众，事关人心向背的高度。他曾经指出：“当权的党容易只是向群众要东西，而忘记也要给群众很多的东西。如果真是那样，群众就会把我

① 《陈云文选》第 3 卷，人民出版社 1995 年版，第 282 页。
② 《陈云年谱》（修订本）下卷，中央文献出版社 2015 年版，第 309 页。
③ 《陈云文选》第 3 卷，人民出版社 1995 年版，第 362 页。
④ 《陈云文选》第 3 卷，人民出版社 1995 年版，第 189 页。
⑤ 《陈云文选》第 3 卷，人民出版社 1995 年版，第 371 页。
⑥ 《陈云文选》第 3 卷，人民出版社 1995 年版，第 372 页。

们看成强迫摊派的命令机关。所以，我们不应该只知道向群众要东西，更应该时刻注意为群众谋福利。”[①]“党脱离了群众，就成了光杆子的党，这样的党也是不能存在的。”[②]

新中国成立后，陈云主抓经济工作，对新中国的经济发展作出了重要贡献。中共十一届三中全会后，陈云冷静地分析中国面临的主要矛盾和所处的历史阶段，清醒地认识到，社会主义中国要摆脱落后、赶上时代，就必须把工作重心转移到以经济建设为中心的社会主义现代化建设上来，要通过各项改革来解放和发展生产力。只有改革，才能解放和发展社会生产力，实现国家现代化，让中国人民富裕起来。发展是解决中国所有问题的关键。在领导经济工作的长期实践中，陈云形成了以稳中求进、活而不乱为核心的系统的经济发展思想。

生产力的发展是人类社会发展的最终决定力量。只有经济发展了，经济实力和综合国力增强了，人民的生活才能不断改善。也就是说，经济发展是人民生活改善的前提条件，但是，如果不能处理好吃饭与建设、发展与公平的关系，经济发展又不必然带来民生的改善。对这一重大问题，陈云在理论和实践上给予了明确的回答。他在党的八大就提出要建设一个“有利于人民的社会主义经济”。“有利于人民”是社会主义经济的本质所在，也是陈云经济思想的主题。改革开放后，陈云明确指出：“经济体制改革，是为了发展生产力，逐步改善人民的生活。”[③]他说：在社会主义制度下，“搞经济建设的最后目的，是为了改善人民的生活”[④]。因此，必须在安排好人民生活的基础上搞建设。计划安排的顺序应当是先保证民生，其次保证简单再生产的需要，再次才保证基本建设。1981 年底，他提出的著名的经济工作的大方针是：一要吃饭，二要建设，吃光用光，国家没有希望。他不赞成建设挤生活，也不赞成消费增长超过生产增长。“文革”结束后，陈云从改善人民生活的角度强调指出：建国快 30 年了，还有要饭的，怎么行呢？不能让农民喘不过气来。要在三五年内每年进口 2000 万吨粮食，稳住农民这一头，这是“大计”，是“经济措施中最大的一条”。他强调指出：吃饭的问题如果老是不解决，“恐怕农民就会造反，支部书记就会带队进城要饭”[⑤]。考虑到我国农业人口众多的特殊国情，陈云非常重视农业问题，尤其是粮食生产。他多次提醒大家：农业是国力的基础，无农不稳、无粮则乱，在任何情况下都不能放松粮食生产；10 亿人口的吃饭穿衣，是我国的一大

---

① 《陈云文选》第 1 卷，人民出版社 1995 年版，第 173 页。
② 《陈云文选》第 1 卷，人民出版社 1995 年版，第 171 页。
③ 《陈云文选》第 3 卷，人民出版社 1995 年版，第 350 页。
④ 《陈云文选》第 3 卷，人民出版社 1995 年版，第 280 页。
⑤ 《陈云文选》第 3 卷，人民出版社 1995 年版，第 236 页。

经济问题，也是一大政治问题。日用生活必需品的生产和商业工作，与民生息息相关。陈云要求："安排工业生产的时候，应该专门拨出一部分原料和材料，安排日用必需品的生产"[①]。他还特别指出："商业工作天天同人民打交道，管吃、穿、用，管油、盐、柴、米。不要看不起这些，这是人民的大事。"[②]他将解决农民吃饭问题看成"是大计，是经济措施中最大的一条"[③]。

社会主义改革的目的，就是要让绝大多数人民富裕起来，共享改革成果。1979年，陈云在中共中央政治局会议上的一次讲话中设想：要用20年的时间，使人民"生活水平多数达到中等，少数可以先富起来。大体上差别不大，但是还有差别"[④]。在社会主义制度中，生产要以所有人的富裕为目的。如果中国只有"少数人富裕起来，但大量的人会长期处于贫困状态，中国就会发生闹革命的问题"[⑤]。陈云描绘了一幅共同富裕的愿景和一条实现共同富裕的途径。在陈云看来，共同富裕不是绝对平均，而是"实现生活水平多数达到中等"，"大体上差别不大"；共同富裕不是一蹴而就，而是逐步实现的，是少数人先富起来，最后实现大多数人的共同富裕。

在领导改革开放的伟大实践中，陈云提出社会主义的根本任务是解放和发展生产力、经济发展要稳中求进活而不乱、经济发展要有利于人民、要走共同富裕的道路等一系列重要思想，紧紧抓住了治国理政中的关键问题，从根本上把握住了人民的愿望，把握住了社会主义现代化建设的本质。

三、毫不动摇地坚持改革开放的社会主义方向

改革开放的方向问题，是关系到举什么旗、走什么路的重大问题。在中国改革开放的过程中，对于如何改革，确实存在着两种截然不同的主张："一种是党中央和邓小平同志一贯主张的坚持社会主义道路，坚持人民民主专政，坚持共产党的领导，坚持马列主义、毛泽东思想的改革开放，即作为社会主义制度自我完善的改革开放。另一种是坚持资产阶级自由化立场、要求中国'全盘西化'的人所主张的同四项基本原则相割裂、相背离、相对立的'改革开放'。这种所谓'改革开放'的实质，就是资本主义化，就是把中国纳入西方资本主义体系。"[⑥]这两种改革观的对立，

---

① 《陈云文选》第3卷，人民出版社1995年版，第126页。
② 《陈云文选》第3卷，人民出版社1995年版，第33页。
③ 《陈云文选》第3卷，人民出版社1995年版，第236页。
④ 《陈云文选》第3卷，人民出版社1995年版，第254页。
⑤ 《邓小平文选》第3卷，人民出版社1993年版，第229页。
⑥ 《十三大以来重要文献选编》(中)，人民出版社1991年版，第68页。

在很大程度上表现在改革开放要不要坚持社会主义方向这个问题上。针对“资本主义化”的改革观，陈云强调要坚持党在社会主义初级阶段基本路线不动摇，尤其对坚持社会主义道路和坚持党的领导给予了更多的强调。

中共十一届三中全会后，通过总结国际国内社会主义发展的正反两方面经验，陈云一方面肯定并强调社会主义基本制度是好的，必须坚持，另一方面强调社会主义传统体制存在严重弊端，必须改革。陈云明确指出：“现在进行的社会主义经济体制改革，是社会主义制度的自我完善和发展”。[①]改革只能改掉错误的地方和不完善的地方，而不能把社会主义根本的原则的东西丢掉。陈云要求在全党要坚定和加强社会主义和共产主义理想信念教育，他明确指出：“要使全党同志明白，我们干的是社会主义事业，最终目的是实现共产主义，这一点，非常重要。在党中央领导下，我们国家现在进行的经济建设，是社会主义的经济建设，经济体制改革也是社会主义的经济体制改革。任何一个共产党员，每时每刻都必须牢记，我们是搞社会主义的四个现代化，不是搞别的现代化。我们进行的事业，是社会主义事业。”[②]“我们是共产党，共产党是搞社会主义的！”[③]社会主义和共产主义理想不能忘，为人民服务的宗旨不能丢。“八九风波”发生后，陈云亲自主持中央顾问委员会常务委员会，坚定地表示：“现在是关键时刻，不能后退。如果后退，两千万革命先烈用人头换来的社会主义的中华人民共和国，就会变成资本主义的共和国。”[④]1989年后，正是陈云强调的这个常识问题，被一些社会主义国家执政的共产党领导人置之脑后，结果是党败、国破、家亡。教训惨痛，发人深省。

坚持党的领导是社会主义现代化建设事业成功的根本保证。在治国理政的实践中，陈云致力于党的领导坚强有力和党内团结统一。陈云认为：作为一个人口大国的执政党，“我们党处于全世界举足轻重的地位，是中流砥柱”[⑤]。这样的党必须要有中央权威，“如果没有中央的权威，就办不成大事，社会也无法稳定”[⑥]。中央的权威又表现在党的领袖的权威，因此，维护党的领袖的权威十分重要。陈云特别注意维护毛泽东、邓小平等党的领袖人物的崇高地位，维护党中央的政治权威。改革开放后，他大力支持邓小平提出的关于科学地确立毛泽东的历史地位、坚持和发展毛泽东思想的主张，坚持实事求是地评价毛泽东的功过是非。1989年在动乱继续升级、

① 《陈云文选》第3卷，人民出版社1995年版，第350页。
② 《陈云文选》第3卷，人民出版社1995年版，第347页。
③ 《陈云年谱》（修订本）下卷，中央文献出版社2015年版，第434页。
④ 《陈云年谱》（修订本）下卷，中央文献出版社2015年版，第481页。
⑤ 《陈云文选》第3卷，人民出版社1995年版，第243页。
⑥ 《陈云年谱》（修订本）下卷，中央文献出版社2015年版，第510页。

政局面临动荡、党的高层出现分裂的关键时刻，他坚定地维护以邓小平为核心的党中央权威，明确表示："我们作为老同志，现在就是要坚决拥护以邓小平同志为核心的中国共产党，坚决拥护李鹏同志代表中共中央政治局常委会在首都党政军干部大会上的讲话。同时，要主动地多做干部和群众的工作。"[①] "以邓小平同志为核心的党中央"、"改革开放的总设计师"的提法都是这时首先由他提出的，对政治稳定起到了极其重要的作用。1994 年，陈云又发表谈话指出："要维护和加强以江泽民同志为核心的党中央的权威。"[②] 明确支持以江泽民为核心的党中央，强调维护中央权威的重要性。

在改革开放方向问题上，意识形态领域的斗争一直尖锐而复杂，陈云将坚守住意识形态阵地与他一贯重视的经济工作置于同等重要的地位。1980 年 7 月，波兰爆发全国范围的工人罢工事件，陈云借此强调："我们有没有可能发生波兰事件？对此要充分警惕。如果我们经济工作处理得不好，宣传工作处理得不好，有可能发生波兰事件。"[③] "宣传上要有人把关"。他认为：宣传思想工作是我们党的优良传统和政治优势。不论党所处的历史方位和执政条件发生什么样的变化，宣传思想工作这个政治优势都不能丢。宣传思想工作必须把握正确的舆论导向，牢牢掌握宣传思想工作的领导权和主动权。他号召全党理直气壮地宣传和坚持四项基本原则，同错误思潮作斗争，排除资产阶级自由化对社会主义现代化建设的干扰。要努力建设社会主义精神文明，重视和认真对待社会上存在的各种消极现象，抵御资本主义和封建主义腐朽思想的侵蚀，努力使人民成为有理想、有道德、有文化、有纪律的公民。他重视意识形态领域的人才队伍建设，指示要"培养执笔的、写文章的中青年，选择的时候要特别注意，要特别谨慎。一是必须培养能写文章的人，党内没有能写文章的人不行；二是必须培养既能写，又有德，德才兼备的人"[④]。

四、始终将执政党的建设摆在重要地位

治国必先治党，治党务必从严。在治国理政实践中，陈云始终将执政党的建设摆在重要地位，在思想、组织、作风、反腐倡廉方面形成了系统的思想。

在思想建设上，陈云提出：理想信念是共产党员的精神支柱，必须毫不动摇。改革开放给党和国家带来了无限的生机和希望，与此同时，随着党内的种种不正之

① 《陈云年谱》（修订本）下卷，中央文献出版社 2015 年版，第 481 页。
② 《陈云年谱》（修订本）下卷，中央文献出版社 2015 年版，第 510 页。
③ 《陈云年谱》（修订本）下卷，中央文献出版社 2015 年版，第 299 页。
④ 《陈云文选》第 3 卷，人民出版社 1995 年版，第 302 页。

风和腐败现象的滋生和蔓延，一些党员的理想信念也发生了动摇，严重地影响了党的威信和战斗力。对此，陈云指出："我们党是执政党，目前又处在新的发展时期，如何有效地进行思想建设和组织建设，事关重大。现在有些人，包括一些共产党员，忘记了社会主义和共产主义的理想，丢掉了为人民服务的宗旨。"[①] 他认为：抓党风建设，首先要在全党加强社会主义和共产主义理想信念教育。"应当把共产主义思想的教育、四项基本原则的宣传，作为思想政治工作的中心内容。"[②]

在组织建设上，陈云提出：保证党的领导权永远掌握在忠诚于马克思主义的人手中是党的建设中的一个核心问题。为此，陈云非常重视接班人的培养工作。他认为，党保有一支老、中、青相结合的能够适应现代化建设的干部队伍，是决定党和国家前途命运的一项重要战略任务。陈云在延安时期就提出了诸如要坚持党管干部、人事相宜等具体的原则和一整套干部教育管理的具体制度、培养选拔中青年干部的办法措施，对"德才兼备"标准进行了具体化，提出了干部的四条标准[③] 和操作性很强的十二个字的干部政策。[④] 在改革开放新时期，他又主张实行集体领导制度，提出"一个人接班不行，要搞集体接班"；要建立第一、第二、第三梯队；要成千上万地提拔中青年干部，提拔干部的标准要坚持"德才兼备"、"以德为先"的原则；提拔干部要注意五湖四海，反对私人拉拢，搞个人派系；要注意大量提拔知识分子干部，等等。为了搞好中青年干部的选拔，20 世纪 80 年代初，陈云建议中央组织部成立青年干部局和技术干部局，支持重新设立中央书记处，提出把在各级选择合格的年轻干部作为书记处和全党的一项重要任务。陈云还提出要大力加强干部的教育和培训工作。1983 年 2 月 25 日，他专门致信中央党校负责同志，希望着重讨论和解决培训适应"四化"建设需要的革命化、年轻化、知识化、专业化的党政领导骨干问题，并认为这是党校的迫切任务。他要求老同志对青年干部搞好"传帮带"[⑤]，要"扶上马，送一程"。要允许青年干部在工作中犯错误。这些思想和措施，有效地改变了当时干部队伍青黄不接的局面。

在作风建设上，陈云提出："执政党的党风问题是有关党的生死存亡的问题。因此，党风问题必须抓紧搞，永远搞。"[⑥] 陈云提倡恢复和发扬党的民主传统和作风，强调必须坚持、严格执行党的民主集中制。他指出：党内民主集中制没有了，集体

---

① 《陈云文选》第 3 卷，人民出版社 1995 年版，第 352 页。
② 《陈云文选》第 3 卷，人民出版社 1995 年版，第 352 页。
③ 《陈云文选》第 1 卷，人民出版社 1995 年版，第 212—213 页。
④ 《陈云文选》第 1 卷，人民出版社 1995 年版，第 109—122 页。
⑤ 《陈云文选》第 3 卷，人民出版社 1995 年版，第 293 页。
⑥ 《陈云文选》第 3 卷，人民出版社 1995 年版，第 273 页。

领导没有了，这是“文化大革命”发生的一个根本原因。党和国家要避免大的错误，要兴旺发达，必须坚持民主集中制，必须提高执行民主集中制的自觉性和坚定性。他充分肯定十一届三中全会恢复和发扬党内民主等优良作风，认为“这是一件大事”，“有十分重要的意义”，“只有这样做，安定团结、四个现代化才能实现。如果鸦雀无声，一点意见也没有，事情就不妙。”[①]他强调党内要有民主空气，应该允许提出和保留不同意见，“在各级领导班子中，要充分发扬民主，倾听各种意见，特别要注意倾听不同意见。要照党章办事，不要一个人说了算。重大问题的决定，必须经过集体的充分讨论，以便减少失误，少走弯路，把事情办得更好”[②]。发扬民主就是允许不同意见的争论。“不怕人家讲错话，就怕人家不说话。”[③]要鼓励党内的同志按照组织原则和程序提出不同意见，谁是谁非，要严格按照集体生活的原则，开诚布公，以诚相见，正面地坦率地讲出来。要对压制不同意见的现象提出严肃批评。要摆正个人和组织的关系。陈云强调，民主必须有一定的制度保证，要立规矩。他说：“我们党内要强调一下，要有民主生活制度。常委多少时间开一次会，政治局多少时间开一次会，要立个规矩。常委会议、政治局会议、政治局扩大会议，应该分开来开。这是党内民主生活。民主集中制要坚持。经常开会讨论，经常交换意见，就不至于出大的问题。”[④]陈云认为：要正确处理民主和集中的关系，民主是集中的基础，“只有民主，才能集中。”他说：“一个人说了算，一言堂，一边倒，我认为不好。这是讲民主方面。但是，又必须要有集中，少数服从多数，全党服从中央，否则什么事情也做不了，一事无成。没有民主不好，没有集中也办不了事。”[⑤]陈云认为，党风的好坏决定社会风气的好坏，而好的党风又决定于党的各级领导干部特别是高级领导干部的作风。因此，各级领导干部应当成为端正党风的表率。只有党内首先形成是非分明的风气，恢复和发扬党的坚持原则、实事求是的精神，各级领导干部以身作则，党的团结才有基础，党才有战斗力，整个社会风气才会跟着好转。陈云强调：“要提倡坚持原则，提倡是就是是，非就是非的精神。”作表率要首先从中央政治局、书记处和国务院的各位同志做起。1986 年 1 月，他明确要求北京的党、政、军机关，要在实现党风和社会风气根本好转中作出表率。

在反腐倡廉方面，陈云认为，对党内腐败现象必须一抓到底。改革开放后，一些党政军机关、党政军干部和干部子女，蜂拥经商，其中相当一部分，同一些违法

① 《陈云文选》第 3 卷，人民出版社 1995 年版，第 240 页。
② 《陈云文选》第 3 卷，人民出版社 1995 年版，第 353 页。
③ 《陈云文选》第 3 卷，人民出版社 1995 年版，第 275 页。
④ 《陈云文选》第 3 卷，人民出版社 1995 年版，第 359 页。
⑤ 《陈云文选》第 3 卷，人民出版社 1995 年版，第 270 页。

分子、不法外商相互勾结，相互利用，钻改革的空子，出现了倒买倒卖，行贿受贿，走私贩私，弄虚作假，敲诈勒索，逃避关税，制造和销售假药、假酒，谋财害命，以至贩卖、放映淫秽录像，引诱妇女卖淫等丑恶事件，严重影响了党和政府形象，群众十分痛恨。对此，陈云严肃指出："'一切向钱看'的资本主义腐朽思想，正在严重地腐蚀我们的党风和社会风气。我们搞社会主义，一定要抵制和清除这些丑恶的思想和行为，要动员和组织全党和社会的力量，以除恶务尽的精神同这种现象进行坚决的斗争。"①他要求，一方面，要提高全体党员的思想素质，创造良好的思想氛围，从根本上杜绝不正之风和腐败现象在党内的蔓延。要加强党员干部的党性教育，共产主义理想教育和革命传统教育，提高干部队伍的素质，为人民群众掌好权、用好权，真正为人民群众谋利益。另一方面，要对以权谋私的干部绳之以法。他明确指出：在社会主义建设新时期，党的原则和纪律不存在"松绑"的问题。他要求中纪委对党内腐败现象"全力以赴"，"抓到底"。对触犯党纪国法的党员，进行严肃地惩处。他明确指出："对严重的经济犯罪分子，我主张要严办几个，判刑几个，以至杀几个罪大恶极的，雷厉风行，抓住不放，并且登报，否则党风无法整顿。"②"无论是谁违反党纪、政纪，都要坚决按党纪、政纪处理；违反法律的，要建议依法处理"③。

陈云的这些党建思想，在今天仍然是搞好党的建设的重要理论武器。

陈云治国理政方面的贡献，集中体现了他的非凡智慧和高超的战略眼光，对拨乱反正，开创社会主义事业发展的新时期，影响巨大，对贯彻落实十八大以来党中央提出的"四个全面"的战略部署和五大发展理念，实现中华民族伟大复兴的中国梦，也具有重要的启示意义。

（作者为中国社会科学院当代中国研究所研究员）

---

① 《陈云文选》第3卷，人民出版社1995年版，第356页。

② 《陈云传》第4卷，中央文献出版社2015年版，第1738页。

③ 《陈云文选》第3卷，人民出版社1995年版，第356页。

创新完善全球治理体制的核心要义

——习近平治国理政思想的新拓展

梁大伟　刘志礼

当前世界格局和秩序正处在深度调整时期，不同国家间，不同文化间矛盾冲突不断，造成这些问题的根源是“全球治理失灵”（Global Governance Failure）。创新完善全球治理体制势在必行。2015 年 9 月 22 日，习近平在接受《华尔街日报》记者采访时指出：“随着世界不断发展变化，随着人类面临的重大跨国性和全球性挑战日益增多，有必要对全球治理体制机制进行相应的调整改革。这种改革并不是推倒重来，也不是另起炉灶，而是创新完善。”[①] 创新完善全球治理体制符合世界人民的共同愿望，中国作为发展中的大国，责无旁贷地需要担负起作为发展中大国应该担负起的重要国际责任，与世界各国精诚合作，共同推动全球治理体制向更加公正合理有效的方向发展。十八大以来，以习近平同志为总书记的党中央毫不动摇坚持和发展中国特色社会主义，勇于实践、善于创新，深化对共产党执政规律、社会主义建设规律、人类社会发展规律的认识，形成的一系列治国理政新理念、新思想、新战略，为我们探索新的历史条件下中国在国际体中的角色定位及新形势下如何构建新型大国关系，新型国际秩序下如何谋求中国未来发展及中国作为负责任大国如何为世界和平与发展贡献力量等问题提供了科学理论指导和行动指南。

一、健全国际机制，增进包容互鉴，推动国际关系民主化

习近平治国理政思想新拓展的重要特征之一是国际化，即密切关注和致力于国际关系的健康合理发展，而健全国际机制，增进包容互鉴，推动国际关系民主化是创新完善全球治理体制的重要基础，是中国特色社会主义理论的重要组成部分，是对毛泽东、邓小平国际战略思想的继承和发展，是旨在推动以统治和服从为特征的强权型国际关系向以独立自主、平等参与和互利合作为特征的民主型国际关系转化的过程，是倡导国际体间相互尊重主权及国家核心利益，着眼各民族和谐共生，实现世界命运由各国人民共同掌握，国际事务由各国政府和人民共同协商解决的美

① 习近平：《坚持构建中美新型大国关系正确方向，促进亚太地区和世界和平稳定发展》，《人民日报》2015 年 9 月 23 日。

好愿景。当前国际秩序及国际规则是第二次世界大战之后建立起来的，起到了维护世界和平，促进人类共同发展的作用，但也存在缺陷和弊端，如冷战时期联合国组织和布雷顿森林体系都曾一度很难发挥其应有作用，造成这种局面的根本原因是一个国家或几个国家联合起来垄断国际事务。新的国际形势下，随着发展中国家在国际社会中的地位和话语权逐渐提升，对国际社会的贡献和担负的责任也越来越大。“G20 强势崛起，并被确定为‘国际经济合作主要平台’。‘金砖国家’概念也得以机制化，并成为‘当代南南合作与南北对话的重要载体’”。[①] 为此，必须着眼于未来国际社会的发展及世界人民的福祉，健全国际体制，创新国际秩序，建立对发展中国家经济及政治发展有利的国际规则，作为原有国际秩序的有益补充，这样既可以弥补原来国际秩序的不足，又可以调动发展中国家的积极性，使之与发达国家勠力同心，为世界和平与稳定及全人类的共同发展与解放贡献力量。

事实证明，垄断是落后于时代的，也根本无法解决当下及未来纷繁复杂的国际事务并建设和谐美好的新世界。中国一贯主张国际体间睦邻友好，互惠共荣。首先，政治上相互尊重，平等相待。国家主权是国家政府与人民的最高利益，神圣不可侵犯，也是全球化背景下国际秩序得以建立和不断发挥效能的基石，国家不分大小、强弱、贫富，都是国际社会的平等成员。那种试图将自己国家的社会制度和意识形态强加于他国的想法和做法是违背客观规律的，也是注定要失败的。因为任何国家或国家集团都没有凌驾于国际社会之上的权利，霸权主义和强权政治一定是不得民心的。其次，经济上相互合作，共谋发展。经济发展是国家综合实力提升的根本前提，全球化时代的经济浪潮中，主权国家必须独立自主地参与国际经济事务，遵循公平合理原则，在互利合作中谋求共同发展。如果一个国家的繁荣富庶建立在其他国家凋敝贫穷的基础之上，那么这种繁荣富庶必定无法长久，自然也不是世界人民的共同愿望。所以，发达国家与发展中国家应秉持亲诚惠容的发展理念，尤其是要保障发展中国家经济发展的基本权利，“摒弃贸易保护主义和贸易歧视政策，积极推动建设可持续发展的世界经济体系、包容有序的国际金融体系、公正合理的国际贸易体系、公平有效的全球发展体系”[②]，包容互鉴、同舟共济，采取积极、稳妥、有效的措施，创新完善全球治理体制，加强危机预防、应对和管控能力，提高发展中国家自我发展和带动周边发展中国家共同发展的能力。再次，文化上相互借鉴，共襄繁荣。尊重文明的多样性和多样化文明的发展模式是国际关系民主化的重要体现。世界上任何国家都有遵循本国国情，走具有本国特色发展道路的权利，发展中

① 杨洁勉：《金砖国家合作的宗旨、精神和机制建设》，《当代世界》2011 年第 5 期，第 22 页。
② 胡锦涛：《在八国集团同发展中国家领导人对话会议上的讲话》，《人民日报》2008 年 7 月 10 日。

国家和发达国家都有责任和义务主动地促进不同文明间开展对话交流，消除彼此在意识形态及其他领域的偏见与隔阂，最终达到各个民族、各种文明和谐相处、相互借鉴、相得益彰。只有这样，世界文明的百花园才能异彩纷呈，人类社会才会获得不断进步的持久动力。

“国际关系民主化是国际关系发展的必然要求和归宿，是建立公正合理的国际新秩序的重要前提，也是国际社会特别是广大发展中国家孜孜以求的奋斗目标。”[①]中国始终坚持倡导多边主义，并为推动世界多极化的发展笃志前行。世界多极化发展是时代发展之必然，不仅由于多极化有利于包括中国在内的发展中国家的整体利益，更是由于多极化追求的目标本身就是国际关系民主化前提，符合世界人民的根本利益。当前，虽然国际上对英国能否脱离欧盟及未来世界格局走向众说纷纭，甚至著名学者伊万·利达雷夫（Ivan Lidarev）在 2016 年 6 月 19 日公开提出“在亚洲受到美日压力之下，中国越来越朝向欧盟寻求经济机遇，这一转变是‘一带一路’战略背后的主要动力之一。在此背景下，中国着力发展与英国日益密切的政经关系，希望将其打造成自己在欧盟内的首要伙伴和支持者。若英国脱欧，将对北京借英国协助影响欧盟的计划造成沉重打击”[②]的说法，当然，英国脱欧对中国推行大国外交、发展国际贸易、进军欧洲市场以及人民币国际化等问题都会产生影响，但是，中国依旧希望能够按照英国国家利益及国民意志决定国家未来发展。因为霸权体系下的国际关系呈现专制统治特征，这种自上而下的支配与被支配关系及其所形成的畸形等级结构是无法充分发挥国家间各自优势和使之成为世界经济及社会发展的重要参与者、建设者和贡献者的。中国主张顺应历史潮流，保持国际社会稳定，维护全人类共同利益，并“在各国充分参与和民主协商的基础上制定行之有效的国际规则，使经济全球化进程能够得到正确引导和管理，能够朝着有利于缩小南北贫富差距，有利于实现各国的共同发展和繁荣，有利于国际社会所有成员特别是发展中国家都从中受益，有利于促进世界经济平衡、稳定和可持续发展的方向前进”。[③]这也是国际关系民主化的必由之路。

二、恪守国际规则，坚持共同发展，推动国际关系法治化

恪守国际规则，坚持共同发展，“有助于在一个缺乏中央政府的全球化世界中，

---

① 饶银华：《新中国外交思想概论》，中央文献出版社 2006 年版，第 352 页。

② http：//news.ifeng.com/a/20160621/49203907_0.shtml。

③ 江泽民：《在亚太经合组织第八次领导人非正式会议上的讲话》，《人民日报》2000 年 11 月 17 日。

促进合作并建立某种秩序”[①]，这是创新完善全球治理体制的又一核心要义，也是习近平治国理政思想的又一新拓展。严格来讲，国际规则是介乎法理与道德（或自然法）之间的行为规范。它与国家法律法规的性质有所不同。是由主权国家同意或认可的，适用于主权国家之间以及其他具有国际人格的实体之间的规则的总体。而不是由一个主权者发布或制订的，更没有任何一个主权者来强制实施。目前的国际法主要依靠参与签署国际法规则的各个主权国家自觉遵守并执行。各个主权国家可以同意或认可某一项国际条约，但是除了某些适用于国际司法主体的条约或协定可以通过各个主权国家内部的司法体系得到强制实施外，适用于主权国家的许多国际法规则没有权威性的机构去强制实施。所以，恪守国际规则原本应该具备主动性和基本的道德感，即树立“人类命运共同体”的忧患意识与责任意识。

中国一直致力于维护世界和平，促进共同发展，推动未来国际关系进一步法治化。一方面，坚决维护国际法和国际秩序的权威性与严肃性。毋庸置疑，维护国际法规，遵守国际秩序，依法行使国际权利是确保本国利益和实现互利共赢的重要保障。所以，必须旗帜鲜明地反对个别国家以“法治”之名，行祸乱之实。当前，遵守联合国宪章并探索、制定有章可循的，体现权责明晰、义利统一的，具有实际操作性的国际法规是有效地确保世界和平稳定和人类命运共同体共同发展的重要举措，包括中国在内的发展中国家表现出积极的参与诉求，并始终在为此付出努力。另一方面，坚定走公正、包容、有序的法治化国际关系之路。各国都应模范遵守国际法和公认的国际关系准则，树立正确的义利观，发扬“将欲取之，必固与之”的精神，促进国际关系良性、科学发展。法为天下之准绳，没有只适用他人、不适用自己的法律，也没有只适用自己、不适用他人的法律。当今世界频繁发生的各种对抗甚至流血性的冲突，“不是因为联合国宪章宗旨和原则过时了，而恰恰是由于这些宗旨和原则未能得到有效履行。”[②]各国都应尊重彼此核心利益和重大关切，同舟共济、权责共担，坚持通过对话协商，以和平方式解决国家间存在的分歧和争端，携手应对全球性问题，推动建设开放、透明、平等的国际关系新格局。

中国倡导共同、综合、合作、可持续安全的理念，遵守以联合国宪章宗旨和原则为核心的国际秩序和国际体系，巩固第二次世界大战胜利成果，推动建立更加公正合理的国际秩序。外交部副部长刘振民在出席“《联合国宪章》与战后国际秩

① 韩庆祥：《继往开来，掌舵扬帆：习近平治国理政思想的四大逻辑》，光明网，http：//theory.gmw.cn/2016-01/08/content_18413872.htm。

② 习近平在和平共处五项原则发表 60 周年纪念大会上讲话，中国新闻网，http：//www.chinanews.com/gn/2014/06-28/6330009.shtml。

序——纪念世界反法西斯战争胜利和联合国成立70周年”国际研讨会时也“充分肯定了《联合国宪章》在维护世界和平、推动人类进步方面的历史贡献，指出国际社会应顺应时代要求，继承和发展以《宪章》为核心的国际法律体系，坚持主权平等之基础，推动共同安全之保障，遵循民主法治之正途，确立合作共赢之核心，强化法律实施之机制，共同构建命运共同体和合作共赢的新型国际关系”。①2014年10月，外交部部长王毅也发表了题为《中国是国际法治的坚定维护者和建设者》的文章，立场坚定地提出：“只要国际社会坚定信念，携手努力，一定能排除各种干扰和挑战，稳步推进国际法治，让国际公平正义的光芒照亮人类发展之路。”②习近平治国理政思想精髓之一就是依法治国思想，而依法治国思想一方面是国内的治理，同时也有国际关系法治化的内容，他在纪念“和平共处五项原则60周年”的讲话中明确提出：我们应该共同推动国际关系法治化，在国际关系中遵守国际法和公认的国际关系基本原则，用统一适用的规则来明是非、促和平、谋发展。③形成国际法治信仰，积极参与国际合作，更新国际关系理念，推动国际秩序完善创新。

三、追求国际正义，着眼互惠共赢，推动国际关系合理化

民主化与法治化的国际秩序未必是合理化的国际秩序。国际关系合理化的最终目标是追求国际正义，说到底是一个国家经济和社会发展所奉行的理念和原则问题。如果一个国家的政治、经济、军事、文化、外交等方面的发展执着于侵略、征服、奴役，则势必引发国际体间的对抗性矛盾，甚至引发局部性的或是全球性的战争，而战争的最终结果一定是交战双方（一方甚至多方）国家的人民生灵涂炭，经济和社会发展遭到毁灭性的破坏，给全人类带来巨大的灾难。所以，在推进国际关系民主化和法治化取得一定成效后，各国应该共同推动国际关系合理化的伟大进程。中国是当代国际体系的重要参与者、建设者和贡献者。中国坚定不移走和平发展的道路，坚定不移在和平共处五项原则基础上发展同世界各国的友好合作，坚定不移奉行互利共赢的开放战略。当前，中国人民正在为实现中华民族伟大复兴的中国梦而奋斗。中国梦同世界各国人民的美好梦想息息相通，中国人民愿意同各国人民一道在实现各自梦想的过程中相互支持、相互帮助，中国愿意同各国尤其是周边

---

① 《刘振民出席〈联合国宪章〉与战后国际秩序国际研讨会》，中国新闻网，http：//www.chinanews.com/tp/2015/04-14/7207259.shtml。

② 王毅：《中国是国际法治的坚定维护者和建设者》，《光明日报》2014年10月24日。

③ 习近平在和平共处五项原则发表60周年纪念大会上讲话，中国新闻网，http：//www.chinanews.com/gn/2014/06-28/6330009.shtml。

邻国共同发展、共同繁荣，推动全球治理体制向着更加公正合理方向发展，携手应对各种全球性挑战，推动建立和平、稳定、繁荣、安全的世界。

全球治理体制变革正处在历史转折点上。国际力量对比发生深刻变化，新兴市场国家和一大批发展中国家快速发展，国际影响力不断增强。这是近代以来国际力量对比中最具革命性的变化。所以，建立国际机制、遵守国际规则、追求国际正义成为多数国家的共识。经济全球化深入发展，把世界各国利益和命运更加紧密地联系在一起，形成了你中有我、我中有你的利益共同体。很多问题不再局限于一国内部，很多挑战也不再是一国之力所能应对，全球性挑战需要各国通力合作来应对。这“不仅事关应对各种全球性挑战，而且事关给国际秩序和国际体系定规则、定方向；不仅事关对发展制高点的争夺，而且事关各国在国际秩序和国际体系长远制度性安排中的地位和作用”。[①]中国顺应时代潮流，精准发力，着力推动变革全球治理体制中不公正不合理的安排，推动各国在国际经济合作中权利平等、机会平等、规则平等，建设国际经济金融领域、新兴领域、周边区域合作等方面的新机制新规则，推动建设和完善区域合作机制，加强周边区域合作，加强国际社会应对能源安全、粮食安全、网络信息安全、应对气候变化、打击恐怖主义、防范重大传染性疾病等全球性挑战的能力。提升新兴市场国家和发展中国家话语权，弘扬共商共建共享的全球治理理念，推进国际关系合理化。

推动国际关系合理化，必须倡导确立以公平为核心的全球治理价值共识。这样才能得到人们发自内心的普遍拥护与遵从，合理化的治理体制也就可以逐步建立健全并有效实施。事实证明，主权民族国家时代诞生和逐步形成的以人权和民主支撑全球治理的核心价值体系还远远没有建立起与之相适应的价值共识，而“真正的政治不先向道德宣誓效忠，就会寸步难行”。[②]所以，全球治理的价值共识首先要服从于道德要求，而道德的基础是公平正义。洛克曾指出：“如果统治失去了公正性，那么民众就可以理直气壮地撤销对主权的拥护。在自由主义传统中，正义是任何正当统治秩序的固有部分。”[③]当前，国际权力体系呈现出“去中心化”和“分散化”两大特点。美国著名政治评论家法里德·扎卡利亚（Fareed Zakaria）认为，当前国际权力的结构性变化乃是继美国在20世纪崛起之后，世界现代史上第三次权力大转移。[④]全球化、信息化、网络化的飞速发展正重塑全球经济、社会结构，世界经济、

① 《习近平对国际局势做出五点最新判断》，中华网，http：//news.china.com/domestic/945/20151014/ 20561675.html。

② ［德］伊曼努尔·康德：《永久和平论》，何兆武译，上海人民出版社2005年版，第42页。

③ Robert Skidelsky, *After the Crash: The Future of Globalisation,* p.10.

④ Fareed Zakaria, “The Rise of the Rest”, *Newsweek*, May 12, 2008.

政治、社会和文化均经历全面转型，而国际权力格局的深刻变化，又使得世界各种力量之间的竞争、博弈和较量愈加激烈。现存的全球治理体系与决策模式已无法适应复杂多变的新国际形势，“全球化世界迫切需要一种有效的全球治理体制，而世界秩序转型也为全球治理的制度创新提供了契机。”① 习近平治国理政思想是中国特色社会主义理论体系的最新发展是指导全党和全国各族人民实现“两个一百年”奋斗目标、实现中华民族伟大复兴中国梦的强大思想武器。追求国际正义，着眼互惠共赢，需要建立具有广泛的代表性和包容性，在多元主义基础上推进国际规范的包容性发展，能反映当今权力结构发生的变化和文明多样性特点的合理的国际关系。世界呼唤一种多元、多层次参与全球公共事务管理的全球治理的新的世界政治文明，而这种文明必须也必然以全人类共同利益为根本的指导原则和终极归宿。

（作者为大连理工大学马克思主义学院副教授）

---

① 卢静：《当前全球治理的制度困境及其改革》，《外交评论（外交学院学报）》2014 年第 1 期。

在总结中国经验中开拓中国发展道路[①]

——习近平总结历史经验的重要思想和科学方法

吴　超

人类是在不断总结历史经验的过程中前进的。党的十八大以来，以习近平为核心的党中央高度重视学习和总结历史，重视借鉴和运用历史经验，关于治国理政的重要思想和重大举措中都蕴含着对历史经验和新的实践经验的总结。习近平重视并善于总结历史经验，在总结中国经验中开拓中国发展道路，推进马克思主义基本原理同中国的具体实际相结合，不断开辟马克思主义中国化新境界。

一、继承和发展善于总结历史经验的优良传统

重视并善于总结历史经验，是中国共产党的优良传统，也是中国共产党的一大特点和优势。中国共产党领导的革命、建设、改革伟大实践，是一个接续奋斗的历史过程，是一项救国、兴国、强国，进而实现中华民族伟大复兴的完整事业。[②] 从一定意义上说，这一“接续奋斗的历史过程”就是一部不断创造经验、总结经验、积累经验、运用经验的历史。

十八大以来，以习近平为核心的党中央高度重视党史、国史、历史的学习，重视总结历史经验。习近平在多个场合、多次讲话、多次谈话中反复强调，加强历史认知和学习，从历史中吸取经验，历史是“最好的教科书”、“最好的老师”、“最好的清醒剂”、“最好的营养剂”，“历史是前人的实践和智慧之书”。十八大以来，在已经进行的 32 次中央政治局集体学习中，直接谈论到“历史经验”的就有 7 次。在习近平总书记系列重要讲话中，频繁使用历史经验、历史故事、历史典故，强调学习历史、以史为鉴，更好地为现实服务。

2014 年 10 月 13 日，习近平在中央政治局就“我国历史上的国家治理”进行第十八次集体学习时强调：“我们党在领导革命、建设、改革的进程中，一贯重视学习

---

① 本文为国家社会科学基金“当代中国社会治理史研究”[15BDJ026]、马克思主义理论研究和建设工程重大项目（2015MZD009）、中国社会科学院马克思主义理论学科建设与理论研究工程资助项目“中国特色社会治理发展道路研究”[2015MGCHQ008] 的阶段性成果。

② 《十八大以来重要文献选编》（上），中央文献出版社 2014 年版，第 694 页。

和总结历史，一贯重视借鉴和运用历史经验。”[①] 这两个“一贯”是中国共产党的优秀传统和优良作风，也是中国共产党攻坚克难、夺取胜利的利器。习近平指出，重视对历史的学习和对历史经验的总结与运用，善于从不断认识和把握历史规律中找到前进的正确方向和正确道路，这是我们党 90 年来之所以能够领导中国革命、建设、改革不断取得胜利的一个重要原因。[②] 中国共产党在跨百年的奋斗历程当中，每逢关键时期，每逢重大事件或遇重大难题，都会及时总结历史经验，在此基础上，不断形成新的理论内容和确立一系列重大方针政策，成为指导社会实践的指导思想和基本原则。在总结历史经验过程当中，还形成一整套认识、总结和运用历史经验的原则与方法，在总结历史经验过程当中马克思主义中国化实现了理论与实际的有机结合。

时间	习近平重要讲话	相关要点
2010 年 7 月 21 日	在全国党史工作会议上的讲话	党史工作进一步提供历史经验，更好地为现实服务
2011 年 9 月 1 日	在中央党校 2011 年秋季学期开学典礼上的讲话	学习和总结历史，借鉴和运用历史经验
2012 年 12 月 31 日	在中共中央政治局第二次集体学习时的讲话	必须认真总结和运用改革开放的成功经验
2013 年 1 月 5 日	在学习贯彻十八大精神开班式上的讲话	坚持真理，修正错误，发扬经验，吸取教训，在这个基础上把党和人民事业继续推向前进
2013 年 3 月 1 日	在中央党校建校 80 周年庆祝大会暨 2013 年春季学期开学典礼上的讲话	汲取我们党和国家的历史经验，正确了解党和国家历史上的重大事件和重要人物
2013 年 4 月 19 日	在中共中央政治局第五次集体学习时的讲话	积极借鉴我国历史上优秀廉政文化，不断提高拒腐防变和抵御风险能力
2013 年 6 月 25 日	在中共中央政治局第七次集体学习时的讲话	在对历史的深入思考中更好走向未来，交出发展中国特色社会主义合格答卷
2013 年 12 月 3 日	在中共中央政治局第十一次集体学习时的讲话	推动全党学习和掌握历史唯物主义，更好认识规律更加能动地推进工作
2014 年 10 月 13 日	在中共中央政治局第十八次集体学习时的讲话	牢记历史经验历史教训历史警示，为国家治理能力现代化提供有益借鉴
2015 年 12 月 30 日	在中共中央政治局第二十九次集体学习时的讲话	要努力从中华民族世世代代形成和积累的优秀传统文化中汲取营养和智慧，为实现中国梦提供精神支柱
2016 年 4 月 29 日	在中共中央政治局第三十一次集体学习时的讲话	总结丝绸之路和海上丝绸之路的历史经验，为推进“一带一路”建设提供借鉴

① 习近平：《在中共中央政治局第十八次集体学习上的讲话》，《人民日报》2014 年 10 月 14 日，第 1 版。

② 习近平：《领导干部要读点历史——在中央党校 2011 年秋季学期开学典礼上的讲话》，《学习时报》2011 年 9 月 5 日，第 1 版。

站在历史和时代发展的高度，立足国际国内发展全局，习近平强调，实现“两个一百年”奋斗目标、实现中华民族伟大复兴的中国梦，需要充分发挥全党全国各族人民今天所具有的伟大智慧，也需要充分运用中华民族5000多年来积累的伟大智慧。

二、在总结历史经验中坚持和发展中国特色社会主义

一个国家，一个民族，只有找到适合自己条件的道路，才能实现自己的发展目标。实现中华民族伟大复兴的中国梦，必须坚持和发展中国特色社会主义的道路，这是历史的选择，人民的选择。2012年11月29日，执政伊始，习近平在参观《复兴之路》展览时指出，“改革开放以来，我们总结历史经验，不断艰辛探索，终于找到了实现中华民族伟大复兴的正确道路，取得了举世瞩目的成果。这条道路就是中国特色社会主义。”①

在总结经验中，开拓中国特色社会主义道路

道路决定命运，习近平多次从总结历史的角度深入阐发道路问题的极端重要性。习近平强调，无论搞革命、搞建设、搞改革，道路问题都是最根本的问题。30多年来，我们能够创造出人类历史上前无古人的发展成就，走出了正确道路是根本原因。

每个国家和民族的历史传统、文化积淀、基本国情不同，其发展道路必然有着自己的特色。独特的文化传统、独特的历史命运、独特的基本国情，注定了我们国家必然要走适合自己特点的发展道路。中国特色社会主义有着深厚历史渊源和广泛现实基础，它是“在改革开放30多年的伟大实践中走出来的，是在中华人民共和国成立60多年的持续探索中走出来的，是在对近代以来170多年中华民族发展历程的深刻总结中走出来的，是在对中华民族5000多年悠久文明的传承中走出来的”。②中国特色社会主义是中国经验的升华，因为它是对悠久的文明传承、发展历程的深刻总结、持续探索和伟大实践相结合的历史发展的结晶。

一个国家，一个民族，只有找到适合自己条件的道路，才能实现自己的发展目标。2015年10月21日，习近平在伦敦金融城市长晚宴上的演讲中宣称，“改革开放37年来，中国经济年均增速近10%，成为全球第二大经济体，6亿多人口摆脱贫困，人均国内生产总值超过7000美元。中国用几十年时间走完了发达国家几百年走

① 《习近平谈治国理政》，外文出版社2014年版，第35页。
② 习近平：《在第十二届全国人民代表大会第一次会议上的讲话》，《人民日报》2013年3月18日，第1版。

过的发展历程。这充分说明，中国人民正走在正确的道路上。”[1]

在总结经验中，不断发展中国特色社会主义理论体系

马克思主义中国化每一次历史性飞跃的实现，每一个中国化马克思主义重大理论成果的形成，都与历史经验的总结休戚相关。马克思主义是科学的理论，不是教条，它要求在对待马克思主义的问题上“随时随地都要以当时的历史条件为转移”[2]。坚持中国特色社会主义，在不断及时总结历史经验基础上深化认识，不断发展中国特色社会主义理论体系，再把总结历史经验基础之上形成的理论成果用于指导实现中国梦的实践。

2012 年 11 月 17 日，习近平在主持十八届中央政治局第一次集体学习时指出，以毛泽东为核心的党的第一代中央领导集体，为新时期开创中国特色社会主义提供了宝贵经验、理论准备、物质基础。以邓小平为核心的党的第二代中央领导集体，成功开创了中国特色社会主义。以江泽民为核心的党的第三代中央领导集体，成功把中国特色社会主义推向 21 世纪。新世纪新阶段，以胡锦涛同志为总书记的党中央，成功在新的历史起点上坚持和发展了中国特色社会主义。[3]从“只有社会主义才能救中国”到“只有建设有中国特色的社会主义才能发展中国”再到“实现中国梦必须走中国道路，这就是中国特色社会主义道路”，这既是一条不断回顾历史、总结历史经验的思索之路，也是中国特色社会主义道路形成、发展、完善、深化的实践之路，也是一条不断实现国家富强、民族振兴、人民幸福的中华民族伟大复兴之路。

十八大以来，在对历史经验的总结中，把实践经验升华为科学理论，再把科学理论运用于实践，不断丰富中国特色社会主义理论体系：确定了“两个一百年”的奋斗目标，开启了实现中华民族伟大复兴中国梦的新征程，明确提出全面建成小康社会、全面深化改革、全面依法治国、全面从严治党的“四个全面”战略布局和“创新、协调、绿色、开放、共享这五大发展理念”。习近平明确指出，“创新、协调、绿色、开放、共享这五大发展理念，是我们在深刻总结国内外发展经验教训的基础上形成的，集中反映了我们党对经济社会发展规律认识的深化，也是针对我国发展中的突出矛盾和问题提出来的。”[4]正是通过不断地总结和借鉴运用历史经验，十八大以来逐步形成了一系列的有关治国理政的新理念新思想和新经验。

---

① 习近平：《共倡开放包容 共促和平发展——在伦敦金融城市长晚宴上的演讲》，《人民日报》2015 年 10 月 23 日，第 2 版。

② 《马克思恩格斯选集》第 11 卷，人民出版社 1995 年版，第 248 页。

③ 《习近平谈治国理政》，外文出版社 2014 年版，第 8 页。

④ 习近平：《在党的十八届五中全会第二次全体会议上的讲话（节选）》，《求是》2016 年第 1 期。

在总结经验中，完善治国理政的制度体系

在中国建立什么样的政治制度，是近代以后中国人民面临的一个历史性课题。为解决这一历史性课题，中国人民进行了艰辛探索，同时也从历史经验中寻找智慧和答案，寻找着适合国情的政治制度模式。2014 年 9 月 7 日，习近平在庆祝全国人民代表大会成立 60 周年大会上指出："辛亥革命之前，太平天国运动、洋务运动、戊戌变法、义和团运动、清末新政等都未能取得成功。辛亥革命之后，中国尝试过君主立宪制、帝制复辟、议会制、多党制、总统制等各种形式，各种政治势力及其代表人物纷纷登场，都没能找到正确答案。"国家政权应该怎样组织？国家应该怎样治理？这是一个关系国家前途、人民命运的根本性问题。经过实践探索和理论思考，中国共产党人找到了答案。"在中国实行人民代表大会制度，是中国人民在人类政治制度史上的伟大创造"，正是"深刻总结近代以后中国政治生活惨痛教训得出的基本结论"。①

宪法是国家根本大法，党章是党的根本大法，都是在不断适应新形势、吸纳新经验、确认新成果中获得持久的生命力。2012 年 12 月 4 日，习近平在首都各界纪念现行宪法公布施行 30 周年大会上指出，"根据党的十一届三中全会确立的路线方针政策，总结我国社会主义建设正反两方面经验，深刻吸取十年'文化大革命'的沉痛教训，借鉴世界社会主义成败得失，适应我国改革开放和社会主义现代化建设、加强社会主义民主法制建设的新要求，我们制定了我国现行宪法"，回顾我国宪法制度发展历程，我国宪法"同党和人民进行的艰苦奋斗和创造的辉煌成就紧密相连，同党和人民开辟的前进道路和积累的宝贵经验紧密相连"。② 习近平认为，"党章在推进党的事业、加强党的建设中发挥了重要指导作用"，是因为"在 90 多年的奋斗历程中，我们党总是认真总结革命建设改革的成功经验，及时把党的实践创新、理论创新、制度创新的重要成果体现到党章中"。③

采取怎样具体的制度体系治理社会主义社会这样全新的社会，在以往的世界社会主义中没有解决得很好。苏联在这个问题上进行了探索，取得了一些实践经验，但也犯下了严重错误。一个国家治国理政的制度体系的创建是与这个国家的历史传承和文化传统密切相关的。解决中国的问题只能在中国大地上探寻适合自己的道路和办法。习近平强调，"我们推进国家治理体系和治理能力现代化，当然要学习和借鉴人类文明的一切优秀成果，但不是照搬其他国家的政治理念和制度模式，而是要

① 习近平：《在庆祝全国人民代表大会成立 60 周年大会上的讲话》，《人民日报》2014 年 9 月 8 日。

② 习近平：《在首都各界纪念现行宪法公布施行 30 周年大会上的讲话》，《人民日报》2012 年 12 月 5 日，第 2 版。

③ 习近平：《认真学习党章严格遵守党章》，《人民日报》2012 年 11 月 20 日。

从我国的现实条件出发来创造性前进。”①

在总结经验中，丰富治国理政的实践

在中华民族更加接近伟大复兴这个梦想的关键时刻，习近平反复强调“历史是最好的老师”，告诫全党全国人民要“牢记历史经验、牢记历史教训、牢记历史警示”，不断从历史的经验中汲取治国理政的有益启示，把总结经验与治国理政的现实需要结合起来，制定符合新的情况和特点的重大方针政策。

2011 年 9 月 1 日，习近平在中央党校 2011 年秋季学期开学典礼上指出，我们要学习和借鉴中国历史上治国理政的丰富经验。他分析说，在中国的史籍书林之中，蕴含着十分丰富的治国理政的历史经验。其中包含着许多涉及国家、社会、民族及个人的成与败、兴与衰、安与危、正与邪、荣与辱、义与利、廉与贪等方面的经验与教训。要结合我们正在干的事业和正在做的事情，善于借鉴历史上治理国家和社会的各种有益经验。比如，中国历史上，很多人主张儒法并用、德刑相辅，用现在的话来说，也就是主张思想教育手段要和法制处治手段并用。②

2013 年 4 月 19 日，中共中央政治局就我国历史上的反腐倡廉进行第五次集体学习，习近平指出，“把党风廉政建设和反腐败斗争提到关系党和国家生死存亡的高度来认识”，是深刻总结了古今中外的历史教训的。③中国的今天是从中国的昨天和前天发展而来的，要治理好今天的中国，需要对我国历史和传统文化有深入了解，结合我们正在干的事业和正在做的事情，善于借鉴历史上治理国家和社会的各种有益经验。例如，古代主张民惟邦本、政得其民，礼法合治、德主刑辅，为政之要莫先于得人、治国先治吏，为政以德、正己修身，居安思危、改易更化，等等，这些都能给人们以重要启示。

三、全面、系统、贯通地总结人类文明的历史经验

当今世界，人类文明无论在物质还是精神方面都取得了巨大进步，同时也面临着许多突出的难题。习近平认为，要解决这些难题，不仅需要运用人类今天发现和发展的智慧和力量，而且需要运用人类历史上积累和储存的智慧和力量。④总结历史

---

① 习近平：《在中共中央政治局第十八次集体学习上的讲话》，《人民日报》2014 年 10 月 14 日，第 1 版。

② 习近平：《领导干部要读点历史——在中央党校 2011 年秋季学期开学典礼上的讲话》，《学习时报》2011 年 9 月 5 日，第 1 版。

③ 习近平：《在中共中央政治局第五次集体学习时的讲话》，《人民日报》2013 年 4 月 21 日，第 1 版。

④ 习近平：《在纪念孔子诞辰 2565 周年国际学术研讨会暨国际儒学联合会第五届会员大会开幕会上的讲话》，《人民日报》2014 年 9 月 25 日，第 2 版。

经验必须全面、系统、贯通，从整个人类历史发展进程、历史文化和文明的历史交往互动中汲取“人类历史上积累和储存的智慧和力量”。

总结中华民族的全部历史经验

总结中华民族历史经验要从中国古代史、中国近现代史、中华人民共和国史、中国共产党历史（党领导人民的奋斗史、改革开放史、创业史）中汲取历史智慧，获得历史规律的认识和启示。历史就是历史，历史不能任意选择，一个民族的历史是一个民族安身立命的基础。

2015年8月23日，习近平致第二十二届国际历史科学大会的贺信中指出，中国有着5000多年连续发展的文明史，观察历史的中国是观察当代的中国的一个重要角度。不了解中国历史和文化，尤其是不了解近代以来的中国历史和文化，就很难全面把握当代中国的社会状况，很难全面把握当代中国人民的抱负和梦想，很难全面把握中国人民选择的发展道路。[①] 中国的今天是从中国的昨天和前天发展而来的，历史上发生过的很多事情也都可以作为今天的镜鉴。要治理好今天的中国，需要对我国历史和传统文化有深入了解，也需要对我国古代治国理政的探索和智慧进行积极总结。

习近平非常重视对中国共产党历史经验，尤其是改革开放史历史经验的总结。他强调：“我们要把党和人民90多年的实践及其经验，当做时刻不能忘、须臾不能丢的立身之本”。[②]2012年12月31日，十八届中共中央政治局就坚定不移推进改革开放进行第二次集体学习，习近平强调，要把党的十八大确立的改革开放重大部署落实好，就要认真回顾和深入总结历史，特别是改革开放的历程，必须认真总结和运用改革开放的成功经验。

重视各类文明的交流互鉴

总结历史经验必须要珍惜和维护自己的思想文化，也要承认和尊重别国别民族的思想文化，重视各类文明的交流互鉴。习近平指出：“每一个国家和民族的文明都扎根于本国本民族的土壤之中，都有自己的本色、长处、优点”，因此“各国各民族都应该虚心学习、积极借鉴别国别民族思想文化的长处和精华，这是增强本国本民族思想文化自尊、自信、自立的重要条件”。“独学而无友，则孤陋而寡闻。”对人类社会创造的各种文明，都应该采取学习借鉴的态度，都应该积极吸纳其中的有益成分。[③] 文明因交流而多彩，文明因互鉴而丰富，因文明交流互鉴而推动人类文明

---

① 习近平：《致第二十二届国际历史科学大会的贺信》，《人民日报》2015年8月24日，第1版。

② 《十八大以来重要文献选编》（上），中央文献出版社2014年版，第695页。

③ 习近平：《在纪念孔子诞辰2565周年国际学术研讨会暨国际儒学联合会第五届会员大会开幕会上的讲话》，《人民日报》2014年9月25日，第2版。

进步和世界和平发展。但是，“橘生淮南则为橘，生于淮北则为枳。”因此，习近平指出，“我们需要借鉴国外政治文明有益成果，但绝不能放弃中国政治制度的根本”，“照抄照搬他国的政治制度行不通，甚至会把国家前途命运葬送掉”，“只有扎根本国土壤、汲取充沛养分的制度，才最可靠、也最管用”。[①]

在党和国家的历史发展中，要全面把握国内外各种因素的相互联系，才能对历史的发展作出准确的观察、分析，从而发现规律、总结经验。早在 2008 年，习近平在回顾改革开放 30 年党的建设历程时，就运用联系的观点，从国内外多方面因素分析了党对历史经验的总结。他说：“我们党不仅科学总结自身的历史经验特别是执掌全国政权以后和改革开放以来加强和改进党的建设的经验，而且科学总结国际共产主义运动特别是苏联东欧国家共产党兴衰成败的经验教训；不仅深入系统地研究马克思主义政党建设的基本规律，而且科学研究世界各国政党治国理政的有益经验。正是通过这种多方面经验的科学总结，使党的建设工作在历史的比较、国际的观察、现实的把握中开阔了视野、深化了认识、提高了水平。”[②]

从正反两个方面总结历史经验

总结历史经验决不能回避问题和教训，应总结正反两个方面的历史经验。其实，最有价值、最值得汲取、最值得总结的往往是那些历史上失误的教训。恩格斯说过，“伟大的阶级正如伟大的民族一样，无论从哪方面学习，都不如从自己所犯错误的后果中学习来得快。”[③]习近平也指出，“历史的经验值得注意，历史的教训更应引以为戒。”

人世间没有一帆风顺的事业，要正确对待党在前进道路上经历的失误和曲折。“艰难困苦，玉汝于成”，这是一切正义事业胜利的逻辑。综观世界历史，任何一个国家、一个民族的发展，都会跌宕起伏甚至充满曲折。中国共产党在发展历程中经历过不少失误和挫折，最难能可贵的，是敢于公开承认并纠正自己的错误。习近平指出，一个马克思主义政党对自己的错误所抱的态度，是衡量这个党是否真正履行对人民群众所负责任的一个最重要最可靠的尺度。十一届三中全会以来，中国共产党在深刻总结历史经验教训的基础上，坚决纠正过去所犯的各种错误，继承各方面成就和经验，成功开创和发展了中国特色社会主义。正如习近平所指出的：“中国特色社会主义不是从天上掉下来的”，没有改革开放前的社会主义实践探索“提供的正反两方面的历史经验，没有它积累的思想成果、物质成果、制度成果，改革开放

---

① 习近平：《在庆祝全国人民代表大会成立 60 周年大会上的讲话》，《人民日报》2014 年 9 月 8 日。

② 《学习时报》2008 年 9 月 8 日。

③ 《马克思恩格斯选集》第 4 卷，人民出版社 1995 年版，第 432 页。

也难以顺利推进”。[①]

习近平反复强调总结正反两方面经验的重要性，比如：“总结我国社会主义建设正反两方面经验，深刻吸取十年‘文化大革命’的沉痛教训，借鉴世界社会主义成败得失，制定了我国现行宪法”；“党的宗教工作基本方针”，是“从我国国情和宗教具体实际出发，汲取正反两方面经验制定出来的”。[②]

四、科学总结历史经验，创新理论指导实践

能不能从历史中获得智慧，历史能不能发挥应有的作用？以什么样的方法观察历史和研究历史就显得至关重要。正确地观察历史和研究历史，必须有正确的观点、科学的方法。那么，以什么样的观点和方法观察和研究历史呢？习近平强调了这样几个方面：

坚持马克思主义基本原理和中国实际相结合

坚持以科学理论为指导是科学总结历史经验的重要保证。总结经验应遵循正确的原则和方法，要坚持和运用马克思主义的立场、观点和方法，从中国的实际出发，客观公正地综合分析历史上的重大问题、重大事件和重要人物，探寻历史发展规律，总结历史经验。

2010 年 7 月，习近平在全国党史工作会议上对提高党史工作科学化水平提出：“既要坚持和发展马克思主义史学研究的优良传统，坚持和发展党史工作积累的成功经验和方法，也要吸收借鉴古今中外史学研究的有益经验和方法，还要积极运用现代科学技术，创新党史研究的手段、方法、载体。”[③] 实际上，总结历史经验也必须以马克思主义为指导，以古今中外史学方法为借鉴，以现代科学技术为手段。

总结历史经验必须注重历史和现实、理论和实践的有机统一，把握现实要求，解决现实问题。习近平指出，要坚持从国情出发、从实际出发，既要把握长期形成的历史传承，又要把握走过的发展道路、积累的政治经验、形成的政治原则，还要把握现实要求、着眼解决现实问题，不能割断历史，不能想象突然就搬来一座政治制度上的“飞来峰”。[④]

---

① 《十八大以来重要文献选编》(上)，中央文献出版社 2014 年版，第 695 页。

② 习近平：《在首都各界纪念现行宪法公布施行 30 周年大会上的讲话》(2012 年 12 月 4 日)、《在全国宗教工作会议上的讲话》(2016 年 4 月 22 日)。

③ 习近平：《在全国党史工作会议上的讲话》，《光明日报》2010 年 7 月 22 日。

④ 《人民日报》2014 年 9 月 8 日。

着眼现实和未来，揭示规律

历史是过去的现实，现实是未来的历史。总结历史经验的目的是为了认识和把握历史的本质和发展规律，从中获得历史的智慧，以此解决现实中的问题，并为未来发展提供启示和借鉴。习近平指出："历史总是向前发展的，我们总结和吸取历史教训，目的是以史为鉴、更好前进。"[①]2015 年 8 月 23 日，习近平致第二十二届国际历史科学大会的贺信中指出，世界的今天是从世界的昨天发展而来的。今天世界遇到的很多事情可以在历史上找到影子，历史上发生的很多事情也可以作为今天的镜鉴。重视历史、研究历史、借鉴历史，可以给人类带来很多了解昨天、把握今天、开创明天的智慧。[②]

历史忠实记录下每一个国家走过的足迹，也给每一个国家未来的发展提供启示。随着实践的发展，对历史的认识和总结也需要与时俱进，应根据现实的需要不断总结新的经验，发现新的规律。习近平指出，"历史告诉我们，一个国家要发展繁荣，必须把握和顺应世界发展大势，反之必然会被历史抛弃"。[③] 只有科学地总结历史经验，揭示历史规律，才能把握历史发展的方向。

科学分析，批判、继承和发扬

历史虽然是过去发生的事情，但总会以这样那样的方式出现在当今人们的生活之中。怎样对待本国历史？怎样对待本国传统文化？这是任何国家在实现现代化过程中都必须解决好的问题。习近平在中共中央政治局第十三次集体学习时指出："对历史文化特别是先人传承下来的价值理念和道德规范，要坚持古为今用，推陈出新，有鉴别地加以对待，有扬弃地予以继承。"[④]2014 年 10 月 13 日，中共中央政治局就我国历史上的国家治理进行第十八次集体学习，习近平就如何对待历史经验时提出"取其精华，去其糟粕"，他说："对古代的成功经验，我们要本着择其善者而从之、其不善者而去之的科学态度"，"我们要对传统文化进行科学分析，对有益的东西、好的东西予以继承和发扬，对负面的、不好的东西加以抵御和克服，取其精华、去其糟粕。而不能采取全盘接受或者全盘抛弃的绝对主义态度。"[⑤]

传统文化在其形成和发展过程中，不可避免会受到当时人们的认识水平、时代条件、社会制度的局限性的制约和影响，因而也不可避免会存在陈旧过时或已成为糟粕性的东西。习近平要求，"在学习、研究、应用传统文化时坚持古为今用、推陈

---

① 《十八大以来重要文献选编》(上)，中央文献出版社 2014 年版，第 694 页。

② 习近平：《致第二十二届国际历史科学大会的贺信》，《人民日报》2015 年 8 月 24 日，第 1 版。

③ 习近平：《在德国科尔伯基金会的演讲》，《人民日报》2014 年 3 月 31 日。

④ 《习近平谈治国理政》，外文出版社 2014 年版，第 164 页。

⑤ 习近平：《在中共中央政治局第十八次集体学习上的讲话》，《人民日报》2014 年 10 月 14 日，第 1 版。

出新，结合新的实践和时代要求进行正确取舍，而不能一股脑儿都拿到今天来照套照用。要坚持古为今用、以古鉴今，坚持有鉴别的对待、有扬弃的继承，而不能搞厚古薄今、以古非今，努力实现传统文化的创造性转化、创新性发展，使之与现实文化相融相通，共同服务以文化人的时代任务。”[①]

坚持学习、总结历史经验和理论创新相结合

中国共产党历来重视抓全党特别是领导干部的学习，这是推动党和人民事业发展的一条成功经验。习近平在中央党校和中共中央政治局学习会上，多次要求各级领导同志要认真学习党史、国史，“知史爱党，知史爱国”，并把学习党史国史，提到“是坚持和发展中国特色社会主义、把党和国家各项事业继续推向前进的必修课”的高度。[②]不忘历史才能开辟未来，善于继承才能善于创新。

在继承中发展，在发展中创新。马克思主义中国化取得了重大成果，但还远未结束。当前，要在对历史经验的总结和实践探索创新中，把马克思主义普遍原理与十八大以来的新理念新思想新实践相结合，继续推进马克思主义中国化、时代化、大众化，实现马克思主义中国化新的理论飞跃。习近平指出，我们要及时总结党领导人民创造的新鲜经验，不断开辟马克思主义中国化新境界，让当代中国马克思主义放射出更加灿烂的真理光芒。2013 年 1 月 5 日，习近平在新进中央委员会的委员、候补委员学习贯彻党的十八大精神研讨班开班式上发表重要讲话强调，“坚持和发展中国特色社会主义是一篇大文章”，现在，我们这一代共产党人的任务就是“继续把这篇大文章写下去”。[③]

（作者为中国社会科学院当代中国研究所副研究员）

① 习近平：《在纪念孔子诞辰 2565 周年国际学术研讨会暨国际儒学联合会第五届会员大会开幕会上的讲话》，《人民日报》2014 年 9 月 25 日，第 2 版。

② 习近平：《在对历史的深入思考中更好走向未来交出发展中国特色社会主义合格答卷》，《人民日报》2013 年 6 月 27 日，第 1 版。

③ 《人民日报》2013 年 1 月 6 日，第 1 版。

改革开放历史经验与“四个全面”战略布局

邸乘光

中共十八大以来，以习近平为核心的党中央在治国理政实践中提出和确立了协调推进全面建成小康社会、全面深化改革、全面依法治国、全面从严治党的重大战略布局，开辟了马克思主义中国化新境界，开创了中国特色社会主义事业新局面。“四个全面”是从坚持和发展中国特色社会主义全局出发提出来的，也是对中共治国理政经验、特别是对我国改革开放历史经验的科学总结。

一、解放思想、实事求是、与时俱进，推进实践基础上的理论创新，是改革开放的首要经验；“四个全面”是坚持解放思想、实事求是、与时俱进，推进实践基础上的理论创新的重大成果

中国共产党是一个善于总结经验的党。中共十七大在回顾改革开放伟大历史进程的基础上，总结和概括出“十个结合”[①]的宝贵经验。胡锦涛在纪念中共十一届三中全会召开30周年大会上的讲话中又对“十个结合”作了进一步阐述。在“十个结合”中，排在首位的就是：“把坚持马克思主义基本原理同推进马克思主义中国化结合起来，解放思想、实事求是、与时俱进，以实践基础上的理论创新为改革开放提供理论指导。”[②]中共十八大以来，习近平也一再强调这一点。“四个全面”战略布局的形成和确立，正是以习近平为核心的党中央把坚持马克思主义基本原理同推进马克思主义中国化、时代化结合起来，解放思想、实事求是、与时俱进，推进实践基础上的理论创新取得的重大成果。

中共十八大以来，以习近平为核心的党中央接过了历史的接力棒，自觉担负起在新的历史条件下治国理政、推进事业发展的庄严使命，接续书写坚持和发展中国特色社会主义这篇大文章。正是在治国理政、推进事业发展的实践中，以习近平

① 即“把坚持马克思主义基本原理同推进马克思主义中国化结合起来，把坚持四项基本原则同坚持改革开放结合起来，把尊重人民首创精神同加强和改善党的领导结合起来，把坚持社会主义基本制度同发展市场经济结合起来，把推动经济基础变革同推动上层建筑改革结合起来，把发展社会生产力同提高全民族文明素质结合起来，把提高效率同促进社会公平结合起来，把坚持独立自主同参与经济全球化结合起来，把促进改革发展同保持社会稳定结合起来，把推进中国特色社会主义伟大事业同推进党的建设新的伟大工程结合起来”。[《十七大以来重要文献选编》(上)，中央文献出版社2009年版，第8页]

② 《十七大以来重要文献选编》(上)，中央文献出版社2009年版，第796页。

为核心的党中央坚持把马克思主义基本原理同中国具体实际和时代特点紧密结合起来，把坚持马克思主义基本原理同推进马克思主义中国化、时代化紧密结合起来，解放思想、实事求是、与时俱进，强调既要看到我国社会主义初级阶段的基本国情没有变，也要看到和准确把握我国不同发展阶段的新变化新特点，使主观世界更好地符合客观实际，按照实际决定工作方针；强调要不断强化问题意识、坚持问题导向，善于把认识和化解矛盾作为打开工作局面的突破口，积极面对和化解前进中遇到的各种矛盾和问题，在解决矛盾的过程中推动事物发展；强调面对复杂形势和繁重任务首先要有全局观，对各种矛盾做到心中有数，注重总体谋划，同时又要注重牵住“牛鼻子”，优先解决主要矛盾和矛盾的主要方面，以此带动其他矛盾的解决。“‘四个全面’的战略布局是从我国发展现实需要中得出来的，从人民群众的热切期待中得出来的，也是为推动解决我们面临的突出矛盾和问题提出来的”[①]，因而是推进实践基础上的理论创新的重大成果。

解放思想、实事求是、与时俱进，是马克思主义活的灵魂，是我们适应新形势、认识新事物、完成新任务的根本思想武器。“四个全面”的形成和确立，是马克思主义与时俱进的理论品质在中国的又一次鲜活体现。回顾改革开放以来的实践创新和理论创新之路，从“摸着石头过河”到“顶层设计”，从单兵突进到全面统筹，从“两个文明一起抓”到“五位一体”，从“一个中心、三个坚定不移”[②]到“四个全面”……，在改革发展的伟大实践中，围绕着对“什么是社会主义、怎样建设社会主义”，“建设什么样的党、怎样建设党”，“实现什么样的发展、怎样发展”等基本问题的持续深入探索，中共对建设和发展中国特色社会主义重大理论和实践问题的认识不断深化和拓展，相继创立了邓小平理论、“三个代表”重要思想和科学发展观，形成了中国特色社会主义理论体系。“四个全面”的提出，确立了新形势下党和国家各项工作的战略目标和战略举措，“是我们党在新形势下治国理政的总方略，是事关党和国家长远发展的总战略”[③]，“为实现‘两个一百年’奋斗目标和中华民族伟大复兴的中国梦提供了理论指导和实践指南。”[④]

---

① 《十八大以来重要文献选编》(中)，中央文献出版社 2016 年版，第 249 页。

② 1986 年 9 月，中共十二届六中全会通过的《中共中央关于社会主义精神文明建设指导方针的决议》明确提出：“我国社会主义现代化建设的总体布局是：以经济建设为中心，坚定不移地进行经济体制改革，坚定不移地进行政治体制改革，坚定不移地加强精神文明建设，并且使这几个方面互相配合，互相促进。”[《十二大以来重要文献选编》(下)，中央文献出版社 2011 年版，第 121 页]

③ 《习近平在中共中央政治局第三十次集体学习时强调 准确把握和抓好我国发展战略重点 扎实把“十三五”发展蓝图变为现实》，《人民日报》2016 年 1 月 31 日。

④ 《十八大以来重要文献选编》(中)，中央文献出版社 2016 年版，第 250 页。

二、改革开放是一场深刻革命，坚持正确方向、沿着正确道路推进，是改革开放的一条根本经验；“四个全面”以全面建成小康社会为战略目标，内在地规定了中国特色社会主义方向道路

中共十一届三中全会以来，我国所进行的改革开放是一场深刻革命。但这场革命并不是要“革”社会主义的“命”，而是要推动我国社会主义制度自我完善和发展。因此，我们的改革开放具有明确的方向和道路，这就是社会主义，更确切地说是中国特色社会主义。“改革是社会主义制度的自我完善。”① 这是邓小平对中国改革开放的性质和方向所作出的一个重要原则规定。我们之所以要坚持社会主义，就是因为社会主义具有极大的优越性，它不仅能够比资本主义制度更快更好地发展生产力，而且能够创造比资本主义国家的民主更高更切实的民主，并且能够创造比资本主义国家的文明更高更灿烂的文明。作为社会主义制度自我完善和发展的改革，其对象只能是作为社会主义制度的各方面表现形式的具体制度（即“体制”）中影响社会主义优越性充分发挥的东西，而绝不可能是社会主义的基本制度。在坚持社会主义基本制度的前提下改革社会主义各方面的体制，同时又在各方面的体制改革中完善社会主义制度，这二者是有机统一的。坚持这二者的有机统一，归根结底是要坚持改革的社会主义性质和方向。这不仅关系改革的成败，而且关系社会主义的命运。东欧剧变、苏联解体，一个重要的原因就是在改革中偏离了社会主义的方向。

中国的改革开放从一开始就注意到了这一点。作为中国改革开放的总设计师，邓小平一再强调在改革开放中坚持社会主义方向的极端重要性。他明确指出：“在改革中坚持社会主义方向，这是一个很重要的问题。” ② 现在我们搞现代化建设，是搞社会主义的现代化，不是搞别的现代化。我们采取的所有改革、开放、搞活等方面的政策，目的都是为了发展社会主义。30 年多来，中国的改革开放就是按照这个方向走的，所以获得了巨大成功。习近平在总结改革开放的成功经验时概括出了五条，第一条就是：“改革开放是一场深刻革命，必须坚持正确方向，沿着正确道路推进。” ③ 他强调指出，方向决定道路，道路决定命运。在方向问题上，我们头脑必须十分清醒。我们的方向就是不断推动社会主义制度自我完善和发展，而不是对社会主义制度改弦易张。

中共十八大以来，以习近平为核心的党中央在治国理政实践中，毫不动摇地坚持中国特色社会主义的方向和道路。在作为新形势下治国理政总方略的“四个全面”中，

---

① 《邓小平文选》第 3 卷，人民出版社 1993 年版，第 142 页。

② 《邓小平文选》第 3 卷，人民出版社 1993 年版，第 138 页。

③ 《习近平关于全面深化改革论述摘编》，中央文献出版社 2014 年版，第 14 页。

将全面建成小康社会作为战略目标，从根本上规定了中国特色社会主义的方向和道路。这是因为，作为“四个全面”中的战略目标，全面建成小康社会自身包含着中国特色社会主义方向道路的规定性。众所周知，中共十八大明确提出了“两个一百年”奋斗目标，全面建成小康社会作为“两个一百年”奋斗目标中的第一个百年奋斗目标，也就是建设中国特色社会主义在现阶段（21 世纪头 20 年）的奋斗目标，实现这一阶段性奋斗目标，是实现建设中国特色社会主义“总目标”即“建成富强民主文明和谐的社会主义现代化国家”的关键一步。因此，全面建成小康社会本身并不是一个仅仅体现经济社会发展水平的平面目标，而必然是一个同时反映发展方向与制度属性及完善程度的立体目标，是必须在坚持中国特色社会主义方向和道路的条件下才能实现的目标。又由于全面建成小康社会作为战略目标在“四个全面”中居于主导地位，在整个战略布局中具有主题协调和目标引领的功能，全面深化改革、全面依法治国和全面从严治党都以一定方式和特有功能服从和服务于这一战略目标。这就从根本上决定了“四个全面”是以坚持和发展中国特色社会主义为统一主题、以实现建设中国特色社会主义的现阶段奋斗目标为统一目标的战略布局。这对于我们在改革开放和现代化建设实践中坚持中国特色社会主义的方向和道路，具有非常重要的作用。

三、改革是社会主义的发展动力，中国特色社会主义是全面发展的社会主义；全面深化改革是统筹推进经济、政治、文化、社会和生态文明建设，全面建成小康社会的必由之路和动力源泉

唯物史观认为，生产力和生产关系的矛盾、经济基础和上层建筑的矛盾，是人类社会的基本矛盾。正是社会基本矛盾运动推动着人类社会的发展。在社会主义社会，生产力和生产关系、经济基础和上层建筑之间的矛盾依然存在，社会主义制度也有一个从不成熟、不完善到逐步成熟和完善的过程。改革既是社会主义社会发展的根本途径，同时也是社会主义社会发展的根本动力。中共十一届三中全会以后，以邓小平为核心的第二代中央领导集体在深刻总结历史经验和正确认识基本国情的基础上，强调要在坚持社会主义基本制度的同时，通过改革解放生产力，促进生产力的发展，从而解决了社会主义社会的发展动力问题。

改革是一场新的伟大革命，是决定当代中国命运的关键抉择。中国特色社会主义是在改革中开创的，中国特色社会主义的蓬勃生命力也是由改革激发的。没有改革就没有当代中国的发展进步，改革是发展中国、发展社会主义的强大动力。开创中国特色社会主义靠的是改革，坚持和发展中国特色社会主义仍然要靠改革。改革是由问题倒逼而产生，又在不断解决问题中而深化。面向未来，我们要坚持和发展

中国特色社会主义，破解发展面临的各种难题，化解来自各方面的风险和挑战，推动经济社会持续健康发展，不断把中国特色社会主义伟大事业推向前进，除了全面深化改革，别无他途。正因为如此，中共十八大明确提出了全面深化改革的战略任务。几年来，以习近平为核心的党中央，不仅将全面深化改革纳入了“四个全面”战略布局，而且进一步对如何全面深化改革进行了“顶层设计”，作出了全面系统部署。在新的历史条件下，坚持全面深化改革，既是我国改革的一条重要历史经验，也是推进中国特色社会主义全面发展的客观需要。

改革必须是全面的改革。我们党在提出改革任务时即阐述了经济基础与上层建筑一起变革、经济与社会政治共同进步的思想。邓小平更是突出强调了改革的全面性。中共十八大以来，习近平对我国改革开放成功经验的总结，也包含了“全面改革”这一点，即强调“改革开放是一个系统工程，必须坚持全面改革，在各项改革协同配合中推进”[①]。强调改革的全面性，坚持全面深化改革，一方面，是以对社会主义改革规律的深刻认识为基础的，反映和体现了我国改革的历史经验。从根本上说，改革是一场深刻而全面的社会变革，既包括经济体制又包括政治体制、文化体制、社会体制、生态体制，既涉及生产力又涉及生产关系，既涉及经济基础又涉及上层建筑，每一项改革都会对其他改革产生重要影响，每一项改革又都需要其他改革协同配合。随着改革不断深入，改革的关联性和互动性明显增强，这就必然要求我们在深化改革实践中更加注重各项改革的相互促进、良性互动，形成推进改革的强大合力。另一方面，也是以对中国特色社会主义全面性的深刻认识为基础的，反映和体现了中国特色社会主义全面发展的客观要求。中国特色社会主义是全面发展的社会主义，建设中国特色社会主义的总布局就是“五位一体”。全面建成小康社会作为建设中国特色社会主义在现阶段的奋斗目标，也是“五位一体”全面发展的目标，因此全面深化改革的目标任务也必然是全面系统的。全面深化改革，是统筹推进“五位一体”总体布局，全面建成小康社会并进而建成富强民主文明和谐的社会主义现代化国家的必由之路和动力源泉。

四、改革开放是强国之路，法治是治国理政基本方式，二者内在统一；全面依法治国是全面深化改革的重要目标和法治保障，也是全面从严治党和全面建成小康社会的客观需要和法治保障

改革与法治，一个是强国之路，一个是治国理政的基本方式，二者从根本上说是相互联系、相互促进、内在统一的。坚持改革开放与法治建设相结合，也是我

---

① 《习近平关于全面深化改革论述摘编》，中央文献出版社 2014 年版，第 35 页。

国改革开放的一条重要历史经验。中共十八大以来，以习近平为核心的党中央提出和确立的“四个全面”战略布局，就包括全面深化改革和全面依法治国这两个“全面”。在新的历史条件下，在全面建成小康社会的历史进程中，坚持改革开放与推进法治建设相结合，就是要坚持全面深化改革与全面依法治国相结合。“四个全面”本身就彰显了当代中国改革与法治的辩证关系，同时也要求必须充分发挥全面深化改革和全面依法治国的协同效应，以确保全面建成小康社会战略目标的如期实现。

改革与法治的内在统一，首先体现为“改革和法治相辅相成、相伴而生”[①]。我国历史上的历次变法，都是改革和法治紧密结合，变旧法、立新法。现在，我国改革进入了攻坚期和深水区，在如何认识和处理改革和法治的关系问题上，既要纠正“改革就是要冲破法律的禁区，改革要上路、法律要让路”的认识误区，也要纠正“法律就是要保持稳定性、权威性和适当的滞后性，因而难以引领改革”的认识误区；要牢牢把握科学立法这一处理改革和法治关系的重要环节，努力实现立法和改革决策相衔接，做到重大改革于法有据、立法主动适应改革发展需要，改革和法治同步推进，增强改革的穿透力。改革与法治的内在统一，还体现为二者在全面建成小康社会中的作用。在全面建成小康社会的历史进程中，乃至在建成富强民主文明和谐的社会主义现代化国家的历史进程中，改革与法治犹如鸟之两翼、车之双轮，有力推动中国特色社会主义伟大事业向前发展。中共十八届三中、四中全会分别以全面深化改革、全面依法治国为主题并作出相应的决定，是有其内在逻辑的，可以说是一个总体战略部署在时间轴上的顺序展开。正如习近平所指出的：“全面建成小康社会、全面深化改革都离不开全面推进依法治国。党的十八届四中全会决定是党的十八届三中全会决定的姊妹篇，我们要切实抓好落实，让全面深化改革、全面依法治国像两个轮子，共同推动全面建成小康社会的事业滚滚向前。”[②]

“四个全面”是一个有机整体，各个“全面”之间相辅相成、相互促进。具体到全面依法治国来说，作为“四个全面”之一，既是全面深化改革的重要目标和法治保障，又为全面从严治党提供重要途径和法治保障，在归根结底的意义上，则是全面建成小康社会的客观需要和法治保障。就其对全面深化改革的功用而言，全面推进依法治国，完善宪法和法律体系、建设社会主义法治国家，不仅是政治体制改革的重要内容和重要目标，而且为全面深化改革提供基本遵循和法治保障。就其对全面从严治党的功用而言，一方面，全面依法治国必然提出全面从严治党的课题，要求通过全面从严治党切实解决党内存在的各种问题；另一方面，全面依法治国又

① 《习近平关于全面依法治国论述摘编》，中央文献出版社 2015 年版，第 51 页。
② 《习近平关于全面依法治国论述摘编》，中央文献出版社 2015 年版，第 13 页。

为全面从严治党开辟了重要途径，即通过全面深化党的建设制度改革，完善党的建设制度，从而为全面从严治党提供基本遵循和法治（制度）保障。就其对全面建成小康社会的功用而言，全面依法治国作为“三大战略举措”之一，归根到底是以其所特有的功能服务于全面建成小康社会战略目标的。既通过促进和保障全面深化改革和全面从严治党间接地服务于全面建成小康社会的战略目标，也通过建设中国特色社会主义法治体系、促进国家治理体系和治理能力现代化，为全面建成小康社会提供法制支撑和法治保障，直接服务于全面建成小康社会的战略目标。

五、中国共产党的领导是中国特色社会主义最本质的特征，坚持党的领导是改革开放的基本经验；全面从严治党是全面深化改革、全面依法治国和全面建成小康社会的关键所在和根本保证

中国共产党与中国特色社会主义是不可分割地联系在一起的。习近平在庆祝中国共产党成立 95 周年大会上的讲话中明确指出：“历史还告诉我们，历史和人民选择中国共产党领导中华民族伟大复兴的事业是正确的，必须长期坚持、永不动摇；中国共产党领导中国人民开辟的中国特色社会主义道路是正确的，必须长期坚持、永不动摇”。“中国特色社会主义最本质的特征是中国共产党领导，中国特色社会主义制度的最大优势是中国共产党领导。”① 这就多方面深刻揭示了党的领导对于坚持和发展中国特色社会主义的极端重要性。

中国共产党是中国特色社会主义事业的领导核心。加强和改善党的领导，是全面推进中国特色社会主义事业的客观需要，也是我国改革开放最重要的历史经验。改革开放之初，邓小平即将坚持共产党的领导纳入了作为立国之本和实现社会主义现代化根本前提的“四项基本原则”，而且将其作为“核心”。在改革开放历史新时期，中共历次总结经验，都突出强调这一点，“十个结合”的宝贵经验中也包含这一条。在习近平总结的改革开放“五条经验”中，第五条即为“改革开放是亿万人民自己的事业，必须坚持尊重人民首创精神，坚持在党的领导下推进”②。改革开放是人民的要求和党的主张的统一，必须坚持人民主体地位和党的领导的统一；改革发展稳定任务越繁重，越要加强和改善党的领导，越要保持党同人民群众的血肉联系，善于通过提出和贯彻正确的路线方针政策带领人民前进，善于从人民的实践创造和发展要求中完善政策主张，使改革发展成果更多更公平惠及全体人民，不断为

① 习近平：《在庆祝中国共产党成立 95 周年大会上的讲话》，《人民日报》2016 年 7 月 2 日。
② 《习近平关于全面深化改革论述摘编》，中央文献出版社 2014 年版，第 138 页。

深化改革开放夯实群众基础。

中共十八大以来，以习近平为核心的党中央深刻认识到，在新的历史条件下，要办好中国的事情，应对和战胜前进道路上的各种风险和挑战，进行具有许多新的历史特点的伟大斗争，全面推进中国特色社会主义伟大事业、实现中华民族伟大复兴，关键在党。“打铁还需自身硬”。治国必先治党，治党务必从严。正是从坚持和发展中国特色社会主义全局出发，适应全面推进党的建设新的伟大工程的客观需要，习近平明确提出“全面从严治党”并将其纳入了“四个全面”战略布局。在这个战略布局中，全面从严治党与全面深化改革、全面依法治国，都是实现全面建成小康社会战略目标的战略举措。但中国共产党的领导核心地位，从根本上决定了全面从严治党在实现全面建成小康社会战略目标及整个战略布局中的关键地位。协调推进“四个全面”，实现全面建成小康社会战略目标，最根本的是要全面从严治党。具体说来，全面从严治党既是全面深化改革和全面依法治国的关键所在和政治保证，更是全面建成小康社会的关键所在和政治保证。首先，通过全面从严治党，加强和改善党的领导，为全面深化改革提供坚强政治保证。“全面深化改革必须加强和改善党的领导，充分发挥党总揽全局、协调各方的领导核心作用，建设学习型、服务型、创新型的马克思主义执政党，提高党的领导水平和执政能力，确保改革取得成功。”① 其次，通过全面从严治党，加强和改善党的领导，为全面推进依法治国提供坚强政治保证。“党的领导是全面推进依法治国、加快建设社会主义法治国家最根本的保证。必须加强和改进党对法治工作的领导，把党的领导贯彻到全面推进依法治国全过程。”② 再次，全面从严治党作为“三大战略举措”之一，归根到底也是以其所特有的功能作用服务于全面建成小康社会战略目标的。全面从严治党既通过为全面深化改革和全面依法治国提供坚强政治保证间接地服务于全面建成小康社会的战略目标，也通过全面从严管党治党锻造坚强的领导核心直接服务于全面建成小康社会的战略目标，包括为全面建成小康社会把握正确发展方向、凝聚强大推动力量、创造良好社会环境、锻造过硬干部队伍等。

（作者为安徽省社会科学院马克思主义研究所研究员）

① 《十八大以来重要文献选编》（上），中央文献出版社 2014 年版，第 544 页。
② 《十八大以来重要文献选编》（中），中央文献出版社 2016 年版，第 176—177 页。

以“四个全面”引领中国梦的实现

许尔君

引子

一个伟大的政党要引领一个新的时代，必须创建新理论、新纲领。21世纪是中国的世纪，在以习近平为总书记的中国共产党创建了中国的马克思主义理论体系，这就是中国梦和“四个全面”的理论体系创新和实践创新。这两大创新的统一和互动所产生的巨大能量，正推动着全面建成小康社会的进程，向着社会主义现代化强国乘风破浪前进！梦想承载着希望和未来，“有梦想、有机会、有奋斗，一切美好的东西都能够创造出来。”国家富强、民族振兴、人民幸福的中国梦，汇聚起了中华儿女变革中国、富强中国的磅礴力量。中国梦，是历史的、现实的，也是未来的。中国梦归根到底是人民的梦，要依靠人民来实现。中国梦能否顺利实现？党的十八届四中全会《决定》指出“我们党面临的改革发展稳定任务之重前所未有，矛盾风险挑战之多前所未有”。面对这两个前所未有，面对各方面的新常态，如何统领13亿中国人民追寻中国梦？针对这个问题，党的十八大以来，以习近平为核心的党中央从改革发展稳定的实际出发，积极回应人民群众的期待诉求，提出并形成了全面建成小康社会、全面深化改革、全面依法治国、全面从严治党的战略布局，开辟了我们党治国理政的新境界，实现了马克思主义与中国实践相结合的新飞跃。“四个全面”坚持“科学思维”和“问题导向”，呈现出理论逻辑、实践逻辑和历史逻辑的辩证统一，丰富了对社会主义发展规律、改革开放和现代化建设规律、马克思主义执政党建设规律的认识，是立足中国实际、总结中国经验、针对中国问题，主动应对中国特色社会主义事业发展的战略布局，是从我国发展现实需要和坚持发展中国特色社会主义事业实际出发，为推动解决我们面临的突出矛盾而提出的战略思想；是新形势下党和国家各项工作的战略方向、主攻目标、重点领域的形象表达和集中概括；是把实现人民愿望、满足人民需要、维护人民利益，作为党和国家全部工作的根本出发点和落脚点，坚持马克思主义关于无产阶级政党必须植根于人民的政治立场的集中体现，是坚持和发展中国特色社会主义道路、理论、制度的战略抓手。“四个全面”是一个有机整体、相互贯通、相辅相成、相互促进、相得益彰。改革是动力，依法治国、从严治党是保障，三者共同支撑全面建成小康社会，进而向着社会主义现代化强国迈进！中国梦是总目标、总概论，是对新时期时代特征及其规律的科学认识和判断；“四个全面”是追寻中国梦最基本、最核心的战略性理论和实践要求，使中华民族伟大复兴的中国梦更加明晰，让全党和全国上下目标更加明确、信心更加坚定，让人民更加真切地触摸到了中国梦的美好图景。

中国梦与“四个全面”的关系

中国梦与“四个全面”有着密切的内在的根本的联系。中国梦是总目标、总概论，是对新时期时代特征及其规律的科学认识和判断；“四个全面”是适应、引领中国梦最基本、最核心的战略性理论和实践要求。

（一）实现中国梦的关键一步是“全面建成小康社会”

1979年12月6日，邓小平在会见来华访问的日本首相大平正芳时，首次提出了在中国实现“小康”的发展目标。党的十八大描绘了“全面建成小康社会”的宏伟蓝图，提出到2020年全面建成小康社会。2012年11月29日，习近平总书记在参观《复兴之路》展览时提出“实现中华民族伟大复兴，就是中华民族近代以来最伟大的梦想”。中国梦是小康梦，就是让全体中国人民都有能力、有条件而且有闲暇尽情地享受生活的甜美；中国梦是国家梦，体现了刚健有为、自强不息的精神；中国梦是民族梦，符合中华民族和中国人民的整体利益；中国梦是文明梦，体现了贵和尚中、海纳百川的精神；中国梦是幸福梦，体现了追求个体全面发展的共同期盼；中国梦是每一个中国人的梦，只要我们紧密团结，万众一心，为实现共同梦想而奋斗，实现梦想的力量就无比强大，我们每个人为实现自己梦想的努力就拥有广阔的空间。中国梦的本质是国家富强、民族振兴、人民幸福。中国梦的内涵为经济富强、政治民主、文化繁荣、社会和谐、生态文明、法治社会等。习近平总书记强调“实现中华民族伟大复兴的中国梦，是中国各族人民的共同愿景。这个梦想，它凝聚和寄托了几代中国人的夙愿，它体现了中华民族和中国人民的整体利益，它是每一个中华儿女的共同期盼”。[①] 实现中华民族伟大复兴的中国梦，是一项光荣而艰巨的事业。党的十八大提出了到2020年全面建成小康社会的奋斗目标，这是我们党向人民、向历史作出的庄严承诺。这个宏伟目标，是“两个一百年”奋斗目标的第一个百年奋斗目标。用习近平总书记更为暖人心的话来说就是要让“我们的人民有更好的教育、更稳定的工作、更满意的收入、更可靠的社会保障、更高水平的医疗卫生服务、更舒适的居住条件、更优美的环境，期盼着孩子们能成长得更好、工作

① 《全面建成小康社会是实现中华民族伟大复兴中国梦的关键一步》，《党的生活》2015年6月14日。

得更好、生活得更好”。[①]全面建成小康社会，是党和国家的奋斗目标，是全国各族人民的梦想，是实现中华民族伟大复兴中国梦的关键一步。这关键一步走好了，进而实现第二个百年奋斗目标、实现中华民族伟大复兴中国梦就有了坚实的基础。党的十八届五中全会对夺取全面建成小康社会的伟大胜利，进行了精心擘画，作了详尽部署，发出了向全面建成小康社会目标冲刺的新的动员令。当前，全党全国各族人民最重要的是树立起攻坚克难的坚定信心，凝聚起推进事业发展的强大力量，把“十三五”规划描绘的全面建成小康社会宏伟蓝图变成现实。

（二）实现中国梦的根本途径是“全面深化改革”

1978年12月18日至22日召开的党的十一届三中全会，以邓小平为核心的第二代中央领导集体提出了建设有中国特色社会主义新命题，作出了实行改革开放的重大决策，将一个贫穷的、落后的、封闭的中国带进了开放的新时代。此后，改革开放成为中国社会发展最鲜明的特点。自十一届三中全会实行改革开放以来，中国共产党以巨大的政治勇气，带领中国人民，不断求索，不断奋斗，突破了一个又一个传统“禁区”，闯过了一道又一道艰难险阻，给中国带来了生机和活力，也带来了翻天覆地的变化。习近平总书记提出：“如果没有邓小平同志指导我们党做出改革开放的历史性决策，我们国家要取得今天的发展成就是不可想象的。可以说，改革开放是我们党的历史上一次伟大觉醒，正是这个伟大觉醒孕育了新时期从理论到实践的伟大创造。中国发展的实践证明，当年邓小平同志指导我们党做出改革开放的决策是英明的、正确的，邓小平同志不愧为中国改革开放的总设计师，不愧为中国特色社会主义道路的开创者。今后，我们要坚持走这条正确道路，这是强国之路、富民之路。我们不仅要坚定不移走下去，而且要有新举措、上新水平。”[②]2013年11月9日至12日以习近平同志为总书记的新一届中央领导集体主持召开的党的十八届三中全会，审议通过了《中共中央关于全面深化改革若干重大问题的决定》，全面部署了经济体制、政治体制、文化体制、社会体制、生态文明体制和党的建设制度改革的主要任务、重大举措和路线图、时间表，吹响了在新的历史起点上全面深化改革的号角。全面改革开放成为党在新的时代条件下带领全国各族人民进行的新的伟大革命，成为当代中国最鲜明的特色。习近平总书记提出的“全面深化改革”理论与邓小平理论一脉相承，引领中国进入一个空前改革的时代，一个肩负中华民族伟大复兴神圣使命的历史担当的时代。改革开放最主要的成果是开创和发展了中国特色社会主义，为社会主义现代化建设提供了强大动力和有力保障。事实证明，改

① 习近平：《人民对美好生活的向往就是我们的奋斗目标》，《人民日报》2012年11月16日。

② 《习近平关于全面深化改革论述摘编》，中央文献出版社2014年版，第2页。

革开放是决定当代中国命运的关键抉择，是党和人民事业大踏步赶上时代的重要法宝，是发展中国特色社会主义、实现中华民族伟大复兴的必由之路。实践发展永无止境，解放思想永无止境，改革开放永无止境。全面深化改革，是决定当代中国命运的关键一招，将为中国梦的实现开拓动力源。面对新形势新任务，全面建成小康社会，进而建成富强民主文明和谐的社会主义现代化国家、实现中华民族伟大复兴的中国梦，必须在新的历史起点上全面深化改革，不断增强中国特色社会主义道路自信、理论自信、制度自信。

（三）实现中国梦的必由之路是“全面依法治国”

依法治国就是依照体现人民意志和社会发展规律的法律治理国家，而不是依照个人意志、主张治理国家；要求国家的政治、经济运作、社会各方面的活动通通依照法律进行，而不受任何个人意志的干预、阻碍或破坏。从我国法治建设的进程看，1949 年 9 月，体现全国人民意志和利益的《中国人民政治协商会议共同纲领》，起到了临时宪法的作用，成为法治之路的起点。1954 年，第一部宪法颁行，标志着社会主义法治从过渡期走向成型期，从而奠定了依宪治国的基础。1978 年，改革开放重启中国的法治进程，法治建设进入快车道。1993 年 11 月 11 至 14 日召开的党的十四届三中全会第一次提出要建立和完善社会主义市场经济法律体系；1997 年 9 月 12 日至 18 日召开的党的十五大第一次把依法治国确立为党领导人民治理国家的基本方略，进入了全面加强法治建设新时期。2002 年 11 月 8 日至 14 日召开的党的十六大提出发展中国特色社会主义民主政治，必须坚持党的领导、人民当家作主和依法治国的有机统一。2007 年 10 月 15 日至 21 日召开的党的十七大和 2012 年 11 月 8 日至 14 日召开的党的十八大高举社会主义法治旗帜，从科学立法、严格执法、公正司法等法治建设的各个环节全面推进依法治国基本方略的贯彻落实。党的十八大以来，以习近平同志为总书记的党中央从保证党和国家长治久安的战略高度，开辟了全面依法治国的理论和实践新境界。2014 年 10 月 20 日至 23 日召开的党的十八届四中全会按下了全面依法治国快车键，让法治中国建设驶入快车道，使实现中华民族伟大复兴的法治保障更加坚固。依法治国，是坚持和发展中国特色社会主义的本质要求和重要保障，是实现国家治理体系和治理能力现代化的必然要求，事关党执政兴国，事关人民幸福安康，事关党和国家长治久安。要全面建成小康社会、实现中华民族伟大复兴的中国梦，全面深化改革、完善和发展中国特色社会主义制度，提高党的执政能力和执政水平，必须全面推进依法治国。习近平总书记指出“全面推进依法治国，是着眼于实现中华民族伟大复兴中国梦、实现党和国家长治久安的长远考虑。对全面推进依法治国做出部署，既是立足于解决我国改革发展稳定中的矛盾和问题的现实考量，也是着眼于长远的战略谋划。从现在的情况看，只要国际国内不发生大的波折，经过努力，全面建成小康社会目标应该可以如期实现”。[①] 面对新形势新任务，只有全面推进依法治国，才能为建设法治中国开辟康庄大道，引领中国进入发展新境界，才能为“两个一百年”奋斗目标的达成、为中华民族伟大复兴中国梦的实现提供最坚实的法治保障。

（四）实现中华民族复兴的力量保障是“全面从严治党”

坚持党要管党、从严治党，是我们长期坚持的指导原则。1956 年 9 月 15 日至 27 日召开的党第八次全国代表大会，根据执政后党的建设的实际，从加强思想教育、健全制度、加强监督等方面提出了党要管党、从严治党的思想。1978 年 12 月党的十一届三中全会以后，我们党重新确立了实事求是的马克思主义思想路线、政治路线和组织路线，制定了党内政治生活的若干准则，颁布了新党章，提出了“党要管党”、“从严治党”的方针，并先后在全党集中开展了整党、“三讲”教育活动、保持共产党员先进性教育活动、深入学习实践科学发展观活动和群众路线教育实践活动等，持续开展党风廉政建设和反腐败斗争，努力把党要管党、从严治党落到实处。党的十八大以来，以习近平同志为核心的党中央坚持党要管党、从严治党，对党的建设从战略高度进行新谋划、新布局，形成了全面从严治党思想，为在新的历史起点上坚持和发展中国特色社会主义、实现“两个一百年”奋斗目标和中华民族伟大复兴的中国梦，提供了理论指导和实践指南。2013 年 6 月 28 日，习近平总书记在全国组织工作会议上的讲话中指出：“党要管党，首先是管好干部；从严治党，关键是从严治吏。要把从严管理干部贯彻落实到干部队伍建设全过程。要坚持从严教育、从严管理、从严监督，让每一个干部都深刻懂得，当干部就必须付出更多辛劳、接受更严格的约束。”同时，“党员是党的肌体的细胞”，“党要管党、从严治党必须落实到党员队伍的管理中去。”[②]2014 年 10 月 8 日，他在党的群众路线教育实践活动总结大会上的讲话中，第一次就“全面推进从严治党”[③] 等提出了“八点要求”。同年 12 月 13 日至 14 日，他在江苏考察调研时的讲话进一步明确使用了“全面从严治党”的表述，并且强调指出：“全面从严治党是推进党的建设新的伟大工程的必然要求。”[④]2015 年 3 月，他在参加十二届全国人大三次会议上海代表团审议时指出，“全面从严治党，是我们党在新形势下进行具有许多新的历史特点的伟大

---

① 《习近平关于全面依法治国的一组论述》，《党的文献》2015 年第 3 期。

② 《习近平强调：建设一支宏大高素质干部队伍》，新华网，http：//news.xinhuanet.com/2015-05/02/c_1115155387.htm。

③ 《习近平就新形势下坚持从严治党提出八点要求》，新华网，http：//news.xinhuanet.com/politics/2014-10/09/c_127075546.htm？_hj_reload_&1435561316704。

④ 《全面从严治党永远在路上——学习习近平总书记关于全面从严治党的重要论述》，《中国纪检监察》2016 年 2 月 2 日。

斗争的根本保证。”中国共产党是一个拥有8800多万党员、在一个13亿多人口的社会主义大国长期执政的马克思主义政党，在我们国家的治理体系中，居于领导核心地位，发挥着总揽全局、协调各方的重要作用。正因为如此，人们常说“办好中国的事情，关键在党”。面对新形势新任务，只有通过全面从严治党凝聚党心民意，让各族群众紧密团结在党的周围，才能在面向未来、面向世界、面向现代化的“赶考”中持续交出执政兴国的优异答卷，奋力推进中国特色社会主义伟大事业，实现“两个一百年”奋斗目标和中华民族伟大复兴的中国梦。

以“四个全面”引领中国梦的实现

中国梦就是国家富强、民族振兴、人民幸福，实现途径为走中国特色的社会主义道路、坚持中国特色社会主义理论体系、弘扬民族精神、凝聚中国力量，实施手段是政治、经济、文化、社会、生态文明五位一体建设。“四个全面”战略布局，引领“创新、协调、绿色、开放、共享”发展，为实现“两个一百年”奋斗目标、实现中华民族伟大复兴的中国梦提供了理论指导和实践指南。只有坚持以中国梦为目标指向，才能将“四个全面”落到实处；只有坚持以“四个全面”统领党和国家各项工作，才能为“中国梦”照进现实打下坚实基础、提供根本保障。

（一）以“四个全面”引领中国梦的创新发展

创新是民族进步的灵魂，是一个国家兴旺发达的不竭动力。只有创新才能为中国梦插上腾飞的翅膀。面对事关中华民族伟大复兴的重大战略，“中国创新”是一个“短板”。虽然我们看到，自新中国成立以来，特别是改革开放三十多年来，我国经济体量已跃居世界第二，人均GDP也达到中等发达国家水平。与此同时，我国的创新迈出铿锵有力的步伐，取得举世瞩目的成就。神九飞天、蛟龙入海、高铁速度、国际超级计算机……创新中国的科技进步，令中华民族扬眉吐气。“杂交水稻之父”袁隆平、“汉字激光照排之父”王选等创新中国的科技人物，改变了中国，也改变了世界。然而，与发达国家相比还有较大差距，我国科技发展水平总体不高，科技对经济社会发展的支撑能力有限，科技对经济增长的贡献率远远低于发达国家，特别是中国的原始创新还不行，我国的国家创新能力仅仅只是位居发展中国家前列。纵观当今世界，具有原始创新能力的，才能站在产业链的最高端，才能实现利润最大化。创新强则国运昌，创新弱则国运殆，创新托起中国梦。党的十八大提出实施创新驱动发展战略，为推动发展更多依靠创新驱动指明了方向。当今，全球新一轮的科技革命、产业变革和军事变革正在加速演进，科学探索从微观到宏观各个尺度上向纵深拓展，以智能、绿色、泛在为特征的群体性技术革命将引发国际产业分工重大调整，颠覆性技术不断涌现，正在重塑世界竞争格局、改变国家力量对比，创新驱动已成为许多国家谋求竞争优势的核心战略。对此，习近平总书记指出，“实施创新驱动发展战略，是立足全局、面向未来的重大战略，是加快转变经济发展方式、破解经济发展深层次矛盾和问题、增强经济发展内生动力和活力的根本措施。”[①]这一重要论述是在面对全球新一轮科技革命与产业变革的重大机遇和挑战，面对经济发展新常态下的趋势变化和特点，面对实现“两个一百年”奋斗目标的历史任务和要求的大背景下提出来的。国家力量的核心支撑是科技的创新能力。全面建成小康社会是实现中国梦的创新发展之维，在日趋激烈的全球综合国力竞争中，必须坚定不移地走中国特色自主创新道路，把创新摆在国家发展全局的核心位置，增强创新自信，深化科技体制改革，不断开创国家创新发展新局面；必须把全面建成小康社会作为创新驱动发展的根本方向，加快推动以科技创新为核心的全面创新，最大限度激发科技作为第一生产力的巨大潜能，最大限度释放全社会的创新活力与潜力，向科技要效益，向创新要动力。一方面，用法律固化最新的理论成果，将科技创新转化为经济发展的动力，将文化创新融入社会的发展之中，不断推进理论创新、制度创新、科技创新、文化创新等各方面创新；另一方面，用改革培育发展新动力、拓展发展新空间、形成促进创新的体制架构，让创新贯穿党和国家一切工作，让创新在全社会蔚然成风。

（二）以“四个全面”引领中国梦的协调发展

从马克思主义唯物辩证法看，事物是普遍联系的，事物及事物各要素之间相互影响、相互制约，整个世界是相互联系的整体，也是相互作用的系统。城乡联系、区域联系、经济与社会的联系、人与自然的联系、国内发展与对外开放的联系，都是客观存在的。如果我们违背联系的普遍性和客观性，不注意协调好它们之间的关系，就会顾此失彼，导致发展失衡。全面建成小康社会，是经济、政治、文化、社会和生态文明建设的全面发展，是惠及全体人民的共同富裕，是城乡区域携手的普遍进步，是国家硬实力和软实力的同步增强，是兼具平衡性、包容性和可持续性的协调发展。全面建成小康社会，重点在“全面”，难点也在“全面”。这个“全面”既是发展的系统性、平衡性、协调性、整体性、可持续性的发展，也是质量更高、效益更好、结构更优、优势充分释放的发展，这个“全面”不是自然形成的，需要协调发展、统筹兼顾才能得来。由此可见，协调发展是决战制胜的要诀。改革开放30多年来，我们取得了辉煌成就，以GDP衡量的中国经济总量增长了129倍多，

---

① 《习近平强调实施创新驱动发展战略》，新华网，http：//news.xinhuanet.com/2013lh/2013-03/04/c_114883787.htm。

先后赶超加、意、法、英、德、日等七大工业国，目前成为仅次于美国的世界第二大经济体，是全球最大贸易国及拥有外汇储备最多的国家。上述经济成就也极大地惠及了人民，1978 年到 2015 年，城镇居民可支配收入增长 90 多倍，在全世界极度贫困人口中，中国所占的比例从 1981 年的 43% 下降到现在的 13%，中国的人均预期寿命、人均受教育水平等得到大幅提高，与发达国家水平的差距越来越小。但随着经济的高速增长，中国发展的不平衡、不协调问题也接连凸现，贫富差距、人口老龄化、资源环境危机尤其突出。围绕土地使用、财产补偿等纠纷日益增加，食品药品安全事件、生产安全事件频发。而这些问题的有效稳妥解决，只能依靠促进城乡区域协调发展，促进经济社会协调发展，促进新型工业化、信息化、城镇化、农业现代化同步发展，在增强国家硬实力的同时注重提升国家软实力，不断增强发展的整体性。党的十八届五中全会将全面建成小康社会的目标要求概括为经济保持中高速增长、人民生活水平和质量普遍提高、国民素质和社会文明程度显著提高、生态环境质量总体改善、各方面制度更加成熟更加定型。这个目标要求，强调和突出的就是各方面的协调发展。习近平总书记指出，“协调既是发展手段又是发展目标，同时还是评价发展的标准和尺度。”[①] 在全面建成小康社会的决胜阶段，一方面，协调发展要依仗于全面深化改革中各项措施的推进，重点促进城乡区域协调发展，促进经济社会协调发展，促进新型工业化、信息化、城镇化、农业现代化同步发展，在增强国家硬实力的同时注重提升国家软实力，不断增强发展整体性。另一方面，协调发展要注重发挥法治的作用，通过深化户籍制度改革，健全城乡发展一体化体制机制，使法律制度真正成为“十三五”时期维护社会公平正义的“重武器”、夯实社会和谐稳定的“压舱石”、夺取全面建成小康社会伟大胜利的“催化剂”。

（三）以“四个全面”引领中国梦的绿色发展

中国作为发展中大国，发展为了谁？怎样去发展？用什么样的自然观去处理人与自然、发展与环境的关系？这是重大的指导思想问题。“良好的生态环境是最公平的公共产品，是最普惠的民生福祉”、“建设生态文明，关系人民福祉，关乎民族未来”。生态兴则文明兴，生态衰则文明衰。绿色是永续发展的必要条件，绿色是人民对美好生活的追求。完成全面建成小康社会奋斗目标，资源环境问题是重大的制约“瓶颈”之一。改革开放以来，我们取得了巨大的经济社会发展成就。然而，在唯 GDP 论英雄、唯发展速度论成败的时代，我们走过的是条高投入、高消耗、高排放、低产出、少循环的不可持续发展方式，背后的代价是资源消耗过度、人力投入较大、环境污染较重。虽然中央历来高度重视环境保护工作，组织采取了许多积

① 《习近平谈协调：协调既是发展手段又是发展目标》，《人民日报》2016 年 3 月 3 日。

极的政策法规措施，遏制了生态环境恶化趋势，改善了生态环境质量，但是全国环境状况仍不容乐观。污染物排放总量大大超出环境容量，环境质量不如人意，成为全面建成小康社会的“短板”。据环保部《2014中国环境状况公报》显示，在全国开展空气质量新标准监测的161个城市中，达标比例仅为2.7%；全国近五分之一耕地遭污染；超三成地表水受污染，近五成地下水水质差。同时也应看到，发达国家一二百年工业化过程中分阶段出现的环境问题，在我国快速发展的30多年里集中显现，复合型、压缩型特征明显，也加大了解决环境问题的复杂性、艰巨性。党的十八大以来，以习近平同志为核心的党中央，把马克思主义生态理论与当今时代发展特征相结合，在融汇东方文明的基础上，将生态文明建设融入经济、政治、文化、社会建设各方面和全过程，坚持把节约优先、保护优先、自然恢复作为基本方针，把绿色发展、循环发展、低碳发展作为基本途径。2015年5月27日，习近平在浙江召开的华东7省市党委主要负责同志座谈会上指出，“协调发展、绿色发展既是理念又是举措，务必政策到位、落实到位。要科学布局生产空间、生活空间、生态空间，扎实推进生态环境保护，让良好生态环境成为人民生活质量的增长点，成为展现我国良好形象的发力点。”[①] 坚持绿色发展道路，是全面建成小康社会的必然要求。其在空间布局上，要以主体功能区划为基础，推进城乡建设、土地利用、环境保护“多规合一”，划定生态保护红线，构建高效的生产空间、宜居的生活空间、良好的生态空间。在发展规模上，要以资源环境承载力为“刚性”约束，推动绿色、循环、低碳发展，提高发展的质量和效益。在资源利用上，要坚持节约优先、严格用水用能管理、严格保护耕地的同时，树立“环境也是资源”的意识，推行排污权核定、管理和交易。在环境治理上，要以改善环境质量为核心，建立严密的法治制度，统筹城乡发展，打好大气、水、土壤污染防治“三大战役”。在生态安全上，要将山水林田湖作为统一的生命体，实施综合保护和修复，筑牢生态安全屏障。

（四）以“四个全面”引领中国梦的开放发展

实现中国梦，必须坚持改革开放。中国是一个有着悠久历史的东方大国，自古以来，英勇不屈的中国人就一直以自己的勤劳、勇敢和智慧在寻梦、追梦、圆梦，伟大的中华民族以自己的聪明才智创造了彪炳史册的古代文明，走在了世界前列，让文明的益处为整个人类所利用。然而，当历史步入近代，闭关自守的内忧，帝国主义列强侵略的外患，把中国推向了半殖民地半封建社会的深渊。落后挨打的屈辱，唤醒了无数志士仁人“救亡图存，振兴中华”的梦想。中国共产党的诞生，正

---

① 《习近平在华东七省市党委主要负责同志座谈会上强调抓住机遇立足优势积极作为 系统谋划“十三五”经济社会发展》，人民网，http：//military.people.com.cn/n/2015/0529/c172467-27072982.html。

是顺应民意、顺应历史规律的必然，使中华民族的复兴之梦开始了新的历程。回顾和总结我们圆梦的历史，第一个一百年圆的是“民族独立和人民解放”之梦，它靠的是党领导的人民革命；第二个一百年圆的是“国家繁荣富强和人民共同富裕”之梦，它靠的是党领导的改革开放。进入社会主义现代化建设新时期以来，我们常讲四项基本原则是立国之本、改革开放是强国之路，这是来自实践的最权威的结论。我们要完成“两个一百年”的历史任务，最终圆满实现中国梦，还得靠改革开放，这是任何时候都不能动摇的。改革开放30多年来中国正一步步走向富强，迎来中国历史上的空前盛世。30年来，是经济繁荣，社会稳定，人民安居乐业的30年；是解放思想、实事求是，同心同德、锐意进取，是进行建设有中国特色社会主义的历史性、创造性活动的30年。改革开放不仅使中国的经济实力和综合国力不断增强，人民的生活水平和国民福利得到了实质性的提高，而且也使中国日益融入世界经济和主流文明之中。作为享受改革开放成果的一代人，我们经历了香港澳门回归的感动、北京奥运举办的自豪、上海世博承办的骄傲，以及物质生活的发展带来的便利和精神文明的进步的满足。正是因为改革开放的伟大决策，我们才能沐浴在和谐社会的生活中。奋斗历程告诉我们，没有改革开放，就没有中国特色社会主义；在新的历史条件下夺取中国特色社会主义新胜利，还必须坚持推进改革开放。习近平总书记指出：“改革开放是我党历史上一次伟大觉醒，是决定当代中国命运的关键一招，也是决定实现‘两个一百年’奋斗目标、实现中华民族伟大复兴的关键一招。”①改革开放是引领实现中华民族伟大复兴，坚持和发展中国特色社会主义的根本方略。我国已进入全面建成小康社会的决定性阶段，时间紧迫，时不我待。我们惟有坚持改革开放不动摇，一步一个脚印去奋斗，以更大的道路自信、理论自信、制度自信，去奋力实现中华民族伟大复兴的光荣梦想。这是今日中国人义不容辞的历史使命和责任。我们必须通过改革开放推进中国梦的实现，依据实现中国梦的总体要求全面深化改革开放；必须坚持以人为本，尊重人民主体地位，发挥群众首创精神，紧紧依靠人民推动改革，紧紧依靠人民实现中国梦。只有从人民的实践创造和发展要求中吸取无穷的智慧和力量，才能谱写改革开放伟大事业历史新篇章，才能全面建成小康社会、不断夺取中国特色社会主义新胜利、实现中华民族伟大复兴的中国梦。

（五）以“四个全面”引领中国梦的共享发展

马克思主义发展观既要回答发展动力、发展思路、发展方向、发展布局等问

① 《习近平：改革开放是实现“中国梦”的“关键一招”》，中新网，http：//www.chinanews.com/gn/2012/12-14/4408209.shtml。

题，更要回答发展为什么人、发展成果由谁享有问题，从而系统把握发展规律。发展成果由谁享有，体现发展价值取向，是发展观中最具根本意义的问题。回顾我们95年的党史、67年的新中国史、38年的改革开放史，一直坚持执政为民，坚持不断把改善民生作为执政方略，坚持以满足人民群众日益增长的物质文化需要为宗旨。中国共产党自成立以来，在极其艰难困苦的条件下，为中华民族的独立、解放、繁荣，为中国人民的自由、民主、幸福进行着不懈的探索和创新。新中国成立后，毛泽东着重从公正的社会基本制度层面上探索共建共享发展道路：政治上建立人民主权的政治制度，经济上建立生产资料公有和按劳分配的经济制度，文化上实施普及大众教育的教育制度。这些基本制度的建立，不仅使生活在毛泽东时代的中国人民初步享受到国家独立、社会发展的成果，而且为当代中国社会人民群众共建共享奠定了最重要的制度基础。改革开放的总设计师邓小平在设计中国改革发展战略大计时就将共同富裕作为衡量改革成败的一个重要标准，强调社会主义的目的就是要全国人民共同富裕，不是两极分化。如果我们的政策导致两极分化，我们就失败了。为了实现共同富裕，为了社会发展成果共享的中国梦，中国共产党人一直在探索，一直致力于民生的改善，从经济发达地区和经济落后地区的结对扶贫，从免费的义务教育到普惠的医疗保险改革，从将农村纳入社保体系到推动城乡一体化发展……，一个又一个阶段性的成就，就是我们在走向全民共同享有社会经济发展成果道路上留下的一个又一个坚实脚步。共享发展是中国梦的立足点和出发点，是社会主义的本质要求。习近平总书记在中国梦的论述中指出："生活在我们伟大祖国和伟大时代的中国人民，共同享有人生出彩的机会，共同享有梦想成真的机会，共同享有同祖国和时代一起成长与进步的机会"[①]，"必须使发展成果更多更公平惠及全体人民，朝着共同富裕方向稳步前进。"[②]以共享发展理念引领我国发展，维护社会公平正义，保障发展为了人民、发展依靠人民、发展成果由人民共享，必将为全面建成小康社会、实现中华民族伟大复兴的中国梦凝聚最深厚的伟力。当今世界，正处在一个加快演变的历史性进程之中，世界多极化进一步发展，新兴市场国家和发展中国家崛起已经成为不可阻挡的历史潮流。经济全球化、社会信息化极大解放和发展了社会生产力，创造了前所未有的发展机遇。面对世界发展大势，我们必须顺应我国经济深度融入世界经济的趋势，奉行互利共赢、互学互鉴、坦诚合作、共建共享、共同发展的开放战略，更好发展开放型经济，积极参与全球化治理，广泛构建利益共同体；必须坚持发展为了人民、发展依靠人民、发展成果由人民共享，增强

① 《习近平提"人民共同享有人生出彩的机会"鼓舞人心》，人民网，http：//opinion.people.com.cn/n/2013/0317/c1003-20816380. html。

② 《习近平：使发展成果更多更公平惠及全体人民》，http：//news.sina.com.cn/c/2012-11-19/010125606323.shtml。

发展动力，增进人民团结，推进共同富裕，为实现世界的可持续发展和人的全面发展，推动人类文明实现创造性发展，为我国全面建成小康社会、实现中华民族伟大复兴的中国梦作出应有贡献。

（作者为甘肃省社会科学院研究员）

“四个全面”是实现“两个一百年”奋斗目标的战略指引

张金才

党的十八大以来，以习近平为核心的党中央从坚持和发展中国特色社会主义全局出发，提出并形成了全面建成小康社会、全面深化改革、全面依法治国、全面从严治党的“四个全面”战略布局，确立了新形势下党和国家各项工作的战略目标和战略举措，为实现“两个一百年”奋斗目标、实现中华民族伟大复兴的中国梦提供了战略指引。

一、“四个全面”是我们党在新形势下治国理政的总布局，它的提出具有历史必然性和现实针对性

党的十八大以来，以习近平为核心的党中央治国理政的实践有两个显著特点：一个是总体思路清楚、战略布局明晰；一个是各项工作都有一个总揽全局、牵引各方的总抓手，围绕这个总抓手来谋划和推进工作。在全面建成小康社会中，党的十八大在十六大、十七大确立的目标基础上提出了更具明确政策导向、更加针对发展难题、更好顺应人民意愿的新要求。在全面深化改革中，十八届三中全会强调其总目标是完善和发展中国特色社会主义制度，推进国家治理体系和治理能力现代化。在全面依法治国中，十八届四中全会强调其总目标是建设中国特色社会主义法治体系，建设社会主义法治国家。在全面从严治党中，党中央把作风建设紧紧抓在手上，把党风廉政建设和反腐败斗争作为重要内容，着力解决人民群众反映强烈的“四风”问题。以上各项工作的总目标和工作重点，就是该项工作的总抓手。建立在这些工作领域之上的“四个全面”，就是我们党在新形势下治国理政的总体布局。

“四个全面”战略布局的提出和形成，既是一个自然历史过程，也有其历史必然性和现实针对性。2015 年 2 月 11 日，习近平在同党外人士共迎新春时的讲话中指出：“‘四个全面’的战略布局是从我国发展现实需要中得出来的，从人民群众的热切期待中得出来的，也是为推动解决我们面临的突出矛盾和问题提出来的。”①同年 3 月 29 日，他在会见博鳌亚洲论坛理事会成员时的讲话中又进一步指出：“两年多来，我们立足中国发展实际，坚持问题导向，逐步形成并积极推进全面建成小康

① 《习近平同党外人士共迎新春》,《人民日报》2015 年 2 月 13 日。

社会、全面深化改革、全面依法治国、全面从严治党的战略布局。”[①] 这两段话是习近平 2015 年 2 月 2 日在省部级主要领导干部学习贯彻十八届四中全会精神全面推进依法治国专题研讨班开班式上的讲话中首次将“四个全面”定位为新形势下我们党治国理政的战略布局不久之后讲的，是迄今为止习近平关于“四个全面”提出的历史条件和时代背景较为完整和明确的说明。这两段话为我们理解“四个全面”战略布局提出和形成的历史必然性及现实针对性指明了方向。

从我国发展的现实需要和人民群众的热切期待来看，“四个全面”战略布局的提出和形成有其历史的必然性。当前，全面建成小康社会进入决胜阶段。经济发展进入新常态。改革进入攻坚期和深水区。依法治国在党和国家工作全局中的地位更加突出、作用更加重大。党的自身建设面临一系列新情况新问题新挑战，落实党要管党、从严治党的任务比以往任何时候都更为繁重、更为紧迫。与此同时，人民群众期盼有更好的教育、更稳定的工作、更满意的收入、更可靠的社会保障、更高水平的医疗卫生服务、更安全的食品药品、更舒适的居住条件、更优美的生活环境、更安定的社会环境；期盼在每一个司法案件中都能够感受到公平正义，打官司不靠托人情、找关系也能得到公正判决。党的十八大以来，以习近平为核心的党中央立足中国发展实际，顺应人民对美好生活的向往，从坚持和发展中国特色社会主义全局出发，逐步提出并形成了全面建成小康社会、全面深化改革、全面依法治国、全面从严治党的“四个全面”战略布局。这“四个全面”的每一个“全面”，都是从我国发展的现实需要和人民群众的热切期待中得出来的。全面建成小康社会的战略目标，集中体现了最广大人民的根本利益，顺应了人民群众对美好生活的新期待。全面深化改革是破解经济发展难题、啃下改革这块硬骨头的顶层设计。全面依法治国是保持我国经济社会长期持续健康发展势头、夯实党和国家长治久安法治基础的战略举措。全面从严治党是切实解决党自身存在的突出问题、使党始终成为中国特色社会主义事业坚强领导核心的新的伟大工程。可见，“四个全面”战略布局是在解决当前党和国家事业发展主要矛盾的过程中自然提出的，有其深厚的现实基础和历史必然性。

从我们面临的突出矛盾和问题来看，“四个全面”战略布局的提出和形成有其现实的针对性。当前，我国经济社会发展势头总体是好的。国家繁荣昌盛，社会和谐稳定，人民安居乐业。但同时也存在一些突出矛盾和问题。比如：发展中不平衡、不协调、不可持续问题依然突出，科技创新能力不强，产业结构不合理，发展方式依然粗放，城乡区域发展差距和居民收入分配差距依然较大，社会矛盾明显增

① 《习近平会见博鳌亚洲论坛理事会成员》，《人民日报》2015 年 3 月 30 日。

多，教育、就业、社会保障、医疗、住房、生态环境、食品药品安全、安全生产、社会治安、执法司法等关系群众切身利益的问题较多，部分群众生活困难，等等。这些问题直接关系着全面建成小康社会奋斗目标的如期实现。而要解决这些矛盾和问题，关键在于全面深化改革。[①]

在依法治国方面，当前，国际形势复杂多变，我们党面对的改革发展稳定任务之重前所未有、矛盾风险挑战之多前所未有，依法治国在党和国家工作全局中的地位更加突出、作用更加重大。面对新形势新任务，我们党要更好统筹国内国际两个大局，更好维护和运用我国发展的重要战略机遇期，更好统筹社会力量、平衡社会利益、调节社会关系、规范社会行为，使我国社会在深刻变革中既生机勃勃又井然有序，实现经济发展、政治清明、文化昌盛、社会公正、生态良好，实现我国和平发展的战略目标，必须更好发挥法治的引领和规范作用。[②]

在党风廉政建设方面，我们党员干部队伍的主流始终是好的。同时，我们也要清醒地看到，当前一些领域消极腐败现象仍然易发多发，一些重大违纪违法案件影响恶劣，反腐败斗争形势依然严峻，人民群众还有许多不满意的地方。党风廉政建设和反腐败斗争是一项长期的、复杂的、艰巨的任务，不可能毕其功于一役。[③]为保持党同人民群众的血肉联系、巩固党的执政基础和执政地位，必须从严治党。由上可知，“四个全面”战略布局是坚持问题导向，着眼我国发展面临的突出矛盾和问题而提出和形成的，有其鲜明的现实针对性。

二、“四个全面”是如期全面建成小康社会的战略保障

为确保到2020年如期全面建成小康社会，以习近平为核心的党中央提出并形成了“四个全面”战略布局。这个战略布局，既有战略目标，也有战略举措。全面建成小康社会是战略目标，全面深化改革、全面依法治国、全面从严治党是三大战略举措。“四个全面”战略布局的提出和形成，为如期全面建成小康社会提供了战略保障。

全面建成小康社会是我们实现社会主义现代化和中华民族伟大复兴中国梦的阶段性目标，具有战略统领和目标牵引作用，所有奋斗都要聚焦于这个目标。到2020

① 习近平：《关于〈中共中央关于全面深化改革若干重大问题的决定〉的说明》（2013年11月9日），《十八大以来重要文献选编》（上），中央文献出版社2014年版，第494—495页。

② 《中共中央关于全面推进依法治国若干重大问题的决定》，人民出版社2014年版，第2页。

③ 《在第十八届中央纪律检查委员会第二次全体会议上的讲话》（2013年1月22日），转引自《习近平关于党风廉政建设和反腐败斗争论述摘编》，中央文献出版社、中国方正出版社2015年版，第13页。

年实现这个目标，我们国家的发展水平就会迈上一个大台阶。当前，我国进入全面建成小康社会决胜阶段，全面深化改革、全面依法治国、全面从严治党三大战略举措，对实现全面建成小康社会战略目标都具有不可或缺的作用。

全面深化改革为全面建成小康社会提供发展动力。到2020年国内生产总值和城乡居民人均收入比2010年翻一番，全面建成惠及十几亿人口的小康社会，是党的十八大提出的一个极富感召力的宏伟目标。为实现这个目标，必须继续把发展作为党执政兴国的第一要务，把经济建设作为中心任务，继续推动国家经济社会发展。当前，我国经济发展呈现速度变化、结构优化、动力转换三大特点。适应新常态、把握新常态、引领新常态，深化供给侧结构性改革，是当前和今后一个时期我国经济发展的大逻辑。要适应我国经济社会发展的新特点新要求，着力解决制约经济持续健康发展的重大问题，推进经济结构战略调整，就必须全面深化改革，为经济持续健康发展和全面建成小康社会提供强大动力。

全面依法治国为全面建成小康社会提供重要保障。法律是治国之重器，法治是国家治理体系和治理能力的重要依托。做好全面依法治国各项工作，对于实现全面建成小康社会战略目标意义十分重大。"没有全面依法治国，我们就治不好国、理不好政，我们的战略布局就会落空。"[①] 全面建成小康社会离不开全面依法治国的保障作用。当前，我国法治建设取得历史性成就。中国特色社会主义法律体系已经形成并不断完善，法治政府建设稳步推进，司法体制和工作机制不断完善，全社会法治观念明显增强。但同时也要看到，我国法治建设还存在许多亟待解决的问题，主要表现为：有的法律法规未能全面反映客观规律和人民意愿，针对性、可操作性不强，立法工作中部门化倾向、争权诿责现象较为突出；有法不依、执法不严、违法不究现象比较严重，执法体制权责脱节、多头执法、选择性执法现象仍然存在，执法司法不规范、不严格、不透明、不文明现象较为突出，群众对执法司法不公和腐败问题反映强烈；部分社会成员尊法信法守法用法、依法维权意识不强，一些国家工作人员特别是领导干部依法办事观念不强、能力不足，知法犯法、以言代法、以权压法、徇私枉法现象依然存在。[②] 这些问题严重影响着全面建成小康社会的进程。为确保如期全面建成小康社会，十八届四中全会在全面依法治国上作出总体部署，采取切实措施，迈出重要步伐。这就为全面建成小康社会提供了坚强的法治保障。

全面从严治党为全面建成小康社会提供政治保证。中国共产党是中国特色社会主义事业的领导核心，发挥着总揽全局、协调各方的作用，担负着团结带领人民

① 《在省部级主要领导干部学习贯彻十八届四中全会精神全面推进依法治国专题研讨班上的讲话》(2015年2月2日)，转引自《习近平关于全面依法治国论述摘编》，中央文献出版社2015年版，第15页。

② 《中共中央关于全面推进依法治国若干重大问题的决定》，人民出版社2014年版，第3页。

全面建成小康社会、推进社会主义现代化、实现中华民族伟大复兴的历史重任。实现全面建成小康社会战略目标，必须充分发挥党的领导核心作用，这是确保如期全面建成小康社会的政治保证。这些年来，我们全面推进党的建设新的伟大工程，党的执政能力得到新的提高，党的先进性和纯洁性得到保持和发展，党的领导得到加强和完善。同时，与国内外形势发展变化相比，与党所承担的历史任务相比，党的领导水平和执政水平，党组织建设状况和党员干部素质、能力、作风都还有不小差距。尤其是在一些党员干部中还存在贪污腐败、脱离群众、形式主义、官僚主义等问题，削弱了党的领导能力和执政能力，也直接影响了全面建成小康社会的如期实现。为此，以习近平为核心的党中央从关系党和国家生死存亡的高度，把全面从严治党纳入“四个全面”战略布局，以强烈的历史责任感、深沉的使命忧患感、顽强的意志品质推进党风廉政建设和反腐败斗争，着力构建不敢腐、不能腐、不想腐的体制机制，并取得明显成效，作风建设实现根本性好转，深得党心民心。这就为全面建成小康社会提供了坚强的政治保证。

全面深化改革、全面依法治国、全面从严治党三大战略举措与全面建成小康社会战略目标相辅相成、相互促进、相得益彰，共同确保这一战略目标如期实现。

三、“四个全面”体现的治国理政战略思想对实现中华民族伟大复兴的中国梦具有长远的指导意义

“四个全面”战略布局是着眼于到2020年实现第一个百年奋斗目标而作出的战略部署。然而，“四个全面”战略布局所体现出的治国理政战略思想[①]，却超越了2020年的时间限定，对实现中华民族伟大复兴的中国梦具有长远的指导意义。

从“四个全面”的每一个“全面”来说，全面建成小康社会虽然具有时限性，就是说到2020年要如期实现，但以习近平为核心的党中央一开始就是从“两个一百年”奋斗目标的视域来定位全面建成小康社会的，是把全面建成小康社会作为实现“两个一百年”奋斗目标的关键一步，是为实现中华民族伟大复兴中国梦奠定物质基础。2015年7月9日，习近平在金砖国家领导人第七次会晤上的讲话中指出：“全面建成小康社会是我们现阶段战略目标，也是实现中华民族伟大复兴中国梦关键一步。”[②]因此，全面建成小康社会与实现第二个百年奋斗目标具有密切的联系，其所

① 学术界有研究者把“四个全面”战略布局称作“战略思想”，笔者认为这是不够准确和规范的，也与党和国家重要文献及领导人讲话中“战略布局”的一贯提法和定位不相一致。“四个全面”作为一种战略布局的确体现了一定的“战略思想”，但二者本身还是有一定的区别。

② 《共建伙伴关系　共创美好未来——在金砖国家领导人第七次会晤上的讲话》，《人民日报》2015年7月10日。

体现的战略目标辅之以战略举措的治国理政思想，对于实现中华民族伟大复兴的中国梦具有重要的指导意义。

关于全面深化改革，在全面建成小康社会后，我国综合国力、人民生活水平以及我国的国际地位和国际影响力肯定会上一个大台阶，但在实现第二个一百年奋斗目标的征程中，同样也会遇到一些困难和挑战。旧的问题解决了，新的问题又会不断产生出来。解决社会主义现代化建设进程中遇到的矛盾和问题，仍然要靠全面深化改革。也就是说，改革仍是实现第二个百年奋斗目标、实现中华民族伟大复兴中国梦的动力源泉。对此，习近平进行过多次重要论述。2012 年 12 月 31 日，他在十八届中央政治局第二次集体学习时的讲话中指出："改革开放是决定当代中国命运的关键一招，也是决定实现'两个一百年'奋斗目标、实现中华民族伟大复兴的关键一招。"①2013 年 11 月 12 日，习近平在十八届三中全会第二次全体会议上的讲话中又指出："全面深化改革，关系党和人民事业前途命运，关系党的执政基础和执政地位。在整个社会主义现代化进程中，我们都要高举改革开放的旗帜，决不能有丝毫动摇。"②同年 12 月 26 日，他在纪念毛泽东诞辰 120 周年座谈会上的讲话中进一步指出："要实现中华民族伟大复兴，我们就必须坚定不移推进改革开放。没有改革开放，就没有中国的今天；离开改革开放，也没有中国的明天。"③这些重要论述表明，全面深化改革对于实现中华民族伟大复兴的中国梦仍然具有重要意义。

关于全面依法治国，更是着眼于实现中华民族伟大复兴中国梦、实现党和国家长治久安的长远考虑。习近平 2014 年 10 月 23 日在十八届四中全会第二次全体会议上的讲话中，对此进行了深刻阐述。他指出："对全面推进依法治国作出部署，既是立足于解决我国改革发展稳定中的矛盾和问题的现实考量，也是着眼于长远的战略谋划。从现在的情况看，只要国际国内不发生大的波折，经过努力，全面建成小康社会目标应该可以如期实现。但是，人无远虑，必有近忧。全面建成小康社会之后路该怎么走？如何跳出'历史周期律'、实现长期执政？如何实现党和国家长治久安？这些都是需要我们深入思考的重大问题。"又指出："我们提出全面推进依法治国，坚定不移厉行法治，一个重要意图就是为子孙万代计、为长远发展谋。"④这就清楚地说明了全面依法治国不仅仅是服务于全面建成小康社会的一项战略举措，对实现中华民族伟大复兴中国梦也具有直接而重要的意义。随着全面建成小康社会的顺利实现，依法治国在党和国家工作全局中的地位必将更加突出、作用更加重大，

---

① 转引自《习近平关于全面深化改革论述摘编》，中央文献出版社 2014 年版，第 3 页。

② 转引自《习近平关于全面深化改革论述摘编》，中央文献出版社 2014 年版，第 9—10 页。

③ 《在纪念毛泽东同志诞辰 120 周年座谈会上的讲话》，《人民日报》2013 年 12 月 27 日。

④ 《习近平关于全面依法治国论述摘编》，中央文献出版社 2015 年版，第 11—12、12—13 页。

对依法治国的要求也必将越来越高。全面依法治国也可以说是只有进行时，没有完成时。全面依法治国仍然是实现第二个百年奋斗目标、实现中华民族伟大复兴中国梦的重要保障。

关于全面从严治党，全面建成小康社会奋斗目标如期实现后，随着党风廉政建设和反腐败斗争体制机制的不断健全和从严治党制度建设的日益完善，当前我们面临的严峻复杂的反腐败斗争形势届时肯定会有根本好转，党和人民的血肉联系肯定会明显增强，党的执政基础和执政地位也肯定会更加巩固。但在实现全面建成小康社会后，我们党依然要面临长期执政的考验、改革开放的考验、市场经济的考验和外部环境的考验，通过全面从严治党，不断提高党的领导水平和执政水平、提高拒腐防变和抵御风险的能力，仍然是党巩固执政地位、实现执政使命必须解决好的重大课题。这是要贯穿实现第二个百年奋斗目标、实现中华民族伟大复兴中国梦始终的战略任务。因此，习近平 2013 年 1 月 22 日在第十八届中央纪律检查委员会第二次全体会议上的讲话中指出："实现党的十八大确定的各项目标任务，实现'两个一百年'奋斗目标，实现中华民族伟大复兴的中国梦，必须把我们党建设好。"[①]

从"四个全面"的总体来说，到 2020 年全面建成小康社会后，只要我国仍处于并将长期处于社会主义初级阶段的基本国情没有变，人民日益增长的物质文化需要同落后的社会生产之间的矛盾这一社会主要矛盾没有变，我国是世界最大发展中国家的国际地位没有变，我们就要始终坚持全面深化改革、全面依法治国、全面从严治党，并继续以此作为三大战略举措，在全面建成小康社会所奠定的坚实物质基础上，协同为到新中国成立 100 年时建成富强民主文明和谐的社会主义现代化国家、实现中华民族伟大复兴的中国梦提供发展动力、法治保障、政治保证和战略指引。正是从这个意义上，习近平反复指出"四个全面"战略布局"是中国在新的历史条件下治国理政方略，也是实现中华民族伟大复兴中国梦的重要保障"；[②]"是我们党在新形势下治国理政的总方略，是事关党和国家长远发展的总战略。"[③]

（作者为中国社会科学院当代中国研究所研究员）

---

① 《习近平关于协调推进"四个全面"战略布局论述摘编》，中央文献出版社 2015 年版，第 123 页。

② 《在会见博鳌亚洲论坛理事会成员时的讲话》，《人民日报》2015 年 3 月 30 日。

③ 《中共中央政治局举行第三十次集体学习》，《人民日报》2016 年 1 月 31 日。

中国共产党“两个区分”方针的历史实践与现实启示

石善涛

坚持“两个区分”是中国共产党在抗战时期以及新中国成立后制定对日政策的一条重要的指导方针，中日学术界又称之为“区分论”或“两分法”。[①] 所谓“两个区分”，一般是指“将日本人民与日本军国主义者区分开来，将军国主义政府中决定政策的人和一般官员区别开来”[②]，简言之，中心思想是区分日本少数军国主义分子和大多数日本人民，根本目的是为争取中日两国人民和平共处、世代友好。在新中国成立以后的中日关系史上，“两个区分”的思想，对发展和改善中日关系曾起到积极的促进作用，同时也留下诸多经验与思考。本文以邦交正常化之前的中日关系史为研究重点，通过重新梳理“两个区分”的提出和实践过程，客观分析与评价“两个区分”的历史地位和作用，以期对处理当下的中日关系提供一些借鉴和启示。

一、“两个区分”的形成与发展

中国共产党人最早提出“两个区分”是在抗战全面爆发之际。中国共产党人认为，中国人民的抗日战争是世界法西斯战争的一个重要组成部分，中日两国人民都是战争的受害者，日本帝国主义是中日两国人民的真正敌人，因此应该联合起来形成统一战线，共同打倒日本帝国主义。1938 年 2 月，毛泽东在《在延安反侵略大会上的演说》一文中指出：“现在有三个反侵略的统一战线：中国的统一战线，世界的统一战线，还有一个是日本的统一战线，在日本有广大人民群众不赞成他们政府侵略中国，正在组织反侵略的统一战线。这三个统一战线的目标是一样的，就是一致反对日本帝国主义的侵略战争。”[③] 如何去说服和团结日本人民建立统一战线呢？首先要对日本军国主义政府与日本人民进行“区分”：“我们第一不可忘记资本主义国家与社会主义国家的区别，第二不可忘记资本主义国家之政府与资本国家之人民的区别。”[④]“日本的战争是阻碍进步的非正义的战争，全世界人民包括日本人民在内，

---

① 大致从 20 世纪 90 年代开始，国内学术界在研究中日关系史，毛泽东、周恩来等老一辈无产阶级革命家的对日外交思想时提炼和总结出“两个区分”的提法。2000 年以后，这一提法逐步被国内学术界普遍采用。

② 参看裴坚章主编：《研究周恩来——外交思想与实践》，世界知识出版社 1989 年版，第 227 页。

③《毛泽东外交文选》，中央文献出版社、世界知识出版社 1994 年版，第 7 页。

④《毛泽东外交文选》，中央文献出版社、世界知识出版社 1994 年版，第 17 页。

都应该反对，也正在反对。”[①] 根据这一思想，日本中下层官兵多来自于普通工农群众，都是侵略战争的受害者，不同于发动战争的法西斯分子，为此，中国共产党专门制定了关于优待日军俘虏的政策、措施等。例如，早在 1937 年 9 月发布的《中国红军告日本士兵书》中就已经宣传八路军宽待俘虏政策，号召日本士兵倒转枪口向着日本军阀，为日本工农的解放、为中国人民的解放、为打倒日本帝国主义，与八路军携手奋斗。[②]1938 年 6 月八路军总政治部发出的《总政治部关于对日军俘虏政策的决定》和 1939 年 7 月公布的《陕甘宁边区施政纲领》也对俘虏政策以及反战的日本军民作了专门阐述与规定，其目的是通过优待俘虏、保护和奖励反战军民等措施去感化、联合日本军民共同抗战。在纪念抗日战争胜利 20 周年的时候，《人民日报》发表署名文章，肯定了中国共产党在抗战时期采取的战俘政策：“我们的军队还有正确的争取敌军官兵和宽待俘虏的政策。在抗日战争中……把不少深受法西斯思想毒害的日军俘虏教育过来。他们在提高觉悟以后，组织了日本人解放联盟、在华日本人反战同盟、觉醒联盟等组织，配合我们进行瓦解日军的工作，同我们一起反对日本军国主义。”[③]

中国共产党坚持“两个区分”的方针制定对日政策，在抗战实践中取得了显著成效，不但成百上千的日本士兵因为受到教育感化后幡然悔悟，投身反战运动，而且还吸引了日本国内进步人士的目光。1940 年，深受国际共产主义运动和中国革命影响的日本共产党领导人野坂参三亲赴延安参加反战工作，从资料、数据提供到成立、领导在华日本人反战同盟，有力地支援了中国的抗战，在日中两国都产生重大影响。中共对此十分重视，高度评价了以野坂参三为代表的日本人民在中国和日本国内持续进行的反战运动，认为这是统一战线和“两个区分”方针在实践中取得的重要成果。抗战胜利后，不少日本人由于受到感召而自愿留在中国，参加中国人民的解放和建设事业，这不仅从一个侧面证明了坚持“两个区分”方针制定对日政策的正确，也坚定了中共继续坚持这一方针的信心。

战后，为了实现控制和单独占领日本的目的，美国扶植了亲美反华的吉田茂政府。吉田政府对内镇压日本人民争取民族独立和民主化运动，对外追随美国实行疯狂的反共仇华政策。对于日本的国内形势和政治趋向，中国共产党认为，美帝国主义和它支持的日本反动政府依然是日本人民的最大敌人，为实现中日两国人民和平友好，必须坚持把日本人民同日本反动政府、少数日本军国主义者区分开来，同情和支持日本人民争取民主化的斗争。在 1949 年 1 月日本举行国会选举期间，新华社

---

① 《毛泽东选集》第 2 卷，人民出版社 1991 年版，第 476 页。

② 《朱德年谱（1886—1976）》（新编本）中卷，中央文献出版社 2006 年版，第 675 页。

③ 《建国以来重要文献选编》第 20 册，中央文献出版社 2011 年版，第 411 页。

发表题为《日本的选举与中国》的社论，指出："中国人民愿意与日本人民建立真正的亲密的友谊"，号召"一切真诚希望日本人民和中日友谊有光明前途的人们……在选举中选举更多的真正民主分子到议会中来"[①]，这实际上是把实现中日两国人民友好的希望寄托在爱好和平的日本人民身上。

中国共产党采取的"两个区分"的方针和对日本人民的友好态度得到了日本人民的积极回应。日本各界的有识之士迅速行动起来，为实现中日友好而奔走呼号，短短几年内相继成立了多个以中日友好为主旨的民间组织。日本人民的努力，中国共产党看在眼里。为继续加强中日民间的友好交往，1953 年 2 月，廖承志在一次会谈中明确提出了"两个区分"的方针："我们把一切爱好和平的日本人民看做是自己的朋友，把他们和吉田政府区别开来"[②]。其指向性十分明确，即争取日本人民，反对日本反动政府。

1954 年 6 月，周恩来在应邀访问缅甸、印度期间提出和平共处五项原则并确认它适用于同亚洲及世界其他国家的关系。同年 10 月，中苏就对日政策发表联合声明，表示"两国政府愿意采取步骤，使它们自己同日本的关系正常化"，[③]标志着中国对日政策发生重大改变。1954 年底，力主"自主外交"的鸠山一郎接任日本首相后，释放出意欲同中国恢复邦交的信号，这引起中国方面的关注。12 月 21 日，周恩来在政协二届一次会议上指出："我国是愿意同日本建立正常关系的，如果日本政府也能抱有同样的愿望，并采取相应的措施，中国政府将准备采取步骤，来使中国同日本的关系正常化。"[④]1955 年 3 月，中央政治局讨论通过了《中共中央关于对日政策和对日活动的方针和计划》(以下简称《方针和计划》)，确定了对日政策的基本原则："争取日本人民，建立中日两国人民的友谊，对日本人民的处境表示同情"，"间接地影响和支持日本人民反美和要求日本独立、和平、民主的运动等"。[⑤]《方针和计划》的核心内容是为改善中日关系创造有利条件，总体上继续贯彻了"两个区分"的方针，但与之前相比，日本政府不再是反对和打倒的对象，只要能够支持中日友好就要努力去争取和团结。毛泽东在 1956 年 4 月会见拉美一些国家党的代表时说："对日本我们也尽量争取，不管对它过去侵略中国的仇恨有多么大，我们对日本的资本家、日本的前高级军官也争取。"[⑥]这表明，随着和平共处五项原则的提出并

---

① 《日本问题文件汇编》，世界知识出版社 1955 年版，第 34—35 页。
② 《日本问题文件汇编》，世界知识出版社 1955 年版，第 99 页。
③ 《日本问题文件汇编》，世界知识出版社 1955 年版，第 26 页。
④ 《日本问题文件汇编》，世界知识出版社 1955 年版，第 143 页。
⑤ 参看张香山：《通往中日邦交正常化之路》，《日本学刊》1997 年第 5 期。
⑥ 《毛泽东文集》第 7 卷，中央文献出版社 1999 年版，第 63 页。

成为中国处理包括对日关系在内的对外关系的基本依据，在制定对日政策、处理对日关系时，扩大了争取的对象，缩小了“区分”的范围。

在随后几年时间里，根据《方针和计划》的精神，中国共产党通过以加强经济、文化交流为主要方式的民间交流推动中日关系的发展。1957 年 3 月，岸信介继任日本首相后，其反华言行导致中日间的政府接触全面中断。中国共产党再次采用严格区分日本反动的政府与日本人民的“两个区分”方针，对岸信介政府采取“断绝来往、以打为主”的方针，而对日本人民和进步力量采取“断而不绝”的政策，继续强化与日本人民的团结，支持日本人民反对岸信介政权的斗争。比如，中国政府获知严重依赖中国原材料的日本中小企业经营困难时，着眼于日本人民的根本利益，提出了“照顾政策”，即：仅取消与反华的日本政府之间的贸易往来，但是如果日本中小企业确实因贸易中断而发生困难的可以适当或特别照顾。1960 年，主张改善日中关系的池田勇人内阁上台，中国政府提出了以中日友好为目的的贸易三原则，即“政府协定、民间合同、个别照顾”。[①]1964 年佐藤荣作内阁上台执政后，追随美国亲台反华的言行。中国政府对佐藤政府的做法进行了猛烈批评，但对于广大日本人民，则采取了争取和联合的态度，因此，中日民间贸易得以继续并不断深入，为日后的中日邦交正常化作了准备。

二、“两个区分”方针的广泛运用

从新中国成立到中日邦交正常化期间，“两个区分”方针被广泛运用在对日关系各个方面，指导着新中国的对日关系实践。

（一）协助日侨回国。1950 年 10 月，日本红十字会利用参加国际红十字大会的机会向中国红十字会提出请求，希望中方能够协助其了解在华日侨的情况。中央对此十分重视，本着“两个区分”的方针和人道主义精神，决定积极协助在华日侨归国。1952 年 7 月，中央批准成立中国日侨事务委员会，专门负责日侨归国事务的准备和组织工作。11 月，周恩来签署了《政务院关于处理日侨中若干问题的规定》。随后，中国红十字会邀请日本红十字会等团体派代表团访华进行协商。1953 年 1 月，日本代表团抵达北京，与中国红十字会举行多次会谈，于 3 月 7 日发表了《关于商洽协助日侨回国问题的公报》，就日侨回国问题的登船地点、时间、船只安排等具体细节达成一致。值得一提的是，中方在公报中还承诺“负担自离开居住地之

① 其主要内容为：一切协定今后必须由双方政府缔结；在政府协定未能订立而条件成熟时，可以签订民间合同；日本中小企业有特殊困难，今后还可以继续照顾，并且根据需要，数量也可以增加一些。

日起至登船时止每人的饮食、住宿、旅费；允许回国日侨申请兑换一定数量的外币携带回国；允许日侨携带私人物品等”。[①] 上述举动充分彰显了“两个区分”方针中蕴含的人道主义精神。1953 年 3 月 23 日，首批日侨 3968 名顺利抵达日本舞鹤港。截止到当年 10 月，共有 26026 名日侨分 7 批返回日本。至 1958 年，共有近 4 万名日侨被遣送回日本。[②]

（二）宽大处理日本战犯。中国政府从 1951 年开始就着手解决关押的 1000 多名日本战犯问题，并由最高人民检察署负责进行犯罪证据搜集等前期调查工作。但由于朝鲜战争爆发，战犯问题一度被搁置。1953 年末，调查工作重启。经过两年多的细致调查，相关机构最终认定了战犯的犯罪事实并向中央提出量刑建议。中央在反复征询意见和讨论后，于 1955 年 12 月作出决定：宽大处理日本战犯，不判死刑和无期徒刑，极少数判有期徒刑。[③]1956 年 4 月 25 日，全国人大常委会第 34 次会议通过《关于处理在押日本侵略中国战争中战争犯罪分子的决定》，以法律形式确定“对于次要的或者悔罪表现较好的日本战争犯罪分子，可以从宽处理，免予起诉”[④]。依据这一决定，经多次审理，最高人民法院对日本战犯进行了从宽判处或免予起诉等处理。到 1964 年，所有在押战犯除关押或服刑期间死亡外，其余都返回日本。

（三）放弃战争赔偿。早在 1955 年 3 月中共中央政治局在讨论和制定对日政策和方针时就已经初步确定免除日本的战争赔偿。但是，为避免引起国际社会猜测而陷于被动，当时并没有公开宣布这一决定，只是在中国高层领导人与访华的日本民间团体会谈时表达了这一立场。1957 年 10 月，周恩来在会见日本日中友协第一任会长松本治一郎时明确表示：“日本人民是无罪的，中国丝毫无意要求日本进行战争赔偿。”[⑤]1964 年 6 月，陈毅外长在回答东京广播报道局记者就赔偿问题的提问时表示：“中国人民有权要求赔偿”；“中国政府和中国人民对待中日关系，从来是向前看，而不是向后看”；“当两国邦交恢复时，其他具体问题是容易通过友好协商加以解决的”。[⑥] 言外之意，赔偿问题不会成为中日邦交正常化的障碍。邦交正常化前夕，周恩来会见日中备忘录贸易事务所负责人代表冈崎嘉平太时解释了放弃赔偿的原因：“在日本好象有人担心中国是不是也要求赔偿呢？但我国不要求赔偿。因为日本人民也和我国人民一样，是日本军阀的受害者，如果现在日本有军阀，那就要求

---

① 田桓主编：《战后中日关系文献集（1945—1970）》，中国社会科学出版社 1996 年版，第 146 页。

② 孙平化：《中日关系随想录》，世界知识出版社 1987 年版，第 12 页。

③《周恩来年谱（1949—1976）》上卷，中央文献出版社 1998 年版，第 531 页。

④《中华人民共和国全国人民代表大会常务委员会关于处理在押日本侵略中国战争中战争犯罪分子的决定》，《人民日报》1956 年 6 月 22 日。

⑤ 李德安等译：《周恩来与日本朋友们》，中央文献出版社 1992 年版，第 33 页。

⑥《日本问题文件汇编》第 5 辑，世界知识出版社 1965 年版，第 10 页。

赔偿，但今天日本没有军阀，所以如果要求赔偿，那就等于让同是受害者的日本人民来支付，这从我国的思想体系来说也是不可能的。”[①]1972年7月，日本公民党委员长竹入义胜来华与中国政府沟通邦交正常化事宜。周恩来在会谈中表示，为了不使负担落在日本人民身上，决定放弃战争赔偿。1972年9月29日，《中日联合声明》宣布：“中华人民共和国宣布：为了中日两国人民的友好关系，放弃对日本国的战争赔偿要求。”[②]

（四）引导中国人民正确看待历史问题。自甲午中日战争以来，日本发动的两次大规模侵华战争给中华民族和中国人民造成深重灾难，家仇国恨交织在一起，使得普通的中国民众对整个日本民族有深恶痛绝之感。尽管新中国成立后，中国共产党从两国人民的长远利益出发，实施了诸如宽释战犯、放弃赔偿、发展中日贸易等旨在争取日本人民、促进中日邦交正常化的一系列政策措施，但惨痛的历史记忆让中国民众对这些举措心理上一时无法接受。中国共产党深知，民众的民族情感是朴素的，不能苛责民众的思想觉悟，更不能靠回避和压制去解决问题，如果没有民众的理解、支持与配合，中日邦交正常化将难以实现。面对这一难题，中国共产党根据“两个区分”方针，从划分战争责任入手，以多种宣传形式对民众进行深入的说服教育工作，正面引导民众理解并接受对日政策，以尽量减少历史问题对中日关系的负面影响。

（五）指导对日民间交流。1952年《日台和平条约》的签订，事实上断绝了新中国同日本政府的官方联系，民间交流作为一种非正式的外交方式逐步登上中日关系的舞台。在官方联系隔断的情况下，中国共产党按照“两个区分”方针，通过推动开展中日民间交流，争取和团结日本人民，促进两国人民的友谊。最终事实也证明，“两个区分”方针指导下的中日民间交流增进了中日两国人民的相互理解，起到以民促官、增进友好的效果，为之后中日邦交正常化奠定了坚实基础。

三、新的历史条件下坚持和发展“两个区分”方针

近些年来，随着国际格局的变动、日本国内右倾化加剧以及日本领导人的一意孤行，横亘在中日两国之间的敏感问题愈加突出，导致中日关系严重受损，陷入困难局面。与此同时，中日两国民众相互的“反感”甚至“敌对”情绪也有所抬头。这样的局面的出现，是不是说明“两个区分”方针已经过时？在这样的背景下，是

① 李德安等译：《周恩来与日本朋友们》，中央文献出版社1992年版，第140页。
② 《中华人民共和国政府日本国政府联合声明》，《人民日报》1956年9月30日。

否还有必要继续采取“两个区分”方针来处理中日关系？

笔者认为，“两个区分”方针并没有过时，仍然是我们今天处理对日关系、制定对日政策应该坚持的一条重要方针。党的十八大以来，习近平总书记在谈到中日关系问题时多次指出：“日本发动侵华战争给中国人民带来的灾难是日本军国主义造成的。中国政府和人民从来没有把那场战争的罪责归咎于日本人民。我们要求日本政府和一些政治人物对那场给人类社会带来深重灾难的侵略战争有一个客观的认识和负责的态度。”[①]“我们不应因一个民族中有少数军国主义分子发起侵略战争就仇视这个民族，战争的罪责在少数军国主义分子而不在人民，但人们任何时候都不应忘记侵略者所犯下的严重罪行。”[②]这些论述实际上是对“两个区分”方针的继承和发展，也为我们处理对日关系提供了基本遵循。在对日关系问题上，我们既要充分认识到，中日关系的复杂性决定了中日关系的发展进程不会是一帆风顺的，必然会充满斗争，更要认识到中日和平、友好、合作，是人心所向、大势所趋。因此，应该本着以史为鉴、面向未来的精神，在中日四个政治文件基础上推进睦邻合作，特别是要切实践行“两个区分”方针，把对日工作的重心放在团结大多数日本人民、争取民主进步力量、增进两国人民的相互信任和相互尊重上，要大力“支持民间交流，鼓励两国各界人士特别是年轻一代踊跃投身中日友好事业”，“只要中日两国人民真诚友好、以德为邻，就一定能实现世代友好。”[③]。

在今天的历史条件下，坚持和发展“两个区分”方针，需要着重从以下几个方面入手：

（一）肯定“两个区分”方针在处理对日关系中的历史地位和作用。“两个区分”方针对中日关系的促进作用已无须赘言，是经得起历史检验的。在此仅举一个具体例子：很多日本战俘释放回国以后，因感恩于中国政府的宽大政策，不但对战争罪行表示深刻忏悔，而且积极投身于日中友好事业，或加入日中友协，或组织“中国归还者联络会”，用自己的亲身经历以书写证言或出版图书的方式来揭露和批判日本军国主义在中国犯下的滔天罪行，帮助日本人民认清日本军国主义的本质和危害。为纠正日本民众对中国的负面印象，他们还以各种方式向日本民众宣传中国人民的优秀品质、赞美中国政府的人道主义。可以说，如果没有“两个区分”方针产生的强大感召力，就无法争取到大多数日本人民，没有了渐进积累的民意基础，民间交流、中日友好自然无从谈起，中日邦交正常化固然有国际格局变动的原因，但

① 习近平：《在纪念中国人民抗日战争暨世界反法西斯战争胜利 69 周年座谈会上的讲话》，《人民日报》2014 年 9 月 4 日。

② 习近平：《在南京大屠杀死难者国家公祭仪式上的讲话》，《人民日报》2014 年 12 月 13 日。

③ 习近平：《在中日友好交流大会上的讲话》，《人民日报》2015 年 5 月 24 日。

人民的主观意愿和努力推动也是功不可没的。

（二）加强和引导对“两个区分”方针的正面宣传。在信息化高速发展的今天，民间舆论难免会对一个国家的外交政策产生不小的压力和影响。因此，要以适当的方式向两国民众，尤其是日本民众宣传和解释“两个区分”方针的必要性、内涵、实践过程和积极作用，让两国民众真正明白中国政府提出“两个区分”方针不是妥协或者威胁，也不是权宜之计或者战略战术，而是着眼于中日关系的长远发展和中日两国人民的世代友好而将长期坚持的正确方针。要通过正面宣传，争取两国民众和国际社会对“两个区分”方针的充分理解；要善于引导民间舆论理性对待中日关系的波折，避免情绪化传播方式，谨防极端民族主义和民粹主义绑架外交政策，损害中日关系发展的大局。

（三）坚持“两个区分”方针的核心思想。“团结和争取大多数”，这是“两个区分”原则的核心思想。要牢牢把握住这一核心思想，尽量扩大“大多数”的外延，缩小“一小撮”的范围。不管中日关系如何变动，“争取大多数”的目标不能变。当然，“争取大多数”并不意味着要放弃原则和斗争，要让两国民众明白，在固守底线的前提下，斗争的最终目的仍然是为了“争取大多数”。

（四）“两个区分”方针要与时俱进。任何方针政策的提出，总是与当时的客观历史条件相适应的，随着客观历史条件的发展变化，方针政策也应该作出适当的调整和发展。当今中日两国关系面临的客观历史情况与以前相比已经发生了巨大变化，因此，我们在继承和坚持“两个区分”方针的同时，还应该结合今天的具体历史条件作出调整和完善，结合历史实践的经验去丰富和发展它，增强其时代的适应性和针对性。

（作者为中国社会科学院当代中国研究所副研究员）

马克思主义中国化早期历程中的三次论争与“四项基本原则”的奠基

姚宏志

1920年前后，随着马克思主义在中国的广泛传播以及马克思主义中国化历程的初步开启，马克思主义者与非马克思主义者之间围绕着问题与主义、基尔特社会主义、无政府主义问题展开了三次大论争。通过这些论争，马克思主义者初步阐明和突出强调了以下基本原则：必须坚持马克思主义的指导；必须坚持社会主义道路；必须坚持无产阶级专政；必须坚持共产党的领导。这些基本原则的选择、确立和坚持，为中国共产党后来科学概括和明确揭示“四项基本原则”奠定了最初的基础。

一、关于问题与主义之争与必须坚持马克思主义的指导

五四时期，新文化运动风起云涌，各种思潮、主义相互激荡，时人开口闭口不离主义，一时间，社会主义成了最流行的话语。这让信奉实用主义的胡适感到不满，于是他违背“二十年不谈政治”的承诺，于1919年7月发表《多研究些问题，少谈些“主义”！》，挑起问题与主义之争。胡适在文中劈头就说：“现在舆论界大危险，就是偏向纸上的学说，不去实地考察中国今日的社会需要究竟是什么东西”。他奉劝舆论界：“请你们多提出一些问题，少谈一些纸上的主义。”在胡适看来，所谓“根本解决”的主张，“这是自欺欺人的梦话，这是中国思想界破产的铁证，这是中国社会改良的死刑宣告！”[①] 胡适的指责并非毫无道理，在新文化运动中确实有一股不注重研究实际问题的空谈之风。不过他批评的矛头不在此，而是借反对空谈各种主义之名，行反对马克思主义在中国传播之实。他在后来忆及此事时明确指出：“国内的‘新’分子闭口不谈具体的政治问题，却高谈什么无政府主义与马克思主义。我看不过了，忍不住了。”他说，这“只是要教人一个不受人惑的方法”，让人不要“被马克思、列宁、斯大林牵着鼻子走”。[②]

针对胡适的挑战，李大钊公开宣称：“我可以自白，我是喜欢谈谈布尔扎维主

① 蔡尚思：《中国现代思想史资料简编》第1卷，浙江人民出版社1982年版，第292、294页。

② 《胡适文集》第5卷，北京大学出版社1998年版，第451页。

义的"；"我总觉得布尔扎维主义的流行，实在是世界文化上的一大变动。我们应该研究他，介绍他，把他的实象昭布在人类社会。"在他眼中，问题与主义有着不能分离的关系，一方面，研究问题要有主义作指导，"因为一个社会问题的解决，必须靠着社会上多数人共同的运动"，必须"先有一个共同趋向的理想、主义，作他们实验自己生活上满意不满意的尺度"。另一方面，宣传主义不能脱离实际的运动，"一个社会主义者，为使他的主义在世界上发生一些影响，必须要研究怎么可以把他的理想尽量应用于环绕着他的实境"；这样，李大钊不但阐明了主义的重要性，而且初步表达了主义要同实际相结合的思想。针对胡适反对"根本解决"的改良思想，李大钊运用马克思主义唯物史观，阐明了中国问题必须从根本上加以解决的革命主张，指出："经济问题的解决，是根本解决。经济问题一旦解决，什么政治问题……都可以解决"。①

李大钊的文章刊出后，胡适并无休战之意，又相继发表文章，竭力为自己的观点辩护。李大钊则进一步加以批驳。其他一些研究者也参与进来。问题与主义之争前后持续半年多时间。它是马克思主义中国化早期历程中的第一次重大思想论争。在论争中，胡适口口声声反对人们谈论主义，实际上并非反对所有的主义。他所反对的，是主张"根本解决"的马克思主义。对于实用主义，他不但不反对，而且大加宣扬。这时的李大钊、陈独秀等马克思主义者，虽然在对马克思主义的理解上尚存不足，但他们运用新学的科学理论，批驳了胡适等人的实用主义观点，坚持了马克思主义的基本原则，揭示了马克思主义与中国实际相结合即马克思主义中国化的思想真谛。这场论争的实质，与其说是问题与主义之争，毋宁说是主义与主义之争，是实用主义与马克思主义之争，是用实用主义还是用马克思主义改造中国之争，是用改良方法还是用革命方法解决中国社会问题之争。这场论争对于提升马克思主义的宣传和影响，推动人们运用马克思主义探索和改造中国起到了积极的作用。

问题与主义之争的另一后果，是新文化运动以来的阵营开始分化。以陈独秀、李大钊、胡适等为代表的中国知识分子，当他们以民主主义者身份掀起新文化运动、向着封建主义堡垒发动进攻的时候，他们曾经是并肩战斗、志同道合的同路人。但是，随着马克思主义在中国的广泛传播，特别是随着一大批民主主义者选择和接受了马克思主义，逐步确立起对马克思主义的信仰，自觉地运用它来研究和解决中国社会问题的时候，以李大钊、陈独秀等为代表的知识分子逐渐成长为马克思主义者，而以胡适等为代表的知识分子仍然在旧民主主义阶段徘徊。他们因主义信

① 蔡尚思：《中国现代思想史资料简编》第1卷，浙江人民出版社1982年版，第192、189、191页。

仰的不同而分道扬镳，也就成为必然的了。

二、关于基尔特社会主义之争与必须坚持社会主义道路

基尔特社会主义是20世纪初在英国兴起的资产阶级改良主义思潮，主张在不改变现行社会制度的前提下，实行生产自治和产业民主，由国家负责产品的分配和保证全民的消费，实现劳资和谐和劳动者的解放。英国唯心主义哲学家罗素是基尔特社会主义的积极拥护者和宣传者。他于1920年10月应梁启超之邀来华讲学，大肆鼓吹基尔特社会主义。罗素的讲演引起张东荪的共鸣，并发表《由内地旅行而得之又一教训》简评，对罗素的观点表示赞同。张文的发表，拉开了基尔特社会主义论争的序幕。12月，陈独秀在《新青年》开辟"关于社会主义的讨论"专栏，集中了先前讨论的文章，使得早前仅限于小圈子的议论一下子变成公开的热门话题。为支持张的观点，梁启超发表《复张东荪书论社会主义运动》一文进行呼应，并作了系统发挥。由于梁名气大，他的参战对基尔特社会主义者是莫大的鼓舞。

为了批判张、梁等人的言论，马克思主义者以《新青年》《共产党》《向导》《先驱》等进步刊物为阵地，纷纷撰文予以回击。第一，基尔特社会主义的开发实业说到底就是发展资本主义。张东荪认为："救中国只有一条路，一言以蔽之，就是增加富力。而增加富力就是开发实业。"如何开发实业？张东荪指出："最能速成者，莫若资本主义"。以社会主义理论家自居的梁启超，认为："生产事业，什中八九，不能不委诸'将本求利'之资本家。"可以看出，张、梁开出的药方如出一辙：求诸资本主义开发实业。针对上述观点，陈望道指出，所谓"开发实业"的主张，实际上是"认定'资本主义'作唯一的路"[①]。施存统认为，张东荪主张基尔特社会主义"是主张资本主义底别名"，"因为主张基尔特社会主义的结果，势必要去赞助资本主义，延长资本主义的寿命"。蔡和森说："我敢大声唤破这种迷梦……任凭你们怎样把你们的理想学说绣得好看，雕得好玩，总与无产阶级的生死问题不能接近，不过在资本家的花园里开得好看，在资本家的翰林园内供他的御用罢了。"[②]在马克思主义者眼中，基尔特社会主义说到底就是发展资本主义。

第二，社会主义是改变中国贫穷落后的根本道路。张东荪关于中国应该发展实业、增加富力的主张，马克思主义者其实并不反对。马克思主义者所反对的，是实

---

① 蔡尚思：《中国现代思想史资料简编》第1卷，浙江人民出版社1982年版，第232、245、698页。

② 《蔡和森文集》（上），人民出版社2013年版，第80—81页。

现这一目的的手段。在马克思主义者看来，这一手段不可能是资本主义。因为资本主义制度不合理，给劳动者带来了巨大的灾难和痛苦，其弊端在第一次世界大战中已经暴露无遗。陈独秀说：中国若“采用在欧美已经造成实业界危机的资本主义来发展中国实业，未免太无谋了”。[①] 如果不合理的资本主义制度不能解决中国人民的贫乏问题，那么什么才是改变中国贫穷落后面貌的根本出路呢？在马克思主义者看来，只有社会主义才是拯救中国的根本道路。李达认为：“这里有一个最大的根本解决方法，就是社会主义”。[②]

第三，中国可以跨越资本主义阶段进入社会主义社会。张东荪认为：“中国若想社会主义实现，不得不提倡资本主义”，所以“现在中国就要实行社会主义，似乎太越阶了”。梁启超也认为，在中国发展资本主义是“社会主义运动不可逾越之阶段”。针对该观点，马克思主义者通过对欧美、日本等资本主义发展弊病的揭露，认为中国趁资本主义尚不发达的时候，为了避免它所带来的恶果，应当立即走社会主义道路。李达指出，中国不需要经过资本主义的充分发展就可以步入社会主义，“据现时趋势观察起来，欧美日本的社会改造运动，已显然向着社会主义进行，中国要想追踪欧美和日本，势不得不于此时开始准备实行社会主义。”[③] 陈独秀也指出：“中国此时才创造教育工业在资本制度还未发达的时候，正好用社会主义来发展教育及工业，免得走欧、美、日本底错路”。[④]

基尔特社会主义之争前后持续一年多。在论争中，马克思主义者坚持科学社会主义原理，剖析了资本主义制度的弊端，揭示了资本主义走向社会主义的历史趋势，指明中国的出路在于社会主义。通过论争，马克思主义者初步划清了科学社会主义与种种“温和”社会主义、社会主义道路与资本主义道路、社会革命与社会改良的原则界限，锻炼和提高了科学社会主义理论水平。应该看到，马克思主义者在论争中暴露的最大不足在于，没有正确把握半殖民地半封建社会的国情，完全否定了资本主义在当时中国存在和发展的必然性和必要性，进而提出直接进行社会主义革命的主张。这反映出早期马克思主义者还不善于将科学社会主义原理同中国国情紧密地结合起来，他们不懂得张、梁等人的错误不在于说中国现时还不能实行社会主义，而在于认为既然不能马上实行社会主义，就不需要社会主义，不需要社会主义思想。马克思主义者的这些不足，在随后的革命实践中逐步得到解决。

---

① 《陈独秀文集》第 2 卷，人民出版社 2013 年版，第 126 页。

② 蔡尚思：《中国现代思想史资料简编》第 1 卷，浙江人民出版社 1982 年版，第 704 页。

③ 蔡尚思：《中国现代思想史资料简编》第 1 卷，浙江人民出版社 1982 年版，第 625、247、712 页。

④ 《陈独秀文集》第 2 卷，人民出版社 2013 年版，第 82 页。

三、关于无政府主义之争与必须坚持无产阶级专政

20 世纪初，无政府主义作为社会主义思潮被介绍到中国来。十月革命前，无政府主义的斗争锋芒主要指向清政府和北洋军阀的黑暗统治，在反封建反军阀方面起过一定积极作用。十月革命后，随着十月革命影响的扩大和马克思主义的广泛传播，无政府主义越来越显示出它的反马克思主义一面。1919 年 5 月，黄凌霜发表《马克思学说的批评》一文，曲解和诋毁马克思主义。1920 年底，区声白以通信方式，三次致信陈独秀，鼓吹无政府主义，反对马克思主义。

无政府主义的基本思想是：主张个人绝对自由，反对一切权力和权威，主张建立无命令、无权利、无服从、无制裁的“四无”社会。无政府主义者矛头直指无产阶级专政，攻击主要集中在两点：（1）无产阶级革命胜利后，不需要建立无产阶级专政。“社会革命成功了以后，当然要把资产阶级所私有的财产归之于公，那么资产阶级也变作无产的资产阶级了，还怎样谋复辟呢？”① 在他们看来，资产阶级已经没有复辟的可能，无产阶级专政自然没有必要存在。（2）无产阶级专政的存在，必然会导致强权压制自由、干涉个人的后果。他们断言俄国无产阶级专政“是独裁，是专制”；污蔑布尔什维克“是要以国家的权力来干涉个人，是要从物质上干涉个人到精神上”，从而导致社会退步。

面对黄、区等无政府主义者的挑战，陈独秀、李达、李大钊、施存统、蔡和森等马克思主义者旗帜鲜明地进行回应。第一，揭示了国家的实质。针对无政府主义者反对一切“强权”的观点，陈独秀批判道：“若是不主张用强力，不主张阶级战争，天天不要国家、政治、法律，天天空想自由组织的社会出现，那班资产阶级仍旧天天站在国家地位，天天利用政治、法律，如此梦想自由，便再过一万年，那被压迫的劳动阶级也没有翻身的机会。”② 施存统也指出：“我们底最终目的，也是没有国家的。不过我们在阶级没有消灭以前，却极力主张要国家，而且是主张要强有力的无产阶级专政的国家。阶级一天一天趋于消灭，国家也一天一天失去效用。我们底目的，并不是要拿国家建树无产阶级底特权，是要拿国家来撤废一切阶级的。”③ 在马克思主义者眼中，无政府主义者既不懂得无产阶级专政和剥削阶级专政之间的根本区别，也不懂得无产阶级专政在消灭阶级、消灭国家问题上的伟大历史作用。

第二，阐述了无产阶级专政的职能。这主要表现在三方面：（1）无产阶级专政

① 《陈独秀文集》第 2 卷，人民出版社 2013 年版，第 73 页。
② 《陈独秀文集》第 2 卷，人民出版社 2013 年版，第 33 页。
③ 王桧林：《中国现代史参考资料（1919—1949）》上册，北京师范大学出版社 1992 年版，第 78 页。

是对革命成果和统治地位的巩固和维护。无产阶级革命后不应该立即放弃政权，因为“无政权不能保护革命，不能防止反革命，打倒的阶级倒而复起，革命将等于零”。[①]（2）无产阶级专政建立后，集中力量发展生产成为重要任务。“无产阶级借政治的优越权，施强迫手段夺取资本阶级一切资本，将一切生产工具，集中到劳动者的国家手里，用最大的加速度，发展全生产力。”[②]（3）无产阶级专政的最终目的是为了消灭一切形式的政治统治，最后达到每个人自由而全面发展的共产主义社会。“无产阶级专政，完全管理社会经济事业，把生产工具变为国家公产以后，则劳动阶级的利益，成为社会全体的利益，就没有奴隶制度，没有阶级差别，生产力完全发达，人人皆得自由发展。国家这种东西自然消灭，自由的社会自然实现了。”[③]

无产阶级专政学说是马克思主义科学社会主义理论的重要组成部分。在这场论争中，马克思主义者阐明了无产阶级专政国家与资产阶级专政国家的根本区别，说明了无产阶级专政的必要性和重要性，揭示了无产阶级专政的实质和主要任务。无政府主义由于理论基础的贫乏和实践基础的薄弱，虽然对马克思主义提出的批评一再表示反对，但终究没有作出像样的回答，甚至也没有像基尔特社会主义者张东荪、梁启超那么撰写过像样的文章进行反驳，结果自然也没有挑起像样的论战。这样，马克思主义取得论争的完全胜利也是情理之中的事了。对无政府主义论争的胜利，对捍卫无产阶级革命和无产阶级专政思想起了重要作用，给大批激进青年清晰地指明了改造社会的前进方向和正确道路，这就是：只能通过阶级斗争，同时坚持无产阶级专政，才能达到社会主义和共产主义社会。

四、三次论争与必须坚持共产党的领导

通过对问题与主义之争、基尔特社会主义之争、无政府主义之争的梳理，马克思主义者初步揭示和阐明了三大原则：必须坚持马克思主义的指导；必须坚持社会主义道路；必须坚持无产阶级专政。不仅如此，在论争过程中，马克思主义者同时揭示和阐述了第四大原则：必须坚持共产党的领导。

在基尔特社会主义论争中，已经触及中国要不要建立无产阶级政党的问题。张东荪认为：“党是代表那阶级的，若他背后没有阶级，必不成立。中国现在离劳动

① 《蔡和森文集》第2卷，人民出版社2013年版，第57页。
② 《李达文集》第1卷，人民出版社1980年版，第31页。
③ 《李达文集》第1卷，人民出版社1980年版，第31页。

阶级的完成与自觉尚早……这是说真正劳动者的国家之组织尚早。”[①]在张东荪看来，中国实业不发达，无产阶级人数极少，更谈不上阶级的觉悟，自然缺乏建立无产阶级政党的条件。如果没有具备俄国劳农革命的条件却要进行劳农革命，这是逾越阶段，只能是伪赤化。针对张东荪的挑衅，陈独秀说，中国经济虽然落后，但无产阶级的存在是一个客观事实；中国无产阶级不但遭到本国资产阶级的压迫和剥削，而且遭到国际帝国主义的残酷掠夺和压迫，“这种状态，除了中国劳动者联合起来组织革命团体，改变生产制度，是无法挽救的。中国劳动（农工）团体为反抗资本家资本主义而战，就是为保全中国独立而战。只有劳动团体能够达到中国独立之目的。”[②]在论争中，马克思主义者强调了在中国成立无产阶级政党的必要性。

在无政府主义论争中，是否建立无产阶级政党问题再次成为论争双方的议题。由于无政府主义者反对无产阶级组建自己的政党，陈独秀在给黄凌霜的信中指出：“实行无产阶级革命与专政，无产阶级非有强大的组织力和战斗力不可，要造成这样强大的组织力和战斗力，都非有一个强大的共产党做无产阶级底先锋队与指导者不可。”[③]李达指出：“所以无产阶级革命，应先由有阶级觉悟的工人组织一个共产党作指导人。共产党是无产阶级的柱石，是无产阶级的头脑，共产党人散布到全体中间宣传革命，实行革命。”[④]旅欧的蔡和森提出，必须建立一个“主义明确，方法得当和俄一致的党”，“先要组织党——共产党。因为他是革命运动的发动者、宣传者、先锋队、作战部……革命运动、劳动运动，才有神经中枢。”[⑤]从论述中可以看出，早期马克思主义者十分坚决地主张在中国创建共产党。

在与基尔特社会主义、无政府主义的论争中，马克思主义者不仅从理论上驳斥了有关中国不需要建立无产阶级政党的论调，回答了近代中国革命运动必须由无产阶级领导这一根本问题，论证了在中国建立无产阶级政党的必要性和重要性，而且在实际工作中开始积极投身于工人运动实践，向无产阶级灌输关于组织整个阶级力量、建立党组织，夺取政权和建立无产阶级专政，实现社会主义和共产主义等马克思主义思想，启发无产阶级觉悟，帮助建立工会组织等，使广大无产阶级团结在共产党早期组织周围，清除基尔特社会主义、无政府主义对工人运动和共产党早期组织的影响。如北京、广东等党的早期组织为保持自身队伍的纯洁性，在创建过

---

① 蔡尚思：《中国现代思想史资料简编》第 1 卷，浙江人民出版社 1982 年版，第 620 页。

② 《陈独秀书信集》，新华出版社 1987 年版，第 300 页。

③ 《陈独秀文集》第 2 卷，人民出版社 2013 年版，第 264—265 页。

④ 《李达文集》第 1 卷，人民出版社 1980 年版，第 133、134 页。

⑤ 《蔡和森文集》第 2 卷，人民出版社 2013 年版，第 57—58 页。

程中将无政府主义者清理了出去，从而为中国共产党的成立扫清了前进道路上的障碍。

总之，伴随着几次论争，以及马克思主义与中国工人运动相结合进程的加快，在中国成立无产阶级政党的条件已经成熟。从1920年春李大钊、陈独秀等人开始讨论在中国筹建无产阶级政党，到马克思主义者在国内外相继建立起8个共产党早期组织，再到1921年7月中国共产党第一次全国代表大会的召开，中间历时一年多。这一时间跨度，适逢马克思主义者与基尔特社会主义者、无政府主义者酣战之时。两者看似巧合，实非偶然，它表明：中国共产党的创建既是近代中国历史发展和时代变迁提出的重大实践课题，也是需要马克思主义者从历史和时代高度给予科学解答的重大理论问题，其中免不了需要直面非马克思主义者乃至反马克思主义者的各种不解、误解和曲解。唯其如此，一个以马克思列宁主义为理论基础的中国新型无产阶级革命政党于20世纪20年代初成立，其历史必然性问题就从理论和实践两个方面得到了最好的证明，在一定程度上甚至可以认为，中国共产党的成立是三大论争结出的最大硕果。

五、结论

综上所述，通过马克思主义中国化早期历程中的三次论争，马克思主义者初步揭示和阐述了四个方面的原则：必须坚持马克思主义的指导；必须坚持社会主义道路；必须坚持无产阶级专政；必须坚持中国共产党的领导。这些原则为新时期邓小平概括“四项基本原则”提供了最初的雏形。众所周知，“四项基本原则”命题是邓小平于1979年3月30日在党的理论工作务虚会上首次明确概括出来的，他指出，中国要实现四个现代化，必须在思想政治上坚持“四项基本原则”：必须坚持社会主义道路；必须坚持无产阶级专政；必须坚持共产党的领导；必须坚持马列主义、毛泽东思想。[①]“四项基本原则”提出后，先后被写入《中国共产党章程》和《中华人民共和国宪法》，成为全党全国人民遵循的基本准则，“是我们的立国之本”。邓小平说：“这四项基本原则并不是新的东西，是我们党长期以来所一贯坚持的。”[②]这就是说，“四项基本原则”虽然是改革开放后才被正式提出，但其思想基础在此之前就已经明确下来了。问题在于，这一思想基础是何时奠定的？有研究者认为，毛泽东在领导中国革命和建设的过程中奠定了“四项基本原则”的思想理论基础。[③]这一观

① 《邓小平文选》第2卷，人民出版社1994年版，第164—165页。

② 《邓小平文选》第2卷，人民出版社1994年版，第165页。

③ 梁柱：《毛泽东奠定立国之本的思想理论基础》，《当代中国史研究》2003年第6期。

点虽然具有启发意义，但它不是问题的正确答案。通过对 1920 年前后有关问题与主义、基尔特社会主义、无政府主义的论争的考察与梳理，笔者认为，这一思想理论基础在半个世纪之前就已经大体确立，三大论争已经为“四项基本原则”的明确提出和正式确立作了最初的奠基。

（作者为安徽师范大学政治学院教授）

编后记

中国社会科学院当代中国研究所和中华人民共和国国史学会于2016年9月23日至24日在北京共同主办了以“中国改革开放的历史经验”为主题的第十六届国史学术年会。改革开放新时期以来，党和国家高度重视并认真总结改革开放的伟大实践和宝贵经验。习近平总书记在党的十八届三中全会上指出：“改革开放是党在新的时代条件下带领人民进行的新的伟大革命。党的十一届三中全会召开三十五年来的实践证明，改革开放是党和人民事业大踏步赶上时代的重要法宝，是党和国家保持生机活力的关键，是当代中国最鲜明的特色，也是当代中国共产党人最鲜明的品格。”第十六届国史学术年会把主题确定为“中国改革开放的历史经验”，其目的就是继续推动和深化改革开放史研究，深入总结党领导和推进改革开放的伟大实践和宝贵经验，增强中国特色社会主义道路自信、理论自信、制度自信、文化自信，为统筹推进“五位一体”总体布局和协调推进“四个全面”战略布局，更好地坚持、完善和发展中国特色社会主义，提供有益的历史借鉴和历史智慧。

来自全国各地高校和科研机构的62名入选论文作者和国史学会代表参加了会议，围绕认真总结改革开放历史经验，深入贯彻习近平总书记系列重要讲话精神；坚持改革开放的正确方向，坚定不移走中国特色社会主义道路；坚定不移推进改革开放，积极拓展中国特色社会主义经济发展道路；切实增强文化自信，坚持中国特色社会主义文化发展道路；创新社会事业、社会治理和生态文明建设，让发展成果惠及全体人民；坚定不移走和平发展道路，推动构建以合作共赢为核心的新型国际关系等问题，进行了热烈而深入的研讨。

经过选编，本论文集共收入会议文稿和入选论文47篇。选编过程中，王宇、罗微同志参加了编辑工作，对文章进行了统一体例的技术处理。如有疏漏之处，敬请读者批评指正。

当代中国出版社对论文集的编辑出版给予了支持和帮助，谨致谢忱！

编　者

2017年7月于北京